어둠의 시대
불꽃이 되어

＊ 이 책은 '민주화운동기념사업회'의 지원으로 제작되었습니다.

어둠의 시대
불꽃이 되어

70년대민주노동운동동지회 엮음

1970년대 민주노동운동의 현장
: 그 삶과 투쟁의 기록

학민사
Hakmin Publishers

탈춤 추며 행복했던 노동자들의 이야기

탈춤을 추며 신명 난 모습이나 즐거움, 행복 같은 단어는 어쩐지 노동조합과 농성, 투쟁 같은 말과는 어울리지 않는 듯합니다. 우리가 지나온 70년대와 80년대를 떠올리면 격렬하고 힘들었던 투쟁의 역사가 먼저 떠오르기 때문입니다. 그러나 '아카시아', '네 잎 클로버', '샛별', 이 이름들은 모두 힘든 노동으로 햇볕도 편히 쬐지 못하고 종일 공장 안에서 시달려야 했던 소녀 소년이 만든 모임의 이름입니다. 이들은 함께 고통을 나누고, 밥을 나누고, 희망을 나누며 하루하루 살아갔습니다.

초등학교를 졸업하자마자 면목동 YH무역에 입사한 7남매의 막내, 가난에 쫓겨 들어간 공장에서 하루 열대여섯 시간을 무릎 꿇고 일해야만 했던 열세 살 꼬마, 우리 주변에 있었던, 그야말로 평범했던 그들이 자신의 목소리로 생생히 전해주는 고단하지만 고귀했던 이야기들이 여기 있습니다.

험난했던 그들의 발자국을 천천히 따라가다 보면 50여 년 전 우리의 모습을 만나게 됩니다. 그들 역시 사랑하는 사람을 만나 결혼해 아이를 낳고, 이제는 평범한 할머니 할아버지가 되어 우리 곁에서 함께 살아가고 있습니다. 누군가는 초등학교 선생님이 꿈이었고, 또 다른 누군가는 옳은 일을 하면 언젠가는 빛을 발할 수 있다는 생각으로 하루하루 버티며 인내했습니다.

그러나 그들의 삶은 우리 사회를 바꾸어내는, 더불어 사는 세상을 만들어내는 힘을 갖고 있었습니다. 그들이 피와 땀으로, 눈물로 지켜내고자 했던 삶은 이처럼 소중한 것이었기에 역사 속에서 존경받아야 마땅합니다.

　진합태산塵合泰山. 티끌도 모이면 태산이 된다는, 우리가 익히 쓰고 들어온 말입니다. 그 어려웠던 시절, 우리 사회의 민주주의 발전을 위한 한 사람 한 사람의 노력이 바로 지금의 우리를 있게 한 원동력이 되었습니다.

　민주화운동기념사업회는 이 작은 힘을 모아 마침내 세상을 바꾸어낸 이름들을 다시 불러 되새기고자 합니다. 인간다움을 지키기 위해, 정의와 민주주의를 위해 싸우고 쓰러지고 마침내 승리한 이야기를 여기에 기록해두고자 합니다. 그들의 투쟁의 역사이자 함께 울고 웃었던 삶의 과정을 기억하는 것은 곧 우리가 어떻게 살아야 하는지를 묻고 깨닫는 과정이기 때문입니다.

　역사는 과거에 있지 않습니다. 우리는 앞선 이들이 치열하게 이루어낸 민주주의의 발판을 더욱 단단히 다지고 세워야 합니다. 역사를 만든 모든 이들에게 이 책이 작은 위로가 되기를, 시간이 흘러도 바래지 않을 그 이름들을 다시 한번 부르는 기회가 되실 바랍니다. 고맙습니다.

2021년 11월

민주화운동기념사업회

이사장 **지 선** 합장

참세상을 만들자며 헤쳐 온 길,
함께 한 노동의 꿈을 활자로 새기며

"근로기준법을 준수하라!"

"우리는 기계가 아니다!"

"내 죽음을 헛되이 말라!"

자신을 불사르며 외친 전태일 열사의 50년 전 절규는 오늘도 여전히 절박하다. 그래서 더 우리는 자꾸 말하고 기록해야 한다. 바로 이 책은 자본과 권력의 방해 공작 속에서도 민주노동조합을 만들고 지키기 위해 피를 흘리면서 싸워온 70년대 민주노동운동 동지들의 진솔한 기록이다.

1970년대 공업화가 본격적으로 이루어지면서 우리 경제는 눈부신 발전을 이루었지만, 그 경제를 떠받치던 노동자들의 처지는 참혹했다. 농촌에서 허기진 배를 채울 수 없어서 도시로 왔던 노동자들은 살인적인 저임금과 열악한 노동환경 속에서 병을 얻지 않으면 다행이었다. 서울 청계천의 다락방에서 등이 굽을 정도로 웅크린 채 일했고, 먼지 자욱한 요꼬 공장에서 일하고는 잘 곳이 없어 남산의 낙엽을 이부자리 삼기도 했다.

오빠를, 남동생을 공부시키고, 가장 노릇을 해야 했던 여성 노동자들은 초등학교, 중학교만 겨우 마치고 방직, 가발, 전자, 제사, 금속, 제약, 봉제, 피혁, 제지, 어망 등등 여러 공장에 들어가 기계처럼 야간노동, 일요일 노동, 심지어 밤샘 노동을 밥 먹듯이 해야 했다. 개중에는 고등학교 출신자도 있었지만, 기아임금과 열악한 노동조건, 인권유린, 그리고 차별대우는 크게 다르지 않았다. 국가의 공권력은 노동자들의 처지를 개선하는 데 사용되는 것이 아니라 인간다운 노동을 요구하는 목소리를 억누르는 기업주를 위해 동원되었다.

더 이상의 참을 수 없는 노동조건 속에서 노동자들은 스스로 자신들의 권리를 찾아 나섰다. 전태일 열사의 죽음은 그 도화선이었다. 노동자들은 스스로 깨우치며 무수히 많은 노동조합을 만들었고 헤아릴 수 없는 투쟁을 벌였다. 그 길은 노동자들의 희생을 경제성장의 발판으로 삼은 자본과 공권력의 잔혹한 탄압에 맞서는 엄혹하고도 결연한 길이었다.

이 책은 70년대에 바로 '자본과 공권력의 잔혹한 탄압에 맞서는 엄혹하고도 결연한 그 길'을 걸었던 청계피복, 원풍(한국)모방, 동일방직, 반도상사, YH무역, 콘트롤데이타 노동조합을 비롯하여 전국 방방곡곡에서 벌인 민주노동조합들의 단호하고도 당당한 투쟁의 기록이다. 다른 한편 이 책은 서로서로 어깨를 걸고 노동조합의 자주성과 민주성과 투쟁성을 지켜온 사람들, 굴욕적인 회유와 음흉한 매수의 유혹을 뿌리치고 참다운 노동의 가치를 지켜온 사람들, 국가폭력의 육체적·정신적 고문에 굴하지 않고 노동자의 주체성을 지켜온 사람들의 생생한 증언록이다.

동지들은 민주노동조합을 지키는 데만 힘을 쏟은 것이 아니라, 이 나라의 민주주의를 바로 세우기 위해서도 싸웠다. 1980년 전두환은 정권을 찬탈하자마자 민주노동운동 지도자들을 해고하고, 투옥하고, 삼청교육대에 보내는 등 온갖 불법을 자행하면서 민주노조를 파괴하였다. 해고된 민주노동조합 동지들은 생존권을 박탈하는 블랙리스트에 의해 반평생에 걸친 고통의 세월을 지내왔다. 그러나 동지들은 한 순간도 민주노동운동의 꿈을 버리지 않고 공장 밖에서도 합법, 반합법, 비합법 등 여러 방식으로 투쟁을 지속했다. 지역사회에서도 노동대중의 의지를 대변하며 복지확충에 솔선수범하는 민주시민의 삶을 이어왔다. 또한 동지들은 노동자 후배들의 조직결성을 지원하고, 그 투쟁의 현장마다 달려가 힘이 되고자 했다. 1987년 노동자 대투쟁을 지원하고 새로운 민주노조운동의 초석이 다져지는 과정을 응원하며 깃발을 맞들었다.

이렇게 우리 동지들은 노동자들의 조직 강화나 권익쟁취 현장 뿐 아니라 우리 사회 민주화를 위한 투쟁의 장에도 빠짐없이 동참했다. 80년대 광주민중항쟁, 87년 6월항쟁의 골목들, 2016년 광화문광장의 촛불 행렬로 이어지는 그 모든 장에서 동지들은 늘 얼굴을 마주했다.

어둠의 시대 70, 80년대의 민주노동조합 운동에 관한 역사는 여기저기 흩어져 기록되어 있다. 그러나 그것은 전체적인 과정의 조직적 기술에는 충실하였지만, 그 속에 살아 숨 쉬는 노동자 개개인의 목소리는 제대로 담아내지 못한 것도 사실이다. 이 책은 바로 그 한계를 보완하는, 수출지상주의를 위해 노동조합의 존재 자체를 용납하지 않으려는 국가폭력에 맞서 싸웠던 민주적 노동조합운동의 기록이면서 그 주인공들의 생애사이다.

노동자 한 사람 한 사람이 왜 노동자가 되었고, 어떻게 노동자로서 각성하고 사회적 인식을 높였는지, 숱한 투쟁 속에서 분노하고, 절망하면서도 희망을 되살리고, 결국에는 따뜻한 형제 자매애에서 결연한 동지애로 연결될 수 있었는지, 그리고 그 때를 되돌아보면서 지금 어떤 생각을 가지고 내일을 꿈꾸고 있는지 기록하여 남기고자 했다. 개인사 속에 그려진 한 시대 민중들의 처절한 저항과 삶의 현장을 보면서 한층 더 겸허한 역사 인식을 가질 수 있을 것이라는 믿음이 이 책의 출발점이었다.

그러나 이 책은 매우 좁은 울타리 안에 머물러 있음을 솔직하게 고백하지 않을 수 없다. 70년대 다양한 분야에서 전개된 수많은 노동조합과 노동자들의 치열한 활동과 투쟁을 일일이 찾아 싣지 못하였고, '70년대민주노동운동동지회' 회원 가운데 글을 쓰겠다고 희망하는 동지와 회원이 추천한 노동자들의 글을 모으는 데 그쳤기 때문이다. 많은 한계와 아쉬움이 남는다. 후배 동지들과 관심 있는 연구자들이 부족한 알맹이를 찾아 채워주기를 바라마지 않는다. 이광환(동광모방노동조합), 유재길(동일방직노동조합) 두 동지가 이 책의 발간을 보지도 못하고 세상을 떠난 현실도 그 바람을 더욱 간절하게 하고 있다.

이제 예순이 지나 일흔을 넘긴 오늘, '70년대민주노동운동동지회'의 이름으로 소략하지만 우리의 역사를 남길 수 있음을 그나마 다행으로 생각한다. 그러나 산업화·민주화에 성공하여 선진국 대열에 진입했다고 하는 작금에도 산업재해며 과로사로 노동자들이 끊임없이 죽어 나가고 있고, 노동현장에서의 모멸과 차별과 위협의 사례들도 난무한다. 이 기록이 이 땅의 노동운동을 발전시켜, 노동자들의 인간다운 삶을 앞당기는데 노동자 후배들에게 한 줌의 용기와 격려라도 된다면 더 바랄 것이 없겠다.

끝으로 민주화운동기념사업회 지선 이사장님을 비롯한 관계자 모든 분들께 깊은 고마움의 인사를 올린다.

2021년 11월
70년대민주노동운동동지회
회장 **임 현 재**

1   전체 순서는 민주노동조합의 결성 또는 전환 시기를 기준으로 삼되, 공권력으로부터 직접적인 탄압을 받은 조직 순으로 배치했으며, 각 노조 내 필자들의 글은 가나다순으로 했다.

2   '○○○○노동조합(노조)'은 한국노총 산하 산업별노조의 '○○○○지부', 또는 한국노총 산하 지역지부 밑의 '○○○○분회'를 말하며, 대표의 호칭은 지부장, 분회장이었다.

3   '본조', '본부', '산별'이란 한국노총 산하 산업별 노동조합(전국△△노동조합)의 약칭이다. 1981년부터는 산업별 연맹, 기업별 노동조합으로 바뀌었고, 노조 대표의 호칭도 위원장(전국단위), 조합장(사업장 단위노조) 또는 위원장으로 불리었다.

4   '상집'은 노동조합의 일상활동을 수행하는 상무집행위원회(총무, 조직, 교육, 선전홍보, 조사통계, 여성, 기획, 대외협력 등)를 말하며, 부장, 차장, 위원 등으로 구성되었다.

5   '대의원'은 일정 수의 조합원을 기준으로 선출되는 현장 대표이며, 대의원대회는 정기대의원대회와 임시대의원대회로 구분한다.

6   '노조전임', '상근간부'는 노동조합에 상근하며 조합 업무를 수행하는 간부를 말한다.

7   '소그룹', '소모임'은 노동자들이 만든 작은 단위의 현장 조직체로, 팀, 반으로 부르기도 한다.

8   '준법투쟁'은 법 규정대로 행동함으로써 사용자에게 타격을 가할 수 있는 방식(예: 시간 지키기 등)의 투쟁이며, '출근투쟁'은 해고나 출근정지 등의 부당한 징계를 받았을 때 그 부당성을 폭로하고 조합원의 단결을 촉진하기 위해 출근하여 활동하는 투쟁형태를 말한다.

9   '조출지퇴'는 취업규칙에 규정된 시간보다 일찍 출근하게 하고 늦게 퇴근하게 하는

것으로, 사실상 노동시간의 연장인데도 노동자의 동의 없이 시간외수당도 지급하지 않는 노동력 착취방식이다.

10 '보위법', '국가보위법'은 1971년 12월에 제정된 '국가보위에 관한 특별조치법'을 말한다. 노조의 단체교섭권과 단체행동권은 주무관청의 조정을 받아야 한다고 규정함으로써 사실상 노동기본권을 봉쇄한 악법이었다.

11 중정, 보안사(분실), 대공분실(과), 합수부 등은 70, 80년대에 노동탄압을 가했던 공안기관들이다. 중정은 중앙정보부(후에 안기부, 국정원으로 바뀜), 보안사(분실)는 국방부 보안사령부(범진사, 서빙고분실), 대공분실(과)은 치안본부(지금의 경찰청) 남영동본실 및 서울시경(서울경찰청) 대공과, 합수부는 1980년 계엄사령부 산하 합동수사본부를 말한다.

12 '5·17계엄확대'는 1979년 10월 26일 박정희 피살 직후 제주도를 제외하고 전국에 내린 비상계엄령을, 1980년 5월 17일 전두환 신군부가 제주도를 포함하여 전국으로 확대한 조치를 말한다.

13 '노동계 정화조치'는 5·18 광주민주항쟁을 유혈로 진압한 전두환 신군부가 1980년 6월부터 민주노조운동을 말살하기 위해 내린 폭압적 시책을 말한다. 이에 따라 민주노조 간부·조합원의 연행과 고문, 삼청교육과 구속, 해고와 노조파괴 등이 행해졌다.

14 '블랙리스트(blacklist)'는 감시가 필요한 위험인물들의 명단을 말하는데, '노동자 블랙리스트'는 1978년 4월 동일방직 민주노조 투쟁으로 해고된 노동자들의 명부를 섬유노조 위원장 김영태가 작성하여 전국 사업장에 배포한 것에서 시작되었다. 1980년 전두환 신군부는 노동계 정화조치로 해고된 1천여 명의 '노동자 블랙리스트'를 배포, 그들의 취업을 원천 봉쇄했다.

노조지도자를 위한 중간집단교육

60, 70년대 노동문제의 연구와 교육, 아카데미 노동교육의 이념, 노동교육 대상의 선정, 노동교육과정의 설계, 교육 참가자의 속성, 후속교육, 아카데미 노동교육의 성과

청계피복노동조합 사무실
(1970년~1981년)

1971년 11월 13일
전태일 1주기 추도식

1971년 12월 19일 청계피복노동조합
제1차년도 정기대의원대회

1972년 8월 31일 평화교실
제1기 수료식

후생식당 주방에 자청해서 들
어가 노동자들의 끼니를 챙겨
주시는 이소선 어머니

1972년 12월 26일 명동성당 문화관에서 열린
제1회 연소근로자 위안잔치를 축하하는 김수환 추기경

어둠의 시대 불꽃이 되어

1974년 11월 3일
제3회 지부장컵 쟁탈 등산대회

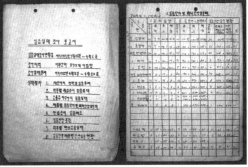

▲ 1975년 2월 7일 노동교실 찾기
  농성에 사용한 유인물

▲ 1975년 3월 25일부터 4월 6일까지 노조 집행부가 조합원들과
  함께 발로 뛰며 조사한 임금실태조사보고서

▲ 청계피복노조 여성조합원들의 삶의 중심이었던 아카시아회
  창립 5주년 기념 야유회(1976년 6월 20일, 동구릉)

1977년 5월 8일 어머니날 행사. 노동교실이 있던 유림빌딩 옥상에서 기념 촬영

1980년 4월 7일부터 11일간 평화시장 옥상에서 진행된 임금인상 투쟁(사진: 경향신문 제공)

민주노조 운동의
새 역사를 열다

평화시장

　1970년경 서울시 중구 을지로 6가 평화시장 일대는 의류를 만들어 전국에 유통하는 도매시장이었다. 당시 의류공장은 평화·동화·통일상가 등을 중심으로 2천여 사업장에 걸쳐 있었다. 노동자는 2만 7천여 명이며, 아침 7시 30분경부터 밤 10시 30분경까지 하루 15시간여의 중노동을 하고 있었다. 한 달에 한 번의 주휴일이 있었으나 구정, 추석 등에는 잠 안 오는 약과 주사를 맞아가며 15일에서 20여 일간 작업하는 법의 사각지대에 있었다.

　노동자의 80%는 여성이었으며 그 중 18세 미만 연소 노동자가 26%, 7천여 명이나 되었다. 노동자들은 생리휴가나 건강진단 한번 받지 못했으며, 근로기준법이 있는지도 몰랐다. 하루 15시간 일하고 한 달에 받는 임금은 다음과 같았다.

　　− 시다(견습공) 12∼17세 = 1,800∼3,000원 (여성 다수 11,000여명)

　　− 미싱 보조 15∼20세 = 3,000∼15,000원 (여성 다수 2,000여명)

　　− 오야(미싱사) 19∼40세 = 7,000∼25,000원 (여성 다수 10,000여명)

　　− 재단사 20∼50세 = 20,000∼35,000원 (남성 1,000여명)

　　− 재단보조 18∼25세 = 3,000∼25,000원 (남성 2,000여명)

　　− 기타 25∼50세 = 8,000원∼25,000원 (남, 여 1,000여명)

작업장은 1.6m 높이에, 2층으로 다락을 만들어 일어설 수도 없고 환기조차 전혀 안 되는 구조였으며, 겨울에도 난방이 없음은 물론 햇빛조차 볼수 없는 환경이었다. 1971년에 처음 실시한 건강진단 결과(수검자 6,175명) 10%가 질병을 가지고 있었으며 그 중 폐병환자가 33%나 되었다. 한 공장에 평균 10여명이 근무하는데, 사장의 동생, 처제 등이 함께 근무하고 있어 공장에 대한 불만이나 불평을 할 수 없는 구조이고, 스스로 퇴사하거나 해고돼도 월급을 주지 않는 것이 당연시 되고 있었다. 잠만 자고 출근해서 일만 하는 노동자들이 노동법을 접할 수도 없었다. 노동법을 모르니 노동조합을 결성할 수도 없었다.

전태일의 분신 항거

1970년 11월 13일, "근로기준법을 지켜라! 나의 죽음을 헛되이 말라!" 외치며 22세의 재단사 전태일이 평화시장 앞에서 분신하는 사건이 발생했다. 그는 1964년부터 평화시장에서 일한 노동자였다. 가난한 집안의 청소년들처럼 기술을 익혀 돈을 벌겠다는 생각이었지만, 18세 미만의 어린 여성 시다들의 열악한 노동환경에 충격을 받은 그는 어떻게든 도울 수 있는 방법이 없나 생각하게 되었다. 재단보조인 자신의 차비를 아껴 시다들에게 풀빵을 사주며 퇴근시키고는 대신 일하기도 하였다. 재단사가 되어야 그들 편에 서서 임금도 올리고 노동문제를 해결할 수 있다고 생각하여 재단사가 되었으나 문제를 근본적으로 해결할 수 없다는 것을 깨닫게 되었다.

문제를 파고들던 그는 근로기준법을 알게 되었고, 이 법을 통해 노동조건을 개선해야 한다는 생각에 이르렀다. 이를 위한 활동으로 1968년, 동료들을 모아 '바보회'를 결성해서 실태조사 등을 하였으나 냉소만 당하고 해고되었다. 그러나 굴하지 않고 1970년 9월, '삼동친목회'를 결성하여 더욱 열정적으로 활동에 나섰다. 이들이 평화시장의 근로환경실태조사를 하여 노동청에 고발하면서 언론에 평화시장의 지옥 같은 노동조건이 보도되었다. 당황한 당국에서는 이의 개선을 약속했고, 금방이라도 개선될 것처럼 보였다. 하지만 노동청에 대한 국정감사가 끝나자 당국과 사용주들의 태도가 돌변해 차일피일하며 속임수로 일관했다.

현장은 조금도 달라지지 않았고 어린 시다들은 다락방에서 기침을 하며 일했다. 노동자들을 우습게 여기고 조금도 두려워하지 않는 관계당국에 진정서도 내고 호소도 해보며 애쓰던 전태일은 거대한 벽 앞에서 최후의 투쟁을 결단했다. 노동자들이 읽지도 못할 한문으로 쓰인 채, 문서로만 존재할 뿐인 노동법 책을 끌어안고 분신으로 항거하기에 이른 것이다.

전태일의 분신은 사회에 큰 충격을 안겼다. 특히 양심적인 지식인들이 눈을 떠 노동현장을 바라보게 하였다. 정부당국과 사용주들은 이 여파를 속히 무마하기 위해 거액의 현금으로 이소선 어머니를 회유하였으나, 어머니는 단호히 거절하고 아들의 요구조건을 이행할 것을 촉구했다. 결국 어머니의 끈질긴 투쟁으로 8가지 약속을 받고 장례를 치르게 되었다. 그 중 하나가 '노동조합 결성지원'이었다. 그러나 실상 어머니와 전태일의 친구들은 노동조합에 대해서는 전혀 모르는 상태였다. 결국 한국노총에 의존하게 되고, 한국노총이 중심이 되어 1970년 11월 27일, 사용주들의 사주를 받은 불량배들의 방해를 무릅쓰고 53명의 조합원(대의원)이 참여한 가운데 청계피복노동조합(전국연합노동조합 청계피복지부)을 결성하였다.

청계피복노동조합 출범

청계피복노조는 결성 당시 노조에 대하여 잘 알지 못하여 한국노총에 의지할 수밖에 없었다. 그럼에도 옳고 그름은 분별할 수 있었던 노동자들은 사용주들의 지원을 받은 황종옥 등을 배척하고, 한국노총 조사통계부 차장 김성길을 초대 지부장으로 선출하였다. 김성길은 한국노총에 출입하던 보안사령부 직원인 사촌형의 소개로 조사통계부 차장으로 일하던 사람이었다. 평화시장 노동자 출신이 아닌 그는 노동자들을 노조에 가입시키고 교육을 하여 노조역량을 강화하는 일보다는 정부당국의 지원을 받아 의료, 야간학교, 후생시설 등만 운영하려 했다.

결국 '전태일의 친구들'이 중심이 되어있던 노조 활동가들이 문제의식을 갖게 되고, 김성길 지부장은 사표를 내고 물러났다. 후임으로는 김성길이 추천해준 서울운수노조 출신의 구건회를 지부장, 김윤근을 사무장으로 선출했다. 그러나 구건회는 여성노동자들을 성희롱하고, 타 단체와 교류한다는 이유로 이소선 어머니까지 노조에 출입하는 것을 반대하다가 5개월 만에 사과문과 사표를 쓰고 물러났다.

출범 초기 이러한 혼란을 겪은 후 1971년 9월, 노조는 임시대의원대회를 열어 최종인을 지부장에 선출함으로서 평화시장 출신 노동자들이 노동조합을 운영하는 조건을 만들었다. 최종인 지부장과 부지부장, 부서 부장들이 청계피복 출신들로 구성되어 비로소 자주적인 노동조합이 된 것이다.

청계피복노조가 결성될 수 있었던 데는 정치적 상황도 작용하였다. 전태일 열사가 분신하자 자각한 학생들이 노동조건의 개선을 요구하며 연일 시위를 벌이고, 1971년 대통령 선거를 앞두고 정치권에서도 노동문제가 정치문제화 되었다. 정부는 이런 정치사회적 분위기 때문에 마지못해 노조 결성을 묵인했던 것이다. 조합원 한명 없이 간판부터 걸게 된 노조는 노동자들을 가입시키기 위해서 '전태일의 친구들' 등의 활동가들이 점심시간에 사업장을 방문하고 플래카드를 시장통로 등에 설치하였다. 그러자 1970년 12월 22일, 경찰이 이를 불법 현수막이라는 이유로 강제철거하려 하자 싸움이 벌어졌다. 노조간부들이 집단분신을 시도하며 거세게 항의하였으나 소방서의 물차를 앞세운 경찰에 전원 연행되었다. 노동자들이 단식을 감행하자 당국에서 한국노총에 연락하였고, 노사협의회가 없어 이런 분란이 일어난 것이라며 사용주들을 설득하여 1971년 1월 9일 '노사협의회'가 구성되기에 이르렀다.

이런 가운데 1971년 3월, 한영섬유의 김진수 조합원이 노동조합을 탈퇴하지 않는다는 이유로, 구사대들이 드라이버로 머리를 찔러 중태에 빠지는 사건이 일어났다. 그런 상황인데 치료도 안 해주고 있다는 소식을 듣고 이소선 어머니와 청계노조 간부들이 병원에 달려가 강력 항의하여 치료는 받게 했으나 결국 사망하고 말았다. 노조간부들은 김진수의 친구들에게 한국노총을 찾아가 항의농성을 하라고 조언했다. 이들이 한국노총에 갔으나 위원장, 사무총장이 만나주지 않자 분노하여 사무실 집기, 서류 등을 닥치는 대로 부수고 유리창을 깨는 사태가 발생했다.

경찰에 연행된 한영섬유 노동자들은 '전태일의 친구들'이 시켜서 그렇게 했다고 진술하였고, 한국노총도 청계노조에 항의를 했지만 유야무야되었다. 당시 경찰은 청계노조를 건드려봐야 성가시기만 하다고 생각했는지 아무 조사도 없었다.

1971년 9월, 평화시장 사용주들이 세금이 많다며 철시하는 사태가 발생했다. 이에 노조도 부당하게 매긴 세금을 당장 시정하라는 성명을 발표했다. 정부당국은 노동조합이 사용주의 세금문제에까지 나서는 것은 전혀 사례가 없는 일이라며 비판하였다. 그러나 노동조합이 이 문제를 걸고 단식농성에 들어가겠다고 선언하자, 정부당국은 부랴부랴 사용주들과 합의하여 세금문제를 해결하였다. 이 사건으로 사용주들이 노조를 찾아와 고맙다고 인사를 하기도 했다.

전태일 정신을 모태로 출발한 노동조합은 이렇듯 타 사업장의 노동문제든, 속해 있는 사용자가 부당한 일을 겪든, 몸을 사리지 않고 해결하려 노력했다. 그러나 사용주들은 노동조합이 수차례 노사협의회에서 단체협약 체결을 요구하였음에도 불구하고 이리저리 핑계를 대며 미뤘다. 이에 노조는 노사협의회가 열릴 때마다 노조 사무실에 할 수 있는 대로 많은 조합원들을 동원하여 만일의 사태에 대비했다. 노사협의회가 원만히 합의하지 않으면 회의장을 점령, 농성을 하겠다는 노조의 결의에 1971년 4월 9일, 단체협약을 체결하였다. 이렇게 청계노조는 비로소 진정한 교섭단체가 된 것이다.

평화시장 노동자들은 대부분 어려운 형편으로 배우지 못하고 서울로 올라와 기술을 배운다는 명목하에 착취당하고 있으면서도 배움을 갈망하고 있었다. 청계노조는 1972년 4월, YWCA 대학생봉사단의 협조로 7평 정도 되는 노조사무실에서 밤 8시 이후 중등과정의 교육을 실시하기로 하였다. 20명을 뽑으려고 공고했는데, 200여 명이 지원해 어렵게 50명으로 늘려 교육을 시작했다. 여성노동자 모임인 '아카시아회' 회원들의 교육장도 필요했고, 중등과정 교육장도 절실히 필요했다. 이런 중에 1972년 9월 15일, 노조의 부녀부장이 모범근로여성으로 선정되어 청와대에 초청받아 갔다가 육영수 여사에게 교육장 이야기를 해서 평화시장 상인들의 모금으로 교실을 만들 계획을 세우게 되었다

그러나 사용주들이 생각만큼 모금에 참여하지 않아 노사협의회가 열렸다. 이 자리에서 사용주 대표가 겨울철 바쁠 때 몇 차례 일요일에 노동자들이 특근을 해주면 좋겠다는 조건을 제시하였고, 이에 합의하여 모금문제가 해결되었다. 이렇게 해서 모금된 300여만 원으로 동화상가 옥상에 40여 평의 노동교실이 설립되었으며, 책상 등 비품은 아시아아메리카자유노동기구(AAFLI)에서 지원을 받았다.

1973년 5월 21일. 노동교실 개관식이 열렸다. 노조에서는 〈씨알의 소리〉 대표인 함석헌 선생을 초청하였다. 함 선생은 1971년 미국에서 돌아온 후 늘 청계노조에 많은 관심을 보여 왔었다. 그런데 사용주들은 함석헌 선생이 왔다는 이유로 노동교실을 일방적으로 접수하고 교육과 운영을 직접 하겠다며 노조를 배척했다. 또 함석헌 선생을 초청한 노조사무장은 중앙정보부(중정)에 불려가 고초를 겪었고, 중정은 노조에 사무장을 해임하라고 압박했다. 노조가 이를 거부하자 노동조합 간부들의 상가 출입을 못하게 하고, 노조 전임자 임금도 지급치 않았으며, 조합원들의 조합비도 공제해 주지 않는 등 부당노동행위를 자행했다. 힘들게 5개월을 버텼으나 결국 4명의

간부가 사직하고서야 노조가 다시 활동할 수 있었다. 사용주들은 교실을 자신들이 운영하면서 새마을교육 등 정부시책 위주로만 교육했다. 이에 초창기 조합원들 사이에서 교실을 되찾자는 논의가 시작됐다.

이 무렵 상황이 급격히 변하고 있었다. 1971년 12월, '국가보위에 관한 특별조치법'으로 학생운동과 노동운동이 크게 위축됐으며, 1972년 10월에는 유신 쿠데타가 일어났다. 1974년에는 긴급조치 1호, 4호가 연이어 발포되어 유신헌법을 비판하는 한마디만 해도 사형 등 중형을 선고했다. 이러한 상황에서도 1975년 2월 7일 오후 1시, 200여명의 조합원이 동화상가 옥상으로 올라가 노동교실을 돌려달라며 6시간에 걸친 농성을 벌였다. 돌발사태에 당황한 정부당국과 사용주들은 황급히 노조에 협의를 요청해 왔고, 결국 교실을 되찾게 되었다. 이 사건으로 인해 청계노조는 노동시간, 임금인상, 단체협약 등 문제가 생길 때마다 자신감을 갖고 투쟁을 해야 노조가 탄압받지 않는다는 생각을 갖게 되었다. 이후 동화상가에서 을지로 6가의 유림빌딩으로 교육장을 이전, 이름도 노동교실로 바꾸었다.

이 무렵 성동구 성수동에 소재한 풍천화섬에서 노동자 투쟁이 일어났다. 이전부터 풍천화섬 노동자들은 노동교실에 찾아와 노조결성에 필요한 서류들을 준비는 등 청계노조와 교류하고 있었다. 풍천화섬은 1976년 추석에도 작업을 시켰고, 이에 노동자들이 회사를 뛰쳐나와 한양대까지 가두시위를 벌인 것이다. 이때 연행된 주모자에게 노조 총무부장이 도피자금을 제공한 것이 드러나 구속되었다. 청계노조 조합원들은 이 사건의 재판 때마다 2, 3백 명씩 참관하여 성동지청을 규탄하고 총무부장 석방을 요구하는 등 법정을 투쟁의 장으로 만들었다. 이로 인해 많은 조합원들이 연행되어 구타를 당하기도 했다. 노조에서는 풍천화섬사건의 진상을 알리는 유인물을 만들어 사방에 배포했다. 경찰은 이 유인물이 긴급조치에 위반된다며 청계노조 지부장을 강제 연행하기도 하였으나, 조합원들이 농성에 들어가자 새벽에 석방되기도 하였다.

1977년 7월 10일, 협신피혁 노동자 민종진이 산업재해로 사망하는 사건이 발생하자 청계노조 조합원들은 경인지역 노동자들과 연대하여 노동청을 점거하는 등 격렬한 투쟁을 벌였다. 영등포경찰서는 이소선 어머니와 조합원 53명을 연행했는데, 그 과정에서 한 조합원이 무자비하게 폭행하는 경찰에 저항하다가 동맥이 파열되어 병원에 이송되는 사태가 일어나기도 했다. 경찰은 다음날 어머니와 노동자들을 석방했다. 이 사건은 경인지역의 민주노조들이 연대하여 투쟁한 최초의 사례였다.

1977년 7월 22일, 이소선 어머니가 구속되었다. 서울대 학생운동 출신인 장기표의 재판에서 노동문제를 왜곡하는 판사에게 항의하였다고 하여 법정모독죄로 구속된 것이나, 사실은 평소 이소선 어머니를 눈엣가시처럼 여긴 정보기관의 공작이었다. 그간 이소선 어머니는 청계노조나 그 외 모든 노사분규 때마다 앞장서서 투쟁하였고, 반정부 재야 모임에도 적극 참여하여 그들로서는 손볼 기회를 엿보고 있었다. 어머니의 구속과 동시에 노동교실도 폐쇄되었다. 노조원 40명은 1977년 9월 9일, 어머니의 석방과 노동교실 탈환을 위한 결사항전을 선언, 노동교실을 봉쇄하고 있었던 경찰들을 밀어내는 등 처절한 투쟁을 벌였다. 그러나 이 투쟁은 경찰에 전원 연행되어 5명이 구속되고, 14명이 즉결심판에 넘겨져 15일의 구류를 살았다. 다른 한 명은 경찰에 저항하다가 투신, 중상을 입기도 했다.

서울의 봄

1980년 4월, 노조는 임금인상과 단체협약 체결을 요구하며 14일간에 걸친 농성과 시위를 벌였다. 특히 퇴직금은 근로기준법상 16인 이상 사업장에만 적용되는데, 이를 10인 이상 사업장에도 확대 적용할 것을 요구하였다. 이에 대해 당국과 사용주들은 법에도 없는 사항이라 하여 거부하고 대신 보너스를 200%를 주겠다고 했다. 그러나 노조는 눈앞의 이익을 포기하고 전국의 영세사업장 노동자들의 입장을 고려하여 끝까지 싸웠다. 그 결과 임금 29% 인상과 10인 이상 사업장에 퇴직금제도를 도입하기로 합의하는 데 성공하였다. 이로부터 10인 이상 사업장까지 근로기준법이 확대 적용되는 것으로 법이 개정되었다.

1980년 5월, 전두환 신군부세력은 광주민중항쟁을 잔혹하게 진압하여, 전권을 장악한 후 민주화세력을 잔혹하게 탄압하였다. 노동계도 예외는 아니었다. 8월부터 '노동계 정화조치'라는 이름으로 민주노조 간부들을 현장에서 대거 축출하였고, 1980년 12월 8일에는 수도권 민주노조 간부들을 대량 검거 구속했다. 청계노조에서도 이 날 아침 출근하자, 합동수사본부 수사관들이 노조간부 8명 전원을 강제 연행, 국방부 지하 벙커로 데려갔다. 수사관들은 노조간부들에게 "10년 동안 알고 지냈던 외부인사 이름을 적어라", "1980년 봄 14일간의 임금인상 농성과 시위는 법위반이라는 것 알고 했다", "외신기자들과 연락하는 담당자 이름을 대라", "책상 속에 있었던 5·18 관련 유인물의 출처를 말하라"며 무자비한 폭행을 가했다. 수사관들은 간부들의 가택수색 등도 했으나 뚜렷한 물증이 없자 60일 만에 석방하고 새마을교육이라는 이름으로 6, 7일간의 반공교육을 받게 했다. 당시 합수부 단장이라는 자는 "청계피복노조는 총칼을 동원해서라도 해산시킨다"고 협박하기도 했다.

1981년 1월 6일, 합수부 단장의 말대로 서울시에서 노조를 해산하라는 공문을 보내왔다. 노동조합이 이의를 제기하고 버티자, 1981년 1월 21일 새벽 노조 사무실을 부수고 들어와 집기 모두를 중구청 지하실로 옮기고, 장부와 현금재산 등은 연합노조로 빼돌렸다. 또한 정사복 경찰 5, 6백 명을 평화시장에 배치하고 노조간부들의 사무실 접근을 못하게 하였다. 노조활동이 막히자 조합원 22명은 1981년 1월 30일 아시아아메리카자유노동기구(AAFLI)에 몰려가 조지 커틴 한국사무소장을 인질로 잡고 청계노조 원상회복 등을 요구하는 농성에 돌입했다. 이 과정에서 2명이 투신을 하여 한 명이 중상을 입었고, 농성자 전원은 경찰에 연행되었다. 계엄 해제 후 첫 농성이었다. 끝내 12명이 구속되었고, 나머지는 15일 구류에 처해졌다.

1966년 평화시장에 섬유노조 지부가 결성되었다가 3일 만에 간판을 내렸다는 청계상가는 사용주 2천여 명에 2만여 명의 노동자가 일하는 곳이었다. 한 사업장 평균 10여명의 노동자로는 노동조합을 결성할 수 없는 구조였으나 전태일 열사의 죽음과 이소선 어머니의 투쟁으로 1971년 노조가 결성되게 되었다. 노동법의 기본도 모른 채 노동조합 활동을 하게 된 '전태일의 친구들'은 고려대학교 노동문제연구소, 서강대학교 산업문제연구소 등 연구 교육단체와 각종 세미나 등을 찾아다니며 노동3법을 달달 외울 정도로 공부하여 노조간부로서의 자질을 갖추어 나갔다.

해고되거나 퇴사한 노동자들의 임금을 주지 않는 것이 보편화된 사업장에서 사용주들로부터 임금을 받아 주고, 일요일에 작업하거나 밤 10시 이후에 작업하는 사업장을 조사하는 활동 등을 죽기 살기로 했다. 노조 초창기 체불임금을 받아주는데 노력한 결과로 그 혜택을 받은 노동자가 조합에 가입하고, 일요일, 또는 평일 밤 8시 이후 작업하는 사업장에 조사를 나가 이를 금하게 한 것이 노동자들에게 신뢰를 얻어 집단으로 노조에 가입하기도 했다. 이런 활동 때문에 사용주들로부터 소금 세례와 폭행을 당하기도 했고, 검사에게 불려가 폭행을 당하고 벌금을 내기도 했다. 그러나 탄압은 오히려 노동자들이 노조의 필요성을 느끼게 하여 노조가입을 적극 견인했다. 점심시간에는 노조간부들이 직접 작업장을 돌아다니며 가입을 받기도 했다. 그 결과 노조설립 1년차에는 조합원 4,547명의 노동조합이 되었다.

조합은 야유회, 등반대회, 수련회, 축구대회 등 여러 형태의 모임을 통해 노동교육을 지속적으로 실시하였다. 이러한 꾸준한 교육으로 의식화된 여성조합원들은 '아카시아회'를 만들어 노동조건 개선과 임금인상 활동에 앞장서 싸웠다. 1972년 견습공 600여명이 참석한 연소 근로자 위안잔치에 김수환 추기경이 참석한 일, 1973년 5월 아카시아회 회원 연 600여명이 참여하여 직접 만든 물건들로 20여 일간 2천여 명이 방문한 교육기금 마련 바자회를 개최한 일 등 감동적인 장면도 여럿 있었다.

1976년 3월, 와이셔츠 생산의 경우 관례적으로 미싱사가 시다 임금을 주고 있었는데, 이를 사용주가 직접 지급하게 하는데 성공하였다. 이 시다 임금 직불투쟁은 사용주들이 죽기보다 싫어하는 임금 산출과 지급방식을 바꾸어 낸 획기적인 일이었다. 또한 1977년 5월의 대림사를 중심으로 한 와이셔츠 공장 공임인상투쟁은 동종 와이셔츠 공장 노동자들이 연대파업으로 승리한 사건이었다. 이 파업이 승리한 것은 와이셔츠 공장 노동자들 가운데 의식화된 중견 조합원들이 많이 있었기 때문이었다. 청계노조투쟁의 최대 결실은 1977년 단체협약을 갱신 체결할 때 노조의 최대 과제인 유니온샵(취업과 동시 노조 자동가입)을 도입한 것과 수백 가지의 옷 한장 한장의 공임을 적시한 임금협정서를 체결하고, 시다·보조들의 임금을 사용주가 주게 하는 직불제로 임금을 최대 60%까지 인상한 일이었다.

1975년 11월 13일, 모란공원 묘원의 전태일 동지 추모식에 참석하지 못한 조합원들이 노동교실에서 추모의 밤을 개최한 일이나, 1975년 12월 14일, 조합원들이 노동시간단축 준수를 요구하는 농성을 벌이고 노소 시부장 등 40여명이 노동청 서울사무소에 몰려가 집단항의 농성을 한 것도 빼놓을 수 없는 투쟁이었다.

평화시장에는 노조조직이 있는 사업장만도 1천여 개에 달하는데, 아무리 노사협의회에서 합의해도 많은 사용주들이 이를 실행하지 않아 크고 작은 사건들이 매일같이 일어났다. 그때마다 조합원들은 집단 항의농성으로 임했다. 이러한 투쟁에는 항상 이소선 어머니가 앞에서 버티고 있어서 큰 의지가 되었다. 그래서 노동조합 간부들도 노조가입활동, 노조비 징수, 체불임금 해결, 일요일 작업조사, 밤 8시 이후 작업조사 등 노조 본연의 임무를 할 수 있었다.

청계노조에서 집단 항의, 농성, 시위 등이 얼마나 있었는지는 상세히 기록되어 있지 않으나, 1981년 '아프리 농성사건'의 재판에서 검사는 "청계노조에서는 설립 후 157회의 불법농성과 시위가 있었다"고 말하기도 했다. 어려운 환경이었지만 수많은 외부인사들의 격려와 지원이 있었고, 이름 하나 남김없이 해고당하고 연행되고 구타당한 수많은 조합원들이 있었기에 청계피복노조의 활발한 활동이 가능했다. 또한 크리스챤아카데미 중간집단교육을 받은 노조간부들의 의식화된 투쟁과 활동도 노조 활성화의 중요한 동인이었다. 여성조합원들은 이소선 어머니와 함께 타 단체와 연대, 노조결성과 투쟁을 적극 지원하였으며 민주화 운동에도 적극 참여하였다. 청계조합원들은 1985년 구로동맹파업을 주도한 대우어패럴 노동조합 등 여러 곳의 노동조합 결성을 주도하고 지원했다.

청계피복노조 집행부 연혁

	기간	대표자
1	1970.11.27 ~ 1971.02.25.	김성길
2	1971.04.06 ~ 1971.08.20.	구건회
3	1971.09.12 ~ 1976.04.09.	최종인
4	1976.04.16 ~ 1977.06.27.	이승철
5	1977.07.03 ~ 1978.08.10.	양승조
6	1978.09.27 ~ 1979.03.14.	김영문
7	1979.03.14 ~ 1981.01.21	임현재

1980년 서울시에 의해 해산된 청계피복노조는, 1984년 4월 8일 법외노조로 복구하여 전두환 정권으로부터 잔혹한 탄압을 당하면서도 노조 합법성 쟁취투쟁을 끊임없이 전개하였다. 특히 1984~85년 대학생들과 함께 전개한 '청계피복노조 합법성쟁취 노학연대 가두투쟁'은 전두환 정권 등장 이래 최초로 서울 중심가를 휩쓰는 대규모 대중시위였다. 치열한 투쟁

끝에 1988년 구로구청 농성을 계기로 청계피복노조는 합법성을 되찾을 수 있었다. 이후 청계피복노조는 1998년 서울의료노조로 계승되었고, 최근에는 민주노총 화섬연맹 서울봉제인지회로 맥을 이어가고 있다.

하루 열네 시간 노동에도
포기는 없었다

박 태 숙

언니들 따라간 곳

나처럼 평범한 사람이 이런 글을 써도 되나 고민을 했다. 하지만 청계피
복노동조합의 이야기가 역사에 남을 만한 가치가 있다면, 그것은 우리 같
은 평범한 조합원들이 겁도 없이 열심히 싸웠기 때문이라고 믿기에 어렵게
용기를 냈다.

나는 강원도 태백시 장성에서 1959년 9월 15일에 태어났다. 본래 이름
은 박분숙이었다. 아버지는 탄광에서 일하셨고, 엄마는 집에서 살림을 하셨

본명 박분숙. 강원도 태백시 장성에서 광부의 4녀 1남 중 넷째 딸로 1959년 9월 출생. 중학교를
포기하고 서울 평화시장 취업. 하루 14시간의 중노동 속에 76년 청계노조 '샛별' 소모임에 든 후 노조
활동에 적극 참여. 77년부터 대의원, 운영위원, 노사위원, 투쟁위원 등으로 투쟁에 나섬. 80년 봄 악
성결핵으로 죽을 고비를 넘기고 청계피복노조 복구투쟁에 투신. 전태일기념사업회, 전태일재단 운영
위원, 화섬노조 봉제지회 부지회장으로 활동 중.

다. 형제는 위로 언니 3명, 밑으로 남동생이 있었다. 그런데 아버지가 탄광 일을 못 할 정도로 몸이 허약해져서 내가 5살 되던 해 우리 가족은 무작정 서울로 올라왔다. 우리 식구가 살게 된 곳은 약수동 산꼭대기였다.

초등학교 6학년 2학기, 갑자기 아버지가 폐암 말기 판정을 받아 중학교 진학을 포기할 수밖에 없었다. 담임선생님께서는 엄마에게 앞으로는 여자도 배워야 하는 시대이니 어렵더라도 중학교에 꼭 보내라고 몇 번이나 당부하셨다. 그러나 우리 집 형편으로는 도저히 중학교에 갈 수가 없었다. 그때 큰언니와 작은언니가 평화시장에서 일하고 있었는데, 두 언니의 수입만으로는 아버지 병원비 대는 것도 빠듯했다.

아버지는 이듬해인 1974년 2월에 돌아가시고, 나는 초등학교를 졸업하고 바로 평화시장에 시다로 들어갔다. 4월쯤이었을 것이다. 아침 8시에 출근해 밤 10시 30분쯤 퇴근했다. 온종일 서서 일하고, 일이 밀리면 화장실 갈 시간도 없어서 참고 참다 배가 터지기 직전에 갈 수밖에 없었다. 너무 힘들었지만 부당하다고 느끼지 못했다. 가방끈이 짧은 사람들은 당연히 이렇게 일해야 하는 줄 알았다. 그래서 불평불만 없이 다리에 쥐가 나도 참고 일했다. 출퇴근길 버스비를 아끼기 위해 약수동 집에서 평화시장까지 걸어 다녔다. 열 시간 이상 일하고 약수동 꼭대기까지 걸어 오르는 길은 정말 힘들었다. 겨울철 장충단공원을 지날 때는 찬바람이 몹시 불어 열여섯 살 내 얼굴은 벌겋게 텄다.

신명나는 노동조합

그러던 어느 날 저녁 8시쯤이었다. "아니, 이 사람들이 아직도 일을 시키고 있어?" 어떤 남자와 여자가 공장에 찾아와 사장과 실랑이를 벌였다. 두 사람은 앞으로 저녁 8시 이후에는 일을 할 수 없으니 그만하라고 하더니 공장의 전원을 내려버렸다. 무슨 일인가 싶으면서도 앞으로 8시에 퇴근할 수 있다니 너무 좋았다. 나중에 알고 보니 그날 공장을 찾아온 두 사람은 청계피복노동조합의 임현재, 이숙희 선배였다. 하지만 좋은 날도 며칠뿐, 노조의 단속이 뜸해지면 다시 10시 30분까지 공장에 붙들려 있었다.

내가 처음으로 노동조합을 찾은 것은 1976년 봄이었다. 옆 공장에서 일하는 강춘옥 언니가 나에게 다른 공장에서 일하는 친구들과 만나보라고 하면서 모임을 소개해 준 게 계기가 됐다. 아직 노조에는 내 또래 친구들이 많이 모이지 않아서, 처음에는 경동교회 모임에 들어갔다. 그 곳에서는 최한배, 천상경, 박문담 등 젊은 학생들이 우리를 가르쳤다. 학교 공부에 목마른 우리를 위한 중등과정뿐만 아니라 노동자로서 반드시 알아야 할 근로기준법 등의 내용도 배울 수 있었다. 천상경 선생님은 잘 생긴 데다 노래도 무척 잘 불러 친구들 사이에서 대단히 인기가 많았다.

얼마 후 노동조합 모임에 들어갔다. 청계피복노동조합에는 많은 소모임이 있었는데, 내가 속한 모임은 '아카시아' 산하 '샛별 모임'이었다. 모임을 만들어 준 강춘옥 언니가 "너희 뭐 하고 싶니?"하고 물었는데 말문이 막혔다. 맨 날 일만 하다 와서 뭘 하고 싶은지 모르겠는 거였다. 어찌어찌해서 합창부를 만들었고, 건반 있는 방에서 일주일에 한 번씩 연습했다. 퇴근 후 9시에 시작하는 연습은 한 시간이 채 못 돼 끝났다. 대학생 선생님이 합창을 가르쳤는데, 밤 10시 넘어 집에 들어가면 엄마한테 혼난다는 것이었다. 나이가 훨씬 어린 우리는 10시 넘어 까지 일하고 집에 가는데, 다 큰 어른인 대학생이 집에 늦게 가면 혼난다고 하니 잘 이해가 안 됐다.

하루 열네 시간을 일하면서도 경동교회와 노동조합 모임은 빠지지 않고 열심히 다녔다. 평생 친구 조미자도 이때 만났다. 초등학교 졸업 후 처음으로 친구도 만나고 공부도 하면서 많은 것을 알게 됐다. 우리는 노동자이고, 근로기준법이라는 게 있어서 노동자는 하루에 8시간만 일해야 하며, 시간을 넘겨 일하면 그만큼 수당을 받아야 한다는 것. 그 밖에 퇴직금, 주휴제 등 노동자로서 누려야 할 많은 권리가 있는데도 이 법이 지켜지지 않아서 전태일이라는 사람이 자신의 몸에 불을 붙여 항거했다는 사실을 알게 됐다.

얼굴 한 번 본 적 없는 사람이 우리를 위해 자신의 목숨을 바쳤다는 이야기는 나를 놀라게 했다. 자연스럽게 내 마음에는 반드시 뭉쳐 싸워서 우리의 권리를 찾아야겠다는 다짐이 섰다. 그때부터 노동조합의 행사에 빠짐없이 참여했다. 노조의 중견조합원 교육이나 크리스찬아카데미 교육 등에 참여했고, 1977년부터 노조 대의원, 운영위원, 노사위원, 투쟁위원 등 노동조합에서 필요로 하는 역할을 했다.

투쟁 때마다 빠지지 않고 참여

1976, 77년은 투쟁이 끊이지 않던 시기였다. 나는 앞에 나서서 구호를 외치거나 하는 성격은 아닌데 겁은 없었다. 1976년 양승조 총무부장 구속, 1977년의 와이셔츠 임금인상 투쟁, 이소선 어머니 구속, 노동교실 찾기 농성 등 중요한 투쟁 때마다 나갔다. 그때마다 경찰에 두들겨 맞으면서도 빠지지 않았다. 조미자를 비롯해 다른 친구들도 마찬가지였다.

특히 1977년 9월 9일 '노동교실 찾기' 농성 때는 겁도 없이 옆 건물 옥상으로 올라가 4층 창문을 통해 농성장인 노동교실로 들어갔던 기억이 난다. 자칫하면 떨어져 죽을 수도 있는 아찔한 상황이었지만, 노동조합 활동의 중심인 노동교실을 지켜야 한다는 생각 밖에 없었다. 농성장 안팎의 다른 조합원들도 같은 마음이었을 것이다. 농성 직후 경찰서에서 풀려나 집에 와보니 엄마가 바들바들 떨고 있었다. 형사들이 찾아와 딸이 빨갱이라고 겁을 준 모양이었다. 그때부터 노조에 나가려 할 때마다 엄마에게 엄청 맞았다. 그래도 노조를 그만둔다는 것은 상상할 수 없었다.

농성 구속자를 위해 제일교회(담임목사 박형규) 소속 대학생들이 단식기도회를 연다는 소식을 들었다. 친구 조미자와 함께 교회에 갔는데 문 앞에서 중부경찰서 소속 백인웅 형사를 만났다. 백 형사는 우리 보고 "이것들이 아직 정신을 못 차렸다"며 나와 미자를 경찰서로 끌고 가서 마구 때렸다. 심하게 맞고 나온 우리는 기어코 교회에 들어가 꼬박 이틀 동안 단식기도회에 참여했다. 이소선 어머니와 5명의 조합원이 하루속히 석방되고 노동자가 사람답게 사는 세상이 오게 해달라는 간절함이었다.

다시 전태일 정신을 찾아

1980년 4월, 평화시장 옥상에서 11일 동안 벌인 임금인상 및 단체협약 체결 투쟁은 두 가지 장면이 기억에 남는다. 하나는 농성장에 엄마가 찾아와 엄청 혼났던 일이고, 다른 하나는 10인 이상의 사업장에 퇴직금 정착이라는, 근로기준법을 뛰어넘는 성과를 만든 투쟁의 현장에 함께 했다는 뿌듯함이었다.

1980년 가을, 엄마가 갑자기 사고로 돌아가셨다. 그때 내 나이 스물두 살이었다. 언니들은 다 결혼을 하고 남동생과 둘만 남게 되었다. 너무 막막했다. 엄마가 돌아가시기 전부터 나도 몸이 많이 안 좋았는데, 점점 더 몸이 나빠져서 무리를 해 서울대병원에 갔다. 의사는 천장 관절염 결핵이니 당장 입원해 수술을 받아야 하는데, 입원실이 특실밖에 없다고 했다. 하루 일을 못 하면 굶어야 하는 상황이었다. 다행히 기독교교회협의회를 통해 전주예수병원을 소개받아 무료로 수술을 받고 그후 완치 판정을 받았다.

어느 정도 몸을 회복한 후 노동조합에 돌아왔지만, 전두환 정권이 들어서면서 청계피복노동조합은 강제로 폐쇄됐다. 친구 김선주는 신광용, 서재덕, 김향숙 등과 함께 노조를 복구하기 위해 헌신적으로 애를 썼다. 조금이나마 도움을 주기 위해 후배들과 모임을 조직하고 노조 수련회 등의 행사에도 힘을 보탰지만, 큰 역할을 하지는 못했다.

결국 이런 활동들이 몸에 무리를 주었고, 함께 사는 어린 남동생의 경제적 부담이 점점 커져서 일과 노조 활동을 병행하는 것이 어려워졌다. 나는 노조 모임을 그만두고 일을 하는 데 집중했다. 그러면서도 이숙희 선배나 이금숙이 노조 활동으로 구속된 사람들을 면회하러 간다는 소식을 들을 때마다 나도 따라나선 것을 보면 노동조합과의 끈을 놓치지 않았던 것 같다.

나는 노조 활동은 오래전에 멈추었지만, 여전히 미싱을 돌리는 노동자로 살고 있다. 전태일기념사업회, 전태일 재단에서 운영위원 등의 직책을 맡아 활동하고, 전국화학섬유노조 봉제지회에서 부지회장 역을 맡아 전태일 정신을 이어가기 위해 부족하지만 열심히 힘을 보태고 있다.

청계피복노동조합

평화시장 다락방에서 보낸
나의 열세 살

신 순 애

초등학교도 포기하고 서울로

나는 1954년 전북 남원에서 7남매의 막내로 태어났다. 아버지는 1919년 남원 3·1만세운동에 1주일 가량 참가하셨다고 한다. 당시 남원에서는 일본 군인들의 총에 맞아 죽은 사람도 있었다. 아버지는 살기 위해 산으로 올라가 6, 7개월을 지내면서 먹을 것이 없어 소나무 껍질 등을 닥치는 대로 먹다가 위장병을 얻었다.

우리 집은 훗날 일제의 토지조사사업 과정에서 할아버지 명의의 땅을

1954년 전북 남원에서 7남매의 막내로 태어나 65년 서울 중랑교 판자촌으로 이사. 13살에 평화시장 삼양사 시다로 하루 15~16시간 노동. 69년 미싱 보조, 다림사에 미싱사로 취업. 74년 봄 노동교실 참가 후 8시간노동투쟁 등 수많은 투쟁에 참가. 76년 이후 대의원, 부지부장, 부녀부장 직을 수행하다가 1977년 9·9투쟁으로 구속. 97년 이후 청소년상담소, 2017년 3·1운동100주년위원회 활동. 2014년 『열 세살 여공의 삶』 출간.

모조리 빼앗기고 말았다. 동네 분들의 인우隣友보증이 필요했지만, 아버지가 만세운동에 참여했다는 사실 때문에 동네분들이 친일파의 압력이 무서워 보증을 서주지 않았기 때문이었다. 농경사회에서 땅이 하나도 없다는 것은 죽음이나 다름없었다. 결국 우리 7남매는 월사금조차 낼 수 없어서 모두 초등학교조차 다니지 못했다. 오빠들은 서울로 올라가 구두닦이 등을 하면서 돈을 조금 모으면 아버지의 약을 구해 시골로 내려오곤 하였다.

우리 가족은 1965년 겨울, 서울로 이사했다. 내가 처음 도착한 곳은 큰오빠가 살고 있었던 중랑교 판자촌 집이었다. 그곳 방 한 칸에서 큰오빠 부부와 조카, 아버지, 어머니, 셋째오빠, 나 이렇게 7명이 지내게 되었다. 당시 나는 12살이었다. 어머니는 시금치밭에 가서 품삯을 받고 일을 하였다. 나는 돈 버는 일이라면 도둑질만 빼고 다 해야겠다고 마음속으로 다짐하였다.

평화시장 시다로 출발

1966년 봄, 나는 주인집 언니를 따라 평화시장의 삼양사에 시다로 입사하였다. 하루 15~16시간씩 무릎을 꿇고 일을 했다. 첫 월급은 700원, 버스요금 하루 왕복 20원 빼고 나면 고작 140원 남지만 열세 살 꼬마가 빠져나갈 곳은 아무 데도 없었다.

내가 기대하고 있었던 셋째오빠는 독학으로 공부하여 은행에 합격하였다. 은행에 입사하기 위해서는 당시 재산세 1만 5천 원 이상을 내는 사람의 신원보증이 필요했지만, 오빠에게 보증을 서줄 만한 사람은 아무도 없었다. 나는 미싱 기술자가 되기만 학수고대하면서 참고 또 참고 기다렸다.

드디어 1969년에 기다리고 기다리던 미싱 보조가 되었다. 나는 미싱 기술자만 되면 삼일빌딩도 살 것처럼 생각했다. 아침에 도시락 하나 싸가지고 공장에 와서 통행금지 전까지 참아 내면서 일을 했다. 그리고 마침내 미싱 기술자가 되었다. 나는 평화시장 옆 건물 동화시장 내 다림사에 오야

미싱사로 취직을 했다. 월급을 타면 조카 옷도 사주고, 작지만 어머니께 생활비도 드리고, 아버지가 고향에 다녀오시게 기차요금도 조금씩 드릴 수 있었다.

1974년 봄 어느 날 다림사 공장 안에 중등교육을 무료로 가르친다는 팸플릿이 들어왔다. 어찌나 반갑던지, 나는 그 소책자를 들고 노동교실을 찾아갔다. 1966년부터 그때까지 나는 삼양사 7번 시다, 1번 보조, 1번 미싱사로 불렸다. 당시 접수 받은 분은 임현재 교육부장이셨다. 내 이름을 물었다. 나는 "신순애입니다"라고 대답했다. 9년 만에 노동교실에서 내 이름을 찾는 순간이었다. 나는 입학식을 하루하루 손꼽아 기다리면서 공부한다는 기쁨에 취해 있었다. 나는 공장에서 일이 끝나면 수업시간이 20분만 남아 있어도 달려가 수업을 듣곤 하였다.

힘들지만 보람찬 투쟁들

1974년 12월 24일, 노동교실에 가니 책상이 다 치워져 있었고, 조합원들이 많이 모여 웅성거리고 있었다. 앞에서 진행하는 사람이 "밤 8시 전등을 내려라!" "근로기준법를 지켜라!" 등 구호를 외치기도 하고 노래를 부르기도 하였다. 조합원 120~150명 정도가 노동교실을 가득 메우고 있었다. 밤 10시가 넘어가자 조합원들이 한두 명씩 빠져나가기 시작하였다.

당시는 통행금지가 있어 나는 너무 늦어서 집으로 갈 수가 없었다. 밤 12시가 되니 25~30명 정도가 남아서 구호를 외치고 노래를 불렀다. 나는 처음 들어보는 노래여서 좀 어색하였다. 새벽 4시가 되니 집에서 기다리는 어머니가 걱정되어 이소선 어머님께 집에 다녀오겠다고 말씀드렸더니 "꼭 돌아와요" 하셨다. "네"라고 대답하고 집에 갔다. 엄마는 "또 야근했니?" 하셨고, 나는 "응" 하고 짧게 대답하였다.

엄마가 차려주신 아침밥을 먹고는 버스를 타고 동대문운동장 앞에서 내렸다. 버스에서 내리니 공장으로 출근하는 노동자들이 빽빽하게 걸어가고 있었다. 나는 9년 동안 결근 한 번 해본 적이 없는데 어쩌지, 노동교실도 가야하고 고민을 하고 있었다. 하지만 내 몸은 노동교실로 가고 있었다. 이소선 어머님은 노동교실 안에서 창문 밖을 내려다보다 "야! 까만 바바리 온다!"하시며 좋아하셨다고 했다. 내가 노동교실 안으로 들어가자 거기에서 밤을 샌 노동자들이 손뼉을 쳐주었다.

오전 10시쯤 되자 중부경찰서 장 계장이라는 사람이 군복을 입고 권총을 차고 노동교실 안으로 들어와 "당장 해산하지 않으면 전원 구속시키겠다!"고 소리를 질러댔다. 나는 속으로 괜히 노동교실로 돌아 와서 우리 어머니가 걱정하면 어쩌나 하며 갈등하기도 하였지만, 누구에게도 속 얘기를 하지 못했다.

오후 2시쯤 되었다. 노조 지부장님이 오셔서 "여러분들의 요구를 다 들어준다"고 했으니 모두 해산하라고 하였다. 내가 일하던 대림사로 갔더니 공장장이 "1번 어디 아프냐?"라고 하였다. 아무 대답도 하지 않고 미싱판으로 가서 미싱을 돌렸다. 오후 5-6시쯤 상가의 안내방송이 나오기 시작하였다. "오늘부터는 밤 8시에 전기불을 내리겠다"는 방송이었다. 7시 50분이 되자 전기불을 내리면서 빨리 준비하고 가라고 하였다. 나는 어젯밤부터 투쟁현장에 있었다는 것에 큰 자부심을 느꼈다.

이 투쟁 이후 나는 밤 8시에 일을 마치고 노동교실에 열심히 다녔다. 그리고 나는 이때부터 노조 활동에도 적극적으로 참여하기 시작하였다. 노조에서 투쟁을 벌이면 다른 조합원들과 함께 가 참여했다. 다림사 노동자 33명중 29명을 노조에 가입시켰고, 각종 행사, 투쟁현장에도 빠지지 않고 참여하였다. 1976년을 전후하여 대의원, 부지부장, 부녀부장직을 수행하면서 1974년 시간단축, 1975년 퇴직금 받기, 1976년 37.8% 임금인상 등 많은 투쟁에 참여하였다. 당시에는 전태일 추도식에도 경찰이 따라와서 마석모란공원에서 조차 우리들은 투쟁가를 부르며 싸우기도 하였다.

1977년 9월 9월, 노동교실이 있는 건물 주인으로부터 내용증명이 노조 앞으로 날아왔다. 9월 10일까지 노동교실을 비워달라는 내용이었다. 몇몇 노조원들과 나는 그냥 노동교실을 내줄 수는 없다고 결론을 내리고, 9월 9일 점심시간에 노동교실로 들어갔다. 거기에서 농성을 하다가 나와 노조원들은 저녁 6시쯤 경찰서로 끌려갔다. 경찰서에 끌려가자마자 장 계장이 나에게 "이 쌍년아! 점심 먹고 가라고 했더니 중요한 약속이 있다고 하더니 빨갱이들이 좋아하는 짓만 했냐"면서 따귀를 사정없이 올려붙였다. 나는 그 후 치료를 받지 못해 지금도 왼쪽 귀가 잘 들리지 않는다.

나는 경찰서에서 혹독한 조사를 받고도 법원에서 구속영장이 떨어지지 않아, 다시 세 번이나 추가조사를 받았다. 나는 이 날 구속되었다. 당시 후배동료였던 임미경은 만 12살로, 경찰은 미경이를 구속을 시키기 위해 주민등록번호를 허위로 기재하기까지 했다. 이 주민등록번호 허위기재는 2003년에야 사실임이 확인되었다.

지난 날을 돌이켜 보며

나는 전태일 열사가 "근로기준법을 지켜라!" 외치고 돌아가신 후부터 조합원들과 투쟁을 할 때마다 늘 "근로기준법을 지켜라!"라고 10년간 빠지지 않고 외쳤다. 1980년 봄, 단체협약 교섭을 하는 과정에서 청계피복노조는 10인 이상 사업장부터 퇴직금을 지급하라고 요구했다. 13일간 평화시장 옥상농성 결과는 승리였다. 당시 근로기준법에는 15인 이상 사업장에만 퇴직금을 주게 돼 있었다. 노조 탄생 10년 만에 근로기준법 이상을 쟁취한 투쟁이었다.

나는 1974년부터 1980년까지 청계피복노조와 늘 함께하였다. 1979년 11월에는 전두환의 합동수사본부에 끌려가 15일 동안 조사를 받고 나왔다. 전두환 정권은 1981년 1월 6일, 청계피복노조에 해산명령을 내렸다. 이후 나는 수배령이 떨어져 숨어 다녀야 했다. 1983년부터 1985년까지 가장 힘든 생활이었다.

박정희 정권 때인 1978년에는 내가 세 살고 있는 집 주인에게 압력을 가하여, 집주인이 어머니에게 "당신 딸이 간첩이라는데 우리 집에서 당장 나가라!"고 하면서 일방적으로 전세보증금을 던지고 가버린 일도 있었다. 충격을 받은 어머니는 얼마 후 그 후유증으로 돌아가셨다. 이사 가는 집마다 동대문경찰서 형사가, 노조에 출근하면 중부경찰서 경찰이 늘 감시하여 도대체 살 수가 없을 정도였다. 이소선 어머니가 본인이 사시는 창동 집으로 퇴거신고를 하라고 허락을 해주셔서 일종의 위장전입을 하고 살았다.

　　결혼해서 살고 있을 때도 마찬가지였다. 어디서 나왔는지 알 수도 없는 정보요원들이 늘 그림자처럼 따라다녔다. 나는 2년 동안에 18번 이사를 한 적도 있었다. 그 때는 정말 죽고 싶었다. 하지만 가족이 있어서 버틸 수 있었다. 1997년부터는 청소년상담소에서 10년 넘게 자원봉사를 하였다. 2014년 4월에는 나의 여공생활을 기술한 『열세 살 여공의 삶』(한겨레출판)이라는 책도 출간했다. 2017~19년에는 대통령 직속 '3·1운동100주년위원회'에서 활동도 했다. 지금도 나는 청계피복노조에서 배운 대로 나름 옳은 일을 하려고 늘 노력하며 살아가고 있다.

끝나지 않은 평화시장의
꿈

이 숙 희

평화시장에 들어오기까지

나는 1953년 10월 3일 인천에서 태어났다. 부모님은 한국전쟁 후 인천에
자리 잡은 실향민이다. 처음에는 남부럽지 않게 살았다. 그런데 아버지가
사업에 실패한 뒤 재기할 의지를 잃었다. 서울로 이사한 것은 내가 6살 때
였다. 집안형편은 더 나빠졌다. 내가 초등학교를 졸업할 때쯤, 엄마는 시장
노점에서 장사를 시작했다. 그때 나보다 열 살 이상 어린 동생 둘이 있었
다. 엄마는 내가 중학교에 다니면서 틈틈이 장사를 돕기를 원했지만 노점에

❖ 1953년 인천의 실향민 집안에서 태어남. 집안 몰락으로 명동 양장점을 거쳐 69년 초 평화시장 시다
로 취업. 72년 노조야유회를 갔다가 '네잎클로버'모임과 노조에 가입하고 '아카시아'교육부장, 대의
원, 운영위원 등 역임. 75년 2월 7일 노동교실 요구투쟁 이후 적극 활동. 77년 9·9투쟁 때 구속. 결혼
후 남편의 세 차례 구속으로 미싱 일에 진력. 2009년 늦깎이 공부, 국가로부터 민주화운동 인정, 전태
일재단 교육위원장 활동 중.

서 일하는 것이 창피해서 싫었다. 지금 생각하면 부끄러운 일이다. 나는 엄마의 노점상이 아닌 곳에서 빨리 돈을 번 다음 중학교에 가겠다고 마음먹었다.

처음에는 명동 양장점에 들어갔다. 그러나 양장점은 기술을 배우는 데 시간이 너무 오래 걸릴 것 같아 그만뒀다. 1년만 일하면 기술을 배워 돈을 벌 수 있다는 얘기를 듣고, 1969년 초에 평화시장에 시다로 들어갔다.

평화시장은 표준화된 규격에 맞춰 대량생산을 하는 곳이라서 미싱사가 하루에 만들어내는 수량이 엄청났다. 게다가 정해진 월급이 아니라 옷 몇 장을 완성했는지에 따라 수입이 결정되는 방식이었기 때문에 일터는 마치 전쟁터 같았다. 따라서 미싱사가 일하기 쉽게 잘 뒷받침하고, 능률이 나는 일감을 받아오는 시다의 능력이 매우 중요했다.

시다에게 일감을 나눠주는 것은 재단사와 재단보조의 몫이었다. 공평하게 나눠주는 것이 원칙이지만, 그것도 권력이라고 차별을 두기 일쑤였다. 어떤 일감을 받느냐에 따라 매달 수입에 큰 차이가 났다. 그나마 일감이 많을 때는 괜찮지만 일감이 줄어드는 비수기에는 몇 개 안 남은 일감을 받기 위해 눈에 불을 켜야 했다.

정신없이 한 달을 일해서 2,700원을 벌었다. 번 돈은 모두 엄마에게 드렸다. 새벽부터 공장에 나가 밤늦게 돌아오는 생활이 계속됐다. 어쩌다 쉬는 일요일이 되어도 잠만 자고 방 밖으로 나서지 않았다. 혹시라도 거리에서 초등학교 때 친구와 마주칠까 두려웠다. 돈을 벌어 중학교에 가겠다는 꿈은 접었다. 막다른 길에 서 있는 것 같았다.

노동조합과의 만남

1972년, 평화시장 옥상의 노동조합 사무실에서 중학교 과정을 가르친다는 소식을 들었다. 옥상까지 올라가긴 했지만, 용기가 없어 노조 사무실 앞에서 돌아섰다. 노동조합에 거부감을 갖고 있지는 않았다. 초등학교 2학년 때 선생님이 조합의 종류를 설명하면서 노동조합에 대해 알려 주었기 때문이다. 평화시장에 처음 왔을 때는 노조가 없어서, 노동조합이라는 것은 무역회사나 은행 같은 좋은 직장에만 있나보다 생각했었다.

그해 5월 노동조합 간부가 야유회 전단지를 들고 내가 일하는 동화시장에 왔다. 나는 동료 두 명의 참가비를 대신 내주고 함께 금곡릉 야유회에 참가했다. 야유회 마지막 프로그램은 상가별 모임을 만드는 것이었다. 내가 속한 동화상가 모임의 이름은 '네잎클로버'였다.

'네잎클로버' 모임은 전태일의 친구인 이승철 사무장이 지도를 맡았다. 이승철 선배를 따라 창동에서 이소선 어머니를 만났다. 항상 밥을 고봉으로 담아 주시던 어머니는 노동조합의 든든한 버팀목이었다. 모란공원을 찾을 때마다 이승철 선배는 전태일의 묘소에서 좀 떨어져 있는 초라한 무덤으로 우리를 꼭 데려갔다. 한영섬유에서 노조를 만들었다가 사장이 사주한 사람들에게 드라이버로 머리를 찔려 사망한 김진수의 묘였다. 전태일과는 달리 찾는 사람이 많지 않았다. 함께 하는 동료들이 있어야 오래 기억되고 그 뜻도 이어갈 수 있다는 것을 깨달았다.

'네잎클로버' 팀은 노동조합의 여성 소모임의 모체인 '아카시아회'에 속하게 됐다. 노동조합에 가입하자마자 '아카시아' 교육부장, 대의원, 운영위원 등의 직책이 맡겨졌다. 맡은 역할을 제대로 하기 위해 부지런히 배워야했다. 점심 도시락을 3분 이내에 먹어 치우고 동화상가 4층 공장에서 평화시장 옥상의 노조 사무실까지 뛰어다니는 생활이 시작됐다.

공장에 들어온 뒤 소심하고 위축됐던 내가 옆자리 미싱사에게 노동조합가입을 권유할 정도로 적극적인 사람이 됐다. 그래서 둘도 없는 친구 이순자를 만났다. 이순자를 비롯한 친구들은 노조의 크고 작은 싸움에서 항상든든하게 함께 했다.

노동조합을 통해 근로기준법 뿐만 아니라 회의와 소그룹 운영 방법, 상식 등을 배웠고, 등산, 야유회, 체육대회, 합창 등 내 것이 아닌 줄 알았던 일상의 즐거움을 누릴 수 있었다. 시간을 쪼개어 공장과 노조를 오가는 생활에 지치기는 커녕 오히려 힘이 났다. 훗날 우리의 아이들은 지금과는 달리 평등하고 차별 없는 세상에서 살 것이라는 믿음이 생겼다. 눈앞에 새로운 세계가 열렸다.

잊을 수 없는 노동교실의 기억

1973년 5월 21일, 희비가 엇갈린 날이다. 영부인 육영수의 지원으로 새마을 노동교실이 개관한다고 해서 한껏 기대에 부풀었는데, 오히려 노조에 큰 위기가 닥쳤다. 관계기관은 갖은 트집과 용공 시비로 간부를 해임하라고 압박했고, 사용자 측은 전임자 임금지급을 거부해 상근간부의 생계를 위협하면서 자기들 입맛에 맞는 사람을 지부장에 앉히려고 했다. 사용자 대표 유인규는 노동교실을 노조와 관계없이 독자적으로 운영하겠다고 일방적으로 통보했다.

우리는 유인규 사장과 노동청에 노동교실을 돌려달라고 호소했다. 편지도 보내고 직접 방문도 했지만 답이 없었다. 그런 상황이 2년 동안 계속되면서 두 가지 결심을 했다. 하나는 우리 힘으로 노동교실을 찾겠다는 것, 그리고 이 과정에서 간부들이 피해를 보지 않도록 보호해야 한다는 것이었다. 어렵게 복귀한 간부들이 또 다시 1973년과 같은 곤경에 빠져서는 안된다고 생각했다. 그래서 상근간부들에게 알리지 않고 싸움을 준비했다.

1975년 2월 7일, 마침 설 대목 일이 끝나는 날이었다. 우리는 동화상가 옥상의 새마을 노동교실에 쳐들어가 문을 걸어 잠갔다. 처음 하는 싸움이라 준비도 부족하고 긴장도 됐지만, 150명의 조합원이 입을 모아 노동교실을 돌려달라고 구호를 외쳤다. 긴 시간 동안 구호만 외칠 수 없어 노래를 불러야 했는데, 〈우리 승리하리라〉처럼 함께 부를 만한 노래가 많지 않았다. 나중에는 애국가도 부르고 〈우리의 소원〉을 개사해 부르기도 했다. 오후 1시에 시작한 농성은 여섯 시간 만에 끝났다.

평범한 조합원들이 스스로 조직한 투쟁이 큰 승리를 거뒀다. 마침내 1975년 4월 30일 을지로 6가 유림빌딩에 노동교실을 새로 열게 되었다. 노동교실은 우리의 배움터이자 놀이터였고 집보다도 더 편안한 곳이 되었다. 그곳에서 중건조합원 교육과 중등과정, 소모임, 토요오락회 등의 문화활동 등이 이뤄졌다. 이런 교육을 통해 노동조합에 대한 이해와 의식이 점점 높아졌다. 그 힘으로 노동교실에서 '전태일 추모의 밤'을 거행했고, 노동시간 단축, 와이셔츠집 공임인상, 시다 임금 직불제 등 노동조건 개선투쟁을 전개했다. 나아가 평화시장의 현안을 넘어 풍천화섬 노동자를 돕다 구속된 양승조 총무부장 사건, 민종진 사망 항의투쟁 등 지역 연대 투쟁까지 이어갔다.

2~3교대를 하는 단일사업장 노동자와는 달리 평화시장 노동자는 싸움에 참여하려면 하루 일당을 포기해야 했다. 일당도 포기하고 해고의 위험도 감수하면서 참여한 나이 어린 조합원들의 희생과 노력이 있었기에 노조가 투쟁을 계속할 수 있었다.

1977년에 접어들면서 노동조합의 눈부신 성장을 저지하려는 힘이 작동했다. 그 결과 이소선 어머니 구속과 노동교실 강제폐쇄라는 상황을 맞게 됐다. 그해 9월 9일 노동교실 사수투쟁이 벌어졌고, 나를 포함해 5명의 조합원이 구속됐다. 구속자 외에도 농성장에 있던 조합원 대부분이 경찰서에 끌려가 구타를 당하며 조사를 받았다. 경찰서에서 풀려난 뒤에도 형사들의 미행과 협박에 시달렸다. 그때의 악몽으로 노조에 발길을 끊은 어린 조합원들이 많았다. 선배로서 그들의 상처를 보듬어주며 미안하다는 말을 전하고 싶지만, 연락이 닿는 사람은 거의 없다.

청계피복노동조합의 존재증명

1981년 1월 21일, 전두환 정권은 야밤에 노동조합 사무실 문을 뜯고 침입하여 모든 집기를 강제탈취하고 노동조합을 폐쇄했다. 이후 80년대 후배들이 잡혀가고 두들겨 맞고 끌려가 허허벌판에 버려지면서도 끝까지 싸워 마침내 노동조합을 복구했다. 선후배 조합원들의 헌신적인 노력이 전태일기념사업회를 거쳐 지금의 전태일재단과 전태일기념관을 있게 한 원동력이라고 생각한다.

나는 결혼 후 남편이 세 번이나 구속되어 그 뒷바라지를 해야 했다. 혼자 힘으로 두 아이를 키우기 위해 남대문, 회현동, 원남동, 신당동 등에서 미싱 일을 했다. 때로는 너무 힘이 들어 미싱 발판을 제대로 밟을 기운조차 없었다. 그때마다 이승철 선배와 김혜숙 언니, 그리고 친구 박복실, 이순자, 후배 박태숙, 최현미 등 노조에서 만난 친구와 선후배의 도움을 받았다.

2009년에 늦깎이 대학생이 되어 자식뻘 친구들과 함께 다시 공부를 시작했다. 그러면서 정부의 진실화해위원회에 청계피복지부에 대한 국가의 탄압 사실을 인정받기 위한 서류 제출을 하게 되었고, 대한민국을 대상으로 손해배상청구 소송을 진행했다. 재판은 결론이 나기까지 10년 넘는 시간이 걸렸다.

평화시장의 사업장들은 영세업체들이어서 취업규칙도 근로계약서도 없었고, 이미 폐업한 사업장들이 대다수다. 그러다 보니 자신이 노동조합원이었다는 사실마저 입증하기 힘든 경우도 많았다. 1981년 전두환 정권이 노조의 기록을 강제 탈취해 가지만 않았어도 이런 어려움을 겪지는 않았을 것이다. 다행히 노조 선배들이 꼼꼼한 기록을 남겨놓았고, 전태일재단과 전태일기념관을 비롯해 많은 분들이 자료를 찾는 데 도움을 주어 어렵사리 우리들의 존재증명을 할 수 있었다.

전부터 청계노조는 많은 분들의 도움을 받았다. 대학생, 학자, 노동운동가, 종교인, 그리고 이름이 알려지지 않은 시민들까지 청계피복노동조합을 돕기 위해 발 벗고 나선 이들이 한둘이 아니었다. 그분들은 아직도 풀리지 않는 문제로 조언을 구하면 친절하고 상세하게 답변해 주신다. 글로나마 감사의 마음을 전한다.

나는 지금 전태일재단의 교육위원장을 맡아 청소년들에게 전태일의 뜻을 전하는 일을 하고 있다. 아들의 뜻, 친구의 뜻을 헛되이 하지 않기 위해 청계피복노동조합을 만들고 이를 지켜낸 이소선 어머니와 선배들의 역사가 기억되도록 힘을 다하고 싶다.

청계피복노동조합

전태일 이후
50년

임 현 재

　내가 태어난 곳은 전남 고흥, 1948년 10월 2일(음력)이었다. 이후 여동생 셋 남동생 둘이 태어나 6남매가 되었다. 초등학교를 졸업하고 1964년에 상경하여 친구의 소개로 평화시장 삼화사에 취업했다. 1970년 여름 전태일과 함께 '삼동회'를 조직하고 그의 분신 이후 청계피복 노동조합을 결성했다. 상임간부를 거쳐 지부장으로 재직하던 1981년 전두환 쿠데타 정권에 의해 소위 '노동조합 정화조치'라는 미명 하에 강제 해산 당했고, 그 후 아프리 농성을 배후조종했다는 이유로 1년여의 감옥살이를 했다.

❋ 1948년 전남 고흥에서 6남매의 장남으로 출생. 초등학교 졸업 후 64년 상경, 평화시장에 취업. 70년 여름 전태일과 함께 '삼동회'를 조직하고 그의 분신 이후 청계피복노동조합 상임간부를 거쳐 1979년부터 지부장으로 재직하던 중 81년 '노동계 정화조치'로 강제 해산당한 후 아프리 농성을 배후조종했다는 혐의로 1년여 감옥살이. 전태일재단에서 추모기념사업에 적극 참여. 현재 70민노회 회장을 맡고 있으며, 보험 설계사로 아내 유정숙과 함께 살고 있음.

이 사건을 끝으로 노동운동 일선을 떠났다가 전태일재단의 '전태일 계승 운동'에 참여하였다. 현재는 경기도 양평군 양수리의 자그마한 집에서 아내 유정숙과 살고 있다. 아동의류사업을 하다가 현재는 보험설계사 일을 하고 있다.

서울살이, 그리고 평화시장

서울 서대문구 연희동 182번지, 1964년 어느 날 새벽 열차에서 내려 찾아든 집. 아! 서울에서는 이런 것도 집이라고 하는구나, 하는 첫 느낌이었다. 좁은 골목을 따라 낮은 문으로 들어서니 다섯 식구(이후 동생 둘이 태어나 6남매가 됨)가 옹기종기 둘러 앉아 아침밥을 먹으려 하고 있었다. 그때까지 속으로 그려보던 서울살이의 꿈이 크게 어긋났음을 아는 데는 그리 오래 걸리지 않았다. 고된 서울살이가 시작되었다. 나중에 『전태일 평전』을 통해 알게 된 전태일의 삶과 너무나 닮은 꼴로 살았음을 알 수 있다.

한 달가량 휴식기간을 보낸 후 친구 아버지가 경영(?)하는 고물상에서 내준 리어카를 끌고 고물장사를 시작했다. 길도 익힐 겸 다녀보라는 아버님 말씀에 따라 시작한 엿장수 그것이 나의 두 번 째 직업이 된 것이다. 박정희 정권의 저곡가정책으로 농촌경제는 피폐일로를 걷던 시기, 청년들은 서울로 서울로 상경 러시를 이룰 때라 이 고물상에도 고향 선배들 여럿이 있었다. 이후 고물장사를 필두로 고철 줍기, 야채장사, 공사판 막노동까지 험한 일이라면 안 해본 일이 없을 정도로 했다. 그러는 사이 동생은 둘이 더 늘어 여덟 식구인데, 변변한 고정수입이 없는 우리 집 생계가 갓 상경한 15살짜리 어깨에 달려 있었으니….

그 즈음 평화시장에 일자리가 나왔으니 오라는 친구 김계열의 연락을 받았다. 뛸 듯이 기뻤다. 정기적으로 월급을 받을 거고, 기술을 배우면 차츰 수입도 늘어 날 거고, 이제 그 지긋지긋한 가난을 벗어날 수 있겠다는 희망이 돋아났다. 1967년 8월 15일 (어떤 기록엔 68년으로 기록 되었는데, 이는 내 기억의 착오일수 있음) 희망을 가득 안고 통일상가 3층의 삼화사에 첫 출근을 하였다.

삼화사는 미싱 4대에 미싱사 4명, 시다 4명, 재단사는 없고 사장이 이 일 저 일 두루 하는 자그마한 공장이었다. 사장은 자신의 업무를 줄이기 위해 나에게 많은 일을 빠르게 가르쳐 주었다. 우리 공장은 여름에는 남방셔츠, 봄·가을·겨울에는 점퍼를 생산해 1층 점포에서 도매로 판매하였다. 당시 통일상가는 평화시장의 기성복 붐으로 호황을 구가하고 있는 때라 신설 확장된 상가였다. 재단사 출신의 사장은 감각도 조금 있어 비교적 순탄한 출발을 하여 가을이 되자 말 그대로 만들기만 하면 팔려 나갔다. 장사가 잘되면 일은 더 힘들어 지지만, 나는 내 사업인 듯 더 신나게 일했다.

1970년 11월 13일, 운명이 된 전태일

그렇게 열심히 일하던 삼화사에서 이유도 모른 채 해고되었다. 실직으로 어렵게 지내고 있던 차에 최종인의 소개로 업계 대선배 신기효의 제자로 세진사에 입사해서 일하게 되었다. 그런 중에 신기효 선배의 소개로 내 운명의 전환점이 되는 전태일과 만나게 된다. 나중에 『전태일 평전』을 통해 알게 된 일이지만, 당시 전태일이 삼각산에서 마음의 결단을 내리고 돌아온 1970년 8월 하순 경이었다. 전태일의 '바보회' 해산 이후의 '삼동친목회' 조직에 합류해서 총무를 맡아 활동했다.

삼동친목회는 평화시장의 노동실태조사를 한 후 노동청과 시청에 그 시정을 요구하였으나, 근로기준법 준수를 지도 감독한다는 관리들은 갖가지 핑계를 대며 시정이 어렵다는 대답만 되풀이할 뿐이었다. 노동청에 대한 국정감사가 끝나는 바로 그 날, 삼동친목회 회원들은 모두 분개하였다. 회원들은 당국의 처사에 대응하는 대규모 시위를 계획하느라 거의 매일 일을 마치고 모였다.

그러던 중에 나는 길을 건너다가 지나가는 포장마차와 부딪치는 사고를 당했다. 대수롭지 않은 사고였는데 포장마차를 밀고 가던 할머니가 넘어져 이가 부러졌다고 경찰에 신고하는 바람에 폭행혐의로 재판을 받아야 했다. 어이없게 구속 수감되어 있는 동안 삼동친목회는 근로기준법 화형식을 하는 등 투쟁을 이어갔다. 그러나 전태일 동지가 분신까지 감행할 줄은 짐작도 못했다. 전태일 동지의 장례 소식과 청계피복노조의 결성 등 중요한 역사의 현장을 동료들이 전해주는 이야기로만 들어야 했던 나는 홀로 피울음을 삼킬 수밖에 없었다.

40일이 걸린 1심 재판에서 집행유예 판결을 받고 사무실에 출근한 첫날이었다. 모든 게 낯설었다. 친구를 잃은 슬픔과 책임감에 만감이 교차했다. 헌 책상이 자리하고 있는 7평짜리 노조 사무실이 동지의 목숨의 대가인 것만 같아 마음이 착잡하였다. 과연 내가 여기서 무슨 일을 할 수 있을까 막막하기만 했다. 점심때쯤 이소선 어머니와 처음으로 만났다. 복받치는 슬픔을 누를 수가 없었다. 이후 어머니는 돌아가시는 날까지 어머니요, 동지요, 스승으로 함께 해 주셨다.

끼니도 거르면서 노조 사수

노동조합 간판만 걸게 되면, 사무실만 갖추면 노동조건이 자동으로 개선될 것이라 꿈꾸었을까? 노동자들이 스스로 달려와 앞 다투어 노조 가입을 할 거라 기대했을까? 덩그런 사무실에 낡아빠진 책상과 난로, 영하 20도를 오르내리는 엄동설한의 추위를 달래느라 폐목을 태우는 연기. 이건 사무실이라 할 수도 없었다. 악조건이었지만 노조결성의 열기는 뜨거웠다. 노조간부들이 각 사업장을 순회하며 전태일 열사는 왜 분신을 했고, 앞으로 우리는 무슨 일을 하려 하는지 설명하며 노조 가입을 설득하는 활동을 시작했다. 사업주들은 일하기 싫으니까 몰려다니며 엉뚱한 선전만 하고 다니는 깡패 집단이라는 막말로 맞불을 놓았다.

그보다 힘든 것은 노동조합 결성 후 신이 나 열심히 출근하던 삼동친목회 회원들이 월급은커녕 차비에 점심 걱정까지 해야 하는 상황이 길어지면서 한 명 두 명 직장으로 복귀하는 현실이었다. 결국 최종인, 이승철, 신진철, 양승조(양승조는 전태일 사후 합류), 그리고 나를 포함한 핵심 몇 명만 남게 되었다. 사정은 갈수록 어려워졌다. 이소선 어머니가 행상 등으로 마련한 돈으로는 끼니를 잇기도 힘들었다. 어머니는 전태일 사건을 계기로 결성된, 나름 유명세를 탄 노동조합을 격려 차 찾아주신 인사들에게 염치불구하고 라면이나 몇 박스 사주실 것을 부탁하기까지 했다. 그 라면으로 점심을 때우며 살아남아야 하는 시기였다.

사장 한 명의 단독적인 의사로 근로시간, 임금, 복지 등이 결정되고 집행되는 단일사업장과 는 달리 1천 5백 개가 넘는 사업장에 2만 7천여 명의 노동자가 흩어져 있는 고용의 특성상 노동조합 활동도 그 만큼 어려울 수밖에 없었다. 나름 야심을 갖고 한국노총 조사통계부차장이라는 안정된 직장을 버리고 청계피복지부의 초대 지부장으로 왔던 김성길 마저 사표를 내고 미국으로 도망치듯 떠나 버렸다.

믿고 따랐던 지부장마저 떠나버리고 야심차게 출발했던 노동조합이 어려움에 한 치 앞도 내다 볼 수 없는 때 설상가상으로 경찰이 우리들의 심기를 건드리는 사건이 터졌다. 노조 사무실이 있는 4층 옥상 건물 벽에 길어 놓은 〈내 죽음을 헛되이 말라! 우리는 기계가 아니다〉 등의 전태일의 절규와 노조 가입을 독려하는 현수막을 철거하라는 것이었다. 간부들은 격분했고, 집단 분신항거를 선언했다. 사는 게 절박해서 더 격렬했을 것이다. 휘발유를 준비하고 사무실 앞에 바리케이드를 치는 한편, 대책회의에서 성명서를 작성하고 향후 대책을 논의하는 회의를 하는데 경찰이 소방차를 대기시키고 노조간부들을 연행했다. 그날 밤 중부경찰서에서 한국노총, 연합노조, 사업주 대표, 노동청 등 관계기관의 대책회의가 열려 노동조합의 요구대로 노사협의회를 구성한다는데 합의하고 농성을 풀었다.

노사협의회가 설치되자 이제까지 허공에 대고 근로조건 개선을 외치던 것과 달리 모든 현안을 일단 노사협의회 안으로 끌어들여 협의가 진행되었다. 또한 노동조합 운영의 안정을 위해 전임자 임금제를 채택하여 조합간부들에게 최소한의 생계비라도 지급할 수 있게 된 것은 중요한 성과였다. 김성길 사임 이후 직무대행 체제였던 노조에 다시 경험 있는 간부를 모셔오기로 하고 구건회, 김윤근 등 노조운영 경험이 있다는 소위 예비역을 지부장, 사무장으로 초빙했다. 그러나 이들은 노동조합에 대한 애정이나 열정도 없이 관료적 마인드만 보이던 차에 여성 조합원을 추행하는 사건까지 터졌다. 노동조합은 이들을 즉각 추방하고, 초창기 동지들이 전면에 나섬으로써 조직은 점차 안정화의 길에 접어들게 되었다.

노동교실

초창기 노조는 전태일 생전의 '삼동회' 활동과정에서 논의되었던 '체불임금 청산'을 최우선 과제로 정했다. 못 받은 임금을 받을 수 있다는 것은 노조를 홍보하는데 효과적이었다. 한편으로는 노사협의회 결정사항인 노동시간 단축, 주휴제 실시 등 노동조건 개선활동과 병행하여 조합원 늘리기에 총력을 기울였다. 조합원 확대만이 노동조합이 사는 길이라 믿었기 때문이다. 각 사업장을 순회하며 조합원 가입운동을 하고, 김명례의 사임으로 공석이었던 부녀부장에 가톨릭노동청년회 활동경험이 있는 정인숙을 내정했다. '아카시아회'라는 이름의 소그룹을 만들어 활동하는 한편, 중등교육과정과 의식들이 늘어나 노조는 활기를 띠며 점차 안정되었다.

노조활동이 활기를 띠자 교육공간이 절실하게 필요했다. 노동자의 권리가 무엇이며, 의무는 무엇인가를 조합원들이 확실하게 알아야 튼실한 노조가 되는데, 그것을 교육할 인프라가 전무한 상태였다. 대학생 또는 노동문제에 관심을 갖고 활동하는 종교인 등으로 강사 지원을 받는다 해도 교육공간이 없었다. 중등교육의 기회를 갖지 못하고 공장으로 내몰린 어린 조합원들의 향학열은 매우 높았다. 제1차 중등교육과정 수강자를 모집하자 책상을 모두 빼고 긴 걸상으로만 채워도 20명이면 꽉 차는 7평 공간에 200여 명이 응모한 것이다. 노동교실을 만들어야 하는 이유는 더 명백해졌다. 우여곡절을 겪으며 노사협의를 통해 교육공간은 사업주가 마련하기로 하고, 필요한 교육기자재는 노조 측이 마련키로 하였다.

마침내 1973년 5월 22일 노동교실의 개관식이 열렸다. 그러나 개관식에 함석헌 선생님을 초청한 것을 빌미로 정권의 지시를 받은 사용자측은 '자신들이 교실 운영을 할 테니 노조는 교육할 때마다 사용자 측의 허가를 받아야 한다'는 억지 주장을 들고 나왔다. 사실상 노동교실 운영이 중단되고 말았다. 다시 노조가 백방으로 노력하여 아프리의 추가 지원을 받아 유림빌딩에 독자적인 복지의원, 기술교육장, 강의장을 갖춘 노동교실을 개관할 수 있었다. 청계노조의 간절한 꿈 하나가 이루어진 것이다.

참고로 청계노조를 지원해 준 아프리(AAFLI)는 아시아·아프리카자유노동기구(Asia-Africa Free Labor Institute)의 약칭이다. 아프리는 미국 노총이 개발도상국 노동조합을 지원한다는 명분으로 한국에 나와 있는 조직이며, 훗날 전두환 정권의 청계노조 해산명령에 저항하여 노조원들이 아프리 사무실을 점거, 미국인 소장을 인질로 잡고 농성을 했다.

나는 노조활동에 매진하던 1976년 3월에 결혼을 했지만 신혼의 달콤함은 잠시였다. 노조 내부에 운동방식을 둘러싸고 이견이 생기는 큰 변화가 닥친 것이다. 노조의 중견 조합원들을 중심으로 1975년 초부터 노동교실 되찾기 점거 농성이 벌어지고, 집행부와 별도로 전태일 추도식이 거행되는가 하면, 노동시간 단축투쟁도 집행부를 배제하고 별도로 하는 일들이 일어났다.

노동조합이 높아진 조합원들의 의식을 따라가지 못하고, 조합원들을 통제하고 싶지만 통제가 되지 않는 것은 어머니가 그들 편을 들어주기 때문이라고 생각하는 조합원들도 나타났다. 그 동안 지부장인 최종인과 조합운영에 이견이 없었던 이소선 어머니가 별도의 추도식을 추진한 쪽 편을 들고 나오신 것이다. 최종인은 지부장직을 사임했고, 상집간부 중 이승철, 양승조를 제외한 간부들도 모두 동반 퇴진을 했다.

청계피복노동조합은 삼동친목회의 최종인을 중심으로 일사불란하게 운영해 오다가 삼동회원 중에는 이승철만 남기고 모두 퇴진함에 따라 이승철이 지부장에 취임하였다. 그는 높아진 조합원들의 요구를 받아들여 재임 1년간 임금인상, 주휴제 실시, 근로시간 단축 등 굵직한 성과를 거둔 후 양승조에게 지부장직을 넘겼다. 하지만 삼동회는 양승조의 조합운영에 문제를 제기하며, 사임을 요구하였다. 이에 양승조가 물러나고 김영문을 지부장으로, 나는 사무장으로 다시 노조의 전면에 나서게 되었다. 그러나 6개월도 지나지 않아 김영문마저 사임함에 따라 1979년 3월 19일에 열린 임시대의원대회에서 내가 지부장 직을 맡지 않으면 안되었다.

노동조합의 강제해산과 구속

1980년 서울의 봄, 단체협약 갱신투쟁은 높아진 조합원들의 의식을 배경으로 치열하게 전개되었다. 근로기준법을 넘어 15인 이하 사업장 퇴직금제 실시와 대폭적인 임금인상, 시다 임금 직불제 등 굵직한 요구를 걸고 17일간의 농성투쟁을 벌여 요구조건 대부분을 쟁취하는 성과를 거두었다. 이 투쟁은 노동계를 긴 잠에서 깨우는 민주화의 봄을 열었으나 신군부의 잔혹한 탄압에 직면하는 계기가 되었다.

1979년 10월 26일, 김재규의 총탄에 박정희 정권은 종말을 고하고 12·12쿠데타로 정권을 잡은 신군부의 무자비한 폭력으로 청계노조는 '강제해산'이라는 처절한 최후를 맞게 된 것이다. 서슬 푸른 군부 앞에 나는 깨어있는 조합원들을 중심으로 아프리 점거 농성을 결행하였다. 나는 농성에 참여한 조합원 모두와 함께 투옥되어 1년의 실형을 받았다. 항소심에서 10월로 감형되었으나 사실상 1년간의 옥살이를 하고 12월에 만기 출소하였다.

1년여의 옥살이는 내 삶을 바꿔버린 계기가 되었다. 내가 돌보지 않으면 안 될 가정을 버려두고 더 이상 투사로 살아갈 용기가 나지 않았다. 어쩌면 처음부터 그런 용기가 없었는지도 모른다. 어떻든 출옥을 계기로 일단 노동운동을 떠나 두 아이의 아버지로 살기로 결심하고, 우선 시급히 가족의 생계를 해결하고자 했다. 투옥되기 전 처가 친척의 배려로 시세보다 저렴한 월세 집에서 살았는데, 출옥 후 요시찰 대상이 되어 날마다 감시를 받게 되니 집주인도 눈치를 보여 그 집에서 나올 수밖에 없었다. 면목동의 부엌도 없는 허름한 단칸방으로 이사를 왔지만, 주위의 도움으로 그래도 굶지는 않고 살았다. 내 생에서 가장 슬펐던 때였다.

먹고 산다는 것은 가장 어려운 일이다. 재단사로 취업 한다는 것은 실력도 문제지만 강성 노동조합 지부장 출신을 써줄 사용주는 없을 것이니 애당초 포기했다. 장사를 하는 길밖에 없다는 판단에 신평화시장 뒤 신설 상가 2층 반 칸에서 장사를 시작했지만 잘 될 리가 없었다. 하는 수 없이 친구들의 도움으로 신당동 주택가 지하실에서 조그마한 하청 공장을 시작했다. 그러나 그것도 '공장주'라고, 전태일의 친구이며, 전직 노조지부장으로 그동안 내가 주장했던 노동조건을 지킬 수 없을 때는 이상과 현실의 모순이 나를 괴롭혔다.

88올림픽 이후 임금과 생산성의 역전을 감당할 수 없는 상태가 되었다. 할 수 없이 그 동안 열심히 했던 아동복사업을 정리하기로 결심했다. 점포를 정리하면서 무엇을 하든 직원을 많이 쓰는 생산업종은 하지 않고 판매만 하는 사업을 물색했으나, 사업정리 상황에서 받을 외상은 못 받고 줄 외상은 갚고 보니 손에 쥔 돈은 당초 예상의 20%도 안 되는 실정이었다. 어쩔 수 없이 자본이 필요 없는 보험설계사로 뛰어들었다. 당초에는 보험설계사의 끈기를 익혀 다른 사업을 하겠다는 계획이었으나 이제 보험설계사는 평생직장이 되었다.

70대의 후반에 들어가는 지금 이 나이에 새삼 지나온 내 삶을 돌아보니 전태일의 친구라는 무게가 평생 나를 힘들게도 했지만, 그것이 나로 하여금 올바르게 살라는 채찍과 길잡이였음을 온몸으로 확인한다. 얼마 남지 않은 나머지 삶도 전태일의 친구로 살아갈 것이다.

노동운동한 우리,
따스했으면 좋겠습니다

최 현 미

세상에서 제일 예쁜 공주

나는 대전시 대흥동에서 1959년 4월 12일에 태어났다. 세 살 때인가, 아버지가 세상을 떠나신 후 서울로 이사와서 회현동, 영삼동, 신답동에 살았다. 나에게는 오빠 둘, 언니가 한 명 있는데, 나하고는 성이 다르다. 오빠와 언니의 아버지는 화가였는데 폐병으로 돌아가셨다는 말을 들었다. 어머니는 재혼을 하여 나를 낳으셨다. 아버지는 포목장사를 하셨는데, 매일 나를 목마를 태우고 시장을 돌아다니며 세상에서 제일 예쁜 공주라고 하셨다는

※ 1959년 대전시 대흥동 출생, 중학교 못가고 전자공장 취업. 신답 뚝방교회 야학회장 중 75년 전태일의 이야기 듣고 신평화시장 시다 취업, 노조 가입. 아카시아회 회원, 노조 대의원, 운영위원, 아카시아 회장 등 역임. 80년 9월 결혼, 노조 강제폐쇄 후 교선부장인 남편은 도피생활. 85년 제천에서 10년간 옷 장사 후 50대에 검정고시로 방송통신대를 졸업하고 사회복지사 자격 취득. 전태일재단 봉제사업단 단장, 폭력피해이주여성쉼터에서 일하고 있음.

말씀을 엄마는 내 귀에 딱지가 앉도록 들려주셨다.

기억에도 없는 아버지는 내가 세 살 때의 어느 날 외상값 수금을 나갔다가 돌아오는 길에 쓰러져 돌아가셨다. 나는 중학교에는 진학하지 못했다. 내가 매일 배 아프다는 핑계를 대며 학교에 가기 싫어하고 만화책 보기와 뛰어노는 것을 너무 좋아한 탓이다. 막내딸인 내가 떼를 쓰는 대로 엄마는 무조건 들어주었다. 나중에 엄마는 이 점을 후회하셨다고 했다.

신답동에 살 때 친하게 지내던 친구들이 일하러 간다며 함께 가자고 해서 따라갔다가 나도 일하게 되었다. 사근동에 있는 전자회사였다. 다섯 명이 함께 면접을 보러 갔는데 세 명만 합격되었다. 나중에 알고 보니 두 명의 친구가 한글을 몰라서였다. 시험에 떨어진 친구의 눈물이 아직도 눈에 선하다. 특히 6남매의 맏이였던 한 친구는 집안이 어려워 자신이 꼭 돈을 벌어야 한다며 울어 너무 마음이 아팠다.

나는 과장이라는 분에게 떨어진 친구 중 한 명이 나보다 더 똑똑하다며 그 친구를 합격시키고 나는 떨어트려달라고 부탁했지만 안 된다며 거절했다. 그 친구가 늘 마음에 걸려 퇴사자가 생겼을 때마다 과장에게 사정했다. 글을 몰라도 먼저 일을 배운 내가 불량이 안 나게 잘 가르칠 테니 그들을 뽑아달라고 사정했다. 결국 과장이 허락을 해주어 두 명의 친구도 우리와 함께 일할 수 있게 되었다.

오디오에 들어가는 부품이 만들어져 나오면 A, B, C를 구분, 조립하여 옆 라인으로 보내면 포장해 마무리되는 일이었다. 오전 9시 출근, 오후 6시 퇴근, 월급은 2만 원 정도를 받았는데 월급이 적다 보니 야근하고 싶어 하는 사람들도 많았다. 그러나 야근도 손이 빠르다는 인정을 받아야 할 수 있었는데, 비교적 손이 빠르다고 주임에게 인정받은 나는 늘 야근에 뽑혔다. 야근하고 싶어도 못 하는 동료들에게 미안해 가끔 먹을 것을 사주기도 했다. 야근을 할 수 있었던 나는 월급도 좀 늘어났지만, 다른 친구들과 달리 나는 월급을 집에 가져다주지 않고 나 혼자 관리했기 때문에 그것이

가능했다.

　그 시절 같이 일했던 친구들과는 친자매처럼 가까이 지냈다. 나는 집에서 출퇴근했는데, 지방에서 올라와 기숙사 생활을 했던 다른 친구들로부터 회사에서 편지 검열을 하고 외출도 못하게 문을 잠가버린다는 이야기를 듣고 기숙사 생활이 자유가 없다는 것을 알게 되었다. 그래서 출퇴근하는 나를 친구들이 부러워했구나, 생각하니 마음이 아팠다.

내 인생의 방향을 바꾼 사건

　전자회사에 다니며 신답동에 있는 뚝방교회 야학을 알게 되어 이때부터 공부를 하게 되었다. 6시에 퇴근하면 집에 가 저녁 먹고 야학으로 달려갔다. 야학의 학생회장이 된 나는 일찍 나가 선생님들이 준비해준 자료정리, 책보기, 교실 청소를 하곤 했다. 선생님은 서울대학생들인데 자신들의 시간을 쪼개어 우리들을 가르쳐 주었다. 사회에 대한 이야기며, 역사, 인권에 대한 문제 등 하나라도 더 알려주려고 고민하는 걸 알 수 있었다. 이런 노력들이 우리의 민주화 발전에 거름이 되었다고 생각한다.

　1975년 전자회사를 잘 다니던 중 야학 선생님이 대학생과 근로여성 합동 캠프가 명동 YWCA에 열리니 회장, 부회장은 함께 가자고 했다. 나는 야학을 통해 사회의식이 싹트기 시작했던 터라 다른 사업장 사람들도 알고 싶은 마음에 참여하게 되었다. 그 캠프의 참여는 나를 지금까지와는 전혀 다른 삶으로 바뀌게 만드는 계기가 되었다

　평화시장에서 온 이숙희 언니의 이야기는 내게 엄청난 충격을 주었다. 열악한 평화시장의 환경과 그것을 바꾸려고 노력하다 목숨까지 바친 사람 전태일. 어떻게 나보다 남을 위해 애쓰고 자신의 목숨을 바쳐서까지 어린 노동자들을 지키려 했는지 듣는 내내 눈물이 흘렀다. 전태일의 죽음 후 노동조합을 만들고, 그것을 지키려고 노력한 이소선 어머니와 '전태일의 친구들' 이야기, 그리고 노동조합의 활동 등은 캠프를 마치고 돌아온 내내 머릿

속을 떠나지 않았다. 두 달 동안 고민하던 나는 전자회사를 그만두고, 말리는 야학 선생님들을 뒤로 한 채 평화시장으로 향했다.

신평화시장 앞에 있는 동문시장 벽에 붙어있는 '시다 구함' 종이를 보고 용감하게 공장을 찾아가 취업했다. 그렇게 나는 평화시장의 시다가 되었다. 성격이 활발하고 손이 빨랐던 나는 일을 금방 배울 수 있었다. 얼마 후 다른 공장의 미싱 보조로 옮겨 옆의 미싱사에게 물어가며 일했는데, 눈썰미가 있었던 나는 금세 일의 가닥을 배울 수 있었다.

청계피복노동조합에도 자발적으로 찾아가 조합원이 되었고, 여성 노동자모임인 '아카시아회' 회원이 되어 나와 같은 또래인 친구들과 '수정'이라는 모임도 만들었다. 노조 교육에도 열심히 참여해 대의원, 운영위원, 아카시아 회장 등 노조에서 맡겨주는 일들은 모두 맡아 하기 시작했다. 노조가 발전하려면 보다 많은 노동자가 조합원이 되어야 한다는 것을 깨달으면서 친화력 좋은 성격으로 많은 노동자들을 노조에 가입시켰다.

아카시아회에서는 해마다 연말에 연소근로자 위안잔치가 있어 그 기금 마련을 위해 귤 판매를 했는데, 점심시간과 퇴근 후 주변 친구들, 평화시장 근처 다방, 음식점 등에 가서 판매했다. 그때는 기금을 마련해야 한다는 열정에 창피함 따위는 안중에도 없었다.

1980년 대투쟁

1980년 4월 단체협약 체결 때 사용주들의 회피로 회의 진행이 안 되자 상근간부들이 동화상가 회의실에서 농성을 했다. 이 소식을 들은 우리 조합원들은 7평밖에 안 되는 노동조합 사무실로 몰려가 문을 걸어 닫고 농성을 시작했다. 소식을 들은 간부들이 노조 사무실로 돌아왔고, 우리는 사무실에서 나와 평화시장 옥상을 농성장으로 만들어 11일간의 투쟁을 통해 단체협약을 체결했다. 이 투쟁에서 거둔 중요한 성과는 10인 이상 사업장 노동자들에게도 퇴직금을 주게 한 것이었다. 당시 법은 16인 이상 사업장 노동자들에게만 퇴직금을 지급하게 되어 있어 평화시장에서는 소규모 공장이라는 이유로 오랜 기간 근무해도 퇴직금을 주지 않아 왔다. 노동법 개정을 이끌어낸 투쟁으로 의미가 큰 사건이다.

청계피복노동조합은 전태일 열사의 죽음으로 이루어낸 노조인 만큼 자주적, 민주적, 투쟁적으로 노동현실을 개선하려는 의지가 강했다. '전태일의 친구들'과 이소선 어머니, 그리고 조합원들은 피가 터지게 노력하였다. 어용노조와 다른 길을 가야 한다는 다짐을 거듭했다. 청계피복노조가 강성노조라 생각하는 대부분의 노조에서 연대요청이 많이 들어왔고, 힘은 들었지만 최대한 조직을 나눠서 참여했다.

개인적으로 너무도 안타까운 사건은 1979년 8월 YH사건 때였다. 당시 아카시아 회장인 나는 회원들과 함께 신민당사에 들어가 연대투쟁을 하였다. 그리고 조합원들과 다른 일정을 진행하려고 돌아왔는데, 다음날 새벽 경찰의 강제해산이 있었고, 김경숙 열사가 사망한 소식을 듣게 되었다. 혹시 그때 우리들이 신민당사에서 나오지 않았다면, 김경숙 열사의 죽음을 막을 수 있었을까?

나는 1980년 9월에 결혼했다. 남편은 다음 해인 1981년 노조 교선부장을 맡아 일했다. 그해 전두환 정권에 의해서 청계피복노동조합이 강제폐쇄되었고 남편은 수배를 당해 집에도 못 들어오고 한동안 도피생활을 했다. 형사들은 수시로 집으로 쳐들어와 구둣발로 이불도 차고 장롱문도 열어 그 속에 남편이 숨어 있는지 확인했다. 앨범 속 사진들도 맘대로 가져가 버렸다.

1985년 남편의 고향인 제천에 내려가 교복장사도 하면서 옷과 관련된 일을 하였다. 한 10년 정도 살다가 서울로 돌아왔다. 아이들이 성장한 후 나이 50이 넘어 검정고시를 보았고, 방송통신대 생활과학과 가정관리학을 전공하여 졸업, 사회복지사가 되었다. 전태일재단의 봉제사업단 단장으로 일하다 지금은 폭력피해이주여성쉼터에서 일하고 있다.

어린 시절 노동운동을 시작하여 지금까지 그 언저리에서 사는 것에 감사함을 느낀다. 아마 죽을 때까지 이렇게 살 것 같다. 지금도 노동운동을 하는 후배들이 조직을 늘리는 데 도움이 되고 싶고 힘이 되고 싶은 마음이다. 돌이켜 보면 지금까지 나는 나름 최선을 다 하면서 살아왔다. 내가 인복이 있어서 주변에 좋은 벗들과 선배님들, 존경하는 선생님들이 많이 계신 것에 감사하며 나머지 삶도 전태일 열사의 언저리에서 살아갈 것이다.

너 잘났다, 나 잘났다 하지 말고 각자의 역할을 하면서 서로 응원하며 사람에게 상처 주지 않는 운동이 되었으면 하는 마음을 후배 노동운동가들에게 전하고 싶다.

원풍모방
노동조합

▲ 1972년 10월 3일 대의원 단합대회

▼ 1973년 대의원대회

▲ 1973년 노동절

◀ 1980년 5월 노동기본권확보궐기대회

어둠의 시대 불꽃이 되어

1981 >>>

▲ 1981년 노동절 행사 뒷풀이(공장 운동장에서)

1982 >>>

▲ 1982년 9·27 폭력 사태

▲ 1992년 9·27 사건 10년차 모임

2019년 5월 17일 서울고등법원 재판을 마치고

민주노조의
주춧돌이 되어

노조민주화투쟁

　1970년대 민주노조운동의 한 축인 원풍모방노조의 역사는 1953년 '한국견방'에서 출발했다. 한국견방은 1956년 소모방 설비를 갖추었고, 1963년 초 한국모방으로 이름을 바꾸었다. 이 회사의 노동자들은 1957, 58년에 노동조합 결성을 시도하지만 연이어 실패했고, 1963년 9월 전국섬유노동조합 서울지역지부 한국모방분회라는 조직으로 재등장했다. 그러나 조합원들은 조합비만 낼 뿐 노조는 이름 뿐이었고, 조직은 분회장 혼자서 좌지우지하는 상태에 있었디. 회사 성장과 함께 노동자도 1963년 600여명에서 1967년 1,200여명으로 불어났지만, 임금 및 노동조건은 다른 회사에 비해 매우 열악하였다.

　노동자들의 불만은 날로 높아졌고 서서히 행동으로 나타나기 시작했다. 그 첫번째 계기가 1967년 5월 30일 지부승격대회였다. 이 날 대회에서 조합비 유용 등의 비리가 불거져 분회장이 불신임을 받아 물러났고, 회사 측의 강력한 지원으로 정영오 부분회장이 분회장 직무대리로 앉게 되었다. 정영오는 조합원들의 누적된 불만을 무마시키기 위해 임금인상과 노동조건 개선을 서둘러 회사의 지원을 등에 업고 1968년 지부장에 당선되었다. 그러나 이후 회사는 임금인상, 상여금 지급 등을 전면 중지하였다. 노동조건 역시 급격히 악화되어, 조합원들의 불만은 더욱 높아졌다. 이 같은 현장의 불만은 1968년 8월 30일 이른바 '강금옥 파업사건'으로 터져 나왔다. 이 일은 정사과 강금옥이라는 고참 노동자가 임금인상이 안된데 분노하여 심야에 노동자들을 모아 파업을 시도했다가 실패한 사건으로, 회사와 노조에 대한 불만이 응어리져 폭발했다. 이 사건은 자연발생적, 비조직적인 투쟁으로 좌절되었지만, 어떤 계기가 주어지면 노동자들이 들고 일어날 수 있다는 사실을 보여주고 있었다.

70년대 초 한국모방은 크게 성장했는데도 노동조건은 동종 타사에 비해 열악한 수준이었다. 1972년까지도 여자 양성공의 일당은 140원으로서 잔업과 휴일특근을 해도 월급은 5천 원 정도에 지나지 않았다. 기능공의 경우에도 평균 일당은 321원으로 경남모직이나 대한모방의 450원에 비해 30%나 낮은 상태였다. 또한 연말 상여금을 2년 동안이나 받지 못하였으며, 10분 지각에 1시간 30분에 해당하는 임금을 공제하였고, 작업소모품도 노동자 각자가 구입하도록 하였다. 이러한 열악한 노동조건에 신음하던 노동자들은 1970년 이후 현장 소모임을 조직하여 투쟁의 태세를 갖추기 시작하였다.

이런 상황에서 퇴직금문제가 터져 나왔다. 1971년 1월 이후 72년 4월까지 퇴직금을 못 받은 노동자들이 퇴직금 지급을 요구했으나 회사가 돈이 없다는 이유로 지급을 미루자 1972년 4월 18일 '한국모방 퇴직금 받기 투쟁위원회'를 결성한 것이다. 영등포산업선교회의 협조 하에 출범한 '투쟁위원회'는 당국에 대한 진정과 고발 등 법적 조치에 나섰고, 고대 노동문제연구소 등 학계, 종교계, 사회단체 등이 법적, 재정적 지원에 나섰다. 그러자 그해 10월 초순 중앙정보부가 개입하여 퇴직금 전액이 영등포산업선교회관에서 지급되었다. 그러나 노동자들의 예치금은 '8·3조치'로 이 때 지급을 받지 못하였다.

이처럼 퇴직금 투쟁이 치열하게 전개됨에도 불구하고 노조는 노조원의 문제가 아니라는 이유로 수수방관하였다. 이에 조합원들은 정영오 지부장을 지동진으로 바꾸기 위한 활동을 시작하였다. 지동진은 경비원 출신으로 염색과로 옮겨 일하고 있었다. 회사에서는 지동진이 스스로 사표를 내도록 하기 위해 작업배치 변경 등 압력을 가했고, 부녀부장 김갑준 등 소모임 대표 65명은 7월 9일 '한국모방노조 정상화 투쟁위원회'를 결성하였다. 그리고 1천여 명의 조합원으로부터 서명을 받아 대의원대회 소집요청서를 섬유노조에 제출하였다. 회사 측은 조합원들의 모임을 금지하는 특별조치를 취하는 한편, 지동진을 노량진공장으로 전출시켰다. 분노한 1천여 명의 노동자들은 8월 9일 지동진에 대한 전출명령 철회를 요구하며 파업농성에 들어갔다. 노동자들의 저항이 격화되자 지동진의 전출명령은 취소되었고, 1972년 8월 17일 지동진이 대의원대회에서 지부장으로 선출됨으로써 민주노조의 기틀이 마련되었다.

새 노조 출범 다음 날부터 회사 측의 노조 탄압이 노골화하였다. 회사는 해고 14명, 부서이동 20명, 직위해제 23명 등 무더기 징계로 보복조치를 했다. 징계조치 대상자 중에는 노조 핵심간부 41명 전원이 포함되어 있었으며, 현장체계로 보면 민주노조 전환과정에서 핵심역할을 맡은 지도공, 조장이 다수를 차지하고 있었다. 노동자들은 특근거부로 맞섰다. 회사는 지동진 지부장에게 폭행을 가하고 식당폐쇄, 무기휴업 등으로 대응하였다. 이에 600여명의 노동자들은 9월 3일 명동성당에 집결하여 농성에 돌입하였다가 중앙정보부의 중재로 농성을 풀고 귀사하였다. 그러나 얼마 후 회사 측의 고발로 지동진 지부장을 포함한 노조간부들이 경찰에 연행되었다. 지부장 등 노조간부들은 풀려났으나, 방용석 교선부장과 정상범 총무는 법 발효 이후 최초로 국가보위에 관한 특별조치법 위반 등으로 구속되었다.

한국모방 노동자들의 파업과 명동성당 농성이 사회문제화하자, 노동청은 기업주를 근로기준법, 노동조합법 위반으로 입건하였고, 경찰도 방용석, 정상범 두 간부를 기소유예로 석방하였다. 회사는 자주적인 노조활동 보장, 단체협약 체결, 해고자 복직 등 노조의 요구를 받아들였다. 그 후 노조는 태업 등을 통해 회사에 압력을 가하여 다른 모방업체와 비슷한 수준에서 임금인상을 할 수 있게 되었다. 이처럼 한국모방노조는 회사와 권력기관의 탄압에 과감히 맞선 노동자들의 투쟁으로 노조민주화를 달성했고, 국가보위에 관한 특별조치법과 독점자본의 위기를 구하려는 독재정권의 삼엄한 위협 속에서 민주노조를 지켜냈다.

민주노조의 운영과 투쟁

민주노조로 새 출발한 한국모방노조의 1차적인 과제는 임금인상을 포함한 노동조건의 개선이었다. 1972년 명동성당 농성 이후 단체협약이 체결되었으나, 여전히 임금은 동종업계에서 낮은 수준에 머물러 있었고, 복지환경도 매우 열악하였다. 이러한 상황에서 회사 경영에 위기가 찾아왔다. 1972년 말 박정희 정권의 특혜 속에서 안이한 경영을 하던 기업들이 부실화하자, 체불임금 누적, 실업 등이 심각한 사회문제로 등장하였다. 정부는 73년 4월 반사회적 기업인 81개 업체 73명의 명단을 발표하고, 경제적, 법적 제재를 가하였다. 한국모방 사장 박용운도 반사회적 기업인으로 지목되어 퇴진하고 백래진이 사장으로 취임하였으나, 체불임금 등의 문제는 해결되지 않았다. 노조에서 체불임금과 퇴직금 수령을 위해 각계에 호소문을 보내려 하자, 회사는 노조의 요구를 대부분 수용한 협정서를 체결하였다. 그러나 1973년 6월 회사에 부도사태가 일어났다. 노조와 회사 간부들은 '한국모방수습대책위원회'(위원장 지동진)를 구성하고 경영권을 인수하였다. 수습대책위는 노동자들의 실직과 임금체불을 방지하려 노력했고, 상공부에서도 금융기관에 자금지원 등의 협조를 요청하였다. 이 같은 노력의 결과 10월까지 4개월간 임금체불이 발생하지 않았고, 8월에는 31%의 임금인상까지 하고도 3천만 원의 잉여금을 적립하는 경영실적을 보여주었다. 또한, 노조는 조직력을 강화하고, 제2공장 노동자들의 노조 가입을 통해 권익신장을 추진하였다.

이러한 노조의 '회사 살리기' 노력에도 불구하고, 신임 사장 백승빈은 노조의 경영정상화 요구 등에 불만을 품고 73년 12월 지동진 지부장을 집단폭행하였다. 노조는 즉각 반발하였고, 종교단체에서는 74년 1월 5일 '신구교 노동문제 공동협의회' 이름으로 정부와 한국노총 및 섬유노조의 책임 있는 해결을 요구하는 결의문을 발표했다. 그러자 노동청에서는 사장 등을 근로기준법 위반으로 고발하여 노동자들의 저항 확산을 막으려 하였다.

경영정상화를 위한 노조의 요구에 대해 회사는 74년 1월 임시주주총회를 열어, 주식의 20%를 노조에 무상 양도하고, 조합원 대표 지동진 지부장을 회사의 전무로 경영에 참여시키기로 결정했다. 노조는 임시대의원대회를 열어 노사공동경영체제 참여를 승인하고 6월 정기대의원대회에서 방용석 지부장을 선출하였다. 노동자 대표가 경영에 참여한 것은 당시 처음으로 시도되었다. 회사는 자산보다 훨씬 많은 부채를 지고 있는 상태에서 은행과 정부 등의 지원을 얻기 위한 방안으로 노조경영참여를 선택한 것이었다. 곧 민주노조의 정당한 회사 정상화 요구를 스스로 해결할 수 없었기 때문에 노조와의 타협 방안으로 공동경영체제를 실시하게 된 것이었다.

그러나 회사의 정상화는 제대로 이루어지지 않았다. 노조에서는 청와대, 정부 등에 청원서를 보내어 회사를 공매처분할 경우, 종업원의 승계와 퇴식금, 예치금 지급, 단체협약 승계 등을 보장해 줄 것을 요구하였다. 이런 노조의 '회사 살리기' 노력에도 불구하고 일부 회사 간부들은 노조 때문에 회사 정상화가 안 된다고 비방을 하고, 노조파괴를 시도하는 음모가 일어났다. 노조는 12월 9일 긴급조합원총회를 소집하여, 회사 측에 노조 파괴 음모를 꾸민 2명에 대한 징계조치를 요구하여 관철시켰다. 이 와중에 지동진 전무의 공금횡령사건이 불거져 사퇴하고, 노조는 임시대의원대회를 열어 집행부 총사퇴를 결의하였다. 노동조합이 부정을 덮어주는 단체가 아니며, 노동조합이 지금까지 싸워온 것은 한 개인의 명예, 출세, 사리사욕의 제물이 되기 위해서가 아니라고 규정했다. 그리고 방용석 지부장을 비롯한 새 집행부를 선출하였다.

1974년 말, 법원의 경매 실시 결과 한국모방은 원풍산업의 이상순 대표에게 인수되었다. 원풍산업은 고용승계 등 노조가 제시한 인수조건을 들어주기로 하여 1975년 1월 노사합의서에 서명하였다. 이로써 전국섬유노동조합 원풍모방지부가 출범하였다. 그러나 그 직후 지난해 노조파괴음모를 꾸미다가 떨려난 회사간부들의 농간으로 방용석 지부장이 구속되는 위기를 맞게 되었다. 노조원들은 서명운동, 진정서 보내기, 리본 달기 등의 방법으로 대항하였으며, 노동절인 3월 10일에는 조합원 1,400여명이 항의집회를 개최하고 구치소까지 도보행진을 하였다. 이후 노조원들은 면회가 허가되지 않는다는 것을 알면서도 집단면회 신청, 하루 2, 3회 지부장 면회 요구 등을 통하여 노조의 단결력을 과시하였다. 이에 관계당국에서는 보석신청을 받아들여 지부장을 석방하였다. 지부장 구속 당시 노조원들의 리본에는 "누가 우리를 구속했나?" "왜 우리는 재판을 받아야 하나?"라고 쓰여 있었다.

회사는 1975년 3일간의 하기휴가를 추석 휴무에 포함하여 실시하려고 하였다. 노조에서는 연장 작업 거부, 생산량 줄이기 등의 '준법' 행동을 통해 이를 철회시켰다. 또한, 10월에 진행된 단체협약 갱신교섭에서도 50일 동안 11회의 교섭과 3일간의 철야농성, 두 차례의 준법 작업운동을 전개하여 상여금 120% 지급, 정기승급 연 2회 실시와 금액인상 등 대부분의 요구조건을 쟁취하였다.

1976년 11월, 방용석 지부장이 국가원수모독혐의로 체포되었다. 군경유가족의 기숙사 사감 취업과 관련하여 논쟁을 하는 중에 대통령을 모독했다고 회사 측이 고발한 것이다. 조합원들은 지부장 석방을 요구하며 농성을 벌이고 각계에 협조를 요청하였다. 이 과정에서 남부경찰서에서 부지부장 등 간부들을 연행하려는 것으로 판단한 노조원 1천여 명이 회사 사무실에 몰려가 농성을 벌이기도 했다. 지부장은 연행된 지 보름 만에 석방되었고,

12월 11일 완료한 단체협약 교섭에서는 임시공 폐지 및 필요시 노사가 합의하여 채용한다는 합의를 이루어냈다.

1979년도 임금인상 교섭에서 노조는 정부의 직권조정결정으로 받은 면방사업장의 28% 인상보다 6% 높은 34%를 확보하여 섬유노조 사업장 중에서 가장 높은 수준을 달성하였다. 이로써 원풍모방은 모방업계에서 1972년 이후 가장 높은 임금수준을 유지한 사업장이 되었으며, 섬유노조 내에서도 최고수준의 임금과 복지환경을 보유하게 되었다.

한편, 제2공장은 편직부(1과)와 봉제부(2과)로 구성되어 9백여 명의 노동자들이 수출 위주의 제품을 생산해 왔다. 그러나 1973년 부도발생 이후 수출 작업량을 확보하지 못하고, 하청작업 물량도 감소되어 갔다. 노조에서는 조업단축에 항의하였으나, 적자운영이 지속되었고, 결국 제2공장은 1976년 11월 폐쇄되었다. 당시 노조는 폐업조건으로 5개월분의 해고수당을 지급할 것 등을 요구하여 관철시켰다. 이와 같은 해고수당은 당시 외자기업의 경우 3개월분 정도 지급한 것과 비교하면 매우 높은 수준이었다.

노조는 1978년 1월 신용협동조합을 결성하였다. 조합원 스스로가 서로 돕는 노동조합 본연의 공제적 기능을 실현하기 위함이었다. 신협은 출자조합원에게 퇴직금 한도 내에서 무담보로 대출하여 공장 내 사채나 계 등을 일소하고 배당률을 높여 저축을 확대하였다. 신협은 한 달도 안 되어 여수신업무를 시작하여 조합원들의 경제생활개선에 기여하기 시작했고, 다음해 8월에는 공동구매조합을 열었다. 설립 당시 300명이었던 회원은 1980년에 1,356명으로 최고조에 이르렀으며, 저축액은 같은 기간 동안 4천 850만원에서 3억 2천 6백만 원으로 7배 반 이상 늘어났다. 신협은 조합원의 상호부조를 도왔을 뿐 아니라 조직력 강화에도 크게 기여하였다.

노조활동이 왕성해지자 회사는 노조분열책동을 시도하였다. 남성 노동자들을 동원한 노조파괴 음모는 79년 임금인상 교섭과정에서도 있었다. 그들은 아주 큰 폭의 임금인상이 있을 것이라는 유언비어를 살포하여, 소문

보다 적은 임금인상을 성취한 노조의 교섭력이 약했고 회사와 유착했을 수 있다는 의혹을 불러일으키려 한 것이다. 노조는 관련자를 찾아내 회사 측에 징계조치를 요구하는 한편, 조합원에 대해서는 단호하게 제명조치를 취하였다.

1979년 4월, 원풍모방은 국제그룹에 주식 25%를 양도한 후 8월에 완전히 인수되었다. 당시 원풍모방은 16억 원의 순이익을 올리는 등 경영실적이 좋았으며, 특별히 기업을 처분할 이유를 찾을 수 없었다. 78년에는 모방업체들 가운데 최고의 수익을 올리기도 했다. 79년에 이르러 원풍모방 노동자들은 양호한 경영수지와 민주노조의 활동으로 섬유산업 최고 수준의 노동조건을 유지하고 있었다. 여성노동자들의 임금수준은 섬유업체들 가운데 가장 높았고, 남성노동자들은 면방 다음으로 임금이 높았다. 퇴직금과 상여금제도도 정착되었으며, 70년대 거의 모든 공장에서 한 달에 2번 일요일만 휴무를 하였던 것에 비하여, 원풍모방에서는 일요일과 공휴일 휴무제가 정착되었다. 이처럼 임금 및 노동조건이 매년 개선되어 왔으며, 노사관계도 정착되어가고 있었다. 그럼에도 회사가 국제그룹으로 넘어간 것은 유신 말기의 폭압정치에서 비롯된 것으로 알려졌다.

원풍모방노조의 연대 투쟁

한국모방(원풍모방)노동자들의 노조민주화투쟁은 섬유노조와 한국노총 등 상급단체와의 갈등과 대립을 일으키면서 전개되었다. 그 과정에서 민주화를 지향하는 노조들과 사회종교단체, 지식인들과의 연대 지원활동과 공동투쟁이 맺어졌다. 연대투쟁으로는 섬유노조와 한국노총에 대한 노조민주화투쟁, 기독교방송 진입투쟁, 부활절예배 시위투쟁을 들 수 있고, 이밖에 크고 작은 연대활동 또는 공동투쟁이 전개되었다.

이 투쟁들은 조직적으로 전개된 경우와 개별적으로 이루어진 경우로 나눌 수 있다. 조직적으로 연대투쟁을 전개할 수 없었던 것은 총체적인 국가와 자본의 억압, 그에 눌려 하수인 역할을 자행하는 한국노총 및 섬유노조 등의 감시 속에서 공식적인 연대 기구를 결성하는 것은 거의 불가능했기 때문이다. 이것은 작은 규모의 저항투쟁에 대해서도 총자본이 개별사업장 노조가 견딜 수 없는 탄압을 가하고 노조를 파괴해버린 데서 잘 나타난다. 그럼에도 제한된 조건 속에서 행해진 공동투쟁 또는 활동은 연대투쟁의 전형을 만들어냈을 뿐 아니라 국가권력과 자본의 노동정책을 폭로하고 그들의 지배 전략에 파열구를 냈다고 할 수 있다.

1) 기독교방송국 진입 투쟁과 부활절예배 시위투쟁

1978년 3월 20일, 한국기독교교회협의회 사무실과 기독교방송국이 있는 기독교회관에서 한국기독학생총연맹 주최 인권강좌가 있었다. 당시 한국기독교교회협의회는 동일방직 똥물사건과 대량해고, 그리고 산업선교회와 JOC 활동을 공산주의로 흑색선전하며 탄압하는 것에 항의하여 산업선교회 목사 등 13명이 금식기도를 하고 있었다. 그러나 언론은 일체 취재를 하지 않았다. 강좌에 참석했던 노동자들은 언론의 무관심에 분노하였고, 동일방직을 비롯하여 원풍모방, 해태제과 노조원 30여 명이 기독교방송국으로 가 방송국장 면담을 요청하였다. 이 과정에서 기자들과 마찰이 일어나 방송이 일시 중단되기도 하였다.

3월 26일 여의도광장에서는 개신교 신자 45만 명이 모인 부활절예배가 진행되고 있었다. 갑자기 6명의 여성노동자들이 뛰어나와 목사의 마이크를 가로채 "노동3권 보장하라!" "동일방직사건을 해결하라" "우리는 똥을 먹고 살 수 없다" "방림방적의 체불 노임을 즉각 지급하라" 등의 구호를 외쳤다. 5분 정도의 시위에 불과하였지만, 원풍모방을 비롯하여 동일방직, 방림방적, 남영나일론(2명), 삼원섬유의 여성노동자 6명은 예배방해 및 집시법 위반으로 모두 실형을 선고받았다.

그 밖에 방림방적 임금체불사건, 해태제과 사건, YH사건 등에 노조원들이 참여하여 연행되기도 하였다. 이런 사건들은 각각 다른 회사의 노동자들이 사회적 무관심에 항의하기 위하여 벌인 시위투쟁이었다. 나아가 이들 노동자들의 투쟁은 노동문제에 대한 사회적 관심을 불러 일으키고 낮은 수준의 계급적 연대를 실천한 것으로 볼 수 있다.

2) 섬유노조 및 노총민주화 투쟁

섬유노조와의 대립 갈등은 1972년 노조민주화 과정에서 이미 드러나기 시작했고, 1973년 지동진 지부장 폭행사건에 대한 대응이나 1976년 11월 방용석 지부장이 국가원수모독죄로 연행되었을 때 나타낸 행태들은 국가권력과 자본에 굴종적인 자세와 하부조직에 대한 억압적 태도를 잘 드러내주었다. 이에 대한 원풍모방노조의 저항은 전태일 열사의 항의 분신 이후 등장한 민주노조들과 어깨를 나란히 하면서 한국노총에 대한 대항세력으로 성장해갔다. 청계피복, 동일방직, 반도상사, YH무역, 삼원섬유, 콘트롤데이타 등이 그들이었다.

섬유노조에 대한 민주노조들의 투쟁이 본격화한 것은 1976년 동일방직 인천지부 사건이었다. 이 사건은 회사가 여성노동자들이 주도한 노조를 파괴하려 한데 대한 저항투쟁이었다. 이 사건은 권력의 사주를 받은 섬유노조 김영태 일파가 동일방직에 책임을 물어 해결하려는 방순조 집행부를 불신임하고 섬유노조 집행부를 장악하는 계기로 악용되었다. 이후 김영태 집행부는 노골적으로 동일방직지부를 파괴하려 나섰고, 이를 저지하는데 원풍모방노조가 반도상사, YH무역지부 등과 함께 정면으로 맞섰다.

78년 1월 섬유노조 김영태 집행부는 규약개정을 통하여 지부의 자율권을 제한하려고 하였다. 원풍모방노조는 이 규약의 채택을 단호히 거부하였다. YH노조와 반도상사노조, 동일방직노조도 행동을 같이 했다. 섬유노조는 공문수발을 중지하고, 원풍모방노조에서 보낸 의무금도 돌려보냈다. 뿐만 아니라 섬유노조는 동일방직노조를 사고지부로 규정하고, 3월에는 똥물

사건을 일으켜 노골적으로 파괴하려 했다. 또 블랙리스트를 만들어 전국 사업장에 돌림으로써 노동자들의 생존권을 원천적으로 박탈했다. 원풍모방 노조에서는 섬유노조의 부당성을 알리기 위해 '노동조합정화투쟁위원회' 명의로 '섬유노동조합의 부패상을 해부한다'는 글을 작성·배포하였다. 그러나 7월 섬유노조 전국대의원대회는 원풍모방, YH무역, 반도상사노조가 파견한 대의원을 배제하고 선거를 치러 김영태가 위원장에 다시 선출되었다. 이후 민주노조에 대한 탄압이 전면적으로 이루어졌고, 원풍모방노조는 이에 대한 저항투쟁의 중심에서 모든 노력을 기울였다.

1979년 8월, YH무역 노동자들의 신민당사 농성투쟁을 기폭제로 하여 박정희 유신 대통령이 피살되고 독재체제는 위기에 봉착하였다. 1980년 서울의 봄, 민주화의 열기가 고조되면서 학생들의 대규모 시위와 노동자투쟁이 폭발하였다. 전국 곳곳에서는 노동자의 생존권투쟁과 함께 노조민주화 요구가 분출하여 섬유노조, 금속노조 등 한국노총 산하 많은 조직들이 밑으로부터의 요구에 위기감을 드러냈다.

80년 5월 13일의 노동기본권 확보 전국궐기대회는 한국노총의 위기 타개를 위한 행사였다. 원풍모방노조를 비롯한 민주노조들은 형식적인 궐기대회에 그쳐서는 안 되며, 노동기본권이 구체적으로 보장될 수 있게 하기위한 대회로 만들어야 한다고 주장하였다. 노동자들은 노동3권의 완전보장을 위한 전국적 서명운동, 김영태와 김병용(금속노조위원장) 제명 결의 등에 적극적인 지지를 보냈다. 노동자들은 출퇴근반이 번갈아가면서 농성에 참여하였으며, 원풍모방노조는 버스 토큰 40여만 원어치를 사놓고 퇴근하는 조합원들에게 나누어 주었다. 노동자들의 한국노총 농성은 밤새워 이어졌다. 다음날 대학생들의 계엄철폐를 요구하는 시위가 시시각각 격화하는 상황에서 노동자들은 현장으로 돌아갔다.

5월 16일 최고조에 이르렀던 학생시위도 5월 16일 이른바 '서울역회군'을 결정하고 학교로 돌아갔다. 이 틈을 타고 전두환 신군부 권력은 계엄령을 전국으로 확대하고 광주민주항쟁의 탄압에 나섰다.

민주노조의 조직적 바탕

원풍모방노조의 특성 가운데 두드러진 것은 완강한 조직력과 투쟁력을 들 수 있다. 이는 민주적인 노동조합 운영을 통하여 조합원 의식화와 조직화, 그리고 타 노동자와의 연대활동을 전개하여 민주노동자의 세력을 확대 강화한다는 원칙을 철저하게 실천한데서 찾을 수 있다. 이 조직의 출발점은 소모임 활동과 체계적인 교육이었다. 소모임과 교육은 전체 조합원은 물론 대의원, 상집간부, 상근간부들도 모두 참가하는 것을 원칙으로 하였고, 이를 통해 전체 조합원의 간부화를 실천하고자 했다.

현장 소모임이 시작된 것은 1970년 이후였다. 노동자들은 산업선교회와 가톨릭노동청년회의 목사, 신부들의 지원을 받아 조직을 확대해 갔다. 소모임은 1972년 노조를 민주화시킨 이후 활동을 공개화하기 시작했다. 모임의 장소나 지도는 도시산업선교회, JOC, 그리고 노조사무실과 자취방, 기숙사 등에서 행해졌다. 소모임은 부서별로 7, 8명이 모여 한 단위를 이루고, 각기 날개, 물레방아, 이스트 등등 나름의 이름을 갖고 활동하였다. 이들은 다시 A, B, C반으로 편성되어 각기 조직 지도부를 구성하고 있었다.

원풍모방노조는 소모임 활동을 노동조합을 강화시키기 위한 수단으로 보고, 노동조합은 노동자들이 인간답게 살 수 있는, 자유와 평등이 실현되는 사회를 건설하기 위해 없어서는 안될 필요한 조직이라는 사실을 인식하게 하는 것이라고 규정하였다. 소모임은 70년대 말 50, 60개에 400~500명의 조합원들이 참여하고 있었으며, 권력과 자본의 공격을 극복하고 민주노조를 지키고 키워낸 조직력의 핵심기제로서 역할하였다. 대의원 모임 역시 조합원과 간부의 의식화에 크게 기여했다. 1974년부터 정례화 된 대의원 모임은 매주 현장 또는 기숙사에서 일어나고 있는 크고 작은 일들과, 외부의 동향에 대해 보고를 받고 문제의 해결책을 모색하고 실천하는 모임으로써 조직력 강화에 중심적 역할을 담당하였다.

한편 교육은 대의원교육, 중견간부교육, 일반 조합원교육, 파견교육 등으로 나누어 실시하였다. 각 교육은 주체들의 특성에 따라 주제를 선정하여 실시하였다. 조직 내부의 상근간부들과 수많은 외부강사들이 교육에 나섰으며, 이를 통해 지식인들과의 연대와 교류가 활발하게 전개되었다. 파견교육은 특히 크리스챤아카데미가 중심을 이루었고, 간혹 섬유노조나 도시산업선교회 등에서도 시행했다.

노조 파괴와 법외노조활동

1970년대 말, 민주화를 열망하는 민중들과 박정희 유신독재정권 사이에 모순이 격화하여 그 투쟁은 갈수록 치열해진다. 박정권의 탄압도 더욱 폭력적이고 잔혹해졌다. 1979년 8월, YH무역노조 투쟁과 부마사태로 궁지에 몰린 박 정권은 민주노조 탄압을 위해 노동운동 지원세력에 대해서도 대대적으로 탄압을 가했다. 그 대표적인 사건이 '종교계의 산업체 침투조사'와 크리스챤아카데미 사건이었다. 이 때문에 원풍모방노조 박순희 부지부장 등과 조합원들이 시련을 겪었다.

그러나 박 정권은 민중들의 저항투쟁과 자체 모순에 의하여 무너졌고, 그를 이어 신군부정권이 등장했다. 전두환은 광주민중항쟁을 잔혹하게 진압하고 쿠데타에 성공하자 노동자에 대한 억압적 조치들을 강행하였다. 노동계 정화라는 명목으로 한국노총과 섬유노조를 내세워 방용석 지부장과 박순희 부지부장을 조합원에서 제명하였다. 노조는 제명조치의 부당성을 주장하였으나 받아들여지지 않았다. 그 밖의 간부들에 대해서도 5월 노총 기본권확보 궐기대회에 참석한 것을 이유로 사표를 강요하였다. 20여 일간 조사를 받은 14명의 간부는 강제로 사표를 쓰고 귀향조치 되었으며, 남자 간부 4명은 삼청교육대에 보내졌다.

이와 같은 상황에서, 민주노조를 파괴하려는 회사와 노동부에 의하여 원풍모방노조는 같은 계열회사인 부산 소재 원풍타이어노조와의 통합을 강제 당하게 되었다. 지역, 업종이 다른 노조가 통합한다는 것은 불법적인 조치였지만, 당시 상황으로서는 받아들일 수밖에 없었다.

81년 말 회사 측은 단체협약을 준수하지 않았고, 작업물량을 하청으로 처리하였다. 80년 6월 이후 노동자 충원은 이루어지지 않았고, 공장폐쇄 등의 소문이 돌기까지 했다. 노조는 82년 3월 15일 임시대의원대회에서 사퇴한 이무술 대신에 정선순을 지부장으로 선출하고, 회사의 정상가동과 단체협약 준수를 요구하였다. 82년 4월 7일에는 전 조합원이 '단체협약을 준수하라'는 리본을 달고 회사에 항의하였다. 노동부는 도시산업선교회 출입금지를 노조 규정에 포함해야 한다면서 회사 측을 지원하였다. 뿐만 아니라, 노동부는 4월 3일 원풍모방의 정상가동을 위해서는 임금인상, 상여금 지급, 징계권 등을 회사가 요구하는 대로 받아들이라는 결의문을 작성해주고는 조합원총회를 소집하여 통과시키라고 요구하였다. 이러한 노동부의 친자본적인 행태에도 불구하고, 노조는 이를 거부하였다.

노조원 폭행, 부당해고 등 회사 측의 노조탄압에도 불구하고 노조가 버텨나가자, 회사는 82년 9월 27일 폭력배를 동원하여 정선순 조합장을 감금하고 사표를 강요하였다. 이에 노조원들은 농성에 돌입하였다. 4박 5일 간의 단식농성에 회사는 노동자들의 부모를 농성장에 들여보내 조합원들을 회사 밖으로 데리고 나가도록 하였으며, 10월 1일에는 경찰이 마지막 남은 50여 명의 노동자들을 강제로 회사 밖으로 끌어내었다. 노조는 출근투쟁을 감행하였으나, 경찰의 저지 등으로 회사에 진입할 수가 없었다.

노조원에 대한 사직 강요, 강제 귀향조치에는 그들의 부모만이 아니라, 군수 등 행정기관장까지 동원되었다. 이는 정부의 민주노조 파괴 의도를 보여주는 것이라 할 수 있다. 이런 과정을 거쳐 559명의 노동자들이 집단 해고되었다. 또한, 지부장 등 노조간부 4명이 '제3자 개입'이나 '집시법 위반'으로 구속되었다. 구속되었던 원풍모방 노동자들은 83년 8월 형집행정지로 석방되었고, 그해 9월 27일 '9·27폭력사태 1주년 모임'에서 원풍모방해고 노동자 복직투쟁위원회로 법외노동조합 활동을 시작하였다.

원풍모방 노동자들은 동일방직, 콘트롤데이타, YH무역, 반도상사, 서통, 고려피혁, 동남전기 등 70년대 민주노조운동세력과 함께 84년 3월 10일 '한국노동자복지협의회'를 결성하였다. 이들은 "비조직적이고 고립분산적인 한계를 극복하고 노동운동의 주체성, 통일성, 연대성을 드높여서" 1980년대의 기업별 노조운동의 한계를 극복할 것을 목표로 하였다. 한편, 84년 후반기 노동법개정운동에도 적극적으로 참여하여 70년대 민주노조 운동이 80년대 노동운동으로 이어질 수 있는 한 줄기가 되었다.

1987년 여름 노동자대투쟁이 전개되면서 노동운동의 새로운 상황에 대응하는 변화를 모색하게 되었다. 1989년 1월 '한국민주노동자연합'(한노련)으로 재출범하여 외곽 공개조직으로서 전국 사업장의 조직관리와 실무역량 강화를 위한 지원활동에 노력하였고, 노동운동의 급속한 성장과 발전과정에서 한노련의 역사적 소임이 다했음을 깨닫고 발전적 해소를 결정하였다. 1999년 10월, '녹색환경운동' 현장노동운동을 지원하던 한노련의 주체들과 원풍 해고자들을 주축으로 환경문제의 심각성을 인식하여 환경시민단체를 창립하여 사회운동을 지속하였다. 2011년 10월에는 '원풍동지회'를 발족시켰다. 원풍동지회는 사회봉사활동과 자녀 및 회원 교육활동, 원풍노조 역사정리 출판활동, 정보 나눔 활동, 국가배상소송 활동을 전개해 왔다.

원풍모방의 민주노조는 퇴직금받기 운동을 계기로 결성되었다. 퇴직금받기 운동이 퇴직자 만의 문제가 아니라는 것을 인식하게 되었고, 민주노조의 결성 만이 노동자들의 권익을 보장해 줄 수 있다는 것을 알게 되었다. 그러나 이와 같은 노동자들의 의식변화를 결집하는 과정이 필요했다. 이런 점에서 국가와 자본의 물리적, 이데올로기적 폭력 속에서도 민주노조를 결성할 수 있었던 기반이 된 것은 소모임 활동이었다는 것을 알 수 있다.

소모임 활동, 민중문화운동, 노조원 교육을 통해 노조는 굳게 단결할 수 있었다.

원풍모방노조는 회사 부도에도 적극적으로 대응해 회사의 경영정상화를 위해 노력했다. 그 결과 노동자들은 회사 주식을 무상으로 양도 받았고, 회사 경영에 참여하기도 하였다. 또한 원풍모방노조는 자기들의 문제에만 관심을 기울인 것이 아니라, 노총, 섬유노조의 민주화를 위해서도 적극적인 활동을 펼쳐나갔다. 동일방직, YH무역 등 여타 민주노조에 대한 탄압에도 적극적으로 연대 투쟁으로 대응했다. 상설기구화 하지는 못했지만, 연대의 경험을 통하여 노동자들의 의식을 고양시키는데 크게 기여했던 것이다.

참고 : 원풍해고노동자복직투쟁위원회,『민주노조 10년 : 원풍모방노동조합활동과 투쟁』, 1987, 풀빛

김남일,『원풍모방노동운동사 – 못다 이룬 꿈도 아름답다』, 2010, 삶이 보이는 창

성공회대학교 사회문화연구소,『1970년대 산업화초기 한국노동사 연구』, 2002

원풍은 나의
고향이다

김 명 자*

한국모방 입사와 JOC 활동

나는 서울에서 태어나 어려서 춘천으로 이사를 했다. 아버지의 고향은 평안북도 신의주다. 아버지와 친척들은 고향과 가까운 춘천이나 영월 등 강원도를 삶의 터전으로 삼으셨고 사업수완이 뛰어난 아버지는 춘천에서 평양냉면집을 운영하셨다. 모시옷에 백구두를 신고 다닐 정도로 아버지는 멋쟁이이기도 했다. 엄마는 내가 8살 때 위암으로 돌아가셔서 아들 셋에 딸 하나인 집안에서 그 빈자리가 매우 컸다.

어머니가 돌아가신 후 아버지가 마음을 잡지 못하는 와중에 가세가

※ 1952년 서울 출생, 춘천-서울-영월에서 성장. 1968년 대한모방을 거쳐 69년 한국모방 입사. 1976년부터 노조 대의원(2선)과 조사통계부차장으로 활동. 원풍 재직 중 JOC에 가입하였고 성우회 회장 역임, 79년 YWCA 위장결혼식에 참석했다가 경찰에 연행. 80년 12월 결혼. 81년 1월 퇴사.

기울었다. 춘천에서 초등학교를 졸업하고 온 가족이 서울로 이사했다가 1년 만에 다시 강원도 영월로 이사를 가게 되었다. 나는 시골에서 사는 것이 갑갑했고 또 돈을 벌어야겠다는 생각에 서울 양평동 막내이모네 집으로 혼자 들어갔다. 이때 이종사촌 언니가 소개해서 1968년 17살에 대한모방에 입사했다. 대한모방에서 일하며 바쁜 중에도 영등포의 한림학원에 중등과정을 공부하러 다녔다.

1969년 봄에 기능공으로 한국모방에 들어가게 되었다. 한국모방은 1975년 주인이 바뀌면서 원풍모방이 되었다. 나는 원풍에 입사하자마자 바로 기숙사에 들어갔다. 같은 방 식구로 만난 직포과 장복진 언니와 생활하면서 노동조합 이야기를 듣고 관심을 가지게 되었다. 71년도 당시 한국모방 노조는 어용노동조합이었고, 근로조건이나 임금도 대한모방보다 훨씬 떨어졌다.

종교가 없었던 나는 한국모방에서 활동하는 가톨릭과 개신교 산업선교회 회원들을 보면서 종교에 눈을 뜨게 되었다. 74년부터 신길동에 있는 살레시오 청소년쉼터 수녀원에서 수녀님들과 꽃꽂이도 하고 생활에 필요한 일상적인 것들을 배우러 다니면서 교리도 접하게 되었다. 그때부터 자연스럽게 성당에 나가게 되었고, 75년에 영세를 받았다.

나는 가톨릭노동청년회(JOC) 활동을 하면서 가톨릭 신자들이 모인 '성우회'의 회장이 되었다. 당시 회원들과 성나자로 마을로 야유회도 갔고, 살레시오 사비오를 초청하여 회원들과 포크댄스도 하면서 즐겼던 기억이 있다. 성우회를 재조직, 돈보스코 센터에서 JOC를 만드신 요셉 까르딘 신부님을 모시고 회원들과 강의도 듣고, 남부연합회 회원들과 같이 활동을 했다.

원풍은 직포 차윤순, 전방 이무술, 정방 이은숙, 김홍분, 가공 전옥자, 정사는 나, 이렇게 각 부서에서 JOC 회원을 차출하여 '멍석' 팀을 조직, 1주일에 한 번씩 회합을 했다. 그러다가 79년에는 회원들이 결혼 때문에 퇴직하게 되면서 2년 만에 조직이 소멸될 위기에 처하자, 내가 김윤옥의 대모가 되면서 새로운 팀을 만들어주었다.

원풍모방노동조합에서의 활동

내가 노동조합에 적극적인 관심을 가지게 된 것은 당시 부지부장인 박순희 언니가 현장을 순회하면서 노동조합의 중요성에 대한 이야기를 자주 했기 때문이다. 나는 원풍노조에 가입하여 76년에 대의원이 되어 2선을 하였다. 77년부터 원풍노동조합은 안정기에 접어들었고, 나는 78년에 상집간부가 되어 조사통계부 차장으로 활동했다. 방용석 지부장은 노조간부들에게 책을 많이 읽으라면서 『전봉준』, 『감옥으로부터의 사색』 등을 추천했다. 나는 결혼할 때도 소중하게 생각했던 책을 챙겨 가장 먼저 책장에 꽂을 정도로 아꼈다. 내가 독서실을 운영할 때 어떤 대학생이 신영복 선생의 『감옥으로부터의 사색』을 보고 판금된 귀한 책이라며 자기한테 팔면 안 되느냐고 한 적도 있었지만 그럴 수는 없었다.

76년에 방용석 지부장이 정체불명의 사람들에 의하여 검은 승용차에 실려 갔다는 소식을 듣고 기관에 연행되었다는 사실을 알게 되었다. 노동조합에서는 관계기관에 알아보았으나 국가원수모독 발언으로 조사 중이라는 것만 말할 뿐 어디에서 어떤 조사를 받는지조차 알려주지 않았다. 상집회의를 열어 대책을 논의한 후 영장 없이 연행한 것에 항의하며 이날부터 매일 철야농성을 했다.

낮에는 종교계, 학계, 노동계, 언론계 인사 등 40여명을 초청하여 간담회를 개최했고, 저녁에는 퇴근하는 조합원들이 노조 사무실에 모여 매일 기도회를 열었다. 당시 개신교 신자였던 최양근과 가톨릭 '멍석'팀의 이은숙이 기도문을 작성하여 지부장의 석방을 촉구하는 기도를 드리면서 조합원들과 함께 공유했다. 지부장은 연행 된지 6일 만에 풀려났다.

YWCA 위장결혼식 사건

1979년 11월 YWCA 위장결혼식에 참여했던 많은 조합원들이 연행되었는데, 나도 그 중 하나였다. 경찰은 나를 달랑 들어다가 경찰버스에 집어던졌고, 나는 어찌 해 볼 틈도 없이 남대문경찰서로 연행되었다. 분리해서 조사했기 때문에 같이 연행된 원풍 조합원들은 만날 수가 없었다. 연행된 후 바로 조사를 받았는데, 내가 원풍노조의 간부라고 말하면 노동조합에 피해가 갈까봐 걱정이 되었다.

마침 그 시기에 명동성당에서 견진성사를 받았던 것이 생각났다. 나는 명동성당에서 견진성사 교리를 받고 오는 길에 결혼예식을 한다고 사람들이 모여 있어서 들어가 보았다고, 2박 3일 동안 한 시간에 한 번씩 쓰는 진술서에 일관되게 기술했다. 나를 담당한 수사관은 자기도 종교를 가지고 있는 사람이라면서 내 말을 믿어주었다. 다행히 2박 3일 만에 풀려났다.

그날 우리와 함께 연행된 대학생들도 같은 유치장에 있었는데 그들은 A, B, C급으로 나뉘어 조사를 받았다. 경찰은 "야 이년아, 여기 왜 왔어?" 하면서 발길질을 하고 욕도 하는 등 심하게 대하는 것을 보면서 두려움에 떨었던 기억이 아직도 남아있다.

눈물의 결혼

80년 12월 17일, 나는 결혼을 했다. 당시는 합동수사본부에 노조간부 48명이 연행되어 조사를 받고 있었고, 공장의 분위기도 살벌할 때였다. 내가 29살이 되자 집에서는 적극 결혼을 종용했다. 아버지의 성화에 못 이겨 선을 본 사람이 있었는데, 한 달 만에 약혼식을 하고 두 달 만에 결혼 날을 잡아왔다. 설마 그렇게 빨리 진행될 줄 몰랐다. 노조간부 중 한 언니는 지금 결혼할 때가 아니라고 했다. 나도 노조가 어려움에 처한 이 상황에 결혼한다며 그만 둘 수 없다는 생각이었기에 결혼하기로 한 사람을 만나 선언했다.

"지금 계엄 하에 노동조합이 어려워서 이 결혼을 할 수가 없습니다."

양가에서는 난리가 났다. 아버지는 내가 YWCA 위장결혼식사건 때 경찰서에 연행되었던 것 때문에 걱정을 많이 했고, 엄마 없이 자란 딸이 결혼하여 잘 살아야 된다는 생각이 강했다. 나도 경찰서에 연행되었던 일이나 지부장이 지명수배 받고 피해 다닐 때의 두려움이 있었다. 결혼을 안 하고 활동하며 당시에도 수배 당해 고생 중인 박순희 언니처럼 살 수 있을지 고민을 해봤다. 그러나 나는 의지가 약해서 그렇게 살기는 힘들다는 생각이 들었다.

내 결혼식 날에도 간부들은 모두 합수부에 갇혀 있었다. 새 신부로 서 있었지만 목에 가시가 걸린 것 같았다. 그런 마음을 이필남 언니가 다독여 주었다. 필남 언니는 임신하여 만삭인데도 불구하고 나의 결혼식에 참석해 주었다. 나는 그 시기에 결혼한 것이 지금도 미안하고 마음이 아프다. 작은 힘이라도 보태야 하는 마당에 나약하게 도망친 죄인 같은 심정이었다. 그것이 오랜 기간 내 가슴애 상처로 남아 있다. 결혼한 지 얼마 지나지 않은 81년 1월 말에 사표를 냈기 때문이다.

잊지 못할 원풍노동조합

퇴직하고도 지난 37년 동안 원풍을 잊은 적이 없다. 수 백 명이 공장에서 해고당하고도 이렇게 오랜 기간에 걸쳐 만나고 사는 조직은 없다. 좋은 인연들이 만나 훌륭한 후배들이 배출되었고, 오랫동안 모임도 할 수 있었다고 생각한다. 젊은 날 내 주변에 원풍노조의 훌륭한 선후배들이 없었다면 지금 어떻게 살고 있을까? 사회를 바로 보고 바르게 살아야 하는 인성과 정의롭게 사는 삶이라든가, 부당한 억압에도 굴복하지 않고 사는 것을 배운 것은 정말 큰 축복이라고 생각한다.

살아오는 동안 지금까지 남의 것을 탐하지 않고, 남에게 들은 이야기를 함부로 옮기거나 이중적인 말을 안 하고 사는 것은 원풍에서 배운 태도라고 생각한다. 정의구현사제단 김홍진 신부님에게 내 가정 이야기를 할 기회가 있었는데, 내 인생에서 정의롭고 공정한 사람들을 만났기 때문에 60살이 넘은 지금까지도 그 삶을 이어가고 있다고 한 적이 있다. 나는 우리 아이들에게도 원풍노조 이야기를 한다. 그래서인지 사회를 보는 눈이 나와 다르지 않아 아이들도 정의로운 성향으로 성장을 했다.

후배들이 원풍동지회를 이끌어가는 것을 보면서 '사람은 아픔을 겪어야 지 더 끈끈해지는 구나' 하는 생각을 했다. 후배들이 9·27사건 때 4박 5일 단식농성을 하면서 고통을 함께했기 때문에 더 결속력이 강하게 된 것으로 보인다. 더불어 자녀들까지도 모임을 가지고 있어서 고맙다. 나중에 원풍노조투쟁이 민주화운동으로 인정되어 국가로부터 명예를 회복했다는 이야기를 듣고는 감동했다. 그 동안 받은 고통의 대가만큼은 아니지만, 어느 정도 심리적 보상은 되었다는 점이 감사했다. 원풍의 오월공동체 특별상도 감격스럽다. 40년 세월이 주는 상이다. 옳은 일은 언젠가는 빛을 발하게 되는가 보다.

나의 젊은 시절이 푹 담긴 원풍노조를 떠올리면 눈물부터 난다. 험난한 고비를 잘 넘어 왔는데, 노조가 어려울 때 결혼을 하고 퇴직을 하여 끝마무리를 제대로 못한 것 같아 늘 돌덩이가 얹혀있는 것처럼 무거웠다. 그동안 못다 한 이야기를 이렇게라도 털어놓게 되어 다행이라고 생각한다. 원풍동지회가 앞으로도 건강한 모임으로 건재하고, 노후에도 더 좋은 모습으로 남기를 간곡히 바란다. 원풍노조는 나에게 고향이고 친정이기 때문이다. 고향은 어떠한 상황에서라도 따뜻하게 품어주는 보금자리이다. 우리 모두에게 그러한 존재라 믿는다.

70년대에 같은 직장은 아니었지만 노동자의 권리와 인권을 위하여 뜻을 함께했던 동지들의 모임이 '70년대 민주노동운동동지회'다. 지금도 그 끈을 놓지 않고 더 성숙한 자세로 살아가는 동지들을 보면 자랑스럽다. 자주 만나지는 못하지만 함께하고 있다는 것에 자부심을 느낀다. 어느덧 6, 70대가

된 얼굴 속에서 다소 어설펐던 10대, 20대 시기 등불처럼 타올랐던 동지들의 모습이 떠오르면 미소가 지어진다.

민주노동운동동지회 동지들은 서로의 버팀목이 되어 더 나은 미래로 향하고 있다. 그 모임에서 지금의 노동현실과 민주주의에 관심을 놓지 않고 참여하는 삶을 듣고 또 배우게 된다. 민주노동자회를 이끌어 가는 동지들께 감사하며, 미력하지만 적극 동참하여 가치 있는 인간이 되고자 노력하려고 한다. 함께 걷는 걸음 오래 튼튼했으면 좋겠다.

원풍모방노동조합

노동운동과 신앙과
민주화투쟁

박 순 희

국민학교 선생의 꿈

나는 1947년 11월. 부친(박제승)과 모친(조제순) 사이 3남 2녀 중 오빠와 남동생 둘, 여동생 하나를 둔 집의 장녀로 태어났다. 부친은 1980년 3월, 광주항쟁 전에 돌아가셨고, 어머니는 2019년 9월 98세로 고인이 되셨다. 어머니는 오른쪽 어깨가 많이 아프다고 하셨는데 그때마다 "너를 해산하고 추운 겨울에 연탄가루를 찬물에 개어서 연료로 썼다"는 말씀을 넋두리처럼 하시곤 하셨다.

1947년 11월, 천주교 집안에서 출생. 66년 대한모방 입사, 67년 JOC 가입. 74년 한국(원풍)모방 입사, 75년 노조 대의원, 상근부지부장. 79년 크리스챤아카데미 사건으로 중앙정보부 연행. 80년 전두환 신군부의 노동계 정화조치로 해고. 82년 원풍사태로 구속. 83년 석방 후 이리공단에서 활동. 84년 한국노동자복지협의회등 활동. 88년 대전 대화동 공단 '가톨릭노동사목' 활동. 현재 민주노총, 천주교정의구현전국연합 지도위원.

어둠의 시대 불꽃이 되어

아버지는 철도청(영등포공작창)의 기술공으로 근무를 하셨고, 우리 집은 할아버지 때부터 천주교 신앙을 지켜왔다. 당시 철도청의 사택에 살면서 방이 여러 개가 있어 세를 주고 살았다. 그래서인지 우리 집에는 항상 사람들이 많이 모였으며, 저녁이 되면 아버지 친구나 직장 동료들이 오시곤 했다. 대화를 나눌 때 직장 이야기를 하시면서 이찬혁이라는 이름이 나오면 좋지 않게 하는 말을 들었다. 나중에 알고 보니 이찬혁이라는 사람은 당시 철도노조(어용노조) 위원장이었고 아버지는 철도노조 대의원이었다.

당시는 대가족 구조에서 할아버지, 할머니, 큰댁에까지 신경을 쓰며 살아야 했다. 어려운 상황을 보면서 나는 중학교를 졸업하자 남동생들이 공부를 해야 한다는 무게감을 늘 갖고 있었다. 그래서 앞집에 사는 아저씨가 마침 문래동에 있는 학성모직 직조공장 상무님이신지라 그 소개로 상무실에서 몇 달을 근무했다. 그러다가 기술을 배우는 것이 좋을 것 같다는 판단으로 직포 현장으로 갔다. 주야 열두 시간 맞교대에 장시간 노동은 너무 힘들고 슬펐다. 그래도 시간을 내어 영등포역 앞에 있는 학원을 다니며 국민학교(초등학교) 선생님이 되겠다는 꿈을 키웠다. 이리저리 노력했으나 꿈이 이루어질 것 같지 않아 슬픔의 세월을 보냈다.

어렸을 때부터 다녔던 성당에도 가지 않았고, 기도를 들어주시지 않는 하느님을 원망하였다. 야간근무 때에 몰려오는 잠을 참으며, 인정 받지 못하고 비참한 공장떼기로 살아가야 하는가 싶어 좌절하기도 했다. 더욱이 힘든 것은 성당에 학생부는 있어도 공장을 다니는 사람들의 모임은 아예 없었다. 불만이면서도 누구한테 말할 수 있는 분위기는 더욱 아니었다. 안다니면 그만이라는 생각에 성당을 가지 않는데도 아무 말씀 못하시는 부모님의 한숨소리를 읽을 수 있었다.

"주일 미사를 거르면 밥 먹을 자격이 없다"고 하시던 부모님께 죄스럽기도 하지만, 반항을 하며 기계기름으로 손톱 밑에 낀 까만 때를 지우기 위해 애쓰고 자격지심으로 신분을 속여야 했다. 공장에서 일하는 사람들은 이름도 없이 공돌이, 공순이로 불리던 시절, 근로자는 부지런하게 시키면 시키는 대로 주면 주는 대로 받아야하는, 발언권도 없이 주인과 종의 관계였다.

이왕에 진학을 못할 바에는 선생님의 꿈을 접고 기술을 빨리 배워 기능공으로 더 큰 공장으로 가야 된다는 선배 언니들의 말을 듣고 삶의 방향을 바꾸기로 마음먹었다. 그리고 직포기술을 눈치껏 배워서 규모도 크고 주식회사라는 이름이 있는 대한모방(2공장) 기능공을 모집하는 공고를 보고 달려들었다. 소개자도 없이 면접과 직포 실기시험에 합격했다는 소식을 접하며 나도 모르게 감사기도가 나왔다.

노동현장과 신앙의 갈림길

마음이 풀리는 것 같았고, 집에서 걸어 10분 정도 거리여서 작업복을 입고 다닐 수 있는 여유도 생겼다. 대한모방은 규모가 커 1공장은 양평동에 있었다. 1공장은 노동조합도 있고 8시간 3교대를 했다. 기능공으로 일을 하니 기술도 늘어나고 공부에 대한 갈망도 다스려졌다. 그러던 1967년, 성당에 다니는 친구가 당산동성당에서 직장을 다니는 사람들을 위한 일반회가 있다고 하여 초대하니 가자고 하였다. 여러 번 거부를 하다가 못 이기는척하며 일반회에 참석하니 새로운 세상이 내 앞에 펼쳐지는 듯한 느낌이었다. 몇 년 만에 성당 마당에 들어서니 가슴이 두근거리면서도 편안했다. 신부님 말씀이 가슴에 와 닿았다.

하느님의 모상대로 창조된 인간의 존엄과 노동을 통하여 세상을 만드신 창조사업은 하나다. 노동의 중요성과 노동하는 사람을 통하여 세상은 변화, 발전되며, 노동의 권리는 하늘이 주신 천부적 권리라며, 법적으로도 보호되는 근로기준법이 있다며 JOC(가톨릭노동청년회)를 설명하시는 것이었다. 가톨릭노동청년회는 프랑스의 까르딘 추기경님의 정신을 우리나라에 도입한 것으로 1958년 명동에 있었던 성모병원 간호사를로부터 시작한 활동단체이다.

나는 그때 받은 감동과 노동자의 소중함을 깊게 깨우치며 실천에 옮겨야 한다는 다짐을 하며 사명으로 받아들였다. '그리스도의 눈으로 보고(관찰), 그리스도의 마음으로(판단), 애덕의 마음으로(실천)' 정신을 마음에 담고 소모임을 시작하여 쟌다크팀(7명)으로 시작했다. 1년 동안 교재로 공부하고 생활 나눔을 하며 소모임을 지도할 수 있는 투사 선서를 받고 지도투사로 활동하였다. 1968년 JOC 창설 10주년 행사 때, 구로공단 건설공사현장을 돌아보며 우리나라도 농업국가에서 산업국가로 간다는 것을 생각했고, 노동자들이 제 역할을 해야 된다는 다짐을 하였다.

"온 세상에 금은 보화를 모두 합친 것보다, 노동자는 소중하다. 노동은 기도요, 작업장은 제대다."

JOC 창설자 까르딘 추기경의 정신을 나의 좌우명으로 삼으면서 노동의 가치를 찾으며 권리를 행사할 수 있는 노동운동에 참여하는 은총으로 활동을 하니, 당산동 섹션 회장과 1971년에는 남부연합회(영등포지역) 여자 회장이 되었다. 노동자 조직 활동에 전념하며 여러 회사에서 모임을 시작하였고, 직장에서도 기쁨으로 일하는 표양으로 직포 조장도 되었다. 그 과정에서 대한모방 2공장도 8시간 3교대 근무를 할 수 있도록 근로조건을 개선하였던 것이 크게 마음에 남는다.

전태일 분신 항거의 충격!

1970년 11월 전태일 노동자의 분신은 나에게 큰 놀라움이었고 나의 삶의 좌표를 어찌해야 하는지 크게 고민을 했다. 어떤 삶을 살아야 하는가? 노동운동은 투신이 필요하다는 각오를 했지만, 전태일의 죽음은 나의 삶에 큰 영향을 주었다. 어떤 삶을 살아야 하는지 갈등이 떠나지 않았으며, 집안에선 결혼할 것을 재촉하였고 노동현장은 착취와 수탈로 열악한 환경이었기에 결정하기가 너무 힘들었다. 수도원의 지도수녀님과 성소 나눔을 하면서 노동자들과 살아가는 정신으로 약자들과 동반하는 수도 성소를 찾아 수녀원 입회를 결정하였다.

그러나 당시 안양천이 범람하는 큰 장마의 피해로 사는 집이 무너져 수녀원 입회를 뒤로 미루고 JOC 활동을 다시금 시작했고, 남부연합회 여자 회장이 되었다. 남부연합회 사무실이 한국모방에 가까운 대림동에 있어서 살레시오 수녀원 섹션의 한국모방 팀을 지도하게 되었다. 지도투사를 하면서 한국모방 문제를 파악하게 되었고, 어용지도부 횡포에 맞선 투쟁에 참여하게 된 계기가 되었다. 1972년 한국모방 노동자들이 명동성당 점거농성 당시 뒷바라지를 하면서 도요한 JOC 지도신부님과 영등포산업선교회, 경수산업선교회, 한국모방 지동진 지부장, 정상범 부지부장과 논의하며 각 단체가 연대하며 힘을 실었다.

계속되는 노동자 투쟁으로 수녀원 입회를 포기하고 짐 보따리를 돈 보스코센타에 옮겨 살면서 노동법 공부에 주력하였다. 1973년 가을 김수환 추기경님과 도요한 신부님 주선으로 구로공단 주택가에 집을 마련, 메리놀 수녀님 세 분과 노동자들과 함께하는 공동체의 삶이 시작되었다. 그러던 1973년 12월 30일, 한국모방 지부장(지동진) 구타사건이 발생하여 1974년 1월 돈 보스코센타에서 긴급 종교단체 대책위가 기자회견을 열고 성명서를 발표하였다.

그때 지동진 지부장의 병문안을 갔는데, 그가 나에게 한국모방에 입사해 줄 것을 강력하게 요청했다. 공동체 식구들과 의논 끝에 1974년 1월 한국모방 기능공으로 입사하여 그 다음 해에 대의원으로 선출되어 현장에서 활동하게 되었다. 그러던 중 1975년 2월, 방용석 지부장이 연행되어 남부경찰서 유치장에 면회를 갔다가 바로 상근부지부장으로 임명되어 활동을 시작하였다. 1975년 3월 10일 근로자의 날에 조합원 1천여 명과 함께 대림동에서 고척동구치소까지 행진하며 지부장 석방을 요구했다. 지부장은 석방투쟁 한 달여 만에 보석으로 석방되었다. 노조는 조직, 교육, 투쟁사업으로 조합원의 의식 향상에 주력했으며, 소모임의 활성화와 기숙사자치회를 만들어 민주적으로 자율적으로 운영하였다.

〈교육과 소모임〉

- 노조 상근간부는 매일 전 현장을 순회한다.(필요시 야간 근무에도 현장 순회)
- 정기적으로 매주 상집간부교육과 회의
- 매주 정한 요일에 A, B, C반 대의원 모임 / 소모임-팀장, 서기, 회계 모임 정기적으로 (현장 고충처리와 나눔과 교육 등)
- 기숙사에 교육 프로그램 운영 / 노조교육, 외부강사 초빙교육 등
- 입사한 양성공 노조교육 / 회사도 교육
- 현장 반장 교육, 남성 조합원 교육
- 외부 강사 초빙 교육: 각 분야별 (정치, 경제, 사회, 여성 등)
- 탈춤반 활동 (학생 동아리 연대)
- 각 부서 특성에 따른 교육, 모임
- 타 회사 어용노조를 민주노조 만드는데 지원 활동
- 미조직 사업장 노조조직 활동
- 사례 발표를 통한 문제의 본질을 보게 하고 해결 방안 모색, 교육
- 노래가사 만들어 (노래 가사 바꿔 부르기 노.가.바) 현실 인식을 하는 의식화
- 복지 시설을 통한 교육 / 미용실 단체협약, 취업규칙, 노동법에 관계되는 도서 등 비치
- 신용조합과 소비조합 통한 간접소득(경제교육) 증대로 삶의 질 개선
- 목욕탕 이용한 1:1 만남 나눔과 역할 분담 / 의식화
  각 부서 문제와 거기에 따른 역할, 부서별 역할 / 개인역할, 부서역할

- 친목 / 미래지향적이고 각자가 할 수 있는 희망적 의견 나눔
- 각자들의 소질 개발토록

〈연대 활동과 의식을 넓게〉
- 섬유노조의 어용성과 자주적이고 민주적인 노조 탄압에 연대 활동
  (동일방직, 반도상사, 원풍모방, YH무역, 동광모방, 해외섬유 등)
- 영등포산선 교육과 활동 / 타 사업장 문제를 공유하고 지원 활동
- 각종 교육에 파견 / 영등포산선, JOC, 크리스찬아카데미, 섬유노조본
  부 등
- 법원 각종 재판 방청으로 현장경험과 지원, 공유 활동(학생, 장기수, 시
  사문제 각종 재판 방청 등)
- 기독교회관 목요기도회 참석, 1979년 명동 YWCA 위장 결혼식(유신
  헌법철폐 투쟁) 원풍조합원 조직적 참여 (다수 조합원 구류 처분 받음)
- 타 사업장 탄압 지원 활동 (손수건 만들어 판매, 구치소 면회 투쟁, 집
  회 등)
- 의식화 영화 집단 관람 (단체 행동 훈련 및 강화)
- 타 사업장 탄압이 우리의 탄압, 나의 탄압으로 / 활동 훈련
- 농민, 학생, 언론, 지식인 운동과 연대하여 노동운동 강화
- 고충처리 스스로 해결하여 권리찾기운동(개인~집단~노조)
- 고통 받고 어려움 겪는 사업장이나 노동자 찾아가서 연대하기
- 각종 집회에 참여하여 연대의식으로 활동하고 변화 된 삶 나누기

  어용노조에서 벗어나 민주노조 활동을 통하여 노동자들의 자주성과 민주
성, 투쟁성과 함께 단결의식의 강화를 실천하면서 상근부지부장 역할에 모
든 노력을 기울였다. 그리고 1978년 대의원대회를 계기로 현장(직포과)으
로 들어가 근무를 하면서 현장성을 강화했다. 1979년 10월 26일 궁정동의

총성으로 박정희 독재정권이 끝났다. 1980년 대의원대회에서는 민주화의 봄을 준비하기 위하여 보다 폭 넓은 활동이 필요해졌고, 다시 교육과 연대를 담당하는 상근부지부장으로 노조활동을 재개하였다.

끊임없는 권력의 탄압을 뚫고

독재정권은 공권력을 동원하여 70년대 민주노조의 연대투쟁을 차례로 파괴하였다. 그 하나가 1979년 3월 크리스챤아카데미 사건이었다. 권력은 조합원들의 연결고리를 파괴, 사상범으로 몰아갔고, 중앙정보부에 연행해 혹독한 조사를 했다. 1980년 5월의 광주민주항쟁으로 부상당한 노동자들을 돕기 위하여 조합원들이 모금한 470만원을 광주대교구 윤공희 대주교님에게 전달했다. 이를 빌미로 나는 불순분자들을 돕고 김대중 내란음모에 관련되었다며 8월에 수배되었다.

한편 YH무역 노동자들의 신민당사 농성 이후, 외부세력실태조사 등으로 유신정권의 탄압의 강도가 심해졌고, 광주항쟁 이후 전두환 정권은 이른바 노동계 정화조치 명령을 내렸다. 섬유노조는 정화명령에 따라 지부장과 무시부장인 니의 조합원 자격을 박탈하였고, 회사는 조합원 자격이 없다며 10월에 해고했다. 그리고 전국에 블랙리스트를 배포하여 노동현장에 다시 들어가지 못하게 만들었다.

나는 수배 중인 1981년 3월, 원주교구 지학순 주교님께서 유학성 안기부장의 중재로 안기부에 출두하여 16일 동안 조사를 받았다. 그들은 노동운동 포기각서를 쓰고 보건사회부 공무원으로 가라고 회유하였다. 16일 만에 석방되었으나 요시찰인물이 되어 극심한 감시를 당하여 활동이 자유롭지 않았다. 이런 상황에서 원풍노조에 대한 탄압은 갈수록 강도가 높아지고, 현장에서는 조합원들을 이간질시키는 일들이 자행되었다. 또한 노조의 조합비를 빼앗으려고 부산의 타이어공장(화학노조)과 통합하라는 불법을 자행하였다. 그러나 원풍노조는 그 동안 모아놓은 조합비를 조합원들에게 나누어 주었고, 조합원들은 이를 다시 모아 원주교구 지학순 주교님께 헌금 식으로 맡겼다.

이 돈은 1982년 9월 27일의 노조 파괴에 대한 마지막 투쟁 때, 수배 간부들의 은신처를 마련하는데 사용되었다가, 후에 신길동에 모임방 겸 지방 거주 회원들의 상경 시 숙소로 쓸 '원풍의 집'을 마련하였다. 70년대 노조 파괴로 해고된 노동자들을 규합하여 1984년 3월 10일, 홍제동성당에서 '한국노동자복지협의회'를 창립하고 원풍은 다시 법외노조로 활동을 재개했다. 70년대 민주노조의 마지막 깃발이었던 원풍노조는 이후 법외노조를 거쳐 원풍동지회로 발전하여 2021년 현재도 모임을 이어가고 있다.

나는 1982년 9월 27일의 원풍노조 파괴사태 때 조합원들을 지원한 활동이 제3자 개입금지 조항 위반이라 하여 구속되어 1년의 실형을 살고 특별사면으로 석방되었다. 1983년 석방 후, 영등포산선 인명진 목사의 입장 변화로 산선과 결별하였고, 원풍노동자들은 신길동에서 결의에 찬 마음으로 활동을 시작하였다. 당시 수도권에는 활동가들이 많이 있었다. 나는 1983년 가을에 전북 이리공단 인근에 있는 창인동성당에 내려가 가톨릭노동사목 활동을 시작하였다. 이리공단(태창메리야스) JOC 회원 집단해고자 복직투쟁과 쌍방울메리야스, 후레아패션, 백양메리야스 등의 어용노조를 민주노조로 만들기 위한 투쟁활동을 했다. 또 전북노련을 조직하고, 전주 전동성당의 '노동자의 집', 군산 오룡동성당 '노동자의 집'을 만들어 노동상담과 교육을 하는데 많은 노력을 기울였다.

1987년 6월항쟁 이후 노동자 대투쟁이 폭발하였고, 수많은 노조들이 조직되었다. 이제 전북지역의 일꾼도 많이 양성되고 기반이 다져져 1988년 대전 대화동공단으로 활동지를 옮겨 노동사목을 조직하려 하였다. 샘골놀이방 어린이집을 세워 낮에는 맞벌이를 하는 가정의 어린이들을 돌보고, 저녁에는 노동자들의 모임방으로 각종 프로그램을 운영하여 동양강철(금속노조) 어용노조를 민주노조로 바꾸어냈다. 또한 노동자 가족 모임을 조직하여 부인들과 자녀들이 함께 생활 속의 삶의 지혜를 나누며 노조정신으로 연대의 힘을 모아 대전지역의 노협 활성화에 주력하였다. 그들은 지금도 가족모임을 이어가고 있다.

1990년, 전노협(전국노동조합협의회) 결성과 함께 서울로 와 '가톨릭노동사목전국협의회' 활동을 하며 노동자 교육과 노조 결성 등을 지원하는 활동을 전개해왔다. 1995년의 민주노총 결성대회에서 지도위원으로 위촉된 이래 지금에 이르렀고, 천주교정의구현전국연합 대표로 활동하며 농촌, 노동, 여성, 청년, 인권, 신학 등의 분야에 필요한 상황인식을 공유하여 연대활동을 이어가고 있다.

2018년 7월, 제23회 양성평등주간 기념식에서 여성노동자 교육과 권익 향상에 기여한 활동으로 '국민훈장 동백장'을 받았다. 현재도 전국의 후배 동지들과 나눔을 하며, 원풍동지회, 70년대민주노동운동동지회, 천주교 사회운동 등과의 연대를 이어가는 삶을 살고 있다.

원풍모방노동조합

영원한 큰 길의
이정표 되기를

양 승 화

　1957년 내가 태어난 곳은 충북 제천, 3남 2녀 중 둘째다. 아버지는 5대 독자로 자식들에게 지극 정성이었고, 잘 가르쳐 잘 살게 하려면 도시로 가야 한다고 생각하셨다. 끼니를 걱정할 정도는 아니었지만 당시 시골의 보수적 분위기로서는 드문 경우였다. 내가 초등학교를 졸업할 때 쯤 아버지의 결단으로 서울로 올라왔다. 한강이 내려다보이는 옥수동 산동네가 서울의 첫 보금자리였다.

✻　1957년 충북 제천 출생. 1972년 한국모방 입사. 78년 이후 노조 대의원(4선), 쟁의부 차장, 교선부장, 부조합장 역임. 80년 12월 계엄사 연행. 1982년 9·27사건으로 징역 10월. 85년 민주한국당 노동자 농성 지원 중 경찰에 맞아 부상당하고 10일간 구류. 84년 한국노동자복지협의회, 89년 안양노동회관 관장, 2016년 녹색환경운동 위원장 역임. 2011년 원풍동지회 초대 회장, 현재 운영위원 활동.

　　　　　　　　　　　　　　　　　　　　　　어둠의 시대 불꽃이 되어

어린 나를 격동시킨 명동성당사건

나의 직장생활은 1972년 7월 7일 한국모방에 들어가면서부터 시작되었다. 입사와 함께 곧바로 기숙사에 들어갔다. 가족과 헤어진 외로움과 슬픔, 새로운 세상에 대한 두려움 등으로 눈물도 많이 흘렸지만, 기숙사의 규칙적인 단체 활동은 나를 바로 세우는 중요한 계기가 되었던 것 같다.

내가 공장에 들어가던 때는 노동조합에 거센 변화의 바람이 불고 있었다. 1972년 8월 2일, 어용노조를 밀어내고 민주노조를 세우자 회사는 곧바로 중심 간부들을 해고하고 부서를 이동시키는 횡포를 저질렀다. 조합원들이 반발하자 회사는 조합원들을 감시하고 폐업하겠다고 위협하면서 공장과 기숙사, 식당을 폐쇄해버렸다. 1972년 9월 3일, 내가 입사한지 두 달도 채 안된 때였다.

이 날 오후, 나는 온종일 굶은 상태로 기숙사에서 뒹굴고 있는데, 누군가 기숙사 밖으로 나오라 외치고 있었다. 방 식구들은 입고 있었던 옷 그대로 뛰쳐나가 공장을 나와서 시내버스에 올랐다. 얼마 후 언니를 따라 내린 곳은 난생 처음 보는 명동성당이었다. 한참을 지나자 경찰이 성당을 에워싸고 해산하지 않으면 모두 연행하겠다고 엄포를 놓았다. 그때 노조간부인 방용석 씨가 일어나, 가더라도 김수환 추기경을 만나 미사라도 드리고 가자고 했다. 순간 경찰이 달려들어 조합원들과 몸싸움이 벌어졌다. 이렇게 경찰과 옥신각신하는 사이 중재가 이루어졌는지 밤늦게 경찰차로 회사까지 실어다 주었고, 식당에서 밥을 먹을 수 있었다. 시간은 새벽 1시가 넘어 있었다.

이 사건을 겪으며 나는 단체행동으로 우리가 원하는 것을 이룰 수 있다는 것을 어렴풋이 알게 되었고 가슴 밑바닥으로부터 묘한 설렘이 솟구쳤다. 어쩌면 그 이후 다가올 격동의 운명을 예고한 사건이었던 것 같다. 이런 속에서도 나는 공부가 하고 싶어 영등포의 한림학원에 다니면서 영어, 한문, 기초상식 등을 배웠다. 1979년, 나는 삼성중고등학교에 다니려고 기숙사를 나와 학교 근처에서 자취를 했다. 얼마나 입어보고 싶었던 교복이었는지 노조활동과 대의원으로 정신없이 바쁜데도 피곤한 줄 모르고 학교에 다녔다. 선생님들은 우리랑 비슷한 또래인데도 우리들을 잘 배려해주었다. 학교에서 비슷한 또래를 만나면서 설렘이라는 감정을 느껴보기도 했는데, 지금까지도 그 때 그 상황은 아주 소중한 추억으로 남아있다.

배움에 대한 갈증은 2010년대 50대 중반의 나이가 돼서도 다시 솟구쳐 2012년 중·고등과정을 검정고시로 이수하고 방송통신대학교에 진학하여 2016년에 학사학위를 취득했다. 대학까지 졸업했지만, 사실 한림학원에서 2년 남짓 공부한 것이 내가 인생을 살면서 사용하는 지식의 밑거름이 되었고, 나에게 큰 영향을 끼친 것으로 생각된다.

유신독재 종언의 조짐들

나는 1978년부터 81년까지 대의원에 네 번 선출되었고, 1979년부터는 쟁의차장, 교선부장, 부조합장으로 활동했다. 이 사이에 노동조합은 많은 투쟁과 함께 민주노조로 제 자리를 잡고 급속하게 성장했다. 노동조합에는 기라성 같은 선배 간부들이 많아서 한 동안 상집회의 때는 숨소리조차 내기 어려울 만큼 분위기가 진중했다. 나는 노조간부 활동을 하는 동안 간부의 자세, 책임감 등이 정의롭게 살아가는 인간화운동이라는 것을 배울 수 있었다.

원풍 내부의 일도 많았지만, 1978년 민주노조였던 동일방직사건은 민주노조를 깨기 위해 여자조합원들에게 똥물을 퍼부은, 상상하기도 어려운 야만적이고 잔혹한 사건이었다. 거기다 회사는 124명을 해고하고 그 명단을 전국에 돌려 생존 자체를 막아버렸다. 그 같은 사건은 우리에게도 언제든지 닥칠 수 있다고 생각하였기 때문에 강한 연대감을 느끼곤 했다. 1979년 YH노조의 신민당사 농성 때 김경숙을 죽음으로까지 몰아넣는 것을 보며 박정희가 어디까지 나쁜 짓을 할지 모르겠다는 생각이 들었고, 결국 이 투쟁은 부마항쟁으로 발전하여 박정희 정권을 몰락시키는 기폭제가 되었다.

박정희가 중앙정보부장의 총에 맞아죽었다는 뉴스를 접하고는 만세를 불렀다. 계절은 겨울을 향해 가는데 마음은 민주화의 싹을 틔우는 봄을 꿈꾸면서 새 날이 어서 오기를 기다렸다. 1980년 봄, 모처럼 최루탄, 각목 없는 시위를 할 수 있는 분위기 속에서 대학생들이 거리로 나섰고, 노동자들도 곳곳에서 눌려온 요구를 분출시켰다. 그런 상황에서 1980년 5월 13일, 민주노조들이 연대하여 노총 강당을 점거하고, 노동기본권 확보 궐기대회장으로 만들었다.

노동3권 완전보장을 요구하며 철야농성을 벌이는데, 5월 16일 오후, 농성을 이끌어가던 지도부에서 뭔가 회의를 하는 것 같더니 표정이 굳어진 방용석 지부장이 연단에 올라섰다. 숨죽이고 바라보는데 방 지부장이 해산 선언을 했다. 오랜만에 우리들의 요구를 마음껏 외쳐보면서 한껏 고조되어 있는데 왜 해산을 하느냐고 투덜거리면서도 심상치 않은 무슨 이유가 있으리라 짐작했다. 그날 서울에는 비가 내렸다. 모두 각자의 방향으로 흩어지는데, 원풍모방 동지들은 여의도에서 신대방동 회사까지 긴 행렬을 지어 비를 맞으며 농성장에서 못다 부른 노래를 부르며 걸어왔다.

그날 밤 계엄 확대소치가 발표되었고, 다음 날부터는 광주에서 빨갱이들이 시민들을 선동해서 폭도들이 시청을 점령하였다는 등의 뉴스가 연일 보도되었다. 광주에서 무언가 큰 일이 일어나고 있음을 직감하고 숨을 죽이며 광주의 상황에 귀를 기울이고 있었다. 며칠이 지나 한 장의 유인물이 날아왔다. 광주가 군인들에 의해 고립되어 있고, 공수부대가 시민들을 닥치는 대로 살해하여 피바다가 되어 있으니, 이 긴박한 소식을 널리 알려 달라는 내용이었다.

노동조합은 곧 바로 상집회의를 열었다. 일단 급한 대로 부상자들을 돕는 모금이라도 하자는 데 의견을 모으고 식당에 대자보를 붙였다. 이틀 만에 470만원이 모였고, 윤공희 대주교에게 이를 전달했다. 이 일은 눈엣가시 같은 원풍노조를 탄압하는 구실로 작용했다. 합동수사본부에서 나온

자들은, 간첩과 간첩 아닌 자의 차이는 발바닥 두께의 차이 밖에 나지 않는 다며 원풍노동조합을 빨갱이 집단으로 몰았다. 7월에 서울시에서 특별감사가 나와 노동조합을 샅샅이 뒤지다가 광주에 성금을 전한 영수증을 확인했다.

이어 9월에는 '노동계 정화조치'라는 미명하에 방용석 지부장과 박순희 부지부장을 해고하고 김대중 내란음모사건 관련자로 지목하여 수배령을 내렸다. 두 사람은 이때부터 노동조합이 파괴되는 날까지 다시는 노조 사무실에 돌아오지 못했고, 노동조합은 이문희 지부장 직무대리 체제를 갖추어 조심스러운 걸음을 내딛기 시작했다.

신군부의 탄압과 노조의 위기

1980년 12월 8일, 합동수사본부는 이문희 지부장직무대리를 비롯하여 노조간부 48명을 연행하였다. 그 중 14명은 해고를 당했고, 이규현, 임재수, 이문희, 이상배 등 남자간부 4명은 순화교육에 끌려갔다. 나는 12월 17일에 연행되어 독방에 갇혔다. 여군이 조사실에 들어와 알몸이 되게 하고는 머릿속까지 뒤졌다. 수사관은 그 동안의 모든 쟁의를 쟁의부에서 선동했다고 간주했다. 쟁의부 차장이었던 나는 "원풍은 쟁의부가 결정하는 것이 아니라 전체 상집회의 결정으로 쟁의를 한다"고 진술했지만 애초 조사는 형식이었다. 수사관은 사표를 쓰라고 강요했다. 이를 거부하자 발로 차고 머리를 쥐어박으면서 "여기 지하에 고문실이 있다. 고문당하면 살아남는 사람이 없다"고 협박했다. 사표를 쓰면 굴복하는 것이라는 생각과 함께 노동조합은 어떻게 될까 걱정이 되었다.

버티다가 하는 수 없이 사표를 썼다. 억울한 마음에 엄청나게 울었다. 유난히도 눈이 많이 내렸다. 춥고 무섭고 힘들었다. 합수부에서 사표를 쓴 사람 중 박순애, 양분옥, 정해자와 나는 산선의 인명진 목사가 보증을 서서 연행된 지 10일 만인 12월 27일에 풀려났다. 사표도 없었던 일로 되었다고

어둠의 시대 불꽃이 되어

한다. 하지만 지도력이 파괴된 노조와 작업현장은 어수선하기만 했다. 현장에 돌아온 나는 노동조합을 재정비해야 한다고 생각했고, 2월 18일 정기대의원대회에서 직무대리였던 이무술을 지부장으로 선출하였다.

회사는 노동조합에 사사건건 시비를 걸기 시작했다. 단체협약 체결도 거부했다. 새해 벽두부터 귀순용사, 한글학자 등을 불러 전 조합원을 상대로 1주일간 정신교육을 한다고 난리를 쳐댔다. 한글학자 한갑수는 "출근할 때는 권리는 경비실에 맡기고 의무만 가지고 출근하라"고 말했다가 빈축을 사기도 했다. 조합원들은 소리 내서 껌 씹기, 하품하기, 작업복 다리 하나 접어 입기, 같은 색깔로 머리띠하기 등으로 억누르기 힘든 저항감을 표시했다. 회사와 노동부는 핵심간부 16명이 해고돼도 노동조합이 건재하자, 합수부가 박순애, 양분옥, 양승화를 해고시키지 않은 것을 아쉬워 한다는 풍문도 들렸다.

노동조합이 무너지지 않자 조직 안팎으로 파괴공작이 노골화하였다. 노동부는 원풍모방노조와 부산에 있는 원풍타이어노조를 통합하라는 지시를 내렸다. 타이어 측을 위원장으로 만들어 원풍노조를 무력화시키려는 음모였다. 그러나 통합대회에서는 모방 27표, 타이어 20표로 노동부에서 밀고 있던 타이어의 정대원 조합장이 탈락하고, 모방의 이무술 지부장, 타이어의 박장길 부조합장이 공동위원장으로 선출됐다. 노동부와 회사는 무척 당황했고 한 조직에 대표자가 2명인 기형적인 노동조합이 탄생되었다.

전방위 압박 가운데서도 최선을 다해 노조를 바르게 끌어가려고 애를 썼지만, 내부에서는 배신의 싹이 올라오고 있었다. 이무술 조합장이 들어선 이후 삼청교육을 받고 복귀한 이문희 전 지부장 직무대리가 집행부 구성에 트집을 잡고 나섰다. 이문희는 1982년 9·27 폭력사태 때 소위 구사대의 유인물을 대필해주기도 했고, 그와 순화교육을 같이 다녀왔던 이상배가 신협으로 복직되었다. 또 이무술 조합장은 강성 노동조합은 살아남을 수 없다고 주장하며 온건한 '이무술 방식'으로 조합을 운영하려 했다. 노조간부가 해고를 당해도 회사와 싸우려는 의지를 보이지 않았다. 조합원들은 이러다가 노동조합이 유명무실해질까봐 몹시 불안해했다. 이런 걱정 때문이었는지 82년 대의원선거에서는 소장파 대의원들이 대거 진입했다. 이무술은 자기가 임명하고 싶은 간부들이 대의원대회에서 받아들여지지 않자, 조합장을 사퇴하고 현장으로 돌아가면서 갈등이 더욱 커졌다.

노동조합은 조직 강화를 위해 1982년 3월 초 상집회의를 열어 정선순 부조합장을 조합장 직무대리로 선출하였고, 이 때 나는 부조합장이 되었다. 그러나 조직 안에서는 갈등이 깊어지고 있었고, 회사는 노골적으로 노조를 좌지우지하려 들었다. 박찬배 부공장장이 맘대로 노조사무실을 들락거리고, 노동조합 앞에 '투쟁으로 세운 노조, 단결로서 수호하자'라는 현수막을 뜯어내 감춰버리기도 했다. 그뿐 아니라 새로 임명된 노조사무원의 출근을 저지했고, 이영순, 홍옥선 등이 이에 항의하다가 경비들에게 맞아 병원에 입원하는 일도 일어났다. 갖가지 방법으로 회사는 충돌을 유도하려 자극을 하고 노골적으로 탄압 하는 등 갖은 술수를 부렸다.

이에 맞서 노동조합은 전체 조합원을 대상으로 회사와의 싸움에 대비하는 정신교육을 강화했다. 조합원들은 노조를 신뢰했기에 회사의 온갖 치졸한 괴롭힘을 견뎌내고 있었다. 신군부가 들어서면서 민주노조들이 하나하나 깨져 원풍노조 하나만 남은 상태였다. 원풍노조는 마지막 깃발을 들고 메마른 대지에 홀로 남은 들풀처럼 민주노조의 사수를 위해 사력을 다해 버티고 있었다. 그러나 회사와 권력의 농간에 놀아나 눈이 먼 배신자들이 가공과를 필두로 도발하기 시작했다.

눈보라치는 황야에 서서

이들은 현장에서 남녀 간 대립을 조장하여 갈등을 유발시키고, 이에 항의하는 사태가 벌어지자 책임을 묻는다는 식으로 대의원 김성구와 김영희, 박혜숙, 박순애 부조합장, 이옥순 총무를 해고했다. 이것은 예고편이었다. 그 자들은 곧바로 노동조합에 대한 전면적인 합동 공격에 돌입했다. 1982년 9월 27일, 김덕수, 유천종, 서순교, 양병욱, 강정순, 문계순, 박영수, 문명숙 등이 노조사무실을 박차고 들어와 문을 잠갔다. 이들은 조합장을 감금하고 폭언과 폭력을 행사하며 조합장의 사퇴를 강요했다. 박순애 부조합장과 이옥순 총무는 노조사무실에 감금된 조합장을 구하려 문을 부수고 들어가려다 부상을 입고 병원으로 이송되어 회사로 돌아오지 못했다.

　배신자들은 밤새도록 조합장에 대한 협박을 계속했다. 이미 KBS, MBC 카메라맨과 신문기자들이 몰려들었고 경찰도 경비실과 회사 안에 배치되어 대기하고 있었다. 조합장, 부조합장, 총무가 일시에 발이 묶인 긴박한 상황이었다. 나는 부조합장 자격으로 상집회의를 소집했다. 회의를 할 장소마저 없어 회사 담 옆에 11명이 모여 농성투쟁을 위한 4개항을 결정하였다. 농성방법은 비번 근무자들의 단식으로 하고, 추석 귀향을 중단하며, 농성 장소는 정사과와 검사과로 하며, 상집간부는 농성장 관리에 전력을 다한다는 방침을 정한 후 경비실 앞으로 이동하였다. 퇴근하는 조합원들이 긴장된 표정으로 모여들었다. 나는 온 힘을 모아 외쳤다.

　"조합원 여러분, 저는 양승화입니다. 제가 지금부터 벌어지고 있는 상황을 보고드리겠습니다. 잘 듣고 집행부의 결정에 따라주시기 바랍니다. 지금 노조사무실에는 구사대를 자칭하는 남자들 수십 명이 조합장을 감금하고 사표를 강요하고 있습니다. 이것은 우리 노조를 파괴하기 위한 정부와 회사 측의 계략입니다. 우리는 죽을 각오로 끝까지 싸울 것입니다."

　조합원들은 기어이 올 것이 왔다는 표정이었다. 농성이 시작되었고, 회사는 공장 문을 잠갔다. 남자들은 회사에 잘 보여 뭐 하나라도 얻어먹으려는 비굴한 모습으로 설치고 다녔다. 농성 기간 내내 노금순, 최영숙, 정영례, 박혜숙, 차언년 등 상집간부들이 역할을 잘해 걱정을 덜 수 있었다. 그 무렵 병원치료를 마친 박순애, 이옥순이 회사 울타리를 넘어 농성장으로 들어왔다. 농성장은 활기가 돌았지만 고립무원의 상황을 타개하기는 어려웠다.

외부의 지원도 막연한 희망이었다.

　농성장에 몰려든 650여명의 조합원들이 기계들 사이에 자리를 잡고 서로를 걱정하면서 자리를 지켰다. 더러는 이것이 마지막 싸움이라는 생각으로, 더러는 내일의 밝은 희망을 기대하며 배고파 뒤틀린 뱃가죽을 움켜쥐고 울고 웃었다. 고향에서 올라온 부모형제들이 딸의 이름을 부르며 농성장을 뒤져 현장은 쫓고 쫓기는 숨바꼭질이 연출되었다. '딸이 빨갱이들에게 이용당하고 있다'는 정보기관의 말에 겁을 먹은 부모들의 모습이었다.

　농성 4일째. 추석휴무로 650여명의 전 조합원이 농성장에 모이자 회사측의 공격이 더욱 강화되었다. 농성장에 스팀을 틀고 단전 단수를 하여 쓰러지는 조합원이 늘었다. 추석 전에 작전을 마무리하려는지 구사대의 폭력이 증대하기 시작했다. 저들도 다급해진 듯 했다. 노동부 관악지방사무소 직원이 나에게 면담을 요청해 만났더니 '위에서 하는 일이라 노동부도 힘이 없다'면서 '농성을 풀고 추석휴무를 끝내고 다시 할 수도 있지 않으냐'고 헛소리를 했다. 회사 작업복으로 갈아입은 경찰과 본사 직원들도 보였고, 회사 사무실에는 기관원들이 진을 치고 있었다. 농성장은 두려움과 배고픔으로 지쳐가고 있었다. 조합원들은 하나둘 쓰러져 병원으로 업혀 나가면서 인원이 줄고 있었다. 경비실과 철문 밖 경찰들은 우릴 바라보며 실실 웃었다. 사람을 보는 눈빛이 아니었다.

　마대 끈으로 서로의 몸을 묶어 사력을 다하였으나 폭력배들이 포기할 리 만무했다. 나는 나가 싸우자고 소리쳤다. 공격을 선택한 것이다. 운동장으로 몰려나와 주먹을 휘두르는 구사대와 맞서며 난투장이 되었다, 발에 밟히고 사지를 들려 질질 끌려가는 조합원들의 울부짖는 소리가 밤하늘을 가르며 울려 퍼졌다. 그 처절한 통곡소리를 하늘은 들었을까?

　얼마나 지났을까, 눈을 떠보니 한독병원이었고, 곧바로 남부경찰서로 연행되었다. 연행되는 차창 너머로 대림동 길에 조합원들이 보였다. 어디로 가야하는지 방향도 잡지 못했을 텐데 어떻게 해야 하나? 생각이 스쳐 지나갔다. 힘은 한계가 있고 헤쳐 나갈 지혜도 없는 나 자신이 원망스러웠다. 부처님도, 예수님도, 정의도 그 현장에는 없었다. 잔혹한 폭력에도 굴하지 않고 싸우는 조합원들이 감사했다. 조합원들에 대한 미안함 때문에 경찰에 끌려가는 것이 다행일지도 모른다는 생각조차 했다. 노동조합과 조합원들의 자존심이 짓밟히는 것 같아 울고 또 울었다.

회사와 권력의 잔혹한 폭력 아래 4박 5일의 농성이 끝났다. 겉으로는 의연한 척, 동료들과 같이 잘 싸웠다고 격려하며 헛헛한 마음을 내보이지 않으려고 큰소리를 치기도 했지만 내심은 늘 미안했다. 조합원들을 눈보라 몰아치는 황야로 내몬 것 같아 늘 마음 한구석이 시리고 아팠다. 농성 책임을 맡았던 당사자로서 다른 방법은 없었을까, 나라도 전방 지하 마룻바닥에 들어가 죽어도 나오지 않고 싸웠어야 했던 것은 아니었는지 여러 생각이 엇갈렸다. 어차피 현장에서 싸우다가 죽겠다는 각오로 농성을 결정했다. 비폭력 단식으로 싸우게 한 것이 조합원의 단결을 강화할 수 있었고, 거대한 권력과의 싸움은 그 방법밖에 없었다고 생각했다.

원풍이 민주노조의 마지막 보루라며 걱정하던 사람들은 정작 우리가 끌려 나올 때는 누구도 보이지 않았다. 연행된 딸의 석방보증을 서려고 아버지가 노동부 사무소로 오셨다. "내 딸 승화야, 괜찮은 거야? 다친 데는 없고? 수고했다. 내 딸이 자랑스럽다. 이제 집에 가자!." 살면서 아버지로부터 처음 들어보는 격려였다. 아버지는 현대해상에 다니시다가 내가 노조활동을 한다는 이유로 해고를 당하셨다. 나는 그 회사 부장을 찾아가 아버지가 왜 딸 때문에 해고를 당해야 되는 지를 따져 물었고, 아버지는 복직이 되셨다. 부장과의 대화를 듣고 난 아버지는 '내 딸이 할 말을 다했다'면서 좋아하셨다. 이렇게 딸을 사랑했던 아버지는 1996년에 세상을 떠나셨다.

추석날 오전 영등포 산선에서 상집회의가 열고, 출근투쟁을 계속하고 노조기금으로 조합원들에게 6만원씩 생활지원금을 지급하며, 성명서를 배포하기로 결정했다. 출근투쟁은 두 번에 걸쳐 강행되었고, 연행된 조합원이

200명을 넘어섰다. 언년이와 숙자가 구속되고, 구류자도 늘어났다. 가족에 대한 정보기관의 위협도 날로 심해지고 있었다. 경찰은 상집간부 전원에게 지명수배령을 내렸다. 우리는 출근투쟁을 조직하기 위해 조합원들을 찾아 나섰다. 그러나 새로운 투쟁방법을 찾지 못한 상태에서, 11월 13일 체포되어 핵심간부 8명이 구속되고 55명이 구류처분을 받았다.

나의 죄명은 집회와 시위에 관한 법률 위반, 노동쟁의조정법 위반이었다. 하루도 빠지지 않고 부모님들이 면회를 왔고, 조합원들은 면회실 문이 열릴 때마다 함성으로 '밥 잘 먹고 건강히 지내라'고 응원해주었다. 이 사이 우리는 두 번에 걸친 단식투쟁을 벌였다. 1983년 2월 18일, 구치소 측의 차별 대우, 빨래금지, 책 편지 제한, 가족면회 규제 등 부당한 처우의 개선을 요구하며 3일간의 단식을 벌인 끝에 상당 부분 요구조건을 관철시켰다. 83년 4월 30일, 마지막 재판의 최후진술에서 우리는 무기한 단식농성을 선언했다. 우리의 요구조건은 '민주노조 말살정책을 중지하고 원풍노조를 원상회복시킬 것, 정부는 국제그룹의 양정모와 폭력배를 처벌할 것, 재판부는 정치재판을 중지할 것, 우리들을 일반 재소자와 동등하게 대우할 것, 노동악법을 개정할 것' 등이었다. 단식은 16일간 계속되었고, 밖의 가족들도 동조단식에 나섰다. 사태가 심각해지자 교도소에서는 일반면회와 편지 왕래의 자유를 허용하였다.

원풍 재판은 1983년 2월부터 16차례 열렸다. 재판 때마다 200여명의 조합원들이 방청하여 폭력배들과 회사 측 증언 때 야유를 보내기도 하였다. 사건의 총지휘자는 검사 김승년이었다. 김승년은 이른바 기관합동대책회의를 통해 원풍모방노조 파괴공작을 총지휘한 사람이었다. 그는 '노동자들이 북괴의 혁명 전략에 동조하여 사회적 불안을 조성하고 반국가적 행위를 한 데 대해 엄벌에 처해야 한다'고 주장하며 방용석 지부장 등 4명에게는 3년, 나에게는 2년을 구형했다.

1983년 8월 13일, 우리들은 광복절 특사로 형 집행이 정지되어 풀려났다.

석방 다음날 그 어려운 상황을 이겨낸 수많은 조합원들이 모여들었다. 눈물의 만남이었다. 영등포산업선교회와의 관계가 어색해 입맛이 씁쓸했다. 마음속에서 빨리 지울수록 보약이 되리라 생각했고, 조합원들도 그리 생각하는 듯 했다. 국가보위법이 발동된 상태에서 대규모파업을 벌인 노조, 광주항쟁 지원성금을 공식적으로 모금해 보낸 노조, 블랙리스트 코드 넘버 1호, 한 사업장 559명 해고자 등등의 기록을 안은 채 원풍노조는 70년대 민주노조 최후의 돛을 내렸다.

다시, 새로운 운동의 전선으로

민주노조운동에서 단련된 사회인식과 단결력, 투쟁력을 바탕으로 다시 시작한다는 결의에 따라 법외노조활동이라는 가보지 못한 길을 걷기 시작했다. 그 첫 번째 활동이 1984년 3월 10일 한국노동지복지협의회(한노협) 결성이었다. 한노협은 70년대 민주노조들을 중심으로 노동자들의 동력을 모아 노동악법을 개정하여, 탄압받는 노동자들의 힘이 되고자 한 것이었다. 한노협이 다양한 활동을 벌이는 가운데 85년 1월 21일 경인지역 노동자들이 블랙리스트 철폐, 노동악법 개정을 요구하며 여의도 민한당 당사 농성에 들어갔다. 한노협, 민청련 등의 회원 20여명이 이들을 응원하기 위해 당사 앞에 모였다가 모두 연행되었다. 전경들은 경찰차에 실린 황선금 동지에게 욕설을 퍼붓고 폭행을 가했다. 이에 항의하다가 나는 경찰의 군홧발에 복부를 차여 한참 동안 숨도 못 쉬고 배를 잡고 뒹굴었다. 이러다 죽는구나 싶을 정도로 통증을 느꼈지만, 경찰은 다른 사람들은 석방하면서도 나는 영등포경찰서에서 서대문경찰서로 보내 30일의 구류처분을 내렸다. 차가운 마룻바닥에서 구류를 살면서 군홧발로 차인 곳이 고통스러워 물만 마셔도 얼굴이 부어오를 정도로 아팠다. 나는 정식재판을 청구하여 10일간 구류를 살고 석방되었다. 그 후 오랫동안 한방치료를 했지만, 지금도 몸 상태가 안 좋으면 바로 위부터 아프다.

1988년 민주화의 바람이 거세지는 가운데 평민당 김대중 총재의 적극적인 지원 아래 안양노동회관을 설립하기로 했다. 노동회관은 김대중 총재에게 찍힌 빨갱이의 낙인 때문에 사무실을 얻지 못해 엄청나게 애를 먹었지만, 내가 관장을 맡고 차언년이 간사로 나서면서 첫발을 내디뎠다. 노동회관은 노조들과 관계를 넓히며 탈춤, 풍물, 기타교실, 노동교육 등 문화 활동을 통하여 노조간부 의식향상에 주력했다. 원풍에서 배웠던 노조 조직법이나 인간관계에 중심을 둔 조합 활동을 통하여 민주노조운동으로 변화하는 과정에 도움이 되고자 노력했다.

1998년 한노협이 해산되고 (사)녹색환경운동이 결성됐다. 경인지역에서 70년대 민주노조 운동 동지들이 지녀온 가치관이나 조직력을 시대에 맞게 환경운동으로 승화시키자는 취지였다. 동일방직 최연봉 씨가 초대 위원장으로, 내가 사무국장을 맡았다.

당시 원풍의 자녀들은 유아기에서 초등학생으로 성장하던 중이었다. 그들이 지금은 결혼하여 2세들을 키우고 있다. 그 아이들 속에 내 딸 가영이도 있다. 원래 가영이는 내 동생의 딸이었다. 그런데 가영이가 네 살 때 제부가 뺑소니차에 치어 죽었고, 여섯 살 때 내 동생도 암으로 세상을 떠났다. 연달아 부모를 잃은 가영이는 외할머니 집에서 살다가 초등학교에 입학하면서 우리 집으로 와 내 딸이 되었다. 그 가영이가 이제 서른이 넘어 나의 든든한 친구가 되었다. 가영이가 없었다면 나는 참으로 건조한 삶을 살았을 지도 모르겠다. 가영이는 정치, 사회에도 관심이 많아 내가 하는 원풍 활동도 적극적으로 응원하고 원풍노조원들의 자녀모임에 참여도 했다. 내 성격이 살가운 편이 못돼 귀한 손님으로 온 가영에게 너무 대접을 못 하는 게 아닌지, 성장하는 데 긍정적 요소 보다는 부정적 요소를 더 많이 체화하도록 한 것은 아닌지 걱정도 되고 미안한 마음도 있다.

어둠의 시대 불꽃이 되어

 2007년 '민주화운동 관련자 명예회복 및 보상 등에 관한 법률'에 따라 정부로부터 민주화운동이라는 명예회복의 인정을 받았다. 2010년에는 생활지원금도 받았다. 해고 당한지 28년 만에 내가 살아온 삶이, 빨갱이가 아니라 나라와 사회를 위한 민주화운동이었다는 것을 대한민국정부가 인정한 것이다. 뭐라 말할 수 없는 기쁨이 느껴졌고, 뿌듯해 하는 조합원들을 보며 다시 우리의 부활이 시작되었다고 생각했다. 이와 관련하여 570여명의 조합원들을 찾는 작업을 하였고, 새로이 연락된 160여 명 중 157명이 명예회복 인정을 받고 생활지원금도 받았다.

 2010년 6월 30일, 과거사진상조사위원회로부터 '국가는 피해자들에게 사과하고 명예회복을 시키는 등 적법한 조치를 취할 필요가 있다'는 결정이 나왔고, 이에 따라 우리는 소송을 냈다. 판사가 '피고 대한민국'을 지칭하는 재판을 보면서 묘한 감정이 들었다. 2011년 6월 22일 1심에서 승소하고, 7개월 만에 2심에서도 승소 판결을 받았다. 만세를 불렀다. 모진 비바람 맞아가며 살아온 보람이 느껴졌고 가슴이 박찼다. 그 동안 주눅 들고 힘들었던 삶들이 더는 힘들지 않았고, 국가를 상대로 승소했다는 것에 마치 하늘을 날듯이 마음이 붕붕 떠다녔다.

 하지만 2013년 박근혜가 대통령이 된 후 '피고 대한민국'의 대법원이 판을 다시 엎었다. 대법원장 양승태가 사법권을 농단하여 박근혜의 입맛에 맞게 재판을 했던 것이다. 우리는 또 다시 거리로 나서 투쟁을 벌였다. 다행히 박근혜 일당들이 단죄되고 2018년 8월 30일 헌법재판소가 정부로부터 피해보상을 받았다고 해도 정신적인 피해에 대하여 다시 배상신청을 할 수 있다는 판결을 내렸다.

 2019년에는 40여년의 기나긴 세월 동안 노동자들의 인권과 권리, 사회의 민주화를 위해 싸워온 원풍 동지 126명의 구술 생애사 자료집 『풀은 밟혀도 다시 일어선다』를 발간했다. 가난한 가정 탓에, 공부를 더 시켜야 하는 남자 형제들 때문에 공장 노동자들로 내몰렸던 어린 소녀들이 어떻게 자아를 형성해 올곧은 사회인으로 성장했는지를 보여주는 이 책은 살아 움직이는 한국노동운동사 그 자체라고 자부한다.

1982년 9·27 이후 우리는 이 사회의 수많은 왜곡된 덫의 굴레에 갇혀 긴 시간 시리고 아픈 삶을 살아왔다. 블랙리스트로 인하여 제대로 된 직장 한번 다니지 못하고 생계의 위협을 받으며 거친 광야에 내던져져 각자도생으로 살아남는 피나는 노력을 했다. 그러나 우리는 그 모진 고통 속에서도 원풍의 정신을 잃지 않았고, 계속 유지 발전시켜 더 큰 것으로 승화시켰다. 강철은 어떻게 단련되는가? 우리를 괴롭게 했던 그 고통이 우리를 단련시켰다고 나는 확신한다.

원풍에서 끌려 나온 지 벌써 39년, 참으로 머나먼 길을 걸어왔다. 우리는 길이 있어서 간 것이 아니다. 각자가 정신 차리고 가다보니 길이 되었고, 여러 사람이 같이 가니 더 큰 길로 되었다. 우리가 걸어왔던 이 길이 뒤에 올 사람들이 헤매지 않을 수 있도록 영원히 녹슬지 않는 이정표가 되기를 바란다. 나는 2017년 오랫동안 계속해왔던 환경운동을 정리했다. 노동운동에서 환경운동으로, 그리고 다시 복지운동으로 전환하면서 여전히 운동을 통해 사회를 변화시키는 일들을 하고자 꿈을 꾼다.

필자 : 이 글은 국가 폭력에 맞선 원풍 노동자 이야기 『풀은 밟혀도 다시 일어선다』(2019, 학민사)에 실린 내용을 재 작성한 것입니다.

내 삶을 빛나게 한
원풍노조

이 필 남

　내 고향은 충남 논산시 연산읍 어은리이다. 어린 시절 우리 집은 할아버지, 할머니, 삼촌, 외삼촌, 그리고 부모님과 아홉 남매가 한 집에서 사는 대가족이었다. 아홉 남매의 셋째 딸로 태어난 나는 할머니가 이름을 지어주셨다고 한다. 남동생을 꼭 보라는 뜻으로 반드시 '必'자와 사내 '男'자를 쓰게 한 것이다. 그 이름 덕분인지 남동생 셋이 태어났다.

　그 시절 다 그렇듯이 부모님은 농사도 짓고 물레방앗간도 운영하였지만, 대가족이 먹고 살기에는 넉넉하지 않았다. 나는 초등학교를 졸업하고 물레방앗간에서 어머니 일을 거들었고, 사방공사장에 가서 소나무, 아카시아 등의

❋　1949년 충남 논산 출생. 66년 한국모방 입사. 1972년 민주노조 전환 후 초대 상임집행위원. 경수도시산업선교회 소모임 활동. 73년부터 노조 대의원, 기숙사 자치회장, 노조 조직부장 등 활동. 77년 크리스챤아카데미 교육 참가. 1980년 4월 결혼으로 원풍모방 퇴사.

나무 심는 일을 했다. 종일 일을 한 대가로 밀가루와 쌀 등을 받아서 생활에 보태기도 했다.

그러던 어떤 날 언니들처럼 집 떠나서 돈을 벌어야겠다는 결심을 하고 서울로 무작정 갔다. 큰언니와 작은언니의 자취방에서 취직자리를 알아보던 중 한국모방(원풍모방 전신)에 다니는 외숙모의 조카딸의 소개로 입사했다. 1966년 9월 28일, 첫 출근했다. 당시는 주간근무 1주일, 야간근무 1주일씩 12시간 맞교대였는데, 일요일 특근을 하려면 24시간 철야노동으로 이어질 때도 있었다. 임금도 다른 방직공장에 비해 적었다. 양성공 한 달 월급은 2,800원이었고, 6개월이 지나 숙련공이 되면서 5,400원을 받았던 기억이 난다. 이처럼 노동환경이 열악하였지만, 노동조합은 간판만 달린 어용이었다. 하물며 회사는 퇴직자들에게 퇴직금을 지급하지 않아 1972년 '한국모방 퇴직금받기 투쟁위원회'가 결성되기도 하였다.

민주노조 출범

1970년경에 도시산업선교에서 소모임 활동을 시작했다. 마음이 통하는 친구들과 신용협동조합에 대한 강의도 듣고 신협 회원으로 활동하였으며, 노동법을 배우면서 노동조합의 중요성을 깨우쳤다. 당시 한국모방에는 천주교 교인 위주인 가톨릭노동청년회(JOC) 활동을 하는 소모임이 활성화되어 있었다. 소모임 활동을 하던 조합원들은 1972년 노동조합 정상화 투쟁에 앞장서서 노조 민주화를 이루는 데 디딤돌 역할을 했다.

1972년 8월 17일, 노조 대의원대회에서 노조 정상화 투쟁위원회 활동을 하던 염색과 지동진 씨를 지부장으로 선출하였다. 우여곡절을 겪었지만, 민주노조가 탄생한 것이다. 나는 초대 상무집행위원회의 한 사람으로 선출되었다. 하지만 승리감도 잠시였고, 회사는 주요 노조간부와 대의원 41명을 해고하거나 부서이동을 시켜 노골적으로 노조를 탄압했다. 노조에서는 탄압에 맞서 9월 3일 일요일 작업을 거부하였다. 노조가 일요일 특근을 거부하는 단체행동을 선언하자 회사는 무기한 휴업을 하겠다며 식당을 폐쇄하여 기숙사에 있는 조합원들에게 식사를 제공하지 않았다. 기숙사 사감까지 합세하여 기숙사생들의 외출까지 금지하였다.

아침식사와 점심 두 끼니를 거르고 허기져 있던 오후였다. 갑자기 기숙사가 소란스러워졌다. 무슨 일인가 싶어 창문으로 밖을 내다보니 기숙사 울타리 바깥에서 방용석 당시 노조 교선부장이 '기숙사생들은 모두 밖으로 나와 명동성당으로 가자'라는 현수막을 들고 있었다. 순식간에 기숙사 현관은 밖으로 나가려는 조합원들과 이를 막으려고 문을 잠근 사감과 승강이하는 아수라장이 되었다. 한 조합원이 2층 창문을 깨고 뛰어내리자 사감이 당황하여 문을 열어주었다.

순식간에 회사 경비실 밖으로 뛰어나온 조합원들은 간부들의 안내에 따라 명동 쪽으로 가는 시내버스를 탔다. 을지로에서 내려 명동성당까지 가는 길을 원풍노조원들이 가득 메우며 앞서거니 뒤서거니 밀고 올라갔다. 기숙사에서 입고 있었던 가벼운 옷차림에 헝클어진 머리, 심지어 맨발도 있었다. 사람들은 무리를 지어 가는 우리를 보고 어리둥절한 눈으로 바라보았다. 성당 안은 미사 중이었다. 당시 노조간부들이 김수환 추기경에게 노조탄압을 호소하고 도움을 요청하려고 미사 시간에 맞춰 들어간 것이다.

신자들은 미사가 끝나자 모두 돌아갔고, 성당에는 600여 명의 우리만 남아 있었다. 신자들이 나가자 경찰들이 성당을 에워싸며 해산하지 않으면 모두 연행하겠다고 으름장을 놓았다. 모두 고개를 숙이고 있는데 갑자기 "집으로 가기 전에 추기경님을 만나 이야기는 하고 갑시다"라는 목소리가 크게 울렸다. 놀라 고개를 들어보니 방용석 교선부장이었다. 그러자 "저놈이 주동자다! 잡아라!" 하는 경찰의 고함이 들려왔고, 조합원들은 순식간에 방용석 교선부장을 겹겹으로 둘러싸 연행을 막았다. 경찰과 대치하다 보니 자정이 넘었다. 회사 간부가 명동성당에 왔고, 회사로 돌아가 노조의 요구를 협의하겠다는 약속을 받고 경찰에서 제공한 버스를 타고 회사로 돌아왔다. 노사문제로 명동성당을 점거하여 농성한 사건은 한국모방노조 노동자들이 처음이었다고 한다.

명동성당 농성사건으로 여러 명의 간부가 노량진경찰서에 연행되어 조사를 받는데 그 중에 방용석 교선부장과 정상범 총무가 구속되었다. '국가보위에 관한 특별조치법 위반'이라는 것이었다. 노조는 긴급히 비상조직을 꾸려 항의를 계속했고, 결국 두 사람은 열흘 후에 석방되었다. 투쟁을 통해 주요 간부의 석방을 이뤄낸 사건은 노조원들의 사기를 고양시켰고, 이후의 노조 민주화 동력을 키우는 양분으로 작용했다.

노조의 경영참여, 크리스찬아카데미 교육

1973년 6월 회사가 부도가 났다. 부실경영을 한 사장은 도망쳐버렸다. 노조 집행부는 부도난 공장을 가동하기 위하여 동분서주하였고, 노사수습대책위원회를 구성하였다. 노조에서는 지동진 지부장을 전무로 경영에 참여하도록 하였다. 하지만 지동진 지부장은 금전문제로 사퇴하였고, 대의원대회에서 노조 총무부장 방용석 씨를 지부장으로 선출하였다. 부도난 공장은 1975년 2월 15일 원풍산업모방공장으로 경영권이 넘어갔고 정상가동되었다. 노동조합 이름도 원풍모방노동조합으로 변경되었다.

부도난 회사를 노동자들이 힘을 모아 다시 세운 경험은 조합원들을 더욱 단결하게 하였고, 노조의 힘도 강해졌다. 그러나 회사의 노조탄압도 시시각각 다가오고 있었다. 1975년 2월 26일, 방용석 지부장이 갑자기 구속되었다. 노동조합 집행부에서는 긴급대책회의를 열고 지부장 석방을 요구하는 구명대책위원회를 조직하였다. 3월 10일 노동절 기념식을 마치자마자 수 백 명의 조합원들이 공장에서 고척동 구치소까지 걸어가는 시위를 했고, 집단면회신청으로 항의했다. 구치소에서는 검찰청으로 조사받으러 갔다며 거부했지만 당황하는 기색이 연연했다. 이 때도 방용석 지부장은 조합원들의 끈질긴 투쟁으로 석방되었다.

1977년 크리스챤아카데미 교육프로그램에 참여하였다. 여성, 노동, 농민 등의 사회운동을 하는 집단의 중간간부들을 교육하는 프로그램으로 4박 5일간 합숙하여 강의를 듣고 토론하는 일정이었다. 노동 분야에서는 반도상사노조, 청계피복노조, 동일방직노조가 있었고, 그 외 금융, 운수, 피혁 분야에서 활동하는 사람들이 함께 강의를 듣고 토론하며 서로의 활동을 나누었다. 어려운 시기에 참여한 사람들이었기에 서로를 위로하고 응원하는 뜻 깊은 시간으로 기억된다.

교육일정에 후일 자기 무덤에 쓰고 싶은 비문을 쓰는 시간이 있었다. 고민하다가 함석헌 선생님의 강의가 생각났다. "노동운동을 하는 사람이 남들 잘 때 못 자고 남들 놀 때 못 노는데, 바라는 세상은 보이지 않고, 별 이득도 없는 것 같지만 멈추지 말고 운동을 해야 한다"며 그 이유를 다람쥐에 비유했던 강의였다. 즉 "다람쥐가 쳇바퀴를 돌린다고 도토리가 떨어지는 것도 아닌데 다람쥐는 쉼 없이 쳇바퀴를 돌리고 있다. 멈추면 건강이 약해져서 죽어가기 때문이다. 우리 사회도 마찬가지다. 물이 고여 있으면 썩는 것처럼 그냥 내버려 두면 사회가 썩는다. 그러므로 작은 소리라도 사회의 부정의를 향하여 계속 이야기해야 사회가 조금씩이라도 발전하고 변화할 수 있다. 그러니 당장 변화가 없다고 지치지 말고 끊임없이 이야기하라"던 말씀이었다.

나는 그 강의를 듣고 가난과 무지로 억눌린 사람들이 해방되는 사회를 위하여 할 수 있는 작은 일이라도 실천하며 살아가겠다고 다짐했었다. 나는 그 때의 다짐을 떠올리며 내 비문으로 '이필남 / 2035년 10월 5일 소천 / 가난과 무지로 억눌린 이웃을 위해 살다 잠들었노라'라고 적어 제출했다.

기숙사자치회 활동, 결혼

1972년 민주노조 초대 상집간부로 활동을 시작하여 결혼으로 퇴사했던

1980년 4월까지 나는 줄곧 상집간부로 활동했다. 또한, 기숙사자치회 임원으로도 오랫동안 활동했다. 노동조합이 정상화되면서 기숙사도 조합원 중심으로 자치회를 구성, 회칙을 만들어 사감의 독선을 막고 조합원들이 자유롭게 생활하며 노조 활동에 참여할 수 있게 하였다. 자치회가 구성되기 전에는 1주일에 세 번만 외출할 수 있었지만, 자치회 임원들이 회사측과 협상하여 작업시간 외에는 언제나 외출이 가능하게 하였다.

또한, 기숙사자치회는 해마다 연말이면 사생들이 만든 액자와 뜨게 작품 등을 출품 받아 바자회를 열었다. 조합원들의 솜씨 자랑 물건들이 모이는 바자회는 십자수를 놓은 방석, 베갯잇, 스킬 액자, 뜨개질한 도장집, TV 덮개 등 수예품 위주였는데, 이를 외부 사람들을 초청하여 판매하였다. 판매 수익금은 산재환자를 위해 썼다. 어느 해인가는 수익금으로 (구)명동성모산재병원에 진폐증으로 입원해 있는 광부 산재환자에게 나이트가운 150벌을 장만하여 기증했다.

1980년 5월, 나는 장미꽃이 예쁘게 피던 날에 결혼했다. 4월 23일 대의원 정기총회를 끝으로 상집간부 활동을 모두 마치고 회사에 사표를 냈다. 1966년에 입사하였으니 14년간 근무하였다. 8년간의 노조 활동도 모두 마치고 결혼하여 새로운 삶을 시작한 것이다.

그해 5월은 참 잔인한 달이었다. 5월 18일 광주민주항쟁 소식은 참담하기 이를 데 없었다. 광주 희생자 소식은 시장에서 채소장사를 하던 아저씨에게서 들었다. 아저씨는 서울에서 팔 무를 가져오려고 광주 근처 송정리에 갔는데, 그 곳까지 피비린내가 진동했다는 말을 했다. 그 말을 들은 시장 사람들이 모두 놀라 웅성거렸던 생각이 난다. 그 잔인한 살육의 여파가 원풍노조에까지 이어질 줄 그때는 짐작도 못했다.

전두환 정권이 들어오자 친정 집과 같은 원풍노조가 풍전등화 같은 위기 상황이라는 소식을 간간이 들었다. 하지만 늦은 나이에 아이 둘을 낳아 기르며 생활에 부대끼다 보니 그저 안타까운 마음 뿐이었다. 돌이켜보니 동료와 후배들이 노조를 지키려고 무진 애를 썼는데 도움이 되어주지 못한 것이 못내 미안하다.

2019년 가을에 발간한 원풍노조 조합원 126명의 증언록인 『풀은 밟혀도 다시 일어선다』를 보고 82년 9·27사건 당시의 고통을 짐작할 수 있었다. 이 책에서 후배들은 구사대와 경찰에게 얻어맞고 욕설을 들으면서 회사에서 쫓겨났고, 경찰서에 연행되어서도 온갖 고초를 당했다고 증언했다. 부르르 화가 치밀었다. 부모·형제를 대동한 공무원들에게 끌려가 고향 집에서 감금을 당하고, 국가는 블랙리스트를 작성하여 전국에 뿌려 취직을 할 수 없었다고 증언했다. 결국 20대 초반의 어린 후배들은 갈 곳도 없는 데다가 가족의 성화에 못 이겨 결혼으로 도피할 수밖에 없었다는 증언을 읽으면서 마음이 찢겼다.

원풍노조 떠나 40년

2021년, 내 나이 73세이다. 정규교육은 받지 못하였지만 원풍노조 활동은 내 삶을 풍요롭게 가꿀 수 있는 밑거름이 되었다. 크리스찬아카데미 교육, 도시산업선교회 소모임 활동, 교회 활동 등은 70대를 살아가는 오늘날에도 나의 의식을 깨운다. 요즘도 사람이 사람답게 살아가는 사회를 소망하며 작은 노력이지만 게으르지 않으려고 노력한다. 취미 활동으로 도자기 만들기, 초콜릿 만들기, 동화책 읽어주기, 화초 가꾸기 등을 배워 이웃과 나누며 더불어 살아가고 있다. 그 덕분에 노년의 삶이 더욱 더 풍요롭고 빛이 나는 것 같다.

원풍동지회는 2019년 10월, 38년째 총회를 열었다. 정기모임은 늘 축제와 같이 진행한다. 120~150여명이 참석하여 1년간의 활동을 보고하고, 다음 회기 활동을 계획하고, 안부를 나누는 모습이 참 보기 좋다. 2018년 정기모임에서는 칠순 축하식을 받고 가슴이 뿌듯했었다. 자녀들이 자기 아이들을 데리고 참석하기도 한다. 손자들까지 3대가 한 자리에서 모여 웃고 떠들며 한바탕 잔치를 벌인다. 40년이라는 긴 세월 한결 같이 흔들림 없이 살아가는 동지들이 너무 예쁘고 사랑스럽다.

그 덕분에 세상에 내어 놓을 것 없는 나의 생애사도 2015년『공장이 내게 말한 것들』과 2019년『풀은 밝혀도 다시 일어선다』에 한 꼭지 넣어 출판되었다. 가족과 자녀들에게 미흡하나마 내 기록을 남길 수 있어서 고맙다. 원풍동지회 모임에 바람이 있다면 더도 덜도 말고 지금처럼이면 좋겠다.

70년대 민주노동운동(70민노회)을 하던 사람들과의 소중한 만남도 계속 이어오고 있다. 월 1회 회원의 가정이나 야외에서 만나기도 하고, 연 2회는 1박 2일 모임으로 회원들이 사는 지역을 방문하여 옛 이야기를 나누고 노년의 삶에 대하여 걱정도 함께 하면서 서로를 격려한다. 삶의 길 위에서 만난 소중한 사람들이다. 모두 건강한 사회에서 오래 오래 즐겁게 살아갔으면 좋겠다.

탈춤 추며 행복했던
노동조합

황 영 애

원풍과의 인연

원풍모방과의 인연은 엄마가 대방동 해군본부 뒤쪽에서 과자를 만들 때 시작되었다. 엄마는 마가린으로 과자를 튀겨 가게에 배달해주는 일을 했다. 그러나 엄마가 죽어라고 일해 놓으면 아버지가 수금해서 다 써버리곤 했다. 나름 돈을 벌었지만 아버지가 잘 못 살았던 것이다. 때문에 나는 초등학교 2학년 다니다 말아야 했다.

부모님이 서울에서 과자를 팔며 살 때 우리 형제들은 시골에서 할머니와

※ 1959년 충남 논산 출생. 초등학교 2년 중도 퇴교. 봉제공장을 거쳐 76년 2월 원풍모방 입사. 78년부터 가톨릭 성우회 활동. 영등포산업선교회 소라그룹 탈춤반에서 활동. 82년 9·27 투쟁에 참가, 31일 저녁 폭력배에게 끌려 나와 작은 아버지에의해 강제 귀향. 블랙리스트 때문에 파출부, 봉제공장 미싱사 취업. 정부로부터 민주화운동 인증서를 받음.

살았고, 나는 할머니한테 매일 혼나며 일했다. 엄마가 막내를 낳으면서 나를 서울로 불러올렸다. 2학년이던 나는 시골에서 전학서류를 해갔고 당연히 전학이 될 줄 알았다. 그런데 아버지가 예비군 훈련을 안 받은 게 걸려 부과된 세금이 문제가 되어 있었다. 그것 때문인지 뭔지 전학 처리가 안되었다. 대방동, 신대방동 주변 학교 다 돌아 다녔는데 거절 당했다. 어떻게 자식이 초등학교도 못 마치는 상황을 방치했는지 그 원망은 오래 가슴 밑바닥에 남았다.

또래 아이들이 학교에서 돌아오는 시간에는 숨어 있다가 지나가고 나면 다시 밭고랑에 엎드려 일했다. 할머니와 내가 밭에서 일해도 아버지는 술만 찾았다. 할머니는 나에게 뭘 잘못했다는 탓만 했다. 칭찬이라는 것은 들어보지 못했다. 야단맞은 기억만 남아 가슴에 멍이 들었는데 엄마도 내 딸에게 자꾸 야단을 치는 것이 아닌가. 그 때문에 엄마와 크게 싸운 적이 있다. 내가 할머니 때문에 얼마나 상처를 받았는데 왜 엄마는 아직 어린 아이에게 그런 걸 요구하느냐고 한바탕 했더니 엄마가 그 때 한마디 털어놓긴 했다. '내가 너한테 미안한 게 있다'고. 그럼에도 엄마가 내 아이를 돌보는 동안 많이 부딪치고 싸웠다.

할머니가 돌아가신 후 서울 엄마 집으로 올라왔는데 그때 엄마가 세 살던 집의 삐쩍 마른 할아버지가 원풍모방 폐기물 소각처리장에서 일하고 있어서 그 분을 소개자로 입사했다. 누구라도 소개자가 있어야 했는데 그 역할을 해 준 것이다.

배우지 못한 한

원풍모방에 입사하기 전에 노량진에 있는 20여명 규모의 봉제공장에서 일했다. 철야를 밥 먹듯이 하는 곳이었다. 그때 엄마도 내려간 후라 잠깐 작은집에서 다녔는데 도시락을 싸가야 했다. 먹고 사는 게 힘든 때라 밤에 숙모가 삼촌에게 힘들어 하는 말을 얼핏 듣고 눈치가 보여 회사에서 점심을 준다하고 도시락 싸 가는 걸 포기했다. 일하는 시간도 길고 배도 고팠지만 그냥 굶거나 우유 하나 사 먹으며 견뎠다.

그런데 원풍은 규모나 복지가 이전 공장과는 비교가 되지 않았다. 식당이 있고 1주일에 한번은 고깃국도 나오는 게 아닌가. 훌륭한 반찬은 아니었지만 밥도 양껏 먹을 수 있었다. 기숙사는 순서상 문 옆자리에 배치되었지만, 나로서는 호텔이었다. 마음대로 몸을 씻을 수 있는 목욕탕과 빨래를 삶아 널 수도 있고 다림질 방과 강당에 텔레비전도 있었다. 옥상에 올라가면 아래로 내려다 보이는 풍경도 너무 시원하고 좋았다. 그래도 창가에 서서 부모 생각하며 우는 동료도 보았고, 그럴 때는 기분이 좀 이상해지곤 했다.

노동조합 사무실에 책이 많아서 자주 갔다. 한글도 기초나 겨우 배우고 그만 둔 나는 기를 쓰고 어떻게든 글을 익히려고 노력했다. 글을 읽을 때는 받침을 유의해서 보았다. 이런 말을 할 때는 이런 받침을 쓰는구나, 저렇게 말할 때는 받침이 달라지는구나, 따위를 세심하게 살피고 기억하려고 애썼다. 그렇게 조금씩 글을 읽으며 남모르게 혼자 공부를 했다.

원풍에서는 야간 중학교나 학원에 다니는 사람들이 많았지만, 초등학교 졸업장이 없는 나는 그것을 할 수가 없었다. 내 나이에 초등학교를 졸업 못한 사람은 눈에 씻고 봐도 없었기에 졸업자격증을 획득하는 방법도 찾기 어려웠다. 초등학교도 못 다녔다는 것을 내색하지 못했기에 대놓고 찾거나 펼쳐놓고 공부하기도 어려웠다. 새삼스레 부모가 원망스러웠다. 초등학교 졸업만 시켜주었어도 남들처럼 학원도 다니고, 야간 중학교도 다녔을 것이다. 자꾸 어깨가 움츠려졌다.

내 인생의 전성기 탈춤반 활동

78년부터 가톨릭 성우회 활동을 했다. 박순희 부지부장이 기꺼이 나의 대모가 되어 주었다. 영등포산업선교회에서 그룹 모임도 했다. 소라 그룹이었다. 꽃꽂이, 한문, 매듭공예, 가방이나 모자를 만들었다. 졸업장이 없어도 할 수 있는 공부였고, 누구도 그런 것을 묻지 않았다. 기숙사 바자회 때는 손뜨개로 도장집과 컵받침을 만들어서 출품하기도 했다. 배우지 못한 내 욕구를 그런 것들로 채웠다. 못 배운 것이 내 잘못이 아니라는 것도 조금씩 깨닫기 시작했다.

배우는 것이면 뭐든 했으니 당연히 탈춤반도 들어갔다. 탈춤은 특히 매력적이었고 공부하는 기회도 많아졌다. 자주 수련회도 갔고, 이야기 나눌 기회도 많았다. 탈춤반 수련회를 하던 어느 날 밤, 촛불을 켜고 자기 이야기를 하는 자리에서 내 속 이야기를 비로소 털어놓을 수 있었다. 말하는 나도, 듣는 동료들도 같이 울었다. 비로소 가슴 속 돌덩이 하나를 꺼내버린 듯 해방감이 들었다.

제일 행복했던 시기가 그때였다. 무대에 올라 춤을 추는 내 모습이 뿌듯하고 대견했다. 춤을 지도하러 왔던 신재걸, 이상훈, 현광일 등의 대학생들과 막걸리도 마시며 재미있게 놀았다. 처음엔 그 학생들이 부럽기도 하고, 무엇이 아쉬워 우리에게 이렇게 시간을 사용하는지 의아하기도 했지만, 곧 선입견은 사라졌다. 퇴근 후 여가시간을 쪼개 뜨거운 옥상에서 탈춤을 배우고 탈도 만들었다. 공연 때 때로는 노조를 깨는 깡패로, 때로는 정의로운 노동자로 필요에 따라 뭐든 했다. 장구를 치기도 했다. 탈을 쓰고 할 말을 다 하니 속이 시원하기도 했다. 그러나 멀쩡한 사람들 두들겨 패는 깡패역을 할 때는 극일지라도 사람을 짓밟는 역할을 하자니 마음 아팠다. 잠을 못자고 연습하다가 야근하면 졸리고 고단하기도 했지만, 그것은 행복한 고생이었다. 내 인생 최고의 전성기였다.

월급은 받는 대로 용돈 조금 남기고는 집에 다 보냈다. 그 돈은 동생들의 학비와 부모님 생활비로 사용되었다. 상여금은 보내지 않고 따로 챙겨 신협에 저축했다. 하지만 군인이었던 오빠가 가끔 용돈을 받으러 오면 그 돈도 헐어줘야 했다. 상여금 덕에 빨간 글씨 날이면 부산도 가고 홍도도 가고 나이트클럽도 갔다.

79년 YH 노동자들이 신민당사에서 농성하고 있을 때 원풍 식구들과 함께 지지방문을 했다. 그런데 다음 날인가 경찰이 난입하고 김경숙이 죽는 사건이 발생한 것을 보고 몹시 놀랐던 기억이 생생하다. 탈춤반 대본에 그런 내용도 넣은 것 같다. 박정희가 죽었을 때는 당연히 앞으로 더 좋아지겠지 기대했다. 그런데 계엄령이 선포되고 광주항쟁이 일어나고 노조간부들이 대거 끌려가 해고되었다. 그 후 2년은 긴장한 상황으로 어렵게 유지되었다.

원풍노조가 파괴되던 날

1982년 9월 27일, 그 날이 닥쳐왔다. 나는 아침 6시 출근하여 오후 2시에 퇴근하는 A반이었다. 퇴근시간이 임박한 즈음에 조합장이 감금되었다는 이야기를 들었다. 당연히 현장으로 달려갔고, 그 모든 상황을 눈앞에서 보았다. 그리고 농성에 들어갔다. 농성장에서 누군가 뭐라고 말을 했는데 (배고프다고 했는지?) "너는 이 상황에서 그런 이야기가 나오냐? 조합장이 살았는지 죽었는지 모르는데?" 라며 면박을 준 기억이 이상하게 또렷이 남아 있다.

농성 나흘째인가 갑자기 회사가 확 틀어댄 스팀 때문에 모두 숨이 막혔던 기억도 생생하다. 30일 저녁 후에 달라붙어 승냥이처럼 덤빈 폭력배에게 뜯겨져서 끌려 나왔다. 비명을 지르며 끌려 나오는데, 작은 아버지와 친척 아저씨가 경비실 옆 정문에 와 있었다. 인계되듯 넘겨졌고 몸부림을 쳤지만 잡혀 내려갔다.

집에서 며칠을 전전긍긍하며 애를 태우다 도망쳐 대림동으로 달려가다 흩어지고 산업선교회에 모여 있었다. 탈진하거나 다쳐서 병원에 입원했던 사람이 한 둘이 아니었던 상황과, 마지막 날 새벽에 두들겨 맞으며 끌려 나온 동료들 상황을 확인하니 며칠 시골에 있었던 게 너무 미안했다. 합숙이 시작되었다. 공장 앞으로 가서 출근투쟁을 벌였지만 거대한 바위였다. 회사 앞에는 공고가 붙었다. 각서를 쓰고 출근하든지 사표를 내든지 하라는 것이다. 어떻게 각서를 쓸 수 있단 말인가! 결국 퇴직금을 수령해야 했다.

퇴직금으로 성수동에 방을 얻었다. 그 방에서 가끔 동료들을 만나기도 하고 집회나 일이 있을 때마다 합류했다. 한 동안은 주산학원을 운영하던 오빠의 빨래도 해주고 살림도 도우며 지냈는데, 경찰이 매일 학원을 찾아온다는 것이다. 그것도 학부형에게 원장 동생이 이런 사람이라고 압박을 하니 학생이 떨어져 나간다는 것이다.

그러나 당시 같이 해고되어 성수지역 공장에 들어갔던 금숙이랑 명환이가 원풍 다닌 이유로 해고되는 등 공장 들어가기도 쉽지 않은 상황이라 지레 주눅 들어 공장 갈 엄두를 못 냈다. 블랙리스트가 미치지 않는 직업으로 파출부 일을 선택했다. 파출부 일은 쏠쏠했지만 가끔 원풍모임 참석하고 친구들 만나는 것이 가장 큰 낙이었다. 나중에는 동일방직, 콘트롤데이타, 원풍 등 연합 탈춤반 모임도 하고, 그 과정에서 청계피복 친구의 도움으로 미싱을 배웠다. 미싱 보조를 벗어나는 것도 쉬운 일이 아니었지만, 이 또한 청계 친구들의 도움으로 작은 공장에 미싱사로 취직할 수 있었다.

민주화운동 명예회복 증서를 받고

국가로부터 명예회복 증서를 받았을 때 남편은 "아이구, 잘 됐네!"라며 기뻐했다. 아들도 "우리 엄마 대단하셔요"하고 나를 치하했다. 성당 사람들에게도 자랑했다. "오! 우리 마리아가 그런 일을 했어?" 모두 놀라워했다. 물론 엄마나 오빠에게도 다 말했다. 그 기나긴 세월의 한을 보상받는 듯했다.

매년 몇 차례 원풍 모임에 다녀오면 새로운 기운을 받는다. 아픔을 함께 했던 사람들이고 나를 누구보다 잘 아는 사람들이다. 내 삶의 면면은 원풍 노조를 통해 배운 것이 바탕이 되어 있다. 원풍은 나를 바로세운 버팀목이자 행복이다.

　요즘은 70년대 민주노조 사람들의 친목모임인 '70민주노동운동동지회'(70민노회)에 참여하면서 가끔 얼굴들을 보며 지낸다. 산행도 하고, 지원이 필요한 투쟁현장에 함께 가기도 한다. 김근태기념치유센터에서 국가폭력 피해자들의 치유 프로그램으로 시작한 판소리도 배운다. 처음에는 입이 잘 열리지 않았지만 점점 큰 목소리가 속에서 나오면서 응어리도 풀리는 느낌을 받는다. 야근하고 가기 때문에 꾸벅꾸벅 졸기도 하지만 행복한 시간이다. 코로나19로 지금은 휴강중이라 핸드폰에 녹음한 판소리를 틀어놓고 혼자 있을 때 크게 지르기도 한다. 빨리 코로나 전염병이 사라져 좋은 사람들 만날 수 있고, 사회도 평화롭기를 기원한다.

필자 : 이 글은 국가 폭력에 맞선 원풍 노동자 이야기 『풀은 밟혀도 다시 일어선다』(2019, 학민사)에 실린 내용을 재 작성한 것입니다.

동일방직
노동조합

1966년 큐씨써클 교육

1972년 초대 집행부

▲ 1976년 노동조합 운영위원회 회의모습

1976년 4월 대의원선거

▲ 1976년 나체 시위

▲ 1977년 수습대의원대회

어둠의 시대 불꽃이 되어

1978년 명동성당 단식 농성장에 방문한
김수환추기경과 강원영목사

▲ 1978년 명동성당 단식

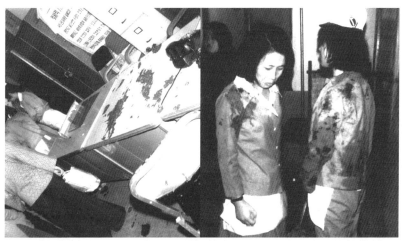

▲ 1978년 똥물사건

▲ 1978년 단식 농성

▲ 1978년 장충체육관 농성

1979년 해고자 야유회

1985년 _똥물사건_ 재현 마당극

1985년 8월 25이 동일방직노동조합운동사 출판기념회

총자본에 맞선
민주노조 사수의 잔혹사

동일방직주식회사 약사

동일방직 인천공장은 일제 식민지시대인 1934년 10월 도오요東洋방적주
식회사로 출발했다. 1945년 해방 이후 동양방적은 적산敵産으로 미 군정청
에 접수되었다. 1948년 정부 수립 후에는 '동양방적공사'라는 귀속재산이
되어 1949년 9월 인천공장 공장장이었던 서정익이 공사의 초대 이사장으
로 취임하였다. 1955년 8월 5일, 정부의 귀속업체 민영화방침에 따라 이사
장 서정익이 회사를 인수하게 되었다. 이후 국내 굴지의 방직회사로 성장한
회사는 1966년 1월 동일방직주식회사로 이름을 바꾸어 1982년 현재 8개
계열사를 거느린 거대 기업군으로 발돋움하였다.

동일방직 인천공장에는 해방 직후 조선노동조합전국평의회(전평)가 주도
하는 노동조합 활동이 있었고, 노동쟁의도 치열하게 벌였던 것으로 알려지
고 있다. 노동조합은 전평이 미군정에 의해 불법화되자 1946년 8월 3일 대
한노총 계열의 동양방적공사노동조합으로 탈바꿈하였고, 1950년대에는 대
한노총 전국섬유노동연맹 소속 단위노조로 있다가 1961년 8월 박정희 군사
정권 시기 노동조합 재조직 과정에서 한국노총 산하 전국섬유노동조합 동
일방직 지부로 편제되었다. 동일방직은 안양에도 공장이 있었는데, 여기에
1975년 안양공장지부가 설립되었다.

해방 이후 70년대 초반까지 동일방직은 전국 면방기업 중 5~6위에 들

정도로 성장하였으며, 1973년에는 국내 5대 면방업체 중 최고의 매출이익율과 순이익을 기록하였다. 그런데도 사측은 75년 노동조합이 추석 상여금 50%를 요구하자 이를 거부하는 등 노동자의 처우에는 인색하여 조합원들의 분노를 자아냈다. 또한 노동조합 활동이 여성노동자들을 중심으로 활발해지자 사측은 조합간부와 열성 조합원들을 여러 경로로 압박하였다. 사측은 대리 -〉 담임 -〉 반장 -〉 조장으로 이어지는 작업장 조직을 작업능률을 감시, 제고하는데 활용하고, 조합 활동을 억누르는 도구로도 이용하였다. 조합원들의 모임을 감시하고, 반장, 조장들을 통하여 갖가지 제재와 모임 탈퇴 강요가 비일비재하였다.

이전에도 조합 활동이 없지는 않았지만, 지부는 조합원들의 의사를 제대로 반영하지 못한 채 전국섬유노동조합(섬유노조, 또는 본조)의 지시에 따라 단체협약에서 결정된 임금 인상액을 회사 측에 승인을 요청하는 정도였다. 20년이 넘게 조합원의 다수를 차지하는 여성들은 조합 활동으로부터 소외되었고, 소수의 기술직 남자 조합원들이 지부의 간부직을 유지하고 있었다.

여성조합원들의 민주노조 쟁취

1946년 8월 대한노총 산하조직으로 재출발한 동일방직노동조합은 1972년 23대 문원태 위원장까지 남성 중심으로 집행부가 유지되어 왔다. 수십 년 동안 남성이 지배해온 노동조합에 1972년 여성들이 반란을 일으켰다. 당시 동일방직은 1,383명의 조합원 중 1,214명이 여성으로 그 비율이 87%에 달했다. 여성 지부장의 출현은 충분히 예상되는 상황이었다. 70년대 민주노조운동에 동일방직노조가 부각되기 시작한 것은 1972년 5월 10일 정기대의원대회에서 부녀부장 주길자를 한국 최초의 여성지부장으로 선출하면서부터였다. 80% 이상이 여성이었던 사업장에서 자각한 여성 노동자들이 대의원에 선출되어 노동조합의 민주적 운영을 통하여 여성노동자들의 권익을 대변하기 시작하면서 민주노조로 새롭게 출발한 것이다.

민주노조의 일상 활동 활성화

1972년 주길자 지부장의 탄생은 대의원선거에서 여성들이 대의원으로 대거 진출하면서 가능했다. 사측은 여성 지부장이 1년을 못가 손들고 내려올 것이라고 생각했다. 그러나 지부장은 3년 임기를 무사히 마쳤고 그 과정에서 민주노조의 기초를 튼튼히 다졌다. 주길자 집행부는 여성간부들을 중심으로 상집을 구성했고, 다수를 차지한 여성 대의원들의 지지로 여성 중심의 조합 활동을 열성적으로 진행하였다. 1975년 2월 대의원대회에서 집행부는 지난 1년간의 조합 활동성과로 ① 여자 조합원 생리휴가 확보, ② 회사 창립기념일 유급 휴일화, ③ 기숙사 온수시설 설치, ④ 신용조합, 소비조합 발족 등을 들고 있다. 여성 집행부는 1975년 이영숙을 지부장으로 다시 선출하여 그 조직의 맥을 이어갔다.

여성 주도의 노조활동은 활기차게 전개되었다. 지부는 월 1회 상집회의를 정기적으로 개최했다. 노조는 75년 2월 26일 상무집행위원회(상집)를 시작으로 12월 말까지 15차례 회의를 개최하였고, 상집간부 18명중 통상 15명 이상이 참석하여 단체협약 갱신, 임금인상, 부서별 식사시간 조정, 간부교육(고대 노동문제연구소) 추천, 일요일 작업 시 추가수당 지급, 부당한 처사에 대한 준법운동 실시, 중추절 휴일 문제 및 상여금 등 각종 조합 현안을 논의하고 대책을 세우며 회사와 교섭을 진행했다. 또 필요할 때는 현장 조합원들과 함께 투쟁하였다.

지부의 상근자는 지부장, 총무부장(사무장 역할), 채용된 사무원(여직원) 등 3명이었다. 이들은 현장에서 제기되는 각종 요구나 애로사항 등을 청취하고, 긴급한 상황은 수시로 회의를 열어 처리했다. 야간에 퇴근하는 조합원에게도 고충처리 등 조합원 간담회를 진행하였다. 문제가 발생하면 노조 사무실에서 대기하여 이튿날 출근하는 지부장과 면담하여 문제를 해결하는 방식으로 현장 조합원의 요구에 부응하기 위해 노력하였다. 지부장은 매일 오전에 23개 부서를 순회하였다. 지부장이 현장을 돌면서 조합원들의 의견을 듣고 필요하면 사측에 시정을 요구하는 활동으로 조합원들의 지지와 신뢰를 확보하였다.

교육활동은 자체교육과 외부 위탁교육으로 분류하여 실시되었다. 자체교육의 경우 주길자, 이영숙 지부장 재직 시절에는 부서별로 돌아가며 집단으로 실시하였다. 노조 사무실에 20~30명씩 모아 조합의 역할과 활동, 조합원의 애로청취 등의 활동을 꾸준히 진행하였다. 75년 이영숙 집행부 때는 7월에 섬유본조의 표응삼 교육선전부장이 조합사무실에서 대의원, 상집간부 40명을 대상으로 단체협약과 회의진행법 등에 관한 교육을 이틀에 걸쳐 실시하기도 했다. 75년 11월에는 지부장이 조합원을 대상으로 지부 사무실에서 1회 30명씩 2시간에 걸쳐 ① 노동조합의 목적, ② 조합을 보호하는 법, ③ 조합원의 자세와 의무 및 권리, ④ 가족계획, ⑤ 공동생활인의 태도 등을 교육하였다. 또한 조합원들이 노동관계법과 규정 및 단체협약의 내용을 숙지하도록 하기 위하여 노동수첩을 제작하였고, 본조에서 발행하는 〈섬유노보〉도 전 조합원에게 배포하였다.

77년 수습대의원대회 이후 이총각 집행부는 특히 조합원 교육에 힘을 쏟았다. 그 해 8월 초부터 12월 말까지 계속된 '노동조합의 목적과 방향'에 대한 교육은 43회에 걸쳐 진행되었으며 800여명의 조합원이 참여하였다. 교육은 오후 2시 퇴근반에 빵과 우유를 제공하고 지부 사무실에서 이총각 지부장이 직접 진행하였다. 그 동안 함께 투쟁해온 지부장이 들려주는 교육은 그대로 현장으로 돌아가 노동자의 권리를 지키고 권익을 강화하는데 적극 활용되었다.

한편 외부 위탁교육은 주로 크리스찬아카데미에서 했다. 이 교육은 여성(한명숙), 노동(신인령), 농민(이우재), 청년(강대인) 분야로 4박 5일의 집단 지도자 프로그램에 참여, 간부로서의 역할과 자세, 정세분석 교육을 하였다. 노동자를 대상으로 하는 산업사회 교육은 노동자 스스로 어용노조를 극복하고 한국사회의 민주화에 기여할 새로운 민주노조운동의 일꾼으로 성장하여 단순한 노조 실무자가 아니라 노동운동과 사회운동의 지도자로 사명감을 갖출 수 있도록 하는 것이 교육의 목표였다.

이 밖에 고대 노동문제연구소에서 실시하는 3개월 과정의 노동법 강좌에도 조합원을 파견했으며, 섬유본조에서도 표응삼 교육부장, 이원보 기획부장 등이 나와 강의를 했다. 지부 사무실과 성당 등에서도 간부들을 대상으로 수시로 교육을 행하였다.

소모임 중심의 조직 활동

조화순 목사는 산업선교회의 목회활동을 위한 수련과정으로 68년에 동일방직에 입사하여 공장생활을 경험하였고, 이후 동인천 화수동의 일꾼교회에서 동일방직 여성노동자들을 대상으로 여러 형태의 소모임을 운영하였다. 등산반, 요리반, 탁구반, 노래교실, 뜨개질 모임, 꽃꽂이 모임, 성경공부반 등 소모임은 30여개에 이르렀다.

이러한 모임은 어린 여성 조합원들에게 동료 간의 관계를 확대하고 고된 회사생활에서 겪는 어려움을 극복하는데 도움이 되었다. 또한 소모임 활동은 노동조합 활성화의 밑거름이 되었는데, 60년대 말부터 상당수의 조합원들이 산업선교회를 드나들었다. 73년 12월 8일, 도시산업선교회는 '부평지역 여성 지도자 훈련' 프로그램을 3개월 과정으로 시작하였다. 반도상사와 동일방직 등의 여성간부 8명을 모아 최영희 선생이(18대 국회의원) 훈련지도에 참여하였다.

JOC(가톨릭노동청년회) 모임에 참여하는 조합원도 40~50명에 이르렀다. 이들은 대개 부서의 언니들과 함께 조장, 반장 직을 맡고 있었으며, 대개가 무척 성실하여 현장에서 영향력을 갖고 있었다. 이들은 조합 활동에 적극적이지는 않아도 열성적으로 뒷받침했지만, 대개 결혼하면서 회사를 그만두는 경우가 많아 지속적인 관계를 형성하지는 못하였다. JOC 모임은 생활 중심의 나눔이었다. 이들이 교재로 사용한 「관찰·판단·실천」이라는 책자는 냉철한 눈으로 관찰하고, 하느님의 뜻에 맞추어 판단하고, 사랑으로 실천한다는 내용이 주였는데, 6~7개월의 훈련기간을 거쳐 JOC 투사로 살아갈 것을 선서하는 과정을 밟았다. 이총각 지부장도 69년 11월 28일 인천 화수동성당에서 소나무팀 5인과 함께 투사 선서를 하고 정식으로 JOC 회원으로 살아갈 것을 결심하였다.

이경심(세실리아)은 태광산업(서울 성수동)에서 노조활동을 하고, 인천에서 JOC 활동을 하면서 동일방직노동조합을 위해 헌신하였다. 이경심은 부평노동자사목 실무자로 활동하면서 노동자들이 교회를 통하여 참다운 영성생활과 올바른 사회생활을 할 수 있도록 그들이 일하는 현장에서 필요한 것, 특히 노동조합의 결성과 민주노조의 사수투쟁을 도왔다.

단체교섭, 노사협의

1972년 이후 주길자 집행부 시절 사측과의 교섭 및 노사협의는 보통 사장은 참석하지 않았으며, 사측에서 공장장, 생산부장 등 간부 5명과 노조에서 지부장, 총무부장 등 5명씩 협상을 진행하였다. 여성조합원의 권익을 향상시키는 데 주안점을 두고 식당에서 관리자와 생산직 노동자의 식탁을 구분했던 칸막이를 없애도록 했고, 현금으로 지급하던 월차는 조합원이 원하는 날에 쉴 수 있도록 했으며, 현장에 게시판을 만들어 노조의 활동상황을 잘 알 수 있도록 했다. 조합의 요구로 74년에 완공된 여자기숙사는 지방 출신 조합원들에게 큰 도움이 되었다.

1975년 이영숙 집행부 이후에는 회사의 노조탄압이 노골화하였고, 노조의 회사에 대한 투쟁도 점차 격화되었다. 이러한 상황 속에서 노조는 조합원의 권익을 위해 임금, 상여금, 퇴직금, 특근수당 등의 문제점 개선 뿐만 아니라 해고 조합원의 복직, 몸수색 폐지, 기숙사생 식대보조 등을 요구하며 끈질긴 협상과 투쟁을 지속하였다.

연대활동

민주노조로 전환한 이후 노동조합 활동과정에서 외부 교육 또는 조합 방문 등으로 연대활동은 자연스럽게 이루어졌으며 다른 민주노조와의 교류도 활발하였다. 신진자동차(후에 대우자동차) 조합원들과 야유회를 함께 하기도 하였다. 특히 인천지역에서는 부평의 반도상사 노동조합과 산업선교회의 간부교육에 함께 참여하면서 가깝게 지냈다. 이 과정에서 반도상사의 노조 결성을 물심양면으로 도와 74년 2월 파업과정을 승리로 이끌고 노조 결성에 성공하였다. 반도상사노조 결성을 이끌었던 초대 지부장 한순임은 나중에 중앙정보부의 공작에 넘어가 동일방직 민주노조의 파괴에 깊이 관여하였다.

동일방직노조는 평소에 청계피복, 원풍모방, 반도상사, 콘트롤데이타, YH무역, 삼성제약의 노조 등과 활발한 교류를 갖고 연대를 강화하였으며 중요한 투쟁이 있을 때마다 해당노조에 대한 지원을 아끼지 않았다. 특히 원풍모방, 반도상사, YH무역 노조 등은 섬유노조 김영태 집행부와 권력기관의 폭력적 탄압에 공동행동으로 대항하였다. 그 밖에 다른 노조들도 동일방직 노동자들의 민주노조 사수투쟁에 직접 간접의 지원과 협력을 아끼지 않았다.

이들은 70년대의 산발적이고 개별적인 노조운동의 한계를 극복하고 자주적인 노동운동을 위하여 1984년 한국노동자복지협의회를 결성하여 노동자교육, 조직, 홍보, 문화활동을 펴며 노동운동 재기의 디딤돌이 되었다.

민주노조 사수를 위한 처절한 투쟁

1972년 5월 10일. 동일방직노동조합 정기대의원대회가 열려 한국 최초의 여성지부장 주길자가 선출되었다. 최초의 여성지부장 선출은 그해 치러진 대의원 선거에서 전체 41명중 29명에 이르는 여성 조합원들의 진출이 결정적인 계기가 되었다. 3년의 여성지부장 재직과정에서 여성간부들의 성장과 주도적 역할을 통하여 노동조합의 민주적 운영과 권익향상을 이루어

낼 수 있었다. 동일방직노동조합이 민주노조로 전환하여, 성장하는 초기과정에서 인천도시산업선교회와 가톨릭노동청년회의 많은 지원이 있었으며, 여기에 소모임 운동과 교육 프로그램을 통하여 노동자들 사이에 연대감이 형성되었고, 조합원들이 노동조합을 통하여 단결하는 의식전환이 이루어졌다.

그러나 75년 이영숙 집행부의 출범 이후 76년 2월 6일 대의원 선거에서 47명의 대의원이 선출되었는데, 그중 23명만이 현 집행부를 확고하게 지지하는 대의원들이었고, 나머지 24명중 21명은 회사 측의 지시를 받거나 공개적으로 집행부를 반대하는 남자 대의원들이었다. 대의원 선거에서 여성대의원 숫자가 줄어든 것은 회사 측과 남자조합원들의 조직적인 방해와 탄압 때문이었다. 이후 사측과 남성들은 노조 파괴를 획책하게 되었다.

1975년 2월 15일 이영숙 지부장 선출 이후 더 이상 민주노조의 성장을 좌시할 수 없다고 판단한 회사 측과 정권에 의하여 민주노조 파괴 작업이 진행되기 시작하였다. 그 과정은 크게 두 번의 질적인 변화를 보이게 되는데, 첫 번째는 자본과 정권의 탄압으로부터 노동조합을 지키기 위한 투쟁과정에서 126명의 해고사태에 이르는 1978년 4월 1일 전후까지의 기간이고, 두 번째는 의식화된 여성노동자들이 유신정권과 맨몸으로 투쟁하면서 온갖 고초를 경험하는 80년대까지로 구분할 수 있다.

1) 제1차 조직수호투쟁

1976년 2월의 정기대의원대회를 앞두고 회사 측은 노골적으로 현 노동조합을 부정하며 집행부를 교체하기 위하여 사원과 남자 조합원들에게 사측의 입장을 대변하여 대의원 선거에 적극 나서게 하였다. 회사와 야합하여 노조에 반대하는 대의원 고두영 및 노무차장 한옥두가 중심이 되어 4월 3일의 정기대의원대회를 거부하고 송도로 야유회를 가 고의로 대회를 유회시켰다. 그리고 4월 7일에는 조합 사무실에 난입하여 서류 열람을 요구하고 지부장을 폭행하여 열쇠를 탈취하는 만행을 저질렀다.

이후 이들은 규약개정을 요구하면서 대의원대회를 통하여 이영숙 집행부를 불신임하기 위한 계획을 진행시켰다. 회사의 강력한 후원과 반 노동자적 사법, 행정의 비호 아래 노동조합을 강권으로 탈취하기 위하여 고두영 등 반노조파들은 76년 7월 23일 기숙사 강당 문을 걸어 잠그고 자파 대의원 24명만으로 대의원대회를 열어 현 집행부의 불신임안을 통과시켰다. 한통속이 된 경찰은 이영숙 지부장과 이총각 총무부장을 연행하였다.

여성조합원들은 못질하여 막아버린 기숙사의 창문으로 뛰어내려 농성과 함께 전면파업에 돌입하였다. 여성조합원들은 농성장에 투입된 경찰과 사측 관리자들 앞에서 옷을 벗고 저항하는 소위 '나체시위'를 감행하며 부당함을 폭로하였다. 이 와중에 조합원 이돈희와 이순옥은 큰 상처를 입었다. 이돈희는 노조 사무실에서 2개월 동안 요양을 했고, 이순옥은 충격으로 6개월 간 정신과 치료를 받기도 하였다.

7월 26일, 회사에서 농성을 정리한 후 300여 조합원은 섬유노조를 찾아가 연행 조합원 석방과 대의원대회의 결의 무효를 요구하며 농성을 벌였다. 그 결과 연행된 조합원은 전원 석방되고, 섬유노조로부터 동일방직노동조합 정상화 약속을 받아냈다. 이에 따라 12월 26일에 이영숙 지부장이 사퇴하고 총무부장 이총각을 지부장으로 선출하여 조직을 수습하고 민주노조의 기틀을 잡아 나갔다.

2) 동일방직사건 수습투쟁위원회와 '사건 해부식'

1976년 7월 말 섬유노조 대의원대회에서는 방순조 집행부가 동일방직사태를 잘못 수습했다는 이유로 불신임을 받았고, 그 자리에 부산지부장인 김영태 일파가 들어앉았다. 1977년에 접어들어서도 조직 정상화의 조짐이 안보이자 동일방직노조는 섬유노조의 해결을 촉구했다. 그러나 섬유노조는 노동청, 경찰, 회사와 야합하여 동일방직 문제를 수수방관하였다. 조합원들이 섬유노조를 찾아가 노조정상화 약속을 지키라고 항의하면, 김영태는

"여자들이 시집이나 가라"고 딴전을 피우며 빈정거렸다.

더 이상 본조를 믿고 기다릴 수 없었던 노동자들은 조합을 스스로 지켜야 한다는 신념으로 '동일방직사건수습투쟁위원회'를 결성하였다. 수습투쟁위원회는 섬유노조·노동청·경찰·회사가 야합하여 노조를 파괴하려 한 상황에서 노조정상화의 유일한 길은 사회여론화라는 결론을 내렸다. 그리하여 사회단체들과 연대하여 77년 2월 6일 명동성당 문화관에서 '사건 해부식'을 개최하기로 하였다. 동일방직 문제의 사회여론화에 부담을 느낀 노동청 등 관계기관은 노조 정상화에 대한 여성조합원들의 요구를 수용하기로 합의를 보았다.

이에 따라 1977년 3월 30일, 대의원대회에서 이총각을 지부장으로 선출하고, 여성 중심의 노조집행부가 복구되었다. 그러자 회사는 남자 대의원을 앞세워 대의원대회를 방해하는가 하면, 남자 조합원을 중심으로 노조탈퇴 서명운동을 벌여나갔다. 조합원들이 남자 직원들의 압력과 횡포에 못 이겨 과반 넘게 탈퇴하기에 이르자, 집행부는 조합원들에게 일일이 확인 작업을 거쳐 탈퇴를 승인하기로 하고 조합 사무실에서 자발적인 탈퇴확인절차를 거치기로 결의하였다. 이처럼 노조가 강력하게 대응하고 나서자 노조탈퇴 공작은 중지되었고, 집행부 와해작업도 저지됐다. 지혜로운 노동자들의 단결심이 민주노조를 지켜낸 것이다.

3) 제2차 민주노조 수호투쟁과 대량해고

70년대 후반, 민주노조운동의 확산이 권위주의적인 섬유노조의 존립을 흔들 수 있다는 위기감을 느낀 본조는 산별체제의 강화를 명분으로 규약 개정을 밀어붙였다. 그러나 실상은 하부조직인 지부와 분회의 자율성을 제한하고 본조의 통제권한을 강화하려는 것이었으며, 이를 근거로 동일방직과 같은 민주노조들을 탄압하기 시작하였다.

1978년 2월 21일 동일방직노조의 대의원 선거일이 확정되고, 이후 지부장 후보등록을 하는 등 선거 준비가 착착 진행되었다. 회사 측은 〈산업선교는 무엇을 노리나〉라는 책자를 배포하여 노조간부들을 공산주의와 연계되어 움직이는 도시산업선교회의 조종을 받고 있다는 식으로 매도하며, 조직분열을 획책하였다. 그리고 투표일인 2월 21일 새벽 6시경, 화장실에 숨어 있던 6~7명의 남자조합원들이 방화수 통에 똥을 담아 조합원들에게 퍼붓는 만행을 저질렀다. 남자조합원들은 각목으로 책상 등 사무용품을 부수고, 여성들에게 마구 폭행을 가하였다.

만일의 사태에 대비하여 노조가 요청하여 투표현장에 입회하였던 경찰관과 섬유노조에서 파견된 간부들은 모두 팔짱을 끼고 난동을 부리는 모습을 바라볼 뿐이었다. 이후 섬유노조는 기다렸다는 듯이 2월 23일자로 동일방직 지부를 사고 지부로 결정하고, 지부장 및 주요간부를 '반노동조합적 활동을 했다'는 이유로 제명하여 집행부의 업무를 중지시켜 버렸다. 그리고 섬유노조 본부는 조직행동대라는 깡패집단을 내려 보내 노조 사무실을 장악하고, 조합원들이 들어오지 못하도록 봉쇄해 버렸다.

본조의 제명과 사측의 탄압에 맞서 76명의 조합간부, 조합원들은 78년 3월 10일 장충체육관에서 열린 노동절 행사장에 들어가 동일방직 문제의 해결을 요구하며 구호를 외치고 플래카드를 펼쳐 행사장의 수많은 노동자들에게 호소하였다. 그러나 이들은 한국노총 조직행동대의 폭력과 경찰의 군홧발에 짓밟히며 연행되었다. 연행을 피한 조합원들은 바로 명동성당으로 옮겨 저녁 미사에 참석하고는 사제관에서 단식농성에 돌입하였다. 노동절 시위와 명동성당 농성은 종교인과 사회단체, 지식인, 학생 등의 광범한 분노와 지지를 이끌어냈다.

동일방직 문제해결을 위한 각계 각층의 호응에 힘입어 가톨릭 및 개신교 원로들과 정부당국 간의 협상이 이루어졌고, 회사 측은 중립적인 선거관리와 노조 정상화를 약속하고 노동자들의 현장복귀를 보장했다. 그러나 이 약속은, 사측의 각서요구와 노조 포기를 강요하는 협박 속에 한갓 휴지

조각에 지나지 않았다. 경기도지방노동위원회는 농성기간 중의 결근과 업무중단에 따른 손해에 대하여 노동자들의 취업규칙 위반이 분명하다는 판단으로 사측의 대량해고를 눈감아 주었고, 3월 26일 부활절 여의도광장의 항의투쟁에도 불구하고 사측은 4월 1일자로 124명의 해고를 강행하였다.

4) 정의를 세우기 위한 해고자들의 헌신적 투쟁

섬유노조와 사측, 그리고 경기도지방노동위원회 등의 범죄적 공모에 의한 동일방직노조 탄압과정은 조합간부와 조합원들의 결사적인 단식투쟁, 농성, 사회적 연대에도 불구하고 124명의 해고로 귀결되었다. 더욱이 섬유노조위원장 김영태는 동일방직 해고자 124명의 명단과 주민번호 등 인적사항을 기재하여 전국의 사업장에 배포하였다. 이 때문에 해고 노동자들은 취업 길이 막혔고, 평생 동안 생존 자체를 위협받게 되었다. 이것이 악명높은 블랙리스트였다.

여성 노동자들을 회사에서 축출한 이후 회사 측과 밀착한 남자 조합원들이 중심이 되어 4월 27일 본조의 지시대로 대의원선거를 강행하기로 했다. 현장에서는 협박과 해고자들에 대한 악선전이 기승을 부렸다. 이러한 상황에서 해고 노동자들은 '무릎 꿇고 살기보다 서서 죽기를 원한다'는 유인물을 뿌리고, 현장으로 돌아가겠다는 의지를 보여주기 위해 65명이 4월 26일 새벽 5시에 회사로 들어가 하루 동안 농성을 벌였다. 그러나 이들은 동부경찰서 기동대에 의하여 12시경 끌려나왔으며, 저녁 6시경 59명은 훈방되었으나 이총각 지부장과 김인숙 총무는 구속되고, 7명은 불구속 입건되었다.

1978년 5월 16일, 해고노동자들은 인천 화수동 산업선교회 건물을 빌어 임시로 '전국섬유노동조합 동일방직지부'를 만들어 지도부의 구속에 따른 공백을 메우고 조직을 재정비하기로 결의를 다졌다. 임시집행부는 김영태의 통일주체국민회의 대의원 당선을 저지하기 위하여 부산으로 내려가 유인물을 뿌리는 등 시민을 상대로 사회여론을 환기시키는 운동을 전개하였다.

이 과정에서 김옥섭, 공인숙, 권분란, 추송례, 박양순 등 5명이 경찰에 연행되어 두들겨 맞고 구속되었다. 그러나 어떤 폭력도 노동자들의 정당한 저항투쟁을 꺾을 수는 없었다. 7월부터 이들은 더욱 결의를 다지고 새벽에는 회사 정문 앞으로 달려가 구호를 외치고, 삼삼오오 조를 나누어 각계 사회단체와 노동청, 유관기관 및 경찰서, 신문사 등을 방문하여 자신들에 대한 해고의 부당성을 호소하고 투쟁의 정당성을 알렸다.

다시 현장으로 – 포기할 수 없는 복직

노동자들은 복직투쟁을 하며 다시 조직을 정비하는 한편 투쟁방법의 전환을 모색하였다. 1978년 11월 해고자모임에서 이들은 최연봉과 석정남을 전임자로 하고, 나머지는 모두 취직하기로 하였다. 이들은 한 달에 한 번씩 정기모임을 하며 동지회보를 발간하여 서로의 소식을 주고 받았다. 나머지 노동자들은 다른 사업장에 취업을 하였다. 하지만 일을 할 수 없었다. 섬유노조에서 해고노동자들의 명단을 만들어 전국 노조와 사업장에 배포하였기 때문이다.

자신들의 권리와 노동조합을 사수하기 위한 여성 조합원들의 각성과 투쟁과정은 바로 단위사업장의 투쟁을 뛰어넘어 군사독재정권을 향한 정치적 투쟁으로 비화하는 폭발성을 내재하고 있었다. 결국 노동자들의 저항은 사업장 범위로 제한되지 않고 박정희 정권의 말로를 재촉하였다. 79년 8월, YH무역 노동자들의 신민당사 농성사건을 기폭제로 하여 유신독재체제는 붕괴되었다. 해고노동자들은 1979년 '동일방직해고자복직투쟁위원회'를 결성하고 섬유노조와 국가권력의 폭력적 탄압을 폭로하면서 다양한 여론활동을 벌였다. 이 투쟁과정에서 정명자가 포고령 위반으로 구속되었다.

1980년 서울의 봄, 노동자들의 투쟁이 전국적으로 확산되고, 학생들의 유신철폐 시위가 날로 격화하는 상황에서 동일방직 해고노동자들은 한국노총 위원장실을 점거하고, 농성에 돌입하였다. 그러나 섬유노조위원장과 한국노총 위원장 직을 겸하고 있던 김영태는 몸을 감추어버렸다. 동일방직 해고노동자들은 한국노총이 위기를 모면하기 위해 마련한 5월 13일의 '노동기본권 확보 궐기대회'에 참가하여 민주노조 조합원들과 함께 유신독재 퇴진, 계엄령 철폐와 노동기본권 보장을 목청껏 외쳤다. 그러나 이 투쟁도 신군부의 계엄령 확대로 좌절되어 버렸다.

이후 동일방직복직투쟁위원회는 정기모임을 하며 복직을 위해 노동부에 부당노동행위 구제신청 및 해고예고예외인정신청에 관한 소송을 제기하였다. 2000년 민주화운동 보상지원법이 제정되자 명예회복 신청을 하여 인정을 받았다. 2001년 5월 민주화운동명예회복및보상심의위원회에서는 동일방직주식회사에 해고노동자들의 복직권고 공문을 발송하였고, 해고노동자들은 동일방직 인천공장과 동일방직 본사 앞에서 수차례 복직을 요구하며 농성을 벌였다.

자랑스런 기억,
동일방직노동조합!

김민심*

나는 전라남도 진도에서 태어났다. 아버지가 돌아가시기 전까지는 머슴을 부리며 농사를 지을 정도로 동네에서 꽤나 잘 살았다. 가족은 아버지, 엄마, 아들 4명, 딸 3명. 7남매 중 내가 네 번째로 태어났다. 아버지는 어느 아침에 일어나지 못하고 갑자기 돌아가셨는데, 아마 심장마비가 아니었나 생각된다. 아버지가 돌아가시면서 집안이 기울기 시작해 중학교 졸업 후 바로 인천 사는 큰 언니네로 무작정 올라갔다.

나는 본래 공부에는 별 흥미가 없었다. 집에서 학교까지 20리도 넘었고, 평지가 아닌 구불구불 산길을 따라 가야 하니 해가 뜨면 학교에 갔다가 집에

※ 전남 진도 출생. 76년 18세에 동일방직 직포과 입사. 76년 7월 나체시위투쟁 참가. 가톨릭노동청년회(JOC) 가입. 노동조합이 주도하는 각종 활동 참가. 78년 3월 10일 장충체육관 노동절 기념식 투쟁의 주동자로 25일 구류. 해고된 후 대성목재·인천전기에 입사했으나 블랙리스트로 다시 해고.

오면 해가 졌다. 동네 친구들과 함께 등하교를 하였기 때문에 그들과 어울려 중간 중간 학교를 빼먹기도 하고, 공부하는 중간 땡땡이를 치기도 했다.

당시는 중학교를 다니지 않고 서울로 돈벌러간 친구들이 꽤 있었다. 그들은 설이나 추석 때 고향에 다니러 왔다. 그 때 그들의 모습은 나와 비교할 수 없을 정도로 달라져서 왔다. 하얀 얼굴에 예쁜 옷을 입고 '어메'를 엄마라고 부르며 서울말을 쓰는 모습이 신기했다. 거무튀튀한 피부에 촌티가 쭉쭉 흐르는 후줄근한 옷을 입은 나와는 비교가 되지 않았다. 부러웠다. 그래서 나도 '졸업하면 서울 공장에 취직을 하여 돈 좀 벌어서 옷도 세련되게 입고, 어려운 집안 살림을 도와야겠다'고 작정하고 있었다.

18세, 동일방직에 입사하다

언니네 집에서 몇 달 동안 빈둥빈둥 지내다가 동일방직에 취업을 하게 되었다. 나를 동일방직에 알선해준 사람은 언니 집에 동생과 함께 세 들어 자취하면서 동일방직에 다니는 직원이었다. 당시 내 나이 18세였다. 그러나 공장으로 들어온 지 8개월 만에 쫓겨나 고향 식구들에게 도움이 되기보다는 걱정만 끼치게 되었다. 8개월 동안 월급을 받아 고향에 보낸 돈이, 정확히 기억은 나지 않지만, 월급의 절반을 보냈던 것 같다. 1978년 당시 월급이 얼마였는지도 잘 모르겠고, 소개자에게 사례비도 주었는지 안주었는지도 정확히 모르겠다.

동일방직에서 나는 베를 짜는 직포과에 배치되었다. 생전 처음 아주 큰 기계 앞에 서니 설레기도 하고 호기심도 생기고, 돈 번다는 생각에 마냥 좋았던 것 같다. 식사시간은 따로 없었고 작업도중 10분 내지 15분 정도의 시간 동안 식사를 해결하고 다시 일을 시작해야 했다.

입사하면서 바로 기숙사에 들어갔다. 방 식구는 4명이었는데, 모두 나처럼 시골에서 올라왔다. 나이도 대부분 비슷했고, 호적 나이가 어려서 남의 이름을 빌려 들어온 친구도 있었다. 공장에 들어온 사연은 대부분이 동생 학비를 벌려고 온 친구, 한 둘은 가족의 생활을 돕기 위해서도 왔다. 처지가 모두 고만 고만 비슷했다. 우리들은 모두 잘 어울렸다. 일을 쉬는 일요일은 가까운 자유공원으로 놀러가고, 가끔 극장 구경도 하면서 재미있게 지냈다. 하지만 마음 한쪽은 늘 고향 생각에 젖어 있었다. 홀로 된 엄마가 그리웠다. 이런 그리움은 친구 경숙이를 따라 성당에 다니면서 달래지기도 하고 위로가 되었다.

노동조합을 알게 되다

나름 재미있게 지내던 어느 날, 직포과에서 함께 일하던 석정남, 최연봉이가 함께 가자고 하여 간 곳이 노동조합이었다. 이후 거리낌 없이 노동조합 사무실에 드나들었다. 지부장 이총각 언니를 만났다. 모두 상냥했고 정이 가는 사람들로 보였다. 노동조합은 보고 싶은 엄마에 대한 그리움을 달래 주었다. 나는 동일방직에 다니면서 친구 경숙이를 따라 성당에 나가고 있었다. 그런데 이총각 지부장 언니도 가톨릭 신자였고 나를 가톨릭노동청년회(JOC)에 가입하도록 권했다.

나는 망설임 없이 노동청년회에 가입하여 소그룹 활동을 했다. 팀원은 남녀 7명이었는데, 여자들은 동일방직, 남자들은 이천전기를 다녔다. 우리들은 함께 모여 〈관찰, 판단, 실천훈련〉 책자를 보며 공부했고, 1주에 한 번씩 성당 회의실에서 만나 생활 나눔을 하고, 노동조합에 관한 교육도 받으면서 더욱 많이 알게 되고 관심도 더욱 많아지게 되었다.

그러다 보니 전에는 몰랐던 것들을 많이 알게 되고, 노동자로서 문제의식도 생겼다. 그때부터 노동조합과 회사가 협상을 할 때 언니들을 따라 무조건 데모를 했다. 공장에 들어온 지 1년도 채 안된 양성공이 데모를 따라다니다 보니 반장, 조장들에게 불려가 야단도 많이 맞았고 차별도 받았다. 기계를 제일 후진 것으로 배정하고 일감도 많이 맡겨 8시간 동안 죽기 살기로 힘들게 일을 하게 하였다.

또 고장이 자주 나서 기계가 움직이지 않아도 제때에 고쳐주지 않아 애를 먹이고, 기계가 작동되지 못하면 생산이 제대로 안 나온다고 야단을 치며 구박하였다. 반면 똑같이 고장이 나도 다른 애들은 기사를 불러 빨리 고쳐주었다. 차별은 그 뿐이 아니었다. 조장은 이유 없이 열심히 일하는 나를 불러 트집을 잡고, 신경질을 내고, 호각을 불면서 주눅이 들게 해 기계 앞에서 울기도 참 많이 울었다. 그렇지만 데모를 그만두지는 않았다. 조장, 반장이 아무리 차별하고 야단을 쳐도 노동조합을 그만둘 수 없었던 이유는 함께 하는 언니들을 배신할 수 없었고, 노동조합을 배신할 수 없었기 때문이었다.

격렬한 그러나 참혹한 농성들

1976년 7월 중순경, 무척이나 더운 날로 기억된다. 지지부진하게 대의원 대회가 연기되더니 어느 날 지부장과 총무님이 잡혀 갔다고 했다. 기숙사에 있던 우리들은 너나 할 것 없이 모두 노동조합 사무실 앞에서 농성을 하였다. 며칠이 지났을까, 경찰들이 우리들을 잡으러 왔다. 경찰이 뭐라고 이야기를 하며 우리를 협박하자 누군가가 "옷을 벗자"며 "옷을 벗으면 잡아가지 못한다"고 소리를 질렀다. 나도 옷을 벗었다.

좁은 공간에 너무 많이 끼어있다 보니 숨이 막히고 어지럽고 토할 것 같아 쓰러질 것 같았다. 이 때 아우성 소리가 나더니 몽둥이를 든 경찰들이 몰려와 뒤엉켜 있는 우리를 인정사정없이 달려들어 한 명씩 끌어내어 경찰차에 짐짝처럼 쳐 넣고 인천 동부경찰서로 실어갔다. 나는 너무 무섭고 떨려서 소리 내어 엉엉 울었다. 그때 내 나이가 제일 어린 것 같았다. 공장에 들어온 지 6개월도 안 된 양성공은 나 하나인 것 같았다.

1978년 3월 10일, 노동절. 동일방직 문제를 호소하기 위해 서울 장충체육관 행사장을 몰래 들어갔어야 했는데, 언니들이 내가 제일 어리니 검색을 하지 않을 거라고 해서 플래카드를 허리에 감고 들어갔다. 행사가 시작되고 국무총리 최규하가 기념사를 할 때 부녀부장인 최명희 언니의 신호로 우리는 일제히 일어나 플래카드를 펼치고 구호를 외치며 유인물을 뿌렸다.

"김영태는 물러가라!"
"동일방직 문제 해결하라!"
"우리는 똥을 먹고 살 수 없다!"

동시에 경찰과 조직행동대원들이 이리떼처럼 달려들어 닥치는 대로 몽둥이로 내리치고 머리채를 휘어잡고 바닥에 짓이겨 내동댕이쳤다. 그야말로 아수라장이 되어 행사는 중단되었고, 우리 31명은 중부경찰서로 연행되었다. 중부경찰서에서 1차 조사를 받고 다시 경찰버스에 실려 인천 동부경찰서로 내려와 2차조사를 받은 후 28명은 석방되고 최명희 부녀부장과 나, 김연심은 주동자로 몰려 즉결재판에서 25일 구류처분을 받고 경찰서 유치장에 들어갔다. 경찰은 신발과 양말을 벗으라고 하더니 등을 더듬어 브래지어 끈을 잡아당기기도 했다. 경찰서 안에서 조사를 받는데 입에 담을 수 없는 욕은 다반사였고 공갈협박도 해댔다.

"네년들 이제 시집은 다갔다! 호적에 빨간 줄 한번 쳐지면 시집 가긴 틀렸고, 누가 데려가지도 않는다!"

그 말에 나는 겁을 먹고 "정말 시집 못가냐?"고 물으니, "나이는 제일 어린 것이 시집은 가고 싶은가 보네"라며 빈정대기도 했다. 난생 처음 겪는 일로 언니들도 많이 울었지만, 나도 울고 또 울었다.

해고인생! 그러나 부끄럽지 않다

언니들이 친절하게 잘 해주고 해서 즐겁게 공장을 다니고 있었는데, 노동자로서 노동조합 활동을 위해 데모를 했다고 해고를 당했다. 기숙사에서도 쫓겨나 보따리를 들고 언니네로 갔다. 일을 하지 못하고 매일 집에만 쳐

박혀 있으니 지옥이 따로 없었다. 언니네 집에도 형사들이 밤낮을 가리지 않고 찾아와 감시하고 협박하였다. 언니한테 욕도 엄청 먹었고, 한번은 쫓겨날 뻔까지 했다.

그러던 어느 날 멀리서 형사가 오고 있었다. 그와 마주치기 싫어 나는 얼른 집에서 나와 앞에 세워져 있던 큰 트럭 밑으로 들어가 숨었다. 언니 집에서 언제까지 이러고 있을 수는 없어 대성목재로 들어갔다가 해고되고, 이천전기에 들어갔다가 블랙리스트에 걸려 또 해고되었다. 너무도 살기가 막막했다.

기나긴 세월이 흘러 제일 어렸던 나도 어느새 60대가 되었다. 남매인 아이들도 다 커서 결혼을 했다. 사는데 급급하다 보니 그간 동일방직을 잊고 살아온 것도 사실이다. 그러나 언니들 따라 데모를 같이 한 것에 대해서는 한 번도 후회해본 적이 없다. 당시는 잘 몰랐지만, 지금 생각하면 내 인생에서 노동자로서의 자존심을 갖고 사회정의를 위해 데모를 했던 것은 참 뿌듯하기도 하고 자랑스럽기도 하다. 그 많은 동일방직에서의 경험들이 내가 살아가는데 큰 보탬이 되었으니, 내 인생 전혀 부끄럽지가 않다.

동일방직노동조합

보람과 기쁨의 기억,
노조활동

김 영 희

기난에 쫓겨 무작정 가출

나는 한국전쟁 이듬해인 1951년 물 맑고 공기 좋은 충북 옥천군 안내면 민포리에서 6남매의 장녀로 태어났다. 부모님은 땅 한 뙈기도 없어서 땅주 인들이 포기한 비탈진 산자락을 빌려 농사를 짓는 화전민이었다. 장녀인 나는 부모님의 농사를 돕기도 하고 동생들을 돌보며 초등학교를 다녔다. 중학교를 우수한 성적으로 합격하였으나 등록금 5천원이 없어 입학을 포기하였다.

내가 공부를 잘한다고 생각한 교감선생님이 마음이 아팠던지 부모님에게

※ 1951년 충북 옥천에서 화전민의 6남매의 장녀로 태어남. 인천에 올라와 1967년 동일방직 입사. 가톨릭노동청년회 가입. 산업선교회 '뿌리회' 소모임 참여. 72년 여성지부장 주길자 선출에 기여. 노조 대의원에 선출된 후 쟁의부장, 부녀부장, 조사통계부장 역임. 74년 결혼 으로 퇴사.

찾아와 나를 양딸로 주면 공부를 시켜 주겠다고 제안하였다. 아버지는 일고의 가치도 없다며 거절하였다. 아버지는 가난하다고 딸을 남에게 주는 것이 자존심이 상하고 용납이 안 되는 일이었는지도 모르겠다. 그런 아버지의 태도가 못마땅하여 나는 자주 대들기도 하고, 원망 섞인 말로 반항을 하기도 하였다.

중학교 진학을 포기 한 채 어쩔 수 없이 온 가족이 합심하여 3년 동안 농사를 지었으나 생활은 좀처럼 나아지지 않았다. 이렇게 살다가는 동생들도 모두 내 꼴처럼 되는 것은 불을 보듯 빤한 일이라 느껴졌다. 열일곱 살이 되던 해 나는 가난을 극복하기 위해서는 도시로 나가서 돈을 벌어야 한다고 생각하고, 부모님과 상의 없이 인천으로 무작정 올라와 버렸다. 이때부터 객지에서 공장생활이 시작되는데 너무 오래 전 일들이라 혹시 기억이 잘못 되어 사실과 다르게 기술된 부분도 있을 것이다.

공장취업을 겨냥한 식모살이

인천에는 고모가 살고 있었는데, 그 집 고종사촌 언니가 동일방직에 다니고 있었다. 인천으로 온 나는 고모에게 동일방직에서 일하게 해달라고 졸랐다. 고모는 나이가 어려 취업이 힘들다고 하면서 나이가 될 때까지 동일방직 간부네 집에서 식모살이를 할 수 있겠냐고 물었다. 나는 식모살이를 해서라도 취직을 시켜달라고 거듭 고모를 졸랐다. 당시는 나이가 어린 여자아이들을 식모로 부리다가 동일방직에 취업을 시키기도 하였다고 한다. 고모는 동일방직 경비계장에게 부탁을 하여 나는 경비계장이 소개해 준 친척 집에서 아기 돌보는 일을 하게 되었다. 6개월간 아기를 돌보아 준 후 1967년 9월 20일 꿈에 그리던 동일방직에 입사할 수 있었다.

면접 중에 신체검사를 하였다. 나는 작은 키를 155cm에 맞추기 위해 바늘로 바닥을 덕지덕지 기운 양말 속에 송판때기를 잘라서 집어넣고, 머리를 빳빳이 쳐들고는 키를 쟀다. 모든 것이 일사천리로 진행되어 면접을 본 후

훈련도 없이 바로 정방(실을 만드는 일을 하는 부서)으로 배치받았다. 하루 8시간씩 3교대 근무를 하였지만, 일이 밀리면 평일에도 2시간씩 잔업을 하였다.

당시 일당으로 100원씩 받았는데, 잔업까지 합하여 30일간 일하면 4천원 정도 받았다. 보너스는 설이나 추석에 준 떡값인지 잘 분간이 안 되는데, 200% 쯤 받았던 것 같다. 월급 4천원 중 2천원은 같이 일하며 계주를 하고 있는 동료에게 계를 들었다. 기타 비용으로 500원가량 지출하였다. 생활비로 1천원이 들었다. 당시 친구 4명과 사글세방에서 자취를 했는데 한 달에 쌀을 한 말씩 먹었다. 퇴근하고 집에 와서는 특별한 반찬 없이 따끈한 밥을 간장과 버터에 비벼먹었는데, 꿀맛이었다. 특식으로 종종 콩나물 20원어치를 사다 국을 끓여 배가 터지게 먹었다. 고향에서 질리도록 먹은 거무튀튀한 보리밥이 아닌 고슬고슬한 하얀 쌀밥은 입에서 살살 녹을 정도로 맛이 있어 한참 자라고 있는 나를 지탱해주는 힘이 되었다.

시간이 지나 곗돈을 타서 고향으로 보내 가족들의 생활비도 보태고, 송아지를 사서 키워 동생들의 학비로도 쓸 수 있게 되었다. 지금 그 동생들은 모두 대학을 졸업하고 대기입의 이사와 이사장직에 있으며 잘 살고 있다.

노조간부가 되고

나는 손놀림이 빨라 일을 잘해서인지 근무한 지 3년째 되던 1970년 스무 살 나이에 조장으로 승진하였다. 같은 부서에서 일을 하던 틀보기 이총각 언니와 친하게 지내면서 총각 언니가 천주교 신자라는 사실도 알게 되었다. 나는 총각 언니에게 성당에 다니고 싶다고 말했다. 고향에서부터 천주교에 대해 관심이 많았기 때문이다. 그 후 시간이 되는대로 동일방직 근처 성당에 나갔다. 총각 언니가 가입하여 활동하고 있던 가톨릭노동청년회(JOC) 가입도 자연스럽게 이어졌다.

가톨릭노동청년회는 그 이름처럼 천주교에 소속되어 활동하는 노동자단체다. 가톨릭노동청년회에서는 가정이나 직장생활 속에서 신앙생활을 관찰하고, 판단하며, 실천으로 변화시켜야 한다는 목표를 가지고 노동자들에게 체계적으로 교육을 시켜 주었다. 나는 단계적으로 교육에 참여하며 노동자로서 권리를 찾기 위해 노조활동을 해야겠다고 마음먹었다.

이후 나는 노조 대의원에 출마하여 당선이 된 후 열심히 노동조합 활동을 하였다. 그 덕분에 쟁의부장, 부녀부장, 조사통계부장으로 두루두루 활동을 하였다. 활동들은 재미있었다. 회사 측과 대립하기는 했지만, 어려운 조사통계 활동은 고향이 같은 총무과 직원에게 부탁을 하면 해결이하기도 했고, 여기저기 교육을 받으러 다니면서 함께 교육을 받는 사람들에게 사랑도 많이 받고 귀염도 독차지했던 기억이 있다.

당시 동일방직 현장에는 산업선교회 활동이 각 부서마다 활발하게 이루어지고 있었다. 나는 가톨릭노동청년회 활동을 하면서 부족함을 채우기 위해 산업선교회에 소속된 뿌리회 모임에도 참여하여 활동하였다. 뿌리회 모임의 구성원은 노동조합의 열성적인 간부들인 김광자, 임소녀 등이었다. 이 모임은 각 부서에서 대의원을 맡을 수 있는 적임자를 찾아내 조직을 하고 교육을 받을 수 있도록 주선하였다.

산업선교회 조화순 목사님, 정양숙 가톨릭노동청년회 투사님, 이화여대 이효재 교수님 등은 우리들에게 집중적으로 교육을 시켜 주었다. 우리는 거리낌 없이 하나하나 질문을 하며 "노동조합은 노동자들의 생활향상과 권익보호를 위해 존재해야 함"을 깨달았다. 그 깨달음은 바로 현장 활동에 적용되었다. 노조조직이 활성화되려면 대의원의 과반 이상이 확보되어야 한다. 나와 동료들은 우리 쪽 대의원을 확보하기 위해 열심히 현장 대의원들과 동료들을 조직하였다. 그들을 퇴근 후 산업선교회에 데리고 가 맛있는 음식을 함께 나눠 먹으며 친분을 쌓으며 조직 활동을 하였다.

1972년에 정기대의원대회가 열렸다. 당시의 지부장 문원태는 현장 조합원들보다 회사와 밀접하게 지내는 사람이었다. 정기대의원대회를 앞두고 산업선교회 조화순 목사님의 주선으로 교육을 받았다. 노조지부장의 역할이 어떤 것인지, 어떤 사람이 지부장이 되어야 하는지 집중적인 교육과 토론이 있었다. 뿐만 아니라 '왜 지부장은 꼭 남자여야 하는가?'에 대한 물음과 '여자들이 많은 사업장에서 여자도 지부장을 할 수 있어야 한다'는 취지의 교육도 진행되었다. 그 교육을 받으며 나는 여자도 지부장을 할 수 있어야 한다고 깨달았다. 나와 상집간부들은 "지부장을 여자로 하였으면 좋겠다"는 의견에 동의를 하였다.

누가 지부장을 맡을 수 있을까 살피며 의견을 나누던 중, 부녀부장 일을 하고 있는 주길자 언니가 눈에 띄었다. 주길자 언니는 나이도 20대 중반이었고, 인간관계도 무난한데다가 상집간부들 중에서 유일하게 야간고등학교를 졸업한 우수한(?) 학력까지 겸비했다. 당시 우리들은 대개 최종학력이 초등학교 졸업인데다가 20대 초반의 어린 여성들이 대다수였다.

주길자 언니를 지부장으로 당선시키기 위해 무엇을 할 것인가? 대의원 반수 이상을 우리 편으로 만들어야 했다. 기존의 간부들도 우리 쪽처럼 자신들이 지지하는 지부장을 선출하기 위해 혈안이 되어 있었다. 그들은 우리들의 일거수일투족을 감시하였다. 감시를 따돌리기 위해 주길자 언니의 자취방에서 모이고 해산할 때는 택시를 타고 각자 흩어지기도 하였다.

현장에서 일을 할 때 그들은 자기네 후보를 밀어 달라고 부탁을 하기도 하고, 살짝 돈을 쥐어주기도 하며 적극적으로 지지운동을 했다. 나는 그들의 회유에 "네네, 도와드릴 수 있으면 당연히 도와 드려야지요"하며 고개를 끄덕였지만 속으로는 '미쳤냐? 내가 너희들을 밀어주게!'하고 콧방귀를 뀠다.

이런 활동들의 결과로 주길자 언니는 대의원들의 지지를 과반 이상 확보하여 지부장으로 당선되었다. 주길자 지부장이 들어서고 난 후 노동조합은 본격적인 활동을 시작하였다. 그 동안 무관심했던 현장의 문제점 개선을 위한 활동들이 착착 진행되었다. 항상 30도가 넘는 현장온도로 여름에는 땀띠를 달고 살았는데 선풍기가 설치되었다. 탁한 공기로 겨울에는 감기를 달고 살았는데 환풍기도 설치되었다. 회사가 마음 내키면 자선을 베풀 듯이 주던 추석떡값을 정기 보너스로 제도화하였다. 생리휴가를 관철하였고, 일요일 근무 시 특근수당도 요구하였다. 식사의 질도 개선되었다.

회사는 그 동안 노동자들을 무시하고, 노동조건 개선을 위해 아무 준비도 안하고 있다가 노동조합이 단체행동으로 요구를 하면 피할 수가 없어 엉겁결에 요구조건 대부분을 들어주었다. 나는 더욱 적극적으로 노조활동을 했다. 이러다 회사에서 쫓겨날지도 모른다는 걱정도 했지만, 그 때마다 '까짓 거 그만두면 그만이지'라는 배짱도 생겼다. 노조의 힘 만큼 나의 자신감도 커진 것이다. 이러한 활동들은 내가 동일방직노조에 참여했던 초반의 이야기이다.

평생소원을 이루고 싶다

나는 동일방직에서 7년을 근무하고 1974년에 퇴사했다. 가톨릭노동청년회 활동을 함께 했던 사귀는 사람과 결혼을 하기 위해서였다. 결혼을 하여 딸을 네 명 낳았다. 배움에 대해 열등의식을 갖고 있는 나는 기를 쓰고 딸들을 공부시켰다. 밥을 굶어도 좋고 집이 없어도 좋다, 어떻게 해서든 가르쳐야 한다는 생각으로 어려운 살림이었지만 모두 걸스카우트를 시켰고, 원하는 대학에 입학할 수 있도록 도왔다.

현재 큰딸은 교보생명에서 신입직원들을 가르치는 CM(사이버 마케터)으로 일하고 있고, 둘째딸은 터키에서 여행 가이드를 하고 있다. 셋째 딸은 건설회사 토목과장이며 막내딸은 동네에서 조그마한 카페를 운영하고 있다. 셋째 딸만 현재 나와 같이 살고 있고, 나머지 딸들은 모두 결혼하여 먹고 사는 데는 지장이 없을 정도로 산다. 그런데 살만하니 이제 내 몸이 아프다.

당뇨합병증으로 눈의 실핏줄이 터져 피가 고여서 잘 보이지를 않는다. 수술을 하지 않고 약으로 치료하였지만 차도가 없어서 수술을 앞두고 있다. 수술이 끝나고 다시 건강을 찾는다면 어떻게 살까? 남편과 함께 대한민국 일주를 하고 싶다. 딸들의 주선으로 유럽, 동남아 등은 제법 많이 다닌 것 같은데, 실상 국내여행은 여유를 가지고 해보지 못했기 때문이다. 또 한 가지가 있다. 평생소원이었던 중학교에 입학하여 정말 열심히 공부를 해보는 것이다.

동일방직노동조합

투쟁의 아픈 기억들을
보듬으며

안 순 옥

어린 시절의 상념

'70년대민주노동운동동지회'에서 한 통의 편지가 왔다. 원고청탁이었다. 동일방직노조 활동에 대해 써달라는 것이다. 나에게 동일방직노조사건은 가슴에 꼭꼭 묻혀있는 오래된 전설과 같다. 그런데 그 사건에 대해 써달라니⋯ 편지를 받아보고 난 후 가슴속에 묻고 살았던 기억들이 가물가물 되살아났다. 그러나 그 기억들은 커다란 바위가 되어 가슴을 내리 눌렀다. 답답해졌다. 몇 십 년 전에 발생했던 그 사건은 떠올리고 싶지 않은 아픈

❖ 1954년 인천에서 태어나 70년 동일방직 입사. 72년 주길자 지부장 선출에 기여. 산업선교회에서 '턴넬' 결성. 75년 대의원 활동 중 해고되었으나 출근투쟁으로 복직. 76년 나체시위 때 경찰차 바퀴 밑으로 들어가 불법연행 저지 시도. 78년 똥물사건 후 15일 구류, 해고. 78년 서울 기독교회관 탈춤 공연 때 치안본부 연행. 결혼 후 보육교사, 장애인 돌봄 활동.

어둠의 시대 불꽃이 되어

기억이기 때문이다. 거절하지 못하고 망설이면서 그 시절을 떠올리니 어디서부터 무엇을 써야할지 막연하기만 하다.

새벽마다 운동하러 집 앞을 나서면 동네 길목에 벚꽃이 활짝 핀 걸 볼 수 있었다. 봄이 되면 벚꽃을 구경하러 먼 곳으로 여행을 떠난다. 나는 그럴 필요가 없다. 우리 동네 아파트에서 피어나는 아름다운 벚꽃길을 걷는 것으로 충분히 즐길 수 있기 때문이다. 집 옆에는 여자고등학교가 있다. 벚꽃이 피는 때면, 그 학교 학생들이 삼삼오오 모여서 다양한 모습을 하고 모여 사진을 찍는 모습을 본다. 한참을 바라보다가 "너희는 수업시간에 수업은 안 듣고 왜 나와서 사진을 찍니?" 물으면 학생들은 "이것도 하나의 수업이에요"라고 대답하며 벚꽃 같은 함박웃음을 터뜨렸다.

지금은 코로나19로 인해 휴교 중이라 벚꽃이 아무리 아름다워도 하나 둘 교복 입고 까르르 웃으며 즐기는 학생들을 볼 수가 없다. 하지만 내년 봄이 돌아오면 다시 생기발랄한 학생들을 마주칠 것이다. 나에게는 교복을 입고 친구들과 깔깔거렸던 그런 시절이 없었다. 가난한 가정형편으로 언감생심 꿈도 꾸지 못했기 때문이다.

나는 1954년 겨울 동인천 近저 宋峴洞·에서 태어났다. 3남 1녀로 오빠, 나, 그리고 아래로 남동생 둘이 있다. 우리 부모님은 이북(황해도)이 고향이다. 6·25전쟁 때 피난을 왔다. 피난 나올 때 많은 돈을 가지고 와 해방이 되면 다시 고향으로 돌아갈 생각으로 작은 사업을 시작하였다. 그런데 그 사업이 실패하여 가져온 돈을 모두 잃었다고 하였다. 아버지는 종종 그 돈으로 동인천에 건물을 샀더라면 자식들 고생 안 시켰을 텐데, 하시며 한숨을 내쉬곤 하였다.

상급학교에 진학할 수 없었던 나는 초등학교를 졸업하자마자 살림에 보탬이 되려고 일을 다니기 시작했다. 처음에는 동네에 있는 작은 합판공장에 다녔다. 그 공장에서 일하면서도 어린 마음에도 '돈을 벌기 위해서는 큰 곳으로 나가야지, 그래서 우리 집 잘 살 수 있게 해야지, 부모님 고생하지 않고 지낼 수 있게 해야지' 이런 생각만 했던 것 같다. 하지만 친구들이 교복을 입고 집 앞을 지나갈 때마다 나는 혹시나 그들과 마주칠까 두려워 숨기도 하였다.

꿈에 그리던 공장 동일방직

그 시절 인천에서는 만석동에 있는 동일방직이 제일 큰 회사였다. 나는 동일방직에서 일하고 싶었다. 주변 사람들은 내가 너무 약해 어떻게 그런 일을 할 수 있겠냐며 걱정들을 했다. 그런데도 나는 아버지를 통해 집안 어르신의 소개로 동일방직에 입사서류를 접수하였다. 내 나이 16살에서 17살로 넘어가던 1970년 겨울이었다. 나이가 적어 내 이름으로 취업을 하지 못하고 옆집에 사는 이희정 언니의 이름으로 입사하였다. 동일방직 입사에는 절차가 있었다. 시험을 보고 합격하면 현장실습을 2주 정도 해야 했다. 나는 이 모든 과정을 무사히 통과하여 꿈에 그리던 동일방직에 취업하게 되었다.

너무 기분이 좋아 엄마에게 돈을 달라고 하여 동인천 중앙시장에서 입사하면 신고 다닐 운동화를 한 켤레 샀다. 오빠에게 운동화를 보여주며 "예쁘지 않냐?"고 물어봤다. 그런데 오빠는 대답 대신 크게 화를 냈다. 엄마는 옆에서 그저 눈치만 보고 있었다. 그때는 오빠가 왜 화를 냈는지 몰랐다. 내가 어른이 되고 보니 그 심정이 조금 이해가 된다. 오빠는 남들이 교복 입고 가방 들고 학교 다닐 때 운동화 하나 사 신고 공장 다닐 생각으로 마냥 행복해 했던 나의 모습에 마음이 아팠던 것이다.

동일방직은 24시간 가동을 하는데, 8시간 3교대제로 새벽반, 오후반, 야간반으로 나누어 근무하였다. 내가 들어간 곳은 직포과였다. 기계에 실이 있고 장구 같은 북이 기계에서 왔다 갔다 하며 천을 짜서 옷감이 나오는 곳이었다. 어리고 작았던 나는 더운 공기에 숨쉬기조차 힘들었다. 새벽 6시 근무 때는 30분전인 5시 30분에 출근하여 식당에서 식사를 하고 10분 전까지 현장에 와 기계청소를 해야 8시간 동안 일할 수 있었다. 청소를 못하면 먼지가 너무 많아 일을 할 수가 없었던 상황이었다.

나는 거의 밥을 먹지 못했다. 아침식사 하기에는 너무 이른 시간이기도 하거니와 식당에 들어가면 일본식 된장 냄새가 비위가 약한 나의 속을 뒤집어놓았다. 아무것도 먹지 못한 공복상태로 새벽 6시부터 오후 2시까지 일을 해야 했으니, 눈은 한없이 커지고 몸은 자꾸 말라갔다. 힘든 일을 견딜 수 없어서 아버지 친구 분(당시 와인더 부서에 부장님으로 계셨다)을 통해 와인더 부서로 옮기게 되었다. 와인더는 정방에서 나온 관사(실꾸러미)를 직포기계에 맞게 감는 곳으로, 직포과에 비해 먼지도 적고 비교적 시원하여 환경이 괜찮았다. 처음으로 출근하니 반장 언니가 구루마(관사를 담아서 옮기는 손수레)로 관사를 옮기라고 지시하였다. 관사를 구루마에 옮겨 실은 후 힘껏 밀었으나 구루마는 꿈쩍도 하지 않았다. 힘을 주어 밀던 나는 힘이 부족해 그 자리에 벌러덩 넘어져 버렸다.

반장 언니는 바닥 청소를 시켰다. 바닥청소 하는 일은 빗자루를 들고 부지런히 움직이면 되니까 운반 일보다는 쉬웠다. 열심히 일을 하고 시간이 흐르다 보니, 실을 감는 기계를 보는 일을 하게 되었다. 당시 내가 받은 일당이 얼마였는지 정확히 기억이 나질 않는다. 그렇지만 일을 잘하는 사람에게는 월급에 보너스를 얹어 주었다. 날마다 생산량을 체크하여 초과 달성하는 사람들을 선별하여 나누어 주는 것이었다. 그걸 받을 때면 너무 행복했다. 뿐만 아니었다. 생각도 비슷한 또래 친구들이 많이 있었다. 우리들은 퇴근하면 밖에서 '누가바'를 사 먹으며 행복을 나누었다.

노조를 알고 대의원이 되고

1972년 어느 날 회사에 출근을 했는데 평상시와 달리 어수선한 분위기가 흘렀다. 지부장을 뽑아야 하는데 여성 지부장을 뽑는다고 했다. 그때 처음으로 주길자 선배님을 뵐 수 있었다. 노동조합이라는 것도 그때 처음 알게 되었다. 식당에 들어가니 선배님들이 2~3명씩 모여 이번에는 여성 지부장을 뽑아야 하며 새벽반의 경우 아침식사 시간을 회사 측에 요구를 한다고 수군거렸다. 난 뭐가 뭔지 알 수 없었지만 선배님들이 하자는 대로 눈치껏 움직였다. 이때 우리는 임금인상, 보너스 지급 등 근로조건 개선을 위해 많이 싸웠던 것 같다.

어느 날 친구가 화수동에 있는 산업선교회에서 그룹 활동을 하자고 하였다. 거기가 무엇을 하는 곳인지 몰라 물었더니, 공부도 가르치고 이것저것 한다고 해서 무조건 따라갔다. 그것이 계기가 되어 그룹 활동을 시작하게 되었다. 확실하진 않지만 그 때가 1973, 74년도였으니 내 나이 스물이 었다.

처음에는 너 댓 명이 함께 하다가 회원수가 13명 정도로 늘어났다. 모임의 이름을 '턴넬'이라고 지었다. 턴넬은 어려움과 역경을 뚫고 나가자는 의미다. 턴넬 클럽 활동은 많이 유익하였다. 한문과 요리, 그리고 시간 나는 대로 등산을 가기도 하였다. 클럽활동을 하면서 잘 몰랐던 노동조합에 대해 알게 되었다. 주길자 지부장 후임으로 이영숙 지부장이 선출되어 활동할 때, 함께 일하던 동료들의 추천으로 나도 대의원이 되어 열심히 활동했다.

대의원 활동을 열심히 하게 되자 우리 반 관리자였던 권춘 담임에게 나는 눈엣가시가 되었다. 뭐든지 시키는 대로 순응하던 내가 대의원이 된 후 동료들과 함께 회사 일에 사사건건 문제를 제기하게 되었으니 말이다. 권춘 담임은 늑대 같은 눈으로 현장에서 나의 일거수일투족을 샅샅이 감시하였다. 근무시간에 화장실에 가서 조금만 늦게 와도 기계를 빼앗으려고 으름장을 놓아 화장실도 제대로 가지 못했다.

해고와 복직투쟁, 나체시위

그렇게 노조활동을 하면서 현장에서는 살얼음판을 걷듯 지내던 어느 날, 나는 새벽에 출근을 2~3분 늦게 했다고 해고를 당했다. 지각으로 해고를 시킨 것은 하나의 명분일 뿐이고 실제로는 대의원 활동을 하는 것에 대한 보복이라는 점은 삼척동자도 다 아는 사실이었다.

어둠의 시대 불꽃이 되어

어이가 없었다. 일단 해고가 부당하다는 생각이 들어 매일 회사로 출근을 했다. 경비실에서 들어가지 못하게 막았지만, 이에 굴하지 않고 매일 경비실 앞으로 출근하곤 했다. 매일 쫓겨났다. 하지만 내가 포기하면 다른 동료들도 나처럼 해고당할 수 있다는 생각으로 악착같이 버텼다.

매일 경비실과 노조 사무실로 출퇴근하기를 20일 정도 했던 것 같다. 결국 복직하여 현장에 들어갔지만 날마다 함께 하던 기계는 빼앗겨 버리고 처음 입사한 양성공 시절처럼 청소를 해야 했다. 그래도 나 자신은 강해졌고 활동도 더욱 재미있게 했다. '터널'이라는 이름의 의미처럼 나는 노동조합 대의원이 되어 힘들고 어려운 길을 줄기차게 뚫고 나갔다.

그 즈음에 회사 측을 등에 업은 남자 조합원들이 여성 중심인 노동조합을 깨기 위해 혈안이 되어 있었다. 남자 조합원들은 자기네 측 대의원을 확보하기 위해 돈을 주고 회유하기도 하고 소개자를 찾아가 협박을 했다고 들었다.

1976년에는 대의원대회조차 남자들의 방해로 치룰 수 없었다. 뿐만 아니라 이영숙 지부장과 이총각 총무는 이유 없이 동부경찰서로 연행되었다. 우리들은 모두 모여 노조활동 보장과 시부징, 총무 석방을 요구하며 노조 사무실 앞에 모여 며칠 동안 데모를 하였다. 그런데 어느 날, 경찰차가 들이닥치고 군복을 입은 경찰들이 우리에게 다가왔다. 그때 누군가 옷을 벗자는 소리에 망설이지 않고 서슴없이 옷을 벗기 시작했다. 벗은 여자의 몸은 그 누구도 건드리지 못할 것이라고 생각했기 때문이다. 하지만 그 생각은 순박한 허상일 뿐이었다.

경찰과 한통속이 된 남자 대의원들은 기다렸다는 듯이 뒤에서 벗은 몸으로 투쟁하고 있는 나를 몽둥이로 내리치고 구둣발로 허리를 찼다. 집단 폭행의 충격으로 나는 그 자리에서 쓰러져 버렸다. 쓰러진 나를 남자 네 명이 양쪽 팔 다리를 들고 옆에 있는 병원 바닥에 마치 쓰레기 버리듯 내던졌다. 정신을 차려 눈을 뜨니 그 넷이 나의 모습을 위에서 내려다보며 장난치

듯이 낄낄거리며 웃고 있었다. 지금까지도 그때 구둣발로 맞은 곳은 늘 아프고 허리는 항상 불편하다. 하지만 나는 다시 나와 친구들과 투쟁을 했다. 그 와중에 경찰차가 동료들을 싣고 동부경찰서로 가려고 했다. 어떻게 그런 생각을 했는지, 나도 벗은 몸으로 경찰차 바퀴 밑으로 들어가 누웠다. 차가 출발하지 못하면 동료들이 다시 내릴 수 있을 것 같았기 때문이다.

똥물사건과 해고와 복직 투쟁

우여곡절을 겪으면서 다시 1978년 대의원선거의 날이 다가왔다. 하지만 '똥물사건'으로 선거를 치르지도 못하고 해고를 당했다. 복직을 위해 명동 성당에서 단식농성도 하였다. 어느 날인가 이총각 지부장과 총무 김인숙이 구속되어 학익동교도소에 수감되었다. 이총각 지부장과 김인숙 총무가 석 바위 법원에서 재판받는 날이었다. 나는 두 사람이 석방될 줄 알고 설레는 마음으로 법정에 갔다. 하지만 검찰측 증인으로 나온 섬유노조 조직국장 우종환은 우리들을 해고시키는데 앞장섰음에도 불구하고 복직을 위해 앞장섰다는 거짓증언을 하였다.

결국 두 사람은 다시 교도소에 갇혔다. 두 사람이 다시 수감될 때 얼마나 원통한지 우리들은 이총각과 김인숙을 석방하라고 외쳤다. 그 때 우종환이 탄 차가 지나갔다. 나는 우종환의 차를 가로막고 왜 거짓말을 했냐고 항의했다. 우종환은 손가락으로 나를 가리키며 혀를 날름거리며 "약 오르지? 용용 죽겠지?" 약을 올렸다. 참을 수 없었다. 나는 순간 신고 있던 구두를 벗어 우종환의 차를 두들겼다.

기다렸다는 듯이 경찰들이 동원되었다. 우리를 연행하려 했다. 무슨 일만 났다하면 우리들을 잡으러 오는 차였다. 연행되지 않으려고 경찰과 맞붙어 싸웠다. 경찰 서너 명이 달라붙어 우리를 번쩍 들어 경찰차로 내동댕이쳤다. 잡혀 가면서도 우리는 경찰차 유리창을 주먹으로 깨부수고 경찰 방망이를 빼앗아 머리통을 한 대씩 갈겨주기도 했다. 깨지고 터지고 우리들의 몸은 유리조각과 피로 범벅이 되었다. 옷은 다 찢어진 채 모두 맨발로 피투성이가 되었다.

보호실로 들어가자 사람들은 놀란 눈으로 우리들을 바라보았다. 즉결재판을 받았다. 나는 동료들과 함께 구류 15일을 받고 유치장에 들어갔다. 같이 갔던 동료들이 모두 나를 보고 한마디씩 했다. "차가 끼끽 했을 때 언니가 차에 치어 죽는 줄 알았어." "한 발짝만 잘못했어도 큰 일 날 뻔 했어."

치안본부

1978년 9월 22일인가, 우리들은 똥물사건을 연극으로 만들어 서울 종로의 기독교회관에서 연극을 했다. 연극을 끝낸 후 투쟁가를 부르며 복직을 요구하는데 경찰이 달려들어 동료들을 무차별 연행해 갔다. 이때 나는 연행되지 않았다. 늦은 시간 지하철을 타고 인천으로 내려와 밤 12시 즈음에 집에 들어가려고 하니 낯선 남자 두 명이 집 주변을 감시하고 있었다. 얼른 몸을 피해 다른 골목으로 숨다가 그 사람들에게 붙잡혔다.

그들은 나를 서울 강남경찰서 유치장으로 데리고 가 하루 밤을 억류하고는 날이 밝자 치안본부에 끌고 가 수동사라며 온몸을 무차별로 때리고 또 때렸다. 종일 두들겨 맞고 조사받기를 반복하다 저녁이 되면 여기저기 다른 경찰서 유치장으로 보내고, 또 아침이 되면 치안본부로 끌고 가서 내가 하지 않은 것까지 누명을 씌우며 때렸다. 하루는 몸이 너무 아파 오줌이 마렵다고 하고 화장실에 앉아 펑펑 울고 있는데, 왜 빨리 안 나오느냐고 발로 문을 차대던 악몽 같은 기억이 난다.

이런 식으로 지낸지 7일 정도를 보낸 것 같다. 경찰은 조사가 마무리 되었는지 해고자들을 모아 놓았다. 열 명 정도 된 것으로 기억된다. 그들은 우리에게 3-4만원을 주면서 집으로 가도 된다고 하였다. 그 돈을 받는 순간, 매일 저 사람들에게 맞은 매값이라는 생각이 들어 하염없이 울었다.

당시 아버지가 편찮으셨다. 먹고 살아야 하고, 또 동생들은 공부를 해야 했기 때문에 다시 돈을 벌어야 했다. 인천에 있는 어느 가구공장에 친구 김연심과 함께 입사했다. 3일 정도 공장에서 일을 했는데, 동부경찰서에서 다녀갔다며 그냥 집으로 가라고 했다. 또 해고를 당한 것이다.

어떻게 해서든 먹고 살아야 했기에 오빠 친구가 일하던 양복점에서 바느질을 하였다. 그곳 역시 어떻게 알고 왔는지 경찰이 찾아왔다. 경찰은 마치 그림자처럼 나에게 붙어 다녔다. 하루는 사장이 양복점 2층으로 올라와 자꾸 나를 바라보았다. 그 땐 몰랐는데 동부경찰서에서 매일같이 찾아와 아침, 점심, 저녁 수시로 사장을 통해 나의 행동을 확인하라고 했다는 것이다. 오빠 친구가 사장님께 사정 이야기를 잘 해줘서 그나마 그곳에서 두 달 정도 일을 할 수 있었다.

결혼 이후

함께 싸웠던 동료들도 하나 둘 자기 짝을 찾아 떠났다. 나는 아는 사람의 소개로 남편을 만나 1년 정도 교제를 하다가 결혼을 하였다. 그 후 아들 둘을 낳아 기르며 짬짬이 공부를 했다. 아이들을 돌보는 보육교사도 했고, 지금은 장애인 돌보는 일을 하고 있다.

살아가면서 가장 힘들었던 것은 가까이 했던 동료들로부터 상처를 받았을 때였다. 서로 부족하면 끌어주고 밀어주기보다 위에 있고 싶어 하는 게 현실이었다. 그런 모습들을 기억하기 싫어 잊어버리고 살았는데, 이 글을 쓰며 다시 생각이 났다.

지금도 제일 마음이 아픈 것은 124명의 지부장이었던 이총각 언니가 혼자 생활하는 모습이다. 그래도 밝은 모습으로 정의를 위해 한 곳을 바라보는 그런 언니가 있어 감사하다. 지는 노을을 바라보며 언니와 함께 걸어가고 싶다.

동일방직노동조합

시련과 고통의
기억을 넘어

유 재 길

올해 65세로 인천에 살고 있다. 동일방직에 다녔던 기억은, 두 아이의 엄마로써 한 평생을 살아오면서 근 몇 십년동안 잊고 살았던, 아니 잊어버리고 싶었던 기억이었다. 그런데 얼마 전 '70년대민주노동운동동지회'에서 동일방직의 기억을 떠올려 글을 써달라는 부탁을 받았다. 내 인생에 있어서 예전의 좋지 않던 기억들을 굳이 다시 떠올린다는 게 정말 힘든 일이지만, 이야기를 꺼내본다.

※ 1955년 충남 예산 출생. 초등학교 졸업 후 인천의 동일방직 입사. 77년 노조 조직부 차장. 친 회사 동료와 다툼 끝에 구속, 77년 6월 징역 1년에 집행유예 2년으로 석방. 회사의 복직 거부로 귀향 후 결혼. 미장원 운영 중 암수술. 예화 중·고를 2006년 졸업. 제물포중 특수학생 활동 조교. 방통대 수료. 교통사고 후유증으로 고생하다가 2021년 8월 7일 운명.

나는 충남 예산에서 6남매 중 다섯째로 태어났다. 우리 가족은 부모님과 언니 2명, 오빠 2명, 나 그리고 남동생 1명으로 모두 8명이다. 집안이 너무 어려워 초등학교만 졸업하고 공부 대신 돈을 벌기 위해 인천 송월동에 살고 계시는 이모네로 왔다.

마침 이모네와 한 집 사는 아가씨가 동일방직에 근무한다는 것을 알게 되었다. 그러나 나는 나이가 너무 어려 입사할 수 없다는 사실을 알았다. 실망하여 아무 말도 못하자, 그 아가씨는 나이가 어려도 동일방직에 들어가고 싶으면 공장 관계자 집에서 식모살이를 하면 입사가 가능하다고 알려 주었다. 본인도 동일방직 공장장 집에서 식모살이를 한 후 입사했다고 했다. 이모를 통해 그 이야기를 전해 들었다. 나는 "식모살이 할 곳이 있으면 가겠으니 알려 달라"고 부탁을 하였다. 그 후 동일방직 공장장 김두기씨의 처형네로 식모살이를 갔다. 소사에 살고 있는 그 집 식구는 아저씨, 아줌마, 오빠 두 명, 진숙 언니 이렇게 다섯이었다.

처음에는 낯설고 두렵기도 하여 계속 있어야 되나, 아니면 도망을 갈까 혼자 고민을 많이 했다. 근데 도망갈 용기는 나지 않았다. 고통 속에서 하루하루 지내다 보니 또한 거기에 적응이 되었다. 한번은 이런 일이 있었다. 부엌 시렁(선반) 위에 계란 바구니가 있는데 키가 작고 어린 내가 이를 내릴 수가 없었다. 그래서 계란을 위에서 꺼내 먹고 다시 담아 놓기를 반복하였다. 어느 날 아주머니가 바구니를 내려 보시더니, 내 손이 닿지 않은 맨 아래에 있는 오래 된 계란이 깨져서 구더기가 생겼다며 어찌나 야단을 치던지 지금도 기억이 생생하다.

돈 벌기가 이렇게 힘들구나 생각하며 꾹꾹 참았다가 밤에 잘 때 이불을 뒤집어쓰고 실컷 울었다. 엄마가 원망스럽기도 했고 가난이 싫었다. 이렇게 식모살이 1년을 하고 동일방직에 입사할 수 있었다. 이때도 나이가 어려 시골 동네언니의 호적을 빌려 '김봉순'이라는 이름으로 입사서류를 냈다.

나는 정방에 배치를 받았다. 난생 처음 공장에 들어와 보니 집채만 한 큰 기계와 공중을 떠다니는 솜먼지, 귀를 찢는 듯 한 소음 등이 나를 쫄게 하였다. 마치 생지옥에 온 것 같았다. 숨을 쉬면 솜먼지가 코에 들어와 코 속을 간지럽게 했다. 나는 기계의 끓어진 테이프를 교체해 주는 일을 배웠다. 정방은 실을 만들어 관사(실을 감는 기구)에 감는 공정인데, 기계들이 실을 감다가 테이프가 끊기면 새 테이프로 교체해야 정상적으로 실을 감을 수 있었다. 그 일을 가르쳐 준 동료는 나처럼 공장장 집에서 식모살이를 하고 입사한 친구였다. 하루 8시간씩 3교대로 근무를 하였다. 출근하면 미싱을 끌고 구정방, 신정방 양쪽을 왔다 갔다 하며 테이프를 교체해 주었다. 이렇게 좌충우돌하던 중 어느 날부터인가, 나는 노조활동을 열심히 하는 사람으로 변해 있었다.

구속과 해고

나는 1977년 4월 4일의 대의원총회에서 조직부 차장으로 선출되었다. 당시 동일방직노조는 회사와 밀집된 조합원들과, 민주노조를 하고 싶어 하는 조합원의 갈등이 심했다. 회사 측의 사주를 받은 조합원들은 자신들이 노조 조직을 장악하여 회사의 앞잡이로 만들고 싶어 했다. 그래서 현장에서는 편이 갈라지기도 하고 갈등이 깊어지기도 하였다. 우리 부서에서도 그런 일이 일어났다. 친구 김장분은 나와 함께 노조활동을 열심히 하였는데, 언제부터인가 남자 조합원들과 어울려 다닌다는 소문도 들리고 활동도 뜸해졌다.

나는 4월 6일 함께 근무하던 김장분의 기계 테이프를 갈아주며 "장분아, 너 회사 쪽이야? 아님 노조 쪽이야" 물어봤더니 아무 말이 없기에 "너 한 쪽으로만 섰으면 좋겠다. 왜 양다리를 걸쳐!" 하면서 밀었더니 주저앉아버렸다. 별거 아닌 일이라 '일어나겠지' 생각했는데 장분이는 그대로 있었다. 그리고 나서 바로 경찰이 오고, 나는 경찰에 끌려나왔다. 이 사실을 지켜보던 동료들이 항의의 표시로 기계를 멈췄는데, 경찰은 기계를 정지시킨 친구들도 모두 연행하여 조사하였다. 나는 폭력혐의로 구속되었다. 회사 측은 김장분을 입원시켜 놓고 친구들과 접촉할 수 없도록 면회를 금지시켰다. 나중에 들은 얘기지만, 회사는 남자 직원들을 김장분의 병실 앞에 경비로 세워 제3자가 출입할 수 없게 하였다.

어이없게 교도소에 갇힌 나를 보기 위하여 같은 부서의 동료들과 조합원들은 퇴근을 하고 면회를 와서 위로해 주었다. 나는 동료들이 면회를 올 때마다 활짝 웃으며 "나는 괜찮으니깐 노조 일이나 잘 해 달라"고 안심 시켰다. 하지만 교도소에 있었던 시간들은 너무 두려웠다. 차라리 죽는 편이 낫겠다는 생각이 들 정도로 마음의 고통이 심했다. 그 이후 경찰만 보면 소름이 끼쳐 마음속으로 그들을 증오하게 되었다. 그때의 기억으로 인해 지금도 경찰에 대한 트라우마가 남아 있다. 1977년 6월 16일, 나는 징역 1년에 집행유예 2년을 선고받고 석방되었다. 나는 다시 공장에 복귀하려고 했으나 회사는 형사 입건되면 자동해고 된다고 하여 복직할 수 없었다. 하긴 구속은 처음부터 조직부 차장으로 노조활동에 적극적인 나를 제거하기 위한 작전이었으니 복직을 시켜줄 리 없었다.

더 이상 동일방직에서 근무 할 수 없었던 나는 고향집으로 내려왔다. 이때도 고향집에까지 경찰이 찾아와 동태를 살피다가 갔다. 나는 경찰들이 무슨 사건으로든지 다시 구속시킬지도 모른다는 두려움에 떨었고, 교도소는 두 번 다시 갈 곳이 못 된다는 생각을 하였기에, 여차하면 죽으려고 쥐약을 사서 몸에 지니고 다니기도 하였다.

또 하나 나중에 알게 된 사실이지만, 내가 구속이 되고 석방되어서도 감시를 당하자 올케언니의 친척 중에 판사가 있었는데, 우리 집에서는 나의 감시를 풀기 위해 없는 살림에 쌀을 가마니 채로 갖다 바치기도 하고, 돈도 많이 들어갔다고 했다. 집안 식구들이 나로 인해 많이 힘들었겠다는 생각이 들었다.

결혼, 명예회복

이렇게 동일방직을 떠났지만, 동일방직에 근무할 때 만났던 남편과 결혼을 하여 다시 인천에서 살게 되었다. 아들 둘을 낳아 행복한 가정을 꾸리며 살다가 형편이 어려워 돈을 벌기 위해 미용을 배우게 되었다. 나름 미용은 나에게 잘 맞는 직업이었다. 미용실을 차렸다. 하루하루가 행복한 나날이었다. 그러던 어느 날 암에 걸렸다는 것을 알게 되었다. 수술을 하였고, 더 이상의 미용실 운영은 어려워지게 되었다.

일을 할 수 없으니 못 배운 서러움이나 극복해 보자는 생각으로 2002년에 예화중학교에 입학하였다. 나이 먹어 하는 공부였지만 친구들을 만나 함께 공부하면서 마치 10대 중학생 시절로 돌아간 것 같아 하루하루가 즐거웠다. 내친김에 고등학교까지 진학해서 2006년 졸업했다.

고등학교를 졸업하고는 제물포중학교 특수학급 조교로 이력서를 넣었는데 합격이 되었다. 그 후 10년간 제물포중학교에서 특수학급 조교로 일하면서도 솟구치는 향학열로 방송통신대학을 다녔다. 조교 일은 2016년 2월에 정년퇴임으로 끝났다. 퇴직 후에도 뭔가 더 하고 싶어서 부동산경매학원에서 공부도 하였다.

지금은 특수학생 활동지원사로 근무 중인데 이 삶 또한 매우 만족스럽다. 김대중 정부 때 명예회복이 되어 오명을 씻을 수 있어서 너무 기뻤다. 명예회복 신청을 할 수 있도록 힘써주신 이총각 지부장님과 함께 수고해주신 동지 여러분들께 진심으로 감사드린다. 동일방직 동지 여러분이 있었기에 내가 이런 글을 쓸 수 있다고 생각한다. 전과자라는 오명을 덮어쓰고 삶을 살았을 수도 있을 저에게 명예회복으로 오명을 벗을 수 있게 해주신 모든 분께 다시 한 번 감사의 인사를 드린다.

편집위원 : 유재길 동지는 교통사고의 상처가 재발하여 병원에 입원, 면회도 되지 않는 상태에서 투병하고 있다가 2021년 8월 7일 운명하였다. 삼가 고인의 명복을 빈다.

'용한 사람이 한번 마음을 먹으면
아무도 못 말린다'

이 병 국

　동일방직에서 해고당한 때가 1978년 4월이니 올해로 43년째다. 이제 망구(望九)의 늘그막에 기운도 떨어지는데 무슨 할 말이 있겠는가. 그래도 후세에 도움 될 일이 조금이라도 있을 지도 모른다는 생각에 입을 연다. 연약한 여성노동자들도 반평생 넘게 그 험한 고통과 시련을 겪었는데, 지금도 그때의 열정을 잃지 않고 있다지 않는가.

　1935년 만주 출생. 해방 직후 아버지와 헤어져 경기도 시흥 정착. 인천공고 졸업. 군 제대 후 결혼. 62년 동일방직 입사. 75년 이영숙 집행부 때 교선부 차장. 회사 측의 노조파괴 회유공작 거부. 77년 2월 부지부장으로 피선, 78년 124명과 함께 해고됨. 소규모 공장을 전전하다가 송도에서 돼지 사육 등으로 가계유지. 최근 대한노인회 인천 연수구지회 동남아파트지회장 취임.

노조의 편을 든다고 해고

1978년 4월 1일자로 해고통보서가 날아왔다. 노동절 날 장충체육관에서 동일방직 문제 해결하라며 여성노동자들이 데모를 하고 난 후였다. 해고 사유는 "회사 질서를 문란하게 하고 명예를 실추시켜 취업규칙을 위반했다"는 것이었다. 해고자 124명 중 남자는 나 하나였다. 섬유노조위원장 김영태가 만들어 돌린 블랙리스트(126명)에는, 내 번호는 94번이었고 '생년월일 1935년 12월 12일, 부서 원통, 주소 인천 동춘동'으로 기록되어 있었다. 그때 내 나이 40대 중반, 한창 일할 나이에 해고된 것이다. 입사 때로부터 따져보니 18년째다.

처음 노동조합에 발을 들여놓은 것은 1976년, 이영숙 집행부 때였다. 조합원 자격은 단체협약에 규정된 유니온 샵 조항에 따라 내 의사와 관계없이 입사 때 되어 있었고, 간부로 활동하기 시작한 것이다. 이영숙 집행부는 1972년 사상 최초의 여성 지부장인 주길자 집행부에 이어 두 번째 들어선 여성 지부장 체제였다. 내가 일하는 부서에서는 박한영이 대의원을 하고 있다가 내가 이어 받았다. 상집에서 교육선전부 차장도 맡았다.

나중에 안 일이었지만, 남자 간부들은 상집 중에서 잘해야 차장이었고, 부장은 맡기지 않았다. 여성 집행부에서는 식구가 많이 딸린 남자 조합원들은 언제든 회사의 유혹이나 위협에 말려들 위험성이 많다고 보았기 때문이었다. 나는 나름대로 근로기준법 같은 노동관계법을 열심히 공부했다. 그리고 현장교육을 했다. 주로 근로기준법 해설 같은 거였다. 노동자 차별은 있어서는 안 된다, 8시간 일하면 한 시간은 쉬어야 한다, 생리휴가는 정당한 권리다 등등을 강조했다.

회사에서 해고 당한 후 이총각 지부장과 황상근 신부님이 소개를 해서 봉제공장인 원풍물산, 국산통상 등 서너 군데를 전전하며 공장을 다녔다. 어느 때는 부도난 회사의 경비로 들어가 텅 빈 공장에 1주일씩 철야하기도 했다. 밤늦게 공장을 돌아다니다 보면 무서움이 들 때가 많았다. 혹시 누가 들어와 해코지라도 할까 마음을 졸였다.

그 무렵, 회사를 다니다 보면 옛날 동료들을 만나기도 했지만 특별한 일은 없었다. 하지만 이미 동일방직을 떠났는데도 동일방직 인사과장이 찾아와 조심하라고 은근히 위협하는 일도 있었다. 참 한심한 사람들이었다. 하긴 회사 다닐 때도 비슷한 일들이 많았으니 노동자를 감시하고 겁주고 이간시키는 것이 회사의 생리인지도 모를 일이다. 한창 투쟁이 치열하게 벌어질 때 회사 측 사람들이 내게 와서 타협을 종용한 일이 많았다. 여성 집행부를 깨면 충분히 보상하겠다, 정보 주면 응분의 대가를 주겠다 등등.

이런 일은 대개 노무과장이 했다. 노동자들이 문제를 일으키면 공장장이 나서는 게 보통이라고 들었는데, 동일방직은 노무과장이 설치고 다녔다. 당시 공장장은 과묵한 성격의 인물로 생산에만 신경을 썼던 것 같다. 이영숙 집행부 때 노무과장은 최종남이었다가 1978년 투쟁 때는 한옥두로 바뀌었던 것으로 생각된다. 최종남 과장은 1973년 간첩단 사건으로 중앙정보부에 잡혀가 조사를 받던 중 7층인가에서 떨어뜨려 살해당했다는 최종길 서울법대 교수의 형이었다. 그 막내 동생이 최종선인데, 최종길 교수가 중앙정보부 국장이었던 한 친구에게 부탁해서 그를 중앙정보부에 넣었다는 얘기를 들었다. 이 동생이 형의 억울한 죽음에 충격을 받고 자료를 모아 훗날 형의 사건 전모를 천주교정의구현사제단을 거쳐 폭로하여 박정희 정권의 후예들을 당혹스럽게 만들었다고 했다.

1978년 똥물사건 후 최종남 과장의 후임인 한옥두 노무과장은 불평을 늘어놓았다. 인천 문화여관에서 조합원들을 강제로 모아놓고 민주노조와 산업선교회 때려잡는다고 강제로 교육을 시키던 때였다. "문화여관에서 일어난 일이 모두 밖으로 새어나가 노동자들이 알고 있는데, 좀 조사를 해봐야겠다"는 것이다. 아마도 나나 박한영을 지목하는 듯 했다 당시는 매우 살벌한 분위기였다. 그럴수록 나는 내가 한 일이 '정의로운 일'임을 거듭 확신했다. 정의의 대열에 참여하고 있다는 자부심이 있었고, 회사가 세계

나올수록 더 신념이 강해진 것 같았다.

1978년 2월, 똥물사건이 일어났을 때 인간이 이럴 수가 있나 아득했다. 정말로 회사 측의 잔인함이 어디까지인지 몸서리가 쳐졌다. 나는 그 시간에 교대를 마치고 집에 돌아가 있다가 노조 사무실에 큰 사고가 났다는 연락을 받고 회사로 달려왔다. 이미 현장은 난장판이 지나갔고, 노조사무실은 인분이 여기저기 널려 악취가 진동했다. 먼저 그걸 치우고 청소부터 하자고 생각해 삽을 찾았다. 그리고 물걸레질을 했다. 뒷날 노조 사진에 삽을 들고 서있는 모습이 나왔다고 한다. 사전에 막을 수 있는 방법은 없었는가, 무력감과 자책감이 분노의 다른 편에서 밀고 올라왔다.

정의로운 싸움이라면 지금도 똑같이…

1977년 3월 임시대의원대회는 섬유본조에서 이광환 국장이 내려와 의장을 봤다. 회사 측 사람들의 노골적인 협박과 험악한 분위기에도 눈 하나 깜박하지 않고 조그만 체구에 당차게 회의를 진행하는 모습이 지금도 눈에 선하다. 얼마 전에 세상을 떴다는 소식을 들어 마음이 아팠다. 임시대의원대회에서 이총각이 지부장으로 선출되있다. 이총각 지부장은 나보다 4년 후에 정방에 입사했다고 하니 4년 후배라는 걸 최근에 알았다. 나는 부지부장에서 잘릴 거라고 예상했다. 그러나 대의원대회에서 다시 부지부장으로 선출되었다. 이총각 지부장은 "절대 자를 수 없다. 보호 차원에서라도 선출할 것이다"라고 강조했었다.

그 후 회사 압력이 강해지자 이총각 지부장은 곧 보복이 있을 거라고 생각했다. 가정도 있는데 감당하기가 어려울 것이다. 그러니 노동조합과의 관계를 끊고 부지부장을 내놓으라고 간청을 해왔다. 나는 대답했다. "나만 살자고? 안 된다. 여자들이 온몸으로 싸우는데 나만 살자고? 그럴 수 없다." 난 딱 잘렸다. 지금도 후회는 없다. 이제 또 그런 일이 벌어진다고 해도 그렇게 똑같이 할 거다.

여성 노동자들 편에 서서 버티자 회사 간부들의 인상이 험해졌다. 내가 나이가 많으니 노골적으로 압력을 넣을 수는 없었던 것 같다. 남자 조합원들은 눈치를 보면서 이렇게 말하곤 했다. "우리도 무엇이 검고 무엇이 흰 것인지 잘 알고 있다. 회사가 잘못을 저지르고 있는 것도 안다. 회사 압력 많이 받고 있다."

남자 조합원들은 모두 나보다 어린 후배들이었다. 나는 연장자에 속했다. 어린 나이에 감히 대선배에게 대들 수는 없었다. "어용노조는 안 된다. 이를 막아야 한다"고 내가 생각하고 그런 방향으로 내가 행동한다고 남자 조합원들은 보았던 것 같았다. 남자조합원 가운데도 나와 생각이 비슷했던 사람들이 있었지만 앞에 나서지는 못했던 것 같았다. 특히 나이가 많은 노동자들이 그랬다. 날 만나는 걸 꺼려하거나 피하는 것처럼 보였지만, 나에게 왜 노조 편을 들어 시끄럽게 하느냐고 막말을 하는 조합원은 없었다. 목구멍이 포도청이라던가, 대부분은 압력이 무서웠을 것이고, 불이익이 두려웠을 거라고 지금도 그렇게 생각하고 있다.

회사 간부들도 못마땅한 눈치를 보였지만, 드러내 놓고 막 대하지는 않았다. 내가 노조 편을 들고 있지만 조직을 좌지우지할 형편은 아니고, 두루두루 좋아하는 사람을 구태여 건드릴 필요가 없다고 생각했는지도 모른다. 그런데 섬유본조에서 나왔다는 수습위원들은 노골적으로 협박을 해왔다. 맹원구와 우종환이라는 사람이 특히 그랬다.

그들이 "노조에서 손을 떼라, 당신이 있으면 저 계집애들이 기가 살아 더 날뛴다. 당신이 살 길은 빨리 빠져나오는 것이다." 등등 여러 차례 협박을 했지만, 나는 점잖지만 단호하게 대답했다. "나이 어린 여성 노동자들이 최소한의 정당한 권리를 찾겠다고 저리 몸부림을 치는데 외면할 수가 없지 않으냐? 내 살길 걱정해 주는 건 고맙지만 걱정하지 말아라. 나 하나 잘 살자고 양심을 팔 수는 없다."

회사에서는 나와 친한 사람을 찾아 위협을 가하기도 했다. 동료인 박한영이었다. 박한영은 나보다 두 살 아래로 같은 부서에서 일했다. 그는 매우 강직한 사람이었다. 회사는 박한영을 왕따시키면서 나에 대한 정보를 캐내려고 회유도 하고 위협도 가했다. "왜 남자가 여자들 밑에 가서 여자 편을 드느냐? 노조에 참여 안하면 선처하겠다"는 말을 나에게 전하라고 박한영을 윽박지르기도 했다고 한 얘기가 생각난다.

나의 성격을 주변 사람들은 온화한 편이라고 했다. 매사에 적극적인 집 사람과 비교하면 더욱 분명하게 그런 특징이 두드러진다고 한다. 그때나 지금이나 내 성격은 크게 변하지 않은 것으로 생각된다. 그러나 어려움에 닥치면 약자 편에 서려고 노력했던 것 같다. 나이 들어 힘은 없지만 지금도 다르지 않다. 옛말에 "용한 사람이 한번 맘을 먹으면 누구도 못 말린다"는 말이 있다고 한다.

만주 벌목장에서 경기도 시흥으로

내가 태어난 곳은 만주, 1935년이었다. 어릴 때라 어딘지는 잘 모른다. 외아들이었다. 원래 아버지 고향은 함경북도 맨 위쪽 갑산, 삼수갑산이라는 곳이었다. 아버지가 벌목공으로 만주로 나와 일하는 통에 어머니와 함께 따라 나선 곳이다. 8·15 해방이 되었는데 아버지는 벌목장에 나가 돌아오지 않았다. 그때는 벌목하러 나가면 며칠씩 걸려야 돌아오곤 했다.

그때 중국 사람들이 '빨리 여기를 떠라. 안가면 쿠리들이 죽일지도 모른다'고 경고를 해주었다. 아버지가 돌아오시지도 않았는데 어떤 험한 짓을 당할지도 모르므로 부랴부랴 그곳을 떴다. 지금 생각해보니 평소 어머니가 이웃들에게 잘해준 덕에 우리를 생각해서 그렇게 서둘러 권한 것이라 생각했다. 헌데 다시 생각해보니 집이랑 재산을 차지하려고 서둘러 쫓아낸 것 아닌가, 의심이 들기도 한다.

아무튼 만주를 떠나 고향으로 돌아갈 생각은 못하고 남쪽으로 내려왔다. 아버지도 없는 고향 갑산에 가봐야 소용이 없다고 어머니는 생각했던 것 같았다. 도착한 곳은 경기도 시흥, 어머니의 친정 동네였다. 전재민으로 등록하여 근근이 생활을 이어갔다. 몇 년이 지나 어머니는 개가를 했다. 새 아버지는 시흥에서 잘 사는 편이었다. 위로 배다른 누나가 있었다. 어머니는 술을 좋아했다. 내가 고등학교 2학년 때 세상을 떴는데, 아마 복어요리를 잘못 먹었던 것 같았다. 새 아버지는 잘해 주었다. 누나는 친 남매처럼 잘 돌보아 주었다.

아버지가 돌아가시자 이복누나와 인천 송도로 나왔다. 송도에 있는 인천공고를 졸업했으니 인연이 있는 곳이었다. 스무 살 땐가 군대에 갔다. 해병대로 김포와 포항 등지에서 복무했다. 1958년에 지금의 아내와 중매로 결혼했다. 아내는 흥한방직(훗날의 한일방직)에 나가 정방 일을 하였고, 언니가 집 가까운 동일방직으로 옮기라고 해서 동일방직 병반에 다녔다. 얼마 후 내가 제대하여 동일방직에 나가면서 아내는 회사를 그만두었다.

어려운 시절의 슬픈 추억

동일방직에 입사한 것은 1962년 봄, 아내의 사돈인 최종남 노무과장에게 부탁해서였다. 당시는 취직이 매우 어려웠던 때였다. 처음 근무한 부서는 원동부 보일러실 병반이었다. 공고 기계과 출신 덕분이었다. 당시 종업원은 한 3천 명 정도로 기억된다. 그 후 공장에 새 기계가 들어오고 자동화가 되면서 많이 줄어들었다. 첫 월급은 쌀 한 가마 값으로 겨우 한 달 하숙비 정도의 박봉이었다. 아마도 일자리는 적고 들어오려는 사람은 많은 조건을 이용한 것이리라. 저임금은 여성 노동자만이 아니라 남성들도 마찬가지였다. 하숙비를 내고 나면 손가락만 빨아야 할 처지였다. 봉급은 몇 년 지나자 쌀 두 가마 값이 되었고, 해고당할 때는 쌀 네 가마 값이었다. 요사이 시세로 쌀 한가마가 20만원이니까 80만원이었다.

이런 박봉이니 정말 어려웠다. 아내가 살림을 꾸려나갔다. 아내는 일거리를 찾아 닥치는 대로 일을 했다. 내 머리를 직접 깎아줄 정도로 못하는 일이 없었다. 당차고 부지런했다. 결단력도 강했다. 한 겨울에도 송도 앞바다에 나가 동죽(조개)을 잡아와 내다 팔았다. 그렇게 억척스럽게 일하다가 첫아들을 잃었다. 두 살 때인가, 홍역에 걸렸는데 돈도 없고 살림하느라 돌보지 못하다가 뒤늦게 동네병원에 데려 갔다. 동네 아줌마 얘기를 듣고 약방에서 약을 지어 먹이다가 뒤늦게 큰 병원에 갔는데 이미 늦었다. 바다로 나갈 때는 아이가 안 떨어지려고 발발 기어 울면서 쫓아 나오는 모습, 바다에서 오면 멍하니 엄마를 쳐다보던 아들 모습을 아내는 잊지 못한다. 그 후아들 둘과 딸 하나를 두었지만, 지금도 아내는 그때를 회상하며 눈물을 짓곤 한다.

그렇게 다닌 회사였다. 회사에 손해를 끼친 것도 아니고 열심히 일하면서 노동조합을 했다는 이유로, 나이 어린 여공들의 절박한 소리를 들어야한다고 주장했다는 이유로 회사에서 쫓겨난 것이다. 분하기도 하고 억울하기도 했다. 회사에 돌아가야 한다고 생각하고, 다시 회사에 가려 했지만 아내가 말렸다. 여공들에게 똥물까지 뒤집어 씌웠는데, 올바른 일이라고는 하지만 또 사고 치면 큰일이라고 판단했던 것 같기도 하고, 회사 눈치 보면서사는 것이 힘들다고 생각했을 것이다.

돼지를 키우며

얼마동안 고민을 하다가 마음을 접고 조그만 회사에 다니기로 했다. 그리고 송도유원지 부근에서 돼지를 키우기 시작했다. 회사에 나가 있다가퇴근해서는 돼지 일을 보았다. 실제로는 아내가 키운 셈이었다. 돼지가 병색이 있으면 주사를 놓는데 못 움직이게 내가 잡고 주사는 아내가 놨다. 돼지는 매년 늘어나 10년이 안 돼 1천여 마리나 되었다. 시민들의 식생활이바뀌면서 돼지 값도 많이 뛰었다. 송도가 재개발될 때까지 14년간 돼지를키웠다. 돈도 꽤 벌었다.

그런데 호사다마라고 할까, 1997년 말 IMF위기가 닥치면서 상황이 급작스럽게 어려워졌다. 아들이 덤프트럭을 몰았는데 경제위기가 터지고 일거리가 급작스럽게 떨어졌다. 수입이 없는데다 덤프트럭이라는 게 짐만 실어 나르면 되는 게 아니었다. 일거리도 없어졌을 뿐 아니라 기본 관리비가 한 달에 40만원이나 되었다. 보험료, 기름값 등 지출이 많았다. 빚이 늘었고 좀 벌어놓았던 돈도 빚 갚는데 들어갔다. 빚 상환하고 아이들 출가시키고 그래도 집 한 칸이라도 아직 지니고 있으니 얼마나 다행인가.

지금은 인천 송도 동막역에서 버스로 10여분 거리에 살고 있다. 22평 아파트에 집사람과 함께 노령연금 48만원을 받고 의료보험공단에서 파견한 도우미의 도움을 받으며 생활하고 있다. 도우미는 하루 3시간 집안 청소와 반찬을 준비해준다. 고마운 일이다. 세탁은 아내 몫이다. 아내도 얼마 전까지도 건강이 괜찮았는데 최근에는 많이 안 좋아졌다. 그래도 성격이 활달해서 집안 분위기를 활기 있게 만들려고 노력한다. 나보다 훨씬 강한 것 같다. 누군가 그 옛날 회사 측이 잘못을 사과하고 보상을 해야 하지 않느냐고 물으면, 단호하게 말한다.

"보상은 무슨 보상? 내가 살아 있는데!"

후일담

1995년 무렵까지 나는 동일방직 출신들과 친목회를 해 왔다. 회사에서 해고 당하고 5년인가 6년 지나 만들었다. 회원은 15명 정도로 한 10년 간 유지했던 것 같다. 회원에는 박한영도 있고, 옛날 투쟁 때 심하게 했던 남자들도 섞여 있다. 지난 일이지만 가끔 생각이 나면 호되게 나무라기도 했다. "도대체 그게 할 짓이었냐?"고. 남정네들은 아무 대답도 못하고 슬슬 자리를 피했다. 그래도 다음 모임에는 빠지지 않고 나왔다. '슬픈 옛날'이었지만 그들도 외로운 사람들이었다.

126명이 해고된 후 노동자들은 부지런히 투쟁을 벌여나갔다. 여러 가지 모임도 자주 가졌다. 그 때마다 연락이 왔지만 못가는 때가 많았다. 그런데도 이총각 지부장을 비롯해서 여성 노동자들은 나를 잊지 않고 자주 찾아와 저녁도 내고 술도 샀다. 아내도 빠지지 않고 같이 어울렸다. 생활전선 때문에 같이 어울려 투쟁에 나서지는 못하지만 만나면 즐겁고 정겨웠다. 아내는 의리 있는 사람들이라며 늘상 만남을 기다렸다.

나도 평생 노동자였으니 최근의 노동운동에도 관심을 둬야 할 일이지만 현장을 떠난 지 오래돼 잘 모르겠고, 요즈음은 힘이 많이 떨어진 듯하다. 흥미와 관심을 가지려고 애쓰지만 생각대로 잘 안되고, 또 지금 이 나이에 무엇을 어떻게 하겠는가 무력감도 든다. 다만 1976년부터 1978년까지와 같은 투쟁이 다시 벌어진다면 그때 생각했던, 그래서 행동했던 대로 할 것 같다. 지금도 노동조합은 옳은 일이고 후회는 없다. 정의는 언제나 지켜야 한다고 생각하고 있다.

반도상사
노동조합

▲ 1975년 신협 임원 인사

▲ 1978년 조합원 잔치

어둠의 시대 불꽃이 되어

▶ 1978년 4월 13일 대의원대회

▲ 1978월 4월 임금투쟁

▲ 1979년 4월 19일 대의원대회

▲ 1980년 4월 정기총회

▲ 1980년 3월 10일 노동절행사 인천시민회관 앞

▲ 1981년 3월 13일 해산총회

거대자본과 독재권력에 맞선
인고의 투쟁

재벌기업의 착취와 인권유린

반도상사는 지금의 LG그룹의 전신인 럭키금성그룹 계열사의 하나였다. 부산의 반도상사에서 하던 가발공장을 더 확장할 필요가 있어 부평수출공단이 만들어질 때 부지를 잡아 가발생산을 하게 되었다. 70년 상반기까지는 가발공장이 최고의 호황을 누리던 시절이었다. 1969년 30명으로 시작했던 공장은 전국에서 어린 노동자들을 모집해 와 주야간 3~4천명까지 늘어났으며, 한 달이면 보름정도 철야근무를 할 만큼 혹사시켰다.

노동자들이 많아지는데 노동조건은 오히려 점점 나빠졌다. 여성노동자들에게 함부로 욕설을 하는가 하면 화장실 갈 때도 담당 관리자에게 말해 나무 팻말을 가지고 다녀야 했다. 점심식사도 관리자와 생산직이 따로 하고, 퇴근 때 검신을 받기 위해 1시간 이상 길게 줄을 서야 나갈 수 있었다. 이 과정에서 경비원들의 폭행이 발생되기도 하였다. 1974년 설날 즈음 나이어린 여성노동자가 언니와의 약속에 시간을 맞추기 위해 새치기를 했다며 많은 노동자들이 보는 가운데 경비원이 몽둥이로 때려 여성노동자가 뇌진탕으로 쓰러져 병원에 실려 가는 일도 있었다.

임금 역시 관리자들이 마음대로 정하고 있었고, 관리자에게 잘 보인 사람과 그렇지 않은 사람들 사이에 차별이 있어 아예 한 푼도 올려주지 않은 사람도 많았다. 당시에 이미 CCTV를 설치하여 노동자를 감시 관리하였는데, 공장장실에 CCTV를 틀어 놓고 외부 사람들이 오면 노동자 관리를 이렇게 한다면서 자랑하기도 하였다.

현장의 저항과 노조결성의 시련

반도상사노조의 결성 움직임은 1973년 12월 인천도시산업선교회가 주관한 '부평지역 여성지도자훈련'에 반도상사의 노동자 한순임이 참여하면서 시작되었다. 그 모임에서 공장 내부의 문제점을 이야기하고 그 문제를 해결할 사람을 모았다. 1월 말에 현장에서 중요한 일을 맡고 있는 검사원들과 각 라인 반장, 조장, 기숙사 방장, 개발과 등 20~30명이 모이게 되었다. 이들은 회사에 더 이상 당하지 않고 인격적인 대접을 받으면서 일하고 싶어 했고, 이를 해결하기 위해 노동조합을 만들어야 한다고 생각했다. 이를 위해 노동자들은 농성을 하기로 하고, 재고가 얼마 없는 상태에서 물건이 나가야 하는 시기인 1974년 2월 26일을 디데이로 잡았다. 한순임, 김복순, 옥판점, 장현자 4명이 중심이 되어 요구조건을 정리해서 호소문을 만들었다.

요구조건은 다음 일곱 가지였다.

1. 임금 60% 인상하라.
2. 중식 차별하지마라
3. 검신 철폐하라.
4. 폭행사원 처벌하라.
5. 기숙사시설 확장하라.
6. 취업규칙 내걸어라.
7. 사장이 직접 와서 문제 해결하라.

주동자들은 디데이인 25일에 만나 26일의 농성장소를 작업현장에서 가장 큰 공간인 수제실에서 하기로 하고, 모임 공간을 그려 놓고 인원배치도까지 준비했다. 한순임의 지시에 따라 행동기로 하고, 다른 4명은 사태를 외부에 알리는 작업 등 각자 역할 분담을 하였다.

드디어 2월 26일, 노동자 1,500명이 수제실에 모여 요구조건을 내걸고 전면파업과 농성에 돌입하였다. 농성장 한가운데는 한순임 등 주도자들이 자리를 차지하였다. 남자 노동자들은 얼마 되지 않았기 때문에 가운데에 있게 하였고, 그 뒤를 많은 여성노동자들이 스크럼을 짜고 앉았다. 이러한 배치는 중앙에 주도자들이 있게 하여 관리자들이 끌고 나가지 못하도록 보호하기 위해서였다.

노동자들은 노래 〈무찌르자 오랑캐〉를 개사하여 불렀고, 한순임이 호소문을 낭독할 때는 여성 노동자들은 이제까지 당한 설움에 한 몸이 되어 엉엉 울었다. 농성 시작부터 노동자들은 그들을 감시하던 CCTV의 모든 렌즈를 막았다. 아침부터 저녁까지 식사도 거르고 밤 10시까지 농성을 계속하였다. 식사를 위해 농성장을 빠져나가면 다시는 함께 하지 못한다고 생각했기 때문이었다.

라디오뉴스에 부평공단 반도상사공장 노동자 7~8백 명이 근로조건 개선을 내걸고 농성을 하고 있다는 보도가 나왔다. 그러나 그 내용은 수출 공단으로서 임금이 높고 근로조건도 다른 곳보다 좋은데도 농성을 하고 있다는 내용이었다. 언론이 재벌의 농간에 놀아나 엉터리 보도를 하고 있었던 것이다. 이를 들은 노동자들은 더욱 분노하였다.

한편 장현자 등 4명은 동아일보, 한국일보, 조선일보, 경향신문 등 4곳의 언론사를 찾아가 호소문을 경제부기자에게 나누어 주면서 도와달라고 간청했다. 그러나 기자들은 이런 것 들고 다니면 큰일 난다고 야단을 치거나 나무라기만 하였다. 한 기자가 노동청에 가면 문제를 해결 해 줄 터이니 노동청으로 가라고 하여 노동청에 갔지만, 근로감독과장인지 부장인지한테 마구 야단을 맞기만 했다. 노동자들은 엉엉 울면서 도와달라고 애원을 하였다. 결국 근로감독관이 이들과 함께 공장으로 와 협상이 시작되었다.

그날 밤 10시경 노동자 대표 5명과 회사 대표 5명이 마주 앉았다. 증인으로 경찰서장, 공단본부장 등 몇 명이 참석했다. 섬유노조에서 온 쟁의부장이 노동조합을 만들어 주겠다고 공개적으로 이야기하였다. 노동자들의 요구가 상당부분 수용된 노사합의 내용을 노동자들에게 알려주고 밤 11시경 14시간에 걸친 단식농성 끝에 파업투쟁은 끝났다.

노동자들은 3월 8일 오후 5시 식당에서 노조결성대회를 열었다. 사회는 섬유본조 쟁의부장이 맡아 진행하였다. 그러나 회사와 야합한 섬유노조 김상문 쟁의부장은 회사가 매수한 남자경비원을 지부장으로 선출하려 했는데, 매수되었던 여성노동자 1명이 일어나 이 음모를 폭로해 버렸다. 격분한 노동자들은 다시 농성에 들어가 저녁밥도 거른 채 밤을 새웠다. 이튿날 새벽 5시경, 기동경찰 100여명이 난입하여 스크럼을 짜고 있던 노동자들을 한명씩 방망이로 때리면서 떼어냈고, 회사 관리자들은 주동자들을 잡아 경찰들에 넘겨 연행하게 도왔다.

부평경찰서는 주동자 15명을 잡아두고 나머지 조합원은 회사로 돌려보냈다. 경찰은 그 후 3~4일 동안 외부단체, 특히 산업선교회와의 관계를 집중적으로 조사하였다. 회사에 남은 노동자들은 연행된 사람들을 내보내 주지 않으면 일하지 않겠다며 태업을 하여 생산에 차질이 생겼다. 결국 경찰은 15명 모두를 석방하였다.

회사는 남자노동자들을 앞장세워 여성노동자들, 특히 농성 주동자들을 괴롭혀 스스로 회사를 나가도록 유도하였다. 결국 이러한 핍박과 고통으로 함께 했던 동료들이 많이 사퇴하기도 하였다. 그러나 노동자들은 탄압에 굴하지 않고 다시 노조결성을 준비했다.

1974년 4월 15일 오전 9시, 회사 조회를 끝낼 무렵 노동자들은 노동조합 총회를 열자고 기습적으로 제안하여 노동조합 창립총회가 열렸다. 노동자들은 한순임에게 사회를 맡기자고 박수로 동의하였고, 임원 선출을 최우선 안건으로 하여 무기명 비밀투표로 지부장을 먼저 선출하고 다른 임원들은 전형위원제로 뽑기로 결정하였다.

결국 한순임이 지부장으로 당선되었고, 상집간부는 이름을 칠판에 적어 일괄 OX로 선출하여 마침내 반도상사노동조합이 출범하게 되었다. 노조설립 신고필증은 두 달이 넘어서야 나왔고, 그제야 회사에서는 노조 사무실을 내주어 지부장과 사무장 2명이 노조에 상근하게 되었다. 단체협약도 체결하여 명실 공히 노조 활동을 할 수 있는 기본골격이 갖추어졌다.

조직운영의 원칙과 특징

회사는 전면파업 이후 끊임없이 노조결성을 방해하며, 어용노조를 만들려고 획책하였다. 또한 노조가 결성되자 남자조합원들을 중심으로 '장미회'라는 조직을 만들어 노조 방해공작을 유도하였다. 70년대 중반 이후부터 가발이 점차 사양길에 접어들자 봉제업으로 업종이 바뀌게 되면서 기존 가발공장의 기술자들은 봉제공장이나 제화공장의 시다로 일하게 되는 과정을 겪게 되었다. 새로 기술자들이 들어오면 회사는 "노조는 빨갱이들이니 노조에는 가지 말라"고 하면서 노조에 가는 사람은 불이익을 줄 것이라는 엄포도 놓았다.

새로 온 기술자들이 노조에 적극적으로 참여하지 않고 가발생산을 했던 사람만 노조 임원이 되면서 회사의 방해공작이 집요하게 이어졌다. 그 결과 노조 반대자들이 부지부장, 체육부장, 부녀부장 등 새로운 임원으로 들어오게 되었고, 노조정보를 빼가기 위해 회사 쪽 부지부장을 노조 상근자로 만들었다. 부평경찰서 정보과 형사 2명도 노조사무실로 출근하다시피 하였다.

이에 노조 집행부 임원들은 중요 안건들을 먼저 비공식 회의를 하여 결정하고, 공식적인 회의에는 회사에 정보가 들어가도 되는 안건들만 올리는 식으로 이중회의를 오랜 기간 할 수밖에 없었다. 그러던 중 회사 쪽 상근 부지부장이 결혼한다며 퇴직하였고, 부지부장 장현자가 상근자로 일하게 되었다. 그 후는 따로 이중회의를 할 필요가 없어졌고, 회사가 지원해 주던 쪽

조합원들의 노조파괴 움직임도 조금은 약화되었다.

노조 결성 이후 근로기준법에 보장된 퇴직금조차 받지 못한 채 퇴직했던 노동자들에게 퇴직금이 지급되었으며, 중식도 관리자와 구분하지 않고 동일한 식사가 제공되었고 임금인상도 노조와의 협의 하에 시행하였다. 연장근로 역시 당사자의 동의하에 근무하게 되는 등 상당부분 근무조건이 개선되었다.

한편 노조는 1975년 신용협동조합을 설립하여 조합원들의 복지활동에 많은 혜택을 주었다. 목돈이 없이 자취하려는 조합원들에게 신협이 책임지고 집주인과 전세계약을 해주고 월급에서 원금과 이자를 조금씩 갚아 나가도록 하였다. 2~3년이면 전세금이 목돈으로 조합원 것이 되기 때문에 신협은 조합원들에게 큰 힘이 되었다. 혼수까지도 공동으로 직구매하여 싸게 살 수 있게 되어 경제적으로 큰 도움이 되었다.

조합원들은 본인들이 하고 싶은 동아리를 만들어 합창, 탈춤, 연극, 전통부채춤, 회심곡 등을 배웠으며, 각종 교양서적 및 근로기준법 등에 관한 도서를 노조 사무실에 비치하여 빌려주기도 하였다. 1977년부터는 매년 12월 문화행사를 열어 그 동안에 배운 재능을 마음껏 펼쳐 조합원들이 신나고 흥겨운 무대를 가졌다. 이 준비기간을 통해 조합원들의 일상의 삶에서도 즐겁고 재미있는 일들이 많아졌고, 동료들과 함께 웃으며 의미 있는 삶을 살게 되었다.

노조 결성 후 이처럼 활기 있게 투쟁할 수 있었던 데는 다른 민주노조들과의 연대가 큰 힘이 되었다. 반도상사노조는 타사 민주노조들과 서로 정보를 교환하고, 어려움이 있을 때면 서로 만나서 힘을 얻고 도움을 주고받았다. 특히 섬유노조 산하 원풍모방노조, 동일방직노조, YH무역노조 등과 긴밀하게 교류하였고, 청계노조 등이 탄압을 받을 때면 연대하여 지원하였다. 우리와 뜻을 함께 하며 서로 도운 민주노조는 10여개에 달했다. 조직적이고 체계적으로 발전하지는 못했지만, 이 연대의 힘으로 섬유본조의 횡포에 저항하기도 하면서 숱한 고초를 겪으면서도 어려움을 극복할 수 있었다.

　1979년 10·26사태로 유신체제가 무너진 후 서울의 봄이 왔다. 전국적으로 노동자들의 투쟁이 전개되는 가운데 반도상사노동조합은 1980년 3월 회사 측에 단체협약 갱신과 임금인상을 요구하였다. 노조는 점심시간 또는 쉬는 시간에 짬을 내어 장구와 북을 두드리며 교섭에 압박을 가했지만 회사는 반응이 없었다. 이에 노조는 4월 16일 확대 간부회의에서 보다 강력한 투쟁을 벌이기로 하고, 4월 18일 조합원총회를 열어 총무부장인 조금분을 지부장으로, 장현자 지부장을 지도위원으로 선출하였다. 또한 총회에서는 노조사무실을 임금인상투쟁 농성장으로 전환하여 낮에는 작업하고 밤에는 농성을 하는 대장정을 시작하기로 결정하였다.

　4월 21일 회사 측의 무성의에 대항하여 지부장이 단식농성에 들어갔고, 4월 25일에는 500여명의 조합원들이 교섭회의장을 둘러싸고 노사 양측 교섭위원들의 화장실 출입까지 통제하면서 10시간에 걸쳐 교섭을 벌였다. 4월 29일부터는 회사 2층 옥상으로 장소를 옮겨 농성 시위를 계속하고, 5월 1일에는 임금인상투쟁위원회 9명이 다시 단식투쟁에 돌입하여, 쓰러져 입원할 때까지 계속하였다.

　그러나 5·17 계엄령 전국 확대로 임금인상투쟁을 접고 5월 19일 경기도청에 조정신청을 할 수밖에 없었다. 30%의 임금인상을 타결하고, 4월 18일 정회되었던 조합원총회를 속개하여 임금인상 결과를 조합원에게 설명한 다음 폐회하였다. 40여 일 동안 주간 작업, 야간 시위농성이라는 대장정을 성공시킨 여성노동자들의 투혼의 결과였다.

　이후 전두환 군사정권은 광주민주항쟁을 잔혹하게 진압하고는 1980년 8월, 이른바 노동계 정화조치를 단행했다. 장현자 지도위원과 조금분 지부장, 김분겸 부지부장이 합동수사본부로 강제 연행되어 3일간 조사를 받았다. 조금분과 김분겸은 석방되었으나 장현자는 포고령 위반으로 안양교도소에 한 달 넘게 구속 수감되었다가 기소유예로 석방되었다.

회사는 정화 조치를 빌미로 조금분 지부장과 장현자 지도위원을 해고하여 출근을 막았다. 이에 노조는 조합원들에게 현재 노조가 처한 상황을 설명하고 앞으로 해야 할 일 등을 교육하였다. 그러자 회사는 장현자 지도위원을 반공법과 회사농성 주동자로 고발하였고, 경찰은 장현자 지도위원 등 노조간부 10여명을 경찰서로 연행하였다.

회사는 노조를 파괴하기 위해 걸핏하면 휴업을 하고 생산물량을 하청공장으로 돌려 조합원들을 청소나 시키면서 불안감을 조성하였다. 이에 노조원들은 정상가동을 요구하며 매일 농성을 벌였고, 회사는 추운 밤인데도 기숙사에 보일러도 넣어주지 않고 물도 주지 않으며 생활 자체를 할 수 없게 하였다. 또한 고향집 부모들에게 편지나 전보를 보내 '당신 딸이 빨갱이들에게 속아 수사 받고 있으니 빨리 와서 데려가라'고 공포분위기를 조성하였다. 부모들이 놀라서 달려와 딸들을 끌고 가는가 하면, 조합원들은 가지 않으려 해도 있을 곳이 없어 고향집으로 돌아갈 수밖에 없는 처지에 처했다.

결국 300여명의 조합원이 공장을 떠나 90여명만 남게 되었다. 이후에도 회사 측은 계속 휴업, 전출 발령을 내려 조합원은 37명으로 줄어들었다. 결국 회사는 2월 3일 폐업을 단행하였고, 37명의 조합원은 향후 진로에 대한 투표를 한 결과 조합을 해산하기로 결정하였다. 마침내 1981년 3월 13일, 반도상사노조는 '노동조합이 스스로 자기 숨통을 끊는' 해체선언을 해 그 깃발을 내리게 되었다.

반도상사 노동자들은 끊임없이 이어지는 회사와 독재권력의 탄압에 굴하지 않고 스스로의 권리를 찾으려고 무던히도 노력하였다. 노동조합 활동과 투쟁을 통해 우리 모두는 새로운 사회의 눈을 뜨게 되었으며, 인간으로서, 노동자로서 지금까지 부끄럽지 않게 당당하게 살아올 수 있었다. 노조활동은 우리의 인생관을 바꾸게 하였던 나침반이자 교과서였다고 생각한다.

어둠의 시대 불꽃이 되어

반도상사노동조합

반도상사노조,
그 깊었던 인연

이 순 신

반도상사 입사

나의 공장생활은 1974년 4월 인천 부평에 있는 어느 스웨타 제조회사에서부터 시작되었다. 일당 150원을 받고 하루 종일 일했다. 초등학교를 졸업한 후 작은어머니를 따라 서울로 올라온 직후였으니 그때가 몇 살이었을까. 나의 고향은 전남 함평 농가 8남매의 큰아들인 아버지의 둘째딸로 태어났다. 형제는 3남 3녀. 스웨타 공장에 다니면서 작은집에서 6개월 정도 지냈다. 그 후에 이 곳 저 곳을 옮겨 다니다가 반도상사에 입사하게 되었다.

전남 함평 출생. 초등학교 졸업 후 1974년 부평 스웨터 공장을 거쳐 반도상사 취업. 장시간 노동에 시달리면서도 노조의 교육, 시위, 농성에 빠짐없이 참가. 78년 갈산동성당 지하회의실에서 1주일에 두 번 야학 수학. 80년대 투쟁 때 사표를 강요 당함. 끈질기게 버텼지만 81년 3월 눈물을 흘리며 자진해산 후 사직.

반도상사는 나로서는 듣도 보도 못한 노동조합이라는 게 있었다. 입사 후 초대 노조지부장인 한순임 지부장이 신입 교육을 했다. 오후 5시 작업이 끝난 후였는데 내용은 근로자가 지켜야 할 노동3권에 대한 것이었다. 어린 나는 노동3권이 있는지도 몰랐다. 8시간 노동, 근무외수당, 18세 이하 연소노동자 수당 등을 주는 것을 처음 알았다. 한순임 지부장은 그렇게 감명 깊게 강의를 잘 했다. 노동조합이 있는 것에 든든함을 처음 느끼기 시작했다.

어린 나이의 배고프던 시절, 2시간 일하고 10분 노조에서 쉬는 것은 행복했다. 5시에 빵과 우유를 먹고 그 후 잔업하면 7시에 저녁 먹고 10시 끝나고 가끔 철야도 했다. 새벽 3시에 퇴근하고 집에 와서 한숨 자고 아침에 다시 출근했다. 장시간 노동이 계속되는 숨 가쁜 나날이었다. 그때는 열심히 땀 흘려 일하고도 일당도 못 받는 공장이 많았다. 나는 꼬박꼬박 월급 잘 받는 것만도 좋았다. 얼마 후 동생이랑 자취했는데, 반도상사신용조합에서 자취방 전세계약도 해주었다. 월세도 없이 이자와 상환금을 매월 월급에서 갚아 나갔다.

깨어있는 시민으로 눈을 뜨다

임금인상교섭 때는 진전이 안 되면 점심 때 잔디밭에 모여 시위를 했다. 퇴근하고 나서 노조사무실에 모여 농성도 여러 번 하였다. 나는 무조건 노조가 좋았다. 노조사무실에는 책이 많아 자주 들리면서 책도 많이 읽었다. 그 때는 〈샘터〉라는 조그만 월간지를 노조에서 팔고 있었고 다른 책도 많이 있었다. 내가 책 읽는 습관은 그때부터 길러졌다.

1978년 추운 겨울, 갈산동성당 지하에 있던 회의실을 신부님께서 그냥 빌려 주셨다. 노경삼 신부님이었는데 우리들에게 언제나 따뜻한 격려의 눈빛을 보여주었다. 직접 오시지는 않았지만 1주일에 두 번 강좌가 열려 공부했다. 선생님은 대학생들로 영어, 한문, 정치, 노동, 경제 등을 열심히 가르쳤고 우리는 피곤함을 잊고 열심히 배웠다. 왜 학생들이 노동자들에게 이렇게 봉사하면서 공부를 시키는 것인지 의아해 그 이유를 놓고 논쟁을 벌이기도 했다.

대학생들이 노동자들과 교류를 하는 것이 뭔가 의도가 있는 것 아닌가 한 겹 깔고 보기도 했다. 노동자에게 대학생은 다다르기 어려운 먼 세상으로 보였으니 한편으로는 좋으면서도 갈등도 많았다. 특히 경제공부 시간에 '선성장'과 '후분배'를 놓고 교육을 할 때는 돈 보다 사람이 우선인 것을 깨닫게 되고 수동적이 아니라 주체적으로 살아야 한다는 것을 배웠다. 참으로 많은 것을 배운 시간들이었다. 지금 생각해보면 당시 학생들은 최선을 다한 정의로움으로 남아 있다.

그 무렵 이원보 선생님도 교육을 하셨는데, 주제는 '노동자들의 미래'였던가 싶다. '여러분, 여성노동자들은 누구에게 시집 갈 거냐?' 물었다. 또 '시집가면 만사가 다 해결될 거라고 생각하느냐'고 물었다. 그런데 '많은 사람들이 나보다 능력 있는 사람, 곧 변호사, 사장, 국회의원, 고위관료들에게 시집가고 싶지만 차례가 안 돌아온다. 꿈 깨라'고 했다. '노동자가 노동자를 만나지 누구를 만나겠느냐, 시집가고 가정을 꾸려도 노동문제는 계속될 것이니 늘 정신 바짝 차리고 노동자 스스로 문제를 해결하며 살아가야 한다'고 강조했다.

회사의 폐업과 노조의 자진해산

1977년 한순임 초대지부장이 물러가고 2대 장현자 지부장이 선출되었다. 그 이후부터 회사는 퇴직하고 나가는 사람이 많아 결원이 생겨도 사람을 뽑지 않았다. 회사와 충돌이 자주 일어났고 일도 많이 힘들었다. 조합원들은 90% 노조를 지지했지만, 회사는 호시탐탐 노조를 깨려고 노리고 있었다. 1978년도 동일방직 똥물사건이 알려지면서 노동조합들 간 연대의 중요성을 많이 얘기했던 때다. 하지만 힘이 부족하니 이래저래 마음이 착잡한 나날이 계속되었다.

1980년대 들어 3대 조금분 지부장이 취임하였다. 그 때는 현장이 많이 어수선했고, 조합원들의 교육도 제대로 안되었다. 그해 봄에 임금인상투쟁을 했는데 늦여름부터 지부장이 경찰에 조사 받으러 간다며 자꾸 자리에 안 계셨다. 그리고 상집간부들도 갑자기 잘 안 보였다. 불안한 나날이었다.

회사는 10월부터 두 달 치 월급을 더 준다고 사표를 쓰라고 종용했다. 조합원들은 혼란에 빠져 회사의 말 한마디에 줄을 서 사표를 썼지만, 노조 간부들은 어떻게 해야 할지 막막해 했다. 민주노조를 약화시키려는 술수라는 것을 알았지만 결국 막지는 못했다. 10월 한 달 동안 몇 백 명이 사표 쓰고 나가고 33명만이 남았다. 오로지 몰아내려고만 하는 회사 앞에 우리는 방향을 잃은 채 암흑 속에 갇혔다. 많은 논의를 했지만 우왕좌왕 혼란의 연속이었다. 현장은 아수라장이었다. 추운 겨울에 회사는 기숙사 난방도 끊어버렸다. 온수도 끊겼다. 아무리 두껍게 이불을 깔아도 잠을 잘 수가 없었다.

드디어 회사에서 자취방을 만들어 몰아냈다. 작업할 일은 없지만 계속 출근하며 버티었다. 어떻게 무엇을 할 것인가, 여러 가지 의견이 있었지만 이러지도 저러지도 못하고 자꾸만 어려움 속으로 빠져 들었다. 회사는 사표를 안 쓰면 전출을 보낸다고 윽박지르고, 경찰은 계속 미행하고 감시하면서 괴롭혔다. 폭력으로 권력을 찬탈한 군부정권의 탄압 하에서 어디에도 호소할 곳이 없었다.

그렇게 우리는 무참히 쓰러졌다. 1981년 3월, 온갖 어려움을 이기고 우리가 만든 노동조합을 우리 스스로 해산시키면서 울기도 참 많이 울었다. 조그만 우리 몸 안에 어떻게 그리도 눈물이 많았는지 모르겠다.

반도상사노동조합

평생의 길이 된
반도상사노동조합

장 현 자

"딸들은 공부 시킬 필요 없다"

나의 고향은 경북 상주시 공성면 우하리 산골, 할아버지 할머니와 부모님, 오빠, 동생, 그리고 나 일곱 식구가 함께 농사짓고 살았다. 아버지는 20대 중반에 일본에 징용으로 끌려가 간신히 살아 나오셨다. 아버지는 청년들이 전쟁터에 나가 죽은 것에 비하면 자기는 기적이라고 하셨다. 그때 얻은 위장병으로 아버지는 늘 건강이 좋지 않으셨고, 내가 초등학교 4학년 때 세상을 떠나셨다. 그런데 2019년 12월 16일, 아버지의 기록이 책으로 나왔다.

※ 경북 상주에서 1951년 출생. 초등학교 졸업 후 롯데 껌 공장을 거쳐 1969년 반도상사 입사. 1974년 노조결성 때 언론홍보 담당을 했고 부지부장으로 선임. 1977년 지부장으로 선출되고, 80년 노조 지도위원을 지내던 중 노동계 정화조치로 해고, 구속되어 안양교도소 수감. 퇴사 후 성남에서 빈민활동, 애기방 운영. 2002년 주민운동, 대전시 서구의원 당선. 방송통신대 졸업.

아버지가 일제에 끌려간 날짜부터 돌아올 때까지의 일을 일기형식으로 기록하여 두루마리 형태로 간직한 것을 작은아버지가 한글체로 다시 정리해 보관하고 있었는데 '일제강제동원피해자지원재단'에서 이를 발간한 것이다. 아버지의 일을 세상에 알려야겠다는 무거운 숙제를 풀게 되어 얼마나 반가웠는지 모른다.

내가 옥산초등학교 분교를 졸업하자 할아버지는 오빠는 중학교에 다니게 하면서도 딸들은 공부시킬 필요 없다며 중학교에 보내지 않았다. 어쩔 수 없이 2년 정도 농사일을 돕다보니 시골에서 더 이상 살고 싶지 않아 인천 부평의 작은아버지 댁으로 올라왔다. 어느 날 영등포에 갔다가 방적공장 면접을 보았는데 나이가 어리다고 탈락되었고, 남영동에 있는 롯데 껌 공장에 남의 이름으로 입사하였다. 숙소는 구로동에 자취방을 얻어 친구와 함께 살았다.

이 무렵 주변에 책이 있으면 모두 빌려서 읽었다. 친구들이 나에게 책벌레라는 별명까지 붙여 주었다. 공장에서 퇴근한 후에는 영등포에 있는 중학과정의 학원에 등록하여 공부하였다. 그 후 내 이름으로 어디든 입사할 수 있는 나이가 되었을 때 작은아버지의 연락을 받고 반도상사 부평공장에 응모하게 되었다. 모집인원 30명에 내 또래 여성들이 150여명 넘게 왔다. 용케 뽑혀 1969년 9월 반도상사에 입사하게 되었다.

반도상사 가발제조 현장

회사는 롯데보다도 일급이 더 높았고, 근로조건도 더 좋았다. 기숙사가 있어 잠자리가 해결되었고, 중식은 회사와 노동자가 반반 부담하였으며 식사의 질도 좋았다. 반도상사의 주된 생산제품은 가발이었다. 공장 1층은 작업장, 2층은 기숙사였는데 증축중이어서 어수선하였다. 회사는 부산 반도상사에서 30여명의 여성 가발기술자들을 데려와 신입사원들을 공정별로 훈련시켰다. 나도 쌍침 기술을 배워 익혔고, 얼마 후 개발부로 옮겨서 일을 하게 되었다.

공정은 인조 머리칼을 각 색깔별로 박스 채 들어오는데서 시작한다. 이 것을 정모실로 보내 개발부 연구원들이 분석한대로의 길이로 자른다. 여기 가 색깔대로 만들어 가는 길목이다. 다음은 쌍침실로 가 머리칼 길이대로 고르게 박고 길이도 맞추어 박는다. 쌍침이란 바늘 두 개를 나란히 박아주 는 것이다. 쌍침에서 박아 나온 것을 단침으로 연이어 접어 박고, 단침에서 나온 제품을 컬 공정으로 보낸다. 그 다음 공정은 고침으로, 망 모자에 샘 플대로 짧은 것, 긴 것 머리모양대로 박아준다. 다음 완성실에서는 머리를 빗겨보고 샘플 오리지널과 생산된 제품이 똑 같이 나왔는지 살핀다.

이 공정 외에도 생산라인에는 수제반이 있다. 이곳에서는 컬된 머리를 촘촘한 망에다가 한 올 한 올 손바늘로 떠서 가발 하나를 완성하는 것이 다. 이곳에서 일하는 노동자들은 도급공이다. 또 한 곳은 검사실로 각 공 정마다 최종검사를 한다. 이러한 과정을 거쳐 가발이 완성되어 수출되는 것이다.

어린 여성 노동자들, 떨쳐 일어서다

1970년 상반기까지 가발공장은 최고의 호황을 누리고 있었다. 주야간 3~4천명까지 작업을 할 정도였다. 내가 일하던 개발실은 한 달에 보름정 도 철야근무를 한 적도 많았다. 그런데도 노동조건은 오히려 나빠져 갔고 인권 유린이 갈수록 심해졌다. 임금은 관리자들 마음대로 차별했고, 현장 에는 CCTV를 설치하여 감시하였다.

노동자들이 견디다 못해 1974년 2월 26일 농성에 돌입했다. 그때 나는 사전계획대로 동료 3명과 가방 가득이 호소문을 채워 들고 서울의 신문 사들과 영등포의 노동청을 찾아갔다가 호되게 야단만 맞고, 눈물어린 호 소 끝에 근로감독관과 함께 회사로 돌아왔다. 농성 현장에서 마주친 공장 장과 생산부장은 나에게 "미스 장 왔어!" 하는 것이었다. 갑자기 대하는 언어가 달라졌다.

농성장에 들어가니 눈물이 쏟아지고 온몸이 뭐라 형언할 수 없도록 떨려왔다. 기관원들은 해산시키고 싶어 안달이었지만, 우리 노동자들은 기회를 주지 않았다. 아침도 점심도 모두 거른 채 연장 근무할 때 먹었던 삼립빵도 모두 되돌려 보냈다. 평소 그 빵을 우리는 얼마나 좋아했던가. 관리자들은 농성장에 마구 빵을 던졌지만 노동자들은 이 따위 필요 없다며 관리자들에게 다시 던져버렸다. 저녁을 거른 채 밤 10시, 회사 측 요구에 따라 협상에 들어갔고, 밤 11시쯤 합의가 이루어졌다. 우리는 현장을 정리한 후 해산하였다. 그러나 합의는 시간을 벌려는 속임수이었을 뿐, 얼마 지나지 않아 탄압이 시작되었다. 순종만 하며 살아왔던 우리, 한 번도 이런 상황을 경험하지 못했던 노동자들이었다.

농성 3일 후, 나를 포함한 4명은 작업복 입은 채로 중앙정보부로 연행되었다. 조사관들은 빨갱이들 지시대로 농성하지 않았느냐며 구타와 폭언, 욕설을 퍼부었다. 끝내 꼬투리를 못 잡자 밤 11시에 풀어주어 우리 일행은 마지막 고속버스를 간신히 타고 돌아왔다.

그 후 우리들은 섬유본조 및 회사 사람들과 회의를 가졌고, 1974년 3월 8일 오후 5시, 노조총회가 열렸다. 섬유본조와 회사 측은 자기들 쪽 사람들을 지부장과 간부 자리에 앉히려 하였고, 우리 노동자들은 거세게 항의하며 제2차 농성에 들어갔다. 밤을 꼬박 새우고 있는데, 새벽 5시쯤 기동경찰 100여명이 회사 간부들과 함께 들이닥쳐 우리를 마구 두들겨 패며 들어냈다. 그야말로 아비규환 그 자체였다.

연행된 노동자들 대부분은 석방되었으나 나를 포함한 15명은 3~4일 동안 조사를 받았다. 이후 회사 측은 남자노동자들을 내세워 노동자들을 핍박하였고, 많은 동료들이 사퇴하였다. 그럼에도 우리는 정말 신뢰할 수 있는 노동조합을 만들고 싶었다. 섬유본조에 당한 우리는 연합노조, 화학노조 등을 찾아 다녔으나 쉽지 않았다. 그런 중에 섬유본조 표응삼 교선부장의 개인적인 도움을 받아 다시 노조를 결성하기로 하였다.

노동조합, 드디어 결성하다

총회는 1974년 4월 15일 오전 9시, 회사 조회시간에 기습적으로 열렸다. 한순임이 지부장에 선출되고 임원선거도 마쳤다. 나는 부지부장을 맡았다. 신고필증은 2개월이 넘어 나왔지만, 회사는 어쩔 수 없이 노조를 인정했고 단체협약도 체결되었다. 하지만 회사의 어용노조 공작은 끈질기게 이어졌다. 회사는 사양길인 가발을 버리고 청바지 제조 -〉 레저 가죽잠바 -〉 구두를 거쳐 70년대 중반 이후부터는 봉제업으로 완전히 업종을 바꾸면서 노조를 빨갱이 집단으로 몰아 파괴하려 했다. 회사 앞잡이를 노조 상근자로 밀어 넣고 간부로 진출시키기도 했다. 그러나 얼마 버티지 못하고 앞잡이들이 물러가고 현장에 있던 나는 상근 부지부장으로 일하게 되었다.

노조가 결성된 후 노동조건이 개선되어 나갔다. 하지만 관리자들의 횡포는 갈수록 거칠어져 현장에서는 욕설과 인격모욕이 빈발했다. 이간질, 노노 싸움을 유도하여 간부들과 조합원들이 회사를 떠나게 하는 수법도 동원되었다. 그러나 조합원들의 항의는 갈수록 거세졌고, 노조에 대한 믿음은 더욱 강해지고 있었다. 노조는 교육 등 다양한 조직 강화 활동을 통해 조직력을 확대하였다. 그 과정에서 조합원들의 생활을 돕기 위해 1975년 신용협동조합을 창립했다. 신협은 조합원들의 생활에 큰 힘이 되었고 인기를 끌었다. 70년대 후반기에 가서는 회사가 신협을 빼앗아 운영하려고 별제안들을 다 해오기도 하였으나 단호히 거부했다.

1977년 제2기 집행부가 출범한 후 81년 해산 때까지 매년 12월이면 문화의 밤 '조합원 잔치'를 열었다. 조합원들의 여러 동아리 활동을 통해 쌓은 개별적 재능을 마음껏 발휘하는 가슴 설레는 날이었다. 이런 행사를 통해 조합원들의 결속과 신뢰를 한층 더 높이고 동지애를 굳게 다짐으로써 회사의 노조파괴공작을 극복할 수 있었다. 또 노조 사무실에 비치한 책들도 많은 도움이 되었다. 그 책들은 조합원들의 알 권리를 해소하고 배움에 대한 목마름을 적셔줄 수 있게 했다. 부평 일대의 동종업종에서 반도상사를 '반도대학'이라고 부른다는 얘기를 들었다. 조합원들은 중요한 사회공부를 그 곳에서 다 배웠다고들 말했다. 우리가 배운 것은 대학 4년과정보다 더 크다고 생각한다. 이 사회, 이 국가가 어떤 시스템으로 구성되어 운영되고 있는가를 깨닫게 했고, 힘없는 사람들이 뭉치면 바윗돌도 깨뜨릴 수 있다는 믿음을 키웠다. 우리도 인간이기 때문에 차별 없이 모두가 존중받아야 된다는 것을 확실하게 알게 되었던 것이다.

이렇게 노조활동이 착실하게 성장하면서 우리와 함께 민주노조 활동을 하고 있던 청계노조, 동일방직노조가 어려움을 겪을 때 지원활동도 했다. 1979년 10월 26일, 박정희 피살사건이 터졌다. 그 발원지는 78년 8월 YH무역 노동자들의 신민당사 농성이었다. 우리 노조의 대의원, 간부들은 농성장에 찾아가 연대의 힘을 보탰던 곳이다. 김경숙 동지의 죽음을 추모하여 검은 현수막을 노조사무실 앞에 내걸고 검은 리본을 조합원들이 모두 가슴에 달고 다녔다. 회사와 관계기관에서 중지하라며 야단이었지만 아랑곳하지 않았다. 그렇게 해가 바뀌었다. 80년 서울의 봄, 자유의 봄을 기대했지만 우리가 바라는 민주화의 봄은 쉽게 오지 않았다.

밀려오는 먹구름, 노조 강제해산

1980년 3월, 단체협약 갱신과 임금인상 투쟁에 돌입했다. 노조 간부들은 단체행동을 벌이며 계속 압박을 가했지만 회사는 교섭을 외면했다. 4월, 5월 투쟁을 계속했지만 부평경찰서 형사들만 부산하게 움직일 뿐이었다. 1980년 5월 17일, 계엄령 전국확대조치가 내려져 어쩔 수 없이 농성을 접을 수밖에 없었다. 이어 정권은 이른바 '노동계 정화조치'를 지시했고, 이에 발을 맞춘 회사는 나와 조금분 지부장을 해고했다. 그리고 10여개 민주노조 간부들과 함께 나에게도 수배령이 떨어졌다.

어느 날 사무실에 있는데, 키가 큰 남자 둘이 불쑥 들어와 장현자가 누구냐고 물었다. 직감으로 체포 위험을 느껴 슬리퍼를 신은 채 밖으로 피신했다. 그러나 사촌오빠 가게, 조직부장 자취집을 거쳐 부지부장 자취방으로 가는 골목길에서 형사에게 잡히고 말았다. 1주일 쯤 후에 지부장 조금분과 부지부장 김분겸도 잡혀 들어왔다.

10여일 후 합동수사본부로 이첩되어 3일 정도 조사를 받은 후 조금분과 김분겸은 석방되고 나는 서대문구치소로 옮겨졌다. 거기에서 화학노조 위원장, 한국노총 위원장을 지냈던 정동호 씨를 만나기도 했다. 1주일 정도 있다가 안양교도소로 갔다. 죄명은 포고령 위반이라 했다. 그 곳 여사 방에 들어가니 롯데 여성노동자들도 3명이 있었고, 옆방에는 서울농대생들이 수용되어 있었다. 그곳에서 안양 계엄사 수사본부로 넘겨져 한 달 넘게 조사를 받다가 기소유예로 나올 수 있었다.

하지만 회사에는 들어갈 수는 없었다. 며칠 쉬었다가 동아리들이 모여 있는 곳에 가 앞으로 해야 할 일 등을 논의했다. 그런데 공장장이 나를 반공법 위반으로 고발하였고, 나는 다시 경찰에 잡혀가 보름 동안 조사를 받았다. 우리 간부 10여 명도 한꺼번에 잡혀 들어왔다. 우리는 얼마 후 서울 서빙고 계엄분실에 인계되어 군복을 입은 채로 조사를 받았다. 고문 방에 끌려 가기도 했는데, 그 방은 사면에 천장까지 빨간색이었고, 방 가운데 의자만 하나 딱 놓여 있었다. 수사관은 "너는 이곳에서 스위치만 누르면 한강으로 바로 떨어진다, 너희 하나 죽어도 사고로 죽었다고 하면 된다, 쥐도 새도 모르게 처리할 수 있다"는 등등 무시무시한 말로 위협하였다. 몸이 오싹해져 몸서리쳐지게 무서웠다. 이곳저곳에서 매 맞는 소리, 아우성 소리가 들려왔다. 수사관은 베트남에서 한 마을을 모두 태우고 모조리 죽였다고 큰소리를 치는 등 생명에 대한 존중 같은 건 눈곱만큼도 없어 보였다.

삼엄한 공포 분위기 속에 1주일간 조사가 진행되었지만 반공법이 아니라는 것으로 인정되고서야 우리 노조 간부들과 한 방을 쓸 수 있었다. 끌려간 지 보름쯤 됐을까, 게엄사는 우리를 식당으로 모두 몰아넣었다. 다른 사업장의 동지들도 여럿 보였다. 너무나 반갑고 기뻤다. 배옥병 서통지부장, 청계노조 간부들도 만났다. 이 날 오후에 우리는 20여일 만에 모두 풀려나왔다.

이렇게 기관에 끌려가 조사를 받고 있는 동안 조합원들은 회사에 모여 계속 농성을 하고 있었고, 회사는 조합원들을 쫓아내기 위해 온갖 수단과 방법을 동원하고 있었다. 조합원들은 춥고 배고프고 무서워서도 회사에 남아 있을 수가 없었다. 조합원 대부분이 퇴사를 하였고, 동아리 회장들과 대의원 40명만 남아 있었다. 이들은 회사에 들어가지 못하고 우리들의 아지트인 '골목다방'에 모여 간부들이 빨리 나오기를 기다리고 있었다. 노조에서 조합원 교육을 위해 얻은 방이 하나 있었는데, 이를 골목다방으로 불렀다. 수사관들이 총출동하여 부평지역 골목의 다방들을 다 수색하였지만 나오지 않아 골탕을 먹었다는 그 '다방'이다.

1981년 3월 13일, 우리는 부평공보관에 모였다. 노조 사수를 위해 밤낮으로 싸워왔지만 마지막 가쁜 숨을 토하는 시간이 다가온 것이다. 그동안 싸우느라 지쳤던 37명은 진로에 대하여 투표를 했다. 결과는 '해산'이었다. 결정은 되었지만 멍든 가슴들은 시커먼 울분의 피를 토하고 있었다. 어떻게 싸우며 버텨왔던가? 우리를 산업역군이라 부르며 치켜세우던 저들이 이제는 우리들을 길거리로 내몰고 쓰레기처럼 버리고 있지 않는가? 아무리 발버둥 쳐도 우리의 손을 잡아주는 곳은 없었다.

우리는 똑 바로 얼굴들을 들지 못했다 그동안 우리를 지켜주고 즐거움과 서러움을 함께 했던 노조를 스스로 해산할 수밖에 없다는 것이 기막힐 뿐이었다. 더 이상 다른 방법이 없는 막다른 골목이었다. 그 후 모두 뿔뿔이 흩어진 채로 '골목다방'은 유지되고 있었지만, 구심점이 없다 보니 다른 노동자들의 모임방으로 변해갔다. 동료들은 삶을 유지하기 위해 다른 공장에 들어갔지만 블랙리스트라는 암초에 부딪쳤다. 반도에 근무하였다는 이유로 일할 수 없었고, 살벌한 길거리로 내몰려졌다.

성남 지역 노동자·빈민 탁아소운동

1년 내내 수사기관에 끌려가 고통을 당하게 되니 집에서도 큰 걱정을 하고 있었다. 특히 어머니는 집에 오신 신부님을 경찰로 오인하여 당장 나가라고 쫓아낼 정도였다. 식구들은 결혼하라고 서둘렀고, 그 성화에 못 이겨 1981년 2월 22일, 알고 지냈던 남자친구 김준식과 결혼을 하였다. 반도상사노동조합의 운명이 싸늘한 벌판으로 내몰리고 있는 상황에서 나도 어쩔 수 없는 평범한 한 여성이었다. 그 엄혹한 상황에 노조간부였던 나의 결혼이 동지들에게는 미안하고 죄스러웠지만 앞으로 삶의 과정에서 노동자를 위해 일하겠다고 다짐을 하였다.

결혼 후 경기도 성남에 터전을 잡았다. 3개월도 안 돼 성남경찰서 정보과 형사가 노동운동을 하지 말라고 엄포를 놓고 돌아갔다. 나는 시민운동에 뛰어들기로 하고 분도회 수녀님들이 활동하고 있는 상대원공단 노동자·빈민 지원활동에 참여하였다. 큰딸을 출산하면서는 아이를 데리고 다니면서 할 수 있는 일을 찾아 동네 아파트 자치부녀회를 만들어 주민활동을 시작하였다. 폐품을 모아 기금을 만들고, 생활용품들을 싸게 공급하는 등 활동을 넓혀나갔다.

1985년 큰딸이 5살, 둘째딸이 15개월 되었다. 소피아 수녀님의 제의로 상대원의 '만남의 집' 탁아소 운영에 뛰어들었다. 노동자, 빈민들이 일터로 나간 후 추위와 배고픔에 남겨진 아이들을 돌보는 일이었다. 수녀원의 활동공간이 좁아 가장 어려운 사람들, 월세를 사는 가정의 아이들을 선별하여 맡았다. 오전 7시부터 저녁 7시까지 비영리로 운영하였다. 내 아이들은 보살필 겨를도 없어 그때를 생각하면 우리 아이들에게 늘 미안함을 가지고 있다.

당시 성남지역 탁아소 세 군데를 비롯하여 전국적으로 탁아소들이 늘어나고 있었다. 마침내 '지역사회탁아소연합회'(지탁연)가 서울 종로에 사무실을 마련하여 전담활동가도 두었다. 나는 이 단체의 장을 맡아 정신없이 쫓아다녔다. 1991년에는 영유아보육법이 국회를 통과하였다.

대전 환경·여성·아파트 주민운동

남편의 일자리가 대전이라 6년 동안 주말부부로 살아왔다. 두 아이들이 초등학교에 들어가니 힘들었다. 남편과 밀고 당기기를 1년 동안 하다가 사회운동은 대전에서도 할 수 있다고 생각되어, 성남 '푸른솔 어린이집' 운영과 성남여성노동자회 활동들을 후배들에게 맡기고 10년 동안 사랑했던 성남지역을 떠났다.

대전에 내려오니 아이들이 너무나 좋아하였고, 많이 밝아졌다. 시어머니도 모시고 함께 살게 되니 내 마음도 어느 정도 안정이 되었다. 개인적으로 학력자격이 꼭 필요한 것은 아니지만, 늦지만 한번 해볼까 하는 마음에서 중·고 검정고시 공부도 하였다.

나는 성당에서 환경운동을 해야겠다고 생각하였다. 91년에는 대전 성남동에 있는 전국가톨릭농민회관에 나가 '우리 밀 살리기 운동' 홍보부장으로 봉사활동을 시작했다. 우리 성당에서 만든 창조환경 분과장 활동을 하면서 농촌과 유기농 직거래 운동을 펼쳐 나갔다, 회원들과 함께 유기농 재배, 딸기 판매도 도왔다. 도농 간의 직거래는 서로를 살리는 상생의 길이었다. 그 일환으로 성당에서 주일 미사시간을 전후하여 싱싱한 농산물을 싸게 판매하였다.

아울러 대전교구에 환경 분과를 만들어 각 성당마다 환경담당 사목위원을 두게 하였고, 95년 4월에는 '대전교구 가톨릭환경회의'란 이름으로 교구청에서 대전교구 환경단체를 창립하게 되었다. 나는 봉사자인 사무국장 이름으로 교육 프로그램을 만들어 1년에 2회씩 2000년까지 실시하였으나 더이상 발전하지 못한데 한계를 느끼고 담당 신부님과 이야기하여 봉사자를 다른 분에게 넘겼다.

'대전여민회'란 여성단체에 가입하고 활동에 참여하였다. 대전여민회는 87년 민주화투쟁 이후에 만들어진 단체로, 95년 새로 실무자가 들어오면서 조금씩 활기를 띠었다. 나는 부회장을 맡아 주민자치분과에서 모니터 활동을 통해 대전시의회 의원들의 역할을 살피는 등의 활동을 했다. 신도심 둔산지역 아파트에서 부녀회의 부회장이 되어 회장을 도왔고, 입주자대표회의(입대위) 대표도 맡게 되었다. 부녀회와 입대위 간에 사이가 좋지 않았는데, 내가 가교 역할을 하였다. 아파트의 특성을 살려 주민들이 참여할 수 있는 다양한 활동을 펼쳤다. 〈우리 동네〉라는 소식지를 매월 만들어 돌리고 도서실도 만들었다. 시내 큰 서점과 각 가정에서 책을 기증 받기도 하고 서구청의 갈마도서관과 협약을 맺어 책을 빌려오기도 하여 97년 10월 17일 도서실을 개소하였다. 소장도서 2만여 권, 연중무휴로 운영위원들이 봉사하고 있다.

아파트 안의 여러 가지 문제들은 시정하거나 변화시킬 수 있는데, 아파트를 벗어난 일들, 횡단보도나 신호등, 학교 건널목 등등은 쉽게 고쳐지지가 않았다 그래서 2002년 지방선거에 무소속으로 출마하였다. 월드컵 축구 4강 진출로 온 나라가 들썩거릴 때였다. 빈한한 형편에도 물심양면으로 도움을 아끼지 않은 주민들의 열띤 응원 속에 제4대 대전시 서구의원에 당선되었다. 자민련 바람이 거세게 불던 시기에 3대 1의 경쟁을 뚫고 대전시 5개 구 중에서 여성은 나 혼자만 당선된 것이다.

구의원으로서 행정, 운영에 대한 지식이 필요해 한국방송통신대 행정학과에 입학하여 4년 졸업을 하였다. 일은 사회활동에 기반하여 하는 것이지만, 늦깎기로 공부하는 것은 엄청 힘들었다. 하지만 인생의 많은 경험들이 있어서인지 쉽게 이해가 되는 지점도 있었다.

대전녹색연합 활동도 8년 넘게 하였다. 의료생활협동조합을 대전에 창립하여 모범적으로 20년 넘게 잘 운용하고 있다. 대전YWCA 활동도 20년이 지났다. 그러고 보니 4, 50대를 대전에서 활동한 셈이다. 대전에서 25년 정도 활동하다 보니 충청도가 제2의 고향이 되었다. 딸들도 대전에서 모두 성당청년회 활동과정에서 짝들을 찾아 결혼하였고 이제 손자들도 많이 컸다. 2016년 남편도 서울에서 정년퇴직하고 대전에 내려와 함께 살게 되었다. 2017년 3월부터는 딸들이 살고 있는 세종시로 이사를 왔다.

이제 내 나이 70이 되고 보니, 활동은 후배들에게 맡기고 책임지는 일은 하지 않겠다고 스스로 다짐을 한다. 대전에서 만났던 후배들이 세종시에서 여성단체들을 창립하여 활동하고 있어 선배로서 조금 돕는 정도만 하고 있다. 다만 살기 좋은 아파트를 만들어 가는 데 이바지하고 싶어 현재 입주자 대표회장을 맡고 있다. 세종은 대전과 인접도시이고, 대전 분들이 많이 이주해 살고 있어 어색하거나 생소한 것은 없다. 이 지역이 내 생명 다할 때까지 삶의 자리가 될 것 같다.

맺으면서

김대중 정부가 들어서면서 민주화운동이 재조명되었다. '70민주노동운동동지회'에서 7, 80년대 노동운동의 역사를 기록하기로 한 바, 반도는 내가 할 수밖에 없었다. 공적인 자료는 모두 유실돼 버렸으니 내가 개인적으로 노동운동을 하면서 써 왔던 일지를 중심으로 초기부터 마지막까지 기억을 더듬어 제출하기로 했다. 반도 문제는 사회적으로 주요 이슈로 되어왔고, 민주노조라는 칭호까지 받으면서 수천 명의 노동형제들이 회사의 탄압과 어려움을 겪어왔음에도 나는 '반도노조 조합사'를 발간하지 못한 것에 노조 지부장이란 책임자로서 늘 내 어깨를 짓누르고 있었다. 그래서 내가 가지고 있는 일지들을 살펴보며 우리 반도와 관련해서 있었던 내용들을 써야겠다고 다짐하였다.

지난 일들을 떠올려가며 일지와 맞추어 보면서 회사의 끊임없는 탄압과 관계기관들이 우리 노동자들을 어떻게 해 왔는지, 내가 당하며 살아왔던

어둠의 시대 불꽃이 되어

것들을 하나하나 되새기면서 토막토막 정리를 하였다. 이렇게 허술하게나마 정리되어 나오게 된 것이 『그때 우리들은』이란 책이었다. 잘 다듬어지지 않은 책이나마 출간되고 나니 조금은 책임감에서 벗어난 듯하였다. 2001년 2월, 우리 반도 동지들과 70민노회 동지들이 모여 조촐하게 출판기념회를 갖기도 하였다.

그 모든 시간들에 함께 해 주신 모든 분들께 머리 숙여 감사드린다.

YH무역 노동조합

▲ 1975년 5월 24일 YH노동조합설립식   ▲ 노조 결성 현판식

▲ 1976년 정기대의원대회   ▲ 1976년 대의원들

▲ 1976년 조합원 야유회

어둠의 시대 불꽃이 되어

1978 >>>

▲ 1978년 녹지야학

▲ 1978년 대의원대회 준비모임 수련회

▲ 1978년 〈배불뚝이 경숙〉 동일교회 야학 연극

▲ 1978년 제3차정기대의원대회

1979 >>>

▲ 1979년 8월 10일 신민당사에서의 농성

▲ 1979년 8월 11일 전경에 끌려나오는 조합원들

▲ 1979년 폐업철회 농성중 사옥에 내건 플래카드

▲ 고 김경숙 열사의 사원증

▲ 면목동 달동네 불우이웃돕기

▲ 신민당사 농성 때 플래카드 든 노조원들

▲ 회사마당 체육대회

유신독재체제를
무너뜨린 기폭제

1966년 1월, 당시 뉴욕 한국무역관 부관장직에 있었던 장용호는 그의 동서 진동희와 함께 자본금 100만원, 종업원 10명으로 가발공장을 시작하였다. 장용호는 자신의 영어 이름 'Yong Ho'의 첫 스펠링을 따서 'YH'라고 회사 이름을 짓고 자기는 사장, 진동희는 부사장에 취임했다. YH무역은 당시 가발산업의 호경기와 정부의 수출정책에 힘입어 엄청난 속도로 성장하여 불과 2년 만에 종업원 4천명으로 국내 최대 가발업체가 되었다. 1970년 회사의 순이익은 무려 12억 7천 389만 원에 달하였다.

장용호는 1970년 9월, 진동희를 사장에 앉혀 국내 경영을 전담시키고는 자신은 미국으로 이민을 갔다. 이때 상당액의 외화를 도피시킨 그는 YH 제품을 미국에서 수입하여 판매하는 '용인터내셔날상사'를 설립하고 호텔, 백화점 등을 경영하는 등 국내외에서 이중으로 치부를 하기 시작하였다.

한편 진동희는 1973년, 장부상으로는 사원 상여금으로 10억여 원을 지급했다고 해놓고, 그 돈으로 1973년에 대보해운을 설립하였다. 진동희의 무리한 사세 확장과 부정행위로 YH무역은 점차 기울어지기 시작해, 1974년에는 은행 차입금이 무려 6억 3천여만 원에 달하게 되었다. 게다가 장용호 앞으로 외상 수출한 제품 대금 300만 불에 대하여 그 상환기일인 3년이 지나도록 결제가 이루어지지 않아 1975년부터 YH무역은 급격한 하향세에 접어들었다. YH무역의 몰락은 무리한 수출주도정책이 가진 허구성과 외화도피 및 부정대출에 의한 기업의 부실화, 그리고 민주적 노동조합에 대한 탄압에 기인한 것이었다.

YH노동조합 출범과 크리스챤아카데미

YH노동조합이 설립되기 전에도 이미 세 차례의 노조결성을 위한 시도가 있었는데, 이는 도급제의 단가문제로 1975년 3월에 발생한 건조반 작업 거부사건에서 비롯되었다. 노조결성을 위한 세 차례의 시도가 회사 측의 방해로 실패하자, 노동자들은 비밀리에 했던 기존의 노조결성 시도와는 달리 공개적으로 노조결성을 추진하기 시작했다. 출퇴근시간에 공공연하게 회사 부근에서 노동조합에 관한 교육과 선전을 하며 그 필요성을 알렸고, 〈노동조합을 만듭시다〉, 〈노동조합이란 무엇인가〉 등의 팸프릿을 거리에서 나눠 주었다. 이로써 연이은 노조결성 실패로 침체되었던 노동자들에게 활기를 찾게 해주었으며, 그간 노조결성 시도에 대하여 잘 몰랐던 노동자들에게도 그간의 과정을 알릴 수 있었다.

회사 측은 이를 집요하게 방해하였으나, 조합 결성에 대한 노동자들의 열망을 꺾을 수는 없었다. 회사 측의 온갖 비인도적 책동과 술수에도 끈질기게 버텨온 노동자들은 1975년 5월 24일 오후 9시 50분, 서울역 앞 우남빌딩 9층 섬유노조 회의실에 53명이 모여 대망의 노동조합 결성식을 갖게 된다. 그 이틀 뒤인 5월 26일에 노조설립신고를 하고, 한 달여 뒤인 6월 30일에 신고필증을 교부받음으로써 마침내 YH노동조합이 설립되기에 이르렀다.

1979년 3월 22일, 지부장 최순영이 크리스챤아카데미에서 실시한 교육프로그램에 참여한 것 때문에 중앙정보부에 연행되는 사건이 벌어졌다. 크리스챤아카데미는 경동교회의 강원용 목사가 서독정부의 후원을 얻어 노동자, 농민, 여성, 기독청년, 교회 인사 등을 대상으로 한국사회의 제반 문제점을 해결하기 위한 중간집단교육을 실시하던 조직이다.

크리스찬아카데미 교육은 노동사회, 농촌사회, 여성사회, 청년사회, 교회사회 등의 분과를 나누어 진행되었는데, 그 중 노동사회분과는 교육대상자가 주로 기존의 노조간부들이었기 때문에 교육의 성과와 그 파급력이 상당했다. 이에 사회의 불평등과 비민주성을 은폐시키기에 급급했던 유신정권의 주시를 받게 되었고, 마침내 지하비밀 반국가단체를 조직하려 했다는 조작된 혐의로 구속수사를 받게 되었던 것이다.

중앙정보부는 콘트롤데이타 지부장, 반도상사 지부장, 가톨릭인천교구 노동사목, 동일방직 지부장, 원풍모방 지부장 등과 함께 YH노조 지부장을 연행했고, 이들은 조사과정에서 고문을 당하기도 하였다. 지부장들이 연행된 후 YH노조를 비롯한 각 노조는 일사불란한 단체행동을 통해 석방을 요구했다. 결국 YH노조 지부장을 비롯한 노조간부 4명은 24일 아침에 석방되었다. YH노조를 비롯한 각 노조들의 단결된 행동은 정부의 구속방침을 깨뜨릴 수 있었으며, 이 사건을 통해 민주노조들의 단결은 더욱 공고화되었다.

부실경영이 초래한 만성적 휴업사태

회사는 노동자들의 단결을 분쇄하지 않고는 이전과 같은 막대한 이윤을 거두어들일 수 없다는 판단 아래 반복적인 휴업을 통해 노동자들의 불안을 고조시키고, 인원감축을 꾀함으로써 조합의 힘을 약화시키는 방법을 강구했다. 회사 측은 휴업을 실시하고 작업량을 하청업자에게 넘기기 시작하였다.

회사는 종업원들에게 휴업수당 60%를 지급하고도 하청을 주는 것이 더 큰 이익을 거둘 수 있었다. 하청공장들은 대부분 소규모 영세기업으로 노조가 없었기 때문에 ① 저임금으로 일을 시킬 수 있었고, ② 연장수당 없이 장시간노동을 시킬 수 있었으며, ③ 퇴직금, 상여금, 연월차 및 생리수당을 지급하지 않을 수 있었고, ④ 인원관리비, 기숙사 시설비, 식비 등의 비용을 줄일 수 있으며, ⑤ 근로기준법을 위반해도 이를 견제할 힘이 하청 노동자들에겐 없었고, ⑥ 본공장 노동조합의 힘을 약화시켜 결국 노조를 없앨 수 있다고 보았다.

YH무역은 1977년 6월 처음 휴업을 시도하더니, 같은 해 8월부터는 3일 또는 5일씩 반복해서 휴업을 했다. 노동조합은 처음엔 회사 측의 속셈을 모르고 있다가, 반복되는 휴업에 의구심을 느껴 진상조사에 착수한 결과 회사가 작업량을 하청기업으로 빼돌린다는 사실을 알아냈다. 노조는 상집위원회를 소집, 회사의 비열한 휴업정책을 관할 북부노동청과 태능경찰서에 진정하기로 하고, 조합원들도 전원 출근하여 100% 기본급을 받을 수 있도록 휴업을 무시하고 정상작업에 임하기로 결정하였다.

그러자 회사는 가발을 만들던 노동자들에게 봉제작업을 시키는 등 노동자들에게 불안한 작업 분위기를 조성함으로써 노동자들로 하여금 자발적으로 사표를 내게 만들었다. 하지만 만성적인 휴업을 악용하여 결국 노조를 없애려는 회사 측의 비열한 의도를 깨달은 조합원들은 일체 사표 내기를 거부했다. 이같이 사표를 내는 노동자의 수가 줄어들자 회사는 더욱 교묘한 수법을 사용했다. 갑자기 "정부시책에 따라 생산1과인 가발과(500여 명)를 충북 옥천군 청산면의 공장으로 이전한다"고 일방적으로 공고한 것이다.

이 공고가 붙은 지 사흘 만에 생산1과 종업원 중 430명이 사표를 냈다. 노조가 청산면으로 현지답사를 가본 결과, 면 소재지 외딴 곳에 마련된 공장부지에는 허술한 창고건물이 하나 있을 뿐 온통 논과 밭, 그리고 무성한 잡풀과 돌멩이만 나뒹구는 곳이었다. 회사의 허위 공장이전 술책이 드러나자 노동자들은 남아있는 사람들이라도 끝까지 싸울 것을 결의했다. 관할 노동청과 경찰서는 공장 이전은 정부시책의 일환으로 취해진 것이라며 회사 측을 두둔하고 나섰다. 결국 노조의 절규와 호소는 냉대와 무관심 속에서 무시되고 말았고, 회사는 이런 와중에도 계속하여 조합원들로 하여금

사표를 내게 하려는 공작을 멈추지 않았다.

가발과에 대한 청산공장 이전문제가 유리하게 돌아가자, 회사 측은 생산 2과인 장갑반 47명을 해고조치하기에 이르렀다. 이 역시 노조의 힘을 약화시키려는 수작이었다. 이에 노조는 단식농성에 들어갔다. 이틀간의 단식농성 끝에 11월 5일 노동청 북부사무소의 중재로 노사협의가 개최되어 생산 2과 종업원 47명의 해고가 철회되는 등 부분적인 합의는 보았으나, 생산1과의 청산공장 이전문제는 여전히 남아 있었다.

마지막까지 남아있던 49명 중 25명은 집안사정으로 서울지역을 벗어날 수 없어 망설이다가 결국 사표를 냈다. 남은 24명은 회사 측의 양보 없는 주장에 분노와 원한의 각오를 품고 먼 길을 떠났으나 그들 앞에 놓인 것은 시설도 제대로 갖추어지지 않은 초라한 공장이었다. 시골 불량배들이 술을 먹고 난동을 부리기도 했으며, 쌀이 떨어져 때로는 굶기도 했지만 노동자들은 흔들림이 없었다. 24명은 똘똘 뭉쳐 서로를 격려하고 위로했으며, 마을 주민의 일도 도와주면서 어려운 날들을 건너나갔다.

이렇게 2개월을 버티자 회사는 청산공장 폐쇄에 따른 협상을 제의해 왔다. 노조는 어쩔 수 없이 회사의 타협안을 받아들여 평균임금을 근거로 해고수당 300% 지급, 77년 중 가장 많은 임금을 기준으로 퇴직금 지급, 1년 미만 종업원에게도 퇴직금 1인당 만원 지급 등에 합의하여 귀향여비를 받고 고향으로 돌아갔다. 결국 YH노조는 단결력을 상실하였으며, 이 24명이 투쟁하였지만 청산공장은 끝내 폐쇄되고 말았다.

YH무역의 폐업과 회사 정상화 투쟁

YH무역의 창업주인 장용호는 회사자금을 외화로 바꿔 해외로 빼돌렸고, 그 동서인 진동회는 YH무역으로부터 자금을 빼돌려 YH해운을 설립, 자신의 잇속을 채웠다. 이렇게 국외와 국내에서 운영자금을 빼앗긴 YH무역은 점점 쇠퇴하기 시작했다.

76년 말 가발산업의 쇠퇴와 더불어 장용호의 외화도피로 인해 은행부채가 급격히 늘어났으며, 여기에 무리한 사업 확장에 따른 경영부실로 YH무역의 재무구조는 악화일로를 걷게 되었다. 결국 부채와 적자 누적으로 도산에 직면하게 되자, 회사는 자금난으로 자재공급이 어려워 제품생산을 할 수 없게 되었다고 노조에 통보하였다. 그리고는 2개월 동안 공장을 본사와 관계없이 독자적으로 운영하는 독립채산제를 할 수 있도록 회사에 여유를 주면 회사 정상화에 최선을 다하겠고, 그래도 정상화되지 않으면 타 기업이 인수하도록 최대의 노력을 기울이겠다고 제안했다. 이에 노조는 회사 측의 제안을 받아들이기로 하고, 공장운영에 적극 협조하기로 했다.

회사 측과 노조는 2개월 동안 기업재건을 위하여 적극적으로 뛰어 다녔으나, 장용호 회장은 회답이 없었고, 조흥은행은 상환기일을 연장해줄 수 없다고 거부했다. 진동희 사장과 관할 노동청 및 경찰 책임자들은 자기들의 책임을 회피했다. 노조는 기업재건을 위해 회사에 적극 협조함과 동시에 조합원들의 생활을 위해 실질임금을 보장하려는 노력을 멈추지 않았다. 하지만 회사는 기업부실을 이유로 폐업한다는 구두통고를 하더니 급기야 1979년 3월 30일, 폐업공고를 내고 말았다.

노동자들은 하루아침에 길거리로 쫓겨날 위험에 직면했다. 노조는 즉시 대책을 논의하는 한편, 회사 정상화가 될 때까지 전 조합원이 일치단결하여 투쟁한다는 입장을 정했다. 그 후 조합원들은 회사 정상화를 위해 발 벗고 뛰어다니기 시작했다. 하지만 정부 관계부처는 이들을 만나주지도 않았고, 경영진들은 그저 발뺌하기에만 급급했다. YH무역에 부실대출을 해준 은행도 마찬가지였다. 노동청마저도 노동자들을 외면하기에 바빴다.

노조는 긴급대의원회를 소집하여, 전 조합원과 대의원이 폐업을 철회할 때까지 농성을 하기로 했다. 심상치 않은 기류를 읽은 정보기관은 사건의 진상을 조사하기 위해 박정원 사장을 태능경찰서로 연행하여 조합원들은 일단 농성을 풀었다. 노조간부들이 태능경찰서로 찾아가 사장과 의논한 결과 "조합간부들과 함께 조흥은행을 방문하여 노조 측의 요구를 전달한다"는 내용의 각서를 쓰고 박정원 사장이 경찰서에서 풀려나왔다.

이튿날 조흥은행을 찾아갔으나, 은행 측은 아무 것도 해줄 수 없으며, 노동자들 각자가 자기 살 길을 찾도록 하라는 무책임한 말을 할 뿐이었다. 이에 조합이 당일로 대의원대회를 속개하려 했으나, 태능경찰서에서 해결방안을 검토 중이니 대회를 연기해 달라는 요청을 해왔다. 조합원들은 '혹시나' 하는 마음으로 기다렸으나 아무런 소식이 없자, 대회를 속개하여 폐업을 철회하라는 내용의 결의문과 호소문을 채택했다. 그리고는 이를 한국노총 산하 17개 산별노조와 각 지부·분회, 정당, 언론사, 사회 및 종교단체 등 500여 곳에 보냈다.

그래도 소식이 없자 노조는 긴급 조합원총회를 열기로 결정했다. 관련 공문을 관계기관 20여 곳에 발송하고 각 언론기관에는 취재협조 공문을 발송했다. 또한 노조는 회사 정상화 투쟁을 집중적으로 함께 의논해 갈 '회사정상화 대책위원' 52인을 선출하고, 호소문과 결의문을 작성했다. 노조는 섭외부 3명을 선발하여 주요 정치단체와 미대사관, 국회의원 등을 직접 방문하여 진상을 알리고 적극적인 협조요청을 하는 활동을 개시하였다. 그러나 이 협조요청은 큰 효과를 볼 수 없었다.

노조는 구호를 인쇄한 플래카드를 회사 현관과 노조사무실, 그리고 각 작업장에 부착하여 회사 정상화에 대한 의지를 확고히 천명하였다. 조합원들은 〈회사 정상화가 아니면 죽음이다〉라는 머리띠를 준비했다. 호소문과 결의문을 1000부씩 인쇄하였고, 조합원 교육을 위해 율산실업 도산사건과 YH문제를 비교 정리한 자료 500부도 인쇄하였다. YH는 규모만 작을 뿐 율산보다 더욱 부당하고 잘못된 사례라고 생각했기 때문이었다.

'정상화대책위원회'는 요구사항이 관철되지 않을 경우 총회를 폐회할 수 없으며 정상화될 때까지 전 조합원이 투쟁한다는 방침을 재확인하였다. 장기투쟁에 대비하여 각종 생필품을 준비하고 기숙사의 장판과 이불을 총회장소인 강당으로 옮겨 놓았고, 그 안에 임시 화장실도 설치했다. 농성을 효과적으로 진행하기 위해 총괄부, 섭외부, 인원관리부, 의료부, 봉사부, 물품관리부, 진행부 등의 부서를 조직하고, 농성도 전 조합원의 확고한 목적의식도 중요하지만, 지치지 않도록 재미있게 진행한다는데 의견을 모았다.

이렇게 만반의 준비를 갖추고 총회를 열자, 타 노조 간부들과 취재기자 10여 명도 와서 조합원의 힘을 북돋아 주었다. 또한 여러 정당과 기관 및 노조 등에서 격려전문을 보내오기도 하였다. 하지만 정작 문제를 해결해야 할 회사와 조흥은행 측은 아무런 소식이 없어 조합원들의 분노를 샀다. 조합원들은 언론에 나온 YH농성사건 보도에 큰 힘을 받고, 은행 측과 회사에서 확실한 답을 보내올 때까지 투쟁할 것을 결의하고 농성에 들어갔다.

결의문과 호소문을 낭독하고 노래를 부르며 평화적으로 농성을 계속하고 있던 어느 날 저녁, 20여 명의 경찰기동대가 농성장에 난입하여, 조합원들을 둘러싸고 폭력진압을 시도했다. 이 때 많은 여공들의 인권이 유린되고 심하게 다치기도 했다. 보다 못한 조합간부가 경찰서 정보과장에게 폭력진압을 중지할 것을 요청하고, 정보과장은 농성을 풀 것을 약속 받은 후에야 기동경찰의 진압을 중지시켰다.

경찰의 폭압에도 YH 여공들의 인간답게 살기 위한 뜨거운 열망은 식지 않았다. 이들은 이튿날에도 농성장에서 총회를 속개, 농성을 계속했다. 조직체계를 효율적으로 재정비하고 팀을 짜는 한편, 각 팀의 이름을 지어 팀 구성원 간의 소속감을 높였다. 또한 관계기관 및 각계각층에 전화를 하여 전날의 기동경찰의 폭력적 난입사태를 폭로하는 한편, 사회단체 등에 격려방문을 요청하기도 했다. 조합원들은 폭행당한 조합원들의 사례발표와 노랫말 바꾸어 부르기, 즉흥연극 등으로 농성을 계속했다.

농성 닷새째 되던 날, 노동청 박창규 차장, 진동희 전 사장, 박정원 사장, 노동청 북부사무소장, 중앙정보부 직원 2명, 태능경찰서 정보과장 외 형사 약간 명이 농성장에 나타났다. 조합원들은 총회를 속개하고 있었고, 그 사람들과 장시간 논의 끝에 YH무역의 폐업 철회에 대한 긍정적인 답변을 얻고 닷새 동안의 긴급총회를 폐회하였다. 몇몇 근본적인 문제가 남아있기는 했지만, 일단 폐업이 철회되었기 때문이었다.

신민당사 농성과 그 파장

그러나 조합원들의 희망과 기대는 물거품이 되어 버렸다. 회사 정상화를 위하여 갖은 노력을 다하였으나, 결국 은행으로부터 외면 당하고 노동청에 속고 경찰서에 속고 회사의 무책임으로 거리로 쫓겨날 지경에 이른 것이다. 조합원들은 긴급총회를 열고 관계기관의 책임 있는 대책을 요구하면서 무기한 농성에 들어가기로 했다. 노조는 이에 대해 파업이 아님을 분명히 하고 낮에는 일하고 퇴근 후에 4시간씩 농성할 것을 결정했다.

농성은 매일 계속되었다. 전 조합원 287명은 〈정상화 아니면 죽음이다〉라는 머리띠를 두르고 "생존권을 보장하라", "정부당국은 장용호를 즉시 소환시켜라", "관계부처는 YH문제를 더 이상 지연시키지 말고 즉각 해결하라", "조흥은행은 YH무역을 책임지고 정상화시켜라"라는 등의 구호를 외치고 노래와 상황보고 등으로 농성을 진행하였다.

이렇게 농성이 계속되어 그 소식이 매스컴에 보도되고 각계에 알려지자 각 사회단체의 저명인사들이 농성장을 방문하여 격려해 주어 조합원들의 사기는 높아져 갔다. 그러나 회사 측은 저녁 퇴근시간을 기해 일방적으로 폐업을 공고했다. 그 동안 회사는 몇 차례에 걸쳐 조합원들을 분열시키기 위한 유인물을 살포했으나 효과가 없자 폐업공고를 해버린 것이다.

노조는 즉각 대책회의를 소집하여 협의한 결과 농성장을 기숙사로 옮기기로 하고 기숙사 식당에 모여 대책회의를 가졌다. 이제부터는 각자의 생존권을 건 투쟁에 돌입했음을 천명하고, 조합원의 단결만이 이 싸움에서 이길 수 있음을 재확인했다. 또한 섭외부로 하여금 한국교회사회선교협의회 등 종교단체, 인권단체에 지원을 요청하도록 했다. 그리고 다음 날은 폐업에 승복할 수 없음을 천명하기 위해 조합원 전원이 출근하기로 결정했다.

다음 날 회사는 정문을 폐쇄하였고, 기동경찰까지도 출동하여 모두 기숙사로 되돌아가 농성을 계속했다. 회사는 기숙사에 대해 단전, 단수 및 식사 제공을 중지하겠다고 통지해 왔다. 이에 조합 측은 식수를 준비한 후 급식을 조달하기 위해 각 사회단체와 연락하는 동시에 회사와 경찰 측이 끌어낼 때까지 스스로 걸어 나가지 않는다는 결의를 다졌다.

한편 노조 섭외부는 기숙사 폐쇄, 단전, 단수 등의 조치로 기숙사에서 농성을 더 이상 계속할 수 없게 되자, 긴급 대의원총회를 열어 신민당사로 가기로 결정하였다. 조합원들은 경찰이 강제해산을 시도하고, 깡패를 동원할지도 모른다는 소문에 대비하여 식탁, 의자 등을 끌어내어 기숙사 정문에 바리케이드를 만들었다. 그리고는 몽둥이를 마련하고, 〈정상화 아니면 죽음이다〉라고 쓴 머리띠와 비상금, 운동화 등을 준비하고 작업복을 입은 채로 잠자리에 들었다.

노조 집행부는 만일의 사태에 대비하여 제2의 농성장소를 검토했다. 서경석을 비롯한 기독청년 몇 명과 논의한 결과, 신민당사가 경제투쟁을 정치투쟁으로 발전시킬 수 있는 장소이므로 성공하든지 실패하든지 간에 사회 전반에 커다란 파급효과를 가져올 것이라는 판단 하에 결국 신민당사로 가는 것이 가장 현명하다는 결론을 내렸다.

그날 새벽에 괴한들의 침입이 있었고, 이때 심상치 않은 기운을 느낀 노조는 빨리 농성장을 신민당사로 옮기기 위한 구체적인 계획을 세웠다. 첩보작전을 방불케 하는 치밀한 계획 하에, 경찰을 속이기 위해 기숙사에 남아 있기로 한 50여 명을 제외하고 모두 무사히 신민당사로 들어갈 수 있었다.

신민당사 4층 강당에 모인 조합원들은 모두 187명이었다. 이들은 〈정상화 아니면 죽음이다〉라고 쓰인 띠를 꺼내 머리에 두르고 준비해 간 플래카드를 강단 앞 벽에 한 장 붙이고 다른 한 장은 맨 앞줄에 않은 팀이 들고 있기로 했다. 플래카드에는 〈우리를 나가라면 어디로 나가란 말이냐〉, 〈배고파 못살겠다. 먹을 것을 달라〉라고 씌어 있었다.

어느덧 취재기자들이 몰려와 사진을 찍고 사건의 진상을 취재하기 시작했다. 신민당 총재 김영삼은 노동자들을 따뜻하게 위로하고 격려했다. 노동자들의 호소와 김영삼 총재를 비롯한 신민당 간사들의 중재 등 각고의 노력이 이어졌으나, 유신의 검은 그늘이 드리워진 정부 당국은 꿈쩍도 하지 않았다.

소위 '101호 작전'이 개시된 8월 11일의 여명이 밝아오기 시작했다. 자동차 크락션 소리가 새벽공기를 뚫고 길게 세 번 울렸다. 이 소리를 신호로 '101호 작전'이 개시되었다. 새벽 2시가 막 넘은 시간이었다. 갑자기 4층에서 잠을 자던 노동자들이 아우성치기 시작했다. 현관문이 깨지는 소리와 함께 사방에서 비명과 고함소리가 터져 나왔다. 조명용 소방차 2대가 대낮처럼 불을 밝히는 가운데, 1천여 명의 정사복 경찰들이 당사 안으로 밀어닥쳤다. 이들은 연막가스탄을 터트리며 닥치는 대로 때리고 부수었다. 철모를 쓰고 곤봉을 든 기동경찰 수백 명이 노동자들을 곤봉으로 때리고는 한 사람에 4명씩 달려들어 사지를 번쩍 들어 계단을 통해 차례로 끌어냈다.

경찰은 온갖 폭력과 무력을 행사하며 노동자들을 불과 10여 분만에 모두 당사 밖으로 끌어냈다. 이런 아수라장 속에서 김경숙이 왼팔 동맥이 끊긴 채로 4층 강당에서 떨어져 당사 뒤 지하실 입구 아래에 쓰러진 모습으로 발견되었다. 당시 언론은 김경숙이 곧 병원으로 옮겨졌으나 새벽 2시 반경 숨졌다고 보도했다. 2008년 과거사진실화해위원회에서 밝힌 바로는 경숙이가 떨어져 있었던 자리는 4층에서 떨어져서는 있을 수 없는 곳이었으며, 그의 죽음은 자살이 아니라 타살이라는 것이었다.

2층 회의실의 상황은 훨씬 험악했다. "돌격! 죽여!" 하는 소리와 함께 사복 청년들이 벽돌 등으로 벽을 깨부수고 들이닥쳤다. 신민당 청년당원들의 저항이 있었으나 곤봉과 주먹세례를 받고 곧 진압되었으며, 사복 청년들은 김영삼 총재 등 국회의원 10여 명, 기자 등 30여 명을 한쪽 구석으로 몰아

넣고 벽돌과 화분을 던지며 주먹질 발길질을 하였다. 얼굴이 피범벅이 되어 실신상태가 되도록 두들겨 맞은 당원도 있었고, 전신을 난타 당해 오른팔 동맥이 끊겨 선혈이 솟구치기도 하였다. 기자들도 사진기와 필름을 빼앗고는 구타하여 얼굴을 알아볼 수 없게 된 기자도 있었다. 김영삼 총재는 경찰의 승용차에 강제로 태워져 어딘가로 보내졌다.

죽은 YH노조가 살아있는 유신권력을 몰락시키다

신민당사를 초토화시킨 '101호 작전'은 정확히 23분 만에 끝났다. 신민당 소속 국회의원 및 당원 30여 명, 취재기자 12명, 그리고 정확한 숫자를 알 수 없는 노동자 수십 명이 참혹하게 얻어맞아 부상을 당했고, 불과 몇 시간 전까지만 해도 동료 노동자들과 함께 웃고 함께 울었던 김경숙은 의문투성이의 시신으로 변했다. 그리고 가까스로 버텨오던 YH노동조합도 그 날로 운명을 다했다.

YH노동조합 사건은 60년대 이후 누적되어 온 비민주적 사회상황과 사회경제적 모순이 첨예한 형태로 폭로된 상징이었다. 그러나 신민당사에서의 농성과 경찰의 폭력적 진압은 경제투쟁으로 출발한 YH사건을 정치투쟁으로 승화시켰다. 그 결과 정국이 경색되고, 마침내 부마민중항쟁이 일어나고, 박정희가 김재규의 총탄에 죽어 하루아침에 유신권력이 몰락하였으니, YH노동조합은 죽음으로써 유신권력을 물리친 것이다.

YH무역노동조합

폭력의 시대를 넘어
희망의 내일로

권 순 갑

　우리 집은 경상북도 예천군 예천읍 우계동의 소작농이었다. 원래 큰집은
잘 살았으나 큰아버지의 잘못으로 아버지가 남의 집 머슴을 사시느라 집
을 돌보지 못해 매우 가난했다. 나는 1955년 1남 4녀 중 막내로 태어났다.
어려운 살림 속에 초등학교 5학년 때 어머니가 풍으로 쓰러지셨다. 어머니
병 고치려고 굿을 하고, 돌팔이 한의사에게 약을 짓고 병원을 다니고 하면
서 없는 살림이 더 어려워져 중학교를 가지 못했다. 동네 청년들이 야학을
열어 아이들을 가르쳤는데 거기서 중학교 과정을 마쳤다.

　　1955년 경북 예천 출생. 73년 YH무역 입사. 75년 노동조합 결성 후 대의원, 상집위원, 쟁의부장,
부지부장 역임. 79년 신민당사 투쟁 당시 대외활동 담당으로 지명수배. 10.26사태 후 체포되어 성동
구치소 수감. 석방 후 운동권 유인물 제작 유통으로 수차례 구류. 86년 5·3사태 유인물 제작으로 보안
대 연행, 8일 만에 석방. 그 1년 후 다시 인쇄기획실로 돌아와 지금까지 운영 중.

엄마를 모시고 집에서 18살까지 있다가 서울로 시집간 언니네 집(면목동)에 놀러왔다가 YH무역회사의 여공모집공고를 보고 지원하여 입사하게 되었다. 내가 속한 부서는 머리카락을 심어 반 완성된 가발을 마네킹 머리에 씌워서 여러 모양으로 미용하여 완성하는 일을 하는 곳이었다. 1979년 그만둘 때 월급을 9만원 남짓 받았던 것으로 기억한다. 처음에는 언니 집에서 먹고 자고 하다가 곧 기숙사로 들어갔다. 처음 들어갔을 때는 상여금도, 야근수당도, 휴가도 없었다. 언제였던가, 서울에서 처음으로 고향에 내려갔을 때 그렇게 과묵하시던 아버지의 눈물을 처음 보았다.

열악한 노동조건, 노동조합을 만들다

기숙사에서는 노동조합의 필요성에 대해 많이 이야기들을 했다. 전국섬유노조에 좋은 분들이 있어 회사 몰래 YH 노동자들을 몇 명씩 불러내 노동조합에 대한 교육을 시켰다. 노동조건이 너무나 열악했던 만큼 노동조합의 필요성에 대한 공감대가 빨리 형성되었다. 사실 나는 노동조합에 대해서는 관심이 없었고 일만 열심히 했다. 교회도 가고 등산도 다녔다.

그러던 중 노동자들이 노동조합을 만들려 한다는 것을 회사에서 눈치채고 이를 주도한 언니들 4명을 해고시키고 주동자는 충청북도 청천으로 보냈다. 그런 사연을 듣고도 노동자들은 이에 대응할 능력이 없었다. 75년 5월, 회사 밖 전국섬유노조 사무실에서 YH노동조합이 결성되었다. 노조는 결성요건이 갖추어졌기 때문에 회사 안에 사무실을 두고 조합원 가입원서를 받게 되었다.

나도 몇 명씩 모여 교육받는 모임에 여러 번 참여하여, 단결하면 우리도 인간답게 살 수 있다는 확신을 가지게 되었다. 회사 몰래 모여 노동조합 교육을 받으면서 동지애도 생기고, 세상이 다르게 보이기 시작했다. 특별한 의식은 없었지만, 주위의 동료들이 대의원을 하라고 권하여 대의원에 선출되었다. 그 후 상집위원, 쟁의부장을 거쳐 마지막 투쟁 때는 부지부장 직을 맡고 있었다.

노동조합이 결성된 후 크리스챤아카데미 중간집단교육을 4박 5일, 5박 6일 두 차례 받았다. YH노동조합의 간부로서 다른 사업장의 노조간부들을 만나면서 많은 사람들이 노동조합을 하고 있다는 것을 알게 되어 뜨거운 동지애를 느꼈다. 더욱 열심히 노동조합 활동을 해야겠다는 결심이 섰다. 그러한 교육들에서 배운 것은 YH 조합원들에게 열심히 전달했다. 회사와의 끊임없는 투쟁 속에서도 옆 뒤 돌아볼 틈 없이 노조활동을 하느라고 바빴다.

어느 날인가, 회사의 진동희 사장이 외부의 으리으리한 사무실로 불러 노동조합을 그만둔다면 뭘 해주겠다고 회유하는 일이 있었다. "당신 같으면 그렇게 하겠느냐?"고 사장에게 쏘아 붙이고 나왔다. 그런데 올 때 사장의 기사가 억지로 승용차에 태워 그 사무실로 왔기 때문에 내 호주머니에 땡전 한 푼 없었다. 할 수 없이 버스기사에게 사정하여 공짜 버스를 타고 돌아 왔다.

신민당사 농성투쟁과 지명수배

가발사업으로 큰 돈을 번 회사가 그 돈을 외국으로 빼돌린 사실을 알았다. 노동자들이 피땀으로 일으킨 회사를 폐쇄하려 하자 우리는 크게 분노하여 반드시 폐업을 막아야 한다고 결의했다. 실태를 알리고, 폐업을 막기 위해 신문사와 방송국에 돌릴 성명서를 만들었다. 성명서 뭉치를 들고 3개 방송국과 동아일보, 조선일보, YH무역의 주거래 은행인 조흥은행, 주한미국대사관 등에 전달하려고 돌아다녔다.

미국대사관에 갔을 때는, 안으로 들어가려고 잠겨 있는 문을 막 두드렸더니 먼저 총이 쑥 나와서 깜짝 놀라기도 했다. 혼자 방송국 사무실에 들어가 모든 책상 위에 성명서를 한 장 씩 놓고 나왔지만, 방송국에서는 한 줄도 보도하지 않았다. 기독교방송국에서만 라디오 뉴스로 짧게 언급했고,

어느 신문에선지 짧게 몇 줄 써준 것이 다였지만, 그 정도도 좋아했다. 회사는 우리가 모여 있는 기숙사에 물과 전기도 끊고 나가라고 압박하였다.

갈 곳도, 기댈 곳도 없다고 생각하여 마지막으로 우리들이 들어갈 수 있는 곳을 찾다가 신민당사를 택했다. 노동조합은 막다른 길목에서 다른 것은 생각할 수도 없었다. 신민당사에 들어가기까지 최순영 지부장 남편인 황주석 선생, 이문영 교수님, 문동환 목사님, 고은 선생님 등 많은 분들이 도움을 주었다. 이 분들은 나중에 이 일로 감옥살이까지 하셨다.

나는 주로 외부에서 사람들을 만나 대책을 의논하는 일을 했다. 방송국과 신문사에 마지막으로 갔다 온 날, 기숙사에 들어와 긴급 대의원대회를 하고는 다음 날 새벽 신민당사로 가기로 결정했다. YH노조의 신민당사 투쟁은 이렇게 시작되어 동료 김경숙을 죽음에까지 이르게 한 처절한 역사가 만들어진 것이다. 신민당사에 들어갔던 조합원들은 모두 경찰에 의해 끌려나와 연행되었다. 그러나 나는 외부활동을 맡았던 관계로 신민당사에는 들어가지 않아 연행되지 않았지만, 바로 지명수배령이 내려졌다. 몇 달간 도피생활을 했는데, 그때 나를 숨겨준 이가 김귀균이었다.

그는 학생운동가 출신으로 성수동 쪽에 방을 얻어 위장취업을 하고 있었다. 정말 미안하고 고마운 친구다. 그 집에 계속 있기도 불안해서 다른 집으로 옮겨 가 있는 중에 10·26사태가 터졌다. 이제 살았구나, 싶어 신나서 인사도 할 겸 짐을 가지러 성수동으로 갔다가 잠복하고 있던 경찰에 붙잡혔다. 김귀균은 나 때문에 경찰들과 며칠동안 함께 생활했다고 한다. 그 후에도 나 때문에 고생을 많이 했다. 지금 생각해도 미안하고 죄스럽다.

그때 일이 지금도 생생하다. 김귀균의 집에 가니 마루 밑에 칠피 남자구두가 놓여 있었는데 직감으로 경찰이구나, 하는 생각이 들었지만 발이 땅에 얼어붙어 한 발짝도 움직일 수가 없었다. 경찰이 튀어 나오며 "권순갑이지?" 하는데, 순간적으로 "아니요" 했지만 사진을 들이밀면서 바로 수갑을 채웠다. 치마를 입고 있어서 갈아입고 가면 안 되느냐고 물었더니 안 된다며 바로 연행하였다.

인권이 박탈된 경찰조사

연행되어 나오는데, 골목의 동네 사람들이 구경하느라 나와서 젊은 여자가 수갑을 차고 잡혀가니 수군거렸다. 대기하고 있는 자동차로 가자 기다리고 있던 경찰관이 차에서 내려 "쥐방울만한 년 잡으려고 우리가 얼마나 고생했는지 아느냐?"고 하면서 뺨을 후려쳤다. 나는 왜 때리느냐고 거칠게 항의하다가 더 맞았다. 가 보니 종로경찰서였다. 조금 있다가 태능경찰서에서 나를 데리러 왔다. 그쪽 경찰들은 또 자기네 관할에서 잡히지 않았다며 차 안에서 욕을 하고 난리를 쳤다.

기본적인 조사도 받지 않고 지하로 데려가 수갑을 라지에터 관에 묶었다. 그러니 라지에터 위에 앉을 수밖에 없었다. 그 상태로 이틀 밤을 내버려 두고 조사를 했다. 차가운 라지에터 위에 앉아 있어 배가 뒤틀려 아프고 불편해서 죽을 것 같았다. 며칠 후에 유치장으로 올라갔는데, 그 동안 세수나 양치를 하지 못했다. 박정희의 장례 날이었는데 내가 장례식 텔레비전 중계를 보지 않자, 장례식을 보면 세수와 양치질을 할 수 있게 해주겠다고 회유를 했다. 유치장에서 10일을 있다가 성동구치소로 넘어갔다. 구치소에서 한 달 가량 지나 우리 노조의 다른 간부들과 함께 석방되어 불구속상태로 재판을 받았다.

재취업 실패, 한빛교회의 도움

두달 쯤 있다가 먹고 살아야 해서 가발공장에 취업했으나 하필 그 공장의 한 직원이 YH 때 생산과장이었다. 그가 나에 대해 회사에 알리는 바람에 중간에 그만두게 되었다. 그 후 취업은 불가능했다. 실업자로 놀고 있을 때 한빛교회 이우정 장로님과 이해동 목사님 사모님께서 물심양면으로 많이 도와주셨다. 한빛교회 이해동 목사님의 말씀은 너무 가슴에 와 닿았다. 한빛교회에는 문익환 목사님을 비롯해 민주인사들이 많이 오셔서 항상 형사 반, 교인 반 예배를 드렸다. 나는 새롭게 성경 말씀을 알게 되었다.

교회에서 알게 된 선배가 을지로에서 조그마한 기획사를 하고 있다고, 놀고 있으면 도와달라고 해서 처음 인쇄골목에 가게 되었다. 1980년대 초 운동권의 유인물은 위험해서 해 주는 곳이 많지 않았다. 그 선배도 운동권 사람이어서 모든 인쇄물이 운동 관련 유인물이었다. 마음 한 구석에는 늘 노동운동을 해야 한다는 강박이 있어 갈등이 좀 있었지만, 이 일도 누군가는 꼭 해야 한다는 생각이 들어서 열심히 하다 보니 이 분야도 중요한 일이었다. 중부경찰서 형사들은 매일 문 앞에서 지키고 있었다. 선배가 민청련 간부였는데, 어느 날 갑자기 수배가 떨어졌다. 인쇄소에 들어온 지 6개월이 안 되어서였다. 선배는 나에게 기획실을 맡아서 하라고 했다. 매일 매일이 살얼음판이었다.

그때만 해도 컴퓨터가 많지 않고 청타로 한 글자 한 글자 찍어서 원고를 만들던 시절이었다. 유인물 일은 많고 속도는 느려서 밤새 일을 할 수밖에 없었다. 직원들은 퇴근하고, 밤새 찍어서 인쇄를 해야 하는데 너무 감시가 심해 인쇄소에 원고를 가져다 줄 수가 없어서 밤에 원고를 어느 지점에 갖다 놓으면 인쇄소 사장님이 가지고 와서 인쇄를 해 놓으면 아침 일찍 납품을 하는 등 게릴라전을 하듯이 했다.

그때 학생들이 데모를 하면서 을지로를 지나가고 나면 '피바다'라고들 했다(피바다라는 것은 paper, 곧 '피' 뿌리고 지나가 유인물 홍수라는 뜻이다). 그 유인물 중에 많은 것을 내가 만들었다. 최루탄을 너무 많이 쏘아 눈을 뜰 수가 없을 정도였다. 일할 수가 없으면 치약을 코 밑에 바르고 일을 해야 했고, 시위대가 지나가고 나면 나는 중부경찰서에서 조사를 받고 구류를 살기를 한 두 번이 아니었다.

내가 그런 유인물을 많이 제작한다는 것을 알고 배달 아저씨들을 꼬여서 우리 사무실에서 나가는 유인물을 먼저 갖다 주면 푼돈을 주고 실적을 올리는 경찰도 있었다. 이것을 안 안기부 담당은 우리 사무실 물건을 배달하는 사람에게, 그때 배달료가 2천원 정도였는데, 납품하기 전에 자기한테 먼저 주면 20만원을 매달 준다고 했다고 나한테 말한 일도 있었다. 착한 아저씨들은 물건을 싣고 가다가 경찰에게 걸리면 그냥 길에서 돈 받고 싫었다고 해주어 몇 번 어려운 고비를 넘기기도 했다.

5·3 사태, 보안대 연행 - 석방 - 잠적

1986년 인천 5·3사태가 일어났다. 5월 2일 저녁 수많은 유인물을 한 차 가득 실어서 납품하고 홀가분한 마음으로 같은 일을 하고 있는 후배 사무실에 저녁을 같이 먹으려고 갔다가 잠복해 있던 경찰에게 잡혔다. 캄캄한 차에 태워져서 둘러보니 그날 우리 사무실에 왔던 사람들이 모두 타고 있었다. 그 사람들은 경찰이 아니고 보안대 요원들이었다. 비포장도로를 한참 달려서 내린 곳은 송파 어디쯤 산속이었다. 한 방에 한 명씩 넣고 주민등록증을 빼앗았다.

그날 많은 동지들이 잡혀 왔다. 내가 거래하고 있는 학생들을 비롯해 노동조합들, 민주단체 인사들, 고문하는 소리와 비명소리로 아비규환이었다. 나는 우선 가방에 수첩이 있다는 생각이 나서 연락처가 적혀 있는 종이를 씹어서 삼켰다. 그날 들어온 사람들 중에 내가 거래를 하고 있는 학교, 그 중에서 제일 가슴 아픈 기억은 서울대학생들이다. 서울대총학생회에서 발행하는 무크지가 있었는데, 그 책 내용은 정부에서 보기에는 어마무시했다. 그 책을 만들던 편집위원들도 모두 잡혀 들어왔다. 그 중에 편집장은 강집을 당해서 군대에 보내졌다.

그 학생들을 데리고 인쇄한 사무실을 대라고 하루 종일 끌고 다녔는데 학생들이 어딘지 못 찾겠다며 우리 사무실을 보호해 주려고 그렇게 맞고 고문을 당하면서도 끝내 불지 않았다. 나중에 내가 들어와 있다는 것을 알고 대질을 시켰는데, 편집장은 군인이라 죄수복을 입고 있어서 내가 몰라

봐서 모른다고 했더니 그는 나에게 '고생하지 마시라'고, 자기들이 모두 말했다고 하는데 목소리를 듣고는 그를 알 수 있었다. 조사실 방은 욕조가 있었고, 학생들의 옷은 다 젖어 있었다. 눈물이 나 끌어안고 엉엉 울었더니 '여기가 어딘지 알고 그러냐'고 나를 끌어냈다.

그 일로 좀 맞기는 했지만. 거물급이 많아서 그런지 나에게는 큰 신경을 쓰지 않았다. 나는 운 좋게 7박 8일만에 나왔다. 나와 보니 사무실에서는 아무것도 모르고 일을 하고 있었다. 우리 일이라는 것이 모두 위험천만했던 터라, 불안한 생각이 들어 직원들을 출근하지 못하게 하고 나도 잠수를 탔다. 아니나 다를까, 그 다음날부터 네 군데서 나를 찾기 시작했다. 중부경찰서, 안기부, 시경, 보안대. 다행히 그때는 핸드폰도 없었고 집에 전화도 없어서 나와 직원들도 연락이 안 되었다. 나 대신 우리 직원들이 남산에 끌려가 고생을 했다. 나를 내보내준 사람은 경상도 사람이었는데, 그 일로 엄청 혼났다고 들었다.

나는 대대적인 검거선풍이 불고 시국이 좋지 않아, 사무실을 폐쇄하고 1년 동안 잠적했다. 1년 후에 다시 을지로로 돌아와 지금까지 인쇄기획실을 운영하며 열심히 살고 있다. 1991년 36살 때 고향 친구의 소개로 결혼을 해서 딸 하나를 두었다. 지금도 을지로에는 좋은 뜻을 가지고 기획실을 이어 일하고 있는 학생운동권 출신 여성들이 열 명 정도 있다. 그들과는 지금도 그때 그 시절을 이야기하며 30년 넘는 우정을 유지하고 있다.

나는 내가 걸어 온 삶에 후회는 하지 않으려고 한다. 앞으로도 존경하는 70민노 선배님들과 만나 힘을 받으면서 살기를 기원한다. 아직도 공장에서 힘들게 일하는 여성 노동자들이 많다. 까마득한 그 후배들이 우리들보다는 좀 더 인간다운 대우를 받는 노동조건에서 일하며 살아 갈 수 있길 바랄 뿐이다.

어둠의 시대 불꽃이 되어

YH무역노동조합

인고의 모진 세월은
아직도 …

이 순 주

동생의 공부를 위해 공장으로

나는 1957년 12월, 경기도 안성에서 5남매의 첫째로 태어났다. 우리 집
은 엄마가 행상을 해서 겨우 먹고 사는 지경이었다. 자식을 학교에 보낼 처
지가 아니었다. 그러나 남동생 만큼은 공부를 시켜야 한다는 생각에 아버
지는 아는 분께 부탁하여 내가 18세 되던 해에 YH 봉제공장에 취직시켰
다. 나 역시 동생을 공부시켜야 하니 당연하다고 생각했다. YH에서 나는
신사복 상의반에서 일하게 되었다. 기숙사에서 생활하며 하루에 보통 10시

※ 1957년 경기도 안성에서 5남매의 장녀로 출생. 73년 YH봉제공장 입사. 79년 4월 폐업 항의농성
참여. 노조 부지부장으로 8월 신민당사 농성투쟁 참가. 새벽 2시 경찰의 폭력진압으로 태능경찰서 연
행. 고문 조사 후 성동교도소 수감. 출소 후 트라우마와 악성 피부병으로 가족 전체가 고통을 받음. 블
랙리스트로 취업도 불가능. 현재 파킨슨병 투병 중.

간을 일했으며, 취업당시 임금은 월 7천원 정도였다.

1973년 10월 10일 입사, 당시 근로자는 5~6백 명이었고, 수출실적이 우수한 업체로 동탑 훈장까지 받은 회사였다. 사장은 장용호. 장 사장은 경영권을 박정원 사장에게 넘기고 가족들과 미국으로 이민을 가 시민권도 얻었다고 했다. 미국에서 백화점과 호텔을 경영하면서 호화생활을 하고 있었다.

회사는 근로자들의 저임금을 바탕으로 성장하였고, 장용호 사장은 그 재산을 해외로 도피시킨데 문제가 있어 76년 이후 수출부진과 과도한 금융차입금(자산은 25억 원인데, 40억 원 특혜대출) 등을 견디지 못하여 폐업에 이른 것이다. 주거래은행인 조흥은행이 관리 운영해서라도 공장을 정상화해 달라고 청와대, 국무총리실, 노동청 등 관계 부처에 수차례 호소했지만 아무런 답변도 반응도 없었다.

열심히 일만 하면 모두가 해결될 줄 알았다. 근로자 대부분은 시골에서 상경한 15~27세 여성이었다. 저임금이지만 식대를 뗀 나머지를 부모형제의 생계유지와 약값, 동생들의 학비로 보내고 있었다. 우리에게 공장폐업은 죽음이나 다를 바 없다. 봉급을 올려 달라는 것도, 좋은 복지시설, 더 나은 대우를 해 달라는 것이 아니라 일자리를 잃지 않게 해달라는 호소였다.

폐업의 위협과 공포, 신민당사 농성

1979년 8월 8일 아침, 식당과 기숙사 폐쇄 공고문이 붙었다. 공고문을 본 근로자들은 불안하고 초조한 분위기였다. 지난 4월에도 공장을 폐업한다고 해서 항의했더니 기동경찰을 투입하여 구타 당한 일이 있었다. 그 때 200여명이 다른 공장에 취업시켜 준다는 노동청의 권유에 따라 YH 공장을 떠났는데 그들 대부분은 두 달 동안 6~7군데나 공장을 옮겨 다녔다고 한다. 그리고 확인되지는 않지만 술집이나 사창가로 팔려간 사람도 있다는 얘기를 들었다.

그 날부터 밥을 먹을 수도, 잠을 잘 수도 없게 되었다. 잠이 오지 않아 꼬박 밤을 새웠다. 새벽 5시쯤 되었을까, 남자들의 목소리가 들렸다. "끌어 내! 끌어내!" 기숙사 철문을 부수는 소리. 우린 마지막에 어떻게 할 것인가 의논했다. 결국 신민당사로 가서 호소하자는 결론을 짓고 기숙사를 나가기로 했다. 사복경찰이 기숙사 주변을 지키고 있어 한꺼번에 나가기가 여의치 않아 삼삼오오 흩어져 빠져 나왔다.

9시 30분쯤 마포 신민당사에 도착하여, 4층 강당에 모두 모였다. 180~200명 정도였다. 11시 30분쯤 김영삼 총재를 만날 수 있었다. 우리는 그간 YH무역이 폐업에 이른 이유와 과정을 설명했고, 김영삼 총재는 '여러분들이 억울한 일이 없도록 정부에 반영하겠다'고 했다. 신민당에서 제공한 빵과 우유로 때늦은 아침식사를 했다.

신민당의 박한상 의원이 보사부장관에게 전화를 걸어 'YH 여공들이 우리 당에 찾아와 농성하고 있으니, 당국의 책임자들이 이곳에 와서 그간의 경위도 설명해주고 대책도 밝혀 달라'고 요구했다. 장관은 오후 2시까지 노동청장을 보내겠으니 기다려 달라고 하였다고 했다. 그러나 소식이 없어 다시 전화를 걸자, 장관은 '아직도 청장이 안 갔느냐? 곧 보낼 테니 기다려 달라'고 대답했다. 장관의 이야기를 듣고 박 의원이 노동청장 실에 전화를 걸었다. 식사하러 가서 아직 안 왔다는 대답이었다. 다시 장관에게 전화를 하니, 'YH무역 문제는 어제 오늘 생긴 문제가 아니기 때문에 YH 사장에게 신민당사로 가보라 했으니 그 사람과 얘기 해 보라'는 것이었다. 한마디로 발뺌이었다.

바로 그 즈음 박정원 사장과 전무가 함께 방문했다. 그들은 적자만 생겨 공장 문을 닫지 않을 수 없다고 했다. 적자의 이유가 뭐냐는 당 간부들의 질문에 근로자들의 작업능률이 떨어져 적자라는 것이었다. 그러면 작업능률이 오르면 공장 문을 다시 열겠냐는 질문에 그렇다고 대답했다. 박 의원이 근로자 대표인 지부장 최순영, 부지부장 이순주, 사무장 박태연을 그들과 만나게 했다. 작업능률이 나빠 공장을 폐업한다는 말에 우리는 놀랐다.

일자리를 잃지 않기 위해 얼마나 열심히 일했는데 말도 안 되는 핑계였다.

그 결정적 이유는 회사 측의 경영에 문제가 있고, 근본적으로는 장용호 사장의 수십억 외화도피와 40억 원의 부실대출이라는 것이 우리의 주장이었다. 45억 원어치 채권을 가진 조흥은행에서 관리하여 공장을 가동할 수 있지 않느냐는 우리의 주장에 아무런 대꾸도 못하고 사장과 전무는 자리를 떴다. 1시간 후 쯤 박 사장이 다시 찾아와 오늘은 늦어서 은행 관리업체로 넘길 절차를 밟지 못하여 내일 하겠다며, 우선 근로자들은 기숙사로 돌아가 달라는 것이었다. 우린 그 동안 여러 번 속았기 때문에 믿을 수 없으니 내일 은행 관리업체로 확정되면 그 즉시 가겠다고 했다.

다음날 박 사장은 대책은 커녕 연락조차 없었다. 예상대로 또 속임수를 써 본 것이다. 4시 30분쯤 김영삼 총재가 4층에 왔다. 당에서 여러모로 정부 당국에 반영을 해 보고 있으니 기다려 보라고 했다. 신민당 측이 제공한 설렁탕으로 저녁식사를 하고 애국가, 노총의 노래를 부르며 질서정연하게 자리를 지키고 있었다.

잔혹한 경찰의 강제해산

이날 저녁부터 경찰이 강제로 해산을 시킬지 모른다는 얘기가 퍼지고 있었다. 불안감에 약간의 술렁임이 있었다. 김영삼 총재는, "경찰기동대가 강제 해산시킨다는 소문이 떠도는 모양인데, 이곳은 야당 당사이기 때문에 절대 그런 일은 없을 것이다, 풍문에 동요하지 말고 기다려라, 내일이면 정부 측에서도 어떤 조치가 있을 테니 안심하고 기다려라, 우리 당에서 근본대책을 위해 해결코자 노력하고 있다, 보사부장관, 노동청장에게도 여러 차례 문의하고 요구하고 있다"고 하며 우리를 안심시켰다.

우리는 신문지와 옷가지 등을 깔고 잠을 청했다. 날이 밝아 아침식사를 하고 총회를 열어 호소문과 결의문, 그리고 성명서를 낭독했다. 그러나 기다리는 근본대책은 소식이 없고 해결될 기미는 전혀 보이질 않았다. 정부나 회사 측과도 연락이 두절되었다. 이날 저녁 무렵 당사 밖 주변이 술렁이었다. 사복경찰관으로 보이는 수많은 사람들이 당사 주변을 완전히 포위했다. 밤이 깊어지자 주변 골목에는 수가 더 많아졌다.

바깥 분위기에 우리들은 민감해 있었다. 나이 어린 15~20살의 순진한 여성 근로자들이다. 기동경찰에 습격을 당해 보아 공포증에 걸렸다. 10시 30분쯤 회의를 소집하고 애국가를 부르고 호소문을 낭독했다. 우리의 바램은 오직 하나, 생존권 보장 그것 뿐이었다. 생계를 유지할 수 있는 일자리를 달라는 것이었다. 부모형제의 생계는 누가 책임질 것이며, 동생의 학비는 누가 보낼 것이냐는 대목에서 온통 울음바다가 되었다. 처절하고 간절한 호소였다. 그 즈음 김영삼 총재가 왔다. 11시 20분경이었다.

극도로 불안하여 흥분한 우리들 사이에 약간의 소동이 있었고, 김영삼 총재의 간곡한 호소 말씀이 있었다. "참고 견디라, 문제를 해결하려면 참아야 된다, 어떤 소동을 벌리면 안 된다, 경찰은 절대로 야당당사에 안 들어올 것이니 안심하라, 지금까지 경찰이 야당당사를 습격한 일이 없다, 내가 최선을 다해 여러분의 사정을 정부에 반영할 것이니 참아 달라"고 목이 메어 호소했다. "우리 신민당은 지금 여러분을 위해 최선을 다 하고 있으니 절대 흥분하지 말라"는 당부였다. "내일 아침 9시에 보사부장관을 찾아가 만날 테니 좋은 소식이 있을 것이다, 그리고 시경국장으로부터 절대 경찰이 강제 해산시키지 않을 것이다, 곧 철수시키겠다"는 약속을 받았다고 했다.

그렇게 평온을 찾나 했지만 바깥 분위기는 그렇지 않았다. 초저녁 보다 더 많은 기동경찰이 방패와 철모로 완전 무장하고 이곳 4층을 응시하면서 움직임을 보이기 시작했다. 우리는 언제 기동대가 습격할지 몰라 불침번을 서기로 했다. 조를 나누어 양측 창가에 서고, 일부는 잠을 청하기도 했다. 새벽 2시쯤 됐을까, 요란한 소리와 함께 순식간에 일이 벌어졌다.

완전무장한 건장한 사람들이 물밀 듯이 들어왔다. 뭔가를 집어던지고 발로 차서 깨지는 소리, 고함소리, 비명소리가 말 그대로 난리였다. 동료들은 하나 둘 개 끌리듯 끌려 나가고 나 역시 발로 차이고 끌려 정문 앞에 세워진 버스 안으로 던져졌다. 그 때 당한 발목 부상은 지금도 가끔 시리고 아프다. 버스 안은 신발도 신지 못한 채, 옷도 제대로 입지 못한 채 흐트러진 만신창이 모습의 동료들로 가득 차 있었다.

갑자기 경찰이 소리를 질러 물었다. "여기에 최순영, 이순주, 박태연 있나 봐? 있어, 없어? 누구야?" 동료들은 나와 눈이 마주쳤지만 말도 하지 못했다. 내가 손을 들어 "제가 이순주입니다"라고 말했다. 다짜고짜 따귀 두 대를 가격했다. "순 악질 같은 년! 네년들 때문에 우리가 얼마나 고생을 했는지 알아? 이 XXX 년들아!" 마구 욕설을 퍼부었다. 그렇게 도착한 곳이 청량리경찰서, 그곳에서 간단히 조사를 받은 후 대부분의 동료들은 귀가 조치되었고, 나는 주동자라 하여 관할 경찰서인 태능경찰서로 이첩되었다.

거기에서 조서를 받을 때 경찰이 원하는 대로 유도하는 대로 진술하지 않으면 구타와 욕설을 했다. 몇 차례나 경찰서가 아닌 다른 장소로 이동하면서 조서를 받았다. 어딘지 잘 모르는 곳이었다. 조서 받는 며칠간은 하루 24시간 꼬박 잠을 재우지 않았다. 정말 견디기 힘든 고문이었다. 그렇게 조사를 마치고 다시 태능경찰서로…. 이런 과정을 거쳐 검찰에 송치되어 성동교도소에 수감되었다.

고문 후유증의 고통, 세상은 여전히 감옥이었다

우리들이 연행되기 전에 담당 형사가 나를 찾아와 협상 카드를 제시했다. 형사님 하시는 말씀, "동생 뒷바라지 하는 걸로 아는데, 이 일(농성)에서 손을 떼고 여공들 설득해서 해산하면 깜짝 놀랄만한 돈을 주겠다"고 했다. 나의 답변. "그러면 우리 조합원들 모두에게 달라"고 했더니 아무 말도 못하고 그냥 가버렸다.

형을 마치고 출소한 후에는 정신적 충격으로 인한 후유증으로 몹시 힘들었다. 조그만 소리에도 깜짝깜짝 놀라고, 악몽에 시달렸다. 무엇보다 힘들었던 것은 교도소에 있을 때 옮은 피부병이 온몸에 퍼져 마치 나병환자와 같았다. 어머니와 동생 4명도 모두 옮았다. 물집이 생기고 가렵고, 밤이면 더 심했다. 가려워서 긁으면 진물이 터져 질질 흐르고, 옷도 제대로 못 입고 온몸에 약을 바른 후에는 포대자루를 뒤집어쓰고 자야 했다.

온 식구들이 고통의 날들이었다. 당시 동생들은 중학생, 고등학생으로 한참 공부에 집중해야 할 때였다. 지금도 생각하면 너무 미안하다. 동생들의 학교생활도 무척 힘들었다고 한다. 학교에서도 격리되어 수업을 받았다고 했다. 당시엔 누나가 미안해 할까봐 말도 못 했다고 한다. 지금에야 하는 말이다. 못난 누나를 원망하지도 않고 참고 견디느라 얼마나 힘들었을까. 마음은 아팠지만 내가 할 수 있는 일은 없었다.

출소 후에 집에서 지내고 있는데, 그 동네는 '범죄 없는 마을'이어서 더욱 힘들었다. 이장과 사복형사와 청년들이 계속 우리 집을 엿보고 감시했기 때문이다. 엄마한테 얘기를 해서 친척 할머니 집으로 가서 지내다가 취직을 하기 위해서 서울로 와 안암전자에 시험을 봤더니 합격을 해서 면접을 보러 갔다. 그런데 나를 제외하고 다른 사람들만 면접을 보는 것이다. 그래서 면접관에게 물어보니 '여기 오면 될 줄 알았냐?'고 면박을 주었다.

호텔에서 카운터 모집 공고가 있어서 면접을 봤는데 거기서도 거부당했다. 그러다가 면목동에 있는 봉제공장의 모집공고가 붙어 갔더니 워낙 작은 곳이라 그곳까지 명단이 돌지는 않았는지 취업이 되었다. 거기에서 신랑을 만났다. 집에서는 그 사람의 집이 가난하다고 반대가 심했다. 나는 엄마한테 '그럼 없는 사람은 결혼도 못하냐'고 울고불고해 승낙을 받았다. 서로 없는 처지이니 혼수 같은 것은 안하기로 했는데 10살 어린 시누이가 도발을 했다. 그 시누이가 내가 혼수를 안 해 왔다며 라디오를 신랑한테

던졌는데, 그게 내 머리에 맞아 피가 줄줄 났다. 시집살이가 보통이 아니었다.

이혼, 아이들과 살아내기

그러던 중에 신랑이 공부하러 일본에 간다고 했다. 반대를 했지만 기어코 갔다. 그러더니 몇 개월 안 되어 이혼을 해 달라는 연락이 왔다. 다른 여자가 있었다. 애들과 먹고 살려고 집에서 일을 하고 있는데, 시간을 맞춰 해주어야 하는 일이었다. 그런데 남편이 당장 법원으로 오라고 했다. 할 수 없이 백일도 안 된 애기를 업고 법원에 가서 도장을 찍어 주었다.

애들 때문에 밤에 하는 일을 택해야만 했다. 한번은 여의도의 포장마차에서 일을 하게 되었는데, 집에 있던 아이들이 밤에 놀라 야단이 나서 이웃 아줌마가 연락을 해줘 몇 개월 만에 그만 두었다. 봉제공장에 취직을 해서 일을 하다가 쓰러져 병원에 실려 간 적도 여러 번 있었다. 지금 생각해 보면 내 지병의 전조증상이었던 거 같다.

보다 못한 지인이 아이들 아빠가 돈도 많이 벌고 재혼한 애들한테도 잘하고 산다며 도움을 청해 보라고 했다. 너무 힘이 들어 애들만 생각하자 마음을 다잡고 연락을 해 조금만 도와 달라고 했는데, 자기는 우리 애들을 없는 사람으로 생각하고 산다며 딱 거절을 했다. 얼마 후에는 연락처도 바꿨다. 그런 수모를 겪은 얼마 후, 아이들이 아빠를 찾아가 만났다고 했다. 그런데 그 사이에 망해서 갈 곳이 없다고 우리 집으로 오겠다고 하더라는 것이다. 아이들이 너무 화가 나 한바탕 뒤집어놓고 왔다고 했다. 그 후 암에 걸렸다는 소식도 들렸는데, 지금은 죽었는지 살았는지 연락이 없다.

다행히 아들과 딸은 잘 자라주었다. 딸은 좋은 사람 만나 결혼해서 잘 살고 있고, 아들은 아직 결혼을 안 하고 아픈 나를 돌봐주고 있다. 2년여 전부터 자꾸 쓰러지고 말도 어눌해지고 걸음걸이도 어둔해져서 병원에 갔더니 파킨슨이라는 병이라 했다. 지금은 약물 치료로 견디고 있다. 오늘도 내 병이 더 심해지지만 않기를 빌면서 하루를 보낸다. 이렇게 나의 삶은 저물어 가고 있다.

추신 : 제가 앓고 있는 파킨스 병은 글씨도 잘 못 쓰는 병이에요. 글씨뿐 아니라 모든 것이 맘대로 안돼요. 글씨가 형편없어도 이해바랍니다. 이렇게 쓰는 정도도 나름 심혈을 기울였답니다.

YH무역노동조합

내 삶의 지표 :
정의롭고 부지런히

정 만 옥

　나는 1957년 충북 영동군 황간면 원촌리에서 태어났습니다. 부모님과 위로 오빠 넷, 언니 둘, 7남매의 막내입니다. 초등학교를 졸업한 1976년 서울시 면목동에 있는 YH무역회사에 입사합니다. 아버지께서 옆집 친구의 외삼촌의 지인인, YH가발공장 관리직으로 계셨던 김종환 감독님께 부탁을 드려 취직을 하게 되었지요. 제 나이 스무 살 봄이었어요. 아버지께서 연로하신 관계로 홀로서기를 시킨 것이지요. 당시 저희 아버님께서는 칠순이셨거든요.

　　1957년 충북 영동, 7남매의 막내로 출생. 76년 YH무역 건조반 가발부 입사, 친구의 권유로 대의원에 선임되어 대의원 4~5명과 그룹 활동. 면목동 교회 야학에서 연세대학생들과 공부하여 의식화됨. 79년 회사 폐업사태 때 신민당사에 들어가 투쟁 후 강제 귀향. 3~4개월 감금 상태를 끝내고 결혼. 현재 열심히 요양보호사 일을 하고 있음.

　　　　　　　　　　　　　　　　　　　어둠의 시대 불꽃이 되어

춥고 배고픈 여공 생활

건조반 가발부에 취직을 하게 되어 힘든 여공의 길을 시작하게 됩니다. 어린 나이지만 참으로 열심히 아침 8시 30분부터 저녁 9시 30분까지 12시간 긴 노동이었지요. 당시 근로자들은 참으로 열심히 최선을 다하여 일을 했습니다.

70% 정도는 기숙사에서 생활을 하는데, 자유시간이 없는, 규칙적이고 규제된 기숙사의 룰이 있었습니다. 10시 이후에는 기숙사 출입이 안 되었으니까요. 생활 자체도 열악한 환경이었답니다. 1층을 세면실로 사용하는데, 연탄불에 물을 데워서 머리를 감아야 하기 때문에 새벽에 일어나지 않으면 찬물로 머리를 감아야 했으니까요. 머리 감는 날은 새벽부터 일어나야 온수를 사용 할 수 있었지요.

방 하나에 4~5명 정도가 함께 생활을 했어요. 주방은 1층인데, 식사당번을 정하여 5인분을 배식 받아 와서 방에서 식사를 하는 시스템이었어요. 때로는 당번이 늦잠을 자서 늦으면 밥과 국이 식어버려 서로 투덜대며 식사를 하곤 했답니다.

회사에서는 야근하는 날은 크림빵을 하나씩 나누어 주었는데, 집에 식구와 동생들이 많은 친구들은 10명씩 조를 짜 십여 개를 몰아서 한 사람에게 주는 빵 타임을 만든 그룹도 있었답니다. 당시 근로여건이 좋지 않은 것은 70년대를 살아온 근로자들은 너무나 실감할 것입니다.

월 1~3째 주일만이 휴일이었거든요. 회사의 사정에 의해 이 마저도 지켜지지 않을 때가 비일비재했지요. 어느 날은 퇴근시간이 얼마 남지 않았는데 감독님께서 칠판에 오늘은 '야근 없음' 하고 쓰신답니다. 우리 여공들은 환호성이 터집니다. 6시 퇴근을 하거든요.

당시 근로자들은 근무시간에 비해 월급은 아주 적은 액수였답니다. 11시간 근무해도 8~9만원 정도였으니까요. 당시 기숙사에서 우리들은 북한 생활 같다고 모두들 불만이 많았지요. 면회를 와도 만나게 안 해주고, 없다며 돌려보내고, 저녁 10시 이후는 기숙사에 들어오지도 못하게 했거든요.

기숙사 생활을 견디지 못하고 조를 만들어 2~3명 정도가 방을 얻어 자취생활을 하는 친구들이 많았어요. 저도 2년간 기숙사 생활을 하고 그 후 친구와 둘이 방을 얻어 자취를 시작하였지요. 그 당시 월세는 보증금 50만 원에 월세 4만 원 정도 했으니까요. 둘이 2만 원 정도씩 내서 사는데 늘 생활비가 부족해 외상도 많이들 했답니다. 그래도 저는 좀 나은 경우였어요. 동생 학비와 오빠들의 등록금도 부쳐 주는 친구도 많았어요.

노조대의원이 되고

제가 입사할 때 YH에는 이미 노조가 결성되어 있었지요. 어느 날 친구가 대의원을 뽑는다며 나에게 출마를 권하여 대의원에 선출되었지요. 일단 대의원이 되면 근무시간 외에 사무실에 자주 들려 노조 상황을 조합원들에게 전하는 전달자가 되는 중간 역할을 맡도록 해야 했어요.

대의원 활동을 하면서 회사의 탄압이 있었지요. 회유도 있었고, 일 못한다고 지탄도 했어요. 대의원 4~5명이 모여 밖에서 활동을 하면, 당시 면목동을 관할하는 태능경찰서의 경찰들이 우리를 늘 감시했지요. 어디 가냐고, 왜 모여 있냐고 동선을 파악하려고 따라다녔어요.

지금은 천주교를 다니지만 당시 나는 종교가 없었어요. 친구가 면목동 어디 조그만 교회에서 대학생 언니, 오빠들이 야학을 한다고 가자고 하더라고요. 교회를 안 다닌다고 했더니 관계없다고 해서 야학에서 영어를 배웠지요. 초등학교 졸업이 전부인 저로선 늘 자신감이 없었거든요.

당시 연세대학교에 다니던 언니, 오빠들이 와서 너무도 친절하게 영어와 역사를 가르쳐 주었어요. 정말로 열정을 다하여 배웠습니다. 주말에만 하는데도 늘 행복해 했으니까요. 자신감도 생기고 즐거웠어요. 시간이 없는 관계로 주 2회 정도로 하는데 아쉬움이 남았지요. 당시 근로자들은 참으로 열악한 환경에서 일을 했거든요. 감독님이 남자들이었기 때문에 언어

폭력, 성추행이 일어나기도 했지요.

폐업, 투쟁, 블랙리스트

YH무역은 노조가 있는데도 근로자들에게 한마디 상의도 없이 회사가 일방적으로 폐업신고를 하였지요. 우리 근로자들은 참으로 열심히 일을 했고, 70년대의 산업역군으로 최선을 다하며 한 시대를 지켰다고 생각합니다. 회사를 지키기 위해 우리는 온 힘을 합하여 투쟁하였어요. 선택의 여지도 없이 절박한 상황에 처하여 조합원들이 투쟁하였지만 희생만 남게 되었지요.

YH 근로자들은 신민당 당사 투쟁 후 강제 해산당하고 고향집으로 떠밀려갔지만, 사생활은 전혀 없었어요. 경찰들이 1대 1 감시를 하는 대상이 되었거든요. 고향마을에서는 북한하고 관계있는 간첩이라며 수군대는, 참으로 말도 안 되는 상황으로 몰렸어요. 3~4개월은 집에서 아무 것도 못하고 감금 아닌 감금이 되어 숨도 제대로 못 쉬고 살았어요.

1979년 박정희 대통령이 죽고 고향에서 나올 수 있었지만 서울에 와서도 취직이 안 되었어요. 블랙리스트라 하여 어디 회사를 가도 받아 주지를 않았으니까요. 우리가 회사에 들어오면 노조를 결성한다는 것이에요. 당시 가발산업은 70년대 후 사향길이어서 일자리도 더 어려운 시절이니 더욱 더 힘들 수밖에 없었지요.

우리 노동자들은 서로가 의지하고 살아야 하니까, 간혹 취직한 친구들이 있어 도와주며 응원을 해주기도 했답니다. 당시 부모님과 함께 사는 친구가 있었는데, 그 친구 집에서 한 달간 같이 살았지요. 고향에는 갈 수 없고, 취직은 안 되고, 춥고 배고픈 시절이었답니다. 우리 근로자들은 열심히 일하고, 긴 노동시간으로 우리들의 20대를 다 바쳐서 최선을 다하며 살아왔는데 참으로 서글픈 시대를 보냈지요.

현재의 나

노동운동을 하면서 부산에서 70년대 새마을교육을 다녀온 적이 있었습니다. 오랜 시간 교육을 받았는데, 당시 정의롭게 부지런히 살아야겠다는 생각을 했습니다. 많은 시간이 흘렀지만 지금도 그 생각은 변함이 없습니다. 지금은 결혼했지만 당시의 감정으로 살아보려고 노력하며 최선을 다하고 있지요.

우리들은 젊은 시절을 참으로 힘들게 보냈지요. 힘들고 불편하고 고된 삶이었지만, 나는 그때 겪은 경험이 참으로 다행이라는 생각이 듭니다. 지금 우리들의 자식 세대가 그런 힘든 과정을 겪는 것은 원하지 않거든요.

저에게는 가족이 참으로 많습니다. 현재 정년퇴직한 남편과 두 딸, 아들이 하나 있지요. 큰딸은 1남 1녀를 둔 주부로 학원강사를 하고 있어요. 둘째딸은 아들만 둘을 두어 세상에서 자기가 제일 불행하다고 농을 합니다. 요즈음은 딸이 짱이라고 하네요. 막내아들은 딸 둘을 둔 가장이지요. 자기가 제일 행복하다네요. 딸이 둘이라면서요. 어쨌든 각자가 자기 위치에서 열심히 잘 살아주고 있는 것이 참으로 감사한 일이지요.

저는 60대 중반이 되었지만, 지금도 열심히 요양보호사 일을 하고 있습니다. 지금도 옛 동지들을 만나요. 정말 열심히 다들 최선을 다하며 행복하게 살고 있으며, 만나면 서로가 서로를 챙겨줍니다. 지금은 다들 60대 중반의 여인네가 되어 있더라고요. 희끗희끗한 흰머리를 보면서 세월의 무심함에 젊은 날의 그 추억을 먹으며 살아가고 있답니다.

그녀들이 아주 오래도록 건강하게 자주 만나는 동지가 되었으면 하는 바람이 있습니다. 지금 젊은 우리 동지들은 감사해야 할 것들이 너무나 많다는 것을 모르고 있는 것 같습니다. 그러나 늘 희망을 가지고 최선을 다하는 우리 젊은 근로자들이 대한민국을 이끌어 갈 주역임은 틀림없습니다.

행복해서 웃는 것이 아니라 웃어서 행복합니다.

황혼이 된 우리, 늘 젊은 여러분들을 응원합니다.

콘트롤데이타
노동조합

◀ 1974년 GMK, 반도상사와 공동 지도자훈련

▲ 1975년 모범근로자 시상식 후   ▲ 1975년 일반교육과정 수료기념

▲ 1977년 노동조합 간부반공교육

어둠의 시대 불꽃이 되어

▲ 1977년 전국금속노동조합 부녀간부교육기념

◀ 1977년 수원 크리스챤아카데미 교육생

1978

◀ 1978년 대의원 모임

▲ 1978년 서강대산업문제연구소 수료후

1980

▲ 1980년 3월 6일 노조 지부장, 부지부장 직선제

1981년 3월 28일

1981년 12월 20일 노조 창립8주년 기념행사 마당극

1981년 5월 대의원 숙박교육 돈보스코마당

1982년 3월 파업 후 조합원 야유회

1982년 6월 3일 미본사간부 인질사건으로 3일간 경찰 억류
후 새벽에 나와 남아있던 조합원과 회사 마당기념촬영

1982년 3월 20일 파업당시 대자보

민주노조의 힘,
사회·시민운동의 초석을 이루다

노조 민주화

콘트롤데이타사는 미국 동북부 미네소타주의 최대도시인 미네아폴리스에 본사를 두고 세계 33국에 지사(1977년 현재, 1982년은 44개국)를 둔 컴퓨터 관련 다국적기업으로서 연간 매출액이 20억 달러로 알려졌다. 한국에서는 1958년부터 하청생산을 하다가 1967년에 컴퓨터기억장치 조립 생산업체인 한국콘트롤데이타사(Control Data-Korea)를 설립하였다. 종업원은 40명에서 1969년 400명, 1974년 1,000명, 1976년 1,300명으로 급증했다. 이 같은 종업원의 증가는 곧 생산량과 수출액 및 수익의 급증을 반영한 것이었다. 종업원의 95%는 여성이었다. 회사는 서울의 여자고등학교들에 졸업생을 보내달라는 방식으로 이력서, 자기소개서를 제출받아 서류심사와 면접심사를 거쳐 선발하였다. 1972년 5월경 고졸 입사자의 초임은 주 48시간 노동에 월 10,300원이었다.

여기에 노동조합이 결성된 것은 1973년 12월 20일, 전국금속노동조합 영등포지역지부 콘트롤데이타분회이었다. 영등포도시산업선교회의 도움으로 결성된 노조는 처음에는 여성노동자 8명(분회장 박명자)이 참여하였으나, 노조 결성 2, 3일 만에 조합원 600명을 확보함으로써 경영진이 아침 조회시간에 노조를 공식적으로 인정할 수밖에 없게 만들었다. 노조 결성은 남녀 차별임금에 대한 분노가 촉매제가 되었다. 회사가 노조를 일찌감치 인정한 관계로 노조 결성 초기에 흔히 있는 부당노동행위나 노사분쟁은 없었다.

노조활동은 큰 특징 없이 1975년까지 이어졌고, 임금인상과 노동조건 개선도 큰 분쟁 없이 이루어졌다. 그 시기는 1970년 외자기업의 노동조합 및 노동쟁의에 관한 임시특례법과 1971년 말 국가보위에 관한 특별조치법 공포에 이어 유신독재체제가 들어서 노동자 통제를 강화했던 기간이었다. 그런데 1976년 들어 박명자 지부장이 회사 측과 단독으로 임금협상을 타결한 사건이 일어났다. 당시 3일 동안 준법투쟁을 이어가던 중 돌발적인 지부장의 직권조인으로 임금인상이 결정된 것이다.

이 사건으로 조합원들은 지부장의 어용성을 의심하게 되었고, 거기다가 노조 전임자인 지부장과 사무장이 작업복이 아니라 사복을 착용하고 노조 사무실에서 뜨개질로 소일하는 등 현장과의 위화감과 거부감이 매우 깊어진 상태였다. 이러한 행태에 참다못한 노조간부와 대의원들은 지부장 교체를 강력하게 요구하였다. 어용노조 민주화투쟁이 시작된 것이다. 그 결과 1977년 5월 30일, 새로운 민주노조 지도부로 이영순 지부장, 유옥순·한명희 부지부장체제가 탄생하였다. 새 지도부는 1979년 두 번째 임기에 조합원 직접 투표로 지부장 96%, 부지부장 2인 97%의 높은 지지율로 재신임되었다.

당시 대부분의 노조들은 조합원의 직접선거가 아니라 대의원대회에서 선출하고 있었다. 이에 비하면 당시 콘트롤데이타노조의 전 조합원 투표는 획기적인 직접 민주주의 방식이라 할 수 있으며, 1987년 이후에야 노조들에서도 일반화되었다. 이는 노조가 회사나 정부기관의 압력으로부터 버티는 힘이 되었다. 또한 노조 가입조건도 노조 결성 초기부터 '오픈샵'이었다. '오픈샵'은 언제든 조합원들이 가입과 탈퇴를 자유롭게 할 수 있는 방식으로, 다른 노조들은 채택하지 않는 드문 방식이었다. 노조의 단체교섭 결과에 대해서도 조합원 총회가 승인하도록 하고 있었다.

콘트롤데이타노조는 다른 민주노조와는 달리 소모임이 없었다. 노동시간 단축으로 토요일 휴무에 등반대회와 전체 조합원 숙박교육 년1회 참가를 원칙으로 집중 운영하였고, 퇴근 후 꽃꽂이, 탈춤반, 여성교양강좌를 수시로 개최하였다. 결혼퇴직 철폐, 임신퇴직 반대운동 등 여성과제를 해결할 때는 사내교육장에서 40~50명씩 집단교육을 실시하여 의식을 높이고 투쟁방향으로 힘을 모아나갔다. 신협도 만들어 조합원들의 공동구매도 활발하였다.

임금인상과 노동시간 단축투쟁

일상적인 조직활동과 교육활동을 바탕으로 콘트롤데이타노조는 매년 치열한 투쟁을 전개했다. 임금인상투쟁의 가장 큰 특징은 1977년부터 1982년까지 5년 동안, 1980년 정치적 해빙기를 제외하고는, 생산량 50%를 축소하는 집단태업을 단행하였다는 점이었다. 매년 1주일에서 15일 이상 생산량 50%를 저하시킨 것이다. 그리하여 콘트롤데이타노조는 독재정권의 10% 미만 한자리수 임금억제 정책에도 불구하고 노조결성 후 매년 26~33%의 높은 임금인상률을 확보할 수 있었다.

1977년부터 노조는 매년 미혼여성의 1인 자취 최저생계비를 직접 조사하였고, 물가상승률, 1인당 노동생산성, 회사의 수출실적과 순이익, 고졸 남녀 임금격차 등을 종합적으로 분석해 이를 근거로 미혼여성 1인 자취생계비안, 최저생계비안, 물가인상을 반영한 생산성임금 인상안, 남녀임금격차 해소를 위한 평등임금인상안, 회사의 지불능력 인상요구안 등 다각적인 임금인상논리를 만들어 대응하였다.

당시 '미혼여성은 용돈이나 벌어 쓰면 되는 존재' 또는 '가계의 보조적인 수단'으로 보는 견해가 자본가들이나 어용 관변학자들 사이에서 일반화되어 있었다. 저임금을 정당화하려는 논리였다. 노조에서는 이를 반박하기 위해 미혼여성 조합원의 부양가족실태 설문지를 해마다 배포 수집하여 분석했다. 그리고 그 결과물을 갖고 여성조합원의 부양가족(2.6인의 주·부식비 요구)을 인정하고 이를 임금인상에 반영해야 한다고 주장했다. 이는 당시로서는 획기적인 투쟁이었다.

콘트롤데이타노조는 매년 정부의 10% 미만 한자리수 임금억제정책으로 회사의 수출실적과 순이익이 매우 높은데도 이를 임금인상으로 결부시킬 수 없는 상황을 극복하기 위해, 임금의 부족을 노동시간 단축으로 연계, 요구하였다. 그 하나로 단체협약에 '사용하지 않는 생리휴가는 적치되지 않고 수당을 지급하지 않는다'고 명시하여 생리휴가를 모두 사용하게 하였다. 1979년 회사가 생리휴가를 없애고 주40시간 노동을 제안하였지만, 노조는 자유로운 생리휴가를 지켜내고자 주42시간 노동을 선택하였다. 그리고 1981년에는 주40시간을 확보하였다. 이러한 노동시간 단축투쟁 사례는 당시 이에 관심이 낮았던 노동계의 인식에 비추어 매우 이례적이었다.

성차별 철폐, 여성과제 실현 투쟁

콘트롤데이타노조는, 격렬한 투쟁 시기를 제외하면, 5년의 활동기간 중에 3년밖에 안 되는 짧은 기간 동안 일관되게 여성과제 해결을 위해 지속적인 투쟁을 전개하였다. 노조는 여성특수과제 실현을 조직 강화의 목적과 수단으로 활용함으로써 오늘날 여성노조와 여성노동자들에게 유용한 시사점을 던져주고 있다. 콘트롤데이타노조가 노조의 일반과제 투쟁에서 보여준 의지와 성과는 여성과제를 실현하였던 조건이기도 했고, 기업철수 반대투쟁, 미국본사 부사장 감금사건 등은 이러한 여성과제 해결의 결과가 투쟁의 강력한 기반이 되었다. 여성특수과제는 일반적인 노동문제와 상호 상승작용을 하였고, 이를 통해 더욱 강하게 조직력을 구축하여 치열한 투쟁을 전개할 수 있었다.

성차별철폐투쟁은 임금, 노동복지, 근로관행 등의 분야에서 광범위하게 펼쳐졌다. 임금의 경우 남녀간 상여금을 연간 400%로 통일해냈고, 가족수당 역시 남성들만의 영역을 무너뜨렸으며, 자녀출산 때 지급하는 축의금도 상향조정하여 통일시켰다. 아울러 평생노동권을 주장, 결혼퇴직 반대투쟁을 성공시켰다. 당시 자본가들이 여성의 경우 결혼하면 사직하는 관행을 강요하고 있는데 대해 노조는 "너희들은 결혼하고 다니면서 왜 우리는 결혼하면 못 다니게 하느냐"면서 싸워 결국 결혼휴가 6일과 결혼축의금을 남성들과 동일하게 지급받게 되었다. 임신, 출산 후에도 직장을 계속 다니는 투쟁은 '결혼 후 직장문제'보다 훨씬 어려웠지만, 노조간부들의 헌신적인 노력으로 이 문제 역시 해결하였다. 이 밖에 직장 수유와 아기 돌봄을 위한 직장탁아소 설립문제도 노조에서 제기하였다.

직업병 조사연구와 지속적 대응

콘트롤데이타노조는 여성노동자들의 직업병에 관심을 갖고 1977년 10월 여성노동자의 모성건강을 위한 직업병 조사연구에 착수했다. 노조는 4년 이상 지속적인 실태조사를 하고, 일상적인 대응은 물론 해마다 단체교섭을 할 때 작업환경 개선과 장기간 납에 노출되면서 일해 왔던 여성들을 전환근무하게 하고, 노사 공동으로 전문기관에 조사 연구를 의뢰하자고 요구했다.

겉으로는 깨끗해 보이지만 전자회사는 납이나 유기용제의 대량 사용이 문제가 된다고 인식하고, 그것이 여성들의 모성적 특성과 건강에 치명적일 수도 있다고 보았다. 노조 지도부는, 납땜을 10년 이상 해 온 여성들도 많았고, 클로로틴 등 해로운 세척제를 물 쓰듯 사용해 유기용제나 납 등에 노출될 수밖에 없는 여성노동자들을 직업병의 위험으로부터 지켜내는 일은 시급하고 중대한 과제라고 인식하였다.

노조는 단체교섭을 통해 우선 작업실 환풍기 등 시설 개선을 요구했고, 그때까지 사용하던 납과 '후락스'(납땜을 할 때 납을 녹여 주는 액체로 송진처럼 매끄럽고 반짝이게 하는 화학약품인데, 냄새와 연기가 심하게 나는 따가운 특성을 가졌다)는 덜 유해한 종류로 교체하고, 5년 이상 납땜만 해왔던 여성들은 다른 작업공정으로 전환 근무케 했다. 또한 신나, 아세톤, 황산 등 특급 독성물질은 덜 유해한 종류로 바꾸거나, 대체할 수 없는 물질은 뚜껑을 닫고 사용할 수 있도록 용기를 교체하는 일 등을 지속적으로 개선하여 나갔다.

아울러 유해상황을 과학적으로 측정하고 대응하는 노력을 전문기관과 노사 공동으로 실시하기로 하는 등 지속적으로 직업병 위험에 대처해 나갔다. 이런 상황에서 1981년 12월 1일, 오공본드 다루는 일을 3개월 동안 해왔던 한 조합원을 강남성심병원 정신과에 입원시켜 52일 만에 퇴원시키는 일이 일어났다. 이 조합원은 본드 환각으로 위장 등 내장까지 손상되어 있었기 때문에 다시 내과에서 2개월여 입원 치료를 더 하게 되었다.

노조는 단체교섭을 앞두고 임금인상 요구안과 단체협약 개정안을 만들 때 조합원 전원을 대상으로 직업병에 대한 설문조사를 계속 실행하였다. 직업병 조사는 여성노동자들이 느끼는 증상에 대한 것에 한정하였고, 시력이나 결막염 등은 해마다 신체검사의 결과수치의 변화를 추적하였다. 노조는 전문적인 지식이 부족한 상태에서 설문지를 만들면서 그 문항 중 시력저하, 결막염, 피부병, 구토, 신경통, 근육통 등에 대해서는 이견이 없었지만, 위장병, 변비, 치질, 폐결핵 등이 과연 직업병 증상이 될 수 있을까 의문을 가지기도 하였다.

그러나 이러한 증상들도 작업환경과 밀접한 연관성을 갖는다는 확신은 해마다 설문조사를 실시하면서 갖게 되었다. 노조가 매년 발행한 사업보고서의 목차와 내용에 직업병 조사결과가 나와 있으며, 조사통계부의 계획에도 '유해 작업장 조사 후 보고서 작성'이 과제로 기록되어 있으며, 체육부 사업계획에도 '작업 내용에 따른 적절한 건강문제 연구'가 과제로 기록되어 있다. 1981년 사업보고서에 의하면, '1980년 11월 25일 P.S.B 근무자 중 1주일 검사 결과 계속 저혈압인 사람 나타남'이라고 기록된 바 있고, 12월 4일 노조 후생부장이 하이타이로 하는 식기 세척 시정요구와 화장실 수건을 하루에 2회 이상 갈아 줄 것을 요구했다고 기록되어 있다.

노조는 1981년 단체협약 개정안에서 유해 작업장에 대한 두 가지 요구를 하였다. 이에 따라 제 801조 '근무시간'에 단서조항을 신규 설치하였는데 그 내용은 "단, 유해 작업장 근무는 1일 6시간"이라는 것이었다. 그리고 1304조 '기타 수당' 항에 위험수당을 신설하면서 "유해 작업장 근무자는 기본급의 100분의 50을 가산 지급한다"고 규정하였다. 특히 임신한 여성조합원에 대하여는 쉬운 노동으로 전환하고, 납땜은 바로 작업장 이동을 하도록 요구했다.

해고자 복직을 위한 파업 투쟁

1982년 3월 12일, 노동조합은 단체교섭이 결렬되자 집단태업에 돌입했다. 이 와중에 회사 측은 노조 지도부 6인을 해고했고, 노조는 전두환정권의 폭압적인 탄압을 무릅쓰고 파업을 단행하였다. 해고자는 이영순 지부장을 비롯하여 유옥순, 이태희, 박영선, 조성희, 박인숙이었다. 노조는 이 해고가 정치적으로 노동부나 관계기관대책회의 등 공안기관의 개입없이 콘트롤데이타사 한국 관리자들만의 의사로 결정된 것으로 볼 수 없다고 판단하였다.

노조는 3월 15일, 처음으로 조합원총회를 통해 공식적인 파업 돌입을 선언했다. 노동자들은 폭압적인 전두환 정권 하에서의 첫 파업을 선택하면서 두려웠지만 '무릎을 꿇고 사느니보다 / 서서 죽기를 원한다 / 우리들은 노동자다'를 함께 부르면서 전면파업을 단행하였다. 외자기업특례법, 국가보위법으로 단체행동권이 원천적으로 금지된 상황에서 미국자본의 방위산업체 노동자들이 누구도 피하기 어려운 해고의 위험을 걸고 행동에 나선 것이다.

파업이 시작되자 회사가 중앙냉방시설을 가동하여 작업현장은 '시베리아 벌판'이 되었다. 찬 바람으로 파업을 중단시키려는 비인간적 작태를 온몸으로 느끼면서 조합원들은 오랫동안 신사적이라고 생각했던 회사 간부들의 본질을 알게 되었다. 조합원들은 파업투쟁을 계속하자고, 우리는 고귀한 인간이라고 말하기 시작했다. 경찰이 겹겹이 에워싼 현장 외부는 '포로수용소'를 방불케 했다. 회사와 경찰은 집으로 전화를 걸어 "당신 딸이 빨갱이들한테 물들어 가니 딸을 데려가라"고 위협했다. 그러나 조합원들은 오히려 가족들에게 투쟁의 정당성을 설명하며 그들이 흑색선전을 하고 있다고 설득하였다. '파업은 노동자에게 민주주의 학교'라는 말이 실감나는 순간이었다.

파업투쟁은 3월 23일까지 8박 9일 동안 강행되었다. 노사협상으로 20% 임금인상과 퇴직금 누진제 조항은 합의를 이루었지만, 회사 측은 끝까지 6명의 해고자 복직을 거부하였다. 파업은 종결되었으나 해고자 복직이 해결되지 않았기에 팽팽한 긴장이 지속되었다. 노조는 4월 1일 다시 조합원 총회를 열고 "우리는 6명의 복직을 요구하며 다국적기업의 해고, 감원, 징계를 거부한다"고 결의했다. 또한 조합원들의 결의로, 해고된 6명에 대한 임금과 상여금을 매월 조합원들이 1,000원씩 자발적으로 거출하여 마련하였다. 이것도 여성노동자들의 강고한 연대의식이 있었기에 가능한 일이었다.

노사관계가 팽팽한 대립을 벗어날 수 없었던 상황의 바탕에는 정치권력의 노동통제 의지가 강력하게 작동하고 있었다. 당시 정부는 콘트롤데이타 노조 간부의 복직문제가 노조운동으로 해고된 다른 민주노조 간부의 문제와 동일선상에 있다고 보았는데, 이는 당시 콘트롤데이타 인사부장 백○○의 책상에서 빼앗은 〈장관보고 / 복직시키면 문제가 크다. / 원풍, 도산계—투쟁하면 된다. / 도산 해고자. 서통, 반도, 원풍 / 선례 전화 / 전 부서 대책회의—10시〉라는 메모가 이를 잘 입증한다.

이러한 노사 간의 대립과 갈등의 긴박한 상황 속에서 6월 1일 미국 본사부사장 둘이 한국에 왔다. 이들은 노동부를 방문하여 "해고로 인해 미국본사가 난처하다, 복직시켜야 한다"고 했고, 이들 부사장들과 노조 지도부가 해고문제로 단체교섭을 하게 되었다. 노조는 교섭이 결렬되면 조합원들에게 회의장으로 밀고 들어오라고 하였다. 본사 부사장 두 사람을 '감금'

하여 해고자 복직문제를 해결하려는 위험한 계획을 세웠던 것이다. 그러나 실상은 밤늦게까지 해고자 복직을 둘러싸고 협상을 벌인데 지나지 않았다.

다음날 새벽 200여명의 경찰들이 쳐들어왔다. 노조간부와 조합원 49명이 연행되었다. 대부분의 조합원들은 다음날 석방되었지만, 한명희, 이영순, 유옥순, 박영선, 이태희, 박인숙, 김말희 등 7명은 외국인 인질혐의를 받아 집중조사를 받았다. 한명희, 김말희는 불구속 입건되고, 7명의 간부들은 3일 만인 새벽 두시에 풀려나왔다. 조합원들은 노조 지도부 석방을 요구하며 농성을 계속하고 있었다.

다음날 뉴욕타임스지는 '한국 여성노동자 9시간 CDK 부사장 2명 인질극'이라는 기사를 실었다. 미국 사회에서 한국 여성노동자들은 순하고 시키는 대로 말 잘 듣는 것으로 알려져 있었는데, "회사가 오죽 나쁘게 했으면 어린 한국여성들이 '인질'로 잡았겠느냐" 하는 여론이 일어났다고 한다.

다국적기업 철수반대 연대투쟁

이후 본사가 한국공장 철수를 결정하였고, 노조는 곧 바로 철수반대투쟁에 나섰다. 노조는 다국적기업의 본질과 그 속성을 인식하고 있었기에 근본적인 입장은 철수를 환영해야 한다는 논의도 있었다. 그러나 여성노동자들의 생활상의 요구와 민주노조운동의 중요한 근거지를 지켜내는 것으로 투쟁의 방향을 결정하고 철수반대투쟁을 하기로 하였다. 노조는 조합원총회를 열고 미 본사가 한국공장을 며칠 내에 철수하기로 결정하였다는 사실을 알리고, 철수반대 입장을 결의하였다.

이 날부터 회사와 노조의 대립관계는 걷잡을 수 없이 악화되었다. 7월 16일, 술에 취한 남성 구사대 30여명이 퇴근하는 한명희 대표 등 노조간부와 조합원들에게 집단폭력을 가했다. 경찰은 수수방관했다. 한명희를 비롯하여 6명이 입원하였다. 노조의 결혼퇴직 철폐운동과 임신하고 직장 계속 다니기 운동의 성과로 결혼과 임신한 기혼여성 조합원들은 노조 투쟁에 누구보다 적극적으로 앞장섰는데, 이들은 이 날 가장 먼저 폭행을 당했다. 임신 5개월이던 최○○은 태아를 유산하는 아픔을 겪었다.

점심시간의 총회와 농성장에 남성들이 난입하여 성기를 드러내고 오줌을 뿌리는 등 횡포를 자행하면서 노조 때문에 회사 문을 닫게 되었다며 쌍욕을 퍼부어댔다. 노조는 흥분상태가 극한으로 치닫고, 노조간부들의 집에까지 경찰이 배치되는 상황에서 더 이상 현장투쟁을 이어가기 어려워졌다고 판단했다. 그리하여 노조원이 자신의 목소리를 낼 수 있는 곳으로 한강성당과 명동성당 두 곳에 모여 철수반대투쟁을 이어갔다. 7월 19일, 한강성당에 60명이 모여 농성을 시작하였고, 이튿날 12명이 명동성당으로 잠입해 들어가 두 성당에서의 10일간 농성으로 집단투쟁을 종료하였다.

당시 언론은 정치권력의 지배 이데올로기를 대대적으로 생산, 유포하는데 앞장섰다. 7월 20일부터 8월 2일까지 2주일에 걸쳐 뉴스시간마다 〈도산이 침투하면 도산한다〉, 〈도산의 꼭두각시 한명희는 물러가라〉, 〈우리 회사는 우리가 지킨다〉라고 적힌 대형 현수막을 펼쳐든 구사대가 공장 마당을 행진하는 장면이 방송되었다. 특히 KBS와 MBC TV 양사는 앞 다투어 한 시간 분량의 특집 물을 3편이나 제작, 방송했다. '노동자가 투쟁하면 기업이 망한다'는 논리는 잠시 동안 한국사회 노동운동에 어두운 그림자를 드리운 것 같았다.

콘트롤데이타노조는 한국공장이 철수된 이후 1년 이상 불법적 해고와 일방적인 철수를 폭로하는 규탄투쟁을 계속하였다. 노조는 정부의 탄압과 왜곡보도에 대응하기 위해 홍보물 20만부를 제작하여 전국에 배포하고, EYC(전국기독청년회) 전국기독청년대회와 KSCF(전국기독학생연맹) 전국대회에 가서 직접 사례발표를 하는 등 지속적으로 정권의 노동자 탄압의 실상과 외자기업의 본질을 알려 나갔다. 탈춤반 모임은 각 대학교 순회공연을 하는 등 가장 오랫동안 다국적기업 콘트롤데이타사의 부당노동행위와 일방적인 자본철수를 규탄하였다.

콘트롤데이타노조는 70년대 민주노조운동의 주역이었던 원풍모방, 동일방직, YH무역, 삼성제약, 청계피복, 반도상사 등의 노조간부 및 조합원들과 크리스챤아카데미 4박 5일 노동교육을 통해서 만났다. 또한 매월 경동교회 노동사례연구회에 참가하면서 각 노조의 현안을 공유하고 대책을 강구하였으며, 시국 동향을 함께 토론하는 등 지속적인 동지애를 다져나갔다. 또 각 노조의 투쟁 때마다 방문하여 격려하고 항의 전화에 참여했다. 투쟁 또는 활동기금을 후원하기도 했다. 신인령, 김세균 교수 등과도 함께 하였으며, 가끔 강원용 목사님도 참석했다. 단체로는 크리스챤아카데미와 영등포 산업선교회와 1년에 두세 차례 만나는 방식이었으며, 전국기독청년회(EYC), 기독학생회(KSCF), NCC 등은 회사철수반대투쟁사건으로 비화되었을 때 성명서, 홍보물 배포, 목요기도회에서 노조문제를 적극적으로 다루어 주었다. 가끔 사안별 자문을 위해 따로 만났던 분들로는 신인령, 천영세, 김금수, 인명진 목사 등이 있었고, 임금인상 요구자료를 작성할 때 장명국(현재 내일신문 대표)의 도움을 받았다.

콘트롤데이타노조는 이러한 연대활동을 바탕으로 노조민주화투쟁을 전개하였다. 노조는 1980년 5월 9일 금속노조 김병용 위원장 퇴진요구투쟁을 주도적으로 기획, 조직하여 금속연맹 대의원대회를 무산시켰다. 또 5월 13~16일에는 한국노총에서 열린 '노동기본권 확보 궐기대회'에 참가하여 250여개 노조 수천 명의 노동자들과 함께 노동3권 쟁취와 노조민주화를 강력히 요구하였다.

맺음말 : 민주노조의 성과와 과제

첫째, 콘트롤데이타 노조 출신의 여성지도력이 다시 현장 밖에 모여 다른 민주노조 역량을 끌어 모아 한국사회 최초로 여성지식인들과 함께 한국여성노동자회 결성을 이루어 냈다. 여성노동자회는 한국사회에서 진보적 여성운동의 민중지향성을 명확하게 하는 주요한 한 축의 형성에 기여한 것으로 볼 수 있다.

둘째, 콘트롤데이타노조 출신들은 한국사회 보육운동의 중심역량으로 발전하였다. 이들은 노동상담, 이주노동자 상담, 다문화가정 공부방을 운영하였으며, 가톨릭노동상담소 상담역을 맡았고, 부부가 함께 청소년 그룹 홈을 운영하기도 했다. 또한 작은 학교 살리기 운동을 전개하여 산성초등학교를 지켜 지역여성들과 지방자치 발전에 기여하였으며, 한국여성단체연합 공동대표, 지방의회 진출 등을 실현하였다.

셋째, 콘트롤데이타노조에서의 여성과제 실천 경험들은 80년대 내내 민주노조 건설운동과 민주노총 여성부 설치, 노동자가족투쟁을 개발, 조직함으로써 '87년 노동자대투쟁'에서 노동운동의 지평을 넓혀냈다. 또한 한국사회 최초로 '실업자에게 실업급여를 달라'는 고용보험제도를 실현시켰고, 여성실업대책활동, 여성 일자리 창출과 여성 직업능력개발정책에도 기여했다. 이러한 활동들은 비정규직 여성노동자 문제해결 노력과 함께 지역여성노조 건설에도 기여하였다.

넷째, 콘트롤데이타노조의 경험은 여성노동자운동의 경험으로 더욱 농축되어 남녀고용평등법의 제·개정 요구활동과 모성보호운동의 역량 증대에 기여한 바 크며, 그밖에 지역사회에 들어가 교육민주화를 위한 학교급식실천 운동과 교사촌지거부운동, 구로지역에서 한국타이어, 조흥화학, 대성연탄공장 등 공해산업을 주택가에서 몰아내는 환경운동에 이르기까지 풀뿌리지역여성운동과 여성노동운동의 새로운 모델 창출에 지속적으로 개입하고 실천해 나아갔다.

결론적으로 콘트롤데이타노조에서의 풍부한 여성과제 실천경험과 민주노조운동에 대한 신뢰로 다져진 역량들이 하나의 단위사업장을 넘어 지역사회로 나가 풀뿌리 조직을 일구어 내면서, 그 다양한 성과들을 사회 전반에 가시적, 비가시적으로 군건한 토대를 일구는 밑거름으로 작용하였다는 것을 보여 주고 있다.

콘트롤데이타노동조합

정의롭고 평화로운
삶을 향하여

박 노 희

내가 태어난 곳은 충남 태안군 안면도, 3남5녀 중 일곱째다. 안면도는 우리나라에서 여섯 번째로 큰 섬이라서 어업에 종사하는 사람들이 많지만 농가도 많았다. 부모님은 농사를 지으셨다. 어릴 때 기억으로 아버지는 배를 설계하고 만드는 일을 하셨다. 배를 만들 동안 아버지는 집을 비우셨고, 농사나 집안 일은 어머니 중심으로 이루어졌다. 논일은 오빠들이 했고 어머니는 주로 밭일을 하셨다. 정확치는 않으나 논은 4천 평 정도 되었던 것 같다. 당시 농촌생활이 그렇듯 쌀밥도 먹고, 보리밥도 먹고, 겨울에는 고구마에

※ 충남 안면도 출생. 76년 콘트롤데이타 입사. 노조가입. 80년 노조 운영위원. 공장철수 반대 명동 성당 농성. 노동부 농성으로 구류. 87년 가톨릭노동사목 활동. 한국노동자복지협의회 상근. 구로3동 '꾸러기동산' 어린이집 운영. 93년 필리핀 어학연수. 1995년 수원교구 이주노동자상담소, 2009년 양주시 '너나들이공동체'(다문화가정) 운영.

동치미로 점심을 먹으면서 살았다.

고향에서 중학교를 마치고 고등학교는 서울에서 다녔다. 큰언니가 서울에 살고 있어서 학비를 지원해주고 보호자 역할을 하였다. 대학에 가고 싶은 마음이 있었으나 언니에게 말을 못하고 내 힘으로 대학을 다니겠다고 마음먹고 취업의 길을 선택하였다. 어린 시절 나의 꿈은 낙도나 시골의 보건소에서 일하는 간호사가 되는 것이었다.

콘트롤데이타 취업

고등학교 친구의 소개로 1976년 5월, 구로3공단에 있는 ㈜콘트롤데이타에 입사하였다. 콘트롤데이타에 먼저 입사하여 일하고 있던 단짝 친구가 외국 회사라 8시간 일하고 남은 시간은 나를 위해 쓸 수 있으니 함께 일하자고 권했다. 회사에 입사하기 위해 시험도 보고 면접을 보면서, 공장인데 입사하기가 까다롭단 생각이 들었다. 소개한 친구에 의하면, 군사용 컴퓨터 기억장치를 만들기 때문에 채용을 까다롭게 한다는 것이었다.

첫 출근하여 작업현장에 들어갔는데 칸막이가 없이 탁 트인 작업장은 뿌연 안개가 덮인 것 같고 납 냄새가 났다. 작업복을 입고 반장의 지시에 따라 직사각형의 판넬에 현미경으로 와이어를 아주 작은 코어에 통과시키는 작업이었는데, 현미경이 아니면 할 수 없는 아주 섬세한 작업이었다.

긴장감으로 손이 덜덜 떨렸으나 실수 없이 완벽하게 수행한 끝에 바로 생산라인에 배치되었다. 하루 생산량이 정해져 있었는데, 목표량보다 초과달성하여 작업량을 저축하는 일도 생겼다. 회사에서는 생산량을 높이기 위해 작업자 뒤에서 초시계로 시간을 측정하는 야비한 행동을 서슴치 않았는데, 그럴 때면 오히려 천천히 작업을 했다.

근무는 당시로서는 드문 주5일제였다. 주5일 근무로 개인시간이 많아 친구들과 여행을 다니고 서점에 가서 책을 사서 보기도 했다. 당시 유행하던 비엔나커피를 마시러 다니기도 했다. 월급을 타면 옷을 사 입는다거나 하기

어둠의 시대 불꽃이 되어

보다는 여행과 등산을 많이 다녔다. 아마도 전국의 유명한 관광지나 산은 거의 다 다니지 않았을까 싶다. 온전히 나를 위해 시간과 돈을 썼던 시기였다.

그 무렵 우리는 어떻게 살 것인가, 나는 누구인가, 어디서부터 왔는가 하는 고민을 자주 하였다. 친구는 해답을 찾았다면서 스님이 되었다. 나는 천지만물을 창조하신 분이 하느님이심을 믿으며 1982년 명동성당을 찾아가 교리를 공부하여 영세를 받았다. 교리를 배우면서 예수님은 가난한 사람, 억압받는 이들과 함께하며, 신앙인의 삶은 그리스도의 발자취를 따라가야 한다는 것을 알게 되었다.

노조간부 구속과 공장 철수 반대투쟁

처음 입사하였을 때 노동조합에서 노조활동에 대해 설명하는 시간이 있었다. 그런데도 노동조합 간부 6명이 해고되기 전까지 나는 조합원이면서도 노동조합 활동에 소극적이었다. 그래도 노조지부장은 당당하고 자신에 찬 모습으로 아침마다 현장을 순회하며 조합원들에게 관심을 보였고, 격의 없이 이야기를 나누고 어깨를 다독이는 모습이 멋지게 보였다.

1980년 전두환 정권이 들어서면서 노동조합에 많은 일들이 생겼다. 노동조합 간부들과 조합원들이 여의도 노총회관에 몰려가 노동3권 보장 궐기대회에 참석하고 난 후 지부장과 부지부장이 정화 조치되었고, 한명희 부지부장이 지부장 직무대리가 되었다. 1982년 3월에는 회사가 노조간부 6명을 해고한 일이 벌어졌다. 우리는 해고자 복직을 요구하며 8박 9일의 밤샘 농성을 했다. 당시 나는 대학 진학의 꿈을 이루고자 야간에 대입학원을 다니고 있었으나, 해고사태로 투쟁하는 중에 다닐 수가 없었다.

3월이라 아직 추위가 걷히지도 않았는데 회사는 농성을 방해하기 위해 밤이 되면 에어컨을 빵빵하게 틀어놓았다. 엄청나게 추웠다. 바람의 세기를 알기 위해 에어컨에 끈을 달아놓았는데 끈이 펄럭이는 모습을 보면서 회사가 참 비열하다고 분노하였다. 지도부가 해고되어 조합간부를 다시 선임하였는데 나는 운영위원으로 선출되었다. 피할 수 없는 상황이었고, 끝까지 싸워서 이겨야한다는 생각이 들었다.

나는 가톨릭 신자들의 모임인 '파트리'에서 활동하였는데, 식당청소, 화장실 청소 등을 하면서 회사에 꼬투리 잡히지 않기 위해 열심히 했다. 해고자 복직 싸움을 거치면서 노동조합이 얼마나 필요한지, 노동조합이 왜 좋은지 깨달았다. 임금도 인상되고, 근무시간도 단축되고, 작업환경도 달라지면서 노동자 의식이 견고해졌고, 노동자로서의 정체성이 확립되었다고 확신했다.

미국 본사에서 해고자 복직문제를 해결하기 위해 방한하여 노사교섭이 벌어졌다. 우리는 퇴근을 하지 않고 교섭결과를 기다리고 있었다. 그런데 새벽에 남부경찰서 형사들이 들이닥쳐 외국인을 감금하였다며 우리들을 연행하여 밤샘 조사를 한 후 다음날 풀어줬다. 그때, 본사에서는 해고자를 복직시키고자 했으나 한국의 노동부가 반대한다는 이야기를 들었다. 우리는 노동부가 왜 해고자 복직을 반대하는지 묻기 위해 장관 면담을 하러 노동부를 방문하였다. 그러나 우리에게 돌아온 것은 구속 3명과 구류 12명이었다. 나는 남부경찰서에서 3일 구류를 살았다.

회사에서는 남자 직원을 중심으로 구사대를 조직하여 온갖 행패를 부리고 폭력을 행사하면서 살벌한 분위기를 만들었다. 폭행을 당한 지부장 직무대리는 병원에 입원하였고, 임산부가 유산하는 일이 생겼다. 남자 구사대들의 잔인한 행동은 소름이 돋고 무서웠다. 그러나 뒤로 물러설 수는 없었다. 회사 측의 여자구사대는 공장을 돌면서 핸드마이크로 "우리 회사는 우리가 살린다"고 외치고 다녔다.

결국 노조간부 3명이 구속되었고, 회사는 정문을 봉쇄하고 폐업공고문을 붙여놓아 회사에 들어갈 수가 없었다. KBS, MBC 방송에서는 연일 특집 프로그램으로 "도산이 침투하면 도산한다", "노조는 빨갱이다"라면서 우리를 불순세력으로 몰았다.

우리는 고립무원이 되었다. 호소할 곳이 없었다. 조합원들은 명동성당과 한강성당을 찾아가 구속자 석방, 공장철수 반대를 요구하며 농성을 시작하였다. 나는 명동성당에서 농성하였는데, 밤이면 가족들이 우리들의 이름을 부르면서 찾았다. 시골에서 오빠가 오셨다. 시골집에 경찰이 찾아와 딸이 빨갱이에 속아 농성하고 있는데, 그냥 놔두면 집안이 망하고 자식들의 앞길이 막힌다고 협박하는 말에 엄마는 식사도 못하고 누워 있다는 이야기를 전했다. 나는 왜 농성을 하고 있는지 설명하고 밥도 잘 먹고 편안한 곳이니 걱정하지 말라고 오히려 오빠를 안심시켰다. 그 후로 엄마는 돌아가실 때까지 2, 3일에 한번 안부전화를 하지 않으면, 무슨 일이 생겼느냐면서 걱정하셨다.

정의로운 삶을 꿈꾸며

회사에 갈 수는 없어도 우리는 매일 천주교정평위(정의평화위원회) 사무실에서 모임을 계속하였다. 구속된 동지들이 있었고, 하루 아침에 공장에서 쫓겨나 일자리를 잃었으니 억울하였다. 남아있는 우리는 영등포구치소로 구속자 면회를 가 면회는 못해도 겹겹의 유리창을 통해 멀리서 어른거리는 언니들의 모습을 보며 손을 흔들어 함께하고 있음을 알렸다. 우리가 함께 있으니 힘을 내라고 소리 지르면서 울었던 기억도 있다. 면회를 마치고 돌아올 때는 발걸음이 무거웠다. 언니들은 감방에 갇혀 있는데 할 수 있는 일이 없다는 무력감도 생겼다.

진상을 알리는 유인물을 만드는 등 무엇이든 할 수 있는 일을 찾아서 하였다. 기도회가 열리는 곳에 유인물을 나눠주고 사건을 설명하면서, 우리의 요구는 구속자 석방과 공장철수 반대이고, 다시 현장에 돌아가서 일하고 싶다는 것을 알렸다. 뿐만 아니라 함께 모여 노조탄압 과정에서 겪었던 일들을 나누고 녹음하여 마당극 대본을 만드는 작업도 하였다.

1983년 8월, 구속된 언니들이 석방되자 함께 대본을 완성했다. 마당극 제목은 〈금수강산 빌려주고 머슴살이 웬 말인가〉로 정했다. 제목에서 말해 주듯 콘트롤데이타는 전형적인 다국적기업으로서 그 동안 한국에서 이익은 모두 챙기고 무책임하게 문을 닫는 행태를 보였다. 1984년 9월, 홍사단에서 첫 공연을 하기로 하였으나 경찰의 제지로 무산되고 참가자들은 동대문경찰서로 연행되었다. 공연을 막기 위해 홍사단 주변을 5천명의 경찰이 막았다는 이야기를 들었다. 공연은 그 후 경찰의 제지를 뚫고 여러 군데서 펼쳐졌다.

콘트롤데이타노조 투쟁을 통해 나의 삶도 달라졌다. 노동자로서 정체성을 갖고 가톨릭노동사목에서 상근간사로 1년간 활동하였고, 뒤이어 한국노동자복지협의회(후에 한국민주노동자연합으로 변경)에서 2년간 상근활동을 하면서 노동자 교육과 노조결성에 작은 힘을 보탰다. 함께 하였던 소중한 시간들이었고, 힘든 시간을 기쁘고 행복하게 일했다.

당시 구로3동서 '꾸러기동산'이라는 탁아소를 운영하기 시작했다. 가톨릭노동사목과 인연이 있는 여성들이 모여 사회과학 공부도 하고 성서공부를 하면서 배운 것을 실천하자는 뜻을 모아 맞벌이노동자의 자녀들을 위해 만든 탁아소였다. 당시는 새마을유아원이나 비영리로 운영되는 민간탁아소가 있었다. 지역의 탁아소연합회가 조직되어 '영유아보육법' 제정을 정부에 요구하였다. 일하는 엄마들은 탁아소의 필요성을 절감하였기 때문에 집회가 있으면 열심히 참가하였다.

결국 영유아보육법이 제정되었고 탁아소는 어린이집으로 명칭이 변경되었다. 일하던 교사들에게는 보수교육을 이수시켜 보육교사자격증을 취득하게 하였으며, 나는 어린이집 운영 책임자로 활동하였다. 이때도 아이들의 안전한 먹을거리, 보육, 지역사회와 연대, 건강교육, 부모교육, 폐유로 비누만들기 등등, 이루 열거할 수 없이 많은 활동들을 했다. 최근에는 아이들이 성인이 되어 결혼한다고 초청하여 결혼식에 참석하는 기쁨도 가졌다. 오랜 시간이 흘렀어도 좋은 이들과의 소중한 만남은 이어진다.

함께 보듬고 살아가기 : 이주노동자운동

꾸러기동산 어린이집 원장으로 활동하던 중 성골롬반외방선교회 신부님의 도움으로 1993년 9월 필리핀으로 어학연수를 떠나게 되었는데, 안식년으로 생각하면 될 것 같다. 필리핀에서의 생활은 한국에서 이주민 관련 활동을 하는데 큰 힘이 되었다. 필리핀에서 1년 반 정도 있다가 한국에 돌아오니 이주노동자(당시에는 외국인근로자로 불림)가 한국사회의 중요한 과제로 대두했다. 이주노동자들을 위해 천주교서울교구, 인천교구에서 상담소를 운영하고 있었으며, 수원교구도 이주노동자상담소를 개설하는데 실무자를 찾고 있었다.

이주노동자들은 인권의 사각지대에서 차별을 받으면서 법의 보호를 받지 못하고 노예처럼 일하였다. 언어, 음식, 관습, 날씨, 종교 등 낯선 나라에서 고향 가족의 생존을 책임져야 하는 이주노동자들은 인권침해, 임금체불, 산재문제 등 다양한 차별에 직면해 있어 이들의 문제를 해결해주는 센터가 절실히 필요했다. 1995년 6월부터 수원교구 이주노동자상담소를 거쳐 의정부교구 이주노동자상담소, 의정부 외국인근로자지원센터에서 이주노동자 인권보호와 권익활동을 2007년까지 했다.

정부도 고용허가제를 만들어 시행하고, 전국에 많은 NGO 단체들이 이주노동자 지원활동을 하게 되자 나는 다른 일을 모색하게 되었다. 그 동안 축적된 경험을 바탕으로 다문화가정의 이주여성을 지원하는 역할을 하자고 마음먹고 2009년 9월 경기도 양주시에 '너나들이공동체'라는 비영리민간단체를 만들어 운영하고 있다. '너나들이'는 "너와 내가 허물없이 드나드는 사이"라는 뜻이다.

다문화가정을 우리의 이웃으로 함께 보듬고 살아가는 것이 당연한데, 우리 사회는 색안경을 끼고 바라보는 모습이 안타까웠다. 뉴스를 통해 가슴 아픈 사건들이 보도되었지만 그 대책은 보잘것 없으니 이들을 도울 수 있는 길이 없는가 많은 고민을 하였다. 그래서 양주시의 '성폭력 가정폭력피해 이주여성쉼터'를 준비하여 초대 쉼터 센터장을 맡기도 했다.

'너나들이공동체'는 뜻있는 분들이 십시일반 후원을 해주셨다. 이런 활동을 하면서 한 가지 믿음이 있었다. 뜻이 있으면 이루어진다는 믿음이다. 내가 능력이 있어서가 아니라 가치가 있고 의미 있는 일이라면, 시대에 필요한 일이라면 그분께서 채워주신다는 믿음이다. 나 혼자서 하는 일이 아니라 함께 만들어가는 것이다. 나는 그저 버팀목이 되어서 일어서는데 작은 힘이 되고자 했다.

지난 삶을 돌아보며 콘트롤데이타노동조합 활동을 통하여 노동자로서 정체성이 확립되었다. 내가 할 수 있는 역할이 주어지면 거부하지 않고 받아들이면서 나를 성장시켜 왔고, 신앙인의 양심에 부끄럽지 않게 살려고 노력했다. 힘들고 버거워 주저앉고 싶을 때 손을 잡아주고 힘이 되어 주었던 많은 이들이 있어서 참 감사하다. '포기하지 않고 바른 길이면 나아가라, 그 길은 정의롭고 평화로우리라'는 믿음으로 오늘도 하루를 시작한다.

지금도 살아 숨 쉬는
상쇠의 정열

박 영 선*

수리 부모님은 누구보다 '규모 있는' 분들이었다. 아버지는 6·25전쟁 때 마른 삼 한 깡통을 벽에 감춰두고 피난을 가셨는데, 돌아와서 숨겨두었던 마른 삼으로 재기를 시작하셨다. 어머니는 남편이 기생을 옆에 끼고 들어와 사랑채에서 자고 일어나면 말없이 아침 밥상을 들이면서 저 가슴 깊이 참을 '忍'자를 수도 없이 꾹꾹 눌러 담은 분이다. 그 사이에서 나는 4남 3녀 중 막내로 1954년 충청남도 금산에서 태어났다.

온갖 유흥을 즐기며 이제 죽어도 여한이 없다며 중절모에 백구두 신고

＊ 1954년 충남 금산 출생. 고교 졸업 후 콘트롤데이타에 입사. 노조대의원, 섭외부장 역임. 천주교 파트리 모임 결성, 운영. 크리스챤아카데미, 서강대 산업문제연구소 교육 수료. 80년 5·18 직후 보안사 연행. 81년 4월 해고 후 노동부 농성으로 1년 1개월 투옥. 84년 한국노동자복지협의회 문화부장 역임. 현재 전북 진안 거주 중.

금강산 어느 곳에서 찍은 사진을 들여다보던 아버지가 항상 생각난다. 면, 리 구석구석 과자를 납품했던, 금산에서는 유명했던 아버지가 운영한 합신당! 셈베이, 오꼬시, 양갱 등을 만드느라 늘 떠들썩했던 직공 오빠들의 말소리가 지금도 들리는 것 같다. 기술이 바뀌고 대형공장들이 생겨나면서, 비스켓과 크림빵으로 변해버린 입맛을 되돌릴 수는 없었으니, 결국 초등학교 5학년 때 빚잔치를 마친 후 온 가족의 서울살이가 시작되었다.

취업과 투쟁 : 근무시간 중 월급지급 관철

서울 대림동 의용촌에서 어렵게 살면서 나는 언니네 집과 오빠 집을 전전하며 중학교와 고등학교를 마쳤다. 고등학교 졸업 후 1년 여 지나 콘트롤데이타에 다니던 친구가 자기네 회사에 다니지 않겠느냐고 제안을 해서 들어가게 되었다. 노조가입 형태가 오픈샵이라 조합원서를 내고 노동조합에 가입하였다. 콘트롤데이타노동조합은 내가 입사 후 1년 쯤 지났을 때 이영순 지부장 집행부가 들어섰다. 새 집행부는 노동자들의 권익을 위해 열심히 일했다.

어느 해인가, 회사는 이전 퇴근 2시간 전에 지급하던 월급을 퇴근 후 지급한다고 하자 노조는 월급을 근무시간에 수령할 수 있게 하라고 요구하였다. 그러나 회사는 받아들이지 않았다. 그 해에 석가탄신일, 어버이날, 어린이날, 일요일까지 5일 간의 연휴가 있었다. 노조는 돈이 급한 조합원들에게 조합비에서 차용해 지급하기로 하고, 월급 수령거부 투쟁을 벌였다. 거금을 은행에 다시 넣지도 못하고 회사에 현금으로 두어야 하는 초유의 사태가 벌어졌다. 결국 회사가 손을 들었고, 이후에는 퇴근 20분 전에 라인별로 임금수령이 이루어졌다.

이런 일도 있었다. 회사는 노동조합이 만들어진 후 생리휴가 등의 권리를 주장하기 시작하자, 생리 여부를 양호실에 가서 확인받고 남자 감독의 승인을 거쳐 신청하라는 치졸한 지침을 내렸다. 또 생리휴가 미사용 시

유급 처리되는 지침을 지키고 있었다. 노조는 이를 시정하라고 요구하여 1977년도 단체협약에 '당월에 사용하지 않은 생리휴가는 무급이고 사라진다'는 조항을 명시하였다. 이렇게 노조는 여성의 건강권과 인간적 권리를 몇 푼의 돈으로 환산해서는 안 된다는 사고를 심어주기 위해 노력하여 결국 관철해냈다. 이렇게 작지만 당연한 권리를 하나 하나 챙기는 집행부를 조합원들은 차츰 신뢰하게 되었다.

임금협상, 통근버스 도입

대부분의 노조는 임금인상의 근거로 한국노총이 발표하는 '생계비 조사표'를 이용하는 게 관행이었다. 하지만 당시 한국노총은 노동자의 권리를 지켜준다고 신뢰할 수 있는 조직이 아니었다. 노조에서는 노총자료의 실효성을 신뢰하지 않고 물가, 우리만의 연도별 생산성향상 그래프, 수출실적, 조합원 1인당 순이익 등을 도표로 만들어 임금 인상을 주장했다. 환율변동에 의한 회사의 이익금까지 따져가며 달러로 지급하라고 요구하였다. 1인 자취생계비로 46.5%, 최저생계비로는 90%, 생산성 대비 임금으로 72.3%, 고졸남녀 임금격차로 76.8~123.2%를 제시했다. 이때 회사의 지불능력으로는 300%를 주어도 기업이 이익이라고 확신했기 때문이다.

콘트롤데이타공장 근무시간은 주간, 야간으로 나뉘어져, 주6일 48시간 근무를 하고 있었다. 컴퓨터를 제작하는 현장이었기에 냉난방이 철저히 조율되었다. 노동조합은 전기요금이 과다하게 나오니 그것도 절약하고 출퇴근 버스 비용 등의 경비를 절약할 수 있음을 근거로 주44시간 근로 시행을 제시하였다. 노조는 주48시간의 생산성을 올리기로 약속하고 44시간 근무를 요구하여 쟁취하였다. 격주로 토요일을 휴무하였다. 저임금 때문에 노동시간 문제에 관심이 낮았던 당시 상황에서 주44시간, 격주 토요일 휴무는 꿈같은 얘기였지만 불가능한 게 아니었다.

1974년 회사는 염창동에 있던 공장을, 외국인 투자기업에 대한 정부의 무한특혜 속에서 구로공단으로 확장 이전하게 된다. 주거지가 서울 전 지역에 걸쳐 있던 조합원들을 위해 노동조합에서는 출퇴근 시 체력소모로 인해 생산성이 떨어진다는 명분을 들어 출퇴근 버스 운행을 요구했다. 그 결과 잠실, 왕십리, 김포, 시흥 등으로 나누어 통근버스를 운행하게 되었다. 구로공단에 16대의 통근버스가 들고 나면서 타사업장 노동자들의 부러움을 샀다. 이 모든 노조의 노력과 투쟁에 나도 섭외부장으로 참여하여 성과를 올린 것을 자랑스럽게 생각한다.

소모임의 열정, 노조간부로의 출발

당시 여성노동자들의 소박한 꿈은 부잣집으로 시집가는 것이었다. 신부 수업 중 첫 번째 시작한 것이 꽃꽂이였고, 곧 1급 사범자격증을 획득하였다. 노조간부가 되고 나서는 소모임 조직사업 일환으로 조합원들에게 꽃꽂이를 가르치기도 했다.

1970년대 민중문화를 이끈 가장 큰 활동의 하나가 탈춤과 풍물이었다. 당시 민주노조 사업장에선 탈춤반과 풍물패가 으레 만들어졌었다. 민중문화운동의 선두주자라 할 수 있는 채희완, 연성수, 박인배 등에게서 탈춤을 배웠고, 그들은 노학연대의 일환으로 열성을 다해 가르쳤다. 자연스럽게 풍물도 하게 되었는데, 너도 나도 장구를 배우겠다는 바람에 나와 마음씨 착한 박노희는 꽹과리를 맡을 수밖에 없었다. 나는 행사 때마다 흥을 돋우는 상쇠를 했다.

사내 천주교 모임을 만들어 '퍼트린다'라는 뜻의 '파트리'를 조직해 1주일에 한번 점심식사 후 만나 노동조합의 근황과 입장을 설명하는 가교 역할을 하면서 기도모임을 주도했다. 노조간부 해고철회 복직요구 8박 9일 농성기간에는 파트리 회원들이 화장실 청소를 도맡아 했다.

졸업시즌이 되면 각 고등학교에 사업설명회와 회사소개를 하여 각 학교에서 졸업생들이 무리지어 입사하기도 했다. 나는 나의 출신학교인 신광여고 출신 모임의 회장 직을 오랜 기간 맡았다. 노동조합에서는 이 밖에 일어 강습, 서예 등등 소모임 조직을 기획 운영했다.

해방을 맞이하고도 자주독립을 하지 못하고 해외원조에 의존한 경제성장에 일조한 한국노총의 만성적 어용화는 당연한 귀결이라고 할 수 있다. 노조교육이랍시고 점심시간에 포크댄스나 하던 전 집행부와는 달리, 노동의 신성함과 가치를 부여하고 내실을 기하려 했던, 그래서 껍데기가 아닌 알곡이고자 했던 이영순 집행부가 탄생했다.

당시 노조 대의원인 나에게 지부장은 섭외부장직을 제안했고, 그로부터 노조간부의 인생이 시작되었다. 아마도 조합원들과의 친화력과 돌파력이 눈에 들었던 거 같다. '노동자'란 명칭에 인상 찌푸리며 '근로자'이길 원했던 나였다. 그런 나에게 중간집단육성 프로그램인 크리스챤아카데미 교육에 가라고 해서 참여했다.

이 교육은 나에게 노동운동의 새로운 지평을 열어주었다. 농촌, 여성, 산업사회로 나누어진 중간집단 교육프로그램으로 산업사회 간사였던 김세균, 신인령 선생 등 강사진들에게 내가 아닌 '우리'라는 공동체 의식을 배우게 되었고, 서강대 산업문제연구소를 통해 헌법, 민법, 노동법에 대한 개념을 정립할 수 있었다. 이후부터 민주노조들의 만남과 교류가 시작되었다.

보안사에 연행해 프락치 활동 요구

1980년 5·18광주민주항쟁 직후 근무 중에 누가 면회를 왔다고 해서 나가 보니 양복 차림의 남자 2명이 회사 전무의 차에서 잠간 보자고 했다. 어디서 왔냐고 물어보니 보안사라고 했다. 기다리라고 하고는 노조사무실에 가 전후 사정을 얘기하니 다녀오라고 했다. 듣기만 해도 으스스한 전두환의 보안사, 동작동 어느 주택을 개조해 만든 사무실이었다. 복도가 쭉 있고 양옆에 문들이 여러 개 있었다. 4평 남짓한 방에 테이블과 의자 2개, 화장실이 전부였다.

족히 2시간을 혼자 두고 난 후에 수사관이 들어와 서너 시간을 묻고 답하고 묻고 답하고 질리는 조사를 받았다. 수사관은 나에 대해 나보다 더 잘 알고 있었다. 본론은 노동조합의 정보를 빼내 달라는 거였다. 어처구니가 없었다. 늦은 저녁이 되자 어쩔 수 없었는지 가라고 했다. 단 그곳에서 나눴던 대화 내용을 하나라도 발설하면 교통사고나, 자살로 쥐도 새도 모르게 처치하겠다고 협박을 했다.

밖으로 나오니 긴장이 풀려 그냥 바닥에 주저앉아 잠시 숨고르기를 하였다. 순간 노동조합의 언니들이 생각났다. 노조사무실로 택시를 타고 돌아오니 언니들과 조합원들이 퇴근을 하지 않고 기다리고 있었다. 그때 확 밀려오던 감동과 희열은 이루 말할 수 없는 것이었다. 혼자가 아니라 우리라는 *끈끈한* 동지애였다. 보안사 분실에서의 취조, 협박, 회유 내용을 모두에게 양심선언으로 보고했다. 아마 그날 소주 몇 잔은 기울였으리라.

본사의 한국공장 철수, 해고

주5일 근무였으므로 한 달에 한번 정도는 내가 주관하여 등산모임을 가졌다. 오고 가는 버스 안에서 노동조합 교육을 시키는 등 즐거운 시간을 보냈다. 위원장 이영순의 진취적 사고력! 부위원장 한명희의 엉뚱한 돌파력! 총무 유옥순의 차분한 집행력! 이 모두가 어우러져 민주노조의 기틀이 되었다.

노동조합은 임금인상이나 노동조건 개선에만 주력한 것이 아니었다. 경영 참여도 주장했다. 저임금과 환경오염의 공장들을 개발도상국에 진출시킨 미국에게 박정희 정권은 온갖 특혜를 주었다. 채산성의 문제로 공장을 다른 후진국으로 이전하는 과정에서 정부는 언론과 함께 노동자편을 들기는 커녕 노동조합과 산업선교회, 가톨릭노동청년회 등에게 덤텅이를 씌우는 작태를 벌였다. 그 과정에서 노조간부 6명에 대한 해고조치가 행해졌다. 해고사태 후 본사 부사장이 한국을 방문하여 "우리는 복직시키고 싶으나 한국정부가 반대한다"는 말을 전해 들었다. 기가 막힐 일이었다.

1981년 3월, 단체협약 교섭을 마치고 집에 돌아왔는데, 이튿날 아침 회사의 남직원 2명이 찾아와 '해고통지서'라며 종이 한 장을 던지고 줄행랑을 쳤다. 나중에 알게 된 일이지만 해고자 5명(이영순, 유옥순, 이태희, 조성희, 박인숙)도 똑같이 이렇게 당했다고 한다. 노조에서 대책회의가 열려 8박 9일 농성에 돌입하게 되었다. 이때 조합원들은 십시일반으로 성금을 모아 나를 포함해 해고된 집행부 임원 6명에게 월급을 마련해 주었다.

1981년 7월 10일, 나는 공장 철수반대, 해고자 복직을 외치며 노동부 마당에서 연좌농성을 하던 중 경찰의 진압으로 이태희, 조성희와 함께 구속되었다. 이것이 범죄라고 1년 6개월의 실형을 선고받아 징역 1년 1개월 만에 특사로 출소하였다. 겨울을 지내면서 발에 동상이 걸려 매일 피를 빼내는 고초를 겪었지만, 감옥생활은 또 다른 나의 자아 발견과 성숙된 인간으로 발전하는 계기가 되었다.

출소 후 조합원 김경태 글쟁이를 중심으로 교섭마당·해고마당·철수마당 등 〈금수강산 빌려주고 머슴살이 웬 말인가〉라는 제목의 마당극 대본작업을 마치고 전국순회공연을 하였다. 경찰의 방해로 공연이 취소되고 유치장 신세를 진 때도 있었으나 많은 찬사와 박수를 받았다.

남은 꿈

박정희 군부독재정권 하에서 민주노조들은 너 나 없이 탄압을 받았다. 전두환 정권하에선 처참히 부서져 많은 해고자들이 생겨났다. 물방울이 모여 강물이 이루듯, 원풍, 청계, YH, 동일방직, 고려피혁, 삼원섬유 등등 민주노조 출신 해고자들이 모여 1984년 3월 한국노동자복지협의회를 창설하게 되었다.

원풍노조의 기금으로 마련한 주택에 사무실이 들어섰고, 드디어 민간단체인 전국단위의 노동운동협의체가 발족한 것이었다. 나는 문화부장을 역임하면서 3월 10일 노동절 행사를 상여놀이, 씻김굿 등으로 홍제동성당에서 벌였다. 농촌에서 태어나 도시의 가난한 노동자로 전락하는 어린 꿈나무들의 생활을 노래극으로 꾸며 테이프로 만들어 기금 마련을 하기도 했다. 나는 이후 암투병과 심장병 수술 등으로 고초를 겪다가 귀향하여 요양생활을 하고 있다.

이승만, 박정희라는 잘못 채워진 첫 단추로 시작된 불운의 한국 근현대 정치사를 보내면서 국민들의 한탄과 울분과 자성을 토대로 드디어 위대한 촛불혁명이 일어났다. 남과 북의 실타래를 풀어 제쳐 평화의 개성공단을 지나 번영된 남북의 경제협력을 이루고, 이를 바탕으로 파괴된 지구환경을 지켜내고, 유라시아 평화의 일익을 담당하는데 뭐라도 역할을 해야 하는 나! 미력하나마 앞으로도 그 일을 할 수 있도록 가슴 뜨거운 국민의 하나로 남아있길 소망한다.

온몸으로 부딪친
새로운 역사

유 옥 순

강릉 소녀의 서울 공장생활

지금 내 학력은 대학원 졸업 사회복지학 석사다. 학력보다는 능력이 인정받는 사회를 만들 수 있을 거라고 생각했는데 갈수록 사회는 학력을 중시하고 있고, 이제는 대졸이 과거의 고졸정도로 되어 버렸다. 공공부문도 마찬가지였다. 공공기관 위탁사업체에서 일하게 되었는데, 학력이 필요했다. 처음에는 싸워서 자격조건을 없앴는데, 계속 이것이 걸림돌이 되었다. 2004년 고등학교 학력 검정고시를 3개월 만에 통과하고 전문대학, 4년제

※ 1950년 강원도 강릉 출생. 69년 콘트롤데이타 입사. 산업선교회 '파워클럽' 활동. 73년 노조 결성 후 대의원, 회계감사, 부녀부장, 교선부장을 거쳐 상근 사무장 겸 부지부장 역임. 서강대 산업문제연구소 교육, 크리스챤아카데미 중간지도자 훈련 수료. 80년 5월 금속노조 대의원대회 및 한국노총 농성 주도. 노동계 정화조치로 현장 복귀. 82년 해고된 후 여성노동자회 참여. 사회복지 석사학위 취득. 1999년 이후 구로인력 개발센터 관장, 서울시 남부여성발전센터소장, 2017년 서울시 직장맘자원센터장.

편입, 대학원 이렇게 내친 김에 일사천리로 해버렸다.

벌써 칠순, 내가 어떻게 여기까지 왔을까? 내가 태어난 때는 한국전쟁 중이던 1950년 12월, 강원도 강릉시였다. 내내 그곳에서 자라고 중학교까지 공부하였다. 집안은 조부모님과 고모, 삼촌 등이 함께 한 대가족이었으며, 나는 6남매의 맏이였다. 아버지는 제재소 공장장, 어머니는 전업주부였다. 아버지가 월급쟁이어서 밥을 굶는 경우는 없었고, 점심도 꼬박꼬박 챙겨 먹었던 기억이 난다. 어른들은 점심은 있으면 먹고 없으면 건너뛰었던 것 같다. 할아버지가 철도부지와 텃밭에 농사를 지어 야채류와 잡곡은 자급자족했다.

동생들이 자라고 대가족이라 아버지 혼자의 벌이로는 예전 같지 않았다. 중학교를 졸업하자 아버지는 간호고등학교가 무료이니 진학하라고 했지만, 간호사는 무서워 안가겠다고 버티었다. 여러 가지 집안 일을 거들며 놀고 있다가 19살 때 앞집 아주머니 소개로 동대문에 있는 동광통상에 취업해 친구랑 서울로 오게 되었다. 중학교 졸업자라고 검사과에서 일하게 되었고, 1년 정도 일하다가 같이 온 친구 언니의 소개로 1969년 6월, 20살 때 다국적기업 콘트롤데이타에 취업하게 되었다. 처음 상경해서는 친척 집에 있었는데, 콘트롤데이타에 취업하면서 친구랑 함께 방을 얻어 자취생활을 하다가, 친구가 결혼하고 난 후 혼자 살기 시작하였다.

첫 월급은 기억이 나지 않는데 7천원 정도였고, 상여금은 기본급의 400%였다. 하루 노동시간은 8시간이었고 일요일과 공휴일은 휴무였는데, 당시 전기사정이 안 좋아서 월요일 전기가 안 들어와 일요일에 일하고 월요일에 쉬었다. 이런 근무조건은 한동안 계속 되었다.

콘트롤데이타는 당시 염창동 김포대로변에 있었고, 대형 컴퓨터 기억장치를 만드는 공장이었다. 난 머리카락 만큼이나 가느다란 구리선을 코어라고 하는 작은 구멍에 좌우 대각선 방향으로 꿰는 작업을 했다. 입사 때 가장 중요한 게 시력인데 1.0 이상이어야 했다. 종일 현미경으로 일을 해야 해서, 퇴근하면 4차선 길 건너 사람이 잘 안보일 정도였다. 점점 인원이 증가하여 공장 공간이 좁아져 주야 2부제를 했는데 난 야간근무를 하였다.

내가 22살 되던 해 12월에 아버지가 갑자기 고혈압으로 쓰러져 돌아가시게 되어 일정부분 가족을 부양해야 하는 상황이 되었다. 나는 야간 근무를 3년 동안이나 계속 하지 않으면 안 되었다. 월급 타면 방세(보증금 2만원, 월 2천원) 주고 생활비 제하고 나면 별로 남는 게 없었다. 상여금은 동생들 학비로 보내고……

당시 콘트롤데이타 사람들은 명동으로, 이대입구로 메이커 옷과 신발을 사고 미용실에 다니고 있어 가끔씩은 나도 그들에 합류해서 돌아다니곤 했다. 회사는 중졸 이상을 뽑다가 고졸로 바뀌기 시작했다. 그러자 직원들도 야간고등학교를 다니는 사람들이 늘어났다. 인천에 있는 인하여상에 주로 많이 다니기 시작했는데, 나중에 야간전문대학을 다니는 친구들이 생기기 시작했다.

노조 결성

매년 12월 중순이면 차기녀도 임금인상률이 나오는데, 1973년 12월 임금인상 발표가 늦어지면서 사무직(주로 남성)과 현장 여공들의 임금이 차이나게 인상되었음을 확인했다. 그 해는 현장 여공들의 인상률마저 낮아 현장이 술렁이기 시작했다. 당시 도시산업선교회에서 취미활동을 하던 그룹이 있었는데, 그리로 가서 알아보기로 하고 몇 명이 찾아갔다.

나는 당시 산업선교회에서 친구들과 '파워클럽'이라는 동아리를 하고 있었다. 그때 노동조합을 결성하려는데 너무 인원이 적어 더 충원해보자고 하였으나 쉽지 않아 그 8명이 모여 노동조합을 창립했다. '전국금속노동조합 영등포지역지부 콘트롤데이타분회'. 이때는 워낙 사업장들이 규모가 커 조합원이 1천명은 되어야 지부가 될 수 있었다. 우린 당시 천명에서 좀 모자라 분회로 창립했다. 난 이 날도 야간작업이라 못 갔고, 친구가 가져온 가입원서만 잔뜩 가지고 야간반에 출근해서 적극적으로 가입을 받아냈다.

다른 사람들한테 들킬 새라 믿을 수 있는 사람, 그 사람이 또 믿을만한 사람 이렇게 해서 2백 명 정도 받은 거 같다. 1천명 조금 안 되는 사업장에서 야간에 2백 명, 다음날 주간에 받고 해서 2일 만에 6백명 정도의 가입원서를 받았다. 우리는 외자기업이라 영등포에 있는 노동청에 설립신고를 냈다. 당시는 노동부가 없었다.

그 무렵 회사가 설문조사 비슷한 걸 했다. 당시 두 달 또는 석 달에 한 번씩 주던 생리휴가도 불만사항으로 나오자 매월 쓸 수 있게 되었다. 간호실에 가서 확인을 받아와야 사용할 수 있던 생리휴가를 이후로는 무단결근을 해도 하루는 생리휴가로 인정해주기도 했고, 이를 신청하면 무조건 주었다. 우린 생리휴가를 돈으로 환산하는 걸 거부하고, 꼭 사용하는 방침을 택했다. 78년부터 생리휴가 무급화가 되었다. 노조 결성 이후 야간조가 퇴근하면 길 건너 태권도장을 빌려 조합원 교육을 했고, 주간조는 지부사무실에서 교육을 했다. 교육을 받으면서 호빵을 맛있게 먹었던 기억이 난다.

당시는 국가보위법과 외국인투자노조법에 의해 다국적기업은 노동조합을 결성하기가 엄청 어려운 상황이었는데 의외로 1주일 만에 설립신고가 나왔다. 회사는 공간이 부족해 회사 외부에도 사무공간을 두고 있었는데, 노조사무실도 그 건물에 마련해 주었다. 분회장과 총무가 상근하는데, 혹시 이들이 회사로부터 회유 당할까봐 조합원들이 매일 조를 짜 방문하였고 상근자들도 수시로 현장으로 와 우릴 만나곤 했다. 난 노조 창립 때부터 대의원으로 활동했고, 이후 회계감사, 부녀부장, 교선부장, 마지막엔 부지부장을 했다. 1979년 사무장이 결혼하여 미국으로 이민을 가게 되어 내가 상근을 하게 되었다. 사무장 겸 상근 부지부장 역할을 하게 된 것이다.

도시산업선교회에서 하던 동아리 활동은 노조활동과 다른 구성원들의 퇴직, 결혼 등으로 해산하고 신용협동조합 활동만 하게 되었다. 나는 우리 사업장에서 입금만 받아 전하는 중간회계 역할을 하였다. 회사는 거의

4년에 한 번씩 구조조정을 하였다. 구조조정을 할 때는 일이 거의 없었으며, 이 시기에 사표를 내면 기본급의 300%를 퇴직금 외에 추가로 받게 되어 결혼계획이 있으면 이때 사표를 많이 냈다.

노조결성 후 1년도 되지 않아 회사가 구로공단으로 이전하게 되었다. 우린 공장 이전을 노조파괴의 일환으로 보았는데, 일부 허위의식으로 가득찬 조합원들은 구로공단으로 이전하면 '공순이'로 보이게 된다는 이유로 심하게 이전을 반대하였다. 새 공장은 당시 가리봉역(지금의 가산디지털단지역)도 개통되기 전이었고 버스도 한 코스밖에 없어 교통이 매우 불편한 곳이었다. 회사가 서울 전역의 여고에서 모집해 왔기 때문에 출퇴근이 매우 어려웠다. 노조에서는 통근버스 운행을 제안했고, 보험조건. 차량연식을 자세히 확인하고 동양고속관광을 선택해 주야로 운행하기로 했다. 이렇게 하기 위해서는 근무시간도 조정해야 했다. 주간은 오전 7:30~오후 4:50. 야간은 오후 10:00-다음날 아침 6시40분.

여름철 낮 시간이 긴 계절엔 한낮에 퇴근해서 명동으로, 이대입구로 가는 버스가 미어질 정도였다. 16대의 통근버스가 줄지어 공단을 지나가는 것에 공단본부가 위회감을 조성한다며 외곽으로 돌아가라 하여 꼭 지나가야만 하는 차량만 빼고 나머지는 돌아서 운행하였다. 그런 가운데 나는 서강대 산업문제연구소에서 3개월 교육을 받았다(69기). 고려대 노동문제연구소에서 3개월 과정 교육을 받는 간부도 있었다. 그 다음엔 크리스챤아카데미 중간지도력 훈련(9기)에 참여하였다.

민주노조로의 탈바꿈

노조 창립 당시의 집행부는 상집회의에서 논의한 내용을 회사에 흘리는가 하면 논의한 내용대로 하지 않고 임의대로 협상하고 결정하여 우리를 분노케 하였다. 이런 사실을 직시하고 있던 차에 3년 임기가 지나고 분회가 지부로 승격할 즈음 집행부에 대한 불신임 여론이 팽배했다. 결국 박모

지부장이 출산휴가를 마치고 자연스럽게 퇴임하는 걸로 합의했는데, 이를 지키지 않아 몇 달 더 힘든 시간을 거친 후 결국 지부장이 사임하고 이영순 지부장, 유옥순·한명희 부지부장 체제가 출발하였다.

이후 금속노조 본부와 회사는 새 집행부에 대해 좋게 보지 않고 늘 '노조가 투쟁일변도로 운영하고 있다', '노조가 너무 강성이라 들어주기 어렵다' 등으로 단체협약이나 임금인상 교섭을 질질 끌었다. 금속노조 본부는 우리 모르게 어용이었던 전 집행부와 만나면서 호시탐탐 노조 집행부를 와해시킬 명분을 찾고 있었다. 하지만 조합원들의 지지가 높아지면서 조직은 갈수록 강해졌다.

공단으로의 이전 후 소모임 활동의 일환으로 탈춤반을 만들어 이후 이들은 꽤 많은 활동의 주축이 되었다. 꽃꽂이반도 몇 개 있었으며, 드러나지 않았지만 종교모임도 있었다. 당시 훼어차일드노조 부녀부장이 꽃꽂이 강사였다. 나도 꽃꽂이반 하나의 반장을 했다. 주44시간제를 실시하게 되고, 토요일 격주 휴무가 되면서 월1회, 조합에서 조직관리의 일환으로 관광버스로 야외로 나가는 프로그램을 진행했다. 당연히 버스 안에서 조합원교육, 신협교육을 했다.

새 집행부의 3년 임기가 끝나고 대의원총회가 돌아왔다. 그런데 전 집행부의 간부였던 조합원들이 금속노조 본부와 회사의 비호 아래 반조직 행위를 하여 대의원총회가 무산되었다. 한 달 후 다시 그들을 포함해 간부진을 재구성하여 조직이 굴러갔다. 그러나 중요한 회의는 회사편인 반조직분자들 때문에 항상 두 번씩 해야 하는 등 늘 살얼음판을 걸었다. 나는 상근하면서 본연의 업무보다 이들을 감시하느라 더 바빴다.

매년 대의원대회 때는 사전에 1박 2일 워크샵을 진행했다. 1974년 공단으로 이전하고 1년쯤 지난 걸로 기억되는데, 공장새마을운동이 전개되면서 노조간부도 새마을교육을 받으라고 해서 공단본부의 교육장에서 1주일동안 교육을 받았다. 군복 비슷한 천으로 만든 단체복과 모자를 쓰고. 내용은 애사심, 알뜰살림 등등 노사협조와 양순한 노동자로 길들이자는 내용이었다.

콘트롤데이타 노조의 특성

70년대 노조운동의 특례 : 여성과제 실천　　여자가 결혼하고도 직장에 다니는 일은 당시는 꿈도 꿀 수 없는 분위기였지만, 어떻게든 제도화하는 게 필요하다고 생각하고 계획을 세웠다. 대의원 중심으로 사례를 만들어 나갔다. 처음엔 결혼하고 회사 다니기, 다음엔 임신하고 다니기, 마지막으로 운영위원인 최고 고참 언니가 출산하고 출산휴가 60일까지 다 사용하고 다니는 선례를 만들었다. 당시 출산휴가는 60일이었다. 당연히 회사는 거부했다. 먹고살기 힘드냐, 남편이 그렇게 돈을 못 버느냐 등등의 비아냥으로 자존심을 상하게 하였다. 그런데도 노조는 임신 중인 조합원을 힘이 덜 드는 일자리로 이동하게 하였다.

이후 직장 탁아시설 설치를 꺼내기 시작했다. 회사는 공간이 어디 있느냐, 일하다 젖 먹이러 갈 거냐 등등의 핑계를 대며 노조의 제의를 거부했다. 이 문제는 회사가 82년 철수하게 되어 결국 관철하지 못했다. 한번은 화장실 쓰레기통에 불이 났다. 노사협의석상에서 회사 측은 어떻게 여자가 담배를 피워 화장실에 불을 내느냐고 했다. 우린 즉각 남자화장실엔 모래 항아리가 있고, 여자화장실엔 없어서 그렇다고 반박했다. 회사는 다음날 모래항아리를 설치했다.

회사는 종업원이 1천명이 되는데도 관리직은 남자, 제조현장은 여자 이렇게 구분되어 있다시피 했다. 여자 중에 가장 높은 자리가 현장 반장이고, 감독은 모두 남자였다. 회사에 감독을 여자로 바꾸라고 요구했다. 당시 반장은 거의 비조합원이었지만, 사례를 만들기 위해 오래한 반장을 감독으로 시켰는데, 본인이 과하게 잘난 척 하다가 조합원들에게 불만을 사게 되어 감독직을 그만 둔 일도 있었다.

통근버스는 늘 남자 관리자들이 앞 자리에 고정석처럼 앉아 다녔는데, 이는 남자 숫자가 적어 남자들이 민망할까봐 여성들이 배려하는 차원이었다. 어느 날 조합원이 몸이 아파 앞자리에 앉았는데 남자관리직이 자기 자리에 앉았다고 싸가지 없다고 욕을 해 분쟁이 일어났다. 노조는 이에 강력히 대응하여 그 남자 직원이 사과하고 한 달간 출근정지를 당했다.

노조는 단체교섭에 대비해 자료를 직접 만들었다. 시장조사와 직업병, 생산성조사와 부양가족조사는 우리가 직접 했다. 나는 주로 구로시장을 돌면서 조사를 했다. 수출실적을 알아내기 위해 잘 차려 입고 회사 직원인양 하면서 매년 퇴계로에 있는 무역협회에 가서 회사보고서를 분실해서 왔다고 하며 1년 치 수출실적을 베껴왔다. 요구서에 이런 자료내용을 잘 담기 위한 서술은 장명국 씨가 많이 도와주었다.

임금거부운동　당시는 많은 사업장들에서 임금체불이 다반사였다. 회사는 매월 퇴근 2시간 전에 임금을 지급했다. 그러면 그 후 2시간은 곗돈, 월부값(화장품, 옷, 구두 등)을 정산하기 위해 현장이 소란스럽고 일도 잘되지 않았다. 수년 동안 해오던 것이지만 회사는 어느 날 그 시간이 아까운 느낌이 들었던 것 같다. 사전 논의도 없이 퇴근 후 임금을 준다는 것이었다. 우린 월급지급 시간도 근무시간이라고 주장하면서 월급 수령을 거부했다. 당시는 현금으로 직접 수령했기 때문에 회사는 많은 돈을 다시 입금시키기도 어려워 다시 금고에 넣고 청원경찰을 동원해 지키는 해프닝이 벌어졌다. 4월 월급이라 5월에 쓸 곳이 많아 사정이 급한 조합원들에겐 조합에서 돈을 빌려주고 버텼다. 3일 정도 지나 퇴근 20분 전에 지급하는 것으로 합의를 봤다.

노동시간 단축활동　다국적기업이 한국에 와서 저임금으로 많은 이익을 가져가는데 한국에 남기는 건 하나도 없었다. 기술도 그 어떤 것도 남겨

어둠의 시대 불꽃이 되어

놓는 게 없었다. 노조에서는 당시 8시간 노동을 하면 회사가 망한다고 지켜지지 않던 8시간노동을, 그것을 지키고도 이익을 남긴다는 사례와, 회사는 그 외의 좋은 근로조건으로 이 사회에 모델이 되어야 한다고 보았다. 여기에서 직장탁아소도 구상하고 추진했다.

주44시간제를 도입하면서 격주로 토요일에 쉬기로 합의했다. 회사는 통근버스나 식사제공을 안하고 쉬는 게 훨씬 이익이었다. 그러다 3년 후 42시간제를 제안했을 때도 회사는 그간의 경험이 있어 합의를 했다. 토요일은 3번 쉬게 되었다. 토요일을 3번 쉬니 마지막 토요일은 모두 생리휴가를 내는 상황이 발생했다. 그래서 2년 후 다시 40시간을 제안하였다. 생리휴가를 모두 사용하면 10% 정도의 여유인력이 필요해 고용창출의 효과도 있는 것으로 보였다. 이렇게 노조는 1976년 주44시간. 1979년 주42시간. 1981년 주40시간을 쟁취하였다. 장시간 노동에 시달리면서도 임금인상에 목말라 노동시간문제에 관심이 없었던 당시로서는 획기적인 성과였다. 주40시간제는 30년이 훨씬 지난 2010년대에 비로소 법으로 도입되었다.

미국 본사가 갑자기 한국 사장을 재미교포로 바꾸면서 총무부장 외에 2명을 해고시켰다. 사용자 측 사람을 해고시킨다는 건 현장 노동자들도 마구 해고할 명분으로 작용할 수 있다고 본 우리는 준법투쟁을 했다. 미국 본사 입장에서 보면 한국의 공장은 경영자든 현장노동자든 모두 한국 노동자일 뿐이다. 이 투쟁으로 총무부장은 별도 마케팅사업단의 총무부장으로, 다른 사람들은 자진사표로 처리되었다. 사실 다른 회사 간부들은 총무부장을 노조편이라고 싫어했는데, 그런 이유로 신임 한국 사장에게 미움을 샀던 거 같다. 그는 노조편이 아니지만 생각이 꽤 괜찮은 사람이었다. 이후 부당해고구제신청을 내려고 준비 중이라며 우리에게 감사를 표했다.

연대의 강화, 산별 및 한국노총 민주화   우리는 산별을 넘나들며 활동을 했다. 1976, 78년 동일방직사건 땐 인천까지 이영순 지부장과 같이 방문하였다. 현장에서 라면상자 속에 쌓인 브래지어를 보면서 놀랐던 기억이 있다. 당시 이총각 사무장으로부터 상황설명을 듣기도 하였다. 섬유노조인 원풍모방, 반도상사와도 돈독하게 지냈고, 노조결성 그해 여름 대의원교육을 당시 GMK노조와 공동으로 영흥도에서 2박 3일 교육을 할 때 반도상사 한순임 지부장이 사례발표를 하기도 했다.

매년 임금 교섭할 때 회사는 지불 능력이 충분하지만 노동부나 공단본부 등 주변에서 임금을 못 올리게 하는 경우가 잦았다. 그래서 점심시간이 되면 주변의 사업장에서 쉬고 있는 노동자들을 노조사무실로 놀러오게 하여 관계를 돈독히 했다. 롬코리아, 크라운전자, 남화전기, YKK 등에 조직지원을 했고, 세진전자, 아폴로보온병, 한일도루코 등과도 긴밀한 연대활동을 하였다. 특히 롬코리아는 직접 길에 나가서 노조가입원서를 받아주기도 하였고, YKK는 전두환 정권에 의해 노조간부들이 구속 당하고 많이 맞기도 했는데, 이들은 거의 제주도에서 데려온 노동자들이었다. 남부경찰서 유치장으로 특별 면회를 갔는데 날 붙들고 울어서 밖에 나와 펑펑 울었던 기억이 난다.

1980년 서울의 봄이 오고 민주화 열기가 확산되었다. 노조는 1980년 5월 9일 금속노조의 민주화를 요구하며 대의원대회장을 점거하여 농성을 벌였다. 여기에는 대한전선, 신한일전기, 롬코리아, 세진전자, 한일도루코 등의 노동조합이 함께 했고, 결국 산별위원장의 장기집권을 노린 대의원대회는 무산되었다.

5월 13일 한국노총 '노동기본권보장 전국노동자대회'가 열렸다. 이때 동일방직 동지들이 노총회관 위원장실에서 농성 중이었는데, 함께 밤을 새우고 아침 일찍 청소노동자의 열쇠로 대강당 문을 열고 한국노총의 대회장 무대를 장악하였다. 우리는 노총 민주화를 위한 계기로 삼고 점거농성에 들어갔다. 이때 원풍모방 등 많은 노동조합들이 함께 했다. 5월 13일부터 3박 4일이었던 걸로 기억한다. 매일 간부들과 조합원들을 노조활동시간을 활용하여 참여하도록 했고, 점심식사로 김밥을 지원하였다. 나는 3박 4일 동안 노총회관에서 조합원들과 함께 했다.

이후 5·18광주민주항쟁이 일어났다. 모든 언론이 검열당하여 기사 한 줄 안 나오고 빨갱이 짓으로 보도가 나올 때 신문사에서 나온 검열 전 기사를 복사해 화장실에서 간부들이나 핵심 조합원들에게 읽히면서 진실을 알리는 일을 했다.

몰려오는 노조탄압의 먹구름

광주민주항쟁을 유혈 진압한 전두환 정권은 그해 여름 이른바 노동계 정화조치를 내렸다. 이 조치에 의해 이영순 지부장과 나는 간부직에서 강제로 물러나 현장에서 일하게 되었다. 정화조치를 당하고도 현장에 들어가 일한 사업장은 콘트롤데이타가 유일하였다. 이어 1980년 12월, 민주노조운동에 대한 전국적인 검거선풍이 불 때 이영순 지부장이 합동수사본부에 연행되어 3일 동안 조사를 받아 상집간부들은 밤샘 대기농성을 하였다. 혹시라도 해고를 당할까봐 조합원들이 쉬는 시간과 점심시간만 되면 현장에서 해고는 절대 안된다고 농성하였다. 회사로부터 해고하지 않는다는 약속을 받고 농성을 풀었다.

1982년 3월 단체협약 갱신과 임금인상 교섭 중에 나와 이영순, 이태희, 박영선, 조성희, 박인숙 등 6명이 휴일인 토요일 집에서 해고통고장을 받았다. 결혼하고 1년쯤 되었을 때였다. 시어머님이 해고장을 마당에서 주워 가지고와 보여 주었다. 산업선교회에 모여 출근투쟁을 하기로 정하고 월요일 출근버스를 타고 조합원들 호위 아래 현장에 들어갔다.

한명희 직무대행이 전면파업을 선언하고 8박 9일 동안 농성을 전개했다. 처음 며칠 동안은 회사에서 점심을 제공했는데 정보기관과 노동청의 지시를 받았는지 갑자기 밥을 안주었다. 가족들이 연락을 받고 밥을 해가지고와 십시일반 나누어 먹었다. 남편은 빵과 우유를 보냈는데, 심부름 온 사람을 경찰서에서 데리고 가 난감했던 기억이 난다. 이영순 지부장의 모친은 직접 회사간부들을 만나 항의하기도 하였다. 아마도 가족이 직접 참여한 투쟁은 콘트롤데이타가 처음이 아닐까 싶다. 여성사업장에서 농성을 하게 되면 생리대가 늘 걱정이었다고 경험 많은 원풍모방노조에서 생리대를 박스로 보내주었다.

해고문제는 지속적으로 논의하기로 하고 8박 9일 농성을 풀었다. 이후 해고자 복직문제로 노사협의 석상에 이영순 지부장과 내가 함께 들어갔는데, 미국 본사 부사장들과 직접 협의 중인데도 합의되지 않자 조합원들이 회의장을 점거, 부사장들을 못나가게 하였다. 그러자 회사가 경찰에 신고를 하고, 불시에 출동한 경찰차에 실려 외국인 감금죄로 끌려갔다. 3일 동안 남부경찰서에서 조사를 받고 나왔다. 조합원들은 계속 노동부 앞에서 장관 면담을 요구하며 농성하다가 이태희, 박영선, 조성희 등 3명이 구속되었다.

이후 퇴직금 수령을 거부하고 구속자 석방을 위해 활동에 나섰다. 회사는 복직시킬 의사가 있었는데 한국정부의 반대로 어렵게 되자, 과도한 노동운동 때문에 더 이상 사업을 할 수 없다고 핑계를 대고 7월 미국 본사로 철수했다. 경찰에서 조사 받는 3일 동안 이사를 하게 되었는데, 경찰서에서 나오자마자 담당형사가 동태를 살피러 집 앞을 지키고 있는 상황이 되었다. 시어머니가 빨갱이 며느리 본적 없다면서 나가라 하여 보따리 싸들고 집을 나왔다. 이영순 지부장 집에 짐을 맡기고 한 달 동안 친척집과 산업선교회를 오가며 살았다.

산업선교회에 근거를 두고 전국으로 우리의 억울함을 알리러 다녔다. 산업선교회에 우리 뿐만 아니라 원풍모방 식구들도 와있게 되자 산업선교회에서 나와 명동성당과 한강성당으로 나누어 농성하기로 했다. 이영순 지부장과 나, 8명의 간부들은 명동성당 주교관으로, 1주일 동안 농성하였지만 구속자는 석방되지 않은 채 우린 해산했다. 고인이 되신 김승훈 신부님과 김말룡 가톨릭노동상담소장님이 애를 많이 쓰셨다.

1982년 10월쯤으로 기억된다. 집으로 들어간 후로도 계속 경찰이 집 앞에서 지키고 있었다. 경찰의 감시망을 뚫고 홍사단 강당에서 공연을 하기로 했다. 제목은 〈금수강산 빌려주고 머슴살이 웬말인가〉였다. 하지만 경찰들이 두 명이나 와서 가택 연금을 했다. 전두환 정권하의 엄혹한 시기, 1984년 민통련의 총무간사로 들어가 1년쯤 일하고 출산을 위해 퇴직했다. 86년 딸을 출산했고, 3년 정도 육아에 전념하다가 남편이 경제활동을 하지 않아 운동권 활동 보다는 경제활동을 해야 했다. 주변의 전자회사에 들어가려고 준비하는데, 이영순 선배가 여성노동자회에 들어오라고 하여 활동하게 되었다.

설득에 못 이긴 것도 있고, 여성노동자회에서 월급을 주겠다고 하여 1988년 여성노동자회 사상 유일한 첫 유급 상근자가 되었다. 89년 여성노동자회에서 어린이집을 설립하여 초대 원장을 맡았다. 여성단체연합 '탁아문제특별대책위원회' 활동을 통해 '영유아보육법' 제정에 나섰으며, 고용보험법 제정, 직업훈련법 개정을 통해 여성인력개발센터 확대에 힘을 들였다. IMF 시기에 여성노동자회 회장을 맡게 되어 여성실업대책본부를 설치하고 매주 새정치국민회의 당사 앞에서 집회를 열어 여성가장을 위한 정책을 세우게 하였다. 89년 이후 어린이집을 하면서 만난 초기 엄마들과 지금도 모임을 하고 있다.

1991~98년 여성노동자회가 여성복지회관을 건립하자 어머니교실, 주부대학, 여성직업훈련, 촌지거부운동, 맑고 푸른 서울-구로 만들기 등 환경운동, 공부방 등등 눈코 뜰 새 없이 바쁜 일정을 보냈다. 여성운동의 기반과 영역은 하루가 다르게 튼튼하게 확대되었다. 그런 중에도 이영순 지부장의 서울시의회 의원 만들기 선거활동에 적극 나섰다. 1999~2008년 구로여성인력개발센터 부관장을 거쳐 관장을 맡아 경력단절여성직업훈련과 취업지원활동 등에 주력하였고, 2013년 서울시 남부여성발전센터 소장에 이어

2017년 서울시 직장맘지원센터 센터장을 맡았다.

내 나이 70이 넘었지만 지금까지 여성노동자의 삶을 응원하고 지지하고 격려하는 활동을 전개해 왔다. 지금도 여성노동자의 삶의 조건이 나아지는 일이라면 기꺼이 함께 할 생각이다. 선배, 동료들의 끊임없는 활동에도 여전히 노동자의 삶은 나아지지 않고 있지만, 누군가가 헤치고 가는 길이 후에 탄탄대로가 될 수 있다고 믿으며 앞으로 나아가고 있다.

민주노조운동과
나의 삶

이 정 화

대가족의 과천시대

나는 1957년 과천시, 당시 주소로는 경기도 시흥군 과천면 주암리 450번
지에서 농사를 짓던 가정의 2남 3녀 중 둘째딸로 태어났다. 아버지가 6남
2녀의 장남이었기 때문에 할아버지와 할머니 뿐만 아니라 삼촌들, 고모를
포함하여 14식구의 대가족이 함께 살았다. 결혼한 작은아버지들도 분가하
여 한 마을에 사는 등 삼부골은 전주이씨 효령대군과 후손들이 누대를 살
아온 집성촌이었다.

※ 경기도 과천(당시 시흥군) 1957년 출생. 77년 콘트롤데이터 취업. 노조 대의원. 탈춤반 활동. 민
주노조 및 사회단체와 연대운동. 82년 해고자 복직·회사 철수 반대투쟁으로 구류. 해고 후 봉제공장
취업 중 전국 연극공연 준비. 블랙리스트로 해고. 민가협 참여. 새싹방 탁아소 운영. 2009 방통대 졸
업. 요가 강사로 활동 중.

나는 과천초등학교 5학년 때 아버지가 고모부와 동업으로 서울 갈월동에 철공소 사업을 시작하게 되어 용산구 삼광초등학교로 전학했고, 신광여중과 성심여고를 졸업하게 되었다. 내가 중학교 때 아버지의 사업이 기울기 시작했고, 고등학교 때는 과천으로 되돌아오게 되었다. 그리하여 먼 거리의 성심여고를 어렵게 통학하여 졸업하였다.

나의 꿈은 간호사나 교사가 되는 것이었으나, 가세가 기운데다가 부모님은 대학을 졸업한 오빠에 이어 남동생을 대학교에 보낼 계획을 갖고 있었기에 언니와 나는 대학진학을 꿈도 꿀 수 없는 처지였다. 그리하여 학교에서 소개를 해 준 곳에 취직을 하게 되었다. 그곳이 바로 19살에 입사한 구로공단의 콘트롤데이타였다.

1977년 2월에 입사한 콘트롤데이타에서 나는 컴퓨터 조립부 와이어 조립반에서 일했다. 당시 초임은 기본급 32,000원에 상여금은 기본급의 400%였다. 8시간 2교대 근무였는데, 나는 과천에서 구로공단으로 출퇴근해야 했기 때문에 주간조로만 근무했다. 가정형편이 어려워서 월급을 받으면 전액을 엄마에게 내놓고 최소한의 용돈만 타서 쓰는 처지였다.

민주노조운동과 콘트롤데이타 해고

내가 입사했을 때 콘트롤데이타에는 이미 활발하게 활동 중인 민주노조가 있었다. 오빠가 서울농대를 졸업하고 가톨릭농민회 활동을 하고 있었기 때문에 나는 자연스럽게 노조활동에 참여하게 되었다. 조합원교육과 조합행사에 참여하여 1년쯤 되었을 때 나는 노조 대의원직을 맡고, 탈춤반에도 가입하였다. 15명 정도의 탈춤반 회원들은 노동조합의 열성조합원이 되었고, 임금협상 때 등 중요한 순간마다 조합원들 앞에서 풍자를 주제로 한 탈춤 공연을 하며 조합원들의 사기를 높이기도 했다. 또 탈춤반을 지도하던 대학생 문화패들과 교류하며 의식이 심화되기도 했다. 이렇게 노동조합 활동을 하며 나는 주체성에 눈뜨게 되었고, 탈춤반에서 춤과 노래, 악기 등을

배우며 청계피복노조와 원풍모방노조 등과도 교류하면서 노동자의 연대의
식을 키워 나갔다.

우리는 노조의 임금인상투쟁 뿐 아니라 대외활동을 경험하면서 영등포
산업선교회와 기독청년회, 크리스챤아카데미 등 민주노조운동을 지원하고
연대하는 조직들도 접하게 되었다. 그러던 중 1979년 10·26이 일어나고 이
듬해 '서울의 봄' 시기 잠시 민주노조운동에 유리한 국면이 열리는 듯했다.
그러나 5월 17일 바로 전에 계엄령이 확대되고 광주에서 유혈사태가 발생
했다. 우리는 당시 탈춤반과 연락되던 대학생 문화패들과 광주 참상을 알
리는 시위를 하러 시청 앞에 나가기도 했다.

군사정권은 80년 하반기 노동계를 정화한다며 민주노조 말살을 시작했
다. 우리 노조에서 이영순 지부장이 계엄사 합수부에 연행되고 해고되었
다. 81년에는 사업이 망하여 과천 고향집으로 귀향해 농사를 짓던 아버지
가 간경화로 돌아가셨다. 어려운 가정형편 속에서 군사독재정권의 민주노
조 말살정책에 맞서 힘겹게 투쟁을 벌여야 했다. 80년 봄에 설립한 신생 민
주노조인 서통노조의 해산을 시작으로 청계피복노조 해산, 이어 1982년 콘
트롤데이타노조와 원풍모방노조 해산으로 전두환 군사독재정권의 민주노
조 제로정책은 완결된다.

1982년 콘트롤데이타노조 투쟁 시에 나는 대의원이었다. 미국 본사 부사
장이 방문했을 때 농성 중이었던 우리는 그로부터 한국정부가 해고자 복
직을 불허해 복직시킬 수 없다는 말을 듣고 노동부를 항의 방문했다. 경찰
에게 저지 당한 우리는 노동부 앞에서 농성투쟁을 했다. 경찰에 연행 당한
우리 중 노조집행부를 맡고 있던 이태희, 박영선과 조성희 조합원이 구속되
었고, 대의원인 나와 박노희, 이명자 등 6~7명은 남부경찰서에서 구류 3일
을 살고 풀려났다.

그 후 우리는 한강성당(주임신부 함세웅)과 명동성당으로 나누어 농성을
벌이는 한편, 기독교회관에서 열리는 여러 모임들에 참여해 투쟁유인물을

나누어주고, 전국을 돌며 사건사례를 발표하는 등 후속투쟁을 이어나갔다. 콘트롤데이타의 한국 철수에 맞서 퇴직금 수령거부로 맞섰으나 군사독재정권의 민주노조 탄압과 외국기업의 철수를 막을 수는 없었다. 기업은 철수했고 우리는 집단 해고자가 되었다.

콘트롤데이타 투쟁의 불꽃이 꺼져가며 나는 앞으로의 진로를 고민하기 시작했다. 노동운동을 계속하려면 재취업을 해야 하고, 재취업을 위해서는 기술을 배워야 한다고 생각했다. 쉽게 생각나는 기술이 미싱사였다. 그리하여 청계피복노조의 황만호 위원장 밑에서 기술을 배웠고, 독산동과 구로공단 등의 봉제공장들에 취업을 했다. 과천 집에서 나와 철산동에 있는 이영순 지부장 집에서 함께 살게 되었다. 이 무렵 우리는 탈출반을 중심으로 콘트롤데이타 투쟁을 널리 알리기 위해 마당극 〈금수강산 빌려주고 머슴살이 웬말이냐〉라는 공연을 준비했다. 그러나 나는 결혼해서 얼마 지나지 않은 시점부터 민주화운동의 높은 파도에 함께 휩쓸리면서 여기에 참여하지 못했다. 이 마당극은 80년대 후반 어느 해인가, 대학로의 한 소극장에서 공연되었다.

결혼과 민주화운동 참여

철산동에 살고 있을 당시 이영순 지부장은 노동운동을 계속하기 위해서는 공부를 해야 한다며 공부모임을 소개했다. 소그룹에서 공부를 하던 중 그 모임을 이끌던 배규식 씨(전 한국 노동연구원장)로부터 그의 서울대 운동권 친구인 김진태를 소개받아 84년 봄에 결혼했다. 남편은 인천 주안5공단 린나이코리아에 취업한 현장 활동가였다. 나는 주안5공단의 봉제업체인 신성무역에 취업했다. 그런데 블랙리스트가 발단이 되어 사건이 벌어졌다. 당시 과천을 관할하던 안양경찰서 정보과에서 부평경찰서로 나에 대한 정보를 이첩했고, 부평경찰서 정보과 형사가 우리 집을 방문하여 시부모를 만났다. 연로하신 시부모로부터 원하는 정보를 얻지 못한 형사들은 남편의 회사를 방문했고, 그래서 남편의 신원이 탄로나 해고된 것이다.

런나이코리아에서 해고된 남편은 1985년 1월 15일, 인천과 구로지역 해고노동자들과 함께 야당인 민한당의 여의도 당사를 점거, 해고자 복직과 블랙리스트 철폐, 노동부장관 퇴진을 요구하며 보름 동안 농성을 벌였다. 2·12총선 직전이라 구속을 면하고 구류로 풀려난 남편은, 그 후 여러 시국사건에 연루되어 수배생활을 하다가 86년 5·3인천시위 후 서울노동운동연합사건으로 구속되었다. 나는 구속노동자가족협의회에 나가게 되었고, 얼마 후 협의회는 민주화운동가족실천협의회(민가협)와 합쳤다. 그리고 나는 고 김근태 선생의 부인 인재근 씨, 유시주의 언니 유시춘 씨와 함께 민가협의 상근간사로 일하게 되었다. 나는 민가협과 함께하면서 박종철 고문치사사건, 이한열 최루탄 피격치사사건, 6월항쟁 등 한국현대사의 변곡점에서 민주화운동에 직접 참여했다.

6월항쟁 직전에 석방된 남편은 '87전국노동자투쟁'에 연루되어 다시 수배자가 되었으나 88년 4·26총선 때의 유화조치로 수배가 해제되었다. 첫아이 임신 중에 수배되었던 남편은 둘째아이가 태어났을 때도 구속되고 다시 수배되었다가 자유의 몸이 되었다. 둘째를 낳은 후에는 인천지역 여성 활동가들을 위해 지역탁아운동을 시작했다. 영아를 몇 사람이 맡아 '새싹방'이라는 탁아소를 운영했다. 그러던 중 90년 3월 시어머니가 뇌출혈로 쓰러져 병수발을 하기 위해 사회활동을 중단할 수밖에 없었다.

식물인간 상태의 시어머니를 집에서 간병하던 중, 남편은 90년 9월 말 민족통일민주주의노동자동맹 조직사건으로 또 구속되었다. 그 사건으로 시동생까지 형제가 구속된 상태에서 91년 5월에 시어머니가 돌아가셨다. 광주교도소에 수감 중이던 시동생은 못 나오고 안양교도소에 있었던 남편만 형집행정지 5일을 받아 장례를 치르고는 다시 교도소로 돌아갔다.

시련이라고 하면 개인이나 한 가족이 견뎌내기가 너무나 힘든 시련이었고, 사명이라고 하면 노동자들의 인권을 위해 싸울 수밖에 없는 사명이라 할 수 있는 나의 20년이었다. 지금 그 순간들을 돌아봤을 때, 청춘을 바쳐 온 힘을 투여했던 그 순간들을 나의 가족, 나의 동지, 나의 선배들이 있었기에 버텨낼 수 있었다. 그리고 그 처음과 끝에는 나의 영원한 '언니' 이영순이 있었다. 언니는 휘몰아치는 폭풍우 속의 등대와 같이 올곧게 정의를 향한 등불을 밝혀주어 흐트러짐 없이 내가 나아갈 수 있게 만들었다.

2녀 1남의 아이들이 어느 정도 성장한 2001년, 나는 늦깎이 공부를 하기 위해 방송통신대를 입학하여 2008년에 교육학과를 졸업했다. 그리고 학업과 병행하여 요가 지도자 과정을 이수하여 지금은 18년째 요가 강사로 일하고 있다.

국민건강보험공단이 주관하는 '백세건강교실' 노인요가강사, '이마트 문화센터' 요가강사, '종로문화센터' 요가강사, 관악구 '싱글벙글문화센터' 요가강사, 고대 안암병원 의료인요가동호회 강사, 관악구 '우아함아카데미' 장애인요가강사 등으로 활동하면서 그 분야에서도 최선을 다하고 있다.

내 인생 최고의 가치를
찾아서

이 태 희

나는 1954년 서울시 용산구 신계동에서 2남 5녀의 둘째로 태어났다. 부모님은 딸을 넷 낳고 아들을 낳아 기뻐서 한 달 동안 동네잔치를 했다고 한다. 그러나 아버지는 아들과 딸을 별로 차별하지 않았다. 아버지는 6·25 참전용사로 국가유공자였으며, 당시 큰댁이 제과공장을 운영하여 서울 시내 제과점에 판매하였는데 그것을 관리하는 일을 하셨다. 어린 시절 사탕을 가지고 학교에 가면 인기가 많았다. 땅콩이 박힌 누가사탕은 정말 맛있었다.

※ 1954년 서울 출생. 콘트롤데이타에 입사하여 노조대의원, 부녀부장, 총무부장 역임. 서강대 산업문제연구소, 크리스찬아카데미 교육 수료. 노동부 장관 항의 방문으로 집시법 위반 1년 6개월 춘천교도소 수감. 출소 후 노동자를 위한 탁아소 운영과 가톨릭 노동사목전국협의회 간사, 한국 노동자복지협의회 총무. 2015년 부평구청 직업상담사로 퇴직. 70민노회 총무로 활동 중.

아버지는 자상하셔서 퇴근 후 자주 간식을 사다 주셨고, 비가 오거나 소풍 갈 때는 아버지가 함께 가셨다. 밥상이 높아 어린 자식들에게 의자를 만들어 앉히기도 했다. 7남매는 친구처럼 재미있게 지내 다툰 기억은 많지 않다. 어머니도 인자하셔서 주위 사람들에게 늘 인기가 많았고, 부부의 금슬도 좋아 동네에서 모두 부러워했다. 내 유년시절을 돌아보면, 자그마한 동산의 아카시아 꽃과 마당에 심은 앵두를 따서 소꿉놀이 하고 졸린 눈 비벼가며 아버지의 간식을 기다린 풍경이 아련하다.

콘트롤데이타 취업과 노동조합 가입

고등학교 시절, 나는 짝사랑했던 선생님 덕에 성실히 공부했지만, 대학에 진학할 생각보다 직장에 다니고 싶은 생각이 더 많았다. 당시 큰아버지가 제과조합 이사장으로 계신 을지로 사무실에서 경리로 근무했다. 그러나 이사장의 조카로서 일하기가 불편했다. 그러던 차에 고등학교 동창 친구가 외국인 기업에 취직하자고 하여 솔깃했다. 당시 염창동에 있었던 콘트롤데이타였고, 입사조건은 고졸 학력과 시력만 좋으면 된다고 했다.

공장에서 사람을 뽑지만 사무 보는 일을 할 줄 알았다. 그러나 생산라인에서 일하게 되었고, 환한 불빛 아래 핑크색 작업복을 입고 엄청나게 많은 사람들이 현미경 앞에 앉아 있는 현장 풍경은 충격이었다. 그렇지만 동창친구들이 많아 학교의 연장 같은 기분이 들어 그럭저럭 적응해 갈 수 있었다. 또한, 사내에 동창모임과 종교, 등산, 소그룹, 친목모임이 많은 것도 적응하는데 한몫을 했다.

내가 맡은 작업은 비행기 내부의 대형 컴퓨터부품 제조과정으로, 현미경으로만 가능한 상당히 세밀하고 정밀한 작업이었다. 아주 작은 코어에 와이어를 집어넣는 일을 시작으로 여러 공정을 거치고 문제가 된 부분을 최종 점검하는 어셈브리(재정리) 라인에서 일했다. 회사가 초단위로 계산하여 책정한 생산목표량도 나는 손이 빨라 오히려 목표량을 넘길 수 있어 여축을 하여가며 일했다.

노동조합은 1973년에 결성됐다. 전국금속노동조합 영등포지부 콘트롤데이타분회로 600명의 조합원으로 시작했다. 조합 결성부터 몇 년 동안은 별 탈 없이 흘러갔다. 그러나 학교에서도 배워본 적이 없는 노동자, 노동조합이라는 단어에 익숙하지 않아 나는 노동조합에 대한 의식, 귀속감이나 사명감도 별로 없었다.

1976년, 박○○ 노조지부장이 단독으로 회사와 임금협정을 체결한 사건이 발생했다. 조합원들이 지부장의 어용적 행태에 반발하여 노조 민주화를 위해 싸우기 시작했다. 노조에 대한 의식이 있지 않은 상태의 나였지만, 노조대의원을 선출할 때 주위 동료들이 나에게 나가라고 권유했다. 일단 거부했지만 어찌어찌하여 대의원에 선출되었다. 대의원이 되면서 교육을 받기 시작했고, 부족했던 나의 노조에 대한 의식도 조금씩 깨어졌다.

1977년 5월, 대의원대회에서 새 집행부가 선출되었다. 박○○ 지부장과 함께 한 사무장은 학교 동창이었고 조직부장도 친구였다. 기존의 집행부와 연관되어 있는 간부들이 나의 지인이었기 때문에 당연히 내가 기존 집행부 쪽일 거라는 생각으로 새 집행부에서는 나를 끌어들이려 하지 않았다.

대의원대회에 참석하여 정견발표를 들어보니 이영순 후보가 노동자들의 입장을 잘 대변하고, 노조가 나가야 할 방향을 올바르게 제시한다고 생각했다. 나는 이영순을 택했다. 결국 이영순이 지부장으로 선출됐다. 내가 이영순을 택하자 양측 모두 의아해했던 모습이 기억에 남는다. 이와는 별개로 대의원대회에 정보과 형사가 참석한 것이 이해가 안 되었다.

그 후 나는 새 집행부의 부녀부장과 총무부장을 맡아 활동했다. 새 집행부는 전과 달리 많은 사업을 전개하며 노동조합의 올바른 방향으로 이끌었다. 현재도 보기 드문 근로조건(주5일 40시간 근무, 통근버스, 결혼 후 계속근무)에 각종 모임(탈춤, 꽃꽂이, 요가, 풍물, 등산, 일어반 등)이 생겼고, 임금교섭 당시 준비한 자료는 회사도 노조에게 '○○7부대 같다'고 인정할 정도였다.

이처럼 근무조건이 개선되니 장기근속자가 많아졌다.

주5일 근무로, 대학 진학을 하고 자기계발을 위해 노력하는 조합원들도 많이 생겼다. 나 또한 그랬다. 낮에 속기를 배우고 싶은 목표가 일어나 야간작업을 선택했다. 야간에는 좋아하는 음악을 들으며 일할 수 있는 여유로운 분위기였고, 월급도 주간근무보다 많아 만족했다. 나는 월급과 보너스 모두를 부모님께 드렸다. 우리 집은 당시 제과점을 운영하여 크게 어려움은 없었지만, 키워주신 감사한 마음과 집에 보탬이 되고 싶은 마음에서였다.

지부장 직접선거와 나의 정체성 확립

1979년에 두 가지 사건이 있었다. 첫 번째는, 집행부 선출방식을 대의원이 뽑는 간접선거가 아니라 조합원 모두가 투표하는 직접선거로 바꾼 사건이었다. 이 선거로 이영순 지부장과 유옥순·한명희 부지부장이 96~97%의 지지로 선출되었다. 두 번째는, 내가 노동자로써 확고한 정체성을 갖게 된 시기였다. 서강대학교 산업문제연구소에서의 교육으로 노동조합 이론을 정립하였고, 크리스챤아카데미 교육으로 노동자로서의 정체성을 확립하게 되었다.

다른 공장 노동자들보다 학벌에 우월감을 가지고 있었던 내게 노동운동의 조직화, 노동자의 올바른 가치관과 방향에 대해 토론을 하고, 역사 발전에 나도 기여해야 한다는 책임감이 생기는 단초가 되었으며, 교육 기간 동안 강한 연대의 힘을 느낄 수 있었다. 그로 인해 구로공단으로 공장이 이전하고 난 뒤 점심시간을 이용해 타 회사 사람들에게 노조 가입을 권유하여 실제로 노동조합을 만드는데 도움을 주기도 했다.

돌이켜보면 내가 그렇게 변화한 데는 신앙의 힘이 바탕이 되었던 것 같다. 미션스쿨을 졸업 했지만, 신앙에 대한 확실한 믿음이 부족했던 나였다. 1980년 광주민주화운동이 발발한 시기에 우연히 명동성당을 지나다가 신부님들의 침묵시위를 보고 통신교리로 성경공부를 하고 영세를 받았다. 신앙은 발로 나아가는 실천임을 느끼고 마음에 새겼다. 예수님의 선택을 가장 귀한 삶의 가치로 삼고 내 작은 선택도 그와 같기를 노력하는 일, 노동조합 활동도 예수님의 가르침과 무관하지 않다는 생각을 하게 되었다.

1980년 전두환 정권의 '노동계 정화조치'로 이영순 지부장과 유옥순 부지부장의 직책이 박탈당하는 위기가 일어났다. 우리는 조합원의 96% 지지로 선출된 지부장을 정부 마음대로 할 수 없다고 강하게 거부하였다. 그 결과 이영순 지부장과 유옥순 부지부장이 현장에 근무하며 직장을 유지하도록 하고, 한명희 부지부장이 지부장 직무대행으로 조직을 끌어가기로 결정했으나, 곧 공장 철수와 집단해고에 이르기까지 기나긴 시련의 세월이 닥쳐왔다.

해고, 시련의 격랑을 헤쳐가다

1982년, 나는 해고되었다. 회사가 임금교섭 중에 나를 포함한 6명의 집으로 직원을 보내 해고통지서를 전달하였다. 임금교섭에 참여한 노동조합의 간부였다는 사유였다. 임금교섭 중 간부의 해고는 조합원의 해고와 같은 부당노동행위라고 인식한 조합원들은 부당해고 철회를 요구하며 파업을 시작하였다.

파업은 8박 9일 동안 치열하게 전개되었다. 해고자 복직투쟁을 전개하면서 노조는 공장 철수 철회와 해고자 복직을 미국 본사에 요구하였다. 미국 본사에서 파견한 간부들과 복직문제를 협의하던 중 경찰이 들이닥쳤다. 경찰은 본사에서 온 사람들과 조합간부들, 조합원이 회의실에서 대화하는 것을 외국인을 감금했다고 경찰서로 끌고 갔다. 그러나 미국 본사에서 본인들이 감금된 것이 아니라고 발표하여 풀려났다. 본사간부들은, 자기들은 복직시키려고 왔는데 한국 노동부에서 복직이 선례가 되면 다른 해고자들의 문제가 파생된다며 안 된다고 했다는 것이다.

공장 문은 닫히고, 모일 곳이 없는 우리는 산업선교회로 갔다. 회의를 통해 노동부가 복직을 반대한다고 하니 노동부장관을 면담하여, 우리의 뜻을 전달하기로 결정했다. 1982년 7월 11일 〈노동부는 해고자 복직을 방해 말라〉, 〈공장철수 반대〉 플래카드를 준비하여 노동부에 갔으나 진입을 막아 장관실에 못 들어가고 바닥에 앉았다. 곧 바로 경찰서로 끌려가 집회시위법 위반으로 박영선, 조성희, 나 3명이 구속되어 재판을 받았다. 법원은 3년 구형에 1년 6개월을 선고했다.

나는 경찰, 검사, 판사들 앞에서 노동자로서 당당했고 부끄럽지 않았다. 그렇게 나의 수감 생활이 시작되었다. 영등포구치소를 거쳐서 춘천교도소에서 생활하는 동안 성경과 책을 읽으며 보냈다. 춘천교도소에 있을 때는 교도관과 재소자 식사준비를 위해 주방에서 힘겹게 일했다. 공장 철수 문제와 간부들과 조합원들의 소식에 늘 목말라 있었지만 상황은 냉엄하였다. 아버지는 방송 3사에서 "도산이 들어오면 기업이 도산한다, 빨갱이와 연결되어 있다"라는 보도 내용을 믿고 나에게 조합원들의 소식을 차단하여 밖의 소식을 전혀 들을 수 없었다.

수감 1년 후 내 생일 날 특별면회로 어머니와 처음 마주하였다. 평소에 심장질환이 있는 어머니가 위중해 질까봐 나의 수감생활을 노동조합교육을 간 것으로 아버지가 둘러댔다고 했다. 뒤늦게 사실을 알게 된 어머니와의 첫 상봉이었다. 어머니의 야윈 모습에 너무 마음이 아파 펑펑 울고 돌아설 때의 잿빛 하늘을 지금도 잊을 수 없다.

그때는 간절히 집으로 같이 가고 싶었다. 우울한 수감생활을 이어오다가, 1983년 광복절 특사로 1년 1개월을 살고 형집행정지로 수감생활은 끝이 났다. 감옥에 있는 동안 내가 얻은 것이 있다면 죄의 실상과 법집행의 문제점을 자세히 알게 되었다는 점이다.

다시 그때가 된다 해도…

출소 후 어머니의 심장수술 간병으로 1달 여 동안 병원에 있었다. 그 무렵 미국 부통령 먼데일이 우리나라를 방문했었다. 그간 불효를 만회하기 위해 어머니를 간병하고 있는데, 기무사에서 미국에 대한 내 감정이 안 좋다고 생각하여 병원에 있는 날 감시하며 동태를 확인하고 가기도 했다.

밖에 있던 간부들과 조합원들은 콘트롤데이타 사건의 실태와 구속자 석방을 위해 KNCC(=기독교회관)와 명동성당을 찾아가 알리는 등 힘겹게 싸우고 있었다. 지켜만 볼 수 없었던 나는 외출을 하기 위해 직장을 다닌다고 핑계를 대고 빠져나와 연극을 준비했다. 탈춤반 조합원들과 함께 대본을 쓰고, 연출은 도움을 받았다. 제목은 〈금수강산 빌려주고 머슴살이 웬 말인가〉로 다국적기업의 실상을 알리는 내용이었다. 홍사단에서 공연을 하려고 했으나 경찰에 끌려가 구류를 살았다. 그 후 중앙대 축제에서 성황리에 공연을 할 수 있었다. 1984년 3월 홍제동성당에서 열린 한국노동자복지협의회 창립대회에서는 콘트롤데이타 풍물팀이 축하공연을 벌이기도 했다.

그해 가톨릭노동사목전국협의회에서 총무로 일하자는 제안을 받아 근무하게 되었다. 그 즈음에 한국의 민주화운동이 활발하게 전개되었고, 민통련, 민청연, 한국노동자복지협의회 등과 연대하게 되어 세상을 보는 시각도 넓어졌다. 새삼 노조의 민주화, 조직화를 통해 깨어있는 노동자의 단결된 힘이 역사발전에 얼마나 중요한지 확실히 알게 되었다.

이 무렵 콘트롤데이타 후배들과 함께 하던 모임(일명 족발모임)에서 한국 근현대사를 학습하며 우리가 할 수 있는 일을 실천할 것을 모색하였다. 그러던 중 구로지역 맞벌이 노동자를 위한 비영리 민간탁아소를 만들기 위한 준비를 시작했고, 1988년 콘트롤데이타 출신 3명과 일반 시민 3명이 '꾸러기동산'을 시작하게 되었다. 또 인도주의실천의사협의회(인의협)와 함께 대학생 자원봉사자들을 조직해 맞벌이 노동자의 자녀들을 사랑으로 돌보았다. 이 탁아소는 지역에 뿌리를 내려 지금은 영아부터 미혼모까지 지원하는 시설로 확장되었다. 지금 생각해보아도 참 뿌듯한 일이 아닐 수 없다.

그 후 나는 가톨릭노동사목전국협의회에서 약 2년간 전국의 노동사목 실무자들과 연대하고 교류하면서 노동운동의 방향을 모색하며 일했다. 그리고 해고노동자 스스로 만든 조직에서 근무하기 위해 한국노동자복지협의회의 간사로 3년간 근무하였다. 재야 민주화단체와의 연대의 중요성을 다시 한 번 깊이 깨닫게 된 기회였다.

이런 활동과정에서 나는 다시 현장으로 가서 일 하고 싶은 마음이 생겼다. 단체에서 나와 구로공단에 있는 소규모 봉제회사의 시다로 취업했다. 나이 어린 노동자들과 언니, 동생하면서 근무하던 어느 날, 관내 경찰서에서 회사 관리직 직원이 나에 대해 말하고 있다는 것을 전해 들었다. 나는 단지 현장에서 일하기 위해 취업했는데, 나와 관계있는 노동자들에게 피해가 될까 봐 걱정이 앞섰다. 노동자들은 그야말로 별 보고 출근하고 별 보며 퇴근하는 일이 일상이며, 노동조합 결성엔 별로 관심이 없는 듯 했다. 그러나 나는 이미 월간 『말』지에서 취재하여 게재한 블랙리스트 명단에 들어있었다. 결국 현장에서 일하고 싶은 욕심을 접고 사표를 낼 수밖에 없었다.

이렇게 봉제공장에서 퇴직한 후 선배 노동자의 추천으로 한국노총 산하 구로노동상담소 상담부장으로 오라는 권유를 받았다. 한국노총에서 민주화운동에 참여했던 노동자와 기존 노조 간부 출신과 함께 조를 이뤄 자기들의 어용성을 극복하기 위해 전국에 상담소를 창립한 목적도 있었을 것이다. 한국노총에 대한 나의 선입감 때문에 망설였지만 그곳에도 노동자가 있고, 무엇보다 내 청춘을 보낸 구로공단이라는 것이 내가 일하기로 한 결정적 요인이었다. 구로공단상담소에서 나의 임무는 노동조합 간부 및 조합원 교육과 노동문화 풍물지도, 그리고 노동상담 등의 일이었다.

1990년 겨울, 어머니가 별이 되셨다. 아침 운동하러 나가셨다가 쓰러진 것이다. 응급조치를 하였으나 그 날로 돌아가시고 말았다. 어머니를 저 세상으로 보낸 상실감으로 하루 하루를 우울하게 보내다가 그 이듬해 인연을 만나 결혼하였다. 1녀 1남을 두었는데 딸은 시부모께서 키우고 난 구로상담소로 출근하였다. 4년 뒤 아들을 돌보기 위해 상담소를 사직하고 전업주부의 삶을 살았다. 옛 동지들이 그리웠던 차에 70년대민주노동운동동지회에서 동지들을 다시 만나게 되었고, 부족하지만 비상근 종신총무로 봉사하고 있다.

사회적기업과 헬프 에이지 취업을 하였으나 여의치 않아 오래 하지 못했고, 2015년 3월 인천 부평구청의 직업상담사 모집에 지원해 면접을 보고 취업했다. 그 동안 내가 살아온 삶의 과정에서 축적된 경험으로 구인, 구직자를 알선하는 일을 하였다. 취업이 간절하여 여러 차례 문을 두드리는 고령의 취업희망자들에게 공감하면서도 소개할 일자리가 없는 현실에 안타까워 5년의 근무를 마치고 2020년 5월 23일 퇴직했다. 그리고 지금은 내가 고령취업자 대열의 끝자락에 서 있다.

지난 삶을 정리하며 드는 생각이 있다. 다시 청춘의 그 시절로 돌아가더라도 가슴 깊이 새겨진 노래를 부르는 그때의 그 열정이 지금도 남아있기에 지난 삶의 자취에 감사하는 생각이다. 그리고 지난 삶의 모든 과정은 지금도 나에게 자양분으로 남아있다. 지금도 올곧은 삶을 살아가는데 선한 영향력을 끼치는 그 자양분 있어, 그리고 고난을 함께했던 길동무들과 더불어 나이 들어가는 노년이어서 나는 지금 행복하다.

정의와 평화를 향한
집념의 나날들

정 연 희

　나는 1955년 7월 7일 부산에서 태어나 서울 용산구 효창동에서 자랐다. 아버지는 산업은행에 다니셨고, 나는 3남매의 맏딸로 남동생이 둘이다. 아버지께서 군인이셨을 때 엄마가 아기를 못 낳는다고 할머니가 아버지를 새 장가 보냈다. 둘째 어머니에게서 5남매가 태어났다. 딸 셋에 아들 둘이었다. 모두 엄마의 호적에 올라가 우리 형제는 8명이 되었다. 우리 집은 두 집 살림을 해야 했기 때문에 항상 가난했다. 아버지께서 퇴직하자 그 애들은 소송을 하여 자기 엄마 밑으로 옮겼다.

　1955년 부산 출생. 73년 콘트롤데이타 취업 후 노조 결성모임 참여. 80년대 해고자 복직 투쟁, 회사 철수반대, 한강성당 농성 등의 투쟁으로 구류 3일. 회사 철수로 해고된 후 구로공단 전자부품 회사에 두 번 취업했으나 블랙리스트로 해고. 83년 결혼. 참교육학부모회와 광명 경실련 창립 참여. 2011년 11월 민주화운동 관련자로 확정.

나는 마포에 있는 서울여자고등학교를 졸업했다. 가정형편이 그래서 대학을 못가고 졸업도 하기 전에 1973년 콘트롤데이타에 취업하게 되었다. 내나이 19살이었다. 콘트롤데이타는 한마디로 전자회사였는데 거기에서 코일을 끼우거나 납땜을 했다. 당시의 월급은 적지도 않은 거 같았다. 상여금은 석 달에 한 번씩 나온 걸로 기억한다.

치열했던 노조활동

공장이 염창동에서 구로공단으로 이전하기 전인 1973년 12월 20일, 언니들이 주동하여 노동조합을 창립했다. 비밀리에 모임 등에 열심히 참석하였다. 밤일을 하고 잠도 안자면서 언니들이 어디로 모이라고 하면 만사 제치고 따라다녔다. 노조가 창립되면서 우리의 의식이 많이 깨어져 갔다. 그때까지만 해도 회사에서 시키면 뭐든 당연히 하는 걸로 알았는데, 노조교육을 받으면서 우리의 권리를 찾은 것이다

주5일 근무에 통근버스를 타고 출퇴근하고, 월차휴가, 연차휴가를 썼다. 그것도 안 쓰면 수당으로 받았으나 생리휴가는 무조건 사용하는 걸로 하였다. 지금 생각하면 박정희 유신 때, 그리고 전두환 정권의 악랄한 탄압을 이겨내면서 우리의 권리를 찾게 되었고, 투쟁으로 많은 성과를 쟁취하였다.

80년대에 들어서면서 사건들이 연이어 일어났다. 1981년 3월 15일, 이영순 지부장 등 노조간부 6명이 해고되자 조합원 수 백 명이 해고된 간부들을 둘러싸고 공장 안으로 들어갔다. 당시 한명희 지부장 직무대행은 전면 파업을 선언했다. 이를 시작으로 조합원 전원이 공장을 점거하고 8박 9일 간 파업을 벌였는데, 이때 나도 적극적으로 참여했다. 3월이라 아직 날이 추웠다. 그런데 회사는 우리가 농성을 하자 수돗물을 끊고 에어컨을 틀고 전기를 끊는 등 못된 짓은 다했다. 이후 노조는 영등포산업선교회와 종로5가 기독교회관의 사회선교협의회, NCC, EYC, 장청 등을 방문하여 적극적으로 홍보활동을 했는데 거기에 나도 열심히 참여했다.

1982년에 들어서자 정치, 경제상황이 어수선하고 복잡해졌다. 당시 매일 회사 업무가 끝나면 명동으로, 영등포산선과 종로5가 기독교회관으로 달려가 전두환 정권의 탄압에 맞서 투쟁하던 중이었는데 어느 날 회사가 폐업을 한다는 것이었다. 회사 가는 게 즐겁다는 생각까지 들었는데 갑자기 회사가 본사로 철수한다는 것이다.

드디어 1982년 7월, 미국본사의 공장철수 결정과 민주노조를 파괴하려는 군사독재정권의 요구로 한국콘트롤데이타는 폐업을 선언했다. 우리는 회사가 철수하면 안 된다고 농성에 들어갔다. 노동자들이 일방적인 철수에 반대하는 투쟁을 전개하던 중 노동부장관 면담을 요구하다가 박영선, 이태희, 조성희 언니들이 구속되었다. 나도 닭장차에 실려가 남부경찰서에서 구류 3일을 살았다.

우리의 상황을 알리려고 한강성당에서 농성을 했다. 한강성당에서는 우리를 잘 보살펴 주었다. 며칠을 했는지 잘 기억은 안 나지만 짧게 하지는 않은 것 같다. 한강성당에서 농성을 할 때 대한예수교장로회청년회 전국연합회(이하 장청)와 한국기독청년협의회(EYC) 회원 등이 격려 방문을 와주었다. 이때부터 콘트롤데이타 사건을 전국 교회에 알리면서 연대해 나갔다.

영등포산선에서 기거하면서 성명서를 제작할 때는 당시 수배 중이던 청주의 박종희(당시 청주 EYC 회장)와 지금의 남편의 도움으로 다량을 인쇄할 수 있는 등 기독청년들과 가까이 지내면서 많은 도움을 받았다. 회사의 실상을 세상에 알리고자 콘트롤데이타 노조탄압 〈현장의 소리〉 프로그램을 짜 한명희 지부장과 같이 전국을 다녔는데, 얼마 후 지부장이 지명수배 되어 박준철(예장전국연합회) 회장과 전국 곳곳을 다녔다.

우리는 콘트롤데이타노조 탄압을 알리고 구속자를 위한 기도회를 준비하면서 마포구에 있는 서교동교회를 어렵게 교섭했으나 경찰의 제지로 무산되었다. 이후 장청 임원회의 협력으로 서울, 울산, 전주, 광주, 포항, 안동, 밀양, 대전, 충남 금산 등의 교회에서 콘트롤데이타노조 탄압에 대한 보고

회와 구속자를 위한 기도회를 개최하면서 청년들에게 함께 항의하고 투쟁에 동참해 줄 것을 호소하였다. 이에 1982년 7월 23일, EYC 김철기 총무가 일본 교토통신 등 외신기자 10여명에게 〈콘트롤데이타 사태에 대한 우리의 입장〉이란 성명서를 배포했다는 이유로 구속되기도 했다.

회사의 폐업으로 집에 있는데, 종로5가에서 목요기도회가 있거나 모임이 있으면 여지없이 경찰이 집 앞을 지키고 있다가 못나가게 했다. 조합간부 세 명(이태희, 박영선, 조성희)이 구속된 후 장청이 주최한 행사마다 콘트롤데이타의 탄압과 구속자를 위한 현황 등 '현장의 소리'를 보고하면서 받은 강사비(3만 원정도)는 영치금으로 내놓고, 고척동의 구치소로 면회를 가곤 했다. 구로공단 전자부품 회사에 두 번이나 취업을 했으나 블랙리스트에 올라와 있어 한 달을 못 채우고 해고되었다.

결혼, 지속적인 감시와 탄압

1983년 11월, 나는 박준철(장청 회장)과 결혼을 했다. 영등포산업선교회관에서 결혼식을 올리던 날, 치안본부는 영등포경찰서 정보과 형사들과 전경 2개 중대를 동원하여 결혼식을 감시, 하객들에게 불안감을 조성하여 시골에서 올라오신 친척들이 참석을 못하는 사태가 발생되기도 했다. 그들은 위장결혼식일지 모른다며 그 짓을 한 것이다.

경기도 광명에서 신혼살림을 시작했지만, 집 주변에 경찰초소가 설치되고 남편과 나는 매일 동사무소 직원들과 광명경찰서, 그리고 서울경찰청 정보과 형사들의 감시 속에서 지냈다. 남편은 민주화운동을, 나는 노동운동을 한다며 철저한 감시를 한 것이다. 심지어 광명시 공무원인 남동생을 우리 식구가 거주하는 동에 근무하게 하면서 매일 광명경찰서와 시청 시정계에 보고하게 하였다.

특히 남편은 기독교청년운동을 하면서 만든 유인물만 나오면 전국 조직을 통해 배포하여 지명수배와 감금이 반복적으로 자행되었다. 1년에 3, 4차례는 연행되고(다행히 '기독교 빽'으로 구속은 되지 않았다) 15회 정도 구류를 살아 어린 아들과 함께 동대문경찰서와 청주경찰서 유치장까지 면회를 가곤했다.

결혼 이후 참교육학부모회 창립과 광명경실련 창립에 참여했고, 여러 소모임에도 간여했는데 지금 기억에 별로 남지 않는다. 아들을 키우면서 집안 살림 하느라 사회활동을 많이 못했지만, 남편의 활동을 적극적으로 지지하고 함께 하던 중 2011년 11월 1일 민주화운동 관련자(제9251호)로 민주화운동관련자 명예회복 및 보상심의위원회의 증서를 받게 되었지만, 이명박 정부 때인지라 보상금은 받지 못했다.

지금 생각하면 노동운동을 통해 우리의 의식이 크게 높아지고, 어떻게 살아가야 하는지를 알게 되었다. 나보다 남을, 우리 가족보다 이웃을 먼저 생각했다. 그런데 지금은 내가 우선인 것 같고, 사고도 이기적으로 빠진 것 같다.

70, 80년대 노동운동에 참여하면서 만나 결혼한 남편은 한국기독청년협의회(EYC) 총무와 회장, 그리고 1987년 6월항쟁 때 민주쟁취기독교운동본부 사무차장과 한겨레신문 창간에 참여했다. 현재는 남북 민간교류협력사업을 위해 '(사)평화열차 타고 평양가자 재단' 이사장으로 일하고 있다. 아들과 며느리, 딸은 복지관련 단체에 근무하며 2016년의 시작된 촛불집회에도 빠짐없이 참여했다. 지난 11월 출생한 귀엽고 예쁜 손녀 은우와의 만남을 통해 오늘도 정의와 평화를 위해 여섯 식구는 열심히 살아가고 있다.

콘트롤데이타노동조합

노조운동의 저력으로
일군 시민운동

정 채 진

전차종점의 추억

나의 어린 시절을 떠올리면 자상하신 아버지, 부지런한 엄마, 조용하고 다정한 오빠, 든든한 언니, 자주 싸우긴 했지만 착한 동생이 생각난다. 우리 집 앞에는 한강이 흘렀다. 엄마가 한강에 빨래 갈 때도 손을 잡고 따라 갔고, 겨울이면 광나루에서 한강 물길로 오는 뱃전의 김장배추를 사러 갈 때도 엄마 손을 꼭 잡고 따라 다녔다. 여름이면 가족과 함께 한강 백사장으로 물놀이를 갔던 일도 생각난다. 지금도 어린 날의 기억은 온통 한강과 우리

※ 1956년 서울 출생. 76년 콘트롤데이타 입사. 1982년 회사 폐업반대 한강성당 농성 참여. 1984년 '족발모임' 결성 구로공단 탁아소 운영. 1985년부터 성남에서 민간 탁아소, 빈곤아동을 위한 공부방, 마을도서관, 가정해체 아동을 위한 그룹 홈 등 지역사회운동 참여. 폐교 위기의 남한산초등학교 살리기 운동 참여. 5대 성남시의회 의원으로 활동.

동네에서 출발하는 전차의 모습이다. 나는 1956년 서울 용산구 원효로에서 2남 3녀 가운데 둘째 딸로 태어났다.

아버지는 늘 가까이에서 다정하게 이야기를 나누어 주시고, 춤과 노래를 하면 박수도 많이 쳐주시고, 공부도 열심히 가르쳐 주시고, 칭찬도 많이 해 주시고, 자주 안아주셨다. 엄마는 사는 것이 많이 힘드셨나 보다. 아버지는 재능이 많으셔서 사람들을 만나며 즐거운 시간을 자주 보내셨다. 나중에 알았지만 엄마는 생계로 힘든 시간을 보내신 것 같다.

엄마는 많은 동네 분들을 알고 지내셨는데, 부자 집에서 안 쓰는 물건을 가난한 집에 가져다 주기도 하고, 가정부를 소개도 해주는 등 동네 네트워크에 강한 분이었다. 아버지는 제법 규모가 있는 세탁소를 운영하셨다. 아버지는 대한시조동우회 용산지회장을 맡을 만큼 시조문학에 열심이었다. 시조 읊기, 글 읽기, 한자 가르치기로 출강도 하셨지만, 집안 살림에는 크게 신경을 쓰지는 않으셨다.

나는 경제적으로 크게 풍족하지는 않았지만 하고 싶은 것은 하면서 자신감이 있는 아이로 자랐다. 고등학교를 졸업하고는 서울 제기동의 미도파 백화점에서 일했다. 가끔 퇴근시간이 빠른 여고 동창이 나의 직장에 찾아와 자기가 다니는 콘트롤데이타 회사에 대해 자랑을 늘어놓곤 했다.

콘트롤데이타에서의 6년 2개월

내가 다니던 회사의 운영이 어려워질 즈음 친구를 따라 콘트롤데이타에 가보게 되었다. 그 날이 마침 신입직원을 뽑는 날이었던 모양이다. 간단한 교육을 받고 식당 쪽으로 나오려는데 마침 점심시간이었는지 분홍색 가운을 입은 수백 명의 직원들이 점심을 먹기 위해 함께 뛰는 장면이 충격적이었다. 나중에 알았지만 정해진 시간에 식사를 마치려면 뛰어야 했다. 나는 1976년부터 1982년 폐업되기까지 6년 2개월을 콘트롤데이타에 다녔다. 주야 2교대 근무로 현미경을 보면서 미세한 와이어를 코어에 꿰는 일을 했는데, 밤새 잠을 못자는 야간근무는 너무도 괴로웠다.

콘트롤데이타노동조합의 가입형태는 오픈샵으로, 입사하는 날 바로 조합에 가입하여 조합원이 되었다. 노동조합이 있는 것이 마음에 들었지만 별 관심은 없었다. 우연히 노조의 홍보판을 보고 동아리 활동으로 탈춤반에 가입하였고, 퇴근시간에 맞춰 통근버스는 못 타더라도 근무 후에도 남아 탈춤과 풍물을 열심히 배웠다. 당시 대학생 강사들은 진지함과 성실함으로 탈춤을 가르쳐주었다. 봉산탈춤과 양주별산대, 고성오광대까지 몸짓 하나 하나가 흥미로웠다.

그때 익힌 몸짓과 가락으로 파업이 있게 되면 여러 차례 공연을 하였고, 다른 단체의 행사에도 참여하여 공연하기도 했다. 우리 자신의 노동현장 이야기를 우리 목소리로 직접 써낸 〈금수강산 빌려주고 머슴살이 웬 말인가〉라는 공연은 중앙대학교에서 관객과 무대가 혼연일치되는 감격의 순간으로 다시 태어났다. 공연장에 사복경찰이 깔려 있어 분위기가 살벌했지만 그 공연은 무사히 끝났다. 이후 흥사단에서의 공연은 경찰의 저지로 좌절되었다.

수년째 반복되는 노동이 단조롭고 의미를 찾기 어려워 직장을 다니며 대학공부를 하였다. 1982년에 회사가 폐업계획을 세워 진행하는 가운데 노조간부들이 해고 당하였고 우리는 파업을 감행했다. 폐업과정이 부당하다는 생각을 했고, 노동부에서 농성하던 집행부 임원들이 잡혀가면서 남은 조합원들은 한강성당(당시 주임신부 함세웅)으로 옮겨가 농성을 계속하였다. 성당 밖으로 나갈 수도 없었고, 화장실 가는 것도 자유롭지 못했다. 더운 날씨에도 며칠간 농성을 이어갔다. 탈춤반 대학생 강사들과 다른 사업장의 노조간부들 등 많은 사람들이 찾아와 격려하였다.

성남지역 도시빈민운동과 탁아운동

콘트롤데이타 해고 이후 1984년 장충동에 있었던 노동사목연구소 방문을 계기로 노조활동을 함께 했던 동지들 중심의 '족발모임'이 만들어졌다. 족발모임은 회원들의 쌈짓돈과 수익사업으로 마련한 자금으로 작은 공간을 마련해 열악한 구로공단의 배후 주거지역에 탁아소를 시작하였다.

1985년 성남지역 '메리놀공동체'의 의료 자원봉사활동을 계기로 성남 은행동에서 맞벌이종일탁아소 '하늘어린이집' 일을 시작하였다. 당시 은행동에서는 부모들이 집이나 골목에 아이들을 둔 채 일터로 나갔다. 아이들을 돌봐줄 수 있는 보육시설이 단 한 곳도 없었으므로 많은 아이들은 늘 위험에 노출되어 있었다. 어머니들은 다수가 초등학교를 졸업하고 어린 나이에 집을 떠나 청계천 평화시장, 창신동, 구로동에서 노동자의 삶을 살았다. 어머니들은 가내공업으로 집에서 재봉 일, 또는 파출부로 일했다. 아버지들은 주로 막노동을 하여 대다수가 술을 많이 마셨으며 동네에서는 싸움도 잦았다.

장시간 노동에 시달리는 어려움 속에서도 어머니들은 월1회 자모회 교육을 통해 서로의 어려움을 나누며 공동체정신을 키워 나갔다. 육아·가사·노동의 3중고를, 여성 개인의 문제를 넘어 우리들의 문제로 인식하면서 점차 사회문제에 관심을 갖기 시작하여 영유아법 개정운동을 벌였다. 또 박종철 의문사 규탄집회, 6월항쟁 등 민주화운동에도 적극적으로 참여하였다.

1986년 나는 전국탁아소지역사회연합회 워크샵에서 도시빈민운동 강의를 맡은, 한국도시빈민선교협의회 사무국장이며 5·18유공자인 김광수 목사를 만나 1년여 후에 결혼을 하면서 지역사회운동의 동반자가 되었다. 1995년에 여성신문사 주최 제2회 평등부부상 본상을 수상하기도 했다.

1989년 학교급식이 없던 시절, 아이들은 부모들이 일터에서 돌아오지 않는 늦은 시간까지 밥도 못 먹고 보호받지 못한 채 집에 혼자 있거나 골목을 돌아다녔다. 은행동에서도 가장 열악한 산비탈 무허가촌에 배고픈 아이들과 방임되는 아동의 학습지도를 위한 '은행골공부방'을 설립하였다.

부모 없이 할머니와 살아가는 ○○이는 치료를 못해 다리의 피부가 괴사

될 지경이었고, 어떤 아이는 본드 중독으로 인해 골목 구석에 쓰러져 있었다. 엄마가 가출하여 3형제만 남은 집에서 라면을 끓여 먹다가 화상을 입은 아이, 잠을 자다가 술에 취한 아버지에게 물벼락을 맞고 울면서 한밤중에 달려오는 여자 아이도 있었다. 이렇게 보호 받지 못하는 아이들과 매주 목요일에 사택에 모여 공동식사를 하였다. 식사 후에도 아이들은 집으로 돌아가지 않았다. 돌아갈 집이 없거나 부모에 의한 아동학대가 빈번했기 때문이다.

1990년에는 도시빈민선교를 지향하는 한국기독교장로회 은행골교회의 창립예배를 드렸다. 아이들은 교회로 몰려들었다. 무허가촌에서 시작한 공부방은 철거되어 교회공간으로 이전하였고, 한편으로 교회는 철거민과 노점상의 생존권 투쟁을 지원하는 등 지역사회의 구심점 역할을 하였다. 부모의 주폭이나 가출로 아이들만 남은 해체가정의 방임 학대 아이들은 저녁 시간이 되어도 굶은 채로 갈 곳과 잠자리가 없어 밤새 거리를 돌아다니거나 공사장과 놀이터, 쓰레기장에서 잠을 자기도 했다. 특히 여자 아이들은 늘 성폭행의 위협에 시달렸다.

1993년 가출청소년을 위한 '은행골쉼터'를 시작하였고, 사택은 10년간 공동생활가정(그룹홈)이 되었다. 2004년 아동·청소년 그룹홈 사회복지법인인 '은행골우리집'이 설립되었고, 여기는 현재도 긴급보호가 필요한 아동청소년의 터전이 되고 있다. 이러한 실천적 활동과 더불어 사회복지의 전문성을 높이기 위해 '사회복지실천' 석사과정과 교류분석 심리상담 미술치료의 이론과 실천역량 강화에도 힘을 쏟았다.

환경에 대한 인식이 전무하던 87년부터 지역주민에 대한 환경교육과 더불어 성남소비자협동조합과 큰우리소협 등을 조직하여 도농 상생의 생협 운동을 전개하였다. 또 91년, 지역의 어려운 문제들을 서로 돕고 나누고자 '함께 사는 은행골 여성모임'을 조직하여 월1회 주민센터 마당에서 폐식용유로 비누 만들기, 우유곽과 폐신문 모으기 등 환경을 살리기 위한 실천

운동을 전개해왔다. 또한 지역의 아동과 학부모 대상 환경 관련 프로그램을 기획 실시하였는데, 철새기행, 민물고기 탐사, 남한산성 환경기행, 환경한마당 마을축제 등이 주민들의 적극적인 호응으로 이루어졌다. 은행골 마을축제는 지금도 지역의 대표축제로 이어지고 있다.

지자체 참여운동과 시의원 활동

1987년 6월항쟁에도 열심히 참여했다. 1991년 지방자치제도가 부활하면서 '지방자치란 무엇인가'란 주제로 주민토론회를 개최하여 '우리 손으로 우리의 대표를 지방의회에 보내자'라는 뜻을 모아 지방선거에서 주민대표를 시의원으로 만들자는 운동을 벌였다. 그에 힘입어 나는 2006년에 제5대 성남시의회 의원으로 당선되었다. 시의회에서는 사회복지상임위원으로 활동하면서 학교사회복지 지원조례를 공동 발의하여 제정하였다. 하반기는 경제환경상임위원으로 활동하였다. 2009년부터 주민 20여명과 함께 지역 어르신을 위한 '성남울타리봉사단'을 조직하여 월 1~2회 관내 12곳의 경로당을 순회하며 급식제공과 말벗, 여흥을 돕는 봉사를 하였다. 이 봉사는 10년 이상 지속적으로 활동해 어르신들로부터 두터운 신뢰를 받고 있다.

1996년부터 학교운영위 활동, 97년 성남시 제1호 마을문고 '은행골마을 도서관' 설립, 98년 이 도서관에서 시작된 '동화 읽는 어른 모임'은 학부모운동으로 확대되었고, 2001년 폐교 위기에 있는 남한산초등학교를 공교육의 대안학교로 만들었다. 남한산초등학교는 '전국 아름다운 학교' 공모에서 대상을 수상하였다. 이후 폐교 위기에 있는 농촌지역의 초등학교를 순회하면서 폐교를 극복한 남한산초등학교의 사례를 강의하였다

교육과 환경문제, 그리고 사회변혁에 관심이 많았던 나는, 사회복지사로서 85년부터 지금까지 은행동이라는 마을에서 아이들이 성장하는 모습을 가까이에서 보면서 환경개선사업으로 인해 마을이 바뀌는 모습도 확인했다. 이제 그때의 아동들이 성장하여 마흔 살이 되었다. 가정해체로 인해

보호받지 못하는 아이들이 가장 그리워 하는 것은 가족이다. 아이들은 언제나 가족과 함께 살기를 꿈꾼다. 하지만 돌아갈 가정과 가족이 없는 아이들은 더욱 외롭다. 마을의 학교와 복지관, 교회, 학원, 병원, 지역아동센터 등 지역사회가 아이들을 함께 지켜 주어야 한다. 아이들과 함께 산다는 것이 쉬운 일은 아니지만, 매순간 아이들은 욕심을 지울 수 있는 모습으로 다가와 줘서 참으로 아이들에게 고맙다.

지난 날을 되돌아 보면 내가 하고 싶은 일을 즐겁게 할 수 있어서 감사하다. 할 줄 아는 것이 부족한 나에게 무엇이든 배우게 해준 은행동에서 만난 이웃들, 나의 스승이 되어준 아이들에게도 고마움을 갖는다. 잘 성장하여 가정을 이루고 사회구성원이 되어준 아이들이 고맙다. 연락이 두절된 아이들에게도 "애들아, 힘 내! 인내와 기다림을 가르쳐줘서 고마워"라는 말도 전하고 싶다.

당시 열심히 함께 활동했던 주민들과 활동가들은 현재 성남에서 지역아동센터와 아동청소년 그룹홈, 학대아동피해쉼터, 환경지도자로서 각각의 현장에서 열심히 뛰고 있다.

콘트롤데이타노동조합

노동운동에서
사회운동으로

한 명 희

파란과 시련의 성장기

한국전쟁 당시 서울에 살던 부모가 부산으로 피난을 가서 나는 거기서 태어났다. 중학교는 나주에서 다녔다. 나주는 아버지의 고향이었고, 나의 호적상 출생지였다. 나의 아버지(한수양)는 덕수상고를 수석으로 졸업한 후 동경유학까지 하였고, 어머니(윤숙자)도 일제 강점기 간호전문대를 졸업한 두 분 다 인텔리 출신이다. 한국전쟁 때 아버지는 제약회사 전무였으나 배로 전라도에서 쌀을 싣고 부산으로 가 쌀장사를 했다. 그런데 큰아버지가

◦ 1952년 부산 출생. 악전고투의 어린 시절인 73년 콘트롤데이타 입사. 77년 대의원으로 어용노조 민주화에 앞장서 부지부장 선임. 80년 금속노조 전국대의원대회에서 김병용 위원장 사퇴요구 농성, 한국노총의 노동3권쟁기대회 농성. 80년 노동계 정화조치 이후 지부장 직무대행. 82년 노조간부 6명 해고에 항의 8박 9일 파업농성 주도. 해고 후 여성노동자회 창립, 여성연합 대표, 서울시 의원 역임.

돌아가시자 배와 쌀을 몽땅 팔아 큰집을 살리는데(논과 밭은 물론 제끼빚까지 갚아주었다) 쏟아 붓는 바람에 우리 집은 완전히 몰락하고 말았다.

어릴 적 기억으로 아버지는 보수동에서 헌책방을 하셨던 것 같다. 새 학기가 되면 아버지는 전국으로 헌책을 구하러 다니셨고, 어머니는 그 책을 파는 일을 하셨다. 헌책 장사 이후 어머니는 국제시장에서 구제품 노점상을 하다가 연탄장사, 빙수장사 등 노점상을 하셨다. 두 오빠들은 거리에서 가끔 아이스케키 장사나 껌팔이를 해야 겨우 입에 풀칠을 할 수 있었다. 아버지는 내가 11살 때 친구와 서울에 무역회사를 차렸다. 온 식구가 북아현동에 대궐 같은 한옥서 살 때 엄마는 잠시 문방구를 했으나 몇 달 만에 집과 문방구를 압류 당하고 또 다시 빈털터리가 되었다.

6남매 중 셋째, 맏딸인 나는 12살 때 초등학교 6학년을 중단하고 놀다가 한 입이라도 덜기 위해 이종사촌 언니 집에서 아기 봐주는 일을 했다. 12살부터 자기 밥벌이를 한 셈이다. 13살 때 이모가 당신의 자식들은 생선과 고기반찬을 먹이면서 나에게는 누룽지를 끓여 김치에 먹자고 하셨다. 차별에 화가 나서 사흘 동안 단식을 감행했다가 맹장염에 걸렸다. 아침부터 배가 아파 딩구는 나를 데리고 동네 병원에 갔는데, 장이 겹친 이뢰우스라고 진단하자 천막을 치고 살고 있는 우리 집으로 데려다 주고는 가버렸다. "수술은 너희 집에서 하라"는 뜻이었다.

엄마와 함께 찢어지게 아픈 배를 움켜쥐고 화장터 고개를 넘어 무악재 근처 내과에 가서 진단을 하니, 장이 겹친 것이 아니고 급성맹장이라며 4천 원을 갖고 와야 수술을 해주겠노라고 했다. 그 병원장은 엄마와 같이 간호전문대를 나온 아는 사람이었는데, 돈을 갖고 오면 수술을 해주겠다는 거였다. 수술을 시급히 하지 않으면 맹장이 터져 복막염으로 번지고 위험해질 수 있다고 말하면서도 돈을 먼저 갖고 오라는 상황. 엄마와 다시 집으로 가기 위해 화장터 고개를 올라가다가 이대로 천막집으로 가면 정말 죽을 수밖에 없겠구나 하는 생각이 들었다.

나는 "이모 언니네서 애 봐주다가 아팠으니, 그 집에 가서 수술을 해 달라고 하겠다"며 가던 길을 되돌아 두어 시간이나 버스를 갈아타고 평화시장에 도착했다. 통증으로 꼬꾸라진 나를 어떻게 옮겼는지 이모 딸네 주치의가 있는 유외과의 수술대에 오르게 되었다. 수술가위와 메스 등이 가지런히 놓여있는 네모난 스텐리스 받침대를 보고 약간 겁이 났지만, 엄두가 안 나던 그 높은 수술대를 내 발로 스스로 올라가면서 '죽든지 살든지 어떻게 되어도 상관없어'라고 생각했다. 가난하게 살면서 무시 천대당하고 살게 될 삶이 너무 싫었다.

14살 되던 가을, 고모 아들이 '학교라도 보내줄 테니'라고 하며 나와 두 동생의 고향인 나주로 데려갔다. 그 곳 고아원에서 3년 반을 지내면서 중학교를 다녔다. 중3 때는 고아원 보모를 자청해 1년 동안 21명의 초등학교 2, 3학년짜리 여자 아이들을 맡아 돌보았다. 큰 고생이었지만 자존감을 키웠던 과정이었다. 이때 자청해서 교회 중등부 회장이 되었다. 당시 고아원에는 150여명이 있었는데, 부모가 없는 아이는 두어 명 뿐, 거의가 먹고 살기 힘들거나 학업 때문에 맡겨진 아이들이었다.

중학교 졸업 후 서울로 와 3년간 3곳의 회사에서 급사로 일하며 야간고등학교를 다녔다. 새벽에 출근해 공부하고 돌아오면 밤 11시, 늘 피곤해서 툭하면 코피를 쏟았고, 잠과 싸우는 힘든 나날을 보냈다. 이후의 나의 학력은 20여년 후로 이어진다. 고졸 학력으로 콘트롤데이타에서 노조운동을 한 후, 사회에 나와 사회운동과 시민단체 활동 중 50대 중반에 대학을 들어가 사회복지학 4년을 전공하고, 나이 60에 성공회대학원 석사학위를 받았다.

콘트롤데이타 입사

무척이나 힘들게 고등학교를 졸업하고 사무직 일자리를 찾았지만 공장밖에 갈 곳이 없었다. 크게 실망하고 1주일, 한 달만 다니겠다고 들어간 곳이 같은 학교 동네친구가 소개한 콘트롤데이타였다. 공장이 철수할 때까지

11년을 다녔다. 12살에 친척집 아이 돌봄이(1년 반), 고등학교 3년 내내 3곳의 사무실 급사생활(담임 소개), 콘트롤데이타는 다섯 번째 일터인 셈이었다. 회사 폐업 후 시흥 봉제공장 시다, 성수동 전자회사, 봉제공장 미싱사 등, 블랙리스트 1번인가 2번이던 나는 동생의 신분증으로 1년 사이에 세 곳의 공장을 다녔다.

콘트롤데이타는 시험을 보고 뽑았는데, 이력서와 자기소개서를 즉석에서 써내는 시험이었다. 가장 먼저 흘림체로 써 내려간 이력서와 자기소개서를 제출했던 내게 "이렇게 글씨도 잘 쓰는데 공장에서 일할 수 있겠냐?"고 물었다. 그리고 "월급이 1만 200원(73년 5월)밖에 안 되는데 다닐 수 있겠냐?"고 연이어 물었다.

회사는 미국계 100% 투자회사였고, 1일 8시간, 주 6일 근무에 취업 당시 상여금은 200%였다. 입사 후 7개월 만인 1973년 12월 3일에 노조가 결성되자 상여금은 연간 400%가 되었고, 월 1회 생리휴가를 누구나 쓰게 되었다. 노조 결성 직후 생계보조금 170%가 타결되었고, 첫 달에 100% 받고 다음달에 70%를 또 받았다. 월급 타고 돌아서면 100% 또 받고, 월급 타고 돌아서면 70% 또 나오니 노조에 대해 조합원들은 환호했다.

콘트롤데이타 노동자들은 고등학교 졸업자들로, 거의 서울이 집이라 다른 공장과 달리 기숙사가 없었다. 약 5% 정도 시골 출신들은 서울시내 곳곳에서 자취생활을 하면서 다녔다. 1979년 이후 노동시간 축소운동으로 잔업시간의 자유선택과 더불어 주44시간이 되자 야간대학에 다니는 친구들이 생겨났다. 나는 공장 다니면서 받은 월급을 거의 혼자 낭비하며 살았다. 공장 다니면 무시 천대하는 사회 풍토에서 부모에게까지 공장 다닌다는 것을 5년이나 숨겼다. 한동안 공장 내에서 화장품 할부장사를 했는데, 그 수입이 월급보다 많았다. 가족들에게는 노조 하면서 공장에 다닌다고 알렸다.

월급의 대부분은 옷 구입과 화장품, 미용실과 맥주집 등에 소비했고, 심지어 세 달치 월급을 순모 코트 한 벌 맞추는데 썼던 적도 있다. 영화는 물론 때때로 오페라, 오케스트라 공연을 보러 가기도 했으며, 테니스도 배우고, 피아노 학원을 3년 넘게 다녔다. 공순이라는 신분을 감추고 벗어나려고 겉치레 꾸미기에 몰두한 것이다. 그러나 어머니가 과일 장사하며 고리채 높은 이자에 시달릴 때 세 차례 빚잔치를 해드렸다. 또 노조 대표였던 시기에 공단 대중간담회에서 "공단 노동자에게 광명 철산리 임대아파트 1순위 분양을 요구"하여 관철되어 150만원에 분양받은 아파트를 큰오빠가 사우디에서 돌아와 결혼할 때 그냥 주었다.

노조 민주화투쟁의 한 가운데 서서

1977년 5월, 대의원으로 어용노조 민주화에 앞장섰다. 77년 초에 공장생활을 그만두려고 생각하면서 최소한 나의 존재감을 보여주고 난 후 그만두면 좋겠다는 생각으로 반장 시험을 보았다. 그런데 반장 임명을 3일 앞두고 노조 대의원에 선출되었다. 이영순 당시 부지부장의 권유로 시작한 대의원인데, 당선 직후 내일 모레 반장이 될 거라고 말하자, 왜 미리 말하지 않았느냐고 화를 냈다. 이에 "난 노조를 더 하고 싶었으니까, 반장된다고 노조일 못할 거라고 생각하지 마세요"하면서 결기를 보였다.

노조 대의원이 되고 보니 노조의 성격에 대해 깊이 들여다보게 되었다. 당시 얼마 전에 타결된 임금교섭 과정에 대해 박명자 지부장의 어용성을 인식하였고, 대의원들을 만나면서 의문을 제기하며 점차 같은 생각을 가진 대의원들을 늘려 나갔다. 그 때는 대의원대회 전날 실질적인 대회를 하고, 다음 날 외부인사를 초청하여 보여주기식 대회를 진행하는 게 관례였는데, 전날 대회에서 박명자 지부장의 연임을 반대하고 이영순 지부장을 선출하였다.

그러나 박명자 지부장의 자연스럽게 사퇴할 기회를 달라는 요구를 받아들인 이영순 지부장의 설득에 따라 대의원대회에서는 박명자 지부장을 연임하도록 결정하였다. 그러나 약속과 달리 이 날의 대의원대회가 진짜 대회라고 말 바꾸기를 하게 되자, 어용노조 민주화투쟁은 3개월 이상 노조지도부에 대한 퇴진요구운동으로 발전해 조직 내 갈등은 최고조에 이르렀다. 결국 그해 5월, 임시대의원대회를 통해 이영순 지부장, 유옥순·한명희 부지부장 체제가 등장하였다.

어용노조 민주화 투쟁과정에서 금속노조 최웅길 조직부장의 박명자 지도부에 대한 노골적인 지원 행위가 벌어졌다. 반대파 노조대의원들을 모아놓고 합정동 중국음식점에서 교육을 하는가 하면, 혼자 사는 이영순 지부장의 자취방에 찾아와 행패를 부리기도 하였다. 새 지도부 구성 후에도 이진우 본조 조직부장의 회유와 막후 움직임이 노골적으로 이어졌다. 노조민주화투쟁은 산별노조 본부로 확대되었다. 1980년 5월 9일, 금속노조 전국대의원대회에서는 "김병용은 물러가라"며 대회장 점거사태가 벌어졌다. 이때 남성 간부들이 속한 노조가 거의 김병용 지도부와 타협했을 거라는 정보를 노총간부 천영세 선생으로부터 감지하고, 여성 노조원들을 앞세워 금속노조 대의원대회장을 4시간 넘게 점거하여 대회를 무산시켰다.

나는 당시 새벽 일찍 청소 아주머니가 화장실을 청소하러 가면서 세면대 위에 잠시 얹어놓은 40센치 넘는 긴 열쇠꾸러미를 몰래 훔쳐 잠겨있던 2층 비상구를 미리 열어놓았다 그리고 한일도루코, 세진전자 노조 간부와 노조원들을 2층 강당으로 들어오도록 하여 투쟁을 주도하였다. 이 투쟁의 여세를 몰아 화학노조에서도 어용노조 민주화 투쟁이 발생하였다. 이에 놀란 한국노총이 5월 13일 노동3권 쟁취 궐기대회를 소집, 산하 조직에 공문을 보냈다.

이 시기 섬유노조의 민주노조 탄압 때문에 YH, 반도상사, 원풍모방 등은 이 공문을 받지 못했다. 나는 이 공문을 들고, 영등포산선에 가서 방용석 지부장을 만났다. 그리고 노총이 민주노조운동의 김빼기 작전으로 대회를 치르려고 하는 것 같은데, 이 집회를 아예 민주노조 세력이 장악하면 좋겠다고 제안하였다. 이에 5월 13일 원풍모방 등 섬유노조의 민주노조들과, 콘트롤데이타 등 금속노조 소속 민주노조 등과 청계피복, 사북탄광, 인천지역,

가톨릭노동청년회, 영등포산선 등 전국 곳곳의 민주노조 운동세력들을 총규합하여 한국노총 강당에서 열리는 노동3권 쟁취 궐기대회를 기습적으로 장악하고, 3박 4일 집회를 개최하게 되었다.

소모임을 넘어선 조직화 방식으로 탄압 이겨내

콘트롤데이타는 1982년 3월, 나에게 개인적으로 이영순, 유옥순, 박영선, 이태희, 조성희, 박인숙 등 6명의 해고사건을 잘 무마시키는 역할을 해주길 요청하며 회유했다. 오빠들에게 김포공항 매점을 하게 해주겠다, 집을 사주겠다는 등 물질적인 제안을 하였고, 원하는 모든 것을 해주겠다고 하였다. 아울러 광주항쟁이 일어났을 때 현장에서 광주상황을 알리고 다닌 나를 경찰에 신고하겠다고 협박하는 등 나의 일거수 일투족을 감시하고 억압하였다. 파업이 일어나자 김승연 검사는 직접 현장에 찾아와, "파업을 중단해라. 검찰청 책상에 마주앉지 않기를 바란다"고 협박하였다. 남부경찰서장은 파업기간 내내 사장실에서 파업현장을 부수기 위해 진두지휘하였다.

노조는 1980년 1월, 대의원대회가 아닌 조합원 직선제로 지부장, 부지부장을 압도적인 지지로 선출했다. 콘트롤데이타노조에는 다른 민주노조와 달리 소모임이 거의 없었다. 가톨릭 신자모임과 개신교 모임이 느슨하게 있었고, 신광여고동문회, 영등포여고동문회 등과 같은 학교 출신들 간에 친목 분위기가 있었다. 조합원 조직방식은 각 라인 대의원을 중심으로 운영하였고, 특별한 이슈나 교양강좌, 숙박교육 등으로 조합원 의식을 강화하였고, 탈춤반, 꽃꽂이반, 여성학강좌 등으로 퇴근 후 조직 활동을 하였다.

때때로 밍크이불, 전기밥솥 등의 공동구매와 야유회, 등반대회 등으로 조합원 단결을 추진하였으며, 노조사무실 한 쪽에 신용협동조합을 운영하면서 늘 노조사무실을 사랑방처럼 개방하여 운영하는 등 일상 활동을 통해 조합원들의 단합을 촉진시켰다. 노조사무실은 현장 출입구 바로 앞에 있었기에 쉬는 시간이나 출퇴근시간에 가까이 거쳐 가는 곳이었고, 쉬는 시간과 점심시간에도 늘 북적거리며 수다와 현장민원이 넘치는 사랑방 같은 곳으로 기능했다.

종교단체와의 연대나 지원도 직접적인 방식은 아니었다. 회사 철수가 노골화되었을 때 영등포산업선교회가 미국 NCC와 연계되는 유력인사를 통해 정보를 미리 인지하고 철수반대와 항의의지를 회사 대표에게 보내는 정도였다. 종교단체가 노조간부에게 직접적인 배후조종이나 교육 등을 한 적은 없었다. 단지 특정 이슈나 사건이 생겼을 때 인명진 목사를 찾아가 하소연하고 경청하는 정도의 교류는 있었다. 지식인으로는 신인령 선생님을 가끔 뵈었고, 특히 크리스챤아카데미의 4박 5일에 걸친 노동사회교육에 18기로 참여한 바, 큰 감명을 받았다. 1977년 가을 장명국 씨로부터 임금인상 요구서를 만드는데 큰 도움을 받았다. 노조는 80년부터 조합원들을 연 1회 이상 숙박교육에 참여하도록 하였는데, 대부분 잘 참여하였다.

사회개혁을 향한 도전

70년대 민주노조들은 각기 나름의 조직적인 특성을 갖고 치열한 투쟁을 전개했다. 콘트롤데이타노조 역시 그랬다. 콘트롤데이타노조는 미국계 다국적기업 내에 고졸 여성노동자 중심의 조직이었다. 남녀차별 등 여성문제의 개선이나 해결이 곧 노조의 당면과제였고, 노조의 조직력도 여기에 집중되었다. 그 결과 다른 업종이나 회사에 비해 높은 임금과 노동조건을 쟁취할 수 있었다. 특히 주40시간대 노동제, 직업병 문제 대응, 여성의 노동권 실현, 노조임원의 직접선거제, 오픈샵 등은 당시의 노동운동 상황에 비추어 특기할 만한 성과였다.

조합원들의 노조에 대한 지지와 신뢰는, 노조탄압이 본격화하고 본사가 철수한 이후 치열하게 전개했던 투쟁에 열심히 참여한데서 잘 표출되었다. 또한 간부들의 투옥과 기관원들의 감시, 블랙리스트와 같은 탄압을 극복하고 노조민주화 투쟁을 자기 조직에서부터 산업별노조, 한국노총에 이르기까지 주변 노조들과 연대를 통해 실천해 낼 수 있었던 것도 한 맥락으로 볼 수 있을 것이다.

콘트롤데이타노조의 연대활동은 매우 활기차게 진행되었다. 롬코리아, 세진전자, 남화전기, 남성전기, YKK, 서통, 롯데파이오니아 등의 노조결성과 노조민주화운동을 적극 지원했고, 남화전기, 롬코리아, 새한자동차, 신한일전기, 한일도루코, 동남전기, 대한전선, 동양강철, 남성전기 등 금속부문 만이 아니라 원풍, YH, 동일방직, 반도상사 등 섬유부문의 민주노조와의 연대활동도 매우 활발하였다. 아울러 금속연맹 내 전자회사 여성지도부 모임을 주도하였다. 여기에는 훼어차일드, 시그네틱스, 고미반도체, 모토로라 등의 외국인 투자기업 노조와 롬코리아, 세진전자, 남성전기 등의 여성지도부와의 정례모임 등 주도도 포함된다.

노조활동의 치열한 경험은 조합원들이 이후 사회운동을 활발하게 펼치게 하는 원동력이 되었다. 노조 활동가의 사회운동 참여는 매우 광범하게 펼쳐졌다.

지역보육운동(어린이집), 영유아보육법 제·개정운동, 노동상담 지원활동, 노동운동 연대활동, 민주화운동 참여, 민통련 활동, 기독노동자연맹활동, 한국노동자복지협의회와 여성노동자회의 창립과 전국화 실현, 진보여성연대 활동 지도력 배출(이영순, 한명희), 지방의회 진출(이영순, 한명희, 정채진), 한강 서해뱃길 저지운동, 친환경무상급식운동, 오세훈 시장 퇴출에 기여, 박원순 시장 당선과 문재인 정권 창출에 기여, 서울시의회가 지방의회 20년 만에 의원들의 지역예산 안 갖고 가기 실현, 지역여성 일자리기관 설립·확대 중심역할(한명희, 유옥순), 여성복지회관 건립, 기혼여성운동과 가족운동, 공단 지역여성(주부)운동, 교육환경운동(학교급식운동 최초 시작, 매년 학교 촌지거부운동), 어린이집 요구 보육운동(김경태, 송희자, 정채진, 박노희 등), 환경운동 등 구로공단 주변과 서울지역 대중운동 발전에 기여했다.

고려피혁
노동조합

1968 »

▲ 1968년 단식농성

1969 »

▲ 1969년 정기총회

1977 »

▲ 1977년 구로공장현판식

1978 »

▲ 1978년 전국화학노조 중앙위원회를 마치고

1985 »

▲ 1985년 한국노동자복지협의회

1990 »

▲ 1990년 전국노동자대회

노동조합 민주주의
한 길을 가며

노동조합의 민주화

고려피혁노동조합(당시 서울 영등포구 당산동 4가 80번지 소재)은 1961년 9월 14일 전국화학노동조합 서울지역지부 고려피혁분회로 출범하였다. 고려피혁공업주식회사는 소의 원피를 가공하여 피혁원단을 생산하는 업체로, 비교적 호황에 속하는 업체였으며, 당시의 노조 대부분이 그러했듯 조용한 노사관계를 유지해오고 있었다. 당시 한국의 노동조합들은 박정희 정권의 노조관리지침을 바탕으로 하는 관(官)의 관리 하에 있었다. 총괄적으로 관은 한국노총을 관리했으며, 한국노총은 산별노조를, 산별은 기업단위 노조를 관리하는 형태로 이어졌다. 따라서 다수의 노조가 원만한 노사관계를 명분으로 자주적이고 민주적 운영이라는 노동조합의 기본 임무를 다하지 못하고 눌려 지내는 성향을 띠고 있었던 것이 사실이다.

고려피혁노동조합의 당시(1961년경)에 대한 기록이나 자료 등은 남은 것이 전혀 없다. 다만 한국노총 산하 전국화학노동조합연맹에 보관되어 있는 당시의 업무일지에 의하면 창립 시 조합원은 40여 명 정도의 소규모 조직이었으며, 노조사무실도 노조전임자도 없었다. 이후 조합원 수는 늘어났으나 여타의 사항은 1967년경까지 별다른 변화가 없었다.

이후 노조에 새 집행부가 들어서면서 자주성과 민주성을 내세우면서 '조합원에 의한 조합원을 위한 조합'을 목표로 활동하기 시작하여 이로 인해 노사관계가 긴장되기 시작하였다. 이 무렵 새 집행부가 전혀 알지 못했던 일이 밝혀졌다. 종전에는 회사가 노조에 매월 활동보조금을 지원했었는데, 이를 새 집행부가 들어선 이후 일절 끊었다는 것이다. 노조는 회사에서 재정지원을 받는다는 것은 있을 수 없는 일이므로, 이 문제를 해결하기 위해 1968년 4월 조합원총회를 소집하였다. 조합원들에게 상황을 설명하고 조합비 인상을 제안하여 다수 조합원의 찬성으로 조합비를 통상임금의 1%에서 1.5%로 인상하였다. 옹색하지만 재정적으로 자립하고 자주적인 노조운영의 기틀을 마련하는 계기가 되었다.

체불임금 청산투쟁

고려피혁은 1964, 5년경부터 기업 확장의 일환으로 제화(구두), 제포(가방) 등 피혁원단 생산에서 가공제품의 생산과 제품의 다양화, 그리고 무리한 수입 원피의 독점 방침 등으로 심각한 재정난을 겪었다. 결국 1970년에 1차, 1971년에 2차 부도를 겪게 되었고, 이로 인해 임금 체불이 빈번해져 노조는 1970년 4월 조합원 전원이 회사 사무실을 점거하고 강력하게 투쟁하였다. 전원이 단식농성에 들어갔으며 사장의 승용차 네 바퀴에 한 사람씩 드러누워 체불임금 해결 전에는 나갈 수 없다고 항의하였다.

이에 사장은 "내가 나가 움직여야 돈을 마련할 것 아니겠냐"며 차를 운행할 수 있도록 해달라고 사정하였고, 이에 체불임금을 2개월 이내에 2차로 나누어 해결할 것을 약속하는 각서를 받고 이틀 만에 농성을 풀었다. 단식농성 돌입 시 부녀 조합원과 병약자는 제외키로 결정하였으나 본인들이 한사코 참여하겠다고 하여 하는 수 없이 조합원 전원이 동참해 분위기는 사뭇 비감하였다. 그 결과 체불임금을 2차로 나누어 해결하였으나, 지부장은 불법점거를 이유로 영등포경찰서에 연행되어 조사를 받았다.

(주)대우의 회사 인수

1, 2차 부도 끝에 결국 회사는 1972년에 (주)대우에 인수되었다. 당시는 기업들이 수출실적을 올리는 경쟁이 치열하여, '1억불 수출탑'을 받으면 금융 등 여러 면에서 상당한 혜택을 받았다. 피혁 업종은 실익은 별로 없으나, 외형적으로 수출실적을 올리는 데는 비교적 유리한 업종이었다.

대우가 인수하는 과정에서 노조로서는 고용승계가 제일 걱정되는 문제였다. 노조는 인수 측과 접촉하면서 고용승계에 대한 회사 측의 계획을 알아 보았다. 회사는 숙련인력 확보문제로 고용승계는 당연한 것으로 생각하고 있는 듯 감지되었다. 다음은 노조에 관한 문제였는데 이 역시도 크게 문제 삼지 않는 듯 느껴졌다. 그 이유는 들리던 말과 같이, 대우는 당시까지는 노조가 있는 회사를 경영해본 경험이 없는 '노조 무경험 회사'여서 노조 관련 문제에 무관심하거나, 노조 정도는 충분히 관리할 수 있다는 자신감 등으로 추정되었다.

그러나 노조는 만일의 사태에 대비하지 않을 수 없었다. 그리하여 "고용승계에 한 사람이라도 문제가 있을 때는 즉시 퇴근거부 전원농성에 들어간다. 이후는 상황에 따라 강경투쟁에 들어간다" 등을 결의하고 대비하였는데, 다행히도 인수 당시에는 고용승계 문제가 발생하지 않았다.

그러나 대우가 고려피혁을 인수한 후 약 2개월 지나 회사가 단체협약에 규정된 퇴직금 누진제 문제를 제기하며, 조합원 전원이 사직서를 쓰고 퇴직금을 수령할 것을 요구하였다. 회사는 단체협약 상 기존의 누진율은 대우의 인수 이전에 발생한 누진율인데, 이미 누적된 누진율과 이로 인해 가중될 누진율을 대우의 고려피혁이 부담하는 것은 부당하니, 퇴직금을 정리하고 새로 1년차부터 적용되어야 한다는 주장이었다.

노조의 입장에서는, 첫째, 회사에서 전원 사직서를 퇴직금 정리하는 용도 외에는 절대 사용하지 않겠다고 하지만 이를 믿을 수 없고, 둘째, 지난 기간 동안 힘들게 만들어 쌓은 누진율에 대한 아쉬움이 무척 컸다. 당시 고려피혁의 퇴직금 누진율은 20년에 50개월로 기억된다.

그러나 회사의 끈질긴 설득과 당장 경제적으로 어려우니 퇴직금을 받겠다는 다수 조합원의 요구에 하는 수 없이 많은 우려와 고민 끝에 결국 퇴직금을 받기로 결정하였다. 이 과정에서 "이 사직서는 퇴직금을 정리하는 목적 외에는 사용할 수 없으며, 회사에서 퇴직금 정리 목적 외에 사용할 시 사직서는 무효임"을 노사 대표가 날인한 각서를 받았다. 조합원 가족을 포함하여 "천여 개의 눈동자가 지켜보고 있다", "노조 대표자는 이 문제에 목숨을 건다", "인간 대 인간으로 약속하자"는 등의 다양한 방법으로 악용하지 못하도록 대응, 3중 4중으로 사직서를 퇴직금 지불 이외의 목적으로 쓰지 못하도록 다지고 또 다졌다. 그 결과 다행히 한 사람의 피해도 없이 퇴직금 지불이 종결되었다.

대우가 인수함에 따라 회사의 재정은 크게 염려 없는 상황이 되었고, 당시 사회여건도 임금인상에 유리한 편이었다. 임금은 1974년 36%, 1975년 35%, 1976년 39.2% 인상되었다. 1977년 3월에는 임단협 협상이 해결되지 않자, 노조간부 5명으로 특공대를 조직하여 당시 서울역 앞에 있었던 대우 본사를 쳐들어가기로 했다. 특별히 자원한 젊은 간부 5명은 사전답사도 하는 등 면밀하게 계획을 짰다. '생활임금 보장, 임금 45% 인상' 등을 요구하며 김우중 회장실 점거 농성을 목표로 각오를 단단히 한 다음, 신사복으로 갈아입고 출근시간에 맞춰 대우 본사로 출근하였다.

의젓하게 정문을 통과하려는 이들 앞에 정문 경비가 낯선 사람이 보이니 검문을 하기 시작했고, 무사통과가 틀어지자 억지로 계단으로 오르려 했으나, 몰려든 사원들에 의해 결국 모두가 밀려나 김우중 회장실 점거 농성은 무산되었다. 그러나 이 계획은 효과가 있었다.

고려피혁 노조의 대우 본사 진입 시도 소식은 바로 고려피혁 임원들에게 알려졌고, 임원들에게는 회사 관리를 잘못해서 산하에 있는 조그마한 공장이 대우 전체와 김우중 회장의 위신을 손상시키는 일이 벌어지면, 김우중

회장이 대로하여 엄중한 질책과 함께 인사에 불이익이 올 수 있다는 두려움이 있었다. 그래서 고려피혁 임원들은 가능하면 회사 울타리 안에서 해결하려는 노력을 하였고, 노조는 이 점을 십분 이용하려 했다. 그 결과 전에 비해 비교적 고율로 임금인상이 되었고, 이로 인해 만성 저임금, 3D업종이었던 고려피혁의 노동환경이 다소나마 나아질 수 있었다.

그러나 이 기간은 상당히 힘든 과정이었다. 12월부터 시작해 2~3개월 동안 밀고 당기는 팽팽한 싸움이 이어졌다. 그 기간 동안 여러 차례 잔업거부, 중식거부, 퇴근거부 등 갖가지 방법으로 사측을 압박하였다. 피혁업종 특성상 작업의 연속성 때문에 잔업거부는 부서에 따라 큰 지장을 줄 수 있었다.

또 힘들게 전체 인상률이 결정되어도 적용률에서 또 한 차례 팽팽한 밀고 당기기가 시작되었다. 하후상박을 바탕으로 고과 적용률 3% 이내로 하는데, 회사는 고과 적용을 확대해서 회사의 영향력을 넓히려고 온갖 방법을 동원하여 고집을 부렸다. 회사 주장대로 고과 적용률을 인정하면 회사는 노조에 적극적인 조합원에게는 불리한 고과 적용을 하고, 회사에 잘 보이기 위해 노조에 비협조직인 조합원에게는 후한 평가를 하기 때문에 전체 인상률 못지않게 노조로서는 대단히 중요한 문제였다.

박정희 유신정권이 단체교섭권이나 단체행동권 행사를 국가보위법으로 금지하고 있는 엄중한 상황에서 매년 임단협은 상당히 힘든 싸움이었다. 1978년 임단협 투쟁으로 지부장은 영등포경찰서에 연행되어 3일간 조사를 받았다.

회사의 잦은 도발

1974년 12월 말, 회사는 제혁과정에 쓰이는 약품을 독일에서 대량으로 수입하는데, 창고가 부족하고 얼면 안 되는 약품이라는 이유를 들어 노조 사무실을 내어줄 것을 요구해왔다. 노조는 대체사무실 제공을 요구하였

으나 회사는 "당장은 불가능하다. 시간이 필요하다"고 니왔다. 이에 노조
는 단체협약 위반으로 고발할 것을 통보함과 동시에 눈이 내리는 가운데
노조 집기를 회사 정문 앞에 내놓고는 거기에서 눈을 맞으며 노조업무를
2시간 가까이 보았다. 이에 조합원들이 동요하기 시작하였고 분위기도 상
당히 긴장되었다. 이에 회사는 급하게 전에 사장이 사용하였던 사무실을
노조 사무실로 내주었다. 사장실로 쓰였던 곳이라 고급스럽기는 하였으나,
조합원들이 이용하기에는 불편한 점이 많아 후에 다른 곳으로 옮겼다.

1976년, 회사업무 외라는 이유로 조합비 공제를 거부해서 노조에서 조합
비를 직접 수령하는 사태가 발생하였다. 노조는 회사에 단체협약 위반으로
고발할 것을 통보하며 강하게 항의하였다. 또 이 사실을 상세히 기록한 유
인물을 제작·배포하고 임시총회 소집을 공고하고 잔업을 거부하는 등 강경
하게 대응하였다. 여전히 회사는 조합비 공제를 거부하였고, 노조는 조합원
들에게 문제가 해결될 때까지 우선 조합비를 자진납부해 줄 것을 공고하였
다. 그 결과 임금 지급일에 조합원들이 퇴근 전에 조합비를 내려고 조합 사
무실 앞에 늦게까지 길게 줄을 서서 옥외 임시전등까지 가설하고 조합비를
납부하는 상황이 발생하였다. 이렇게 되자 회사는 손을 들고 다시 조합비
를 공제해주었다.

후생복지 개선과 조직 확대

피혁분야는 원래 3D 사업장이라 작업환경이 안 좋은 곳이 많았다. 유독
성 약품을 취급하는 곳과 도료 분진이 심한 곳 등이 여럿 있었다. 유해·위
험 사업장 조사를 사측에 수차 요구하였고, 노동청에도 요청하였다. 화학
노조본부에 방법을 문의한 끝에 1974년에 노동청과 전문기관 공동으로 전
작업장을 조사하였다. 조사 이전부터 유해·위험 사업장으로 판정하지 않
을 것으로 우려하였는데, 그 예측이 빗나가지 않아 유해·위험 사업장은 없
으나 '요유의要留意 사업장'으로 종결되었다. 그 결과 도장부서는 도료의 분

진이 건강에 악영향을 미칠 가능성이 있다는 의견으로 정기검진과 돼지고기 수당을, 물 작업을 하는 부서에는 장화수당을 지급하였다.

또 급전이 필요한 조합원들이 가불신청을 해도 사측은 아주 특별한 경우를 제외하고는 가불을 안 해주는 방침이었기 때문에 가불이 상당히 힘들었고, 특별히 가불이 된다고 해도 그 절차가 여간 까다롭고 시간이 걸리는 것이 아니었다. 조합원들이 급전이 필요한 것은 불가피한 현실인데, 회사는 가불을 거부하고 있어 노조에서 상조회를 운영하여 생활에 쪼들리는 조합원들에게 다소 도움을 줄 수 있었다. 1975년부터는 끈질긴 요구 끝에 장인·장모 회갑에도 회사가 축의금을 지급하도록 확정하였다.

훈훈한 미담으로 조합원 사이에 오랫동안 얘기되어온 일이 있었다. 1977년 9월경 석회반의 권상만 조합원이 신병으로 장기 휴직원(당시는 단체협약 상 6개월까지 장기휴직을 할 수 있었다)을 내고 치료 중이던 윤철수 조합원을 돕기 위하여 '전 조합원 1시간 자진잔업'을 제안하여 전 조합원이 흔쾌히 호응해 도왔던 일이 있었다.

1977년, 고려피혁은 구로 제1공단에 있는 제화공장을 인수하였다. 이에 노조간부들이 구로 제화공정의 부서별로 영향력이 있는 사람들을 만나 노동조합에 대하여 설명하였다. 그 결과 짧은 시간에 구로공장 400여명의 노동자가 대부분 노조에 가입하였다. 구로공장의 조합원들은 피혁 조합원보다 훨씬 젊었고, 또 여성조합원이 다수여서 활동에 훨씬 적극적이었다. 구로공장의 노조전임자도 선출되고 사무실도 마련되어 노조활동이 체계화되고 활발해졌다.

대부분 노동조합을 모르던 구로 조합원들은 주는 대로 받고 시키는 대로 하는, 억압과 착취에 억눌렸던 어두움에서 노동자의 권리가 무엇이며 어떻게 찾을 수 있는지를 자각하여 노조활동에 적극 참여하였다. 예를 들면 다음과 같은 일들이었다.

① 종전에 회사가 일방적으로 결정하고 강행하던 잔업의 경우, 노조가

생긴 이후 전체적으로는 노사협의에 의해, 개별로는 개인의 의사에 따라 결정할 수 있는 권리가 생겼다.

② 회사 작업 지시자의 지시사항이 부당하거나 지시방법이 부적절한 경우(예: 반말 또는 억압적)에 항의하고 개선하는 작업이 활발히 진행되었다.

③ 더 중요한 것은 회사가 일방적으로 결정하던 임금과 여타 노동조건이 임단협을 통해 자신들의 의사가 반영되어 결정된다는 것이었다.

크리스챤아카데미 교육

크리스챤아카데미 노동교육은 신선한 새벽, 맑은 샘물과도 같았다. 교육 내용은 새롭게 눈을 뜨게 하는, 당시로서는 혁신적인 것이었고, 토론식 교육방법은 노동의 가치와 노동자의 자긍심을 쉽게 체득하여 자각하도록 하였다. 후속교육인 사례연구회는 이를 실천하고 조직간 연대 역할을 하도록 하는 훌륭한 장이었다.

고려피혁노조는 지부장과 간부들이 참여하여 조직 내에서 조합원교육과 조직 활동에 많이 활용하였다. 후속교육인 사례연구회는 매월 두 번째 목요일로 기억되는데, 아카데미교육을 이수한 사람들이 모여 자신들의 활동 상황을 발표하고, 당면한 노동문제에 대하여 토론하고, 조직 간에 정보도 교환 교류하고, 뒤풀이로 동지애를 다지는 좋은 시간이었다.

사례연구회 회장 직을 맡은 지부장은 회장 사퇴 압박에 적지 않은 고초를 겪었다. 1차는 화학본부가 산하 고려피혁이 회장 직을 맡음으로 인해 화학노조 전체에 상당한 피해를 준다(관계기관으로부터의 압력)하여 사퇴하라고 수차 압박하였다. 이에 고려피혁 때문에 화학노조에 피해가 크다면 고려피혁이 화학노조를 탈퇴하면 될 것 아니냐고 하자, 그렇게 해결할 일은 아니라고 하면서 물러서는 듯 했다.

그러나 이번에는 서울시경으로부터 설득을 겸한 조사가 있었다. "회원들로부터 선출된 직책이니 회원들이 하라면 사퇴하겠다"고 불응하자, 다음에는 중앙정보부로부터 상당히 강한 협박 조사가 있었다. 책상에 마주앉은 조사자가 책상에 앉은 파리를 파리채로 쳐 죽이며 "똑똑한 체 하며 협조하지 않는 것들은 파리 한 마리 없애는 것보다 간단하게 처리할 수 있다"고 협박했지만 끝내 불응했다.

지금 생각해도 상당한 결기였다. 크리스챤아카데미 사건으로 사례연구회가 해체되기까지 회장 직을 이어갔다. 이 점은 상당히 의의 있는 일이었다. 크리스챤아카데미 사례연구회는 고려피혁노조가 타 민주노조들과 교류하는 좋은 기회였는데, 이후 그 노조들이 정권과 자본의 탄압에 맞서 싸울 때 적극적으로 연대하여 싸우지 못한 것은 깊이 반성할 일이다. 당시는 힘이 약하다는 것, 그리고 조직 보존 의식이 많이 작용하기도 했던 것 같다. 간부를 비롯한 조합원의 노동자 의식의 빈약함과 노동운동의 사회적 책임감이 부족한 채로 소극적인 교류에 그쳐 적극적인 연대투쟁을 하지 못한 것은 끝내 아쉽다.

부당노동행위

회사는 1974년부터 1980년까지 세 차례에 걸쳐 노조의 임기 때마다 현 집행부를 내몰고 회사가 원하는 사람들로 집행부를 구성하기 위해 비밀리에 선거운동을 하였다. 지부장 김○○, 부지부장 조○○, 사무장 이○○, 회사는 이렇게 직책까지 정해놓고 "이 사람들은 유능하고 회사에도 협조적이어서 이런 사람들이 노조 집행부가 되면 노사협조가 잘 될 것이고, 노사협조가 잘 되면 회사가 더 성의 있게 분배할 것이고, 결과적으로 조합원들에게도 이익이 된다"고 하면서 향응과 금품을 제공하고, 인사에 유리한 조건을 제시하는 등 갖은 방법을 동원하여 대의원 포섭을 시도하였다. "죽을 때까지 비밀을 지키기로 약속하자. 인사에 유리한 조건은 회사가 책임지고 보장한다"고 하며 회사 간부들이 동원된 회유작업은 집요하게 진행되었다.

그러나 다행히 그때마다 포섭 대상 조합원들이 노조에 신고해와 무산되었다. 노조는 그 사실들을 유인물로 작성하여 조합원들에게 배포하고, 회사를 부당노동행위로 고발할 것과 회유작업 당사자들을 처벌할 것을 통보하며 임시총회 준비도 함께 하였다. 회사는 이런 행위는 회사와는 관계가 없는 것으로 일부 직원들의 일탈행위라면서 진상을 조사해 적절한 조치를 하겠다고 약속하고 전무 책임 하에 진상을 조사했다. 조사 결과 회사는 노조의 주장이 사실임을 인정하고, 사장이 전 조합원 앞에서 진상조사 결과를 발표하고 공식 사과하였다. 또 해당 직원을 징계 조치하였다. 노조간부들의 임기만료 때마다 같은 일이 비슷하게 되풀이 되었고, 그때마다 노사 간에 진통이 있었다.

1979년 초부터 회사는 서울과 용인 두 공장의 노동조합 통합을 노동청에 요청하였다. 이에 따라 그해 5월, 고려피혁 서울공장 노동조합과 고려피혁 용인공장 노동조합이 통합하게 되었다. 통합과정에서 서울 측 간부가 용인 측 간부들을 수차 만나 올바른 노조활동을 함께 할 것을 호소하고 설득하였으나 결국은 허사가 되었다.

회사는 용인 측이 노조 집행부가 되도록 공작을 폈다. 일례로 회사는 용인 측 대의원들을 경주 등으로 3박 4일간 관광여행을 시켰고, 선물 꾸러미를 든 채로 그 관광버스를 타고 통합 회의장(한국노총 회의장)에 도착해 서울 측 대의원들을 격분케 하였다. 또한 회사는 자기들이 목표로 한 서울 측 대의원들을 금품과 향연, 인사에 유리한 조건 제시 등 갖은 수단으로 포섭하려고 하였다. 구로공장에 근무하는 용인 지부장의 처제(친 처제는 아닌 것으로 알려짐)를 통해 1인당 50만원씩 지급할 테니 대의원 두 사람만 포섭하라고 하였다. 또 회사의 부장급 간부가 대의원 두 사람을 각각 비밀리에 만나 금품제공, 승진, 향응(당사자의 말에 의하면 생전 처음 가 본 으리으리한 음식점에서) 제공 등으로 회유하였다.

노조는 고민 끝에 대의원의 수를 배로 늘려 예비 대의원을 만들고, 전체 2배수 대의원 중에서 당일 통합대회 참여 대의원을 선정할 수 있게 대의원대회에서 승인받음으로써 회사가 포섭대상자를 결정하기 어렵게 만들었다. 이렇게 대단히 어렵고 불리한 가운데 치러진 통합 대의원대회에서 서울 측이 승리하였다. 대의원들은 감격의 눈물을 흘렸다.

두 노조가 합친 후 통합노조는 용인 측 간부들을 모두 그대로 인정하고는 노동조합에 대한 바른 인식을 갖도록 서울 측 간부들과의 소통과 교류를 쌓게 하는데 노력하였다. 모처럼 조합원 1천여 명 규모의 힘 있는 조직 활동을 해볼 만한 조건이 만들어진 것이다. 이제부터 한번 힘 있게 해보자는 각오를 다지기도 했다.

마지막 투쟁

1980년 2월부터 시작된 임단협 협상이 2개월여에 걸쳐 계속되었으나 진전이 없자, 간부와 대의원 50여 명이 방배동의 김우중 회장 댁을 방문하였다. 김 회장은 부재중이었고, 부인이 김 회장은 외국 출장 중이라고 하여 부인에게 노동자의 생활상을 설명하고 성의 있는 노사대화와 임금인상을 당부하였다. 이때 조합간부들은 어마어마한 집 규모에 놀라 분개하였다. 어느 대의원은 궁전 같다고 했다. 자신들이 받는 기아 수준의 임금실태를 돌아보며 정당한 노동의 대가를 찾기 위한 임단협 투쟁을 강력히 전개할 것을 나짐하는 좋은 기회라고 여겼다.

협상에 진전이 없자 3월 26일부터 중식 거부, 잔업 거부, 퇴근 거부 등의 투쟁을 순차적으로 시행하였다. 그럼에도 성과 있는 노사협의는 이루어지지 않았다. 드디어 4월 1일, 서울 조합원 400여명이 당산동공장 건조장에 집결, 임금협상이 체결될 때까지 무기한 단식농성에 들어갔다. 식수와 변기까지 준비하고, 출입문을 잠그고, 전원이 비장한 각오로 농성에 돌입하였다.

사태가 심각해지자 화학노조 본부도 중재에 나서서 임금인상률 13%를 고집하던 회사가 28% 인상에 합의하였다. 5월 13, 14일 한국노총 노동기본권 확보 궐기대회에는 조합원 150여명이 통근버스까지 동원하여 동참하면서 사기가 고양되기도 하였다. 그리고 얼마 지나지 않아 5·17 확대 계엄이 선포되었다. 계엄정국으로 불안한 시간이 흘렀고, 5월 말 영등포경찰서는 고려피혁노조가 한국노총 농성에 참여한 것을 문제 삼아 지부장을 3일간 조사하였다.

그해 9월 16일, 남상헌 지부장은 화학노조로부터 노동계 정화대상자로 통보를 받았다. 지부장 직책을 사퇴하라는 강요였다. 지부장은 사퇴를 거부하고 1개월 간 피신하며 버티었다. 그러나 신병身病이 심해지는 등 불가피한 상황이 되어 결국 지부장직을 사퇴하고 말았다.

지부장 사퇴 발표를 하던 날, 구로공장은 대단히 혼란스러웠다. 식당에서 사퇴 발표를 하였는데, 식탁이 엎어지고, 창문 유리가 깨지고, 잔밥통이 엎어지고 그야말로 식당 안은 아수라장이 되었다. 그러나 거기까지였다. 이후 노조는 조직적으로 대응하지 못했고, 지부장은 끝내 해고되었다.

이 무렵 회사도 많은 변화를 겪었다. 10월경부터 당산동 공장 조합원들은 용인 공장으로 출퇴근하기 시작하였고, 이어 1980년 말에는 당산동 공장을 완전 폐쇄하였다. 당산동 공장의 조합원 중 희망자는 용인 공장으로 흡수되었다. 그리고 1981년에는 구로 제화공장도 완전히 폐쇄되었다.

지부장은 부당해고에 항의하며 당산동에서 용인 공장으로 출퇴근하는 통근버스에 올라 출근할 것을 주장하였고, 회사는 해고자의 승차를 이유로 통근버스 운행을 거부하였다. 출근투쟁 이틀 만에 회사의 고발로 지부장은 영등포경찰서에 연행되어 조사를 받았다. 1981년 구로공장이 폐쇄된 이후 지부장은 고려피혁노동조합과는 단절되었다.

그간의 고려피혁노동조합의 활동을 정리해보면,

1978년 양평동에 있는 유니온 마그네틱에 임금체불로 인한 노사분규가 일어나자 고려피혁 노조간부들이 지원을 갔다가 흥분한 조합원이 유리창

어둠의 시대 불꽃이 되어

을 깨는 바람에 그 파편이 지부장의 눈에 박혀 응급실로 후송되었다. 그렇게 소소한 연대는 있었지만, 권력과 자본에 조직적으로 대항하는 본격적인 연대투쟁은 하지 못했다. 작은 조직이라는 조건 하에서 자기 조합원들의 권익을 위해서는 노력을 했고, 비교적 성과도 거둔 것으로 볼 수 있다.

그러나 노동조합의 올바른 운동적 책무 면에서 보았을 때, 간부를 비롯한 전 조합원의 노동자적 의식의 부족은 자인하지 않을 수 없다. 전체 노동운동과 사회에 대한 책임과 고민이 부족한 채로 자기 노동조합 조직의 당면한 문제에만 급급하여 타 조직과의 연대투쟁이나 지원투쟁 등을 하지 못한 점은 두고두고 아쉽고 반성할 일이다.

고려피혁노동조합

노동운동 50년의
당위와 현실

남 상 헌

　나는 중일전쟁이 일어난 해인 1937년 10월 2일에 서울 서대문구 영천동 184번지에서 7남매 중 셋째로 태어났다. 아버님은 조그만 휘장공장(학교의 배지, 모표 등 제작)을 경영하셨는데 6·25전쟁으로 집과 공장이 모두 불타버리고 아버님은 병환으로 오랫동안 고생을 하시게 되면서 집안 형편은 매우 어려워졌다.

　군대에서 제대하고 두 군데 중소기업을 거쳐서 고려피혁에 입사한 것은 1964년 가을이었다. 당시 고려피혁은 충무로에 사옥도 있고, 국내 피혁

　1937년 서울 출생. 68년 화학노조 고려피혁 지부장. 75년 크리스챤아카데미 노동사례연구회 회장. 80년 신군부의 정화조치로 해고. 84년 한국노동자복지협의회 결성 참여, 90년 전노협 상임지도위원, 98년 민주노총 지도위원. 추모연대·계승연대 공동 대표, 민주노동당 당기위원장, 70민노회 창립 회장. 현재 전태일기념사업회 고문, 한국노동사회연구소 이사로 활동 중.

원단의 상당량을 생산하고 수출실적도 올리는 잘 나가는 회사였다. 고려피혁은 피혁원단의 수요 확장을 위해 가방을 만들기 시작했고, 가방의 고급화를 위해 가방장식을 고급화 할 필요를 느꼈다. 나는 가방장식을 만드는 금형 공으로 들어가게 되었다. 입사 당시 공장장과 임금협의를 하고 들어갔기 때문에 생산직으로는 비교적 괜찮은 조건으로 취업하게 되었다.

노동조합운동에 발을 내딛다

66년 봄 노조 총무라는 사람이 노조가입원서를 주며 가입하라고 하였다. 노동조합에 관해 들어 보지도 못한 처지라 주저하지 않을 수 없었다. 생각할 시간을 달라고 하고는 5일간을 고민 끝에 가입했다. 내가 노동자이니까 노동조합은 노동자를 위한 조합일 테니 가입하는 것이 옳을 듯한데, 다른 한편으로는 회사와는 척지게 되는 게 아닌가 하는 생각도 들고 고민이 많았다.

1년쯤 지나 67년 봄, 노조에서 총회를 한다고 해서 갔더니 조합원들과 외부 손님들이 많이 와있었다. 회의 도중 나보고 부분회장을 하라고 했는데, 나는 노동조합에 대해서 전혀 모르니 배워서 하겠다, 배운 다음 자진해서 하겠다고 사양했다. 그러나 회의에서 결정된 사항이라고 외부에서 온 손님들도 받아들여야 한다고 권하는 바람에 하는 수 없이 부분회장이 되었다.

부분회장이 되고 몇 달이 지난 7월 어느 날, 아침 출근길에 회사 게시판을 보니 노조 권창호 분회장의 직책 사퇴서가 게시되어 있었다. 분회장을 만나 사유를 물으니 아무 말도 안하고 나보고 분회장을 맡으란다. 자기가 피하는 것이 아니라 자기도 임원을 시켜주면 같이 상집으로 일을 할 테니 분회장을 맡아 달라는 것이다. 그것이 노조를 살리는 길이라고 했다. 며칠을 두고 사퇴를 철회할 것을 요구했으나 막무가내였다.

고민 끝에 해결책을 찾기 위해 상집을 소집해 의견을 물으니 모두가 나보고 분회장을 맡으란다. 자기들도 힘을 모으겠으니 해보자. 하는 수 없이 일단 직무대리로 하고, 이후 총회에서 추인 받는 것으로 해서 분회장이 되었다. 며칠간 밤잠을 제대로 못자며 무엇부터 어떻게 해야 할지 고민이 많았다. 막연했지만 차근차근 찾아가면서 해보자고 마음먹고 '노동조합이 왜 있는가? 노동조합은 무엇을 해야 하는가? 노동조합의 주인은 조합원이니 조합원에 의해야 한다'를 기본방침으로 해야겠다고 생각했다.

이때는 조합사무실도 없었고 전임자도 물론 없었다. 더구나 회사에서 일정액의 노조지원금을 받고 있었다. 나는 '회사로부터 지원금을 받는 노조여서는 안 된다. 그런 노조는 있을 필요가 없다'고 생각했다. 노조의 재정 문제를 해결하기 위해 나는 임시총회를 소집했다.

총회에서 회사로부터 지원금을 받아서는 안 되는 이유가 조합원들 사이에서 이해되어 조합비 인상이 승인된 것은 다행이었다. 사실 총회 소집을 하면서도 내심으로는 불안했다. 쥐꼬리만 한 임금에서 조금이라도 공제를 더 한다는 것은 대단히 어려운 일이었다. 그런데도 큰 반대 없이 0.5%를 더 공제하는 것에 찬성한다는 것은 당시 상황에서 쉽지 않은 일이었다.

더구나 분회장 직을 맡은 지 얼마 되지도 않은 집행부인지라 조합원들의 신임도 확인하기 전이었다. 이것은 조합원들도 내심으로 그 동안 빼앗기기만 하였던 노조 구조에 대해 반발하였고, 앞으로 달라지기를 바라는 기대감이 있었기 때문이 아니었을까 싶다.

새 틀을 잡아가는 노동조합

이후 노사관계는 점차 대립이 심화 되어갔다. 사측과 여러 차례 협의를 거쳐 공장 한 구석에 노조 사무실을 만들고 분회장도 반상근으로 일할 수 있게 되었다. 이후 여러 곡절을 거쳐 노조 전임도 하게 되었다. 노조 전임이 되고부터 아침 출근과 동시에 한 차례, 퇴근 전에 또 한 차례의 현장 순회는 언제나 지키는 중요한 일과였다. 나는 서로 간에 인사를 할 때마다 상대 조합원보다 꼭 머리를 조금이라도 더 숙였다. 마음도 그랬다.

고려피혁은 알려진 그대로 3D 사업장이었다. 원피와 약품이 섞여 내는 냄새는 처음 맡는 사람은 참기 어려울 정도로 역하다. 독성이 강한 약품들도 여러 가지를 사용하여 위험부담도 적지 않고, 일부 작업장에서는 늘 그러한 약품 섞인 물과 함께 일을 해야 했다. 또 물에 젖은 원피 한 장의 무게는 보통 50Kg이 넘는다. 이것을 통속에 넣었다 꺼냈다 하는 것은 엄청난 중노동이었다. 당시는 원피를 집게로 잡아 사람이 직접 들어 올리고 내렸다.

이런 장시간의 중노동을 하면서도 조금이라도 수입을 더 올려보려고 조기에 출근하고 퇴근 후 야근 등 잔업을 찾아 하려는 조합원들이 다수일 정도로 기아임금을 받았다. 더구나 잦은 임금체불로 사무실 점거, 단식농성 투쟁도 자주 있었다. 1971, 72년 두 차례 부도까지 나고 경영난을 겪던 회사는 1972년 결국 (주)대우에 인수되었다.

대우 인수 초기, 회사는 노조에 대하여 비교적 우호적인 듯 했다. 김우중 회장이 나를 만나자고 하더니 도수 높은 안경을 쓴 얼굴을 가까이 대고 "젊은 사람이 제 주머니 채우려고 하는 것 아닙니다. 국가와 사회를 위해서 보람 있는 일을 하려고 합니다. 도와주시면 그 은혜 잊지 않겠습니다"라고 말했다. 태도가 상당히 진지해서, 바로 동화될 정도의 분위기였다.

대우가 인수하는 과정에서 노조는 고용승계가 제일 걱정되었는데, 다행히 고용승계는 별 일없이 잘 해결되었다. 당시 사회분위기도 임금인상에 유리한 편이었고, 회사도 어느 정도는 협조하지 않을까 생각하고 협의를 시작했지만 73년 임단협이 진행되면서 사정은 달랐다. 여러 차례 협의를 거쳐도 임금협상은 진전이 없었다. 김 회장이 와서 노조가 이해하고 양보하라며, 파이가 커야 내용 있는 분배가 가능한데, 아직은 그럴 조건이 갖추어지지 못했으니 조금만 더 참으란다. 인수 직후 협조를 요청하던 분위기와는 많이 달랐다.

74년 임단협도 험난했다. 회사는 재정여력도 문제지만, 대우 산하에 고려피혁만 있는 것이 아니라 10만이 넘는 근로자가 있는데, 고려피혁이 이렇게 고집을 피우면 대우 전체에도 영향이 있다며, 김 회장의 친형인 김덕중 교수까지 나서 소위 '파이론'을 강조하며 노조를 공략해왔다. 이에 파이를 키우기 위해서는 생산이 원활해야 하고, 생산이 원활하기 위해서는 건강한 노동력이 있어야 하고, 건강한 노동력이 있으려면 노동력 재생산에 필요한 노동자의 생계비가 필요한 것 아닌가, 그러니 파이를 키우기 위해서라도 노조가 요구하는 정도의 인상은 해주어야 된다고 응수했다.

저곡가정책으로 피폐화된 농촌에서 살 수 없는 사람들이 도시로 내몰리고, 그 내몰린 사람들의 노동력을 기아임금으로 착취하면서 특혜 받는 대기업들은 몇 년이면 몇 십 배씩 성장했다. 그 기업들은 정권과 유착해서 정치자금 대고, 그 결탁의 대가로 비리, 부정 감싸가며 공생하는 부정부패의 악순환이 당연시되던 군부독재시절이었다.

조합원들의 삶

조합원들은 대개 회사 부근에 살았다. 특히 목동 둑방촌에 많이 살았다. 당시 안양천 둑 아래는 여름철 장마 때마다 상습적으로 침수되는 지역이었다. 매년 장마철이면 둑방 밑 판자촌에 사는 조합원들의 수해 피해가 심했다. 궁색한 조합 살림이라 이렇다 할 도움은 못 주고 라면과 계란을 리어카에 싣고 피해 조합원 집을 방문해보면, 물에 젖은 살림이 참으로 안타까웠지만 물에 젖어 무너진 연탄더미는 특히 보기가 안쓰러웠다.

1974년 가을, 출근하여 현장을 도는데 바로 옆에서 비명소리가 들려 돌아보니 대형 롤러에 동료 작업자의 장갑이 말려 들어갔다. 뛰어가 스위치를 내렸지만, 손가락은 이미 롤러에 눌린 상태였다. 병원에 가니 의사는 손목 가까이까지 절단해야 한다고 했다. 치료가 끝나고 장애보상신청을 한지 오래 지났는데도, 노동청 남부사무소에서는 예산은 잡혔는데 자금이 올라오지 않아 늦는다는 것이었다. 다시 재촉하고 기다리고 있는데 장애가 된 조합원 임씨가 찾아와 총무과장이 전하는 말인데, 노동청 남부사무소 담당자가 장애보상액의 20%를 내면 바로 받게 해준다고 하는데 어떻게 하면 좋겠느냐며 상의하는 것이다.

나는 그 말을 듣는 순간 피가 거꾸로 솟는 충격을 받았다. 세상에 이럴 수가 있는가? 귀중한 사람의 신체 일부를 잃은 대가로 앞으로의 생계에 다소나마 도움이 되도록 마련된 최소한의 조치인데, 그 업무를 취급하는 것을 기화로 20%를 떼어 먹겠다는 강도짓! 나도 모르게 "흡혈귀!"라고 소리쳤다. 그리고 임 조합원의 팔을 잡아끌고 당장 노동청 남부사무소로 가자고 했다.

임 조합원은 노동청에 가기를 주저하면서 회사 총무과장에게 같이 가자고 하고 있었다. 총무과장은 당황하며 계속 어딘가에 전화를 걸더니, 기사가 오자 차를 타고 함께 노동청 남부사무소로 갔다. 2층 보상과로 숨차게 올라가는데, 위에서 웬 사람이 내려오며 고려피혁 지부장이냐고 물으면서, 지금 막 자금이 집행되었다며 임 조합원을 데리고 가 국고 수표를 지불하는 것이다.

임 조합원이 일을 처리하고 밖으로 나오자 나는 "몸뚱이 잘라져서 받는 돈 20% 내라는 놈이 어느 놈이냐? 이 악독한 흡혈귀 같은 놈아!"하고 소리치며 2층으로 올라가려 하는데, 임 조합원과 총무과장이 결사적으로 밀리며 나를 끌고 나왔다.

타 조직과의 연대활동

1970년 말 서울 중림동에 있는 대륙아스타일에서 쟁의가 일어났다. 아스타일은 건물 바닥에 까는, 당시 많이 쓰던 건축자재였는데, 그 생산과정은 3D에 속했다. 제품을 고온상태에서 가공해야 되기 때문에 작업장 안이 무척 덥고, 냄새도 고약했다. 중량이 상당한 비닐 덩어리들을 다루는 곳이어서 나쁜 작업환경에 중노동이었다. 노조는 기계를 멈추고 사업장 점거 농성에 들어갔다. 사측이 작업을 강행하려 하자, 노조간부 한 사람이 동력선

스위치에 전선을 연결해 몸에 감고 대항하는 등, 비장한 각오로 투쟁했다.

화학노조 본부와 인근 지부의 간부들과 함께 5일간 지원투쟁을 했다. 회사 앞 큰길에 악덕 '기업주 ○○○는 물러가라'고 현수막을 내걸었는데, 이 기업주는 당시 노조 대표였던 양 분회장의 외당숙이었다. 작은 조직의 별로 알려지지 않은 파업투쟁이었지만, 노동자를 위해 외가와의 절연을 각오하고 싸운 양 분회장, 그리고 함께 흔들림 없이 싸운 조합원들이 지금도 기억에 선하다. 화학노조 본부의 주선으로 미흡하지만 노사합의가 이루어졌다.

1976년 무렵 화학노조는 신규조직에 상당히 신경을 썼다. 특히 제약 쪽에 신경을 많이 썼다. 영등포구 도림동에 있었던 종근당제약의 노조 설립을 위해 지원에 나섰다. 지원대가 회사 안으로 들어가자, 대기하고 있던 구사대들이 우리를 한 명에 네 사람이 달려들어 양팔과 양다리를 들고 도림동 큰길로 나와 집어던졌다. 눈 쌓인 길 바닥에 내동댕이쳐지니 한동안 통증이 왔다. 회사의 극열한 탄압에도 결국 노동조합은 설립되었다.

영등포 양남동에 있는 유니온 마그네틱에서도 1979년에 쟁의가 발생했다. 임금체불이 자주 발생하자 조합원들이 참다 못하여 파업을 하고 임금지급 요구를 한 것이다. 같은 화학노조 산하이고 인근이기도 하며 작은 조직이기에 평소에도 관심을 가졌었다. 늦은 저녁 공장 안에서 구호를 외치던 유니온 조합원들이 동요하기 시작했다. 2층에 있었던 사장이 빗물 홈통을 타고 내려와 도주했다는 것이다. 흥분한 조합원이 현관문을 발로 차 부수는 바람에 옆에 있던 내 눈에 유리조각이 박혀 피가 났다. 늦은 시간이라 진료하는 병원이 없어 신촌 세브란스병원 응급실로 달려갔다. 응급처치를 한 의사 말을 들으니, 1mm만 빗나갔어도 실명할 뻔했단다. 참으로 운이 좋았다.

'노동계 정화대상'이 되다

1980년 5월 17일, 계엄령의 전국 확대 후 불안정국이 계속되었다. 9월

16일, 한국노총 안양연수원에서 교육을 받던 중, 방송에서 내가 '노동계 정화조치' 대상이라는 내용이 나왔다. 소지품을 싸고 있는데, 같이 교육을 받던 반도상사(섬유노조) 조금분 부지부장이 찾아와 분개하며 성토의 이야기를 하는 중 다시 방송에서 조 부지부장의 이름도 발표되자, 우리는 어이가 없어 마주보고 웃으며 짐을 쌌다. 오는 길에 화학노조 본부에 들려 근거가 뭐냐고 항의했다. 김창윤 위원장 직무대행으로부터 "대단히 미안하다. 화학으로서는 불가항력이었다. 5개 기관에서 결정을 하는데 남지부장은 5개 기관 모두에서 별을 달아 어쩔 수 없었다"는 변명을 들었다.

정화조치 발표 후 지부장 직 사퇴 압력이 들어왔다. 사퇴하지 않으면 구속되거나 삼청교육대 행이라는 것이다. 한 달가량 피신하다가 당시 악화된 건강상태로 삼청교육대에 끌려가면 살아남기 어려울 것이라는 주위의 조언도 있어서 결국 사퇴하고 말았다. 지부장 사퇴 후 휴직원을 내고 요양 중 회사로부터 해고통보서가 날아왔다. 해고 후 동종업계에서는 노조 전력 때문에 취업은 불가능했고, 산지에서 마늘을 사다 파는 장사 등을 해 봤지만 별 소득은 못 보았다.

울분을 속으로만 삭이고 이럭저럭 지내는 동안에도 시간은 흘러 1987년 6월항쟁이 일어나고 전두환 정권은 크게 위축되었다. 6월항쟁의 뒤를 이은 노동자 대투쟁은 쌓이고 억눌렸던 분노에 대한 당연한 발현이었다. 부당한 억압과 착취에 시달려온 노동자들의 인간답게 살려는 의지를 권력으로 억누를 수 없음을 잘 보여준 사례였다.

이로 인해 새로운 노조가 대거 탄생하였고, 노동자가 사회구성의 주축임을 인식시키는데 크게 기여하였다. 그로 인해 전노협이 출범하였고, 나는 천영세 대표, 양승조 의장과 함께 상근 지도위원으로 전노협에서 활동했다. '노동해방, 평등세상'을 내건 전노협은 그 조직원들이 구속 수배 되는 등 혹독한 탄압 속에서도 꿋꿋이 싸웠다.

위원장은 항상 구속되어 있거나 수배중이어서 의자는 늘 비어 있었고,

재정도 어려워 실무자들에게 교통비에도 못 미치는 급여조차 제대로 지급하지 못하는 형편이었다. 나는 재정문제라도 조금 해결해보려고 실무 팀과 함께 수익사업을 시작했다. 종전에 하던 수첩, 업무일지와 함께 징, 시계, 북한 술, 선물 상품 등을 취급해 보았다. 사업 팀이 많이 애써 보았지만 이렇다 할 성과를 거두지는 못했고 김진균 서울대 교수, 신인령 이화여대 교수가 주도한 '전노협 후원회'가 큰 도움을 주었다.

전노협의 투쟁사 속에서 특히 기억나는 것은 한진중공업 박창수 위원장 사건이다. 박 위원장은 1991년 2월, 대기업노조 연대회의 도중 경찰의 급습으로 연행, 구속되어 수감 중 의문의 상처를 입고 입원했다가 5월 6일 병원 마당에서 시신으로 발견되었다. 그의 사인은 물론 의문의 사망에 이르기까지의 진상은 아직까지도 규명되지 않고 있다. 박 위원장이 안양병원에 입원해 있는 동안에도 중정 요원이 집요하게 찾아와 한진중공업노조의 전노협 탈퇴를 강요했다. 나는 박 위원장의 사망과 장례까지 1개월여를 안양병원에서 지내며 이 사건을 자세히 살펴볼 수 있었다. 추락 현장에서 본 시신의 상태나 투신했다는 옥상의 위치나 여러 면으로 볼 때 분명히 투신자살은 아니었다.

그뿐 아니라 경찰은 시신을 탈취하기 위해 영안실 벽을 해머로 부수고 영안실을 지키는 가족과 동료들에게 최루가스를 퍼붓고는 이를 피하는 사람들을 몽둥이로 구타하여 가며 시신을 탈취하는 짓들을 서슴없이 해댔다. 안양병원 6층에서 가족을 보호하기 위해 함께 있는 전노협 사람들을 체포하려고 6층 병실의 물품반입을 막아 이들은 굶으며 버텼다. 이를 본 다른 층 환자들이 먹을 것을 조금씩 가져오기까지 했다. 그 22년이 지난 2014년, 고 박창수 위원장은 민주화보상심의위원회에서 민주화운동 관련자로 인정되었다. 치열했던 노동운동과 잔인했던 권력의 탄압의 역사이다.

전노협은 탄압이 강하면 강할수록 더욱 치열하게 투쟁하였다. 그 엄혹함 속에서도 전노협이 서울에서 집회를 열기로 결정하면 경찰의 온갖 방해

공작을 뚫고 지방의 먼 지역에서부터 연차, 월차를 내 수만 명이 집결하는 것을 보며, 한국의 민주주의와 노동운동의 밝은 미래를 보는듯한 기대감이 들기도 했다.

민주노조의 현장 활동을 끝내며

2000년 1월 30일 창당된 민주노동당은 한국 정당사상 최초로 밑으로부터 조직된 진보정당이다. '노동자와 민중주체의 진보정치, 자본주의의 모순을 극복하는 민주적 경제체제의 수립, 국가보안법 폐지와 공안기구 해체, 평화통일, 평등하고 자주적인 대외관계'등을 강령으로 내세운 민노당은 한때 10명의 의원이 국회에 진출하기도 했다. 나는 당 대회의 의장으로 민노당에 참여하기도 했지만, 도중에 분당이 되어 민중의 기대에 부응하지 못한 점은 당무에 참여했던 일원으로서 지금도 죄송스럽다.

내가 의장으로 있었던 추모연대가 제16대 대통령선거 당시 신한국당의 이회창선거사무실 앞에서 의문사 진상조사를 촉구하는 농성을 벌였다. 12월의 날씨가 상당히 추워 비닐로 사방을 둘러막고 석유난로에 의지해, 나와 허원근 일병의 아버지 허원춘 씨, 김학철 추모연대 집행위원장이 철야 농성을 하는데, 새벽 5시경 경찰이 갑자기 물 호스를 들이대 물을 뿌리며 가려놓은 비닐을 찢어댔다. 그때 이를 저지하는 내 손을 경찰 한 명이 잡고 비틀어 왼손 인지를 치료받았다. 지금도 겨울이면 이 손가락이 저리다.

나는 4년간의 추모연대 의장직을 박중기 선생에게 넘겼다. 앞에 말한 허원근 일병은 부산 수산대(현재 부경대)에서 학생운동을 하다가 강제 징집되어 군 복무중 1984년 4월 총상을 입고 변사체로 발견되었다. 그러나 국방부가 자살이라고 발표해 이에 대한 규명운동이 벌어졌다. 결국 2002년 의문사진상규명위원회 조사 결과 상관의 사살로 판명되어 2017년 국방부는 허 일병을 순직으로 처리했다.

내가 지부장으로 활동했던 시절, 고려피혁노동조합은 자주적이고 민주적인 조합 활동에는 어느 정도 보조를 맞추어 나가려 노력했다고 생각한다. 당시 우리 노조는 천 명 미만의 소규모 조직으로 '주식회사 대우'라는 재벌을 상대로, 미흡하지만 어느 정도 성과 있는 활동을 했다고 자부한다.

그러나 노동운동의 당연한 책무인 광범위한 연대를 통한 사회민주화 활동에는 별로 참여하지 못한 점이 많이 아쉽다. 노동자 의식의 한계와 조직 보존주의의 영향이 아닌가 생각한다. 옛날로 되돌아가 다시 노동운동을 할 수 있다면, 보다 넓은 시야와 깊은 의식을 갖고 노동운동을 해보고 싶다.

이제 나이도 많은데다가 현장에서 멀어지다 보니 감각도 판단도 무디어지는 느낌이다. 직접 참여하지는 못하더라도 최소한의 정보와 판단능력은 갖추려 노력하고 있다. 건강문제가 만만치 않다. 가족이나 사회에 의료부담을 덜 주고 내 건강을 지키는 것이 나라에 기여하는 것이라는 생각으로 되도록 많이 걸으면서 스스로 건강을 유지하려고 노력하고 있다.

동광모방
노동조합

노조운동의
원칙을 지켜낸 20년

초라한 분회의 모습

동광모방회사의 본래 이름은 동광기업주식회사이며, 1952년 10월 20일 부산에서 설립되었다. 동광기업은 1970년 초에는 서울 반포동에 건평 7,100평에 방적기 15,000추의 설비를 갖춘 모방공장을 보유하며, 종업원 1천여 명에 수출액은 1600만 달러를 기록하였다. 동광기업은 삼호주택, 청구화공, 수원컨트리클럽, 삼호개발, 삼호유통, 삼호물산 등을 거느리는 삼호그룹의 모체이었다.

동광기업은 양모를 원료로 하여 소모방(양털실), 화섬사, 양모복지 등을 생산하였다. 공장 안은 소음이 심하였고 겨울에는 춥고 여름에는 섭씨 40도가 넘는 찜통이었다. 이 공장에 노동조합이 결성된 것은 1968년, 전국섬유노동조합 서울지부 동광모방분회라는 이름이었다. 결성 당시 조합원의 85%가 여성이었다. 당시 분회장은 서울지부장(김영한)이 겸직하고 있었는데, 노동조합의 기능은 제대로 수행되지 못했다. 서울지부장은 조합원에게 별로 관심이 없었다. 조합원들은 임금인상이 어떻게 되는지 아무도 몰랐고, 단체협약은 그 용어조차 알지 못했다. 상징적으로 노조 간판이 예비군 중대 간판 밑에 아주 작게 걸려 있었고, 노조사무실은 2평도 안 되는 작고 음침한 공간을 사용하고 있었다.

이 노동조합에 새로운 바람이 분 것은 3년 임기의 분회장을 뽑는 1971년 정기 대의원대회였다. 당시 서울지부장 겸 동광모방 분회장은 관행대로 당연히 연임되는 줄 알고 있었는데 막상 대회를 여니 분회장에 출마한다는 조합원이 나타난 것이다. 이광환, 1968년에 입사한 28세의 청년으로 제품 운반, 관리 등을 하는 조합원이었다. 이광환은 노조가 제 기능을 해야 한다는 생각에서 분회장에 출마한다고 했다. 현 분회장은 이광환에게 사퇴를 요구했지만 이광환은 단호하게 거절했다. 조합원들은 호기심으로 결과를 주시하고 있었다. 마침내 현 분회장이 중도 사퇴하고 이광환이 단독 출마하여 분회장으로 선출되었다.

노동조합의 겁 없는 도전

당시 나라 안팎의 정세는 급변하고 있어 박정희 정권의 위기는 갈수록 깊어졌다. 평화시장 전태일의 분신과 함께 노동자들과 근로서민 대중의 저항이 폭발하고 있었고, 미국의 베트남전쟁 패퇴와 중미 화해 접근이라는 동북아정세의 변화는 반공주의와 국가안보를 집권의 명분으로 삼아왔던 박정희 정권을 궁지로 몰아넣었다. 이에 박정희는 거추장스러운 민주적 절차를 파괴하고 종신집권을 획책했다. 1971년 12월 6일 국가비상사태를 선포한데 이어, 12월 27일 국가보위에 관한 특별조치법을 날치기 통과시킨 것이다.

이 법은 박정희 1인에게 비상대권을 쥐어주고 국민의 기본권을 봉쇄하였다. 특히 노동3권 가운데 단체교섭권, 단체행동권을 박탈함으로써 자본의 지배와 이익을 극도로 확장하였다. 임금인상을 비롯한 노동조건의 개선은 정부의 조정을 받도록 했다. 이로써 노동조합은 스스로 할 수 있는 일을 모두 박탈 당했다.

그러나 노조 분회장은 이에 아랑곳 않고 직접 조합원교육에 나서 조합원의 의식을 높이는데 힘을 쏟았다. 조합원들의 관심이 높아지자, 이를 기반으로 임금인상과 노동조건 개선 등 단체협약 체결을 추진했다. 특히 조합원

가입과 관련하여 오픈 샵 제도를 도입함으로써 이목을 집중시켰다. 당시 대부분의 노조는 유니온 샵을 채택하고 있었다. 동광모방분회는 노조가입을 강제하는 유니온 샵은 자주적이고 민주적인 의사결정에 기반하고 있는 노조의 조직원리에 맞지 않는다고 판단했다. 이러한 활동을 통해 조직에 활기가 생겼고, 조합원의 참여도는 날이 갈수록 높아졌다. 노조는 서울지부 산하 분회로 있으면 제대로 역할을 하기가 어렵다고 판단하고, 1975년 섬유노조와 치열한 협상 끝에 지부 승격을 인정받았다.

노동조합 활동영역의 확장

동광모방지부는 지부장 이광환, 부지부장 이광자, 사무장 조길선을 핵으로 하여 조직력을 확대했다. 섬유노조 모방화섬부회 회의에 나가 여러 가지 정보를 접하게 되고, 어용노조의 민주화과정에서 가까워진 원풍모방 방용석 지부장을 비롯하여 반도상사지부, YH무역지부, 동일방직지부의 간부들과도 긴밀한 연대관계를 형성하였다.

지부가 무엇보다도 힘을 들인 것은 교육이었다. 교육은 조합교육과 외부교육으로 나뉘었다. 조합교육은 주로 지부장이 맡았고, 많은 사람들이 조합원 교육, 대의원 교육, 상집간부 교육을 위해 드나들었다. 원풍의 방용석 지부장을 비롯해 백재봉, 임종률, 신인령 교수 등이 그들이었다. 1976년부터는 섬유노조에서 조한천, 이원보, 김승호, 이목희 등 실무자들이 자주 나왔다. 교육은 회사 밖으로 넓혀졌다. 크리스챤아카데미 노동교육에 많은 간부들이 참여하여 역량을 키우고 다른 노조들과 연대감을 튼튼히 하였다.

지부의 조직력은 날로 강해졌고 이를 바탕으로 임금인상과 노동조건을 개선해 나갔다. 하루 12시간 맞교대를 8시간 3교대제로 바꾸어냈고, 오래 전부터 써오던 임시공을 회사와 치열하게 교섭하여 모두 상근 본공으로 바꾸었다. 임시공은 계절업무에 종사하거나, 청소, 식당 종사자들이었다. 이들은 매년 석 달 동안 일하고 해고되었다가 때가 되면 다시 채용되었다. 사실상

상근인데도 해고와 재취업을 되풀이하고 있었는데. 이를 상근 본공으로 정착시킨 것이다. 이렇게 해서 동광모방은 임시공 없는 유일한 회사가 되었다.

동광모방노조의 이러한 활동은 섬유노조 사이에 널리 퍼지게 되었다. 또한 1970년대 중반이 되면 섬유노조에 자주적이고 민주적인 노동조합들이 속속 생겨나 동광모방지부와 긴밀한 관계를 키워가며 새로운 기운을 형성해가고 있었다. 원풍모방, 동일방직(인천), 반도상사, 삼원섬유, YH무역 등에 결성된 조직이 그들이었다. 동광모방지부의 노력과 섬유노조 내부의 이러한 변화가 어우러지면서 이광환 지부장은 1976년 섬유노조의 조사통계국장으로 선임되었다. 지부 전임자는 부지부장과 사무장, 신협 담당자로 늘어났고, 여기에 전문직을 채용하게 되어 서울여대, 이화여대, 연세대, 숙명여대 출신들이 들어와 일을 하기도 하였다.

1976년 당시 섬유노조는 악명 높은 김영태가 위원장이었다. 김영태는 평소 방용석, 이광환 지부장을 높이 평가하여, 이 두 사람이 자기와 함께 일하면 제대로 될 것이라고 자주 말했다고 한다. 그러나 김영태는 위원장에 취임하자 마자 외부세력 척결을 외치며 반대파와 도시산업선교회에 대한 비난과 공격을 본격화했다. 그 첫째가 동일방직인천지부 파괴공작이었다.

이광환 지부장은 김영태 집행부와 중요한 사건마다 부딪치는 가운데 1977년 동일방직사건 수습책임을 맡게 되었다. 1976년 하반기 김영태는 자기의 심복을 동일방직수습대책위원이라는 이름으로 공장에 내려 보냈다가, 그것이 민주노조를 깨려는 음모임이 발각되어 격렬한 저항을 초래했다. 그러자 중앙정보부, 노동부 등 권력기관이 모여 이광환 국장을 제2차 수습대책위원으로 파견하여 사태를 정리하도록 하였다. 회사의 사주를 받은 일부 노동자들의 폭력적인 위협과 방해공작을 뚫고 이광환 국장은 임시대의원대회를 열어 이총각 지부장의 집행부를 구성하는데 성공하였다. 이후 동일방직노조는 중앙정보부-회사-섬유노조의 총체적인 탄압으로 엄청난 수난을 겪게 되고, 이광환 국장은 김영태와 결별, 정면 대결을 했다.

동광모방노조의 조직력이 날로 커지자 회사는 일부 노조간부와 중심 조합원들을 매수하여 조직 분열을 시도했다. 지부는 1976년 임금조정결정을 계기로 회사에 대한 투쟁을 전개했다. 먼저 노조는 서울시에서 내려온 임금 직권조정 결정안을 거부하였다. 그리고 긴급대의원대회를 소집하고 그 자리에 사장을 불러 새로운 임금교섭을 요구했다. 국가보위법을 거스르는 엄청난 일이었다. 관계기관들이 중재에 나서서, 급히 노사교섭을 벌여 서울시에서 결정된 29% 임금인상안보다 훨씬 높은 수준에서 임금인상을 결정하였다. 그리고 회사의 농간에 흔들리던 조합원들이 다시 노조로 돌아옴으로써 회사의 조직분열 기도는 완전히 무너졌다. 이로써 동광모방의 임금수준은 모방업계에서 가장 높은 수준에 이르게 되었다.

동광모방노조는 조합원의 상호부조기능도 잘 조직하였다. 조합원의 생활을 지원하고 조직력을 강화 확대하려는 의지로 신용협동조합 결성을 추진한 것이다. 한 달여 노력 끝에 회사에서 운영해오던 마을금고를 1978년 11월 2일 동광모방신용협동조합으로 변경 발족시켰다. 신협은 마을금고 자산 11,898,792원을 재원으로 하여 사업 활동을 한 결과 1979년 12월 현재 자산 16,782,605원에 순이익 1,775,614원을 올림으로써 9.98%의 수익률을 올렸다. 신협 활동이 시작되자 노조 사무실의 문턱은 한층 낮아졌고, 출자와 대부를 통해 조합원의 생활상의 도움과 결속을 더해줌으로써 노조 조직 강화에 크게 기여할 수 있었다.

회사의 폐업 음모와 공장 화재

70년대 후반에 접어들자 회사는 공장 감축계획을 드러내기 시작했다. 섬유산업의 불황을 배경으로 공장을 폐쇄, 업종을 전환하려는 것이었다. 이에 따라 방적기 5천추 감축, 염색부 폐지, 포장실과 검사실 합병, 무역부와 검사실 폐쇄 등이 1977년 10월부터 1979년 5월 사이에 계속되었다. 1천명이 넘었던 조합원수는 1978년 9월 561명으로 줄었다. 지부는 사태의 심각성을 깨닫고 수시로 부서별 토론과 교육을 실시하여 조합원의 동요를 막는 한편, 1978년 9월 노사협의회에서 정상가동을 요구하였다.

회사는 11월, 인원부족을 이유로 작업체계를 3교대 8시간제에서 2교대 12시간제로 3개월간 전환하고, 인원은 450명을 유지하기로 약속했다. 그러나 회사는 약속을 어기고 1979년 1월에 오산으로 공장을 이전하겠다고 선언하였다. 조합원수는 계속 줄어 1979년 1월 현재 408명이었다. 지부는 대응전략을 바꾸어 1979년 2월 21일 정기대의원대회를 계기로 철야농성 등 적극적인 투쟁에 나서기 시작했다. 요구조건은 공장의 정상 가동이었다.

회사는 8시간 2교대제로 조업단축을 집요하게 요구했다. 이에 지부는 더 이상의 작업축소나 공장이전을 막겠다는 방침을 세우고 8월 15일, 6일분 임금가산을 조건으로 2교대 8시간제를 받아들였다. 그러나 회사는 오산공장 이전을 실행에 옮기기 시작하는 한편, 양성공 모집공고를 내고, 관계기관에는 공장 이전계획이 없다고 알리는 등 위장전술을 펼쳤다.

이런 상황에서 1979년 12월 9일 새벽, 서울공장에 화재가 발생하여 청소원 김점산 조합원이 불을 끄러 현장에 들어갔다가 숨지는 사건이 일어났다. 지부는 긴급수습대책위원회를 구성하여 김점산 조합원의 보상과 장례 문제를 집중 논의하였다. 조합원 한 사람의 문제였지만, 이 죽음은 그간 회사 측의 과오가 집적된 사건이며 전체 조합원의 생계를 위협했던 지난 2년을 상징적으로 비춰주는 광경이었다. 조합원들은 농성을 통해 사태해결을 요구했고, 경찰과 회사의 시신 외부인도를 분쇄하면서 12월 22일 유족보상금 2천 6백만 원 지급 등의 합의를 이끌어내 12월 25일 장례를 치렀다. 유족보상금이 보통 400~500만원에 그쳤던 당시로서는 최고액 수준이었다.

1980년에 들어서자 지부는 다시 회사 재건문제에 집중하여 15,000추 복구와 휴업시간 중 임금지급 등 요구조건을 내걸고 투쟁태세를 갖추었다. 지부는 관계기관과 각 사회단체에 협력을 요청하는 한편, 조합원 교육을 크게 늘려 조직력을 강화하였다. 회사는 시설 재건을 시도하는 것처럼 위장

선전을 하면서, 휴업수당, 해고수당을 논의하는 등 폐업조치를 기정사실화하고 있었다. 그해 1월 31일, 회사는 일방적으로 폐업공고문을 게시하였다. 조합원 250여명은 매일 노조사무실에서 농성을 벌였고, 교육을 통해 조직력을 강화하는 한편 관계기관의 협력을 호소하는 등 대외활동에도 나섰다. 그러나 회사는 부서별로 또는 개별적으로 조합원들을 접촉하여 회유하는 등 분열공작을 펼쳤다.

노동자들의 의지가 모인 '공단서점'

조합원들은 1, 2월분 급료를 거부하는 등 적극 대응하였다. 이처럼 자진해산을 노리고 무작정 기다리던 회사는 회사재건 대신 경제문제를 내세워타협을 시도했다. 지부는 회사 측의 새로운 제안을 놓고 격렬한 논쟁을 벌인 끝에 공장 재건이 전혀 불가능함을 판단하고 차선책으로 높은 수준의해고수당을 요구했다. 이는 회사의 일방적 태도를 저지하는 성과였지만, 결국 넉 달간의 투쟁 끝에 지부는 1980년 4월 9일 회사와 전격적으로 합의, 4월 15일 평균임금 10개월분의 해고수당을 지급받음으로써 사태를 마무리하였다.

노조 활동은 종언을 고했지만, 회사 밖에서는 또 다른 운동이 전개되었다. 지부는 신협의 후속 활동으로 구로공단 가리봉 사거리에 '공단서점'을 차렸다. 이 서점은 동광모방 조합원들의 모임을 위한 공간으로 역할을 하는 한편, 구로공단 노동자들에게 필요한 서적과 자료를 제공하려는 뜻에서 만들어졌다. 공단서점은 다른 공단지역의 인문사회과학 서점의 효시가 되었고, 1987년까지 유지되었다.

언제나 기본에 충실하자는
좌우명으로

이 광 환

어머니를 생각하며 공장으로

내가 태어난 곳은 1939년 지금의 서초동, 그때는 경기도 시흥군이었다. 조그만 회사의 월급쟁이 아버지의 3대독자로 태어났다. 어머니는 전형적인 현모양처 형이라 할까, 자상하기 그지없는 조용한 분이었다. 하지만 어머니는 아버지가 60년대 중반에 일찍 세상을 떠나신 후 어려운 살림을 이어나가신 억척스러운 분이기도 했다. 서초동에서 초등학교를 졸업하고 중학교 2학년 때 흑석동으로 옮겨 중앙대학을 어렵게 마쳤다. 오로지 어머니가

✻ 1939년 서울 서초동에서 출생. 60년대 말 동광기업 입사. 71년 노조 분회장 단독 출마, 당선. 75년 섬유노조 조사통계국장 상근. 77년 3월 동일방직수습대책위원으로 이총각 민주집행부 구성. 78년 김영태 축출운동 전개. 80년 4월 회사폐업 투쟁 후 공단서점 개설. 88년 한국노총 대외협력국장, 정치국장으로 노총개혁 기여. 98년 산업인력공단 근무. 2020년 봄 암수술 후 10월 3일 운명.

정성을 다해 돌보아주신 덕분이었다.

20대에 군에 입대하여 대구5관구사령부에서 근무하게 되는데 교통사고로 169병원에 입원했다가 일찍 의병제대했다. 제대 후 특별한 기술을 배운 것도 없고 일자리가 없어 빈둥대며 지냈다. 당시는 경제개발이 막 시작되던 때라서 취직이 아주 어려운 시절이었다. 그런데 어느 날 한 후배가 집 근처에 있는 동광기업에서 사람을 모집하는데 원서를 한번 넣어보라고 권했다. 될 것 같지는 않았지만 헛일 삼아 원서를 넣었는데 회사에서 나오라는 연락이 왔다. 졸지에 동광기업주식회사 모방공장 종업원이 된 것이다. 1968년 봄이었다. 어머니 홀로 생계를 이어가는 상황에서 어머니를 생각하면 마다할 수가 없었다.

처음 출근해 공장으로 들어갔는데 귀가 얼얼할 정도로 엄청나게 소음이 심했고, 섭씨 40도가 넘는 찜통 속에서 여공들이 땀에 흠뻑 젖은 채 일을 하고 있었다. 내게 주어진 작업은 제품을 운반, 관리하는 일이었다. 얼마동안 일을 하는 동안 노동조합 이야기를 들었다. 전국섬유노동조합 서울지부 동광모방분회였고, 분회장은 김영한 씨라는 서울지역 지부장이 겸직하고 있었다. 그런데 노동자들은 노동조합에 관심이 없어 보였다. 분회장만 가끔 공장에 들러 회사 간부를 만나고 돌아가는 것 같았다.

노조 간판은 예비군중대 간판 밑에 아주 작게 걸려 있었고, 노조사무실은 2평도 안 되는 작고 침침한 공간을 사용하고 있었다. 자세히는 모르지만 노조가 이래서는 안 된다는 생각을 했다. 그러는 사이 분회장을 뽑는 1971년 정기대의원대회가 돌아왔다. 김영한 씨는 당연히 자기가 분회장을 다시 하는 것으로 알고 있었다. 노동자들도 아무런 관심이 없어 보였다. 나는 분회장 출마를 결심하고 서울지부장을 만나 출마 의사를 밝혔다. 지부장은 가당치도 않다는 식으로 나에게 나서지 않는 게 좋을 거라고 후보 사퇴를 요구했다.

노조 분회장 선거에 도전

하지만 나는 노조가 제 역할을 해야 한다고 하면서 끝까지 가겠다고 버텼다. 조합원들은 새 바람에 대한 호기심으로 결과를 주시하고 있는 것 같았다. 몇 차례 강요에도 내가 굽히지 않자 마침내 지부장이 출마를 포기해 결국 내가 단독 출마하여 분회장에 선출되었다. 1971년 3월이었다.

나는 분회장이 되자마자 회사에 노조사무실을 옮겨 달라고 요구했다. 회사가 경비실 뒤편에 공간을 마련해 주었지만 여전히 비좁고 불결했다. 다시 공장장에게 강력히 항의하자, 자기 방 옆의 에어컨이 나오는 공장장 방 정도 넓이의 공간을 비워주었다. 당시 공장장은 이태호 씨였다. 그는 서울공대 출신으로 이희호 여사의 오빠, 곧 김대중 전 대통령의 큰처남이었다. 훗날 내가 평민당의 김대중 총재와 정치적 인연을 맺게 되었으니 참으로 묘한 일이었다.

그해 12월 6일 국가비상사태가 선포된데 이어 12월 27일에는 국가보위에 관한 특별조치법이 날치기 통과되었다. 박정희는 종신집권의 길을 텄고, 노동자들은 노동기본권을 박탈 당했다. 임금인상을 비롯한 노동조건의 개선은 정부의 조정 결정에 따라야 했고, 노동조합은 졸지에 아무런 활동도 할 수 없게 되었다.

나는 이런 때일수록 교육을 해서 노동자들의 의식을 높여야 한다고 생각하고 내가 직접 나섰다. 노동법 책도 찾아 읽어보고 지역지부 회의에도 열심히 다니는 등 나름대로 견식을 넓혀가며 조합원 교육을 했다. 임금인상과 노동조건 개선도 거의 우격다짐으로 밀어붙였다. 죽은 것 같은 조직에 점차 활기가 생겼고, 조합원의 참여도도 날이 갈수록 높아지는 것 같았다. 내친 김에 직장 지부로 승격해야 한다는 생각에 섬유노조 본조와 부딪쳤다. 당시는 지역 지부가 조직을 빼앗기지 않으려고 분회의 지부 승격을 한사코 막던 때였다. 조직이 많아야 조합비도 많이 들어오고, 그래야 중앙 조직에서 힘을 쓸 수 있기 때문이었다.

나는 외부활동도 활발히 했다. 섬유노조에는 당시 업종별 부회가 있었는데, 나는 모방화섬부회 회의에 빠짐없이 참석했다. 거기에는 노조민주화에 성공한 원풍모방 방용석 지부장이 있었다. 방용석 지부장과는 분회 때 만나서 누구보다 친분이 있었다. 또 중앙위원회 같은데도 열심히 나갔다. 당시 섬유노조에서는 원풍모방을 비롯하여 동일방직(인천), 반도상사, YH무역, 삼원섬유 등에서 노조민주화투쟁이 전개되고 있었고, 이 조직들 사이에 연대의 기운이 높아가고 있었다. 나는 기회 있는 대로 이들과 만나 교류·지원·협력관계를 긴밀히 하면서 연대의 틀을 쌓아갔다.

아울러 과거 보다 교육을 늘리고 체계 있게 추진했다. 교육은 조합교육과 외부교육으로 나누었다. 조합원교육은 주로 내가 맡았고, 대의원, 상집의 교육을 위해 많은 외부강사들을 초청했다. 방용석 지부장을 비롯해 백재봉, 임종률, 신인령 교수 등이 그들이었다. 70년대 후반에는 섬유노조에서 조한천, 이원보, 김승호, 이목희 등 실무자들이 자주 나왔다. 크리스챤아카데미 노동교육에도 많은 간부들을 참여시켜, 운동의식과 역량을 키우고, 다른 노조들과 연대감도 튼튼하게 했다.

교육을 바탕으로 지부의 조직력은 날이 갈수록 강해졌고, 그 조직력으로 임금인상과 노동조건을 개선해 나갔다. 자주성과 민주성을 띤 노조들이 늘어나고 일정하게 자리를 잡으면서 영향력을 확대해가고 있었다. 섬유노조 내부의 이러한 변화가 어우러지면서 나는 1975년 섬유노조 정기대의원대회에서 조사통계국장으로 선출되었다. 나는 섬유노조로 출근하게 되었고, 지부에는 전임자 이외에 실무자를 뽑아 일하게 했다. 이 때부터 대학 출신 실무자들이 들어오게 되는데, 서울여대 박순옥, 박정은, 연세대 이상경이 들어와 활동을 했다. 이상경은 1979년 12월 첫 출근 날 공장에 큰 불이 나 곤욕을 치르기도 했다.

1976년 섬유노조에는 악명 높은 김영태가 위원장이 되었다. 김영태는 1976년 동일방직(인천)지부의 민주노조 수호투쟁을 지원했던 방순조 집행부가 분규를 제대로 수습하지 못했다는 이유로 불신임하고 위원장 자리를 꿰찬 것이다. 김영태는 평소 방용석과 나를 높이 평가하여 이 두 사람이 자기와 함께 일하면 모든 게 제대로 될 것이라고 자주 말했다고 한다. 그래서 그런지 나는 조사통계국장으로 그대로 유임되었다. 날 잘 봐서가 아니라 민주노조들의 영향력을 의식한 결과로 보는 것이 맞을 것이다.

김영태는 위원장에 취임하자 마자 외부세력 척결을 외치며 본격적으로 반대조직과 도시산업선교회에 대해 공격하기 시작했다. 그 첫 번째 대상이 동일방직인천지부 파괴공작이었다. 내가 김영태 집행부와 중요한 사건마다 부딪치자 그는 나를 제치고 음모를 진행했다. 1976년 하반기 김영태는 자기의 심복을 이른바 '동일방직수습대책위원'이라는 이름으로 공장에 내려 보냈다가 그것이 민주노조를 깨려는 음모임이 발각되어 격렬한 저항을 받게 되었다. 동일방직 노동자들은 명동성당에서 '동일방직사건 해부식'을 한다고 나섰다. 그러자 중앙정보부, 경찰, 노동부 등이 모여 나를 제2차 수습대책위원으로 파견하여 사태를 정리하자고 결정하고, 나에게 제의해왔다.

나는 이를 수락하고 즉시 임시대의원대회를 소집해 1977년 3월 30일, 의장 자격으로 이원보 조사통계부장을 대동하고 인천공장으로 갔다. 그러자 회사는 남자 사원들을 동원하여 날 납치했다. 이원보 부장도 따로 납치되었다고 했다. 나는 저들이 방심한 틈을 이용해 납치상태에서 탈출하여 회의장으로 갔다. 이원보 부장도 탈출하여 뒤따라 왔다. 회의장은 회사 측의 살벌한 위협 속에 일촉즉발의 긴장감이 감돌았다. 나는 의연하게 회의를 진행했고, 드디어 이총각 지부장의 집행부를 구성하는데 성공하였다.

그러나 1년 후 동일방직노조는 중앙정보부-회사-섬유노조의 총체적인 탄압에 똥물세례까지 받으면서 파괴되고, 노동자 126명이 해고되고 블랙리스트로 평생 생계를 위협받으며 고통을 겪게 되었다. 나는 김영태 반대파를 모아 '김영태 불신임운동'을 벌이기 시작했다. 김영태는 1978년 여름 대의원대회에 원풍모방, 반도상사, YH무역의 파견 대의원을 참석하지 못하게 하고는 다시 위원장에 당선되었다. 나는 섬유노조를 그만두고 나와 동조 조직을 규합하는 한편 방용석 지부장과 함께 대회효력정지가처분신청을 법원에 냈다. 법원은 가처분신청을 받아들였고, 방용석 지부장은 1979년에 본안소송을 냈다. 김영태는 정부기관의 비호를 받으며 한국노총 위원장에 진출했다가 박정희가 죽은 후 노동자들의 반발에 부딪쳐 이리저리 피해 다녔다. 그리고 1980년 노동계 정화조치로 노동조합운동사의 무대에서 사라졌다.

폐업 반대투쟁

이후 일복이 많아서인가, 한시도 쉬지 않고 일이 터졌고, 내 스스로 일을 벌이기도 했다. 내가 섬유노조를 그만 두고 동광모방에 돌아오기 전부터 회사는 공장 폐쇄계획을 추진하고 있었다. 섬유산업의 불황을 이유로 공장을 폐쇄하고 업종을 전환하려는 것이라 판단하고 백방으로 뛰어 다녔다. 사장, 공장장을 만나 회사의 정상적 경영을 요구했는데, 이들은 시치미를 떼고 그러마고 했다. 구청을 찾아가 공장 정상화에 협조해줄 것을 요청하기도 했다. 그러나 회사는 서서히 기구를 축소해갔다. 조합원수도 줄어들어 1979년에는 노골적으로 공장을 닫으려 했다. 조합원 교육과 철야농성, 호소문 살포 등 여러 가지 활동을 벌였지만 역부족이었다. 기구축소, 조업단축, 인원감축, 공장이전 등 회사는 시시각각 노조의 목을 조여 왔다.

그런 와중에 1979년 12월 9일 새벽, 공장에 불이 나 청소부인 김점산 조합원이 불을 끄러 현장에 들어갔다가 숨지는 불상사가 일어났다. 나이가 제일 많은데도 누구보다 성실하게 일한 노동자였다. 노조에서는 긴급대책위원회를 구성하였고, 조합원들은 연좌농성을 벌이며 사태해결을 요구했다.

화재와 조합원의 죽음은 공장 폐쇄 움직임과 겹쳐 우울하고 비관적인 분위기를 만들어냈다.

나는 장례를 미루고 김점산 조합원의 보상 문제에 매달렸다. 그런 상황에서 경찰과 회사 측이 시신을 빼내려다 발각된 사건이 일어났다. 조합원 전체가 철야농성을 벌이고 나는 사태해결 협상을 강하게 밀어붙였다. 마침내 화재 13일 만인 12월 22일, 유족보상금 2천 6백만 원을 지급한다는 합의를 회사로부터 이끌어냈다. 이 보상 금액은 당시 400만원이나 500만원이었던 것에 비하면 엄청나게 높은 액수였다. 유족들은 눈물을 흘리면서 정말로 고마워했다. 장례는 사흘 후에 치렀다.

화재사건이 마무리되자 회사의 폐업계획은 더욱 노골적으로 진행되었다. 노조는 투쟁태세를 강화하는 한편 관계기관과 각 사회단체에 협력을 요청하였지만, 회사는 1월 31일 일방적으로 폐업 공고문을 게시하였다. 대세는 기운 것 같았지만, 거의 매일 농성을 벌이며 버텼다. 넉 달간의 투쟁과 협상 끝에 1980년 4월 9일 노조는 회사와 합의를 하였고, 4월 15일 평균임금 10개월분의 해고수당을 지급받는 것으로 투쟁을 접었다. 이렇게 동광모방 노동조합은 파란의 세월을 접고 깃발을 내렸다.

노총개혁과 메이데이 부활

너무도 아쉬움이 컸다. 온갖 어려움을 뚫고 여기까지 왔는데 돈만 받고 뿔뿔이 흩어질 수는 없었다. 궁리 끝에 신협으로 다시 모일 수 있을 것이라 생각했다. 그 한 가지 방법으로 구로공단 가리봉 사거리에 '공단서점'을 차렸다. 서점은 동광모방 조합원들이 연락하고 모이는 공간이었으나 구로공단 노동자들에게 필요한 책과 자료를 제공하는 역할도 했다. 이 서점은 80년대 성행했던 이념책방의 모델이 되었고, 1987년까지 운영하였다.

이렇게 서점을 운영하면서 나는 인천 부평4공단에 있는 섬유노조 경기 지역연락사무소에 나갔다. 경기지부장이 조직지도를 해달라는 요청을 해

왔기 때문이었다. 당시 노동조합은 전두환 정권이 자행한 정화조치로 지역 지부가 해산돼 있었다. 나는 삼엄했던 정화 조치를 용케 피했다. 그리고 경기지부 산하에 있던 시브러더즈 봉제공장 노조 등에 임금인상 투쟁 자문을 해주었다. 이렇게 80년대 중반까지 지냈다.

1987년 민주항쟁이 터지고 전두환 정권의 6·29 항복선언이 나왔다. 그리고 곧 바로 노동자대투쟁이 폭풍처럼 전국을 휩쓸었다. 한국노총은 위기에 몰려 개혁을 하지 않으면 살아남기가 어려운 지경이 됐다. 1988년 박종근 섬유노조 위원장이 개혁을 내세우며 노총 위원장에 당선되었다. 박종근 위원장은 나를 불러들여 노총 대외협력국장, 정치국장을 맡겼다.

내가 첫 번째 추진한 것이 메이데이 부활이었다. 박정희가 대한노총 창립일인 3월 10일로 노동절을 바꾸어 놓은 것을 5월 1일로 되돌리자는 것이었다. 다음으로 91년에 정치자금법과 정치활동금지에 대해 헌법소원을 제기했다. 메이데이는 어려운 과정을 겪었지만 1994년 김영삼 정권 때 부활되었고, 헌법소원은 처음에는 각하되었지만 1999년에 헙법불합치 판정을 받아냈다.

이어 95년에는 한반도 평화토론회를 세종문화회관에서 개최하는 등 민주노조 진영도 엄두를 내지 못한 남북한 평화의 정착 문제를 제기했다. 지금은 고인이 되셨지만, 서울대 김진균 교수를 토론회에 초청했더니 '민주노조들도 못하는 일을 한국노총이 하네' 하면서 놀라워하던 모습이 기억난다. 1998년 한국노총을 그만두고 한국산업인력공단에 입사했다. 2000년까지 직업훈련 등 노동자의 삶을 보장하고 증진시키기 위한 또 다른 차원의 노동활동이라 할 수 있다.

돌이켜 보면 아무런 사전 지식도 없이 시작된 노동운동의 길이었지만, 나름 열심히 했다고 스스로 평가해본다. 노조활동을 하면서 무엇이 올바른 길인지 스스로 체득했고, 언제나 기본에 충실하자는 원칙으로 일관했던 것 같다. 노동운동의 역사를 보면 노동조합과 같은 노동자 조직은 공제적

기능에서 경제적 기능으로 발전하고, 그 끝에는 정치적 기능의 발휘라고 나는 생각했다. 정치적 힘을 가져야만 노동자들이 역사의 주인공이 될 수 있을 것이라고 생각하며, 그 생각은 지금도 변함이 없다.

> 편집위원 : 이광환 지부장님은 2020년 봄 암수술을 받고 투병생활을 해오던 중 그해 10월 3일 운명하셨다. 결국 이 글은 그분의 유고가 되었다. 삼가 이광환 지부장님의 명복을 빈다.

남한제지
노동조합

남한제지노동조합

노조활동에서 다시 세운
인생의 지표

변 순 옥

화학노조 최초의 여성지부장

남한제지㈜는 1957년 2월에 설립된 국내 최대 제지회사였다. 1961년 8월 신탄진공장을 준공하여 박엽지薄葉紙를 생산하기 시작했고, 1968년 12월 주식 시장에 상장하였다. 1984년 계성제지에 인수되어 합병했고, 1997년에는 정읍공장을 세웠다. 2005년 7월 풍만제지를 흡수하여 합병하였다.

남한제지에 노조가 설립된 것은 1973년 7월 1일 신탄진공장이었다. 소재

1951년 충남 논산 출생. 영등포의 YKK 공장 2개월 근무 후 남한제지 입사. JOC에 참여, 노동자 인식 확립. 70년 노조 결성, 화학노조 최초의 여성지부장으로 선임. 얼마 후 회사의 공작으로 조직분열. 노조 해체 후 충남지부 산하 분회로 재출발, 입사 8년 만에 퇴직. 40세 이후 농민운동에 진력, 조합관리사자격증 보유. 12년째 농협대의원으로 농협 개혁을 위하여 활동 중.

어둠의 시대 불꽃이 되어

지는 충남 대덕군 신탄진읍 석봉리였다. 종업원은 남자 4백 명, 여자 백 명, 임시직 2백 명 정도였고, 사장은 한백용, 공장장은 이승봉이었다. 이 공장에는 일찍부터 가톨릭노동청년회(JOC) 회원들이 활동을 하고 있었다. 나는 입사하면서 JOC 회원으로 가입하게 되었고, JOC 회합을 통하여 노동운동에 대해 여러 가지를 깨우치게 되었다.

회원들은 모임을 통해 회사가 부당노동행위를 하고 있으며, 사람은 누구나 인간답게 살 권리가 있다는 것을 알고 있었다. 이들이 다니던 JOC 대전교구는 한국노총 충남협의회와 노조를 결성하기로 합의했다. 그런데 처음에는 수차례 남자들이 노조 결성을 시도했다가 비밀이 새나가 노조를 만들지 못한 것을 파악하고. 특별히 여자들 가운데 10명 정도 핵심 구성원만 선정하여 먼저 결성하고 차후에 남자들도 함께 한다는 계획을 세웠다. 마침내 1973년 7월 1일 12시 점심시간을 이용하여 공장 내 테니스장에서 전국화학노조 남한제지지부가 결성되었고, 초대 지부장에 내가 선출되었다. 화학노조 최초의 여성지부장의 탄생이었다. 결성식에서 남성노동자 7명과 여성 노동자 89명이 노조원으로 가입하였다.

회사는 노조 결성을 알면서도 점심시간에 구내식당을 이용하는 것을 허용하였다. 또 1주일이 지나자 지부장의 노조전임도 인정했다. 다른 회사들에서는 보기 드문 일이었다. 그러나 이 행태는 지부장 전임을 인정함으로써 지부장과 지부 간부와의 현장에서 소통하는 기회를 없애자는 것이며, 조합원들과의 접촉과 앞으로 조합에 가입하게 될 비조합원들과의 접촉을 끊겠다는 회사의 책략이었다. 그 책략은 노조 결성 직후부터 노조 파괴를 위한 노골적인 공작으로 드러났다.

대대적인 노조파괴공작

회사는 조합탈퇴서를 만들어 전 조합원에게 배포하고, 여성 조합원에게는 노조탈퇴서를 내라고 강요했고, 남성 노동자들에게는 노조에 가입하지 않는다는 각서를 받기 시작했다. 이 압력으로 85명의 노동자들에게서 노조 탈퇴서를 받았다. 아침 6시에 출근하여 22시에 퇴근하는 것은 물론, 화장실 가는 것도 보고를 해야 되었으며, 그것도 혼자 가야 했다. 회사의 생산량 경쟁을 붙이고 작업 중에는 서로 이야기를 할 수 없게 하는 등 서로를 감시하는 구조를 만들었다.

7월 2일 회사 측 경비주임 송병구는 조합원 김윤희를 향토예비군 사무실로 유인하여 노조탈퇴를 강요하였고, 7월 5일 공무과장 김인구는 조합원 박봉태를 공무부 사무실로 끌고 가 노조탈퇴를 강요하였다. 또 송병구는 노조 부지부장(송명영), 총무(최영숙)를 "잔업 1시간을 안 해도 근무한 것으로 처리하여 임금을 주겠다"며 회사 차로 속리산까지 유인하여 탈퇴를 강요했다.

노조탈퇴서를 안낸 노동자들은 대전 풍만제지 공장이나 제지업자들의 창고 등에 날마다 파견근무를 시키면서 탈퇴를 강요하였다. 7일 12일 공장장 이승봉은 조합원들을 작업시간 중에 집합시켜 놓고 '노동조합은 빨갱이 집단'이라며 '목숨 걸고 결사반대 하겠다'는 등 조합원들에게 공포 분위기를 조성하였다. 또한 1968년 12월 3일에 입사하여 개근해 온 노조 쟁의부장 김영식이 7월 11일 휴식시간이 조금 넘도록 잠을 잤다는 이유로 해고했다. 근무이탈과 근무태만이 그 사유였다. 김영식은 담당주임 최영복에게 전말서를 제출하였음에도, 공장장은 7월 17일 담당주임을 통하여 구두로 해고를 통보한 것이다.

그 과정에서 회사는 내게 "노조를 그만 두면 1억 원을 주겠다, 그 돈이면 평생을 먹고 살 수 있다"고 유혹하였다. 그 때 일당이 140원이었으니 23살 어린 나이의 나로서는 계산도 하기 어려운 액수였다. 대전 서호주정 서길준 분회장한테 이 얘기를 하니까 웃으면서, 그 돈이면 집도 사고 논도 사고 빌딩도 산다고 하면서 노조는 또 만들면 된다고 하였다. 마치 내 마음을 들여다 본 것 같았다. 농담이었지만 이러한 회사의 농간은 오히려 노조원들과 나의 결의를 더욱 굳게 만들어 주었다. 나를 믿고 따라 주는 조합원들이 있는데, 신의와 의리를 돈으로 계산할 수는 없다고 생각하고 동료의 권익을 위하여 내 소임을 다할 것을 다짐했다. JOC 정신에 충실하고자 했던 것이다. JOC에서는 언제 어디서나 떳떳하고 당당하게 살라고 하느님 앞에 선서를 한다.

이렇게 회사의 부당노동행위가 나날이 심해지자 화학노조는 7월 17일 출장을 와 회사의 부당노동행위 중지를 요청하였으나, 공장장은 "본사에 가서 타협을 보라"면서 대화를 거부하였다. 이날 화학노조 본부는 그 동안 회사의 꼬임과 압력에 대부분의 조합원들이 굴복하였음을 확인하고, 7월 19일 충남도지방노동위원회에 부당노동행위 구제신청을 내는 한편, 사장 앞으로 회사의 근로기준법 위반사례를 지적하고, 해고자 복직과 부당노동행위 중지를 요구하는 공문 및 법 위반에 따른 임금청구서를 발송했다. 당시 회사의 근로기준법 위반사례는 다음과 같았다.

(1) 근로기준법 제57조(시간외 근무) 위반사항: 회사는 금년 판매목표 35억을 달성하기 위하여 해고 당사자를 포함한 전 여자종업원에게 오전 7시부터 오후 9시까지 하루 평균 5시간의 시간외 근무를 시키고 있다.

(2) 근로기준법 제42조(휴식) 위반사항: 회사는 종업원에게 노동조합이 결성되기 이전까지 법에 규정된 휴식시간을 주지 않았다.

(3) 취업규칙 및 인사규정 불고지: 회사는 전종업원에게 취업규칙 및 인사규정을 공지하지 않았고, 사용자 임의대로 처벌하여 종업원의 인권이 유린되고 있다.

그러나 부당노동행위는 날로 악랄해지고 있었고, 나는 죽기 살기로 회사와 관공서에 대들며 문제해결에 매달렸다. 그런데 모든 관공서가 대전에 있어 시간이 많이 걸리고, 교통비가 많이 들어 매우 힘들었다. 당시 노조

조합비 징수는 생각도 못할 형편이었다. 이러한 상황을 서호주정 분회장 서길준은 처음부터 다 알고 있었다. 나는 서호주정 분회 사무실로 날마다 출근하다시피 하면서 연구하고 대안을 찾으면서 그의 조언을 믿고 신뢰했다.

이렇게 내가 화학노조의 힘을 빌려 끈질기게 대항하고, 회사의 비리가 언론에 터져 나오고 사건이 점점 확대될 조짐을 보이자, 회사는 해고를 1개월 간의 징계조치로 변경하여 복직을 약속해 화학노조도 구제신청을 취하하였다. 그러나 회사는 약속과는 달리 단체협약 체결을 기피하면서 조직을 약화시켜 끝내는 해산토록 유도하려는 제2의 부당노동행위 수법으로 바꾸어가고 있었다.

8월 2일, 노사 간의 당면한 문제를 대화로써 해결하고자 노사협의회 회칙에 합의하고 단체협약 체결 심의에 들어갔으나 회사는 지연작전으로 교섭을 피하고 조직 약화만을 꾀하였다. 노조는 단체협약을 조속히 체결하기 위해 모든 조건을 포기하고 유니온 샵만 해달라는 새로운 대안을 제시하기로 했다. 우선 조직을 살려볼 계획이었다. 그러나 노조 임원회의에서는 부지부장 송명영과 총무부장 최영숙이 노조를 없애자는 제안까지 나왔다. 회사의 부당노동행위로 인해 힘든 나머지 간부들 사이에 불화가 일어난 것이다.

나도 회사의 단체협약 체결 지연과 노조말살작업에 너무도 힘들고 지쳐서 노조를 포기하고 싶었던 순간이 한두 번이 아니었기 때문에 간부들 사이에 불화가 일어나고 불편한 관계들이 나타난 것은 어쩔 수 없었다. 이런 사태를 개선하고 노조임원들이 단합된 모습을 보여 줄 때 단체협약 체결에 도움이 된다고 하여 야유회도 가보고 단합대회도 해봤지만, 서로의 의견차이만 확인할 뿐이었다. 이 사이를 회사는 더 교묘히 파고들어 노조간부들을 이간 시켰다. 심지어 지부장은 일도 안하고 급여를 받는데 간부들은 뭐냐고 반문하는 사람도 있어 일단 단체협약을 체결하고 나면 전임자를 다른 간부에게 넘기기로 결정하였다.

회사의 파괴공작으로 핵심 여성간부 4~5명을 제외하고는 조합원 대부분이 동요하고 있었다. 화학노조 본부는 대전지역에 조직부장을 상주시키며 지부를 지원 지도하였으나, 단체협약 체결이 회사의 지연작전으로 미뤄졌고, 지부는 8월 22일 충남도에 직권조정을 신청하기로 결정하였다. 그러자 회사는 1차 심의를 하고 미합의 된 부분만을 제출해도 되지 않겠느냐는 의사를 지역의 다른 지부간부들에게 전해옴으로써 단체교섭을 수락하였다. 그러나 막상 심의에 들어가자 회사는 단체협약 전문 심의에만 무려 5시간을 끌면서 무성의한 태도로 일관했다. 이 와중에 최영숙 총무가 상의도 없이 8월 23일 사퇴해버렸고, 나도 사퇴의사를 본조에 밝히는 등 분란이 일어나 교섭이 중단 되었다.

본부는 8월 28일 지부간부들을 설득한 후, 8월 29일 지부간부 11명 전원과 대전피혁지부, 대전주정지부 간부 등이 참석한 가운데 지부의 방향에 대해 토론회를 열었다. 그러나 조직부장 박희자 등 7명의 간부들은 이미 회사의 영향권 아래서 활동을 외면하고 있어 조합은 조직의 새로운 세력규합과 활력소를 찾기 위해 9월 2일 단합대회를 갖기로 하였다.

9월 2일 김천시 근교 직지사에서 가졌던 단합대회는 여전히 간부들 간의 갈등으로 제대로 열리지 못했다. 본부는 남자조합원들의 조직 확대 방안을 은밀히 지시하고 9월 3일 단체협약 심의회에서 회사 측의 대안에 대해 9월 17일 노조의 입장을 밝히기로 하였다. 회사의 매수공작이 더욱 활발해지고 노조간부의 분열이 아물지 않은 가운데 9월 21일 노동청 대전지방사무소 소장실에서 관계기관의 입회 아래 노사합의서가 교환되었다. 그 내용은 1973년 9월 3일 노사가 협의한 단체협약을 합의한 것으로 하되, 임금조정과 휴일관계 조정은 법의 한계점에서 재논의 한다는 것이었다.

그러나 회사는 노조지부의 직인을 탈취하여 충남도에 회사 측 원안대로 노사 합의되었다고 신고하였다. 10월 7일 본부는 도청을 방문하여 이 같은 상태에서의 성실한 노사교섭을 기대하기 어렵다는 점을 관계자에게 주지시키고, 행정당국의 즉각적인 직권조정을 요청하였다. 10월 22일 충남도지사는 오랫동안 분규의 원인이 되었던 남한제지의 단체협약을, ① 최저임금확보, ② 노조활동보장, ③ 유급휴일확대 등의 내용을 골자로 하는 조정안을 직권 결정하였다. 그러자 회사는 10월 25일 직권조정결정에 불복하고 노동청에 소원을 제출한데 이어 12월 10일에는 서울고등법원에 단체협약 조정결정 효력정지 가처분신청을 제기하였다.

화학노조는 이 같은 처사야말로 국가보위법을 악용하려는 새로운 수법으로 단정하고, 12월 13일 서대전경찰서에 회사를 국가보위법 9조 위반으로 고발하였으나, 12월 22일 경찰은 고발서를 반려하였다. 노사분규 문제가 국가보위법 9조 1항의 시행령이 공포되지 않은 가운데 노동청 예규 103호의 운용으로 처리되어 왔던 점이 노사관계의 새로운 쟁점으로 변할 것을 중시한 노동청은 12월 23일 관계 당사자들을 호출하여 중재를 벌였다. 그 결과 12월 27일 다음과 같은 합의각서를 교환했고, 회사는 고등법원에 대한 제소를 취하하였다.

[합의각서]

전국화학노동조합 남한제지지부장(갑), 남한제지주식회사(을)는 단체협약에 관하여 다음과 같이 합의하고 일체 이의를 제기하지 않기로 한다.

- 다음 -

갑과 을은 단체협약을 충남도 사회1452-944(1973년 10월 22일)로 결정된 단체교섭 조정 결정의 전문을 이행하되 동 조정결정 중,

1. 을은 제37조의 여자종업원의 평균임금을 450원(시간외수당 제외)

이상, 최저임금은 300원 이상으로 인상 조정하되 그 시행은 회사 정기승급일인 1974년 3월 1일로 시행하며 74년도 중의 특별승급 은 남한제지주식회사 신탄진공장 노사협의회에서 협의 결정한다.

2. 을은 제26조 제2호 법정공휴일중 신정 1월 1일 1월 2일, 추석절, 삼일절, 제헌절, 광복절, 개천절 등 7일만 유급휴일로 한다.

3. 을은 73년도 말 상여금을 기본급의 250% 지급하기로 한다.

4. 갑과 을 쌍방은 본 협약과 관련된 소송 및 행정소송, 고발고치를 합의일로부터 즉시 취하키로 하고 노사 간은 상호 협조하여 일체 의 분쟁이 제기되지 않도록 상호 최선을 다한다.

1973년 12월 27일

(갑) 전국화학노동조합 남한제지지부 지부장 변순옥

(을) 남한제지주식회사 대표이사 한백용

(입회인) 전국화학노동조합 사무국장 정길태, 변호사 이덕열

좌절된 노조운동의 열망

이렇게 하여 남한제지노조는 6개월간에 걸친 부당노동행위와 노조 파괴 공작에 회사차 밑에 드러누워 개밥 값만 달라고 외치면서까지 굴하지 않고 투쟁한 끝에 단체협약 체결에 성공하여 여자 종업원만 임금이 평균 140원 에서 450원으로 무려 300%나 올랐다. 조합원들은 다들 좋아했고, 남자들 은 부러워하면서 노조에 관심을 갖게 되어 처음 계획대로 남자들의 노조가 입을 비밀리에 진행시킬 수 있었다.

그런데 화학노조 본부에서 욕심을 부리기 시작했다. 화학노조 본부는

74년 7월 남한제지지부를 충남지역지부 산하 분회로 편입하도록 지시하였으나, 지부에서는 조합원 서명을 받아 단독 지부로 유지할 수 있도록 요구했다. 또한 본부는 조합원을 남자 종업원만이 아니라 비정규직까지 확대하자고 하며 조직 확대를 서둘렀다. 그 과정에서 내 거취문제 등이 불거졌다. 어린 여자 지부장 밑에 남자들이 노조에 들어 오겠느냐는 것이 쟁점이었다.

그때 나는 '노조를 유지해야 하며 어용이 아니어야 한다. 합법적인 총회에서 지부장을 선출해야 한다. 이 조건이 충족되면 다시 현장으로 복귀한다'는 입장을 제시했다. 그러나 화학노조 본부는 회사와 결탁하여 김주현을 내세워 어용노조를 만들었고, 내가 노조 활동을 못하도록 인사과에 발령을 냈다. 나는 의리도 없고 정도 없는 노조를 두 번 다시 쳐다보지 않았고, 김주현이 회사 앞잡이 노릇하는 것이 보기 싫어 회사를 떠났다.

남한제지노조는 그 후 김주현이 유지하다가 끝내는 어용노조 마저도 없어지고 말았다. 죽어라고 민주노조를 만들려고 노력한 나에게 화학노조 본부가 한 못된 행위에 나는 엄청나게 실망했고 섭섭했다. 나는 노동운동을 떠나 농민운동을 선택했다. 나의 꿈과 희망을 이루고자 최선을 다하고 싶은 마음에서였다.

공장 노동자가 되어

나는 충남 논산군 연무읍 마전리에서 1951년 1월 11일에 태어났다. 중학교를 대전에서 졸업하고 여자라고 고등학교를 못 가게 하여 집에서 가사를 돕고 있던 중 심심해서 동네 눈썹 공장에 3개월 다녔는데 급여를 주지 않아 그만두었다. 그 후 놀고 있었는데, 친구를 따라가 서울 영등포구에 있는 YKK 공장에 다녔다. 전원 기숙사 생활을 하면서 하루 24시간을 회사 안에서만 노예처럼 살아야 했다. 그러던 중 부모님이 집으로 내려오라고 하여 남한제지에 들어갔다. 남한제지는 전에 다니던 곳보다는 나았지만, 여기도 급여가 적고 일도 너무 힘들었다. 특히 동료들 간 심하게 경쟁을 시키고 조출, 잔업 등등이 고통스러웠다.

그 즈음 아래 동네에 전주에서 이사 오신 김재휘(아오스딩)님께서 천주교 인이라면서 JOC 이야기를 했다. 무슨 이야기인지 잘 모르면서도 친구 3명, 학생 2명과 함께 JOC 회합을 시작하였다. 회합은 대전방직 근무자인 정인매(아가다), 이용숙(데레사) 지도투사의 지도하에 10개월간 지속하였다. 회합을 하다보니 회사가 너무나 잘못하고 있고, 노동자의 권리가 헌법으로 보장되어 있다는 것도 알게 되었다.

임금이 적고 근무시간도 불규칙하여 우리의 권리를 찾으려면 노조를 만드는 것이 최선이라고 생각했다. 그리하여 JOC 대전교구 회장 김동구(라파엘)님께서 노조를 결성할 수 있게 한국노총 충남협의회에 연락을 해주었다. 마침내 1970년 7월 1일 12시, 전국화학노조 남한제지지부가 탄생되었다. 노조가 뭔지도 잘 몰랐지만 동료들은 나를 지부장으로 뽑아주었고, 부지부장 송명영, 조직부장 박희자 등등 임원을 구성하였다. 노조 결성을 12시에 하고 1시에 공장에 들어가 일을 하면서부터 한 사람씩 불려가 최영복 주임이 탈퇴서를 받고 파견근무를 보내기 시작하였다.

그때 나는 지부장으로서 조합원들에게 면목이 없었다. 회사가 힘들게 하니 노조를 그만 두자는 조합원들에게, '조금만 참자. 절차가 진행 중이니 기다리자'고 달랬다. 지쳐서 원망하는 눈빛에 동료들을 볼 면목도 없고 죽을 지경에 모든 것을 포기하고 싶을 때 어떻게 해야 하나 고민하던 중 노조가 안 되는 이유를 알게 되었다.

단체교섭이 본사에서 공장으로, 공장에서 본사로 시간과 절차가 복잡하였고, 공장은 결정권이 없었다. 공장장이 본사 회장에게 잘될 것이라고 전화를 하는 것을 보고 즉시 서울 본사로 달려갔다. 처음으로 고속버스를 타고 서울 중구 수표동 남한제지 본사에 가서 공장에서 온 노조지부장 변순옥이라고 하니 모두가 깜짝 놀랐다. 어리고 조그만 여자가 회장을 만나러 예고도 없이 왔다며 놀라면서 여기저기 연락을 하였다.

하루 저녁을 자고 다음 날 회장과 독대를 했다. 회장 이석훈은 내용을 모르고 있었다. 노조가 생겼지만, 어린 여자들 몇이서 하여 조금 있으면 그만 둘 것으로 알고 있었다. 나는 회장에게 '노조를 인정하고 부당노동 행위를 금지하며, 임금을 강아지 밥값(스피츠)만 줘라, 노조를 유니온 샵으로 해 줄 것, 임금인상을 조합원만 할 것, 법정 공휴일을 유급으로 해줄 것' 등등을 요구했다.

나는 '이것이 관철 안될 경우는 본사에서 산다'고 하였다. 회장실에 계속 있으면서 나는 '경영은 모른다. 회장이 경영했지 변순옥이 했느냐? 조합원은 시키는 일만 하고 경영은 회사에서 한 것 아니냐?'고 주장했다. 이후 2박 3일 동안 회사 측과 논의하여 단체협약 조정결정에 합의하고, 여자 조합원만 300% 임금인상을 하여 140원이 450원으로 되었다. 노조결성 이후 6개월만이었다.

나는 노조 활동을 통하여 많은 것을 느꼈다. 그 중에서도 이런 것들이 매우 중요하다고 생각했다. ① 언제 어디서나 떳떳하고 당당하게 살아야 한다. ② 신의와 의리는 생명이다. ③ 교육을 통해 개인의 삶과 가치관의 변화, 삶의 질도 바꿀 수 있고, 교육을 통해 가난도 극복할 수 있다. ④ 많이 고민하고 많은 생각을 해야 한다. ⑤ 어떻게 될지 모르니 항상 준비해야 한다. ⑥ 하느님께서 인간에게 가장 공평한 것은 누구나 1일 24시간, 지나간 일을 잃어 버리고 살 수 있는 것은 은혜, 지나간 시간을 되돌려 주지 않는 것은 가장 잔인한 하느님의 뜻이다

가톨릭노동청년회를 통하여 알게 된 관찰, 판단, 실천과 7가지 JOC운동 원칙은 내 평생 삶의 목표와 목적이 되었다. 노조활동을 통하여 알게 된 것은 학력이 높을수록 임금을 더 받지만 일은 편하고, 그래서 가난의 고리는 교육을 통해서만 끊을 수 있다는 점이었다.

회사를 8년 만에 그만두고 공부를 하다가 31살에 결혼하여 1남 2녀의 엄마가 되었다. 늦게나마 55세 때 방송통신대학교 유아교육과를 택하여 공부한 것은 일하는 여성들이 마음 놓고 아이를 맡기고 직장에 다니는 것에 도움이 될 것 같아서였다.

1997년 IMF사태 때 유치원 지을 돈을 사기 당했다. 유치원 운영의 꿈이 무너지고 실의에 빠져 있던 40세 때 이창복 회장님이 두 번이나 원주에서 전주까지 오셔서 정치를 하라고 권유하셨던 적이 있다. 그때 농민으로서 농민운동을 하며 살겠다고 한 약속을 지키기 위해 농지를 구입하고 농사를 배우면서 살고 있다. 현재는 전주농협의 대의원을 12년째 하고 있다. 회의 전에 농협에 건의할 사항을 취합하여 회의 때 발언하고, 그 결과를 회원님들께 일일이 편지로 보내주고 있다. 나는 조합관리사 자격증도 보유하고 있다. 이 자격증은 조합원 6천 5백 명 중 나 한 사람만 갖고 있다. 감사 선거에 두 차례 도전하였으나 낙선하기도 했다.

지금은 전주에서 농협 대의원으로 활동하면서 1주일에 4시간 아름다운 가게에서 자원봉사를 하면서 지내고 있다. 남편과 초등학교 교사인 차녀, 농협은행에 근무 중인 장남과 함께 살고 있고, 장녀는 결혼하여 미국 스텐포드대학교 교수로 일하고 있다.

나의 꿈은 남은 생을 봉사하면서 살고 싶다. 내가 생을 마감하고 하느님 앞에 섰을 때 "하느님, 저는 1일 24시간을 48시간으로 활용했습니다"라고 감히 말할 수 있다. 나는 어떤 상황에 처했을 때 정의, 공평, 사랑, 관찰, 판단, 실천, 역지사지, 자업자득이라는 단어를 생각하면서 그 해결책을 모색한다. 나의 바람은 모든 사람들이 건강하고, 풍요롭고, 자기가 하고 싶은 일을 모두 하면서 꿈을 이루고 행복했으면 하는 것이다.

삼원섬유
노동조합

허허벌판 돌멩이들의
외침

도급제 '요꼬' 공장

삼원섬유주식회사는 스웨터를 짜는 공장으로 한국수출산업공단 제4단지인 인천 부평공단에 위치한 일본인 투자기업이었다. 1970년 10월부터 가동을 시작하였고, 72년에는 대형 제2공장을 건립 중이었다. 당시 이 회사에서는 450여명의 노동자가 일하고 있었고, 당시 공단에 있는 5개 스웨터 업체 중 일제 기계시설이 도입되어 있는 최고 수준의 공장이었다. 회사 취업은 이력서만 작성하여 제출하면 될 정도로 비교적 용이한 것이었다.

생산관리체계는 공장장 밑에 기사, 부기사, 보조기사, 공원으로 짜여 있는데 대체로 기사 중심으로 생산이 이루어지고 있었다. 기사는 한 명이 공원 50명 정도를 거느리고 요꼬 작업에서 기계까지 보아주면서 노동자들을 통제하는 기능을 행사하고 있었다.

그러나 공장 작업은 기아임금에 노예노동에 다름없는 조건 속에서 이루어지고 있었다. 작업은 '요꼬' 작업이라는, 스웨터를 짜는 편직부와 가공부, 검사부로 구성되어 있었다. 그 중 노동조합의 중심을 이루는 가공부에는 18~22세 정도의 여공 160여명이 있었고, 이 중에는 15~17세의 연소노동자도 30여명 있었다. 임금은 10시간 노동에 200~300원 정도이며, 고참이 500여원일 정도로 기아임금이었다.

회사 측은 처음에는 생산량의 무게에 따라 임금을 지급하는 도급제로 운영하다가 임금지출을 줄이기 위해 일급제로 전환하였으면서도 생산량은 도급제와 같은 수준을 노동자들에게 요구하였다. 장시간 노동을 하지 않으면 살 수 없는 상황에서 노동자들은 거의 매일 12~16시간 일했으며 24시간 철야노동도 자주 있었다. 기아임금과 불결한 작업환경에 장시간노동의 결과로 결핵성 늑막염, 폐결핵과 같은 직업병, 화공약품으로 인한 소화기능 장애, 시력장애 등 환자가 속출하고 있었다.

이런 작업과정을 견디지 못하여 생산실적이 부진하면 회사는 노동자를 마구 해고하면서도 근로기준법이 정한 퇴직금과 해고수당을 지급하지 않았다. 회사가 일방적으로 공임 단가를 정하는 도급제이기 때문에 노동자들의 불만과 작업강도는 높아질 수밖에 없었으며, 이를 누르기 위한 남성 관리자들의 폭력이 현장에서 일상적으로 벌어지고 있었다.

노동자들의 반란

열악한 노동조건에 견디다 못한 노동자들은 1973년 10월부터 작업조건 개선 투쟁을 벌이기 시작했다. 그 중심은 가공부 노동자 유해우(후에 유동우로 개명) 등 남자 노동자들이었다. 기독교 신자인 유해우는 황영환과의 만남을 통해 도시산업선교회에서 의식화교육을 받았고, 1973년 4월부터는 '평신도 지도자 훈련'에 참여하였다. 이 모임에는 박형규, 조화순 목사나 유홍식씨와 같은 사람들이 참여하였고, 나중에는 서강대학교 경영대학원 교육프로그램(수원 말씀의 집)에 참여하기도 했다.

유해우는 현장 동료들 중에서 신뢰할만한 사람들을 자취방으로 불러 근로기준법 공부를 시작하였고, 한 달 만에 10여명을 모아 '동력회'라는 모임을 결성하였다. 이어 동력회 회원보다 연하인 편직공 11명을 모아 '폭포회'라는 클럽을 조직했다. 아울러 인근지역 노동자 유완식을 알게 되어 이들과 함께 '열매회'라는 지역 노동운동 네트워크를 형성하기도 하였다.

이러한 조직 활동과 함께 유해우가 신망을 얻게 된 것은 구근철 사건이 알려지면서였다. 산업현장에 대한 비판적 의식이 싹트는 가운데서 유해우는 근로기준법 38조 휴업수당 청구와 함께 군대에 입대하는 철원 출신 구근철의 퇴직금 12만원과 사례금 3만원을 회사로부터 받아냈던 것이다.

또 회사의 임금정책에 대항하여 '시간 지키기 운동'을 전개하였다. 이것은 공장새마을운동과 같은 것이었다. 회사는 생산실적이 좋은 세 사람에게는 상금을 주고, 실적이 부족한 5명은 해고시키는 '채찍과 당근'을 사용하여 노동자들의 생산성을 극대화시키고자 했다. 이에 노동자들이 잔업을 거부하는 방식으로 저항하는 사건이 발생하였다. 그때까지 '삼원섬유에서는 데모를 한다고 해서 공임이 인상되어 본적이 없다'는 징크스가 있었다고 전해진다.

이런 상황에서 노동자들이 공임투쟁을 벌이고, 연장근로 거부사태가 발생하여 회사 측의 기도를 무산시키면서 노동자들의 의식 발전에 크게 기여하게 되었다. 마침내 1973년 12월 1일, 120여명의 노동자들은 아래와 같은 8개 항목의 요구조건을 내걸고 파업농성에 돌입하였다.

① 발표된 편직공 임금정책을 철회하고 인상 발표하라
② 임금책정 시 노동자 대표를 참석시켜라
③ 부당해고를 철회, 시정하라
④ 법정 제수당을 지급하라(주휴, 연월차, 연장수당, 심야수당, 생리수당, 해고수당)
⑤ 퇴직금을 지급하라
⑥ 취업규칙을 현장에 비치, 공개하라
⑦ 노동자의 불만의 당사자인 악질 관리자, 생산과의 김무생 계장과 신현준 현장기사를 교체하라
⑧ 폭행 등의 인권유린을 하지 말라

사태가 이에 이르자 12월 2일 회사의 요청을 받은 부평경찰서 경찰이 출동하여 해산을 명령했다. 그러나 노동자들은 농성을 계속했고, 오후에는 노동청 인천노동사무소 소장과 근로감독관 5명이 출동하여 조사를 벌이고 노동자 요구의 타당성을 인정했다. 결국 회사는 '임금책정 시 노동자대표 참석' 이외의 모든 요구를 수용하고 12월 1, 2일에 있었던 일은 재론치 않는다는 각서를 써주었다. 그러나 다음 날 회사는 정문에서 관리자를 내세워 '종업원의 잘못을 인정하고 회사 명령에 절대 복종한다'는 등의 서약서를 강요하였고, 노동자들은 다시 파업에 돌입하여 회사를 굴복시켰다.

이 사건 이후 노동자들은 자신감을 갖게 되었고, 확보된 노동조건의 개선내용을 지속적으로 유지하기 위해서는 노동조합을 만들어야 한다고 인식하게 되었다. 그리하여 1973년 12월 12일, 인천 산곡동 감리교회교육관에 120여 명이 모여 '전국섬유노동조합 경기지부 삼원섬유분회'를 결성하였다. 분회장에는 유해우가 선출되었고, 여자 부분회장으로 가공부 이신자를 선출하였다.

노조결성대회는 회사의 방해 없이 순조롭게 진행됨으로써 노동자들의 의식 성장과 소모임의 조직력을 잘 나타냈다. 이렇게 부평공단 최초의 노동조합이 출범하였고 뒤이어 반도상사 노동자들이 1974년 2월 노동조건 개선투쟁과 노동조합 결성에 성공했고, 그 후 14개의 노동조합이 연이어 깃발을 올렸다.

3 자동맹(회사·기관·상급노조)의 노조탄압

노동조합 결성 이후 소모임 활동이 강화되었다. 편직부의 열매, 조약돌, 가공부의 기적, 샘, 다이아몬드 등 다양한 이름의 소모임이 조직되어 활발하게 활동하였다. 그러자 회사가 노조 약화를 시도하기 시작했고, 경찰의 감시도 부쩍 늘어났다. 1973년 12월, 편직계장 김씨의 부당노동행위가 그 한 예이었다. 그 부당노동행위는 작업시간을 줄이는 식으로 노조원의 임금

삭감을 노린 것이었다. 그러나 노동조합은 강력한 조직력을 바탕으로 한 교섭력과 직접행동, 그리고 진정과 고발 등 다양한 대응책으로 사용자의 노조 파괴공작을 무력화시켰다. 나아가 74년 3월 25일에는 부평공단 5개 스웨터공장 노조 대표와 사용자 대표간의 임금협상이 열릴 만큼 지역 내 노동운동에 일정한 파급력도 행사하게 되었다. 노동청 인천사무소 근로감독관과도 만나 여러 가지 노동문제를 협의할 만큼 정부기관의 대접도 달라졌다.

이처럼 노조의 조직력이 강화 확대되자 회사는 분열책동의 방향을 바꾸어 상부노조를 노조파괴에 이용하려 들었고, 섬유노조 경기지부장(박수영)이 여기에 놀아나기 시작했다. 1974년 7월, 박수영은 유해우 분회장에게 경기지부 쟁의부장으로 상근할 것을 지시했고, 유해우 분회장은 회사의 부당노동행위가 기승을 부리고 있는 상황에서 상근할 수 없다고 거부하였다. 이를 빌미로 8월 31일 박수영은 제23차 지부 상무집행위원회를 열어 유해우 분회장을 명령불복종으로 제명하였다. 그리고 1시간도 안되어 본인이나 분회에도 알리지 않고 회사에 제명사실을 통보했다. 그러자 회사는 공문을 받은 지 1시간 30분 만에 유해우를 해고하고는 회사 출입을 금지시켰다. 해고의 근거는 단체협약에 규정된 유니온 샵이었다.

그러나 이 제명조치는 법적 절차를 벗어난 결정이었다. 곧 분회장 제명은 분회 조합원의 동의를 받아야 하고, 섬유노조 중앙위원회의 결의를 거치도록 규약에 명시되어 있었음에도 경기지부장은 이 절차를 모두 무시한 것이다. 유해우 분회장은 제명 결의의 부당성을 섬유노조에 제기했고, 섬유노조는 1974년 9월 10일 "삼원섬유 분회장의 징계는 규약상 하자가 있으므로 일단 원직에 복직시키고 차후 사실조사를 확인하여 처리하기로 한다"는 결정을 내렸다. 이에 경기지부장은 회사 측에, 유해우는 현재 노조 분회장도 조합원도 아니며, 다만 원직에 취업만 시켜 달라는 것이라고 유권해석을 내려 주었고, 회사는 유해우를 복직시키지 않아도 된다고 판단하여 복직을 거부했다.

삼원섬유분회는 1974년 10월 31일 경기도지방노동위원회에 부당노동행위 구제신청을 냈고, 11월 13일에는 법원에 경기지부의 제명결의 무효확인 소송을 제기하였다. 그러나 경기지부장은 12월 6일 삼원섬유분회를 사고분회로 규정하고, 부분회장 권병희를 제치고 서영순을 수습대책위원으로 임명하였다. 유해우는 다음 날 자신의 문제가 노동위원회에 계류 중이고, 징계사항도 섬유노조 중앙위원회에 심의 계류 중이므로 그 결정이 날 때까지는 자신이 분회장이라고 주장하며, 회사에 들어가 노조업무를 보려 하였다. 그러자 회사는 "해고된 자가 회사에 들어와 업무를 방해했다"는 이유를 들어 유해우를 부평경찰서에 고발하였다. 경찰은 즉시 노조간부 4명을 연행하고 유해우를 12월 12일 구속하였다. 이 날 섬유노조 중앙위원회는 유해우 제명을 의결했다.

유해우 분회장이 구속되자 인천기독교산업선교회는 성명을 발표하고 삼원섬유 기업주와 섬유노조 경기지부, 부평경찰서의 야합을 비난하며 유동우의 석방을 요구했다. 또한 삼원섬유 분회 조합원들은 매일 분회장의 집에 모여 대책을 논의하였다. 이들은 회사와 상급노조의 처사를 비판하고 12월 16일 유동우의 구속이 부당하다며 하루빨리 석방되어 같이 일할 수 있게 해 달라는 진정서를 각계에 보냈다.

인천기독교산업선교회 조화순 목사도 같은 날 섬유노조 위원장에게 유해우 사건이 섬유노조의 산업선교회에 대한 불만 때문에 빚어진 처사라고 지적하고, 유해우의 제명 이유를 구체적으로 밝히라고 요구했다. 이후 유해우는 32일간의 구금 끝에 홍성우 변호사의 변론을 받으며 법정에 섰다가 75년 1월 7일 벌금형을 받고 석방되었다. 그러나 회사 복직은 실현되지 않았다. 삼원섬유분회 조합원들은 부분회장이었던 권병희를 분회장으로 선출하여 조직을 재정비하고 새로운 출발을 다짐하였다.

이 사건은 삼원섬유노조 뿐만 아니라 한국노총과 산업선교회가 갈등을 일으키는 계기 가운데 하나가 될 만큼 큰 파장을 불러 일으켰다. 삼원섬유노조 결성은 노동정책 변화에도 기여하였다. 노조 결성 후 서울의 조승혁 목사, 인천의 유홍식 씨의 소개로 국무총리 비서관을 면담하게 되었는데, 경찰서, 노동청, 시청, 정보기관원들이 면담내용을 캐물어 왔다. 1974년 1월 14일 발동된 '근로자들의 생활안정을 위한 대통령 긴급조치 3호'는 비교적 근로자에 우호적인 조항이 포함되어 있었는데, 많은 부분이 유해우 분회장의 주장을 반영한 것이었다고 한다.

유해우는 삼원섬유노조 활동으로 감옥에 갔다 온 후 의류행상을 하기도 하고, 1976년 여름부터는 DP&E 점포를 운영하기도 했다. 또한 삼원섬유노조 시절에 보고 겪은 것을 기술한 수기 〈어느 돌멩이의 외침〉을 1976년 11월부터 3회에 걸쳐 월간 『대화』지에 연재하였다. 이 수기는 나중에 단행본으로도 발간되어, 노동자 문학의 빼어난 성취로 평가를 받았다.

삼원섬유노동조합

사람이 아니면
돌들이 외치리라

유 동 우

내가 처음 야간 '함빠'로 일하면서 오야지로부터 받은 대우는 밤새 12~
13시간을 일하고도 오야지가 아침에 출근해서 주는 25원 짜리 식권 두 상
이 전부였다. 25원 짜리 식권 한 장이면 회사 지정식당에서 백반 한 그릇
을 사 먹을 수 있었으므로 나는 하루 두 끼의 밥을 얻어 먹는 것으로 12시
간 이상의 중노동을 해야 했던 것이다. 그러나 밥 두 끼조차 제대로 사 먹
을 수 없는 것이 내 처지였다. 내겐 당시 잠잘 곳이 마련되어 있지 않아 내
수입의 전부인 식권 두 장으로 잠자리까지 마련해야만 했기 때문이다. 식권

※ 1949년 경북 영주 출생. 73년 삼원섬유 취업, 12월 삼원섬유노조 결성, 지부장 선임. 8월 노총
경기지부 상무집행위원회에서 제명을 당한 후 2시간 만에 해고. 75년 12월 초 현장간부들과 충돌, 구
속. 81년 '부림사건'으로 남영동대공분실에서 참혹한 고문수사 후 집행유예로 출옥. 현재 민주화기념
사업회 경비실 근무.

한 장은 밤새 일하느라 허기진 배를 채우기 위해 백반 한 그릇을 허겁지겁 사 먹고 나머지 한 장은 저녁에 일 들어갈 때 15원 짜리 국수를 사먹기 위해 밥집에 맡기고 10원을 돈으로 거슬러 받았다.

성동경찰서 앞에서 영천행 전차를 타고 미도파 앞에서 내려 남산으로 올라갔다. 그곳에서 따스한 곳을 골라 그야말로 하늘을 이불 삼고 팔베개를 하며 잠을 청했다. 이 고마운 휴식처도 비가 오면 그나마 갈 수가 없었다. 비가 올 때나 추운 겨울에는 회사에서 가까운, 입장료 20원짜리 노벨극장으로 가서 영화를 보다가 자다가 했다. 이럴 때는 극장 입장료를 내야했기 때문에 아침과 저녁을 모두 국수만 먹어야 했다.

고달픈 빈농의 장남

지독한 허기에 시달리고 잠잘 방도 없었던 나의 고향은 경북 영주, 땅 한 뙈기 없는 빈농의 4남 3녀의 장남으로 태어났다. 산골이라서 농지가 제한되어 소작을 하기도 어려웠다. 아버지(1907년생)는 청진으로 징용을 끌려가서서 철도노역을 하다가 해방 전 해에 집으로 오셨다. 작은 할아버지 댁 땅에 집을 짓고 살았는데 당숙들은 끊임없이 논과 밭을 팔아 치웠다. 내가 초등학교에 들어갈 즈음 아버지는 관절염 등으로 농사를 짓지 못하게 되어 부모님과 여섯 형제는 거의 굶으면서 살았다. 어머니는 요조숙녀, 현모양처로 자존심도 강해서 먹을 것을 빌려오지도 못했다. 친정에도 안 가시는데 딱 한번 가서 곡식을 얻어 온 기억이 있다.

나는 남의 집에 일하러 다녔다. 품삯은 어른들의 반을 받았지만, 밥을 저녁까지 먹고 올 수 있어서 제일 좋았다. 피를 뽑고, 보리를 베고, 나무를 해서 시장에 팔기도 했다. 가을에는 송이를 많이 따 팔아-하루에 1관도 땄다-식구들을 먹이는 데 많은 도움이 되었다. 1961년부터는 산기슭 사방공사에 나가 밀가루 2.4kg을 받았다. 국수를 도시락으로 싸가곤 했다. 겨울에 다른 친구들은 도시락을 불난로에 데워 먹었지만, 나는 부끄러워서 국수를 데우지도 못하고 차갑게 엉겨 붙은 국수를 혼자서 먹곤 했다.

중학교는 못가고 땔감을 팔러 장에 갈 때는 학교 가는 친구들을 만나는 것이 제일 싫었다. 특히 여학생들을 보면 땅속으로 꺼져 버렸으면 좋겠다고 생각했다. 객지에 나간 친구들 가운데 한 친구가 돈 벌려면 서울로 가라고 하여 68년 경 서울에 와서 요꼬 기술을 배웠다. 한 달 만에 기술을 배우고 요꼬 공장에 취직했다. 요꼬 공장의 오야지는 보조공을 구해서 낮에는 자신이 일하고 퇴근한 후에는 오야지를 대신해서 스웨터를 짜는 것이었다. 이런 보조공을 야간 함빠라고 불렀다. 임금형태가 도급제였기 때문에 오야지들이 자기 혼자 일을 하는 것보다 야간 함빠를 붙여 일을 대신하게 하면 훨씬 많은 실적을 올릴 수 있었다.

야간 함빠로 일한지 40일째 되는 날, 오야지가 월급을 받으면 나에게 용돈이라도 줄 줄 알고 잔뜩 기대했는데 아무 말 없이 집으로 가버렸다. 인색한 오야지에게서 도망쳐 나와 다른 공장에서 야간 함빠 일을 계속했다. 4~5달 일하고 독립을 시켜주어서 나는 낮에는 잠을 자고 밤에만 일하는 올빼미 생활에 종지부를 찍을 수 있는 기술자가 되었다. 요꼬 기술자로 일하게 된 새 회사에는 야간 함빠 제도가 없어서 나는 아침 일찍 나와 한 푼이라도 더 벌려고 열심히 일했다. 밤 11시 쯤 집으로 가서 통금해제되낸 도시락을 싸서 공장으로 일하러 갔다. 일이 많을 때는 공장에서 자면서 일했다.

오야지가 되고 난 후 2달이 지나자 그 동안 약한 몸으로 무리하게 노동을 한 탓으로 작업 도중 갑자기 눈앞이 노래지면서 현기증이 일더니 의식을 잃고 말았다. 병원에서 영양실조라는 진단을 받았다. 치료도 못 받고, 공장에는 결핵이라고 하면 일을 못 하니까 아무 말도 안 하고 일만 열심히 했다. 그러나 아무리 많이 만들어내도 공임을 깎아 돈을 벌 수 없었다. 번 돈은 집으로 보냈다. 한 품목의 일이 끝나면 다음 일까지 2달이 걸릴 수도 있는데, 그 동안은 임금도 없이 살아야 했다. 14살 때 영주에서 폐 X레이를 찍었는데 결핵이라고 하여 약을 먹었다. 약을 먹는 중에도 요꼬 일을 해서 결핵이 심해져 밤마다 각혈을 했다.

각혈은 내 몸에 그렇게 많은 피가 있는지 몰랐을 정도로 심했다. 너무 고통스럽고 절망적이어서 죽는 편이 낫겠다고 생각했다. 공장을 그만두기 직전 면목동, 상봉동의 약국을 돌아다니며 세코날이라는 약을 사 모았다. 세코날 28개를 다 먹고 나니, 죽음에 대한 공포 때문이었는지 가슴이 쿵쾅거렸다. 조용히 친구들 옆에 가서 누웠다. 어머니도 고향에서는 희망이 없다고 생각하고 서울의 중랑천 둑방 집에 와 계셨다. 어머니가 새벽기도에 갔다가 불안한 마음이 일어나 공장으로 오셔서 나를 보고 가겠다고 하셨고, 그래서 동료들이 나를 깨우다가 죽어가고 있는 것을 발견하고 병원으로 옮겨 살아났다. 질긴 목숨이었다.

박정희의 근대화 신화에 취하다

몸은 피폐해질 대로 피폐해져서 병원에서 대강 치료를 받고 나왔다. 친구들이 제대로 진찰을 받아보자고 하여 성바오로병원에 가 진찰을 받으니 결핵4기라는 판정을 받았다. 면목동 둑방에 살던 친척이 병원에 와 내 형편을 알고 금세공일을 해보라고 권했다. 금세공 기술을 배웠다. 3~4년 도제로 일해야 반지를 만들 수 있는데, 한 달 동안 먹고 자면서 더 있을 수가 없어서 여기저기 소개받아 일하러 다녔지만, 망치질도 제대로 못해 쫓겨났다. 그러면서 요령이 생겨 금세공상에 물건을 대주는 사람에게 일자리를 구해달라고 했더니, 사북 고한의 금방을 소개해주었다. 세공 모양은 별로 안 따지는 시골이었으나, 1주일 만에 안 되겠다고 하여 직장을 잃었다.

정선에 가서 다시 금은방에 취직했다. 동강당이라는 곳이었다. 반지, 목걸이를 겨우 만들 수 있었다. 동강당의 월급은 요꼬 공장에 다닐 때보다 많았다. 결핵 약도 사먹으면서 건강관리를 했다. 다시 주문진으로 옮겼다. 1970년 당시 월급을 3만 원 정도 받았다. 결핵 신약이 나와서 건강관리도 할 수 있었다. 주인이 마음에 안 들거나, 기술이 좋아지면 더 좋은 곳으로 옮기고 싶어져 71년에 철원 보금장으로 옮겼다. 그 집에서 잘 먹으면서 재미나게 지냈다.

그 해 12월 말까지 있으면서 몸도 많이 좋아졌으나, 금세공일을 해서 안정된 생활을 할 수 있겠다는 생각을 하게 되면서 좀 다른 마음이 생기기 시작했다. 내가 할 일이 아니라고 생각하면서, 박정희의 근대화 신화에 취해 수출산업의 역군이 되어야 한다는 생각에 빠지게 되었다. 금은방에서 일하며 부자와 가난한 사람을 동시에 보면서 내가 하는 일이 조국 근대화에 기여하고 있는가 하는 의문이 생겼다. 당시 금광은 모두 폐광되었고, 금과 보석들은 거의 밀수품이었다.

조국 근대화에 기여해야 할 마당에 내 기술력, 창의력, 노동력이 이러한 유한마담들의 사치와 허영심에 기여하고 있다는 생각이 들면서 죄책감을 느꼈다. 죄책감 때문에 교회도 못 나가고, 교회에 십일조를 바칠 수 없었다. 72년 말, 동송감리교회 새벽기도회에 가서 이러한 세공 일은 안 하겠고, 다시 요꼬 공장에 가서 피를 토하고 죽는 한이 있어도 공장에서 일하겠다고 기도하고 그 날로 짐을 싸서 금은방을 나왔다.

인천산업선교회 : 새로운 신앙의 다짐

73년 1월 2일, 부평공단 삼원섬유 요꼬 공장에 취직했다. 3년 전 떠날 때와 변한 것이 없었다. 새벽같이 일하고 도급제로 공임은 떨어지고 기업주만 돈을 벌었다. 친구들에게 편지를 쓸 때도 의미 있는 삶을 살기 위해 어떻게 살아야 할까라는 내용을 쓰곤 했다. 『상록수』, 『흙』 같은 소설을 읽고 그 주인공처럼 살고 싶은 소망으로 가슴이 두근거렸었다. 그러나 『상록수』, 『흙』의 주인공처럼 살기에는 너무 늦었다. 성직자가 되기로 하고 교회장로였던 친척이 웨슬리 신학대학을 소개해주었다. 통신신학대학에 등록을 하고 삼원섬유에 들어갔다.

무인가 신학대학이어서 학력은 안 따지고 선발기준은 오직 믿음 뿐이었다. 성직자가 될 사람이라고 생각하고 있어 근로기준이 부족해도 그것이 내 문제로 다가오지 않았다. 일요일도 쉬지 못하고 격주로 쉬게 되어 있었지만 그것도 지켜지지 않았다. 한번은 교회에 가느라고 일요일에 빠졌더니 그만두라고 하여 싹싹 빌고 나서야 다시 일할 수 있었다. 낮에 교회에 가는 것은 이제 꿈도 못 꾸었고 밤에 그것도 한 달에 몇 번 가는 것이 전부였다. 교회에 못 나가는 대신에 전도를 열심히 했다. 동료들에게 타박도 많이 받았다. 그럴 때면 이 사람들은 죄인이니 내가 이해해야 된다고 생각했다.

그즈음에 인천산업선교회를 만나게 되었다. 부평지역 주일학교 교사모임을 산업선교회에서 마련했는데, 그 모임을 내가 나가던 성결교회에서 했다. 공장 동료들에게 선교했으나 성과가 없었다. 내 자신이 교회를 못가면서 전도를 하는 것이 모순이 있다고 생각했다. 돈을 많이 벌어 여유가 있을 때 교회에 나갈 수 있겠다는 생각도 들었다. 전도 기술을 배워야겠다는 욕심으로 산업선교회에 접근했다. 73년 5월부터 부평지역 평신도 지도자 교육에 가서 유연한 기독교관을 말하는 사람들은 이단이라고 생각했고, 산업선교회가 이단집단이라고 생각하여 그 정체를 폭로하기 위해 끝까지 나갔다. 조화순 목사는 나를 지독한 예수쟁이라고 고개를 절레절레 흔들 정도였었다.

산업선교회 교육을 받으며 싸우는 과정에서 내 신앙을 되돌아보게 되었다. 집에 돌아와 생각해 보면 상대의 주장이 상당히 일리가 있다는 생각이 들었다. 예수 믿고 천당 가는 것이 당연한 것이라고 믿었는데, 그것은 보상심리이지 올바른 기독교신앙은 아니라고 했다. 예수처럼 무한히 주기 위해 교회에 다니고, 희생하면서까지 주는 것이 기독교인이라고 말하는 것에 점점 끌리고, 내 신앙이 이기적이라는 생각이 들었다. 예수의 십자가 정신에 끌렸다. 격주로 일요일 저녁에 8번 참여하고 나서 나의 기존의 신앙은 무참히 깨지고 내가 다니던 성결교회에서 쫓겨났다. 내가 이기적이고 유치한 신앙에 빠져 있었다는 것을 깨달았다.

그럼 나는 어떠한 신앙을 가져야 할까, 고민이 다시 시작되었다. 무인가 신학교를 통해 성직자가 되는 것이 용납이 안 되었다. 학교를 그만두었다. 힘이 없어서 관리자에게 맞고, 일요일도 없이 사는 노동자들을 위해 살아야겠다고 생각했고, 그러려면 노동조합을 결성해야겠다고 생각했다. 매를 맞은 여공의 부모가 공장에 따지러 왔는데, 때린 자가 당당하게 부모에게 자기는 잘못이 없다고 말하는 것을 보고 더욱 노동자들을 위해 일해야겠다고 생각했다.

노동조합을 만들려면 비밀리에 해야 하고, 알아야할 것도 많다고 생각하여 법전을 사서 노동관련 법을 읽었다. 근로기준법을 읽으면서 노동자를 위해 이렇게 좋은 법이 있다는 것에, 그런 좋은 법을 공장에서는 하나도 지키지 않는다는 사실에, 그리고 법전이 모두 전문용어로 한문으로 씌어 있다는 사실에 놀랐다.

다른 사람들은 우리 공장은 이러한 법과는 관계가 없다고 생각했다. 내가 가장 어렸고, 다른 사람들은 고참이었지만 나의 말을 진지하게 받아들였다. '동녘회'라는 이름의 모임이 만들어졌고, 이 모임이 성공하자 그러한 조직을 7~8개나 만들었다.(전체 조합원은 300명 정도 되었다) 노조를 만들기 위한 공부모임을 하는 중에 끝까지 한 사람도 회사에 일러바치는 일이 없었다.

파업, 그리고 노동조합 결성

12월 1일부터 임금투쟁을 하며 공임을 올려달라고 했는데 회사에서 아무 응답이 없었다. 내버려두면 공원들이 일 안 하면 돈을 못 버니까 슬금슬금 일할 거라고 생각했으나 며칠이 지나도 일을 안 하고 단결되어 있었다. 그러다가 전경이 공장으로 들어와서 불법파업하고 있으니 모두 체포하겠다고 협박했다. 내가 〈아리랑〉, 〈도라지〉를 부르면서 겁먹은 것을 떨쳐

내자, 일하려고 했던 사람들도 연좌농성에 가담했다.

주동자가 누구냐고 했지만 아무도 말이 없었고, 경찰이 회사와 대화할 사람 5명만 나오라고 했는데 아무도 안 나오자 나와 다른 고참들이 나섰다. 파업 중에 회사의 부당행위에 대해 진정서를 써서 고참들을 노동청에 보냈더니, 노동청에서 혼만 나고 돌아온 일이 있었다. 내가 노동청에 다시 항의하러 갔다가 똑 같은 말을 듣고 왔었다. 내가 만났던 그 감독관이 또 파업현장에 왔다. 그에게 똑바로 근로감독을 했느냐고 다그치니, 회사와 이야기를 할 수 있도록 협상을 주선해주었다.

11월에 구근철이라고 나보다 한 살 어린 사람이 군대를 가게 되어, 퇴직금을 달라고 하니 "우리 회사는 퇴직금이 없다"고 한다는 말을 나에게 하고 군대에 갔다. 며칠 후 그 부모님을 집으로 찾아가 '나에게 퇴직금 수령권한을 위임해 달라'고 하여 아버지의 도장도 같이 찍어 위임장을 받아와서 우리 회사에 같이 다녔던 구근철의 애인을 통해 퇴직금을 받아냈다. 이 사건으로 조합원들이 나를 신뢰하는 시작이 된 것 같다.

73년 12월 12일, 회사의 온갖 방해를 뚫고 산곡감리교회 교육관을 빌려 120명의 조합원들이 모여 노조를 결성하고, 13일에는 회사 측에 단체교섭을 하자는 공문을 보내고 전 조합원으로부터 노조 가입원서를 받았다. 회사는 고참들을 회유하고, 조합원들을 한 사람씩 불러서 노조에서 탈퇴하게 했다. 우선 고참들이 회유 당하여, 회사가 이제는 다 알아서 해줄 건데 노조가 필요 없다고 말하면서 오히려 나를 회유하려 하고, 심지어는 나를 힘으로 윽박지르기까지 했다. 남자 고참들(동력회)은 많이 회사 쪽으로 돌아섰고, 여자들은 그대로 조합원으로 남아 있었다.

새로운 동력 : 여성조합원

남자 고참직원이 여자에게 도구를 빌려달라고 하면서 시비를 걸다가 여자 직원이 작업에 없으면 안 되니 못 빌려준다고 하니, 도구로 여자 직원의 이마를 찔러 피가 줄줄 흐르는 일이 발생했다. 모두 가만히 보고만 있어 이는 인권 문제라고 생각해 내가 "자신이 안 당했다고 가만히 있느냐?"고 소리치자 여자 직원들이 사무실로 안전하게 일하게 해달라고 항의하러 갔다. 남자직원을 불러 "분회장이 저렇게 야단이니 시말서를 쓰라"고 하자 그가 나에게 와 분풀이를 했다.

흥분한 남자직원을 잘 설득했다. 씩씩거리다가 제 풀에 가라앉기는 했지만, 노동조합을 깨고 말겠다고 저주를 하자. 부분회장이 "그냥 지나가지 이런 일로 분란을 일으킨다"고 나를 원망했다. 부분회장까지 "여자들이 남자한테 좀 맞았기로서니 뭐가 그리 큰 일이라고 분회장까지 그럴 필요는 없었잖아! 안 그래도 노동조합을 깨려는 자들 때문에 골치가 아픈 판인데 자꾸 적을 만들면 어떡해?" 하면서 화를 내는 것이었다.

약한 자의 편에 서야 한다는 기본적인 자세가 없다면 노동조합이 무슨 의미가 있을까? 기업주에 대해서는 약한 노동자들의 권리가 침해되어서는 안 된다는 것을 알면서도 완력이 센 남성들에게 여성들의 인권이 유린당해도 상관없다는 그런 모순된 논리를 어떻게 설명할 수 있는가. 만일 남성들의 여성에 대한 인권 유린을 그대로 묵인한다면, 노동자에 대한 기업주의 횡포도 정당화되는 것이 아닌가.

삼원섬유에는 300명가량의 노동자들 중 80여 명만이 남성이었고, 나머지는 전부 여성이었다. 그 중 가공부는 160명 모두가 여성이었고, 편직부는 남녀가 같이 일하는 곳이었다. 편직부에서는 노조결성 이전부터 현장의 모든 결정권을 남성들이 쥐고 있어, 여성들의 의견은 전혀 참고조차 되지 않는 실정이었다. 노동조합이 결성되어 분회간부들을 선출할 때도 조합원의 3분의 2 이상이 여성이었지만 분회 임원에 선출된 여성은 임원 17명 가운데 4명(부녀부장과 차장 2명을 포함하여)이었다. 노동조합을 깨뜨리려고 한 회사도 남자들이 일하는 편직부를 집중적으로 공략했고, 분회 남성간부들을 매수하여 노동조합을 파괴하려고 했다. 나는 우리 노동조합의 새로운 힘을 여성 노동자에게서 찾아야 한다고 굳게 믿고 있었다.

나는 틈나는 대로 여성조합원들과 얘기를 나누고, 그들의 소모임 활동을 도와주려고 애썼다. 회사와 경찰의 감시가 심했고, 그들을 지도해줄 만한 사람이 부족했지만 여성조합원들은 스스로 민주적 훈련과정을 조금씩 쌓아가고 있었다. 그들은 모든 인간은 평등하다는 것과 민주주의가 무엇인지를 깨닫고, 우리가 가져야 할 문제의식과 권리의식, 그리고 공동의 연대의식을 깨달아가고 있었다. 그래서 8개월 후에는 17명의 분회간부 중 남성간부가 4명밖에 안 되는 반전이 일어났다. 그리고 이듬해 총회에서는 남성과 여성이 대결을 벌여 노조결성 1년 만에 여성 분회장을 탄생시키기에 이르렀다.

일본인 사장을 만나다

노조가 와해될 위험 앞에서도 8개의 소모임이 자체적으로 활동을 이어나갔고, 조합원들도 회사에서 노조탈퇴서를 쓰라는 요구에 저항하여 버텨주어서 12월 31일, 드디어 '노동조합설립신고필증'을 받았다.

이후에도 8개월 동안 임금을 마음대로 삭감하여 지급하고, 파업을 선동하여 나를 회사에서 쫓아내고 노조를 파괴하려는 시도를 하면서 끊임없이 와해공작을 벌였다. 노조 반대파들은 "노조 때문에 공임이 적어졌으니 파업을 하자"며 노조 파괴에 혈안이 되어 있었다. 나는 사장을 만나 노조가 안정되면 노동자들이 더 일을 잘 할 텐데, 노조를 없애 공장을 위험한 곳으로 만드는 이유를 따져보고 싶었다. 그러나 나의 사장 면담 제의는 경영진들에 의해 늘 거부당했다.

이웃의 일본어를 잘 아는 할머니에게 '우리 조합원은 조합을 통해 단결하여 회사를 위해 일하고자 하는데, 회사에서 우리를 방해하고 우리의 열성을 가로막고 있다'는 취지의 사장에게 보낼 일본어 편지를 써달라고 했다. 얼마 지난 후 사장이 직접 만나자는 연락이 왔다. 믿을 만한 사람으로 통역을 정해 사장과 셋이 만났다. 우리는 "노사가 일체감을 가지고 회사를 발전시킬 준비가 되어있다, 날마다 파업하는 것이 회사에 좋지 않다는 것을 안다"고 설득했다. 사장은 "노조를 파괴할 생각은 없다. 분회장의 이야기 들으니 안심이 된다. 곧 회사 간부들에게 조치하겠다"고 답변했다. 그리고 우리의 요구대로 부장(공장장), 총무, 계장을 다른 사람으로 교체하였다.

우리 조합의 결성에 이어 74년 1월, 우리 맞은편에 있던 중원염직공장, 삼연물산, 공도산업, 삼송산업 등에서 도미노처럼 노동조합이 결성되었다. 4월에는 반도상사노동조합이 결성되었다. 5월, 요꼬 공장인 삼원섬유, 삼연물산, 공도산업, 삼송산업을 묶어 4개 회사의 사장과 한 번에 공동 단체협약을 했다. 3개 회사의 분회장들과 연대하여 설득하고, 간부들도 교육시켜 노조를 결성하게 했다. 노동조합 대표로 P교역의 분회장과 내가 선출되었다. 교섭을 시작한지 한 달이 넘은 5월 초순경, 노사 간에 입금협정이 체결되었다.

공동 단체협약에서의 중요한 진전은, 지금까지 도급제라는 원시적인 임금제도의 허점을 이용해 회사에서 일방적으로 책정하는 편직공임 때문에 '울며 겨자 먹기' 식으로 일할 수밖에 없었던 점을 고치기 위해 도급제 임금의 보장급保障給을 요구했다. 보장급의 하한선은 8시간을 기준으로 380원 이상이 되도록 정했다. 편직공임의 책정은 종전대로 회사에서 하되, 회사가 책정한 공임이 편직공들이 일해 본 결과 평균 380원 이상이 안 되면 그 미달된 공임에 대해 회사에서 다시 재조정해준다는 것이 골자였다. 가공부는 150~160원 하던 양성공 초임을 8시간 기준으로 250~300원으로 하고, 본공 임금은 400원 이상으로 정했다. 이 임금은 당시 타 업체나 타 산업 노동자의 임금수준에 비하면 낮은 임금이었지만, 일단은 스웨터 업체의 무질서한 임금체계에 어떤 기준을 마련하는 것으로 만족할 수밖에 없었다.

노조가 공산당 지하조직 같다고?

3월 말, 공동 임금협상이 진행되고 있는 중에도 노조를 와해시키려는 사람들은 '공임이 싸니 공임인상을 위한 파업을 하자'는 내용의 연판장을 돌려 조합원들의 서명을 받았고, 그 일로 충돌이 일어났다. 경찰은 회사의 얘기만을 듣고 노조에서 파업을 주동한 것으로 단정하고 분회간부 등 16명을 연행해 갔다. 그러나 밤새워 조사한 결과 이 사건이 노조를 반대하는 몇 사람이 연판장을 돌려 일어났다는 사실이 밝혀져 하루 이틀 사이에 모두 훈방조치 됐다.

나는 이 사건으로 조사를 받으면서 큰 충격을 받았다. 경찰은 처음부터 이 사건을 주도한 것은 노조이고, 또 우리를 배후에서 사주한 불순세력이 있다고 단정하고 있었다. 또 우리가 노동조합을 한다는 구실로 그룹 활동이다, 뭐다 하면서 공산당 지하조직 같은 것을 만들어 놓고 선량한 근로자들을 선동해 기업주에게 대항하여 파업을 능사로 삼고 있고, 그리고 그러한 극렬투쟁 방법이 꼭 공산당과 같다고 비난하였다.

우리들이 일어난 것은 일어날 수밖에 없었던 한계점에 도달했을 때뿐이었고, 그 요구도 그야말로 최소한의 것이었지 그 이상의 것은 절대 아니었다. '공산당', '지하조직', '배후 불순세력', '극렬투쟁' 같은 어지러운 단어는 그 뒤에도 항상 내 마음을 압박했다. 또한 그러한 말들 속에서 앞으로 우리가 가야할 길이 얼마나 험난할 것인가를 다시 한 번 느끼지 않을 수 없었다.

노동조합을 파괴하려는 조합원들로 인해 회사와 노조 사이에 잡음이 그치질 않으니, 회사 편에서 일을 처리하고 싶어 하는 경기지부 지부장은 나에게 호통을 치며 불만을 토로했다. 8월 31일, 경기지부의 상무집행위원회가 열렸는데(당시 나는 지부의 조직부장이었다), 위원 가운데 지부장의 하수인 노릇을 하는 사람이 갑자기 나를 제명시킬 것을 안건으로 제출하였다. 지부장이 바로 "어떻게 하는 것이 좋겠느냐"고 묻고, 다른 사람들이 어안이 벙벙하여 있는 사이에 "반대하는 사람 있느냐"고 묻고는 아무도 말을 안 하니 "통과되었다"며 의사봉을 두들겼다. 다른 사람들이 그제야 "토론 도 안 하고 그럴 수 없다"고 항의하자, 지부장은 "다 끝난 일"이라고 하며 "더 이상 거론하지 말라"고 하고 끝냈다. 분회장 제명은 본부노조에서 전국의 지부장들이 모여 결정하는 것이었으니, 절차나 내용상(내가 조합 파괴 행위를 했다고 이유를 내걸었다) 위법이었다.

지부장은 바로 삼원섬유에 전화를 걸어 "유동우가 조합원에서 제명되었으니 이제 해고해도 된다"고 통고했다. 나의 제명이 결정되고 1시간 반 만에 회사에서 해고되었다. 다음날부터 출근하면 회사 측에서 나와 못 들어오게 막고, 조합원들이 들어오게 하려고 싸우면서 작업에 차질이 생기게되었다.

조합원들은 경기지부와 본부조합에 여럿이 몰려가 항의했다. 그러자 복직을 시켰는데, 조합원이 아닌 신분으로 복직을 시켰다. 그러나 '유니온 샵'이라서 종업원은 자동적으로 조합원이 되는데, 분회장으로 복직을 시키지 않으려고 비조합원으로 복직시키는 모순이 발생한 것이다. 그러자 문제가 시끄러워졌다며 다시 나오지 말라고 하였다. 그래도 출근하여 조합원이 데리고 가서 현장에 들어갔다.

75년 12월 초, 작업장에서 현장간부들과 충돌하여, 발버둥을 치다가 기계에 머리를 박기도 하면서 싸웠다. 조합사무실에 격리되어 있는데 담당 정보과 형사 두 사람이 와 이야기 좀 하자면서 식당에서 밥을 사주고는 경찰서로 데리고 가 조사를 받게 되었다. 그들은 나를 구타하면서 누가 뒤에서 사주했는지 말하라고 했다. 여자 조합간부들도 여러 명 잡혀왔는데, 그들이 고생하는 것을 보고 미안한 마음이 들었다. '다행히' 나만 구속되었다. 현장에서 일어난 나의 폭행 때문에 폭행죄로, 회사의 업무방해죄로 구속된 것이다.

근 한 달 만에 병보석으로 나왔다. 다시 복직투쟁을 하기로 했다. 내가 없는 동안 노조는 비상대책위원회 체제로 운영되고 있었다. 2월부터 선거 체제로 들어갔다. 회사는 내가 없으니 자기들 마음대로 분회장을 세울 수 있을 거라고 신이 나 있었다. 노조 측에서는 여성 부분회장이 나갔다. 회사의 공작이 엄청나 우리 측 여성 후보가 당선될 수 있을까 걱정이 될 지경이었다. 평소 내가 여성의 리더십에 대해 강의를 많이 했던 것에 의지하고 싶었다. 개표 결과 권병희 여성후보가 2/3를 차지해 분회장이 되었다. 내가 없어도 조합원들이 잘 해 나갈 수 있겠다는 확신이 섰다. 그저 있는 대로의 대중을 믿는 것이 아니라, 대중의 변화 가능성을 신뢰한다는 것을 분명히 하게 되었다.

『어느 돌멩이의 외침』 출간과 판매금지

회사를 나와 퇴직금 5만원을 가지고 보따리 장사를 시작했다. 청계천에서 옷을 떼어와 공단 주변에서 팔았다. 모두 외상으로 달라고 했고, 돈을 받으러 다녔지만 거의 회수하지는 못했다. 나중에는 필름 가게를 차려 사진기를 빌려주고 인화도 해주면서 돈을 벌려고 했다. 그러나 주민등록증도 받아 놓지 않고 인화비도 외상으로 하다가 받지 못하는 등 10개월 만에 사진기가 하나도 남아있지 못하고 가게를 접었다.

76년에 크리스챤아카데미 교육을 받았고, 월간 『대화』에 77년 1월부터 〈어느 돌멩이의 외침〉이 연재되었다. 이 글을 읽은 많은 사람들이 감동했다는 편지를 보내왔다. 3월까지 연재하고 78년에 단행본으로 냈다. 그러나 책은 나오자마자 판매금지 되었다. 77년 3월, 인천산선의 실무자로 가서 9월까지 일했다. 이때 동일방직노조 조합원과 성서연구모임을 했고, 탈춤도 같이 배웠다. 76년에 처음으로 크리스챤아카데미 교육에서 대학생들의 탈춤 공연을 보고 양반에 대한 풍자와 해학이 신선하게 다가왔다. 저런 탈춤을 대학생들만 할 것이 아니라 우리 같은 노동자들이 재창조해 내야 한다고 생각했다.

77년 9월, 인천산선을 나와 주안공단에 있는 코리아 하이닭이라는 목재 가구 수출업체에서 한 달 가량 일하다가 블랙리스트에 내 이름이 올라 있어 쫓겨났다. 이 회사의 무역부에 김병곤 씨가 있었다. 나는 항의를 하고 싶었지만 김병곤 씨가 걸려서 조용히 물러나겠다고 하였는데, 김병곤 씨는 자기 걱정하지 말고 하고 싶은 대로 하라고 했다. 사장은 김병곤 씨에게 나를 자르는 것을 이해해 달라고 하고는 해고수당을 주고 나를 그만두게 하는 걸로 마무리했다.

큰 교회 등에 노동계 실태, 노동조합 파괴, 부당노동행위 등의 노동현실을 고발하는 강연을 다녔다. 노동조합을 만들려는 노동자들의 교육도 다녔다. 교회는 교회에 나오는 노동자들을 위한 강연을 마련하고 나를 불렀다. 경찰이 노동조합 결성을 위한 교육을 방해하기도 했다. 이 와중에도 몇몇 회사에 이력서를 넣기도 했으나, 중간에 잘리기를 반복했다.

인천산선과 연결된 각 공장별로 산우회가 있었는데, 73년 가을 산선 야유회에서 아내를 알게 되면서 77년부터 동일방직 성서모임과 탈춤 모임에서도 만남을 계속했다. 79년 3월에 결혼해서 12월에 딸을 낳았다. 삼양통상을 그만두고 안양근로자회관에서 파트타임으로 일하면서 노동법 강의도 하고, 탈춤꾼들이 와서 지도하게 했다.

남영동에서의 고문 후유증

80년대 초 한국의 반체제 지식인들은 미국이 전두환의 옷을 벗길 거라고 믿었다. 81년 6월부터 학생운동권 사람들이 검거되기 시작했다. 일부는 강제로 징집되어 군대로 끌려갔다. 노동운동 쪽에서는 8월 1일부터 24명이 잡혀갔다. 나는 남영동에서 무지막지하게 고문을 당했다. 한 달을 꼬박 고문당하면서 노동자와 지식인들이 힘을 합쳐 현 정부를 무너뜨린 뒤 사회주의 정권을 세우려고 음모했다는 것을 시인하라고 했다.

고문을 당하다가 굴복할 수도 있겠지만, 그래도 이것만은 항복할 수 없다는 생각이 들었다. 갓 태어난 딸과 처, 부모님, 형제, 친구, 동료들을 생각하면 절대로 인정할 수 없었다. 고문을 당하여 온몸이 퉁퉁 부었고, 다리도 움직여 걸을 수도 없었고, 얼굴을 만지면 부은 살만 느껴졌다. 겨우 손을 올려서 머리를 만지니, 맞아서 생긴 혹이 봉긋봉긋 솟아 있었다. 구치소에 넘어가서도 밥을 먹을 수가 없었다. 물만 먹어도 토해내는 고통으로 병사에서 살았다. 1심에서 나만 집행유예로 나왔다.

82년 초부터 요가도 하면서 건강에 신경 쓰고 견뎌나갔다. 90년대에 들어서서도 때로 공포감이 엄습하였고, 집에 있으면 폐쇄공포증이 왔다. 누군가 나를 잡으러 올 것 같았고, 벽에 기관총을 넣어 죽일 거라고 생각했다. 집에 있지도 못하고 밖으로 나가 돌아다녔고 노숙자가 되기도 했다. 노숙자로 구걸을 해서 먹어야 했는데, 손을 벌리는 것이 너무 힘들었다. 그러다가 제 정신이 돌아오면 '내가 이러면 안 되지'라고 마음을 다잡고 공사장에 가서 일도 하고 모텔의 청소 일을 하기도 했다.

주위 친구들이 나의 노숙생활을 듣고 찾아와 병원에 가서 치료를 받으라고 했다. 그러나 치료비가 없어 병원에도 쉽게 갈 수가 없었다. 그러다가 2012년, 김근태고문치유센터에서 이화영 선생을 만나면서 많은 도움을 받아 고문으로 인한 몸과 마음의 상처가 많이 나아졌다.

나는 지금 의왕시에 있는 민주화운동기념기념사업회의 경비실에서 근무하며 건강하고 의미있는 노년을 보내고 있다. 세월의 힘인지, 세상의 변화 때문인지 트라우마를 벗어나 일상을 다시 찾은 것이다.

전남제사
노동조합

▲ 1976년 JOC 광주대교구 연합회 피정

▲ 1976년 노동조합 간부교육 기념

1988
⋙

1999
⋙

▲ 1988년 - IMF 정리해고 대안을
찾아서 - 독일 폭스바겐사 방문

▲ 1999년 가톨릭노동문제연구소 산하 실직자 권리센터 활동
범국민 결연 행사 (사회자 정향자)

어둠의 시대 불꽃이 되어

광주전남지역
민주노조운동의 거점

제사공장의 현실

전남 장성읍에 자리한 전남제사주식회사는 일제하에 설립되었다. 제사공장은 누에고치에서 실을 뽑아 실크제품을 만드는 곳이다. 원래는 광주에 있었으나 1970년에 전남 장성읍으로 옮겼다. 전남제사는 택시, 버스운송사업 및 타이어공장과 함께 지금의 금호아시아나그룹의 바탕을 이룬 중심기업이었다. 70년대 사업주는 박인천 금호그룹 회장이었고, 사장은 최용주에 이어 아들 최병관이 맡았다. 박인천 회장은 전남 나주 출신으로 해방 후 광주에서 택시와 버스운송사업을 시작한 이래 매년 성장을 거듭하여, 60년대 말 70년대 초에 경부선, 호남선 고속버스 노선을 장악하였다. 이후 석유화학, 타이어, 항공운수사업으로 확장함으로써 호남 최대의 재벌로 군림하였다.

전남제사의 종업원은 1천여 명이었다. 1975년 경 전남제사는 삼양제사에 인수되어 관리체제는 통합되었으나, 기업은 각각 독자적으로 운영되었다. 종업원의 80%는 여성 생산직이었고, 20%의 남성은 사무·기술·관리직이었다. 1980년대 들어 제사산업의 사양화에 따라 노동자 수는 급격히 줄어들어 1984년까지 300명 선을 유지하였다.

1960년대의 제사공장은 대부분 지방도시에 위치해 있었고, 생산 공정도 비슷한 조건이었다. 농촌에서 누에고치를 수매하여 제사공장에서 실을 뽑아 대부분 일본에 수출하였다. 각 회사들은 한국잠사회 또는 한국생사 수출조합 회원이었다. 수출조합은 당시 상공부 산하 사용자단체였고, 일본 수출 쿼터 배정권을 쥐고 있었다.

제사공장은 농가에서 누에고치를 사들여 누에를 분리하고, 건조시켜 실을 생산하여 실크를 제작하는 공정이었다. 번데기가 물속에서 실크를 짜내기 때문에 노동자들의 두 손은 늘 물속에 잠겨 있었다. 그래서 주민등록증을 만들러 가면 지문이 잘 나오지 않을 정도로 손이 불었다. 근무형태는 아침 6시부터 2시, 2시부터 10시까지 하루 2교대였다. 1주일에 6일간 하루도 빠짐없이 일을 했고 물량이 많을 때는 연장근로가 연간 200시간이 넘었다. 특히 봄, 가을에는 한 달 동안 누에고치 수매를 나가야 하는데, 근무시간이 따로 정해진 것이 없이 부려먹었다.

일제하에서도 전국의 제사공장에서는 노동자들의 투쟁이 격렬하게 전개되었다. 제사공장에 노조가 들어선 것은 1945년 해방될 때부터였고 1960년대는 거의 대부분의 제사공장에 노동조합이 설립되었다. 제사공장 노동조합은 사업장 규모가 작아 대부분 섬유노조의 지역지부 산하 직장분회 형태로 운영되어 왔다. 초기에는 사업장별로 지역지부와 회사 사이에 단체교섭이 이루어졌으나, 1960년대 중반부터는 한국생사수출조합과 섬유노조 생사부회(분과위원회)가 협상을 해서 전국의 제사사업장 임금과 노동조건을 결정해오고 있었다.

1972년부터는 국가보위에 관한 특별조치법이 공포되어 정부의 직권 조정결정에 따라 임금 및 노동조건이 결정되고 강제 적용되었다. 그러나 사업장에서는 임금인상 수준과 임금 배분을 둘러싸고 끊임없이 분쟁이 일었고, 노동자들은 힘겨운 투쟁을 전개하였다.

노조민주화

전남제사에 노조가 결성된 것은 1960년대 중반이었다. 다른 노조와 비슷하게 전남제사노조도 섬유노조 전남지부 산하 분회로 출발하였다. 분회장은 지역지부장(이순각)이 겸직하고 있었다. 조합원들은 노조에 대해 잘 알지 못했다. 임금이나 노동조건이 어떻게 결정되는지도 자세히는 몰랐다. 노동자들은 회사가 시키는 대로 묵묵히 일만 할 뿐이었다.

이 같은 무풍지대에 변화의 바람이 불기 시작한 것은 1974년 2월이었다. 전남제사는 노동자 대부분이 여성인데 노조 대표는 항상 남자였다. 한번 자리에 앉으면 몇 년이고 그대로 눌러 앉았다. 노조를 만들 때 밑에서부터 노동자들이 만드는 것이 아니라 위에서 몇 사람이 노조를 만들고 노동자들은 자동으로 가입하는 식이니 그럴 만도 했지만, 노조교육도 없으니 조합원들이 알 턱이 없었다. 이런 형편에 누군가 노조에 끼어들거나 나서려고 하면 상당한 압력이 뒤따랐다.

여성이 대다수인 공장에 남성이 노조대표로 일하는 관례는 당시로서는 흔한 일이었다. 이런 현상은 1972년 5월, 인천의 동일방직노조에서 여성지부장이 선출되면서 깨져 나갔지만 지역의 조그만 분회 차원에서 여성이 대표로 나서기란 매우 어려운 일이었다. 그런데 전남제사 정기대의원대회에서 오랜 전통을 깨고 정향자라는 여성 노동자가 분회장 선거에 나서 당선되었다. 그것도 무투표 한 표를 빼고 100% 지지였다.

이 같은 사건이 일어나기까지 현장에서는 조그만 변화가 일어나고 있었다. 시골에 누에고치를 수매하러 가서 남자들이 일삼는 성추행에 거세게 항의해서 혼을 내는 일이 일어났다. 정향자를 중심으로 가톨릭노동청년회(JOC)가 결성되어 노동자를 조직하고 의식을 깨쳐나가고 있었다. JOC 회원은 3년 만에 수십 명으로 늘어 공장 곳곳에 배치되었다. 이들은 열심히 공부를 했고 동료를 모았다. 이런 활동을 통해 정향자는 분회의 교육부장이 되었고, 이어 부분회장, 그리고 1974년에는 분회장에 선출되기에 이른 것이다.

조직과 투쟁

분회의 간부들은 부분회장 1명과 상집간부 합쳐 모두 10여 명이었고, 조합원 20명당 1명의 대의원이 선출되었다. 상집은 황순애, 안명순, 장영숙, 김석순, 김금순 등으로 구성되어 있었다. 정기대의원대회는 매년 봄에 열렸고, 임시대의원대회는 일이 있을 때 개최되었다. 1974년 대의원대회 이후 날마다 문제가 생겼다. 없는 문제를 만든 게 아니라 워낙 문제가 산더미처럼 쌓여왔던 탓이었다. 임금은 형편없이 낮고, 작업장은 열악하기 그지 없었다. 여성노동자들은 누에고치 건져내느라 손가락이 불어터지고 갈라지고 곪아갔지만 건강 얘기는 꺼낼 수도 없었다. 노동자들의 불만은 날로 쌓여갔다.

전남제사노조는 국가보위법으로 단체교섭권과 단체행동권 행사가 금지되어 있었지만 매년 회사에 단체교섭을 요구하고 단체행동을 벌였다. 해마다 파업, 태업, 준법투쟁을 했고, 그 때마다 조합원 전체가 똘똘 뭉쳐 일사천리로 진행하였다. 그러고도 생산성은 생사공장 중에서 항상 1, 2등을 다툴 정도로 높았다. 파업을 마치면 생산량을 120% 내는 것으로 마무리를 해준 탓에 회사도 뒷소리를 하지 못했다.

교육

노조 민주화 이후 분회는 교육에 힘을 쏟았다. 상집, 대의원, 조합원들에게 때만 되면 교육을 했다. 주제는 근로기준법, 노동조합의 기초, 노조역량 강화, 조직화 방안과 문화교육 등 다양했다. 강의는 대부분 분회장이 맡았지만, 지역 지부장이나 한국노총 강사도 왔다. 교육은 조직화와 병행하여 실행되었다. 노조원 대다수가 기숙사 생활을 하고 있어서 교육활동이 비교적 수월하였다.

교육은 JOC 중앙에서 강사를 초빙하여 자취방에서도 이루어졌다. 좁은 자취방에 열댓 명이 빼곡히 앉아 열성적으로 노조교육을 받았다. 낮에 2교대 마치고 나면 밤 11시나 되어야 노동자들이 모일 수 있었다.

피곤한 몸이지만 눈은 빛났다. 교육내용은 원론적인 것이 아니라 시사에 관한 것이 많았다. 서울에서 받은 교육내용, 신문에서 본 내용, 박정희 정권의 잘못된 점, 긴급조치, 유신독재체제 하에서 우리가 무엇을 해야 하는가를 토론했다. 동일방직 등 다른 공장에서 일어난 일, 마산공단 여성 노동자들의 생활상태, 다국적 기업의 문제, 쪽방 노동자 생활의 문제 등도 주제가 되었다. 낮은 수준에서 자본론도 공부했다.

교육을 위해 서울에서도 사람들이 왔다. 원풍모방 박순희, JOC 정인숙, 크리스챤아카데미 신인령 선생 등이 때와 장소를 가리지 않고 달려왔다. 지역에서는 문병란 교수, 강신석 목사 등이 강의를 해주시기도 했다. 이원보, 조성준 선생 등도 자주 내려와 교육을 맡아주셨다.

지역연대활동

전남제사노조는 노조 자신의 변화만이 아니라 지역의 노동조합운동을 바꾸는데도 역할을 하려고 시도하였다. 전남지역 섬유 분야의 남해어망, 광주어망, 화순잠사, 나주잠사, 삼양제사, 전일섬유, 한일섬유, 남양어망 노조들을 조직하는데 중심 역할을 하였고, 남양우유, 고려시멘트, 로켓트전기 등 섬유 이외 분야의 신규조직도 지원했다. 일신방직을 포함하여, 남자조합원이 많은 화학, 금속조직에도 노조민주화 운동을 지원했다.

이 무렵 광주·전남지역의 섬유노조 소속 지부, 분회에서는 노조를 민주화하기 위해 대표 교체를 추진하고 있었다. 그 활동의 결과로 1978년, 광주의 섬유노조 사업장에 정향자, 김해옥, 임미령, 박기자, 김봉금, 허행심 등 8명의 여성 지부장, 분회장이 등장했다. 이때 섬유노조 조직부장 임모씨 등이 내려와 집요한 방해공작을 펼쳤다. 이에 정향자 분회장 등 6명의 대표들이 서울의 섬유노조를 찾아가 격렬하게 항의하기도 하였다. 이후 정향자 분회장은 한국노총 전남지역지부 여성부장으로 진출했다.

1980년 5월 17일, 신군부정권이 비상계엄령을 전국으로 확대하였고, 이에 저항하여 광주민주항쟁이 일어났다. 워낙 긴박하게 돌아가는 상황이라 노조가 조직적으로 투쟁하기에는 역부족이었다. 광주에 살고 있는 사람들이 개별적으로든 몇몇이 모여서 하든, 활동할 수밖에 없었다. 그 가운데 정향자 분회장이 있었다. 정 분회장은 시민군의 마지막 저항투쟁 직전까지 전남도청에서 뛰어다녔다. 정신없이 일하는 동안 악몽 같은 열흘이 지나갔다.

항쟁이 끝난 후 서울의 원풍모방 박순희 부지부장이 조합원들의 성금을 모아 광주 가톨릭 대교구 윤공희 대주교에게 전달하기 위해 광주로 내려왔다. 박순희는 정향자와 동행하여 윤공희 대주교를 만나 기금을 전달했다.

광주항쟁은 잔혹하게 유혈 진압되고, 1980년 8월 노동계 정화조치가 시작되었다. 전두환 정권은 '비상계엄 하 노동조합 활동지침'을 시달했다. 그 가운데 하나가 500명 미만 사업장 노조의 전임자들은 현장으로 복귀하라는 것이었다. 전남제사도 제사업의 사양화로 인원이 500명 미만으로 줄어 있었다. 당시 조합원 500명 미만 사업장은 수천 개가 넘었지만, 대부분 별일 없이 넘어갔다. 그런데 유독 전남제사노조에게만 그 지침을 강제로 적용하려 하였다. 노조는 단호히 이 지침을 받을 수 없다고 통보하고 오랫동안 싸웠다. 이 싸움에서 지면 많은 사업장에서 전임자들이 쫓겨난다고 생각했기 때문이었다. 온갖 위협이 당국과 회사로부터 들이닥쳤지만, 조합원들이 온힘을 다해 싸워 마침내 지침의 적용을 받지 않게 되었다.

80년 9월 정화지침에 의해 수많은 민주노조 운동가들이 노조조직에서 밀려나고 현장에서 쫓겨났다. 12월 8일에는 전국적으로 민주노조운동가들에 대한 일제검거령이 내려져 혹독한 고문과 조사를 거쳐 사표를 내고, 일부는 삼청교육대에 끌려가 목숨을 위협받기도 했다. 전남제사노동조합에는 이 같은 잔혹한 보복은 없었다. 하지만 회사 규모는 갈수록 축소되었다. 섬유산업 전체가 사양화에 접어들고 있었고, 공장의 해외이전이 성행하였다.

이러한 상황변화 속에서 1981년 5월, 조합장 정향자가 결혼을 하고 아이를 낳았다. 그는 육아와 노조 일로 지친 나머지 1984년 퇴사할 수밖에 없었다. 그리고 부조합장 안명순을 조합장으로 선출하여 노조활동을 재개하였다. 안명순 조합장은 끝까지 폐업 저지투쟁을 벌였으나 폐업을 막을 수는 없었다. 2007년, 마침내 회사는 문을 닫았고, 노동조합도 그 깃발을 내리게 되었다.

전남제사노동조합

격랑의 역사와 함께 했던
벗들을 생각하며

정 향 자

누에고치 공장의 현장

내가 전남제사에 입사한 것은 1970년 봄 열아홉 살 때였다. 지금은 모두 없어졌지만 전남 장성읍에 자리한 회사는 일제하에서 설립된 공장이었다. 제사공장은 누에고치에서 실을 뽑아 실크의류를 만드는 곳, 전남제사공장은 지금의 금호아시아나그룹의 바탕을 이룬 중심기업이었다. 전남제사의 종업원은 60년대에 1천여 명이었으나 1980년대 제사업종의 사양화에 따라 급격히 줄어들어 1984년까지 300명 선을 유지하였다.

※ 1951년 전남 나주 출생, 69년 전남제사 입사. JOC 여자 회장. 노조 교육부장, 부분회장 거쳐 75년 2월 분회장 당선. 5·18 광주민주항쟁 활동 후 노동계 정화조치 거부. 84년 퇴사 후 광주노동조합협의회 여성부장, 가톨릭노동운동상담소 소장 역임. 현재 윤한봉기념사업회 이사, 들불기념사업회 이사, 노동·실업광주센터 이사장으로 활동 중.

어둠의 시대 불꽃이 되어

제사공장은 농가에서 누에고치를 사들여 누에를 분리하고 건조시켜 실을 생산하고, 실크를 제작하는 공정이었다. 노동자들은 물속에 있는 번데기를 취급하므로 두 손은 늘 물속에 잠겨 있었다. 이 일은 나이어린 여성 노동자들이 담당했다. 그래서 손이 퉁퉁 불어 주민등록증 만들러 갈 때 지문이 잘 나오지 않을 정도였다.

근무 형태는 하루 2교대였다. 1주일에 6일간 일을 했고, 연장근로가 연간 200시간을 넘겼다. 특히 봄, 가을에 한 달 동안 누에고치 수매 때는 따로 정해진 것이 없이 장시간 노동이었다.

전국의 제사공장은 대부분이 1960년대에 노동조합이 설립되었다. 대부분 섬유노조 지역지부 산하 분회 형태로 소속되어 왔다. 1960년대 중반부터는 한국생사수출조합과 섬유노조 생사부회가 통합교섭을 벌여 전국 제사사업장의 임금 및 노동조건을 결정해왔다.

그러나 1972년부터는 국가보위에 관한 특별조치법에 따라 정부의 직권조정결정에 따라 결정되고 강제 적용되었다.

노조에 새바람이 불다

전남제사에 노조가 결성된 것은 1960년대 중반이었다. 조합원들은 노조가 무엇인지 잘 몰랐고, 시키는 대로 열심히 일만 할 뿐이었다.

노조 무풍지대 전남제사에 변화의 바람이 불기 시작한 것은 1974년 2월이었다. 분회 정기대의원대회에서 오랜 전통을 깨고 내가 분회장에 출마하여 당선되었다. 그것도 무투표 용지 하나를 빼고 100% 지지였다. 당시로서는 엄청난 사건이라 했다.

이 일이 있기 전 나의 존재가 노동자들에게 알려진 우여곡절이 있었다. 제사공장에서는 봄, 가을에 누에고치를 사러 노동자들을 시골로 보냈다. 그 때마다 그곳 농협직원, 경찰관, 군청 직원들은 스무 살 언저리의 여성노동자들을 집적거리며 음담패설을 늘어놓는 등 성희롱을 일삼았다. 나도 누에고치를 수매하러 갔다가 농협 직원으로부터 끊임없이 노동자 비하 발언을 들었다.

참다못한 나는 나를 괴롭힌 사람들 앞에서 서류 뭉치가 쌓인 책상을 뒤집어 엎어버렸다. 그러자 남정네들이 폭력을 가해왔다. 나는 굴하지 않고 광주 금남로 서상채 외과병원에서 입원 치료를 받으면서 기어이 그들의 사과를 받아냈다. 그 뒤로는 노동자들을 무시하는 못된 행태가 많이 달라졌다.

JOC와 노조민주화 운동

나는 천주교에 입문하여 본당 신부님의 추천으로 가톨릭노동청년회(JOC)를 알게 되었고, 전남제사 4명, 양동시장 봉제공장 노동자 2명 등 여섯 명을 모아 JOC 모임을 시작했다. 전남제사에도 같은 모임을 만들었다. 새로운 회원들을 받아들이고 적극적으로 활동을 벌여 JOC 여자 회장이 되었다. 돌아가신 김홍용(JOC 남자 회장) 회장님, 강덕순(JOC 상근자)님과 함께 세 팀의 JOC 투사 선서를 조직했다. 그렇게 많은 노동자들을 양성해서 선서를 받게 한 것은 전국에서도 이례적인 일이라고 했다. 선서를 한 투사들은 이후 민들레 홀씨처럼 또 다른 팀을 조직하는 지도투사 역할을 하면서 조직을 확대해 나갔다. 한편 김용호, 조영봉 등 대학생들로 구성된 JOC 선봉팀을 조직하여 다양한 활동을 펼치기도 하였다.

전남제사 생활 3년 만에 JOC 회원은 수십 명으로 늘어 각 부서에 배치되었다. 이들은 틈틈이 학습을 했다. 학습은 이론보다 현실 문제를 중심으로 한 토론방식으로 진행되었고, 실천과 연결시켜 결론을 이끌어 냈다. 이런 활동을 하면서 나는 노조의 교육부장을 거쳐 부분회장이 되었고, 마침내 분회장에 선출되기에 이르렀다.

분회장이 되고나서 가장 힘을 들인 것이 노동교육이었다. 주제는 근로기준법이나 단결의 필요성 등 기초적인 것이었고, 주로 내가 강의를 했다.

노조원 대다수가 기숙사 생활을 하고 있어서 교육은 비교적 수월하였다. 교육은 자취방에서도 이루어졌다. 낮에 2교대 마치고 나면 밤 11시나 되어야 노동자들이 모일 수 있었다. 피곤한 몸이지만 눈은 빛나고 있었다. 좁은 자취방에 열댓 명이 빼곡히 앉아 열심히 교육을 받았다. 시간이 지나면서 시사적인 내용도 많아졌다. 교육을 위해 서울에서도 사람들이 왔다. 원풍모방 박순희 선배, JOC 정인숙 선배, 크리스챤아카데미 신인령 교수님 등이 때와 장소를 가리지 않고 달려왔다. 지역에서는 문병란 교수, 강신석 목사님 등이 강의를 해주시기도 했고, 섬유노조 이원보, 한국노총의 조성준 선생님도 기꺼이 달려와 주셨다.

한편, 광주·전남지역의 노조 민주화와 노조결성을 추진하기 위한 모임도 꾸렸다. 주로 이양현 씨 집에서 나랑 최연석 목사, 김성애가 주 2~3회씩 모였다. 이양현씨 부인은 어려운 살림에도 한 마디 불평 없이 뒤를 봐 주었다. JOC 광주교구와도 연결하여 협력을 받았다. 남해어망, 광주어망, 화순잠사, 나주잠사, 인초공장 등에 새로 노조가 들어섰고, JOC 광주교구의 지원을 받아 삼양제사, 전일섬유, 한일섬유, 남양어망, 남양우유, 고려시멘트, 로켓트전기 등에도 노조가 설립되었다.

국내 최대 어망공장인 목포의 남양어망을 조식할 때는 한국노총 전남본부와 섬유노조 광주전남지부 산하 위원장과 손승연, 김해옥 등 분회장들이 총동원되어 목포 보성장여관에서 합숙을 하면서 노동자들을 조직했다. 또 남자 조합원이 많은 화학, 금속노조 조직이나 일신방직에도 노조민주화 활동을 끈질기게 추진하였다.

노조 민주화 활동을 위해 각 조직의 핵심간부들과 소모임이나 공동교육을 했고, 이를 바탕으로 광주에 있는 섬유노조 사업장에 나와 김해옥, 임미령, 박기자, 김봉금, 허행심 등 8명의 여성 지부장, 분회장들이 1978년도에 대거 등장했다. 노조를 민주화하기 위해 지부장, 분회장 교체를 시도한 결과였다. 이때 한국노총 중앙이나 섬유노조 본조에서 내려와 집요하게 와해

공작을 펼쳤다. 민주노조 와해 시도는 광주전남을 비롯해서 동일방직, 원풍모방 등 많은 민주노조 조직에서 진행되고 있었다.

이러한 공작에 맞서기 위해 나는 6명의 여성 분회장들과 함께 서울 섬유노조 위원장을 찾아가 항의하고, 방해공작 중지를 요구하기도 하였다. 이 무렵 나는 학생운동과도 연대를 모색했다. 백제야학 강학 김흥건, 김문수 등과 함께 노동자들과 학생들을 만나 노동법 강의도 하고, 노조결성 지원방법 등도 논의했다. 이즈음 한국노총 전남지역지부에서 나를 여성부장으로 임명했던 것 같다.

광주민주항쟁

1979년 10·26사건이 터지고 80년 봄이 되자 도처에서 노동자들이 투쟁에 나섰다. 임금인상, 노동조건 개선, 휴폐업반대, 체불임금 청산 등과 함께 노조민주화 요구가 수많은 사업장에서 터져 나왔다. 그러나 5월 17일 신군부가 비상계엄령을 전국으로 확대하자, 이에 저항하여 광주민주항쟁이 일어났다. 나는 여성간부들과 함께 매일 시위에 참가하였다. 군인들의 참혹한 살상현장을 수없이 목격하고 두려움에 몸을 떨면서도 우리는 가톨릭센터 5층에 모여 대책을 논의했다. 그리고 시신과 부상자가 끊임없이 이어지는 전남도청에서 취사실과 상황실 등의 일을 닥치는 대로 했다. 천을 끊고, 옷핀을 걸으러 다니고, 모금도 했다. 총칼에 희생된 사망자들을 염하기도 하고, 시민군들을 위해 밥을 했다. 내 일 네 일, 쉬운 일 어려운 일이 따로 없었다.

그렇게 시민군의 마지막 항쟁 직전까지 우리는 전남도청 안팎을 뛰어다녔다. 정신없이 일하는 동안 악몽 같은 열흘이 지나갔다. 전두환 신군부의 공포와 위협이 온 광주를 휘감고 있었다. 어느 때인가, 서울의 원풍모방 박순희 부지부장이 조합원들이 모은 성금을 가지고 광주 가톨릭대교구 윤공희 대주교님께 전달하기 위해 광주로 내려왔다. 나는 박순희 부지부장을 모시고 대주교님을 만나 성금을 전달했다. 박 부지부장은 "이 돈은 노동자 수배자들 활동비로 사용해 주세요. 단, 정향자 주리아(세례명)가 요청하면 무조건 들어주세요"라고 부탁했다. 대주교님은 이 성금을 내가 요청할 때마다 건네주었다. 나는 그 돈을 받아 수배자들에게 전달했다.

광주항쟁이 처절하게 끝나고 석 달이 지난 1980년 8월, 노동계 정화조치가 시작되었다. 정화조치의 하나는 500명 미만 사업장 노조의 전임자들은 현장으로 복귀하라는 것이었다. 특히 전남제사노조에게는 강하게 이 명령을 시행하도록 요구했다. 나는 이 지침을 수용할 수 없다고 단호하게 거부했다. 계엄당국과 회사가 온갖 수단을 동원하여 위협하였지만, 나는 조합원들과 함께 온 힘을 다해 맞섰고, 끝내 그 지침의 적용을 받지 않게 되었다.

그러나 회사 규모는 날이 갈수록 축소되었다. 섬유산업, 특히 제사업 전체가 사양화의 길에 접어들고 있었고, 공장의 해외이전도 성행하고 있었다. 이러한 상황변화 속에서 1981년 5월, 나는 결혼을 하게 되었다. 이후 두 아이의 육아와 노조 일을 병행하느라 눈코 뜰 겨를이 없었다. 육아는 퇴사한 조합원이 몇 개월, 친정어머니가 몇 개월 돌보는 식으로 임시방편의 도움을 받기는 했지만, 근본적인 해결책은 될 수 없었다. 결국 1984년에 퇴사할 수밖에 없었다. 이후 안명순을 지부장으로 선출하여 노조활동을 전개하던 중, 2007년 회사가 폐업을 하는 바람에 노조 활동도 여기서 막을 내릴 수밖에 없었다.

87노동자대투쟁 이후 시민사회운동 참여

퇴사 3년 후인 1987년 6월, 전두환 정권의 항복 선언과 여름 노동자대투쟁을 거친 후 나는 1988년에 광주노동조합협의회 여성부를 맡아 노동운동에 복귀하였다. 이 무렵 가톨릭정의평화위원회 간사 김양래로부터 가톨릭노동상담소에서 일하자는 제안을 받고 나는 평소 존경하던 홍희담 선생을 찾아가 고민을 털어놓았다. 홍희담 선생은 가톨릭노동상담소가 더 적합

할 것 같다는 조언을 해주셨다. 결국 가톨릭노동상담소로 들어간 나는 이후 노동운동, 실업자 운동, 여성운동, 지역운동, 5·18 관련 활동, 정치활동 등 다양한 분야에서 열정적으로 활동하기 위해 노력했다.

이후 나는 가톨릭노동상담소 소장 등을 맡아 노동자 교육, 상담, 노조설립 지원활동을 펼치고 여성노조 설립에도 참가했다. 외국인노동자센터를 설립하기 위해 광주교구 정의평화위원회 홍세현과 함께 서울의 외국인센터를 방문하여 준비과정을 습득하고 돌아왔다. 광주교구의 승인을 받아 신부님들과 함께 외국인노동자센터를 설립한 나는 훨씬 열악한 작업환경에서 기본적 노동권도 보장받지 못하는 외국인 노동자 지원활동에 힘을 쏟았다.

1997년에는 '노동법-안기부법 날치기 광주대책위 집행위원장'을 맡아 김영삼 한나라당 정권을 심판하는 데 기여하고자 했다. 이외에도 아시아자동차 비정규직 투쟁, 금호타이어, 전남대 병원, 골롬반 병원 등 지역 노동현장의 투쟁을 지원하는 대책위원회 공동대표로 활동하였고, '해고자복직투쟁위원회'의 공동대표를 맡아 투쟁을 지원하기도 했다. 그리고 비정규직노동자센터 이사를 맡아 우리 사회의 난제인 비정규직 문제 해결을 위한 노력도 함께 하였다.

노동운동 중심의 활동을 펼치던 나는 IMF 이후 실업문제가 심각해지면서 지역 시민사회단체들과 함께 1997년 '노동실업자종합지원센터'를 설립하여 집행위원장을 맡았다. 그리고 가톨릭노동상담소 부설로 '실직자 권리센터'를 설립하였다. 이수정(가톨릭노동상담소 실무자)과 함께 실직자들을 위한 무료급식, 취업상담 및 알선을 일상적으로 진행하였으며, 평화방송 후원으로 실직자 장터(5회)를 개설하기도 했고, 송대관, 정태춘 등 가수와 배우 신은경씨가 참여하는 '실직자음악회'를 기획하여 성황리에 행사를 마무리하기도 했다. 또한 '동구 지역아동센터'를 세 군데에 설치하여 공부방, 놀이방, 연극 프로그램, 문화예술 활동 등 다채로운 프로그램을 광주 동구의 소외된 아동들에게 제공해오고 있다. 그 과정에는 극단 '토박이'와 박태규

(환경미술가)의 도움이 있었다. 노동상담소의 이 모든 활동에는 천주교 광주대교구가 든든한 버팀목이 되어 주었다.

다양한 실직자 지원활동을 펼치던 나는 수급자들의 자활을 위한 '동구 지역자활센터' 관장으로 취임하여 수급자들 스스로 자활의 기회를 찾을 수 있도록 노력했다. 2016년 정년 때까지 여러 관계기관들의 문턱을 수시로 넘나들며 수급자들의 자활사업을 다양화하고 자립기반을 만들어 낼 수 있도록 뛰어다녔다.

나의 활동 가운데 빼놓을 수 없는 것은 5·18 관련 활동이다. 나에게는 가장 소중한 활동이자 임무였다. 매년 5·18 전야제 행사에 노동실업센터 사업의 일환으로 주먹밥을 수천 개 만들어 전국에서 모인 시민들에게 나눠주었다. 5월의 대동정신을 상징하는 '주먹밥 나누기' 행사를 19년째 해오고 있다. 그리고 5·18기념재단, 5·18후원회, 들불열사기념사업회, 합수 윤한봉 기념사업회 등 5월 관련 단체들에서 이사를, 또 전남도청원형보존위원회에서는 대표를 맡아 5월 정신의 올바른 계승을 위해 노력하고 있다.

나는 노동운동에서 출발하였지만, 실업자운동, 5·18 관련 활동, 여성운동 등 나름 폭넓고 다양한 분야에서 활동을 하려고 노력하고 있다. 또한 천주교 광주대교구 정의평화위원회 위원, 광주시지속가능발선위원회 공동대표, 광주전남 사회적 기업 회장 등을 맡아 지역 현안문제 해결에도 도움을 주려 노력하고 있다.

이렇게 활동할 수 있었던 것은 뜻을 같이 하는 수많은 동지들이 함께 할 수 있었기에 가능한 것이었다. 70년대 노동자들, 80년 5·18 희생자들 등 역사 속에서 함께 했던 벗들을 생각하면서 그들이 세웠던 원칙을 지켜가며 활동하려고 노력한다. 어렵고 힘들 때마다 내가 굳건하게 의지할 수 있었던 것은 가톨릭 신앙이었다. 지금도 그 신앙의 힘으로 위로받고 견디며 활동을 하고 있다.

삼성제약
노동조합

▲ 1987년 제13년차 정기총회

어둠의 시대 불꽃이 되어

1988 >>>

▲ 1988년 여성노동자큰잔치

1989 >>>

▲ 1989년 삼성제약노동조합문화잔치

▲ 1991년 임금인상투쟁 전진대회

어둠의 시대 불꽃이 되어

삼성제약노동조합

양성평등의
해방구 건설

대기업 제약회사의 노동현장

서울 성동구 모진동에 있는 삼성제약주식회사는 노동조합이 설립된 1975년 당시 약 370명의 노동자들이 일하고 있었다. 우리나라에서 역사가 가장 오래된 의약품 제조업체의 하나로, 특히 에프 킬라 모기향으로 유명하였고, 매출액 순위 10위권에 든 대기업이었다. 생산직 노동자의 90%는 여성이었고, 10%의 남성은 생산라인에서 일하는 사람들이 아니라 기계를 고쳐주는 기사, 혹은 운반을 맡고 있었다. 임금과 노동조건은 매우 열악하였다. 여성노동자들의 월 평균임금은 최저 13,200원에서 최고 17,110원의 저임금이었고, 노동시간은 하루 12~16시간에 절야작업노 수시로 강요되었다.

여름에는 선풍기 하나 없는 작업현장에서 온몸이 땀으로 범벅이 되면서 일하고 있었다. 정규 작업이 끝난 후에도 20~30분씩 15~30kg짜리 설탕 부대를 지고 4층까지 나르게 하였고, 이 모든 일을 마치지 않으면 집에 못 가게 막았다. 그리고도 연장근로수당은 한 푼도 주지 않았다. 국경일에도 특근을 해야 했고, 상여금, 유급휴가, 생리휴가도 없었다. 점심은 항상 라면을 주었고, 잔업 때 저녁식사도 라면이 보통이었다. 작업 중에 공장장은 막대기를 들고 다니며, 게으름을 피운다고 욕설을 퍼부으며 작업을 독촉하였다.

이처럼 열악한 노동조건에 견디다 못한 노동자들은 70년대 들어 두 세 차례 반란을 일으켰다. 1972년 추석 무렵 여성노동자들은 추석보너스로 900원을 준다는 소리를 듣고는 저녁시간에 식당 문을 안으로 걸어 잠그고 단식 철야농성에 들어갔다. 회사 측은 다음날 여성노동자 2명을 때리면서 농성을 해산시키려 했다. 노동자들은 만약 두 사람이 해고된다면 모두가 사표를 내자는 서명을 받았고, 농성 셋째날인 추석에는 추위와 허기로 30명이 쓰러졌다.

그제야 당황한 회사는 월급의 30%를 추석보너스로 주겠다고 약속하였고, 추석날 오후 노동자들은 2,000~3,000원씩의 추석보너스를 받았다. 멸시와 천대를 받아오던 여성노동자들이 회사와 대항하여 싸워 이긴 최초의 사건이었다. 1974년 여름, 임금인상이 낮게 조정 결정되었는데도 회사는 월급날에 1만 원만 주고 나머지는 나중에 주겠다고 미루었다. 노동자들은 점심시간에 식당에 모여 월급 전액을 빨리 달라고 요구하여 회사의 약속을 받아냈다.

부당노동행위에 대한 투쟁

일찍이 회사의 횡포에 대항한 투쟁 경험을 가진 노동자들에게 1975년 5월 17일 노동조합 소식이 들려왔다. 화학노조가 퇴근하는 노동자들에게 노조가입 안내서를 배포한 것이다. 다음날 회사는 종업원들을 모아놓고 노조가입 안내서를 회사에 제출하라고 협박과 회유를 하였다. 그러나 여성노동자들은 오히려 노동조합이 자기들을 위한 것이라고 생각하였다. 그래서 조향자 등 5명은 노조가 있는 국제약품의 분회장과 함께 화학노조를 방문하여 노조의 필요성에 대해 배우게 되었고, 6월 13일 화학노조에 가입하여 본격적으로 삼성제약분회의 결성에 착수하게 되었다. 7월 20일, 마침내 조합원 9명이 참석한 가운데 화학노조 삼성제약분회를 결성하고 분회장에 김석자, 부분회장에 권오선 등을 선출하였다.

노조가 결성되자 회사의 부당노동행위가 시작되었다. 회사는 분회장 김석자를 수위만 지키고 있는 빈 공장으로 전출시켜 자진 사표를 내게 하였고, 이어 부분회장도 빈 공장에 보내고 조직부장은 공장부지로 전출시켰다. 다른 노조간부들도 부산, 대구, 광주 등지로 보내버리려 하였다. 화학노조가 근로감독관에게 진정을 내자 회사는 부당전출자들을 원직에 복귀시키겠다고 약속하였으나 지키지 않았다.

또 서울시는 분회장 김석자가 회사를 그만두어 노조원 자격이 없다는 이유로 노조설립신고서를 반려하였다. 분회는 7월 29일 노조결성대회를 새로 열어 권오선을 분회장으로 선출하였으나 이번에도 설립신고서가 특별한 이유 없이 반려되었다. 이 사이 회사 측은 사장 비서인 김영남을 분회장으로 하는 어용노조를 결성하여 8월 24일 서울시로부터 신고필증을 받았다. 화학노조는 8월 5일 조향자, 권오선 등의 원직복귀와 자유로운 노조활동 보장을 요구하는 부당노동행위 구제신청을 냈다.

회사는 원직복귀를 약속하였으나, 그 후 5개월 간 이들을 경비원 한 사람밖에 없는 보문동의 빈 공장에서 청소 등을 하게 하였고, 모진동 공장 근처에는 얼씬도 못하게 감시했다. 이 같은 수모에도 이들은 동료들을 계속 만났으며, 김현진과 윤미숙은 노조가입서를 몰래 회사에 가져와 틈날 때마다 화장실, 작업장, 탈의실 등에서 동료들을 가입시켰다. 1976년 3월, 이들 3명이 다시 본사로 돌아오자 회사는 다른 여성노동자들과의 접촉을 막기 위해 보일러실의 잡부 일을 시켰다. 하지만 노동자들은 온갖 박해에도 굽히지 않았으며, 현장의 여성노동자들은 노동조합에 대한 희망과 용기를 갖게 되었다.

노조민주화와 노동조건 개선투쟁

1976년 8월 7일, 노조 총회가 돌아왔다. 어용노조의 분회장인 사장 여비서 김영남의 결혼으로 분회장을 새로 뽑는 대회였다. 회사는 자기들의 뜻에 따라 움직여주는 사람을 분회장으로 선출하기 위해 조합원들을 총회에 참석시키지 않으려는 공작을 꾸몄으나, 조합원들은 대회장에 대거 몰려왔다. 경영진과 부장, 과장들은 회의 진행과정을 일일이 간섭하였고, 일부 조합원들을 퇴장시키는 등 압력을 가하였다. 그래도 회사 측이 내정한 사람이 분회장에 뽑힐 것 같지 않자 휴회를 선언케 하고는 조합원들을 해산시켰다. 이 과정에서 노동자들은 회사가 조합비를 부담하는 어용노조의 존재를 알게 되었고, 그 날 밤 핵심 활동가들은 노동자를 위한 노동조합의 총회를 계획했다. 이들은 화학노조 관계자들과 협의하여 퇴근 후 107명이 회사 밖에서 총회를 열어 삼성제약분회를 지부로 승격시키고, 지부장에 권오선을 선출하였다.

이후 회사의 부당노동행위는 노골화되었다. 회사는 노조의 단체교섭과 노사협의회 구성 요청에 응하지 않았다. 공장장은 조합원들을 일일이 불러들여 총회에 참석한 것을 문책하고 노조 탈퇴를 강요하였다. 생산과장은 비조합원에게 노조에 위장 가입하여 첩보활동을 하게끔 유도하기도 했다. 또 9월 25일에는 지부장 권오선을 이력서에 학력을 허위기재하였다는 이유로 해고하였는데, 이것은 회사가 이미 파악하고 있었던 사실이었는데, 지부장에 선출되자 보복 해고한 것이었다.

화학노조에서는 부당노동행위 구제신청을 냈고, 회사 측은 '회사가 내세우는 인물을 지부장으로 해주면 권오선을 복직시키겠다'는 망언을 서슴지 않았다. 이외에도 노조 결성 때 주동적인 역할을 했다는 이유로 하급관리자가 여성노동자 김명숙에게 폭행을 가하여 온몸에 멍이 드는 전치 1주일의 상처를 입혔다.

화학노조는 회사가 단체협약 체결과 노사협의회 개최를 계속 회피해옴에 따라 서울시에 단체협약 조정신청을 제기하였다. 이를 계기로 노사는 노조활동 보장, 단체협약 체결 협조, 지부장 권오선의 복직, 노조사무실 공여 등을 내용으로 하는 합의서를 1976년 12월 17일에 교환하였다. 하지만 회사는 이후에도 합의를 어기고 단체협약 교섭에 나서지 않았다. 노조는 이제 오직 단결과 투쟁으로 요구를 관철시키는 수밖에 없다고 결정하였다.

지부는 12월 30일 오후 2시, 화학노조의 참석 하에 회사와 관할경찰서 간에 협의에 들어갔다. 협상이 퇴근 때까지 팽팽하게 이어지고 있는 상황에서 조합원 180명이 탈의실에 모여들어 문을 안으로 걸어 잠그고 노래를 부르며 연말 보너스 100%를 요구하는 농성에 돌입하였다. 관리자들은 밤새 강제로 문을 열고 '경찰을 부르겠다'고 위협하고 욕설을 하며 끄집어내려고 했지만, 조합원들은 '우리는 잘못한 것이 하나도 없다'고 꿋꿋하게 대응하였다.

12월 31일 새벽 4시 경 경찰이 출동하여 '5분 내에 해산하지 않으면 모두 연행하겠다'고 으름장을 놓았으나 노동자들이 계속 노래와 구호를 외치며 대응하자 물러갔다. 결국 아침 7시 경 사장이 나타나 노조대표, 화학노조 사무국장, 노동청 관계자와 함께 노사협의에 들어가 연말 보너스 30%, 구정 때 1976년분으로 30%를 더 주고, 이번 일에 대한 보복조치를 하지 않겠다는 약속을 받고 농성을 풀었다.

1978년 3월 임금인상문제를 둘러싸고 노사협의가 제자리를 맴돌자 노조는 임시대의원회의를 열었다. 노조는 치솟는 물가를 임금이 따라가기 위해서는 최저 30% 인상이 필요하다고 결정하고, 이를 관철하기 위해 연장근무를 무기한 거부하기로 결의하였다. 노조는 연장근무 거부를 계속하면서 중식(라면)에 빵 2개를 더 줄 것을 요구했는데, 회사는 처음에는 빵 1개만 더 주겠다고 하다가 나중에는 그것도 줄 수 없다고 배짱을 부렸다. 결국 노조는 계란 1개를 더 받기로 하고 연장근무 거부를 끝냈다.

이 결정을 두고 남자사원들은 '계란 하나에 떨어졌다'고 여성조합원들을 놀렸고, 여성조합들은 부끄러움과 비참한 심정을 느끼게 되었다. 이 사건 이후 노동자들은 자신들이 느꼈던 비참함을 거울삼아 더 효과적인 투쟁을 하기로 마음먹었다고 한다. 조합원이 아닌 남자사원들의 빈정거림이

미래의 노조에 큰 힘을 실어주게 된 것이다.

1978년 7월, 노조는 여름보너스 100%를 요구하고 7월 24일까지 합의하지 않으면 단체행동에 들어가겠다는 공문을 띄웠다. 1976년 이후 30%로 고정되어 있었던 상여금을 100%로 끌어올리기 위한 전략이었다. 회사는 50%를 주겠으며 실적에 따라 조금 더 줄 수 있다고 하였다. 노조는 1978년 7월 24일 일시금 대책위원회를 구성하고 당일부터 중식(라면)을 거부할 것을 결정하였다.

이때는 하절기 제품으로 모기향 등이 성수기여서 하루에 12~16시간 노동으로 연장 작업이 이루어지고 있던 상태였으나, 중식 거부로 인해 자연스럽게 잔업도 거부되었다. 7월 25일, 회사는 노조의 요구를 거부하였고 상집 간부들은 노조사무실에서 철야농성에 들어갔다. 이어 7월 26일 임시대의원회의를 열어 중식 거부와 연장근무 거부를 만장일치로 결정하였다. 화학노조에서 70% 합의를 주문했지만, 집행부는 100% 확보방침을 고수했다.

7월 27일, 30도를 넘는 더위 속에서 조합원들은 하나둘 쓰러지기 시작했고, 작업장마다 생산량이 급감하는 사태가 발생했다. 중식 거부 5일째인 7월 28일 저녁, 노조는 조합원 전체회의를 소집하고 '우리의 요구가 관철될 때까지 계속 밀고 나간다'고 결의하였다. 회사는 작업능률이 떨어져 생산이 수요를 따르지 못하는데다 노조의 일시금(상여금) 쟁취투쟁이 장기화될 기미를 보이자 그 다음날 아침 노조간부들을 불러 100%를 지급하겠다고 약속하였다. 간부들은 서로 얼싸안고 울었고, 현장의 노동자들은 환호성을 올렸다.

1980년 2월 정기 임금인상교섭 때 노조의 투쟁이 재연되었다. 노조는 최저생계비 확보를 위해 현행 월 임금 51,000원을 86,546원으로 인상하라고 요구하였다. 회사는 70,500원을 제시했고, 노조는 75,000원으로 수정 제시했다. 그러나 회사 측의 태도가 완강하여, 200여 명의 노조원 전원이 1980년 3월 28일 중식을 거부하고 퇴근도 거부하였다. 거기에다 회사

간부가 노조간부를 야유하며 조합원들을 자극하자, 조합원 전원이 탈의실에 모여 농성을 벌이는 사태로 격화되었다. 이렇게 연 4일간의 중식거부, 퇴근거부 농성을 단행한 끝에 여자 초임은 현행 5만 1천원에서 7만 1,500원으로(40%) 인상 조정되고, 상여금은 300%에서 380%로 인상 지급하기로 단체협약에 명문화함으로써 일단락되었다.

양성평등 과제 해결의 선봉에

삼성제약노조는 몇 차례의 투쟁에서 노동자들 스스로가 놀랄 만큼 단결이 잘 되었고 조직적으로 움직였다. 이 단결력과 투쟁성은 노조 설립 초기부터 해온 일상적인 조합원교육, 그리고 단체행동에 들어가기 전 여러 번 라인별 토론을 해 투쟁목표와 방법을 전체 조합원들이 공유한 상태였기 때문에 가능한 것이었다. 노조의 단체행동은 잔업거부, 단식농성, 중식거부 등의 방법을 주로 채택하였다. 중식거부와 잔업거부 같은 준법투쟁이 계속 성공을 거두어 자신감이 생기게 되자, 1980년 초에는 본격적인 파업을 실행하게 되고, 그 결과 40%의 임금인상률과 연 380%의 상여금을 확보하게 되었다.

이처럼 삼성제약노조의 교섭력이 자리를 잡고 안정적으로 발휘된 것은 착실한 일상 활동을 통해 조직력을 강화한 것이 그 바탕이라 할 수 있다. 노조의 일상적인 활동은 취미모임과 야유회 등으로 시작하였다. 초기에는 조합원들이 선호하는 꽃꽂이, 서예 등의 소모임을 하였는데, 그것은 조합원들이 흥미를 갖는 모임으로 시작하여 조합원들의 욕구를 노조가 수렴하는 방식으로 발전케 하였다.

노조에서 조직한 야학은 30~50명을 단위로 국사, 한문 등을 노동자들이 선택하여 듣도록 하였고, 노동조합 관련 강의는 필수과목으로 이수하도록 하였다. 이 교육이 조합원들의 의식화에 크게 도움이 되었고, 야학은 임금인상 등의 노조의 현안이 있을 때마다 조합원들이 토론할 수 있는 공간으로 활용되었다. 또한 1년에 두 번 있는 노조 정기교육, 1박 2일의 하기수련회와 수시로 하는 교육. 그리고 노동조합의 소식지 등이 조합원의 의식을 높이고 결속력을 강화하는 수단이 되었다. 이 교육은 노동조합에 관한 것만이 아니라 승진·승급 문제, 평생노동권 확보문제, 모성보호와 직장탁아소 필요성 등도 포함시켜 논의하게 하였다.

노조는 여성의 특수과제 실현에도 앞장섰다. 남성노동자들은 대부분 노조에 가입하지 않았고, 노조에서 준법투쟁을 할 때도 라인에서 일하는 등 노조의 투쟁의지를 약화시키는 반작용을 했다. 이들이 노조활동을 하지 않는 이유는 회사에 밉보인다는 점과 '여자들 치마폭에 싸여 그 밑에서 일한다는 것이 자존심 상하는 일'이라는 남성중심 사고방식에서 온 것이었다. 그래서 노조는 여성이 중심이 되어 여성이 겪는 문제들에 집중하여 활동을 벌여나갔다. 먼저 생리휴가를 비롯한 여성의 특수 과제를 실현해갔다. 아울러 남성관리자들의 권위적이고 성차별적인 언행을 강하게 금지시킴으로써 작업장에서의 성차별 문화개선에 적극적으로 대응하였다.

먼저 형식적인 생리휴가를 실질적인 휴가로 정착시켰다. 노조 설립 이전에는 생리휴가가 무엇인지도 몰랐고, 노조 설립 직후도 이를 사용하지 않고 수당으로 타가는 경우가 많았는데, 노조는 교육을 하여 생리휴가를 모두 쉬는 것으로 정착시켰다. 산전 산후 휴가문제는 1976년 노조 설립 때부터 단체협약에서 60일의 휴가와 수유시간 사용을 확보해놓고 있었음에도 사용자가 없었으나 1982년부터 수유시간을 오전, 오후 1시간씩 하루 2시간으로 늘리는 데 성공하였다.

결혼퇴직제의 철폐로 1970년대 후반부터는 결혼 후에도 다니는 사람들이 있었으나, 대부분 임신 6~7개월을 넘기지 못하고 사직하였다. 노조에서는 이 관행을 깨기 위해 노력하였지만 성공하지 못했다. 그러다가 노조지부장을 지내고 현장에서 일하고 있던 간부와 다른 간부들이 결혼을 하고, 비슷한 시기에 임신을 하게 되었다. 이들은 서로 소통하면서 조기퇴직 관행을 깨는데 힘을 기울였다. 회사도 그 문제가 단체협약에 적시되어 있었기 때문에 드러내놓고 깔아 뭉갤 수는 없었지만, 비슷한 시기에 임신한 고참 여공들에게 '남편이 무능하다. 배를 저렇게 해가지고 창피하지도 않느냐'는 등 뒤에서 빈정거려 힘들게 만들었다. 그러나 이들 3명의 고참 여성노동자들은 꿋꿋하게 잘 견디어냈고, 오전 오후 1시간씩 주게 되어 있는 수유시간도 일찍 퇴근하는 방식으로 협상하여 사실상 사용할 수 있었다. 그 후로 결혼이나 출산을 이유로 퇴직하는 일이 거의 없어졌다.

노조는 남성관리자들의 권위적인 태도와 성차별적 언사에 대해서도 적극 대응했다. 당시 현장에서는 여성노동자들에 대한 남성들의 폭언, 성희롱 등이 심했다. 노동조합이 생기기 전에는 반장만 해도 두려운 존재였고, 남자들이 작업지시를 하거나 순시할 때 여성노동자들의 엉덩이나 몸을 치고 다니는 것이 예사였다. 이 문제들을 해결하기 위해 노조간부들이 현장에서 항의하기도 하고, 조합원들에게 그럴 경우 어떻게 대응해야 되는가를 지속적으로 교육했다.

이 과정에서 1979년 남성관리자가 여성노동자의 뺨을 때리는 사건이 발생하자 노조는 즉각 파업농성에 돌입하였다. 폭행 가해자의 해고와 욕설, 반말의 금지를 요구했다. 회사의 부사장이 공개사과하고, 다음에도 그런 일이 있으면 무조건 해고하기로 합의하였다. 그 후부터 남자들이 여성노동자들을 건드리는 일이 사라졌다. 이렇게 노조 설립 후 노동조건이 개선되고, 노동조합이 안정됨에 따라 장기근속자가 늘어나 반장까지도 모두 조합원이 되었다.

1980년 5월, 광주민주항쟁을 잔혹하게 진압하고 정권을 잡은 신군부는 본격적으로 노동운동을 탄압하였다. 그해 8월 '노동계 정화조치'라는 명목으로 대표적인 민주노조 간부들이 일제히 합동수사본부로 끌려가 수사를 받았다. 이때 삼성제약 노조간부 2명도 연행되어 열흘 간 조사를 받았다. 독재 권력의 탄압은 기업에도 가해져, 삼성제약의 경영진도 노동자 파업에 대한 책임을 문책 받았다. 이후 회사는 권력으로부터 주시 받지 않기 위해 노조의 요구를 합리적인 선에서 해결하려고 하였다. 삼성제약노조가 합수부의 조사를 받은 것은 삼성제약노조가 민주노조였음을 확인해 주었다고 볼 수 있기 때문에, 역설적으로 노조는 큰 자부심을 갖게 되었다.

전두환 정권 하에서도 계속된 민주노조운동

삼성제약노조는 1970년대에 설립된 민주노조로서는 드물게 1980년대 초 전두환 정권의 민주노조 탄압 파괴시기를 무사히 넘겼다. 당시 원풍모방, 콘트롤데이타, 반도상사, 청계피복노조 등 대부분의 민주노조들이 권력기관과 회사의 합작 하에 붕괴되었지만, 삼성제약노조는 기적적으로 살아남아 80년대 이후에도 민주노조로서 계속 활동하게 된다.

삼성제약노조는 임금인상투쟁이 매우 드물었던 1984년 3월, 회사가 법정관리상태임에도 불구하고 중식거부와 농성투쟁을 통해 회사의 3% 임금인상안을 물리치고 7% 인상을 쟁취했다. 이어 1985년 4월에도 퇴근거부, 중식거부, 철야농성 등 6일간의 투쟁 끝에 10% 임금인상을 관철시켰다.

삼성제약노조는 1985년 6월, 구로동맹파업에도 참여, 연대투쟁의 대열에 섰다. 구로동맹파업은 기업별로 분리된 개별 노조들이 연대하여 사업장의 울타리를 넘어 특정 사업장의 문제 해결을 공동으로 요구하는, 한국전쟁 이후 최초의 지역동맹파업이라는데 의의가 있다.

참고 : 이옥지, 『한국여성노동자운동사』, 2001, 한울 아카데미

삼성제약노동조합

노동자와 더불어 사는
세상을 위해

김 은 임

"삼성제약 노동자들은 변해가고 있었어요. 그전에는 선보러 나가 자신을 약
사라고 속이는 경우가 많았지요. 노조사무실로 김 약사 바꿔 날라, 이 약사 비
꿔달라는 전화가 많이 왔어요. 이렇게 노동자라는 걸 숨기려 했던 조합원들이
노동조합 활동을 하면서 어디 가든 자신이 노동자라는 것을 떳떳하게 밝히기 시
작했죠. 노동조합에서 가장 강조했던 것도 노동자는 절대 창피한 게 아니라고, 누
구 앞에서도 당당해야 한다는 것이었어요. 노조의 가장 자랑스럽고 든든한 자산
은 회사간부 앞에서도 하고 싶은 얘기를 거리낌 없이 하게 된 조합원들이었지요."

1955년 경기도 가평 출생. 73년 풍미제과 근무 후 74년 6월 삼성제약 입사. 76년 유령노조 퇴장
후 김영순 집행부 부지부장. 78년 16기 크리스챤아카데미 교육 수료. 80년 겨울 YH노조 지원 혐의로
계엄사 연행된 후, 김영순 지부장에 이어 지부장 승계. 87년 화학노련 의약분과 회장. 90년 3자 개입금
지 위반으로 구속. 91년 화학노련 여성국장. 2004년 한국 노총 경기지역 본부 여성 위원장, 상근여성
국장 등 역임 후, 현재 화학노련 지도위원 활동.

위 내용은 어느 인터뷰에서인가 내가 했던 말이다.

나는 경기도 가평에서 6남매 중 다섯째로 태어나 중학교를 졸업하고 서울 장안동으로 올라왔다. 고등학교를 졸업한 후 풍미제과에 입사하여 라벨에 유효기간을 찍는 작업을 했다. 그다지 큰 규모는 아니었지만 당시 일자리를 구하기가 쉽지 않았고, 돈을 벌어야 했기에 어떤 일이든 시작해야 했다. 3개월 후인 1974년 6월 6일. 광고를 통해 삼성제약에 입사했다.

도대체 노동조합이 뭐 길래

삼성제약에 입사하여 노동운동에 뛰어든 것은 거창한 이론이나 필사적인 사명감 때문이 아니었다. 도대체 노동조합이 뭐 길래 회사에서 저렇게 막으려고 하는 걸까? 라는 궁금증 때문이었다. 회사는 노동조합을 만들어봐야 조합비 떼이는 것 밖에 없다며, 전 종업원을 모아놓고 화학노동조합에서 나눠준 가입안내서를 쓰지 말라고 종용했다. 그때부터 주변 사람들에게 노동조합이 뭐하는 곳인지 물어봤지만 아는 사람이 별로 없었다.

그러던 중 1975년 몇몇 선배, 동료들이 모여 노조를 만들었고, 회사는 이들을 탄압하기 시작했다. 이때부터 선배들이 노동조합 활동을 하는 것을 보면서 부지런히 쫓아다녔다. 결국 회사의 방해로 설립신고필증을 받지 못하고 회사가 만든 유령노조가 그 자리를 대신하게 되었지만, 회사 몰래 노동조합 가입원서를 100여장 받았다.

그렇게 1년이 지날 무렵 유령 노동조합의 분회장이었던 사장 비서가 그만둠에 따라 회사는 사장 조카를 내세워 조직을 또 다시 어용으로 만들려 했지만, 조합원들의 강력한 반대에 부딪쳤다. 노동조합에 앞장 서 왔던 사람들과 100여명의 조합원들은 회사 몰래 모여 총회를 열고 권오선을 지부장으로 선출했다. 그러나 다음날 바로 회사는 권오선을 해고했고, 부지부장을 맡고 있던 김영순이 지부장 직무대행을, 그리고 나는 부지부장이라는 직책을 맡게 되었다. 1976년의 일이었다.

삼성제약은 국내에서 10위권 안에 드는 회사로 매출은 꽤 높았지만 근로조건은 엉망이었다, 일요일을 제외한 공휴일에는 절대 쉬지 않았고, 보통 10시까지 연장근로를 했다. 가족이 죽어도 경조휴가가 없어 가보지도 못하는 상황이었다. 그러다가 1976년 겨울, 노동조합이 회사와 단체협약을 체결하면서 생리휴가, 연월차휴가, 경조휴가를 얻어냈다. 그러나 1977년, 회사가 부도나, 노동조합은 1년 동안 회사와의 교섭을 할 수 없었다.

가스명수, 에프킬라는 국내 관련 제품시장의 60%를 점유하고 있어 삼성제약은 부도가 난 후에도 3월에서 7월까지 24시간 공장을 돌리며 6개월 계약직을 200~300명 더 채용했다. 노동자들은 이런 현상을 지켜보면서 회사의 부도 이유를 납득할 수 없었다. 이에 1978년 7월, 노동조합은 상여금 100%를 요구하며 조합 간부들을 중심으로 철야농성, 중식거부에 들어가 처음으로 이를 쟁취했다. 조합원들은 이런 과정을 거치면서 단결이 뭔지 배워 나갔다.

이후 나는 한국화이자노동조합 간부의 권유로 크리스챤아카데미 목요모임에도 참석하고, 1978년 16기로 크리스챤아카데미 교육을 수료했다. 지금 생각해도 크리스챤아카데미 중간간부교육과정에 참여할 수 있었다는 것은 큰 행운이었다. 이제껏 노동자라는 것을 잊고 살아왔는데, 이 교육을 통해 자신을 알고 바르게 살아가게 하는 동력을 얻었다.

이전까지 준법투쟁, 리본달기, 단식 등의 방법으로 요구사항을 관찰해왔던 노동조합은 1980년 3월 처음으로 임금인상요구 파업에 들어갔다. 3박 4일 동안 배운 노래가 바로 양희은이 부른 〈상록수〉였다. 이 노래의 3절 가사는 너무도 우리 처지와 비슷해 간부회의나 모임이 끝날 때마다 3절을 부르곤 했다.

우리들 가진 것 비록 적어도
손에 손 맞잡고 눈물 흘리니

우리 나갈 길 멀고 험해도

깨치고 나아가 끝내 이기리라

4일간의 중식거부, 퇴근거부를 하며 농성을 단행한 끝에, 여자 초임을 5만 1천원에서 7만 1,500원으로(40%) 인상하고, 상여금도 연 300%에서 380%로 올려 지급하기로 단체협약에 명문화하는 것을 합의하고 파업 투쟁을 풀었다. 우리가 승리할 수 있었던 것은 우리 스스로가 놀랄 만큼 단결하여 조직적으로 움직였기 때문이다. 이러한 단결력과 투쟁성은 노동조합 설립 초기부터 해 온 조합원 교육 덕분이었다.

우리는 행동에 들어가기 전에 여러 번 라인별 토론을 조직하여 투쟁의 목표와 방법을 전체 조합원들이 공유할 수 있게 했다. 단체행동으로는 주로 잔업거부, 중식거부 등이 채택되었다. 이와 같은 준법투쟁이 계속 성공을 거두어 자신감이 생기게 되자, 1980년 초에는 본격적인 파업을 감행하게 되었다. 그 결과 높은 임금인상과 연 380%의 상여금을 확보하게 되었다. 이제 노조의 교섭력이 안정화되었다고 할 수 있었다.

노동계 정화조치에 파업으로 맞서다

1980년 5·17 이후 신군부세력에 의한 노동운동의 탄압이 본격화되었다. 그들은 '노동계 정화조치'라는 구실을 내세워 노동조합을 탄압했다. 합동수사본부는 당시의 주요 민주노조의 간부들을 일제히 연행해 조사했다. 삼성제약노동조합의 지부장 김영순과 나는 1980년의 임금인상투쟁 파업과, YH노동조합 구속자를 위한 성금을 전달했다는 이유로 합동수사본부에 연행되었다.

합동수사본부의 수사관은 "파업을 누가 시켰냐? 산업선교회야? 아니면 누구야?"고 몰아치고, YH노조 구속자 성금을 누가 시켜 동아일보에 전달했는지 배후를 대라고 협박했다. 또 그 성금과 노동조합 파업자금이 어디서

난 돈인지를 집요하게 물었다. 조합원들로부터 모금한 돈이라고 계속 주장해도 끊임없이 협박하고, 매일 저녁 반성문을 쓰게 했다. 열흘간 조사를 받고 석방되던 날 아침, 수사관이 부르더니 '오늘 석방되면 여기서 있었던 일들은 누구에게도 말하지 않겠다'는 각서를 쓰라고 해서 그렇게 쓰고 석방되었다.

지부장(김영순)이 정화조치로 3년간 임원자격을 잃어 부지부장인 내가 노동조합 위원장을 맡게 되었다. 권력의 탄압은 기업도 억압해 삼성제약의 경영진도 함께 조사를 받았다. 경영진은 파업에 대한 책임을 문책 받아, 이후 회사는 당국의 주목을 받지 않기 위해 노조의 요구를 합리적인 선에서 해결하려고 하였다. 나는 합동수사본부에서 조사를 받은 과정이 충격적이기는 했지만, 역설적으로 내가 일해 온 것에 대한 자부심을 갖는 계기도 되었다. 회사도 노동조합을 함부로 다루지 못하게 되어, 부수적으로 노조의 힘이 강화되었다.

1985년 4월, 노동조합은 임금인상과 단체협약 교섭의 결렬로 파업투쟁을 전개하였는데, 이 파업은 노조대표가 가져야 할 결단력의 중요성과 고뇌를 여실히 깨닫게 해 주었다. 당시 회사가 법정관리상태였기 때문에 남보다 나은 근로조건을 기대할 수는 없었지만, 먹고 살아야 한다는 절박한 이유 때문에 임금인상을 요구할 수밖에 없었다. 회사는 임금을 더 주려면 판사의 결재를 받아야 한다는 핑계로 버텼다. 노동조합은 21% 인상을 요구했고, 회사는 7%를 고집했다. 당시 전두환 정권은 한자리수 임금인상을 암암리에 강요하였기 때문에 한자리수를 초과하는 게 쉬운 일은 아니었다. 그러나 조합원들은 파업을 통해 노조의 요구안을 관철시키고자 노력하여 파업투쟁 4일째 노동조합은 임금인상안을 13%까지 끌어올릴 수 있었다.

그러나 문제는 그 후부터였다. 노동조합은 좀 더 올릴 것을 요구했고, 노동부와 정보기관은 이를 받아들이지 않으면 모든 것이 원상태로 돌아간다고 위협했다. 이들의 협박은 사실이었다. 곳곳에 전투경찰이 배치되었고, 수도와 전기를 끊었다. 이 순간 내 판단이 잘못되었구나, 생각했다. 완전히 고립된 상태에서 앞으로 어떻게 사태를 진행해갈 것인지 고민해야 했다. 길은 두 가지였다. 요구사항을 관철하기 위해 끝까지 투쟁할 것인지, 아니면 조직을 재정비해서 내년을 기약할 것인 지였다. 비상대책위원들은 지금까지 최선을 다해 투쟁하였으니, 지금 어떤 결정을 내린다고 해도 위원장의 뜻에 따르겠다고 했다.

교섭은 다시 진행되었고, 결과적으로 10% 선에서 파업투쟁이 마무리되었다, 투쟁을 더 어렵게 끌고 갔음에도 불구하고 10%밖에 얻지 못한 채 조합원들을 고생시켰다는 생각에 힘들었다. 그러나 5박 6일의 파업투쟁을 마친 조합원들은 패배했다고 생각하지 않았다. 최선을 다했기 때문에 패배가 아니라는 것이다.

1985년 임금인상안을 놓고 투쟁할 때 난처했던 것의 하나는 삼성제약이 당시 최고의 제약회사였던 한독약품보다 임금이 높다는 점이었다, 물론 전체 연봉은 한독약품이 더 높았지만, 임금이 한독약품보다 높다는 사실만으로도 투쟁에 걸림돌이 될 수 있었다. 이 과정에서 더 이상 삼성제약노동조합 혼자만 싸운다고 되는 게 아님을 깨달았다. 그때부터 다른 제약회사 노동조합들에게 연대활동을 제안했다.

당시 14개의 제약회사에 노동조합이 있었는데, 반 정도가 연대에 참여하였다. 일단 모일 수 있는 조직부터 출발했다. 친목모임에 그쳤던 화학노련 산하 의약화장품 분과를 활성화하기 위해 단체교섭위원 교육 및 임금인상 쟁취결의 등반대회도 함께하고, 공동 임금인상안도 만들어 통일교섭을 실시했다. 그리고 노동조건이 급속히 개선되기 시작한 1987년에는 근속수당 신설, 상여금 100% 인상, 가족수당 신설 등의 공동요구안을 만들었다. 이때 처음으로 주44시간 노동제를 쟁취했다.

그 결과 1990년까지 14개였던 노동조합이 100여 개로 확대되었고, 의약화장품 분과는 신생 조직들을 계속 지원했다. 내가 의약화장품 분과의 회장을 맡고, 유유산업노동조합의 최원균 위원장이 사무국장을 맡아 100여개로 늘어난 제약사 노동조합과 화장품 노동조합을 찾아다니며 조직을 활성화시켰다. 분과활동을 하면서 '연대'의 중요성을 처음으로 확인했다. 나의 노동운동에서 이룬 뿌듯한 성과로 기억한다.

'제3자 개입금지'로 구속되다

나는 1990년 전국노동조합협의회(전노협)가 출범할 때도 의약화장품 분과를 맡고 있었는데, 당시 노동부의 업무감사 거부, 제3자 개입금지 조항 위반 등으로 구속의 위기에 몰렸다. 관계기관은 전노협 일을 하지 말라고 압박했지만, 내가 구속된 이유는 전노협 때문만은 아니었다. 당시 전노협에 참여한 조직 가운데 10년 이상 된 조직은 삼성제약노동조합 밖에 없었다. 때문에 정부는 삼성제약노동조합이 전노협에 참여하고 있다는 사실만으로도 껄끄러웠던 것이다.

그 해 3월, 마침내 검찰은 삼성제약 노조위원장인 나와 한양대병원 노조위원장 차수련에게 사전구속영장을 발부했다. 나는 바로 연행되어 구속되었고, 차수련 위원장은 잠적하여 수배자로 도망 다니다가 구속을 피한 것으로 알고 있다. 삼성제약노동조합은 '90임단협' 승리와 구속 동지 석방을 위한 파업에 들어갔고, 의약화장품 분과는 회원사 조합원들에게 분과위원장 김은임의 석방을 위한 투쟁과 변호사 비용 마련을 위해 볼펜을 판매하고, 한국노총과 노동부에도 구명운동을 벌였다.

감옥에 혼자 있다 보니 이런 저런 생각을 하게 되었다. 과연 지금까지 내가 제대로 살아온 것인가 고민했지만, 하루도 면회가 끊이지 않는 것을 보며 노동자로서 살아온 삶이 결코 헛된 것이 아님을 깨달을 수 있었다. 삼성제약노동조합은 48일 동안 파업농성을 진행했고, 노동부 관계자가 감옥으로 특별면회를 와서 삼성제약노조의 전면 파업을 풀어달라고 요청했다. '나는 힘이 없다. 노동조합에 가서 요청하라'고 했더니, 노동조합은 위원장이 석방되지 않으면 파업을 계속하겠다고 통고했다. 결국 나는 구속된 지

68일 만에 보석으로 석방되어 '90 임단협' 교섭을 직접 마무리 지었다. 아래는 임단협 투쟁 기간 때 조합원들이 만든 〈앵두나무 우물가에〉를 개사한 노래의 1절이다.

삼성노조 총파업에 전 조합원 일어섰네
쓸기담 에프킬라 나도 몰래 내던지고
단체협약 임금인상 쟁취하자고
생산부도 영업부도 총단결로 뭉쳤네

1990년 10월, 나는 정기총회에서 삼성제약노동조합 위원장을 그만두었다. 이제 세대차이가 많이 나는 상황에서 후배들이 맡는 것이 좋겠다는 생각을 했고, 공장도 경기도 화성시 향남에 있는 제약공단으로의 이전계획이 잡혀있었다. 좀 더 젊은 집행부를 만들어 회사 이전 후에도 안정적으로 조직 활동을 할 수 있게 만들어 주는 것이 좋겠다는 생각을 몇몇 핵심 간부와 의견을 나누고, 전 조합원 개인 상담을 하겠다고 선언했다. 임원, 상집위원, 대의원 순으로 상담을 시작하였으나 50~60% 정도밖에 진행하지 못했지만, 조합원들과 의견을 나눈 후 그들의 지지를 받는 집행부를 구성할 수 있도록 했다.

내 인생의 빛, 조합원들

유신독재 시절에 노조활동을 시작하면서 빨갱이라는 소리를 들을 때면 무섭고 힘들기도 했지만, 내가 노동자라는 것을 잊지 않게 해준 것은 하나로 단결된 삼성제약 조합원들이었고, 이들이 내 노동운동의 원동력이 되었던 것 같다. 1980년 12월, 합동수사본부 5국에서 10일간 수사를 받고 나올 때도, 그리고 1990년에 68일간 구속됐을 때도 우리 조합원들과 내 주위의 동지들이 나를 믿고 언제나 함께 해주었다.

이런 투쟁의 경험을 살려 1991년부터는 화학연맹 여성국장으로 활동하기 시작했다. 화학연맹 활동에서 가장 손꼽히는 일을 하나 들자면 의약·화장품분과 연대활동이다. 근로조건 개선을 위한 공동교섭, 파업지원, 교육 등을 활발하게 전개하였다. 이러한 경력을 인정받아 2002년에는 한국노총 조직부장으로 새로운 활동을 시작했다. 특히 전국을 누비며 파업현장을 직접 지도하고, 법외노동조합을 조직화하기 위해 많은 노력을 했다.

2004년 12월, 한국노총 경기지역본부 이화수 의장이 다른 지역본부에는 없는 여성국을 신설하여 나를 불렀다. 이를 반대하는 조직도 있었으나 개의치 않고 들어가 한국노총 경기지역본부 여성위원회를 설립하였다. 그리고 전국 지역본부 중 최초로 상임 여성국장을 맡게 되었다. 나는 재임 중에, 첫째 모성보호 관련 설문조사 및 연구용역을 하여 발표하였으며, 둘째 지방선거에서 노동존중 지자체장 후보 지지를 위해 '경기도여성연대'와 함께 토론회를 개최하여 그들이 당선될 수 있도록 지원하였다. 셋째, 학교의 비정규직 부당해고 연대투쟁에서 비정규직의 일자리를 찾게 되었다. 넷째, 지역별 순회교육, 워크숍, 경기도 문화탐방, 해외연수 등으로 경기도 여성노동지들 및 대표자들의 권익보호에 앞장섰다.

이런 저런 활동을 하는 사이에 청춘이 다 흘러가, 2015년 4월 나는 한국노총 경기지역본부 최초의 정년퇴직을 하면서 한국 노동운동사에 '최초'라는 훈장을 달고 다니게 되었다. 돌이켜보면 국민 모두가 힘든 시기에 여성으로서 남자들조차 힘든 노동조합 활동을 해 왔지만, 삼성제약노조 조합원들과 함께 한 그 끈질긴 투쟁정신으로, 동종업계 노동자들과의 굳건한 연대의 힘으로 내 인생은 빛이 났던 것 같다.

편집위원 : 이 글은 한국퇴직자총연합회가 발간한 『노동운동의 미래를 보는 과거』(2020, 한국은빛희망협회)에 실린 김은임 동지의 〈노동자와 더불어 사는 세상을 위해〉를 수정 보완하였습니다.

삼성제약노동조합

젊음의 열정을 쏟아 부은
노조활동

장 점 순

전쟁터 같은 공장

　나는 1959년 도시빈민의 2남 2녀 중 장녀로 서울 노량진에서 태어났다. 1961년 5·16쿠데타 이후 세 살 때 안타깝게도 용산역 철도에서 열차에 치어 오른쪽 발가락 2개가 절단되었고, 발바닥이 부분적으로 상실되어 지체 6급 장애자가 되었다. 조부모님이 집 가까이에 살았다. 1960년대 말 서부 이촌동의 동네가 철거되어 초등학교 저학년 때 송파구 오금동으로 쫓기다시피 집을 옮겼다. 아버지는 고정된 벌이가 없이 큰아버지의 사업을 도왔고,

---

　서울 노량진에서 1959년 출생. 세 살 때 열차사고로 지체6급 장애자. 76년 삼성제약 취업, JOC 교육을 받고 노동현실 인식. 78년 노조의 조사통계부 담당 이후 교육부장, 사무장, 부위원장 역임. 91년 회사가 향남 제약공단으로 옮긴 후 93년 5월경 퇴사. 95년 대전으로 이사 온 후 지역사회 시민운동에 참여.

　　　　　　　　　　　　　　　　　　　　　　　어둠의 시대 불꽃이 되어

어머니가 생계유지를 위하여 행상 등 안 해 본 일이 없을 정도로 숱한 고생을 하셨다.

어렵게 초등학교를 졸업하고 중학교를 겨우겨우 졸업한 후 고등학교는 엄두도 낼 수 없었다. 생계를 돕지 않으면 안 되었기 때문에 이리저리 일자리를 찾던 중 친구의 소개로 삼성제약 생산직으로 취업하게 되었다. 1976년 3월, 내 나이 만 17세 때였다. 내가 처음 배치된 곳은 모기향, 에어졸 같은 살충제를 생산하는 부서였는데, 모기향을 건조시켜 걷고 포장하는 일을 하였다. 어떤 날은 에어졸 깡통의 가스 새는 것을 찾아내기 위하여 물 검사 또는 포장 등 여러 가지 일을 하기도 했다. 여름철 살충제 제품이 끝난 초가을쯤에는 포장실로 배치되어 정제, 주사제 등을 검사하고 포장하는 일을 하였다.

보통 하루 9시간, 1주일에 48시간 정도 근무했던 것 같다. 첫 임금은 1만 2천 원 정도 받은 것으로 기억된다. 집에서 회사까지는 버스로 통근하였다. 콩나물 버스를 타고 매일 아침 저녁으로 전쟁을 치르고 공장에 들어서면 또 전쟁이었다. 입사하고 훨씬 지난 후에 알게 되었지만, 1975년 8월에 회사에서 유령노조를 세웠는데, 1976년 1년 만에 민주노조로 만들었다고 들었다.

노동조합 참여

1976년 여름, 입사하고 서너 달 지난 때 선배 언니가 노동조합에 참여하라는 권유를 받고 노동조합에 관심을 갖기 시작했다. 회사와의 여러 가지 관계에서 힘이 없는 노동자들을 위한 조직이 노동조합이라는 것이다. 내 기억으로는 화학노조에서 주기적으로 교육을 지원했다. 나는 노조에서 주관하는 교육이나 모임에 빠짐없이 참가했다. 왠지 함께 모이는 게 신이 났다. 배우지 못한 서러움에 무엇이든 닥치는 대로 교육에 참여하였고, 모임에도 빠지지 않았다.

이렇게 끊임없이 노조에 대해 관심을 갖고 활동에 참여하려 노력하는 동안 헌신성이 투철한 노동자로서의 자아가 형성되어 가지 않았나 생각된다. 1978년쯤인가, 노동조합의 권유로 상집위원으로 선출되어 조사통계부를 맡았다. 아마도 극성스럽게 노조활동에 참여한 것이 눈에 띄었던 것 같다. 이후 나는 교육부장, 사무장을 거쳐 부위원장 활동을 하다가 퇴사하였다.

내가 노동자 의식을 갖고 노조 활동가로서의 자질을 키울 수 있었던 것은 노조의 교육이 많은 도움을 주었지만, 외부 교육도 큰 영향을 미친 것으로 생각된다. 이리저리 활동을 하고 교육도 열심히 다녔지만, 외부에서 실시되었던 가톨릭노동청년회(JOC)의 2박 3일 교육이 매우 인상 깊었다. 1977년부터인가, 3~4년 동안 서울공대 학생들이 주축이 되어 화양리 동부교회에서 실시했던 노동야학에도 열심히 나갔다. 이 과정을 통해 인간의 존엄성과 사회의 모순, 노동자의 주체성을 더욱 폭넓고 깊이 있게 깨닫게 되었다. 노동조합 자체의 탈춤반, 한문반, 소리모아, 편집부 등 동아리 모임에 적극적으로 참여하면서 조직 확대의 중요성을 철저히 인식하고 실천하였다.

내가 노조운동에 열심히 참여하는 동안 커다란 정치 사회적인 변화가 일어났다. 1979년 10월 26일 박정희 대통령의 서거, 1980년 5월 18일 광주민주화운동 등의 격동기를 겪었다. 이런 상황의 급변 속에서 나는 80년대 전반기 동안 지속적인 교육활동과 조직 활성화로 노동환경이 개선돼 가고 노동인권 보호가 향상되는 성취감도 얻게 되었다.

민주화 항쟁의 열기 속에서

1987년 이한열 열사의 죽음을 기점으로 민주항쟁이 봇물처럼 터져 나왔다. 전두환 군부독재정권을 반대하고 대통령직선제 개헌을 요구하는 시위가 전국적으로 전개되고, 화이트 칼러 노동자들이 대거 거리로 나오면서 저마다 자기 목소리들을 내기 시작했다. 그 동안 열악한 생산직 여성 노동자들이 선도적인 투쟁을 했다면, 87년 6월항쟁 이후에는 사무직 노동자들과 대기업 노동자들이 수많은 노동조합을 결성하여 투쟁을 이끌었다. 이 무렵 우리 노조에서도 박한길이 지역에서 열린 직선제 개헌 집회에 참여했다가 구속되어 안타깝게도 해고되었다.

나는 해를 거듭할수록 더 열심히 노조활동에 몰입했다. 투쟁을 통하여 임금인상과 근로조건이 개선되었고, 노동자의 단결을 더욱 깊이 깨닫고 연대의 중요성도 인식하게 되었다. 제약업계 노동조합이나 성수동 주변지역 노조도 지원을 하게 되었고, 신생노조나 파업 농성을 하는 노조 지원을 하러 뛰어 다녔다. 노조를 격려 방문하여 교육도 하고, 노동가요 등을 보급하기도 하였다.

1987년의 노동자 대투쟁이 마무리되고 노동조합운동이 활기를 띠어가는 1989년 늦가을부터는 최고의 바램이었던 영업사원들이 노조에 참여하여 함께 축배를 나누었다. 그러나 1990년대 들어 시련이 다가왔다. 1987년 여름 이후 새로 결성된 노조들이 곳곳에서 모여 지역조직을 만들었고, 이들이 모여 전국노동조합협의회(전노협)를 결성했다. 정부는 전노협을 좌경 불순세력이라 탄압하였고, 전노협에 가입한 노조들에 대해 업무조사를 강행하였디.

우리 노조도 전노협에 가입하였다는 이유로 노동부에서 조사하겠다고 나섰다. 노조는 이에 불응하였고, 근로감독관이 김은임 위원장, 김영순 지도위원을 고발하여 구속되었다. 당시 사무장이었던 나는 구속되지 않았다. 이렇게 지도부가 구속된 상황에서 1990년도 임금인상 투쟁을 벌였다. 우리는 40일 이상 파업 농성을 전개하여 투쟁의 위력을 보였다. 다행히 김은임 위원장이 68일 만에 보석으로 석방되어 조합원들의 열기는 하늘을 찌를 듯 높아졌다. 마침내 우리 노조는 임금인상 교섭에서 승리의 기쁨을 보게 되었다.

이렇게 노조가 굴곡을 겪는 사이 나 개인적으로는 불행한 일이 이어졌다. 1981년에 아버지가 53세의 젊은 나이로 운명하신데 이어, 1990년 8월 초에 어머니도 돌아가신 것이다. 56세로 아직은 젊은 나이였지만, 집안 살림을 도맡아 하시느라 너무도 힘겨운 삶이 목숨을 재촉한 것이다.

어머니를 여읜 후 가을이 되어 제15차 정기총회에서 새 집행부가 구성될 때 나는 부위원장에 선출되었다. 그리고 1년 후인 1991년 이른 봄에 33살의 나이로 결혼을 했고 이듬해에 아들을 낳았다. 이해 늦가을 쯤인가 경기도 화성에 있는 향남제약 공단으로 공장이 이사를 갔다. 이후 1년 이상 출퇴근 버스로 통근하며 근무하다가 1993년 5월경에 퇴사하였다. 입사한지 17년만이었다.

맺으며

나에게 있어 삼성제약노조 활동은 조직과 실천을 통하여 내 젊은 열정을 아낌없이 쏟아냈던 시기였다. 이 과정에서 나도 자기 계발을 위해 무던히도 애쓰고 노력했다. 그 결과 강인한 노동자로 거듭나게 되었다. 아울러 어떠한 경우라도 끊임없이 단결하고 조직해야 한다는 것과 투쟁하여야만 쟁취된다는 진리를 터득하게 되었다. 그리고 이렇게 해서 사회가 민주화되고 역사가 발전한다는 확신을 갖게 되었다.

생각해보면 70, 80년대 민주화투쟁을 거쳐 우리 사회는 크게 발전했고 민주화도 알차게 이룩되었다. 그러나 진정으로 사람 사는 세상이 되려면 아직도 많은 문제들이 남아 있는 것 같다. 철저히 문제의식을 갖고 다양한 집단, 깨어있는 개인들이 꾸준히 노력하고 헌신해야 할 것으로 생각된다. 단결, 투쟁, 연대만이 제도의 개선을 이뤄 행복한 삶이 보장되는 민주복지 사회를 앞당기는 길이라고 확신한다.

회사를 그만두고 새 삶을 살게 한 정든 노동조합을 떠나온 후 남편과 함께 자영업을 하다가 1995년 대전으로 이사를 와 요식업을 하고 있다. 이제 평범한 시민으로서 60대의 중늙은이가 되었지만, 내 젊은 시절의 그 신념에는 조금도 변함이 없다.

노동의 고통을
기쁨으로 만든 노조운동

지 춘 자

　나는 경기도 고양군 지도면 행주내리에서 홀어머니 밑의 6남매 중 넷째로 태어났다. 어머니는 농사가 없으므로 계절마다 때에 맞는 행상을 하셨다. 워낙 가진 것이 없어 자식들 공부는 커녕 굶기지 않으려고 당신은 굶고 다니셨다. 먹고 살기도 빠듯해 초등학교는 겨우 마쳤지만 더 이상 공부를 계속할 수가 없었다. 할 수 없이 중학교를 중퇴하고 엄마 대신 동생들 돌봄과 살림을 해왔다.

　그래서 어릴 때부터 집안에 빚이 많이 있다는 것을 알았다. 친척의 권유로

※ 경기도 고양 출생. 중학교 중퇴 후 서울 쌍문동 제약소에 1년간 근무 후 73년 9월 19살에 삼성제약 보문동 제2공장 취업. 야간작업 집단거부 첫 번째 투쟁 실패. 노조 파동을 겪으며 민주노조에 관심을 갖기 시작. 노동조건 개선 파업투쟁을 함께 해서 요구조건을 받아낼 때마다 노조의 힘을 확인. 1991년 퇴직 당시 부위원장.

1972년에 서울 쌍문동에 있는 조그마한 제약소 생산라인에 들어갔다. 18 살 때였다. 큰 오빠는 운전을 하면서 사무실에서 자고 나는 방 얻을 돈이 없어 회사의 사무실이라는 주택의 방 하나에서 살았다. 낮에는 공장에서 일하고 밤에는 그 곳에서 연탄불에 밥을 해 간장에 비벼 먹은 것 같다. 나 중에 생각해보니 그 집은 회사에서 비밀장부를 작성하는 곳 같았다. 처음 집을 나와 생활하다 보니 저녁이면 혼자서 슬픈 노래, 엄마 보고 싶은 마음 의 노래들을 흥얼거렸다.

그 회사는 30명 정도 근무했는데 가족 같은 분위기였다. 점심시간에는 자유롭게 정원에서 탁구도 치고 즐겁게 지냈으나, 월급이 6천 원 정도밖에 안 되고 상여금도 퇴직금도 없었다. 그 회사는 쌍화탕을 재탕까지 해서 제 품으로 만들고, 소화제, 머큐롬 같은 약을 주로 만들었다. 1년 정도 근무하 고 있는데, 옆방 아주머니가 소개를 해준 곳이 삼성제약이었다.

삼성제약이라는 곳

삼성제약에 입사할 때는 1973년 9월, 19살 나이였다. 월급은 9,500원 정 도이고, 생활은 무허가 집, 거실도 없는 조그만 방 두 칸에 누우면 더 이상 움직이지 못하는 공간에 8명이 사는, 내 외갓집에서 살았다. 다행히 회사에 서 걸어갈 수 있는 거리였다.

제2공장이다 보니 일은 그렇게 힘들지 않았다. 캡슐, 알약, 주사제를 위주 로 만들었다. 나는 캡슐에 수동으로 약을 넣는 일을 했는데 약 가루가 날 리면서 부작용으로 얼굴이 퉁퉁 부어올라 병원에 다니면서 약도 먹고 했 는데 그래도 낫지가 않아 포장부로 가게 되었다. 노동조합도 없었던 당시의 본사 같았으면 병원도 안 보내줬을 것이다.

작업조건은 규모가 작아서인지 많이 열악했다. 입사 당시 작업복과 모 자, 명찰도 내 돈을 주고 사야 했다. 점심에는 아주 오래된 그릇에다 라면 을 푹 끓여서 반찬도 없이 주었고, 야근을 하게 되면 당시 호빵, 짜장면이

20원 정도할 때 자기가 먹고 싶은 것을 미리 주문해야 했다. 야근은 하고 싶은 사람만 했다.

제2공장이라 과장이 제일 높은 사람이었다. 근무조건은 별로였지만 회사 분위기는 그런대로 괜찮았다. 입사 때부터 본사로 이사 간다는 말이 계속 있었는데, 다음 해인 1974년 1월 본사인 모진동으로 출근하라고 했다. 본사는 가스명수, 박탄, 판토 같은 제품을 생산하였다. 작업조건은 좋지 않았다. 겨울에도 바닥에 물이 흥건하여 발이 시려 한시도 서 있을 수가 없었다. 신발은 하얀 남자 고무신을 신어야 했다.

컨베이어 시스템까지 되어 있어 곱은 손으로 바쁘게 따라가 작업해야 하니 라인 사람들은 화장실도 제대로 못 가고 한 눈 한 번 못 팔았다. 얼마나 힘들었는지 지금도 생각하기가 싫다. 그러던 어느 날 새벽 6시, 동대문구 용두동에서 모진동 본사로 출근을 하는데 눈이 너무 많이 왔다. 버스를 타려면 20분 정도 걸어가야 하는데, 출근하던 길에 하얀 눈 속에 저만치 시커먼 옷을 입은 아저씨가 어느 집 담을 넘는 것을 목격하여 무척 무서웠던 적도 있다.

시계도 없던 시절, 눈에 푹푹 빠지며 출근하여 후문에 도착하니 아무도 안 보이기에 경비 아저씨한테 물으니 한 시간 정도 일찍 왔다고 해서 밖에서 기다리는데 바지의 무릎 아래 반 정도가 눈에 얼어 뻣뻣해져 추워 죽을 것 같았다. 그런데도 경비 아저씨는 문을 안 열어 줘 한참 동안이나 떨어야 했다.

노동조합 결성과 투쟁의 거친 파도 속에서

보문동 제2공장에서 옮겨간 사람들은 수제 라인에서 야간작업을 해야 하는 경우가 많았다. 그때마다 우리는 하얀 모자를 쓰지만, 빨간 모자를 쓴 총반장이라는 사람이 와 등을 치면서 '너, 너' 하고 지나가면 그날은 야간작업을 꼼짝없이 해야 했다. 그 순간은 심장이 졸아드는 느낌이었다.

그러던 어느 날, 보문동에서 온 우리들이 화가 나 야간작업을 안 하고 10명 정도가 퇴근을 해버렸다. 그랬더니 다음 날 부장이 '로마에 왔으면 로마법을 따르라'면서 다 나가라고 소리를 질렀다. 사장은 또 치졸하게도, 우리가 야근을 안 해 야간에 먹을 라면을 다 버렸다고 호통을 쳤다.

우리는 당시 모진동 근로자들과는 잘 모르는 사이라 우리끼리 대공원 정문으로 모여 나름 대책회의를 한답시고 떠들다가 집으로 돌아갔다. 그러나 책임질 리더가 없어 3일 만에 별 효과 없이 회사로 출근했다. 노동조합도 없고 끌어갈 사람들도 없다 보니 별다른 대책이 서질 못했다. 결국 보문동에서 온 사람 중 나를 포함해 20명 정도를 수제라인으로 보냈는데, 오전 근무도 안하고 거의 그만두더니 다음 날은 모두 나가버려 나 혼자만 남았다.

작업시간 내내 갈등이 왔다. 나는 그만두면 갈 곳이 없어 버티고 있었는데 보문동에서 같이 온 반장이 과장한테 가 한 사람만 남았는데 다시 근무하던 곳으로 보내주라고 부탁을 했다. 그래서 다행히 다시 포장부에서 근무하게 되었다.

언제인가, 노동자들의 노동조합 설립 움직임이 있을 때 이미 회사에서 만들어 놓은 어용 노동조합이 있었단다. 회사에서는 노동조합을 결성하기 위해 앞장섰던 사람들을 빈 공장으로, 회사부지 공터로 보내 뙤약볕에 풀 뽑고 혼자 지내게 하면서 협박과 회유를 하려고 했다고 들었다. 하지만 노동자들은 끝까지 굽히지 않고 노조 결성까지 이끌어냈다.

회사는 현장에서 일하는 사람들을 하나 하나 사무실로 불러 노동조합에 관심을 못 갖게 회유하고, 협박도 하고, 새마을 반모임을 한다면서 그 쪽으로 관심을 끌게도 하고, 다과를 사주며 모임도 하고, 부서별로 야유회 희망자에게 500원씩 지원도 해줬다. 우리는 돈만 챙기고 야유회는 갔다 온 척했다. 나는 노동조합이라는 말도 처음 들어본 거라 혼란스러웠지만, 그럴수록 회사가 더 의아했다. 현장 동료들과 얘기를 나누어보니 노동조합이 근로자들에게 필요한 단체라는 것을 알게 됐다.

그러던 중 식구도 많아 좁은 방에서 생활하기가 미안하여 외갓집에서 나와 회사 가까운 곳에서 친구랑 셋이 자취를 시작했다. 당번을 정해 밥을 해먹고 밤에는 편하게 잠이라도 자야 하는데, 돈이 없어 너무 싼 방을 얻다 보니 고통이 많았다. 잠을 자려고 불을 끄면 빈대가 기어 다니며 깨물었다. 빈대는 불을 켜면 쏜살같이 숨어 잡지도 못하고 잠을 설친 때가 한두 번이 아니었다. 그런 가운데도 쥐꼬리 같은 월급이지만 쪼개어 쓰면서 엄마한테 몇 푼씩 보냈다.

언제부터인가, 노동조합에 참여하면서 생활이 조금씩 달라졌다. 회의를 통하여 노동자의 정당한 권리를 요구하는 투쟁을 결정, 퇴근시간에 탈의실에서 무기한 단식농성에 들어갔다. 탈의실 문에 바리케이드를 쳐 나가지도 들어오지도 못하게 하고는 대·소변용 드럼통도 미리 준비했다. 배가 고프고 잠자리가 불편하다고 불평하는 사람들도 있었지만, 임금인상이나 복지의 개선을 위해 힘을 합쳐야 했다. 함께 해서 요구사항을 얻어낼 때마다 대견하고 뿌듯했다. 농성 때마다 경찰이 들어온다는 얘기가 들리면 무섭고 떨렸지만, 우리의 요구는 절실했고, 함께 하는 조합원이 있었기에 그 시간을 버틴 것 같다.

노조운동의 성과를 돌이켜 보며

농성 중에 화학노조연맹에서 나왔다고 하면 그 때마다 뭔가 해결될 것 같은 기대감이 생겼다. 연맹에서는 먹을 것도 주고, 격려도 해주고, 노래도 가르쳐 주면서 함께 해줄 때 노래 소리도 더 커지는 것 같았다. 그때마다 지원군이 온 것 같아 더 힘이 생기고 용기가 났다. 〈상록수〉, 〈사노라면〉 같은 노래를 열심히 불렀다.

이렇게 노동조합에서 함께 아픔과 간절함으로 날밤을 새다 보니, 어느 순간 모진동, 보문동 사람들이 하나가 되었다. 서로 애로사항을 얘기하고 이해하며 그 때부터는 모두가 친구가 되어 직장 생활을 하는 것이 나름 재미있어졌다.

노동조합은 결혼을 하고 출산을 해도 계속 근무할 수 있는 조항을 관철해냈다. 그 덕에 나도 아이 둘을 출산하고도 계속 근무하였다. 노조 임원이었을 때 큰아이가 태어나 분유랑 모유를 번갈아 먹였는데, 큰아이 태어나고 6개월 만에 임금인상을 위해 단식농성을 하는 바람에 모유가 안 나와 그 이후 분유만 먹인 기억이 난다.

1991년, 나는 아이들을 돌봐줄 사람을 구할 수 없어 퇴직을 하게 되었다. 퇴직하기 전 노조에서는 부위원장으로 활동하고 있었다. 입사한지 18년 만의 퇴직이었다. 얼마 전, 아들이 자기가 7살 때 임금인상 농성 중에 함께 노래하고 놀았다는 얘기를 한 적이 있다. 어릴 때였지만 생각이 난다는 것이다.

그렇게, 그렇게 나의 한 시절이 지나갔고, 지금은 조용히 가정을 돌보며 지내고 있다.

남영나일론
노동조합

남영나일론노동조합

민주노조를 향한
끈질긴 투쟁

　남영나일론(주)은 비비안 브라자, 판도라스타킹 등 여성 속내의를 생산하는 국내 최대 회사로 1957년 6월 설립되어 1976년 7월에 상장되었다. 당시 동종 회사로는 신영섬유, 유영산업, 화창레이스(이상 서울 구로공단), 태평특수섬유(인천 부평공단) 등이 있었다. 공장은 서울 영등포구 문래동 5가 13번지에 두었고, 천안에는 제2공장과 남남나이론 등 계열공장이 여럿 있었다. 종업원은 서울공장에 1,200여명, 천안에 800여명이었으며 여성이 85%를 차지하고 있었다.

　남영나일론노동조합은 섬유노조 직장지부로 조합원은 회사 입사와 동시에 조합원이 되는 유니온 샵 제도를 채택하고 있었다. 노조의 최고의결기구는 대의원회이며 대의원회는 조합원이 부서별로 선출하는 대의원으로 구성되었다. 대의원회는 매년 정기회의를 열어 임원선출(지부장, 부지부장, 사무장, 상집위원, 회계감사), 사업계획, 예산 결산을 의결하였다. 역대 지부장은 조합원 대다수가 여성임에도 불구하고 줄곧 남성이 차지했고, 조직운영과 노동조건은 철저히 남성 중심으로 이루어져 평소 여성 조합원들의 불만이 높았다.

　이러한 남영나일론노조에 새로운 바람이 불기 시작한 것은 1976년 대의원대회를 전후해서였다. 당시 조합원 가운데 영등포산업선교회 회원이 증가하고 있었고, 이들과 몇몇 대의원들이 합세하여 당시의 지부장 문창석을 밀어내고 여성조합원인 라주식을 지부장에 당선시키기 위해 조직 작업을 기도하고 있었다. 이런 상황에서 1976년 3월 15일 대의원대회가 열렸다. 지부장 문창석은 자신의 당선이 어렵다는 사실을 알고 무기정회를 선포하고 회의장을 나가버렸다. 조합원들은 노조 활성화와 민주적 운영을 요구하며 노란핀꽂기, 리본달기운동과 함께 잔업거부와 노조사무실 철야농성을 약한 달간 계속하였다.

문창석 지부장은 대회를 미루어오다가 7월 12일 속개회의를 열었다. 문창석은 천안공장 대의원들을 회유하여 지지 세력으로 만들고, 섬유노조 본조와 회사 측이 결탁하여 문창석을 당선시키기 위해 회의를 방해하는 통에 많은 혼란이 일었다. 문창석은 조합원들의 요구대로 임원을 구성하기로 약속했다. 이렇게 하여 문창석은 지부장 선거에서 라주식을 밀어내고 지부장에 당선될 수 있었다. 그러나 선거가 끝나자 문창석은 약속을 깨고 일방적으로 집행부를 구성함으로써 조합원들의 요구를 철저하게 무시하였다. 이로부터 현장에서 조합원들의 분노와 불만이 투쟁으로 분출하기 시작했고, 회사 측의 탄압도 갈수록 강해졌다.

노동조건 개신투쟁의 불길

첫 번째 투쟁은 1976년 11월 15일 발생한 정전사태와 관련된 분쟁이었다. 회사 측은 정전으로 다음날 작업시간을 오후 2시~10시로 변경한다고 공고했다. 노조에서도 회사 측 안대로 대체근무를 인정했다. 이에 대해 조합원들은 평소처럼 아침 8시 30분~5시 30분의 근무시간을 인정하고, 이후 밤 10시까지는 잔업으로 처리해야 한다고 주장했다. 회사 측은 당초의 계획을 밀어붙였다.

다음날 조합원들은 아침 8시 30분에 정상출근을 하였고, 회사 측은 정문을 걸어 잠그고 출근을 막았다. 오전 11시까지 회사간부들은 노조원 14명에게 무자비하게 폭행을 가했고, 12시경 출동한 경찰은 노동자들을 억압 감시할 뿐이었다. 회사는 정문에 휴무공고문을 붙였고, 폭행당한 14명의 조합원들은 노동청에 회사 간부들을 고발하였으나 답이 없었다. 이후 정전이 되면 무급휴무 처리하는 것으로 관례화되고 말았다.

이런 투쟁과정에서 노조 집행부가 회사 편에 서거나 애매한 태도를 취하면서 조합원들의 노조에 대한 불신은 더욱 커지고 집행부를 바꾸어야 한다는 요구가 높아졌다. 노조 집행부와 회사는 더욱 밀착되어갔고 회사의 탄압도 심해졌다. 이런 상황에서 터진 것이 노조 교선부장 이순정의 해고사건이었다. 이순정은 문창석 지부장의 비행을 폭로하고 노조의 정상화를 위해 일어서야 한다고 주장하여 지부장과 회사로부터 늘 감시와 억압의 대상이 되어 있었다.

마침내 회사는 "노동자들에게 생산을 줄이도록 선동했다"는 누명을 씌워 12월 2일 이순정을 취업규칙 위반 혐의로 해고했다. 이순정은 12월 6일 각계에 진정서를 뿌리고 다녔다. 지부장은 이 사건을 외면하다가 섬유노조 본부에 문제해결을 요청했다. 섬유노조는 회사에 해고 철회를 요구했으나 회사는 이를 거부했다. 이순정은 해고 직후 노동청 남부지방사무소에 부당해고진정서를 냈고, 지방사무소에서는 산업선교회에 안 나가면 복직시켜준다는 각서를 쓰게 했다. 그러나 지방사무소는 이런 저런 핑계로 복직 약속을 지키지 않다가 1977년 2월 모 기관의 작용으로 복직하기에 이르렀다.

이처럼 대의원대회와 정전사태를 전후하여 나타난 노동자들의 불만과 요구에 대한 회사의 억압과 횡포는 끊임없이 이어졌는데도 지부장은 회사의 방침에 따라 움직일 뿐이었다. 노동자들은 계속해서 문제를 제기했고 회사는 투쟁에 앞장 선 노동자들을 산업선교회의 앞잡이라고 비난하며 보복을 가했다. 1977년 3월에는 일부 부서에 출퇴근 때 30분씩 부당노동을 강요하고, 이에 불응한 노동자들에게 공갈 협박을 가하며 강제로 부서이동을 시켰다. 노동자들은 노조 대의원을 중심으로 적극 대항하여 원상으로 회복

시켜 놓기도 했다.

남영나일론 서울공장에서는 부서별로 끊임없이 갈등과 마찰이 터져 나왔다. 이들은 노조의 활성화를 바라는 노동자들의 열망을 회사와 노조집행부가 찍어 누름으로써 가중되었고, 결국은 전체 노동자의 투쟁으로 확산되었다. 그 대표적인 사건이 현장 노동자들의 1977년도 임금인상 투쟁이었다. 당시 임금인상은 노사 간의 교섭이 아니라 1971년 12월 제정된 국가보위에 관한 특별조치법에 따라 노동청 또는 지방자치단체의 조정을 받아야 했다. 이에 따라 노동조합은 조정신청을 냈고 행정당국은 1977년 3월 10일 23% 임금인상안을 직권으로 결정했다.

4월분 임금은 5월 4일 지급되었다. 그런데 회사 측은 1인당 170~240원을 올리면서 근무연수가 많은 노동자보다 근무연수가 적은 노동자의 임금을 더 많이 올렸다. 그 동안 투쟁에 앞장선 노동자들에 대한 보복의 일환이었다. 노동자들은 지부장에게 임금인상의 부당성을 지적하고 시정을 요구했다. 그러나 지부장은 법에 따라 임금이 결정되었고, 경력에 따라 조사하여 조정하겠으나 일단 월급을 수령한 후이므로 쉽지 않을 것이라고 발뺌할 뿐이었다.

일부 대의원을 중심으로 임금 재조정, 임금 250원 일률인상을 요구하고 이를 들어주지 않으면 파업을 벌이겠다고 선언했다. 그리고 5월 7일 출근 시간에 제품부, 스타킹부 노동자 700여명은 '임금인상 다시 하라'는 요구를 외치며 정문에 집결하였다. 다른 노동자들이 동참하면서 노동자들의 기세는 더욱 격앙되었다. 지부장은 현장에 들어가 작업을 하자고 설득했으나 노동자들은 듣지 않았다. 회사 간부들은 "해볼 테면 해보라"는 반응을 보이며 정문을 차단하고 노동자들을 밀어냈다.

10시경 출동한 기동경찰은 노동자들에게 폭력을 휘두르며 강제로 해산을 시도했다. 이 과정에서 많은 노동자들이 머리, 팔, 다리를 다쳐 병원으로 실려 갔고, 분위기는 더욱 격렬해져 남은 노동자들은 정문 앞에서 농성을 계속했다. 노동자들은 점심도 거른 채 농성을 계속하면서 사장 면담을 요구했다. 그러나 사장은 나오지 않고 오후 3시경 천안공장의 강찬수 노조 부지부장이 나타났다. 강찬수는 "월요일 아침까지 책임지고 해결하겠으니 해산하라"고 설득하고 회사 간부들도 일부 잘못된 것은 시정하겠다는 태도를 보였다. 400여명의 노동자들은 강찬수의 말을 믿고 자진하여 농성을 풀고 해산하였다.

회사의 앞잡이가 된 구사대

다음날인 5월 8일은 휴일이라 별일이 없었다. 5월 9일 작업에 들어갔으나 아무런 소식이 없자 노동자들은 약속이행을 요구하며 2시간 가량 작업을 거부했다. 그러자 강찬수가 나타나 "일단 일을 하라. 저녁까지 통보하겠다"고 하여 다시 작업에 들어갔다. 저녁이 되자 강찬수는 쉬운 일이 아니고 지금 조정 중이니 1주일만 기다려달라고 요청했다. 노동자들은 일부 반발이 있었으나 그대로 받아들였다. 회사는 이때를 놓치지 않고 공격을 시작하였다. 회사 측은 간부들을 풀어 1주일 동안 노동자들을 개별적으로 찾아가 '빨갱이 산업선교회' 운운하면서 협박하고 회유공작을 벌였다.

노동자들 편에서 문제를 해결하려는 태도를 보였던 강찬수는 회사 측 탄압의 선봉장으로 표변해 날뛰었다. 그는 여성 노동자들의 집에 한밤중에 찾아가 "말을 안 들으면 칼로 목 줄기를 따겠다", "조상까지 피를 말리겠다", "도산 빨갱이는 몽둥이로 때려 잡겠다"는 등의 폭언을 퍼부으며 위협하였다. 위협과 공갈, 협박, 회유는 집요하게 계속되었다. 그러나 노동자들은 굴복하지 않았다. 5월 17일 아침 출근시간에 노동자들은 회사 정문에 집결했다. 일부는 현장에 입장하고 200여명의 노동자들은 농성에 들어가 문제의 해결을 요구하였다.

회사는 각 노동자들의 입사를 중개한 사람들을 동원하여 설득하려 들었다. 긴급 출동한 노동청 남부지방사무소장은, 임금이 직권조정으로 결정

됐기 때문에 바꿀 수 없다는 강경한 태도였다. 점심도 거른 채 농성이 계속되었다. 오후 2시 30분경, 회사의 차장, 과장들과 총무과, 경리과 직원 250여명이 농성장으로 밀어닥쳤다. 이들은 〈도산은 물러가라!〉, 〈미친개는 몽둥이가 약이다!〉 등의 플래카드를 들고 마이크로 구호를 외치며 노동자들을 큰길로 밀어냈다. 이 과정에서 조합원 박순자의 작업가위에 남자조합원이 허벅지를 찔리는 사고가 발생하여 노동자들을 긴장시키기도 했다.

5월 18일 노동자들은 보복이 두려워 여의도와 양남동 어린이공원 등에 모여 5, 6명씩 짝을 지어 회사로 출근하였다. 강찬수는 큰길에서 여성조합원들의 머리채를 질질 잡아끌고 다니며 발길로 차고 내동댕이치며 경찰차에 밀어 넣는 등 횡포가 극심했다. 회사 정문에서는 농성 조합원과 회사 직원 사이에 충돌이 일어났고, 많은 여성조합원들이 목이 눌리고 졸리는 등 크고 작은 부상을 입었다. 출동한 경찰은 보고만 있다가 오후 4시경 농성 노동자 16명을 영등포경찰서로 연행했다. 노동자들은 자술서, 진술서를 쓰고 5명은 훈방되고, 11명은 도로교통법 위반혐의로 즉결재판에 넘겨져 15일, 20일의 구류처분을 받았다. 회사는 이들을 곧바로 해고했다.

– 15일 구류(7명): 윤옥자, 이경수, 상운옥, 황봉순, 김현숙(이상 제품부), 전덕순, 이영순(스타킹부)
– 20일 구류(4명): 김경자, 임영자, 유옥순(이상 제품부), 박점순(스타킹부)

한편 이날 회사는 점심시간을 이용하여 "도산은 물러가라," "농성에 가담한 근로자를 처벌하라"는 구호를 외치며 시위를 벌이게 하고, 다음날부터 3일간 농성에 가담한 노동자들을 옥상에 부서별로 모아놓고, 욕설을 하며 사표를 내라고 강요하였다. 그러나 사표를 내지 않자 각서를 요구하고 부서이동을 시키며 동료들에게 내쫓으라고 협박하기도 했다. 또한 남성조합원들은 노조사무실로 몰려가 상집위원들에게 "양심이 있으면 사퇴하라"고 강요하여 28일까지 전원사퇴서를 받아내기도 했다.

6월 1일 회사는 제품부 현장에 1천여 명의 조합원들을 집결시키고 노조 회계감사를 앞세워 결의대회를 열었다. 회사 상무가 지켜보는 자리였다. 결의문은 "5·17사건은 다시 일어나지 않도록 하자, 주동자를 받아들일 수 없다, 평온리에 일하게 해달라'는 내용이었다. 이 결의문은 사장과 노조 지부장에게 전달되었는데, 결의문 낭독 때 사회자가 손을 올리라고 하자 조합원들은 모두 피식피식 웃기만 했다. 그러나 몇몇이 박수를 치자 결의문과 수습대책위원회가 구성됐다고 서둘러 선언했다.

6월 2일 이후 구류를 살고 나온 11명의 노동자들이 사장과 상무를 만나자, 그들은 각서를 요구했다. 노동자들이 각자 각서를 써서 내자, 노조와 회사가 만든 각서를 그대로 베끼라고 요구했다. 노동자들은 거부했다. 노조는 조합원들이 반발하여 어쩔 수 없으니 각서를 써야 복직될 것이라고 굴복을 강요할 뿐이었다. 노동자들은 일단 회사의 요구대로 각서를 썼으니 출근해도 된다고 판단하여 현장으로 들어갔다. 그러나 남자기사들은 "이 뻔뻔스러운 년들아, 나가라", "전과범들과 같이 일할 수 없다"는 등의 욕설을 퍼붓고는 회사 밖으로 몰아냈다.

노동자들은 매일 출근했으나 정문에서 제지당하고, 현장에 들어가면 기사들에게 팔을 비틀리고 목을 눌리며 끌려나오기를 되풀이 하였다. 회사측은 6월 14일, 천안공장 노동자 800여명에게 도시산업선교회 추방 호소문을 작성케 하여 뿌리기도 했다. 11명의 해고노동자들은 '임금 250원 일률인상, 공정한 임금조정, 해고노동자 11명의 복직, 구타 공개사과'를 요구하는 호소문을 만들어 각계에 배포하였다.

6월 16일, 남영나일론 사원 30여명이 영등포산업선교회에 난입했다. 당시 선교회에서는 11명의 해고노동자들을 돕기 위한 모금운동을 벌이고 있었다. 사원들은 인명진 목사와 명노선 전도사의 멱살을 틀어쥐고 "남영나일론에서 손을 떼라", "몽둥이 찜질을 당해봐야 알겠느냐", "김일성의

어둠의 시대 불꽃이 되어

압잡이다"는 등의 폭언을 하며 밤늦게까지 난동을 부리다가 돌아갔다. YWCA, 한국교회여성연합회, 한국여성유권자연맹 등 6개 종교 시민단체는 공개사과와 11명의 복직을 요구하고, 이를 해결하지 않으면 남영나일론 제품의 불매운동을 벌이겠다고 결의하였다.

회사의 횡포에 대한 여론의 질타

회사의 탄압이 사회에 알려지고 각계의 여론이 비등해지자 사장 김재식은 YWCA를 방문하여 '구타행위 사과, 노동자 11명의 복직과 보복행위 중지'를 약속했다. 회사 측과 11명의 노동자는 6월 20일 "그 동안 발생했던 불상사는 유감으로 생각하며, 앞으로 노사가 서로 협력하여 이런 일이 없도록 최선을 다하기로 약속한다"는 내용의 합의문에 서명하고, 노동자 11명은 6월 24일부터 출근하게 되었다.

한편 영등포도시산업선교회는 각계 요로에 선교단체에 대한 폭력사태를 중지하라고 요구하는 건의서를 발송하였고, 사장 김재식은 "본사의 종업원들이 신성한 교회선교기관에 몰려가서 물의를 일으킨 사실에 대하여 소속 교단을 위시하여 관계 각 기관에 책임을 느끼고 사과하는 바입니다"라는 내용의 사과문을 일간신문에 게재하였다.

이후 회사는 임금을 재조정하였고 일부 폭력행위자는 경찰조사를 받았으나, 임금인상은 무위로 돌아갔고 폭력행위자, 특히 탄압에 앞장서 폭력을 휘둘렀던 강찬수에 대한 어떤 처벌도 시행되지 않았다. 복직된 11명의 노동자들은 부서이동을 시키고 감시감독을 강화하는 등 유형 무형의 탄압을 가했다. 이제 노동현장의 활기찬 모습은 사라지고 노동조합은 회사 측 추종자들의 지배하에 들어갔다.

이렇게 남영나일론 현장 노동자들은 노동조합의 자주적이고 민주적인 운영을 요구하며 노동조합 본연의 모습을 확립하고자 치열한 투쟁을 전개했다. 여기에는 도시산업선교회의 지원이 크게 기여했다. 그러나 회사 측의 폭력을 동원한 완강한 탄압과 남녀 노동자간의 차별을 악용한 치밀한 분열 공작으로 민주노조는 끝내 이루어내지 못하였다.

참고 : 한국기독교교회협의회, 『1970년대 노동현장과 증언』, 풀빛, 1984

이옥지, 『한국여성노동자 운동사 · 1』, 한울아카데미, 2004

　　　　　　　　　　　　　　　　　어둠의 시대 불꽃이 되어

남영나일론노동조합

노동운동은 나를 지키고
살아가는 길

김 연 자 ※

　나는 1955년 충남 연기군 전의면 운당리 2구(양촌)에서 태어났다. 7남매 중 6번째로, 위로 오빠가 5명, 밑으로 세 살 터울의 여동생이 있나. 어렸을 때 기억나는 것은 한여름 저녁 8명의 식구들이 마당에 둘러앉아 감자를 넣은 수제비를 먹으며 이야기하던 풍경이다. 수제비를 가마솥에 끓여서 함지박에 퍼 놓고 각자 먹을 만큼 떠서 먹는데, 오빠들이 너무 많이 먹어 내 것이 없을까봐 울던 기억. 그러면 아버지가 나를 업고 달래시는데, 아버지 등이 굽어 닿는 부위가 아팠다. 아버지는 일제 때 무산탄광으로 강제징용에

※ 1955년 충남 연기 출생. 71년 서울통상(가발공장) 취업. 74년 문래동 남영나일론 입사. 영등포 산업선교회에서 의식화 교육 체험. 새문안교회 대학생부의 문래동 야학에서 노동법을 배워 어용노조 바꾸기, 노동자 권리 찾기에 적극 관심. 어용노조를 개혁해 민주노조로 전환 추진. 회사의 탄압으로 81년 사직하고 구로의원, 서울의료사회적협동조합, 서울역 노숙인 상담, 인천 결식 아동 도시락 배달 사업 등에서 활동.

끌려가 허리를 다치셨는데, 치료시기를 놓쳐 허리가 할아버지처럼 굽어졌다고 한다. 끝내 나는 아버지의 허리가 곧아진 모습을 보지 못하였다.

건강문제로 아버지는 농사일을 할 수가 없었다. 어머니가 늘 경제를 책임지셨고, 오빠들도 초등학교를 졸업하고 나면 돈을 벌어야 했다. 내가 태어나기 전 오빠들은 하루에 한 끼 정도 밖에 못 먹었으며, 그것도 죽으로 연명했다고 한다. 가난하지만 온화한 성격의 아버지 덕에 우리 집은 늘 평온하였다. 특히 다른 집과 달리 우리 집안은 딸이 귀했다. 아버지 8형제 가운데 딸이 하나도 없을 정도였다. 그래서 나와 동생은 친척들에게 귀여움을 받았다. 하지만 중학교에 들어가야 하는 시기에 문제가 일어났다. 공부 못하는 위 오빠는 진학을 시키고 공부 잘 하는 나는 수업료 면제 등 장학생으로 중학교에 붙었지만 차비와 교복에 돈이 들어간다는 이유로 진학을 시키지 않았다. 나는 죽겠다고 산에 올라가 밤 늦게까지 시위를 했지만 허사였다. 그때 분위기는 돈도 없었지만, 여자는 시집만 잘 가면 된다는 생각이 지배적이었다.

15살의 돈벌이, 체불의 쓰디쓴 체험

1971년에 초등학교를 졸업하고 난 후 주변에 가내공업 가발공장이 있다고 하여 친구와 다녔다. 처음에는 배우는 과정이라 돈을 받지 못하고 차비(30원)만 받으며 다녔는데, 얼마 후 천안 시내에 숙식을 제공하며 돈을 많이 준다는 가발공장으로 친구들과 함께 옮겼다. 20여 평 정도의 작업장이었다. 잠은 작업대 밑에서 자고 식사는 옆 식당에서 먹는데 매일 콩나물국에 김치였다. 노동시간은 도급이기 때문에 일어나면 일을 시작해서 저녁 늦게까지 하는데, 일찍 자고 싶어도 옆에서 일을 하는 사람들 때문에 잠을 잘 수가 없었다. 그렇게 3개월 동안 열심히 일을 하였는데 월급을 주지 않았다. 사장이라는 사람이 1주일, 3일 하며 미루더니 나중에는 얼굴도 안 보였다. 식당도 돈을 주지 않는다며 밥을 끊어 버렸다. 할 수 없이 3개월

죽도록 일하고 한 푼도 받지 못한 채 집으로 돌아왔다.

당시 집에는 셋째오빠가 와 있었는데 여간 걱정이 아니었다. 청룡부대로 월남에 파병 갔다가 제대를 하고 서울에서 공장을 다녔는데 몸이 아프다고 시골집으로 돌아와 누워버린 것이다. 오빠는 헛소리를 하고 잠을 통 자지 못하며 빼빼 말랐다. 동네사람들은 월남 가서 귀신 들려왔다고 하였다. 어머니는 오빠 병원비와 약값 때문에 근처 채석장에 새벽부터 가서 돌을 깨고 계셨다. 나는 오빠의 병간호를 하였다. 죽을 쑤고 밖에 있는 화장실에 업어서 데려가기도 했다. 이렇게 오빠는 3년을 꼬박 앓았다. 이제와 생각해 보면 20대 초반 어린 나이에 서로 죽이고 죽는 전쟁을 치른 고통에 외상후 스트레스와 고엽제 등의 복합적인 영향을 받은 게 아닌가 생각된다. 그 오빠는 지금 이른 나이에 치매가 와서 고생하고 있다.

오빠를 간호하는 중에 서울에 있는 친척이 문래동에 있는 서울통상(가발공장)을 소개해 주어 입사하게 되었다. 잠시의 경력이지만 경력자로 들어갔다. 이곳도 도급제인데 근무시간은 자유롭지 않았다. 수출 선적기간이 짧을 때는 장시간 일을 해야 했다. 작업장 분위기는 살벌했고, 화장실도 눈치 보며 다녀야 했다. 어느 날 화장실을 다녀오는데 주임의 책상 앞에서 한 언니가 엎드려 울고 있었다. 현장은 살벌한 정적이 깔려 있었다. ㄱ 언니는 5년 정도 근무한 사람인데, 지병이 있는 어머니가 갑자기 쓰러져 병원에 가는 바람에 결근 2일을 하였고, 전화도 하기 어려워 연락을 못하였다고 한다. 그런데 무단결근하였다고 불러서 주먹으로 얼굴을 때리고 발로 배를 찼다. 나는 심장이 떨려 일을 제대로 하지 못하였다.

그날 퇴근 후 오빠와 함께 살고 있던 무허가 차가운 다락방에서 저녁도 못 먹고 잠을 잤던 기억이 난다. 그 후 그곳에서 알게 된 박노분이라는 친구가 맹장수술을 하고 한 달 만에 왔는데, 회사는 그녀도 무단결근이라며 해고했다.

남영나일론 입사

쫓겨 난 친구 박노분이 문래동에 있는 남영나일론에 시험을 보고 입사하였다. 다음 달 공고를 보고 나도 친구 따라 응모를 하였다. 입사시험을 보는데 알파벳 대문자/소문자, 자기소개 등을 적으라고 하였다. 시험 보기 며칠 전부터 오빠의 도움을 받아 연습하고 갔지만 몇 개는 틀렸던 것 같다. 그래도 합격은 했는데, 1974년 4월, 19살 때였다.

남영나일론은 제품부를 중심으로 스타킹부, 편직부, 가공부로 나뉜 700~800여명의 종업원이 여성속옷과 스타킹을 만드는 회사였다. 당시 서울 본사에서는 브래지어, 팬티, 슬립, 수영복, 가운, 스타킹 등을 만들고, 천안에 있는 남남나이론에서는 주로 스타킹을 생산하였다. 수출이 잘 되어서 천안에도 공장이(주로 스타킹) 2~3곳 더 있다고 하였다.

처음 3개월은 자재부로 가서 창고 정리 등을 하였고, 그 후 제품부(여성 란제리 만드는 곳)로 옮기게 되었다. 제품부는 1, 2, 3과가 있는데 나는 브래지어를 만드는 2과에 배정되어 미싱사 시다로 일을 하게 되었다. 시다가 하는 일은 4층의 재단실에서 재단된 원단과 부속품들을 가져와 공정마다 다르게 들어가는 재료들을 미싱사에게 전달하여 일을 끊어지지 않게 해주어야 한다. 150센티의 키에 46킬로 나가는 체격의 나는 몸무게보다 무거운 원단을 새우잡이 때 쓰는 박스에 담아 목에 줄을 걸어 끌고 와야 했다. 한 번 끌고 내려오면 다리가 달달 떨리고 푹 주저앉을 지경이었다. 재단사가 남자여서 그런지 한 박스에 많은 양의 원단을 담아 놓아 힘들었으나 원단을 적당히 담아달라는 요구는 감히 할 수 없는 상황이었다.

일본으로 수출이 많이 될 때는 하루에 몇 번씩 내려와야 했다. 그 중간에 각 공정(12)마다 가위질과 짝 맞추기를 해서 앞 공정에 넘겨주어야 하고, 불량 난 것을 새로 재단해서 가져와야 하는 등 하루 종일 정신이 없었다. 때로는 반장(오영란)에게 불러가 욕도 듣고 특히 미싱사들의 요구가 많아서 힘들었다. 어려운 환경의 미싱사들은 작업 도중에 웃지도 않았고 짜증이 일상적이었다.

　그렇게 하루에 10~12시간씩, 때로는 철야도 하며 먼지 속에서 돈을 벌었다. 대부분 가장 역할을 하는 사람들이었고, 시골 동생들의 학비를 대고 있었다. 나도 조금씩이지만 시골로 월급을 보내드렸다. 당시 집에서 쌀계를 한다고 했지만 사실은 살림에 보태기 위해서였다. 그때 같은 라인 사람들(8명)을 지금까지 만나고 있다. 지금 이 글을 쓰는 중에도 10월 모임을 목포로 가자고 단톡방에서 난리들이다. 그래, 가자. 내 인생을 즐겁고 행복하게 보듬어 주는 친구들! 동지들! 청춘의 동창생들아!

노동자라는 단어를 알게 되며

　어느 날 라인 맨 뒤에서 처음 시작하는 공정 미싱사(김순숙)가 월급날에 잔돈(동전) 있는 거 저금하라며 권했다. 당시 은행은 우리와 거리가 멀고 당장 쓰기도 모자란데 저축할 돈이 어디 있는가? 황당해서 물으니 1원짜리, 10원짜리 동전을 저축하라고 했다. 본인이 모아서 당산동에 있는 산업선교회의 협동조합에 저축해주겠다고 하며 몇몇 사람들의 동전을 가져갔다. 나도 25원, 30원 등을 저축하였는데, 얼마 뒤 그 친구가 그 곳에서 여성노동자를 위한 다양한 교육을 한다며 함께 가자고 하였다.

　나는 무료로 하는 교육이라 수상하다며 의심을 했지만, 일단 가보자는 친구들의 의견에 가보았다. 꽃꽂이, 곰인형 만들기, 음식 만들기 등을 권유하여 우리도 7~8명으로 '늘벗'이라는 그룹을 만들어 인형 만들기를 하기로 하였다. 이때부터 산업선교회와 인연을 맺고 의식화 교육이 시작되었다. 인형을 만들며 타 사업장의 근로환경 등을 듣고 비교하며 우리들의 노동 상황을 돌이켜 보게 되고, 음식을 만들어 먹으며 여성들의 건강에 대해 교육을 받았다. 무리한 노동으로 건강을 해치면 결혼을 해도 문제가 생긴다는 것도 알게 되었다. 또한 새문안교회 대학생부에서 문래동에서 야학을 하는데, 친구와 함께 등록하여 한문을 배우게 되었다. 勞動法, 勞動者, 勤勞

基準法 등의 한문을 쓰고 그 뜻을 배우며, 아! 내가 노동자구나! 노동자를 위한 법도 있네! 새삼 깨달았다.

그 무렵 다락방을 떠나 1층에 월세(5천원)를 얻어서 부엌은 따로 없지만 연탄 정도는 피우고 밥을 해 먹을 수 있는 곳으로 이사를 했다. 궁궐이 부럽지 않았다. 월 2회 휴일은 친구와 양평동 쪽 한강 둑을 거닐며 시간을 보냈고, 때로는 음악다방에 가서 음악을 들었다. 20대 젊은 시절의 가장 즐거웠던 기억이다. 수출 선적일자에 따라 특근을 하게 되면 한 달에 두 번의 이런 소소한 여유를 누리지 못하는 게 아쉬웠다.

어려서부터 배움의 갈망이 많았지만 이 시기, 내 속에 묻어 두었던 공부에 대한 열의가 나오기 시작하였다. 거의 매일같이 산업선교회를 다니며 이러저러한 강의를 많이 들었다. 그때는 몰랐지만 나중에 알고 보니 유명인사들의 좋은 강의가 많았다. 백기완, 문익환, 문동환, 장기표, 이우정, 장명국 등등. 강의 중에는 이해할 수 없는 내용도 있었지만, 세계사, 노동사, 종교사 등 그때 들은 이론들은 이후 나를 무장시키는데 큰 도움이 되었다.

산업선교회를 다니면서 많은 것을 알게 되었다. 다른 사업장과 우리 사업장의 노동조건을 비교하며 생각할 수 있었고, 노동법을 위반하며 일을 시키고 있는 사업장들을 알게 되었다. 구체적으로 우리가 요구해야 할 것들이 무엇인지 차츰 알아갔다. 특히 원풍모방 등 당시 민주노조 사업장 동료들과 산업선교회 실무자들의 지원과 격려 속에서 행동들을 시작하게 되었다.

뿐만 아니라 힘 닿는 대로 타 사업장의 문제들을 해결하기 위하여 함께 지원하였다. 해태제과에서 민주노조를 요구하다가 1명이 해고되었는데 우리는 호소문을 주변에 돌리고 해태제과 사장실과 영업과에 조를 짜서 전화를 하였다. 나중에 8시간 노동 쟁취 투쟁을 할 때는 산업선교회원 모두가 나서서 함께 도왔다. 롯데 어용노조 바꾸기, 방림방적, 경방, 대일화학 등 영등포 일대의 많은 사업장의 노동자 권리찾기 싸움은 산업선교회원들 모두의 관심과 참여로 함께 했다.

우리 공장에 어용노조가 있다고?

나는 우리 회사에 노조가 있다는 것도 몰랐고, 대부분의 동료들도 모르고 있는 것 같았다. 가끔 빨간 스카프를 한 반장들(우리는 흰 스카프)과 관리들이 점심을 나가서 먹는데, 알고 보니 노조회의라고 하였다. 동료들 몇몇이 수소문해보니 노조(문창석 지부장)가 있으며, 우리들의 급여에서 노조비를 떼어가고 있었다. 당시 우리들은 그룹을 만들고 늘리는 일에 열심이었고, 동료들의 노동자 권리와 노동법 찾기 등 의식화 교육을 하는데 올인 하고 있었다. 제품부의 경우 산업선교회 활동을 가장 많이 할 때는 제품부 인원 300~400명중 90%정도까지 되었다. 타부서들과 합치면 40~50개 정도의 그룹이 활동한 것 같다. 그룹 만들기 → 등산가기 → 교육듣기 등의 과정들을 거치며 7~10명으로 조직된 그룹들은 '공순이에서 노동자로' 거듭나는듯 하였다.

우리는 회사의 어용노조에 대한 상황을 이해하고 무엇이 문제인지, 그 문제를 해결하는데 우리들은 무엇을 해야 하는지를 산업선교회 실무자들과 토론하고 의논하였다. 누가 섬유노조 남영나일론 시부장인지? 부지부장은 누구인지? 상집간부들에 대해서 관심을 가지고 지켜보게 되었고, 그들의 활동도 감시(?)하게 되었다.

지부장 임기가 만료되어 대의원대회에서 투표를 통해 선출해야 하는 때가 되었다. 우선 우리 측 대의원을 뽑는데 주력하는 운동을 비공개로 해나갔다. 타부서 노동자들과의 교류를 시도하고 의식화시키는데 밤낮을 가리지 않았다. 편직부, 가공부, 기계실 등 남자들 중 노조에 관심을 가지고 있는 사람이 누구인지 파악하고, 그 성향을 파악하여 접근하는 방식이었다. 쉬는 일요일엔 함께 산에도 가고 야유회를 다니며 민주적인 노동조합 건설을 왜 해야 하는지, 그 당위성을 설명하는데 최선을 다했다.

노력한 만큼 성과는 없었다. 그들도 민주노조를 갈망하였지만 후환을 두려워하였다. 처자식이 있어 가족을 부양하는 가장이라 해고 당하면 어떻게 해야 하는지 대책이 없다고 하소연을 하였다. 우리는 결국 제품부, 스타킹부 등 여성들로 이루어진 부서를 중심으로 하여 대의원 선거를 하였다. 현 집행부 사람들은 우리가 하고 있는 '민주노조 세우기 운동'에 대하여 그때까지 확실하게 알지 못하고 있었다. 어렴풋이 몇몇 애들이 설치는데 우습게 보고 있는 듯도 하였다. 천안의 남남나이론지부에서도 대의원 선출을 하였다.

　대의원 선거 결과는 천안에서만 우리가 뒤졌고 서울에서는 전체의 6분의 5 정도로 우리가 이겼다. 나와 스타킹부 박점순은 이번 대의원에서는 빠지고 현장에서 역할을 하는 것으로 하였다. 그래서 대의원에는 빠졌지만 환호성! 탄성! 이루 말할 수 없이 기쁘고, 다 이긴 것처럼 들떠 있었다. 이제 대의원대회에서 투표로 지부장만 선출하면 되는 것이다.

　다음 날부터 현 지부장(문창석) 패들이 대의원들을 만나자고 하며 회유하기 시작하였다. 회사 간부들도 대의원들에게 접근하며 야릇한 눈빛을 보냈다. 대의원대회가 있는 날까지 우리는 긴장감을 놓지 못하였다. 대의원대회가 다가오자 산업선교회에서 우리 측 대의원들에게 회의하는 방법에 대해 가르치고 예행연습을 밤새 하였다. 가하면 예하고, 아니면 아니라고 하세요 등 부결, 가결 같은 처음으로 들어보는 단어들에 익숙해지도록 훈련했다. 또 밤에 집으로 찾아와 회유하는 저들을 대비하여 산업선교회에서 밤을 새우고 아침에 출근을 하였다. 나와 박점순도 대의원들과 함께 행동하였다.

　대의원대회 당일 우리는 긴장감과 불안감으로 일이 손에 잡히지 않았다. 대의원대회에는 섬유노조 위원장(김영태)을 비롯한 간부들이 왔고, 우리가 철석같이 믿고 있는 원풍모방 방용석 지부장도 왔다. 방용석 지부장이 왔다는 소리에 우리는 이긴 것 같이 설레고 기대가 되었다. 우리는 민주노조를 건설하는데 목적지까지 다 온 것처럼 들떠서 기세가 등등하였다.

회의장에 들어 갈 수 없었던 나는 회의 소식에 귀 기울이며 시간이 오기만을 노심초사하며 기다렸다.

그 날은 전무, 상무 등 회사간부들이 모두 현장을 돌아다녀 분위기가 삼엄하였다. 긴장된 우리는 화장실도 못 가고 있었고, 현장은 보이지 않는 공포가 조성되고 있었다. 비밀소통구인 화장실 창문을 통해 들리는 소리가, 회의가 끝났는데 안 좋은 징조가 있다고 2층 기사가 말하는 소리가 들렸다. 바로 노조사무실로 뛰어가니 잠겼던 문이 열리고 대의원들이 나오고 있었다. 스타킹부 이영순이 얼굴이 벌개 가지고 나오며 우리가 이겼는데 억지를 쓴다며 화를 내고 있었다. 15 대 16으로 이겼는데 우리 표 1개를 무효표로 했다고 한다. 도장 찍은 것이 옆으로 약간 치우쳐서 중간선에 닿았다고….

민주노조의 꿈과 잔인한 현실

원풍모방 방용석 지부장에게 어떻게 되는 거냐고 물었다. 난처한 표정으로 어쩔 수 없다는 것이었다. 휴회를 하고 재투표를 해야 했다. 그런데 회의를 중단하고는 한 달이 지나도록 열지 않고 대의원들을 회유하고 다녔다. 우리들은 회의를 열 것을 요구하며 8시간 준법투쟁을 시작하고, 퇴근 후에는 노조사무실에서 밤새워 농성을 하였다. 그렇게 얼마가 지나자 회사는 전기와 수도를 끊고 노조사무실을 잠가버렸다. 우리는 옥상으로 올라가 시멘트 바닥에 신문지를 깔고 누워 밤을 새웠다. 다음날 일을 하고 점심 한 끼를 먹으며 농성을 계속했다. 그러나 점점 힘들어지고 이탈하는 동료들이 늘어났다.

어느 날 저녁 정문 밖에 산업선교회 인명진 목사가 왔다며 난리가 났다. 모두 얼굴을 보려고 기웃거리며 밖을 내다보니 누군가가 지나가는데 그 사람이라고 하였다. 우리는 보약을 먹은 것처럼 다시 힘을 얻었다. 우리만 외롭게 투쟁하는 것이 아니라 밖에서도 우리를 지지하는 사람들이 있다는 것이 큰 힘이 되었다. 그 후 현 지부장과 산업선교회 목사, 우리 측 후보자 등이 절충안을 냈다. 현 지부장을 인정하고 우리 측은 상집간부 몇 명이 집행부에 합류하는 것으로 하고 농성을 풀었다. 물론 계속하여 농성한다는 것도 너무 힘들었지만, 고생한 결과가 그 정도로 끝나는 것이 서운하기도 하였다.

그 후 상집간부들과 우리 측 대의원들의 활동은 약화되었다. 이제 회사와 지부장은 회사에 산업선교회원이 얼마나 있는지, 어느 부서에 누가 앞장서서 활동을 하는지 모두 알게 되었다. 그들은 경계의 눈을 뜨고 감독을 하였다. 내친 김에 우리들도 음성적으로 하던 활동을 중지하고 대놓고 문제들을 제기하기 시작하였다. 우선 임금인상 투쟁과 강제잔업 거부 등을 하면서 회사와 충돌하였다.

당시 나의 급여는 일당 320원으로 월급 7~8천원에 잔업수당 해서 1만 원 정도였다. 방세 5천원에 쌀 2천 5백 원, 전기세, 수도세 내고 나면 여유가 없었다. 아프게 되면 약값도 없어서 여러 사람이 조금씩 모아 빌려주었다. 회사는 수출도 잘 되어 돈을 잘 벌고 있었으며, 정부의 지원도 많다는 것을 산업선교회에서 문동환 목사님의 강의 등을 들으며 알게 되었다. 우리는 동종 업종의 타 회사보다도 적은 월급을 올려 달라고 요구하였지만, 노조가 임금인상 협상에서 밀리고 있어 우리가 직접 나서기로 하였다. 당시 우리 측 상집간부를 통해 지부장이 소극적으로 협상에 임한다는 얘기를 듣고 분개하며 잔업거부와 특근거부, 출근거부 등을 하였다. 하루 전 퇴근시간에 다음 날 출근을 하지 말 것을 동료들에게 일일이 알리고, 몇몇 주동자들은 일찍 나와 누가 출근을 하는지 지키며 막기로 하였다.

나는 그때 독산동 코카콜라 앞에서 엄마랑 살고 있었다. 시골에서 땅 팔아 산 집이었다. 엄마는 늘 나를 보면 '선 머슴아'처럼 다닌다며 오빠들과 함께 나를 시집보내기 위해 지속적인 설득을 하는 중이었다. 그 날도 엄마의 잔소리를 듣고 버스를 타고 오는데, 문래동 사거리에 몇몇 사람들이 모여 있었다. 버스에서 내려 물어보니 지금 회사 주변에 깡패와 경찰들이 지키고 있으니 여의도에 모이라고 한다며 그곳으로 가자고 하였다. 나는 이들이 출근하지 못하게 하려면 같이 있어야 한다고 생각했다. 7~8명과 함께 여의도로 걸어서 갔다.

오후에 30~40명 정도가 되어 산업선교회로 가니 동료들이 모두 경찰서로 잡혀갔다며 나도 잡혀간 줄 알고 있었다. 알고 보니 천안의 부지부장 강찬수가 골목에서 지키고 있는 노동자들을 머리채를 잡아 때리고 경찰들과 협공으로 잡아 갔다고 했다. 15명이 구류를 살았다. 그때 밖에서는 타 회사 노동자들과 대학생들, YWCA 등이 남영나일론 사장실에 전화를 돌리며 함께 힘을 모았다.

경찰에서 석방된 노동자들은 곧 해고를 당했고, 그때부터 복직투쟁을 하였다. 해고 노동자들은 밖에서 사회단체들과 타 사업장 노동자들을 찾아다니며 불매운동과 전화걸기 등의 도움을 요청하는 한편 회사 정문에서 복직을 요구하는 구호를 외치며 진입을 시도하였다. 나는 회사 안에서 관리자들과 노조 등의 동태를 살피고 안과 밖의 소식들을 소통하는 역할을 하였다. 관리자들과 노조는 노동자들에게 산업선교회는 빨갱이 단체이며, 적극 가담자들은 빨갱이 물이 들었다며 접촉하지 말 것을 강조했다. 그리고 나와 몇몇 산업선교회 회원들과 비회원들의 접촉을 차단하는데 적극 나섰다.

그 후 여성사회단체들의 압력으로 노동자들은 복직이 되었다. 그러나 복직 후에도 회사는 이들을 고립된 곳에 배치하여 일반 노동자들과의 접촉을 차단하였다. 또한 서울 문래동 본사 작업장을 천안으로 모두 옮긴다며 갈 수 있는 사람들은 명단에 적으라고 하였다. 어수선한 현장 분위기를 만들어 우리들의 힘을 약화시키고 그룹 활동을 못하게 하는데 목적이 있었다. YH노동조합의 농성을 보며 산업선교회의 인명진 목사는 어느 회사라도 저렇게 될 수 있다며 강 건너 불구경이 아닌 우리들 모두의 문제라며 힘을 합쳐 싸워야 된다고 하였다. 정치권이 나섰지만 결국 김경숙이 희생되는 결과를 초래하였다. 그때 나는 노동운동이 너무 두렵게 느껴졌다.

정치의 변곡점과 노동자의 희비

어느 날 출근을 하였는데 작업장이 어수선하며 웅성거렸다. 박정희가 총에 맞아 죽었다는 것이었다. 믿어지지 않았지만 우리는 서로 눈빛을 교환하며 화이팅!의 교신을 했다. 지루하게 하루 일을 마치고 산업선교회로 달려갔다. 그 곳에서 우리는 마음껏 환호성을 지르며 기뻐하였다. 다음날 작업장 분위기는 완전히 달랐다. 관리자들과 노조 사람들은 웃으며 나를 쳐다보고 무언가 숙덕거렸다. 우리는 이제야 세상이 달라지는구나 생각하고, 이상한 눈으로 쳐다보던 동료들의 눈초리를 더 이상 받지 않는 것에 마음이 놓였다. 며칠 후 자리 배치도 바꾸어 주어 정말 원하던 세상이 오는 줄 알고 기뻐하였다.

그렇게 얼마가 지난 후 청천벽력 같은 12·12사태가 일어났다. 갑자기 공장 분위기가 험악해지고, 노조는 더 차가운 눈으로 우리를 압박했다. 매일 가던 산업선교회도 문 앞에서 경찰들이 지키고 있어 어렵게 다녀야 했다. 얼마 후 광주에서 5·18민주항쟁이 일어나고, 더욱 강화된 현장감독과 거리 상황에 20대 초반의 우리들은 움츠러들었다. 노동자 문제 해결을 도왔던 우리들의 기둥이고 아지트인 산업선교회 목사님들이 군인들에게 잡혀가 소식이 없다는 것이다. 절망, 또 절망이었다.

퇴근 후 산업선교회에 가면 흉흉한 소리만 들렸다. 타사업장의 민주노조들이 전두환의 탄압으로 와해되고 다수가 감옥으로 가게 되면서 더욱 움츠러들었다. 관리자들은 노골적으로 나가라, 아니면 삼청교육대라고 으름장을 놓았다. 이렇게 세상은 약자들에게 기회를 주지 않는구나, 한탄스러웠다. 경찰의 눈을 피해 어렵게 들어간 산업선교회에서 광주에서 보내온 유인물을 보게 되었다. 군인들이 광주시민들에게 폭거를 저질렀다는 것이다.

이런 소식을 알려야 된다고 하여 몇몇은 유인물을 숨겨서 회사로 가져왔다. 나는 새벽에 출근해 2층(편직부) 남자 화장실에 유인물을 놓았다. 그때 내 심장은 멎지 않은 게 다행이었다. 오전 10시쯤 관리자들과 현장 반장들이 모여 카드를 조사하였다. 나는 카드를 찍는 척하고 나왔다가 출근시간의 붐비는 틈을 이용해 다시 찍었다. 회사는 경찰이 알게 되면 자기들도 문제인지라 쉬쉬하며 덮는 것 같았다. 숨이 막히는 시간들이었다.

천안으로 가지 못하는 사람들은 사표를 내고 이직을 하였다. 2과장으로 있었던 사람(박개천)이 독산동에 하청공장을 차렸다고 하며 그 곳으로 사람들을 데려갔다. 어수선한 현장을 지키는 것이 무슨 의미가 있는가 하는 생각에 동료들도 하나 둘 이직이나 사표를 내고 결혼을 하였다. 산업선교회의 인명진 목사도 호주로 떠나고, 나중에는 가족들도 가버렸다. 영국노동운동사와 흑인운동, 일제강점기의 노동운동, 전태일 열사 등의 주제를 귀가 닳도록 들었지만, 나는 정신무장이 부족한지 기가 빠지고 희망을 가질 수 없었다. 산업선교회에서 교육을 받으며 촛불 앞에서 다짐하던 노동운동가의 다짐들은 이미 사라져버렸다.

또 다른 나의 일을 찾아

1981년 4월, 사표를 내고 2개월 뒤 결혼식을 올렸다. 어머니의 간절한 소원을 들어주었다. 하루에 2~3건씩 선을 보고 가장 빠르게 결혼할 수 있다는 사람과 식을 올렸다. 그 때는 여자는 결혼을 하면 무조건 퇴사를 해야 했다. 결혼을 결정하고 가장 먼저 산업선교회에서 알게 되어 가깝게 지내던 친구인 원풍모방 박순애를 찾아갔다. 결혼을 한다고 하니 축하보다는 놀라면서 걱정을 했다. 결혼한다는 사람의 표정이 기쁜 것이 아니라 슬퍼보였다고 했다.

결혼 후 알게 된 것은 결혼 전이나 후의 내 생활이 별로 달라질 것이 없다는 것이다. 결혼해서도 방세와 생활비를 걱정해야 하는 상황이었다. 두

아들을 키우며 손을 댄 일은 외국인 노동자 지원이었다. 사는 곳(신도림동) 주변의 외국인 노동자들의 열악한 상황을 보며 동네 엄마들과 먹을 것과 옷가지 등을 모아 주었고, 나중에는 인명진 목사가 있는 갈릴리교회의 '외국인노동자 선교부'에서 10여 년간 활동하며 그들의 어려움을 해소하는데 도움을 주었다. 그들의 어려움이란 임금체불, 부당노동행위, 열악한 주거환경 등이었다. 당시 인도네시아 노동자가 인천 목재단지에서 허리가 잘려 사망한 사건, 해산바라지 등은 지금도 잊지 못할 일이다.

그 무렵 구로공단의 산재병원인 구로의원에서 행정 일을 하면서 노동자 산재 판정의 어려움을 보았다. 구로의원은 모금운동으로 설립되어 운영위원회 중심으로 운영되고 있었는데, 운영위원과 실무자들의 마찰로 늘 마음이 불편하였다. 그 후 대림동에 세워진 '서울의료사회적협동조합'의 일을 맡았다. 이곳은 영등포산업선교회의 다람쥐(신용협동조합)와 출자자들의 기금으로 만들어졌다. 여기에서 감사를 거쳐 이사장이 되면서 억대 채무를 갚아야 하고, 의사 및 실무자들의 요구와 조합원들의 기대 등은 내가 감당하기에 부족한 것이 너무 많았다. 지금 생각해도 조합원과 당시 실무자들에게 죄송하다.

서울의료생협 이사장을 지내면서 이론적 바탕이 부족함을 절실히 느끼고 공부를 생각하게 되었다. 중·고등학교를 6개월에 검정고시로 마치고, 마침 그해 성공회대학교에서 사회단체활동가 특별전형이 있어 외국인상담소, 의료생협(임상혁 선생님 추천서), 구로의원 등의 활동을 인정받아 원 없이 공부를 하였다. 후배(3070)들의 도움과 친구들(동일방직 최연봉, 청계피복 신순애, 원풍모방 장남수와 황선금)의 도움과 격려 등 함께 웃으며 공부하던 그때가 내 인생에서 가장 행복했던 시간이라고 생각한다. 지금도 그때의 학우들을 가끔 만나는데 늘 삶에 활력이 솟는 기분이다.

학교를 다니며 저녁에는 서울역 노숙인 상담을 3년 정도 하였다. 상담을 통해 노숙인들을 보며 내가 더 성숙해지고 겸손해져야 된다는 것을 깨달았다. 16세 여자 노숙인을 우리 집으로 데려와 재우고 집으로 보내려다가 실패했다. 그를 쉼터로 보내며 말을 듣지 않는다고 상처를 주며 내가 알고 있는 작은 소견으로 판단하고 이해했던 것들이 얼마나 어리석었는지….

졸업 직전, 서울역 노숙인 상담팀장이 인천지역 결식아동 도시락 배달사업을 도와 달라고 간청하였다. 그 간청을 거절하지 못하고 시작한 일을 지금 10년째 하고 있다. IMF 때 가정이 붕괴되면서 아이들의 문제가 사회적 이슈로 떠오르며 기업의 사회적 공헌(SK)과 지자체, 그리고 지역 NGO(성공회)가 함께 하는 사업인데, 지금은 사회적 기업으로 인정받아 지원 없이 자체 예산으로 운영하고 있다. 늘 운영비와 인건비로 어려움을 겪지만, 열악한 환경의 아동들에게 따뜻한 도시락을 전달하며 느끼는 마음은 언제나 행복하다.

70년대에 투신했던 노동운동은 나를 지키고 살아가야 했던 최후의 방법이었다. 인간이 살아가면서 가져야 할 최소한의 기본권리와 삶의 질을 보장받기 위한 몸부림이었다고 생각한다. 그것을 깨닫고 알게 해준 여러분들의 도움이 고맙기만 하다. 생사고락을 함께 했던 동료들, 선생님들, 특히 평생 외길을 가고 있는 박석운 님을 비롯하여 모두에게 감사하나.

지금 보통 노동자들의 환경은 더욱 열악해지고 있다. 대기업들의 행태를 보면 우리와는 먼 나라의 일처럼 느껴질 때가 있다. 대기업 노동자들이 더욱 성숙하고 현명한 운동을 펼쳐 우리 사회 저 밑바닥을 헤어 나오지 못하고 있는 노동자들에게 큰 힘이 되어주기를 소망한다.

현재 사회적 기업을 운영하며 여러 가지 감정이 교차한다. 10여명의 직원들과도 열악한 노동환경으로 다소간의 다툼이 벌어지고, 원치 않는 갑과 을의 상황이 만들어지며 나를 힘들게 하기도 한다. 때로는 내가 악덕 기업 주인가 하는 생각에 잠도 설치며 고민하기도 한다. 그러나 어쩌랴. 그게 내가 갈 길인 것을.

고미반도체
노동조합

▲ 회계감사 여성부장차장들과 분과토의 후

▲ 금속노조 교선부장이 고미노조 간부교육

▲ 조합원 단합대회

▲ 간부들 산행 분과토의 후

▲ 대의원 간부 단합대회

▲ 고미반도체노조와 지엠자동차노조 간부 단합대회

어둠의 시대 불꽃이 되어

고미반도체노동조합

노조결성의 환희와
아픔의 기록들

이 순 금

'주식회사 고미반도체'라는 회사는 미국의 코미 그룹이 한국에 투자한 반도체 합작기업이었다. 그룹의 이름은 Komy 인지 Commi인지 분명치 않다. 이 회사는 국내에 최초로 설립된 반도체 회사였고, 설립 연도는 1965년이었다. 당시 투자 금액은 7만 6천 달러, 주력사업은 트랜지스터와 다이오드 등 전자제품을 단순하게 조립·생산했다. 1966년 외자도입법 제정을 계기로 훼어차일드, 모토롤러, 시그네틱스 등 미국 기업들이 한국에서 값싼 양질의 노동력을 이용하여 반도체 조립생산을 본격화했다. 내가 고미반도

※ 1954년 광주 출생. 75년 고미반도체 입사. 76년 노조결성, 초대 지부장. 78년 지부장 등 40여 명 일방해고 다음날 항의파업. 20일 만에 농성종결. 블랙리스트 취업 방해, 크리스챤아카데미 교육 수강. 79년 JOC 활동, 베네딕도수녀회 소피아 수녀 주관 노동자 학습프로그램 진행간사로 활동. 2012년 아이돌봄 교사. 2019군포시 아이돌봄 노조결성.

체에 들어간 것은 1975년이었다.

광주광역시 북구 우치동에 있는 우리 집은 대대로 농사를 지었다. 부모님께서는 논 20마지기와 밭 10마지기를 지으셨다. 나는 1954년에 6남매 중 다섯째로 태어났다. 당시 아버지는 아들들은 합격하면 논을 팔아서라도 대학까지 가르치고, 딸들은 한글만 알면 되고, 남편만 잘 만나면 된다는 것이었다. 그런데 딸 중에 셋째인 나는 언니들과 어머니께서 강력하게 요구하여 여고를 졸업하게 되었다.

1974년 2월, 여고 졸업 후 텔레타이프 학원에서 한 달 동안 배우는 중에 서울에서 자격증 시험이 있다며 학원 선생님이 경험 삼아 보라고 하여 서울로 올라와 시험을 보았다. 결과는 불합격이었다. 부모님 볼 면목이 없었다. 그래서 작은언니의 시누이가 자취하는 곳에 머무르면서 직장을 구하기로 했다.

노동현장의 고통

1974년 12월, 21살에 첫 직장인 아남산업에 입사하게 되었다. 이제 돈 벌어서 부모님 용돈도 보내드리고 야간대학도 갈 수 있다는 부푼 꿈을 안고 출근을 했다. 신입교육을 1주일 받고 품질관리부로 배치 받아 일했다. 한 달 후 급여를 받았는데 1만원이 안되었다. 실망이 컸다. 이걸 받아서 방세 내고 나면 부모님 용돈은커녕 생활비도 부족하게 생겼다. 학교는 꿈도 꿀 수 없었다. 그리하여 석 달 정도 다니다가 부모님 생각도 나고 타향살이가 힘이 들어 회사를 그만두고 고향으로 내려갔다.

정작 고향에 내려가니 광주에서 취직하기는 싫었고, 그래서 인천 친구에게 연락을 했더니 올라오라고 했다. 친구의 자취방에 머물며 여기저기 회사에 이력서를 냈는데, '주식회사 고미반도체'에서 연락이 왔다. 간단한 필기시험과 면접을 보았다. 3일 후 합격 통지가 왔다. 고맙게도 친구가 먼저 자기 자취방에서 같이 살자고 하여 숙식 문제도 해결되었다.

1975년 4월경 회사에 출근하였다. 고미반도체는 현장 노동자가 1천여 명, 기사와 사무실 직원 및 임직원이 300명 정도였다. 나는 품질검사부에 배치되었다. 생산라인에서는 현미경을 보며 일을 했다. 오전 6시, 오후 2시, 오후 10시 등 3교대로 일주일마다 근무시간이 바뀌었다. 수습기간은 3개월이었고, 3교대라 잔업은 없었다. 생산라인에 근무하는 동료들은 현미경을 계속 쳐다보면서 일을 해야 했다. 화장실 갈 시간도 쫓기고 휴식시간도 없었다. 일어서서 허리를 펴고 기지개를 켜면서 쉴 틈이 전혀 없을 정도로 바쁘고 고된 하루하루를 보내야만 했다. 하루 생산 할당량이 있었기 때문이다.

품질검사부는 가끔 야유회도 가고 상사들과 소통도 그런대로 되었지만, 생산라인은 화장실 갈 때만 빼고는 계속 현미경을 보면서 일을 해야 했다. 현미경에 고장이라도 나면 자기에게 할당된 분량을 생산하지 못할까 두려워 발을 동동거리며 기사들에게 사정사정해야 했다. 어느 날 동료가 기사에게 고장 난 현미경을 고쳐 달라고 했으나 빨리 고쳐주지 않아 계장에게 고장신고를 했다. 그런데 기사가 상사에게 고자질했다고 쌍욕을 하면서 끌고 밖으로 나갔다. 그 광경을 보고 너무도 기가 막혔다. 나중에 알고 보니 그 기사는 사장의 친척이어서 누구도 건드릴 수 없는 인물이었다. 이처럼 생산라인에서는 기사들에게 잘못 보이면 기계를 고쳐주지 않아 일을 할 수가 없었다.

노동조합의 필요성을 알아가며

친구에게 회사에서 일어난 사건을 이야기했더니, 친구 왈 노동조합이 있으면 우리의 권리를 찾을 수 있고 우리에게 함부로 대할 수 없다고 했다. 나중에 알았는데 친구는 동흥물산노조에서 부분회장을 맡고 있었다. 그러면서 소개해 줄 사람이 있다며 다음 날 자취방으로 누군가를 초대했다. 최영희 씨였다. 친구는 그 분을 깍듯이 '최 선생님'이라고 소개했다. 큰 키에 눈빛도 번쩍번쩍 했다. 말솜씨도 엄청나게 똑똑했다. 나도 이 분께 많이 배워야겠다고 다짐했다.

그 후로 회사 일이 끝나면 가끔 시간을 내 최 선생님께 노동조합과 근로기준법에 대해서 들었다. 하지만 노동조합을 결성하는데 앞장서는 것은 용기가 나지 않았다. 그러던 어느 날 생리통이 심하게 왔는데, 생리휴가가 있다는 것을 최 선생님께 배운 게 생각이 났다. 우리 부서 계장에게 휴가신청을 하려고 갔더니 출장을 갔다고 했다. 그래서 생산라인 계장에게 휴가신청을 했더니 증거를 보여줄 수 있느냐고 했다.

나는 당황한 나머지 할 말을 잊고 있다가 최 선생님 말씀이 생각났다. 자기 권리를 찾으려면 당당하게 요구해야 한다는. 나는 생산계장에게 보여 줄 테니 화장실로 가자고 했다. 그러자 생산계장은 눈이 동그래지면서 지독하다며 휴가를 내주었다. 생리휴가가 있다는 것을 노동자들은 알고 있었지만, 이 휴가를 자유롭게 사용할 수 있었던 사람은 거의 없었다. 생리휴가를 달라고 하면 화를 내면서 진짜인가 보여줄 수 있느냐고 묻는 일이 다반사였다.

이런 일을 겪고 보니, 노동조합이 있으면 여럿이 힘을 모아 체계적으로 대응하면 되겠구나, 하는 생각을 하게 되었다. 그래서 친구의 회사 노동조합의 사례도 많이 듣고, 최 선생님도 더 자주 만났다. 나중에 알고 보니, 최 선생님은 이화여대를 졸업하고 인천산업선교회에서 근무하고 있었다. 그후 최 선생님은 나보다 먼저 입사하여 품질검사부에 근무하고 있던 오성숙 님을 소개해주었다. 오성숙 님은 노동조합에 대해 너무나도 잘 알고 있었다. 참 똑똑한 사람들이 많구나, 생각했다. 뒤에 안 일이지만, 오성숙 님은 1953년 전북 익산에서 태어나 이리여고와 이화여대를 졸업했고 평생을 학생운동, 노동운동, 참교육운동에 바친 분이었다. 오성숙 님은 2018년 11월 9일 지병으로 별세하셨다.

오성숙 님은 소그룹 활동을 하고 있었는데, 나도 그 그룹에 들어가 노동법과 근로기준법 등을 공부하면서 노조의 필요성을 더 느끼게 되었다. 최선생님께서 인근에 있는 지엠자동차노동조합 간부들을 소개해 주셨고, 그 간부들이 노동조합 결성을 위해 계속 교육을 해 주었다.

1976년 10월경 서울 삼각지에 있는 전국금속노동조합 사무실로 40여명이 올라가, 거기에서 노동조합 결성식을 거행했다. 그 결성식에서 내가 초대 지부장으로 선출되었다. 회사가 알면 노동조합을 깨기 위해 별의별 짓을 다 한다는 소리를 들었기에 우리는 밥 대신 풀빵을 먹어가면서 삼삼오오 짝을 지어 금속노조를 찾아갔던 것이었다.

이제는 회사 몰래 간부들을 중심으로 조합원 가입원서를 많이 받는 게 우리의 숙제였다. 주간, 야간에 근무한 간부들과 나는 조를 짜 밤잠을 못 자면서 3교대를 돌아다니며 조합원 가입원서를 받았다. 주로 화장실과 탈의실을 이용했다. 대부분 여고졸업생 자격으로 입사했던 고미반도체 노동자들은 섬유업체 노동자보다 상대적으로 고학력자임에도 불구하고 저임금과 열악한 노동환경에 시달려왔다. 반응은 폭발적이었다. 조합결성 3일 만에 90%에 달하는 노동자들이 조합원으로 가입했고 이를 정리하여 노동청에 노조결성을 신고했다.

그런데 오성숙 님은 조합결성식에 오지 않았나. 1974년의 민청학련사건으로 수배된 상태였기 때문이었다. 그는 얼마 후에 회사를 사직했지만, 그 후에도 상당 기간 우리에게 도움을 많이 주었다. 회사는 조합결성을 모르고 있다가 노동부로부터 연락이 가서야 알게 되었다. 회사는 발칵 뒤집혔고 사장을 비롯해 간부들에게 초비상이 걸렸다. 사장은 미국 영주권이 있어서 노조를 계속하면 회사 문을 닫고 미국으로 가겠다고 엄포를 놓았다. 회사간부들은 노조간부 8명을 맨투맨으로 1명씩 감금해 놓고 3일 동안 회유하기 시작했다.

지부장인 나에게는 1억을 주겠다, 회사 임원으로 해주겠다며 회유했고, 이미 조합간부들이 조합 탈퇴서를 모두 다 제출했다고도 했다. 그 소리를 들고 막막했지만 정신을 차려 간부들을 믿어야 한다고 다짐했다. 나 혼자라도 버티면 조합은 없어지지 않는다고 마음을 다잡았다. 노조간부들에게도 위협과 이간질이 강요됐지만 아무도 회사 농간에 넘어가지 않았다. 회사 측은 노조가 있으면 사장이 문을 닫고 미국으로 가버린다는 엄포를 레코드 틀어놓듯 되풀이하면서, 다른 노조간부들은 다 탈퇴해서 지부장을 욕하고 있다고 이간질했다. 또 지부장이 이미 노조를 탈퇴했다면서 고집을 그만부리고 노조에서 탈퇴하라고 강요하기도 했다. 하지만, 모두들 거짓말이라고 생각하고 속아 넘어가지 않고 버텼다고 했다. 노조간부들과 조합원들이 끝까지 버틴 것을 알고 서로 기뻐하며 환호성을 올렸다. 뜨거운 감격과 동지적 신뢰를 확인하면서 같이 껴안고 울음을 터트렸다. 노조를 결성한 지 3일째 되던 저녁, 회사의 감금에서 풀려났다.

그로부터 얼마 후에 신고필증이 나오고, 회사가 노조사무실도 내주어 상근자들이 업무를 보게 되었다. 초기에는 금속노조 본부가 간부들 교육을 담당했고, 단체협약 초안을 작성하는 것도 꼼꼼하게 도와주었다. 그리고 지엠자동차 지부장과 간부들은 관악산 등반과 을왕리해수욕장 등을 이용한 간부교육을 함께 하는 등 서로 교류하며 우리에게 도움을 주었다. 노동조합 결성 후 6개월 동안은 지부장인 나 뿐만 아니라 간부들이 교육을 받느라 정신이 없었다. 다른 노동조합의 사례들을 공부해 나가면서 조합원 교육도 시작했다. 3교대라 한꺼번에 할 수 없어 부서별로 실시했다.

어느 정도 조합원 교육이 끝나갈 무렵 단체협약 교섭에 나섰지만 협상은 순조롭지 않았다. 결국 1977년 3월 경 조합원들은 단체행동에 들어갔다. 회사는 갑자기 생산라인이 돌아가지 않자 수출에 차질이 생긴다면서 단체행동 3일 만에 우리가 원하는 대로 단체협약을 체결해 주었다. 아! 뭉치면 무엇이든지 해 낼 수 있다는 것을 비로소 깨닫게 되었다. 그 후 1년간 노동조합은 순조롭게 잘 돌아가고 있었다. 아니 그렇게 착각하고 있었다.

회사는 치밀하게 반격을 기획하고 있었다. 그리고 모든 준비를 끝낸 듯, 회사는 1978년 4월 경 갑자기 적자 때문에 인원을 감축해야 한다면서 150여명에게 일방적으로 해고를 통보해 왔다. 아무 준비도 없었던 노조는 난데없이 날벼락을 맞은 것이었다. 노조는 회사에 대해 적자의 근거를 밝히라며 항의했다. 그러자 미국에서 우리 물건을 수입하는 것을 꽉 줄여서 도저히 감당할 수가 없다는 것이었다. 이를 입증하는 자료까지 내놓았다. 우리는 그 자료가 믿을 만한 것인지 파악할 능력은 없었다. 그래서 우리가 열심히 일했는데 수출물량이 줄어들었다면, 그것은 회사가 경영을 잘못한 것이니 다른 방도를 찾아야 마땅하며, 해고는 받아들일 수 없다고 맞섰다.

노조가 강하게 나가자 회사는 협의도 없이 1차 해고대상자 40명 명단을 공고했다. 대부분이 조합간부이거나 노조활동에 열성적인 현장 조합원들이었다. 긴급하게 개최된 노조 간부회의는 부당해고라며 강력하게 맞서기로 결정했다. 다음날 아침 근무가 끝나고 오후 근무자들이 출근한 2시부터 파업에 들어갔다. 사전준비도 없이 갑자기 파업에 돌입한 것이었다. 이틀째에는 전면파업으로 전환하였다.

회사는 불법파업이라며 노동부에 신고했고, 부평경찰서 형사과장이 파업장으로 와 해산을 요구했다. 나는 "부당해고를 인정할 수 없다. 해고를 철회하면 파업을 해제하겠다"며 맞섰다. 1시간쯤 지나자 경찰이 갑자기 난입하여 나를 먼저 끌어내 경찰차에 태웠다. 부지부장이 나와서 서로서로 팔로 어깨띠를 만들어 절대로 놓치지 말자고 조합가를 부르며 농성을 계속했다. 여성노동자로서는 온 힘을 다해 저항했지만, 결국 경찰 및 회사에서 보낸 깡패들에 의해 모두 해산되었고, 간부들과 조합원 50여명이 경찰서로 연행되었다. 지부장을 비롯해 모두 간단한 조사를 받고 그날 밤 늦게 풀려났다.

다음 날 출근하려고 정문 앞에 들어서는데, 경비와 기사들이 막으면서

'불법파업, 불법농성 주동자로 해고를 당해 회사에 들어갈 수 없다'고 출입을 막았다. 나만 아니라 1차 해고대상자 40명 모두 출입이 금지되어 들어갈 수 없었다. 우리는 정문에서 다시 어깨띠를 하고 노동가를 부르며 단체행동을 시작했다. 회사 안에서는 부지부장의 지휘 아래 다시 부분파업에 들어갔다. 조합원 대부분은 집안의 생계를 책임지고 회사를 다니는 사람들이었다. 투쟁 2, 3일째 되자 회사는 부모들에게 빨갱이들에게 속아 데모를 한다며 전화질을 했다. 이탈자들이 생기기 시작했다.

노조도 사전준비 없이 갑작스럽게 단체행동에 들어간 것이 착오였다. 부지부장과 사무장이 갈등관계에 있어 파업은 일사불란하게 이루어지지 못했고, 힘이 빠졌다. 전면파업에서 점점 부분파업으로 변해갔고, 나중에는 부분파업마저 쉽지 않아 부분태업으로 바뀌고 있었다. 부지부장과 사무장은 노조 출범 직후부터 서로 갈등하고 있다는 소문이 간간히 들려왔었다. 둘 사이에 원만한 관계를 만들어내지 못한 것은 전적으로 내 실수였다. 노조가 해고사태에 적극적으로 대응하지 못한 것은, 여러 가지 요인이 작용했겠지만, 간부들을 단합시키지 못한 나의 책임도 하나의 요인이라고 생각했다.

파업농성의 종결과 뒤늦은 회한

1978년 5월 15일, 나는 밖에 있으면서 파업농성을 강행하는 간부 및 조합원들과 대책회의를 했다. 회사가 끝까지 지부장인 나를 해고하겠다고 고집한다면, 나 혼자 부당해고 철회투쟁을 할 테니, 노조는 이에 개의치 말고 해고자들에게 최대한 해고수당을 많이 지급하는 것으로 회사와 협상하고 파업을 철회하자고 제안했다. 나를 희생해서 조합원과 조직을 살려야 한다고 생각한 것이다.

간부들은 처음에는 강하게 반대했다. 하지만 내부에서 파업대열이 무너지고 있어 다른 대안이 없었다. 회의에서는 더 이상 해고를 안 하는 조건으로 해고수당을 최대로 받도록 한다는 데 의견을 모았다. 그 대신 지부장을 해고하면 절대로 안 된다고 결정했다. 교섭 결과 급여의 6개월분을 해고수당으로 주기로 합의했는데, 회사에서는 지부장 복귀는 받아들일 수 없다고 했다. 나는 조합원들과 간부들에게 회사 안을 받아들이자고 설득했다.

함께 농성한 1차 해고 대상 조합간부와 조합원들이 이를 받아들일 수 없다고 해 10일을 더 농성했다. 하지만 회사 직원들이 농성 조합원들의 집을 찾아다니며 해고수당을 많이 주겠다고 회유하거나, 빨갱이들에게 속아서 농성한다며 딸의 신세를 망치고 싶으냐고 부모들을 협박했다. 하나 둘 해고수당을 수령하고 농성대열에서 이탈해갔다. 결국 농성 20일경, 파업을 철회했다. 농성장에 남아있는 해고 대상 조합간부와 조합원은 10여 명 정도였다. 나는 이들에게 해고수당을 수령하고 농성을 종료하라고 설득했다.

이렇게 하여 회사 안에서의 파업도, 정문 밖에서의 농성도 모두 끝났다. 해고된 사람들은 모두 급료의 6개월분을 초과하는 해고수당을 받았다. 나는 그 뒤에도 한 달여 동안 부당해고 철회투쟁을 계속했다. 하지만 50여 일 동안 농성하면서 나와 긴밀하게 협력하던 부지부장이 지병인 결핵을 이유로 회사를 그만두었다. 직접 확인된 것은 아니지만, 사무장과의 갈등, 지부장의 부당해고와 복직문제 등으로 겪는 본인의 스드레스를 건디지 못한 것이라고 생각되었다.

한편 노동청은 내가 제기한 부당해고 구제신청을 기각했다. 농성투쟁 초기 직접적인 언사와 행동, 또는 무언의 눈짓과 손짓, 몸짓으로 지부장 등 간부들을 응원하고 격려했던 조합원들이 기력을 잃어갔다. 만감이 교차했다. 후회가 되었다. 노조결성 초기에 달성한 높은 조직율과 단체협약 체결 성공 등에 도취하여 나는 물론 조합간부들이 현장 조합원들과 넓게 소통하지 못하고 밀착하지 못한 것, 형식적인 조합원 교육에 만족했거나, 너무 상급노조와 외부행사 등에 매달린 것에 대한 반성이 물밀 듯이 밀려왔다.

이에 반해 회사는 치밀하게 준비하여, 노조에 열성적이면서도 생계 책임 등으로 취약할 수밖에 없는 조합원들을 족집게처럼 골라내어 해고함으로써 내가 저항하거나 힘을 발휘하지 못하도록 만들었다. 나의 복귀를 위해 투쟁할 노조간부와 조합원들이 더 이상 나타날 것 같지도 않았다. 나는 법적 절차에 따르는 노력을 계속하여 회사에 복직하고 지부장으로 복귀하는데 모든 것을 걸 것인가, 아니면 해고를 받아들이고 다른 회사에 취직하여 처음부터 다시 시작할 것인가 고민하지 않을 수 없었다. 시간을 끌면 노동조합이 나의 복직문제로 분열되거나 붕괴될 것이 두려웠다. 나는 끈기가 없었는지 용기가 부족했는지, 또는 앞으로 어떤 일이 발생할 지에 대한 식견이 부족해서였는지, 결국 해고를 받아들이고 고미반도체에서의 투쟁을 접었다.

해고 이후 – 블랙리스트의 덫

그 후 회사는 협상에 따른 약속대로 더 이상 조합원을 해고하지는 않았다. 고미반도체노동조합은 사무장이 2대 지부장으로, 또 교선부장이 3대 지부장으로 선출되어 유지되고 있었다고 한다. 고미반도체는 1983년에서 85년 사이에 폐업을 했다고 들었다. 당시 복직투쟁을 포기한 것이 올바른 판단이었는지 가끔은 회의가 들었다. 결국 내 생각과는 반대로 회사는 폐업을 했고, 조합원들은 일자리를 잃었다. 또 나를 희생하면서까지 지키고자 했던 노조 역시 사라지고 말았다. 고미반도체 해고자와는 대부분 연락이 안 되었다. 10여 명 정도 몇 년 연락이 지속되다가 각기 먹고살기 바빠서인지 그마저 끊어졌다.

이후 나는 동일방직노조 똥물 사건, 반도상사노조나 삼원섬유노조의 투쟁사례 등을 보고 들으면서 노동자들이 더욱 굳게 뭉쳐 노동조합을 만들어야 노동운동 탄압을 막을 수 있다고 확신했다. 또한 크리스챤아카데미 15기 교육을 받으면서 사회 전반의 부조리를 없애기 위해서는 나라가 민주화되어야 한다고 생각했다. 인천산업선교회 조화순 목사님, 최영희 선생님,

부평 광야교회 동지들, JOC 이경심 선배님(지금은 고인이 됨)을 통해 노동운동과 민주화운동의 많은 것을 배웠다.

나는 나름대로 노동운동과 민주화운동에 헌신하려고 준비하고 있었다. 하지만 현실은 늘 나의 지식과 상상을 뛰어넘는 장벽을 설치해 놓고 내 길을 막았다. 고미반도체가 나를 부당 해고한 것으로 모든 장벽이 사라진 것은 아니었다. 어느새 내 이름은 블랙리스트에 올라 있었다. 고미반도체가 내 복직을 끝까지 반대한 것도 인천산업선교회와 연결된 나를 경찰과 중앙정보부가 눈엣가시로 여겨 압력을 가했기 때문일 것으로 본다.

다른 사람의 이름으로 부평 전남방직에 입사하여 실을 감는 공정에서 3개월간 수습생활을 했다. 열심히 일했고, 이를 인정받아 수습과정 후 바로 생산라인에 배치받아 일할 수 있었다. 그러던 어느 날, 노동조합에서 신입사원 교육을 한다며 모이라고 했다. 이 회사에는 어용 노동조합이 있었다. 강의를 듣는데, 근로기준법에 있는 내용을 엉터리로 말하고 있었다. 나도 모르게 그런 취지가 아닌 것으로 알고 있다며 정확하게 알려달라고 요청했다. 강사의 권위에 도전하는 질문을 던진 셈이었다. 그게 화근이었다. 나에 대한 뒷조사가 이루어졌고, 남의 이름으로 입사했다는 사실이 들통났다. 결국 위장 취업을 한 것으로 해고를 당했다.

공문서 위조로 처벌받지 않은 것이 천만다행이었다. 부평4공단 근처는 안 되겠다고 생각되었다. 가좌동에 있는 5공단으로 가 스웨터 공장에 입사했다. 회사 이름은 잘 기억나지 않는다. 이 공장에서는 포장반에 배치되어 서서 포장을 하려니 다리와 허리가 엄청 아팠다. 어느 정도 지나니 이 일도 점차 익숙해졌고, 직장동료들과 소그룹 활동을 시작했다. 매주 수요일마다 자취방에 모여 소설을 읽고 이야기 나누기를 했다. 가끔 쉬는 날에는 등산도 하면서 점점 친해져 가고 있었다.

몇 달이 지났을까, 어느 날 계장이 사무실로 오라고 했다. 조모 씨를 아느냐고 물었다. 모른다고 하니 "너 이런 사람이지?" 하면서 둘이 짜고 노동조합을 만들려고 입사했다고 하면서 퇴사를 요구했다. 이에 응하지 않자, 내 주변의 동료들에게 아무개는 빨갱이니 절대로 옆에도 가지 말라는 등 악선전을 하면서 압력을 가해 왔다. 결국 더는 버티지 못하고 퇴사했다. 나중에 알고 보니, 회사는 조모 씨가 대졸임을 알고서 종업원들을 뒷조사하는 과정에서 내 과거까지 모두 파악된 것이었다.

가정생활과 사회활동

1979년 인천생활을 그만두고 서울로 올라와 노동운동 과정에서 알게 된 친구 3명과 함께 성수동에서 자취를 하며 각자 직장을 다녔다. 성수동에서 천주교 신앙생활은 물론 JOC 활동도 열심히 했다. 그 인연으로 성남에서 '만남의 집'을 운영하면서 사실상 책임자였던 소피아 수녀님을 만났다. 수녀님께서 나에게 매주 토·일요일 1박 2일로 여는 노동자 학습 프로그램에 보조강사로 참여해 달라고 하여 그곳에 가서 일도 했다.

그러던 중 자취방 친구의 소개로 지금의 남편 송운학 님과 소개팅을 하게 되었다. 송운학 님은 1974년 4월 서울대학교 문리과대학 심리학과 3학년 학생으로서 민청학련사건에 연루되어 중앙정보부에 끌려가 모진 고문을 당한 후 징역 15년형이 확정되어 복역하다가 75년 2월 형집행정지로 풀려났다. 이미 대학에서는 제적당한 상태였다. 또 풀려난 후에도 사회안전법에 따라 요시찰대상자로 분류되어 자유로운 활동이 불가능했다. 이러한 악조건 속에서도 그는 노동운동이라는 어려운 길을 선택했다.

그는 몇 번 만난 후 청혼을 해왔지만 곧 바로 응답을 할 수가 없었다. 그 뒤 몇 번을 만났는지 기억이 없지만, 그가 광주로 찾아와 우리 부모님께 결혼하겠다고 인사를 올렸다. 아버님은 완강하게 반대하셨지만, 어머님의 설득으로 어렵게 허락을 얻어 1979년 11월 결혼을 했다. 남편은 결혼 후에도 노동현장에서 일했다. 결혼 후 한 달이 지난 12월 12일, 전두환 일당이 쿠데타를 일으켰다. 남편의 지인들은 노동현장에서 빨리 나오라고 재촉했다.

거기 있다가는 엉뚱하게 엮여 무슨 일을 당할 수도 있다는 것이었다. 남편은 결국 현장을 접고, 1980년 3월 말 복학을 했다. 나는 은근히 좋았다. 남편이 학교를 졸업하면 우리도 고생 끝 행복만 있을 거라고 생각했다.

5월 18일 광주민주항쟁이 발발했다. 남편은 5월 17일 자정, 전국으로 계엄령이 확대된다는 믿을만한 소식을 입수하고 미리 피신했다. 설마 했는데 남편이 피신한 후 몇 시간도 안 된 5월 18일 새벽, 정보과 형사들과 보안대 군인들이 신혼집에 들이닥쳐 신발을 신은 채로 들어와 집안을 쑥대밭으로 만들어 놓고 갔다. 이후 겪은 일들은 일일이 나열할 수 없을 정도다. 남편은 결혼 후 3번의 옥살이와 2번의 국회의원 출마를 했다. 그러나 남편은 정치권 진입은 못하였고, 나는 가계와 아이들을 돌보기 위해 출판사 영업사원으로 일했다.

2004년에 남편이 취업한 후 나는 출판사를 퇴사하고 2006년 꿈에 그리던 대학을 가서 공부도 해보게 되었다. 2009년에는 딸을 결혼시켜 손주를 봐 주다가 2012년부터 현재까지 아이 돌봄 교사로 일하고 있다. 2017년 군포시 건강가정지원센터 아이 돌봄 노동조합을 결성하여 교섭위원으로 활동하다가, 2019년부터는 일반 조합원으로 있다.

짧은 노조운동의 경험과 성찰

요컨대 70년대 민주노조 활동은 기업주의 노동조합에서 크게 벗어나지 못했다. 그럼에도 불구하고 민주사회는 단결권, 교섭권, 단체행동권과 같은 노동자의 보편적 권리가 보장되는 사회여만 한다는 국민적 공감대를 만드는데 크게 기여했다. 또, 70년대 민주노조 활동 때문에 87년 이후 이러한 보편적 권리가 어느 정도 보장되었다. 하지만, 87년 폭발한 노동자 대투쟁과 그 이후 과정에서 민주노조운동은 민주사회를 주도적으로 견인하지 못했다. 이는 워낙 장시간 노동, 살인적 기아임금 등 열악한 노동조건에 시달렸기 때문에 경제적 이익을 쟁취하는데 집중할 수밖에 없었다고 이해할 수도 있다.

하지만 대기업노조 중심으로 노동운동이 전개되어 말로는 비정규직과 중소 영세기업 노동자를 위한다고 하지만, 그 진정성이 의심스러울 때가 많다. 특히, 우리 사회의 잘못된 정치·경제구조를 어떻게 재편할 것인가에 대한 비전을 제시하지 못했거나 등한시했다고 생각한다.

마지막으로 좁은 소견인지 모르지만, 우리나라 노동운동이 단순하게 조합원과 노동자의 권익만을 향상시키기 위해서가 아니라 모든 국민을 위해서, 또는 적어도 모든 양심적인 민주시민을 위해서 자기 이익을 희생해 전체 국민에게 감동을 주고, 설득력이 있는 대안을 제시하고, 솔선수범했으면 좋겠다.

남해어망 노동조합

◁ 1978년 간부교육

◁ 1987년 임금인상투쟁 보고대회

◁ 1987년 간부교육

남해어망노동조합

민주노조 그루터기
활성화하기

임 미 령

어망공장이라는 곳

1) 회사 조직도

- 사장(박일재): 전형적인 자수성가형 기업가로 광주에서 구두쇠로
  유명. 바늘로 찔러도 이마에 피 한 방울 안 나올 사람으로 알려짐
- 회장: 사장의 형님
- 전무: 노사업무 담당
- 영업과장: 1명

1957년 전남 장흥 출생. 77년 남해어망 입사. 1977년 노조결성, 총무부장, 1979~90년 위원장 역임. 자주적 민주적 노조운영 원칙. JOC활동과 노학연대 실천. 준법투쟁 등으로 임금인상, 노동조건 개선 쟁취. 광주 전남지역 노조민주화 추진. 80년 5·18광주민주항쟁 참여. 80년대 중반 광노협 참가. 87년 한국노총의 4·13호헌지지 반대투쟁. 2012년 이후 민주노총 – 노후희망유니온. 현재 공생사회 적협동조합 활동

- 총무: 1명
- 현장기사(감독): 연사부(주야간), 편망부(주야간), 보망부(주간), XX부
  (주야간). 각 부서에는 감독 겸 기계설비 담당기사가 1명씩 배치됨.
  기사는 모두가 남성이고 친척이 대다수

2) 생산품
- 고기잡이 어망 생산(조기망, 오징어망, 멸치망 등). 다른 회사 제품과
  비교하여 상품의 질이 우수하고 가격도 조금 높음.
- 임금인상 투쟁 때 우리의 무기가 되어 줌.

3) 어망 생산과정
- 현장은 4개의 공정으로 나누어짐.
- 연사부: 어망에 맞추어 실을 굵게 또는 가늘게 연사하는 부서
- 편망부: 어망을 짜는 부서
- 보망부: 편망한 어망에 구멍이 나거나 연사에서 실의 굵기에 하자
  가 발생된 부위를 보완하는 부서
- XX부: 폴리에틸렌 원재료인 작은 알갱이들을 녹여서 연사할 수
  있는 실을 뽑아내는 부서. 그러나 주로 쓰는 나일론 실은 직접 뽑
  아내지 않고 실 자체를 구입하여 연사를 함

작업상황과 사람들

1. 노조 명칭: 남해어망노동조합
2. 소재지: 광주광역시 동구 지원동 168번지
3. 노조결성일: 1977년 1~2월 경. 지원동 중국집에서 김남순 등 7명이 결성
4. 초대 분회장: 김남순, 부분회장: 정인순, 총무부장: 임미령 등
5. 조합원 수: 150여 명

6. 노동자 구성(남녀 비율)
   - 여성이 대다수. 대부분 미혼 여성
   - 15세부터 40대까지 연령대 다양함, 기혼여성은 주간 일하는 부서에 배치됨. 주로 현장감독의 부인들이었음
   - 남성은 현장기사 등. 부서마다 1~2명. 대부분 사장의 친척. 현장기사들은 업무지시와 현장관리, 기계 설비 담당

노동조건 실태

- 1일 12시간 2교대 노동(일주일-주간, 일주일-야간, 점심시간 1시간)
- 1977년 당시 임금은 12시간 노동에 월 6만 여원 지급. 노조 결성 후 임금인상투쟁을 통해 30% 정도의 임금이 인상되어 9만여 원을 받게 됨.
- 월 휴무 2일(1, 3째 주 일요일)
- 노동시간, 휴일, 생리수당 미지급, 비인격적인 대우 등 근로기준법을 위반함
- 자기 집이 없거나 지방에서 일하러 온 조합원들은 회사가 주택을 구입해 기숙사에서 살게 함. 주거와 연료비는 회사가 부담하고 식사는 조합원들이 일정 금액을 모아서 공동생활
- 기사들은 조합원들에게 무조건 반말함. 당시 현장 분위기는 나이 어린 여성노동자들은 반말해도 되는 존재로 취급
- 옆 기계 동료와 몇 마디 이야기하는 것이 담당기사 눈에 뜨이면 "야!"고함을 치거나 시선 폭력으로 주눅 들게 함. 특히 연사부 감독자는 고함을 친 후 시선을 고정하여 행동수정을 요구하는 사람이었음.
- 회사에서 제공하는 회식이나 야유회 등의 복지는 없었음.
- 연 2회 여름과 겨울에 작업복 제공. 폴리에스텔 농도가 강해 앞섶 등은 기름때가 배어 반질반질함. 조합원 중에는 작업복 칼라 깃 위에 하얀색 칼라를 받쳐 입어 화사하고 깔끔하게 차려 입고 다니는 경우도

있었음.

- 12시간 2교대 철야하는 노동조건에서도 검정고시에 도전하는 조합원도 있었음.
- 대부분 입사 이유는 경제적 문제였음. 가난한 가정경제에 도움을 주기 위해, 남동생 학비를 지원하기 위해, 미혼의 조합원들은 결혼비용을 마련하기 위해, 기혼인 경우에는 부족한 생활비를 마련하기 위해서였음.

주요 투쟁기록

1) 임금인상 투쟁과 단체협약 갱신
   - 생계비에도 못 미치는 낮은 임금을 올려야 했음.
   - '인간답게 살아보자'는 바로 임금인상을 의미했다. 죽을 만큼 일해도 오로지 입에 풀칠하는 정도의 수준을 바꿔보자는 것이었음. 하루 12시간 내가 일하는 것이 전부 사장을 위해서가 아니라 자신도 좋아야 하는데, 자신에게는 좋은 게 하나도 없었음. 조합원들은 여기에 동의했음. 노조를 중심으로 뭉치게 된 이유임.
   - 임금 외 노동시간, 휴일문제, 여성권리 보장, 기숙사 문제, 복지 관련 문제는 단체협약 갱신을 통해 개선함.
   - 노조가 안착되고 임금인상 투쟁은 조합원들과 함께 준비함. 양동이나 유동시장에 나가 시장물가를 조사하고, 구체적 생활비 조사를 한 결과를 갖고 남해어망노조의 자체 임금요구안을 만들었음. 이것은 단체교섭 시 힘 있는 주장을 하는 좋은 자료였고, 조합원들 모두가 쉽게 이해하고 자신의 요구라고 생각하게 했음. 우리의 임금인상요구서는 2가지였는데 섬유노조의 지침으로 내려온 인상안과 자체에서 만든 생계비가 공동으로 제시되었음.
   - 노동3권이 부정된 시기 준법투쟁으로 대응함. 리본 달고 일하기,

점심시간에 조합원 교육, 연장근로 거부하기, 월차휴가 동시 휴무하기, 회사 사무실 앞에서 집회하기, 근무시간 중 상집회의 하기 등
- 투쟁속보는 손으로 쓰고 등사기로 밀어서 제작함. 손에 까만 잉크가 범벅되고는 했음.
- 규모가 작은 남해어망을 비롯한 광주어망, 성화제망 등 어망업종은 면방이나 제사에 비해 노동조건이 열악했음. 임금도 적었고 3교대 사업장에 비해 노동시간도 길었음. 상여금 등 복지도 열악했음. 당시에도 대기업 노동자에 대해 중소 영세사업장의 노동자들은 상대적 박탈감을 느껴야 했음.
- 결과적으로 임금인상투쟁을 통해 조합원의 단결을 도모하고 노동조합의 힘을 키워 나가는 지렛대로 삼았음.

2) 실질적인 생리휴가 보장 투쟁
- 근로기준법에 명시된 생리휴가는 문자휴가였음. 근로기준법 위반으로 고발되어 바뀌는 수준은 수당만 인정되는 정도였음.
- 80년대 초 남해어망에서 생리휴가 청구하기 운동이 전개될 때 회사는 진짜 생리하는지 승명하라고 요구함. 왜 여러 명이 한 날에 생리하는지 알고 싶어 하며, 생리휴가 실질보장을 거부함. 생리휴가와 관련하여 단체교섭도 여러 차례. 결국 조합원들이 생리휴가서를 제출하고 무조건 휴무에 들어가면서 생리휴가는 실질적으로 보장받게 되었으며 단협에도 명시됨.
- 그 결과 월 1일의 휴가는 휴가원을 제출하거나 구두 통보하면 생리휴가로 인정받았음. 월차휴가도 월 1일의 결석은 휴가로 대체하게 됨.

3) 한국노총의 4·13호헌 지지에 대한 반대투쟁
- 1986년 전두환 장기집권을 획책하는 4·13 호헌선언을 지지한다는

한국노총 지도부의 입장 표명에 대한 반대 성명서를 발표함. 당시는 6·29선언이 있기까지 '민주헌법쟁취국민운동본부'를 중심으로 사회 각층의 민주화 투쟁이 고조되는 분위기였음.

- 서울 금융노조들을 중심으로 4·13 호헌반대 성명서가 발표되고 이어 정일영 한국투자신탁노조 위원장이 광주로 임미령을 만나러 옴.

- 서울의 금융노조들을 중심으로 호헌지지 철회를 요구하기로 하였으니 광주지역에서도 함께 하자고 제안함.

- 먼저 전남제사 안명순, 광주어망 서금실, 성화제망 등과 상의함. 모두가 한국노총 지도부의 전두환 호헌지지를 인정할 수 없다고 결론 내리고, 서울에 이어 광주에서 노조 명의 호헌지지 반대성명을 내기로 합의함. 각자 조직으로 돌아가 간부회의에서 논의하여 결정하기로 함.

- 광주어망, 남해어망, 전남제사, 성화제망노조가 현장 간부회의에서 노조 명의로 한국노총의 호헌 반대 성명을 내기로 결정(광주일보에 기사화).

5·18 민주항쟁과 함께하며

- 남해어망 조합원들도 광주에서 5·18을 지켜냄. 특히 두 곳의 기숙사 중 한 곳에서 생활하던 조합원이 다리 부상을 당했음. 이름은 기억이 안남. 그녀가 기숙사에 있을 때 계엄군이 쏜 총알이 날아들어 다리에 맞았기 때문임.

- 광주가 고립되고 공장들도 문을 닫은 며칠 동안 기숙사 조합원들은 항쟁의 중심지였던 도청으로 출퇴근했음. 아침에 도청으로 나가 집회에 참여하고 저녁이면 기숙사로 퇴근했음. 기독병원 앞에 헌혈하러 가기도 하고 대오가 상무대로 진격하는 날이면 목이 터져라 구호를 외치며 상무대로 향했음. 도청 앞 마무리 집회가 끝나고 저녁에 기숙

사로 돌아 갈 때면 '저녁 6시까지 집으로 귀가하라, 6시 이후 귀가하지 않으면 폭도로 규정하고 발포하겠다'는 방송을 들어야 했음.

- 시민들에게 검은 리본을 나누어 주는 등 도청 앞에서의 집회와 MBC가 불타던 저녁 늦은 시간에 집으로 돌아가지 못하고 들어간 대인동 시외버스터미널 맞은편 여인숙에서 들었던 생애 최초의 총소리 등 조합원들은 여러 상황을 목격하고 겪었음.

연대투쟁

- 1970~80년대 남해어망 김남순, 정인순, 전남제사 정향자, 안명순, 한일섬유 손승연, 김복순, 삼양제사 김혜옥, 로켓트전기 김성애, 윤청자, 이정희, 광주 레미콘 현병석, 광주어망 서금실, 일진택시노조 박○○ 등 JOC를 중심으로 민주노조들이 활동함. 섬유노조를 중심으로 업종별 요구안과 교섭을 진행했는데, 이러한 방식이 연대투쟁의 발로가 되지 않았을까.
- 80년대 중반 광주지역노조민주화추진위원회(이하 광노협) 활동을 전개함. 주로 남해어망, 광주어망, 성화제망, 장성의 전남제사, 삼양제사 등이 수죽이 됨. 대표되는 큰 두생은 기억에 없지만 민주노조 정신을 계승하고자 했음. 신생노조들에 대한 조합원 교육, 상담 등을 진행함.
- 광노협 준비가 활발하게 진행되어 한국노총 민주화냐, 새로운 광노협이냐, 논의가 진행됨. 남해어망은 광노협으로 가자는 의견이 강했으나 논의 결과 광노협으로 가려면 모든 인연을 끊고 언니 혼자 가라는 강한 의견도 나옴. 우리는 한국노총의 민주화 쪽에 무게 중심을 두게 됨.
- 광노협은 김철문(세화기계노조 소속. 1988년 8월 결성)에 의하면, 아시아자동차 협력업체와 대우 협력업체 7~8개 노조를 중심으로 출발함. 광노협 의장인 대우캐리어 박종현, 세화기계 김철문, 광일기공 기원필, 대산금속 이수영 등을 중심으로 주로 신생노조들 중심으로 세워짐.

- 87년 노동자대투쟁 당시 신규노조 결성을 지원함. 지오쎄를 통해 상담해 오는 사업장 투쟁을 지원함.
- 연대 단체로는 지오쎄, 가톨릭농민회, 가톨릭대학생연합회 등이며, 지오쎄 지도신부이신 김성용 신부님, 노동사목 이재휘 신부님, 노동사목 상근활동가 최연례, 윤청자 등.
- 전대 학생들과는 학습 동아리 모임을 함. 자본론, 노동의 철학, 경제학 원론 등을 공부함. 생각나는 사람 중에는 이강 선생님, 남평오, 김현정 등 노동현장에 절절한 애정을 보내준 고마운 분들임.
- 노조활동을 실질적으로 지원해준 분들로는 상급 단위로 섬유연맹 이원보 선생님과 한국노총 조성준, 김유선, 박기학 선생님 등 지금도 사회정의를 위해 애쓰시는 분들임. 현장에 문제가 발생하면 이 분들에게 연락하여 자문을 구했음.
- 참으로 척박한 시기 자본의 도구로 전락한 여성노동자들에게 손을 잡아준 여러분들의 도움과 지원으로 민주노조가 현재까지 이어져 오고 있다고 생각함.

지오쎄(JOC) 의식화 활동

- 소모임인 지오쎄 회합을 통해 투사가 되고 활동가로 성장해 감, 지오쎄 활동을 통해 가톨릭신자가 되기도 함.
- 남해어망 임미령도 지오쎄 활동을 통해 가톨릭신자가 됨. 지오쎄 투사 선서를 받고 1983년 광주 지오쎄 여자 회장이 되어 활동함.
- 남해어망 조합원 중 들불야학에 다닌 조합원은 없었음. 지오쎄 회원으로 활동하거나 전대학생들과의 학습 소모임에 참여함.

노조의 회의구조와 방식

- 1년에 1회 조합원 정기총회, 월 1회 상집회의, 조직부, 조사통계부,

쟁의부, 문화부, 여성부, 등산모임 등 모든 조합원은 노조 부서별 모임에 의무적으로 참여해야 함.

- 조합원 단합대회, 월1회 생일을 맞는 조합원의 생일 축하식.
- 투쟁 시기가 아닌 노조의 일상 시기에도 조합원이 참여하는 일상 활동으로 부서별 모임을 전개함. 당시 민주노조 운영과 관련 일상 활동을 중시했음.

[핵심부서]

- 남해어망에서 활동의 중심은 조사통계부와 문화부, 그리고 여성부였음.
- 조사통계부는 임금인상 투쟁을 준비할 때 가장 활발하게 활동함. 거의 모든 노조들이 섬유연맹 지침대로 최저생계비와 물가를 반영한 인상액을 요구함. 우리 노조는 양동시장과 유동시장 등에 나가 물가를 조사하고 조합원들에게 설문을 작성하게 하여 임금인상 요구자료를 만듦. 조합원들은 자기들이 시장에 나가 시장물가조사를 하고 생계비를 실질 생계비로 산출함. 이 작업은 몇 달씩 걸림.
- 문화부는 노동가, 현장상황에 맞추어 노래 개사하기, 율동, 풍물, 탈춤 등을 담당함. 탈춤은 지오쎄에서 배움.
- 여성의 권리 찾기는 미혼여성이 대다수인 조합원들에게 중요한 이슈였음. 특히 문자화된 생리휴가를 실질적 휴가로 바꾸어내는 투쟁은 쉽지 않았음. 생리기간임을 증명하라는 사측의 요구에 맞서 생리대를 보여줄 각오로 조합원들이 적극적으로 참여했음. 그 결과 자유롭게 생리휴가를 보장받게 되었는데, 이렇게 투쟁을 통해 쟁취한 생리휴가가 근로기준법에서 삭제된 것은 두고두고 안타깝게 생각함. 2001년 여성연맹에서 생리휴가 폐지 반대투쟁을 전개할 때 남해어망에서의 생리휴가 쟁취 투쟁이 원동력이 되었음.

노조운영 원칙과 특징

- 당시 민주노조가 우리의 지상과제였음. 조합원의 의사를 중시하고 조합원이 참여하는 노조였음. 조합원의 참여와 연대를 가장 중요하게 생각했음. 때문에 전 조합원이 부서원으로 활동에 참여하는 것은 기본이었음.
- 울타리 안에 갇히지 않았고 밖을 향해 문을 열고자 했음. 연대를 중시하고 분노와 투쟁이 있는 곳에 직접 참여하고자 했음. 하느님이 주신 질서에 위반되는 것들은 수정하고, 그 질서에 맞추는 것이 노조활동이라 생각했음. 인간의 존엄성은 기본적으로 보장되어야 했음. 조건과 결과에서 불평등이 있어서는 안 되고, 판단의 기준은 정의로워야 하며, 인간을 향한 사랑으로 활동이 수행되어야 했음. 그것이 민주노조라고 생각했음.

맺음말 : 평가

- 우선 청춘을 열심히 살았구나, 라고 자평하고 싶음. 그때의 삶의 경험은 중년이 되어 노조운동으로 다시 소환되었다고 생각함. 광주의 노동자 정신은 민주주의와 민주노조, 사회정의와 평등과 평화, 인간 존엄성 그 자체가 아닐까 싶음. 나는 이후에도 광주에서 활동하던 시절의 노동자 정신으로 살고자 했음. 이후 몸담았던 여성노조, 평등노조, 민주노총 상근자로서의 삶을 사는 동안 광주의 노동자 정신은 나의 가치 기준이자 방향이었고, 지표였다고 생각함.
- 초대 분회장 김남순의 후임인 임미령은 1979년부터 1990년 9월까지 노조 대표를 함. 이는 초기에 모두가 노조 대표를 안 하려고 한 것이 이유이고, 둘째 노조 전임자에 대한 급여가 8시간 노동기준으로 지급되다 보니 3시간 연장근로수당이 없어지는 만큼 임금이 줄기 때문이 아니었을까? 지금에 와서 돌아보면, 이유야 어찌되었든 지도자

양성을 위해 임기마다 대표가 바뀌었으면 더 좋았지 싶음.

- 자료가 없어 기억에 의존했음. 생각나는 것 중심으로 기술하다보니 부족함이 많음. 연도 순으로 정리하기에는 더 많은 이들의 기억이 필요함. 그럼에도 이번 작업에 동의한 것은 큰 규모의 투쟁이 아닌 작은 일상투쟁에 대한 기록이 없다는 것을 평소 안타깝게 생각했기 때문이었음. 광주지역 민주노동조합 운동, 특히 광주는 여성노동자 중심의 민주노조운동이 존재하였으나 그 기록이 부진하다고 생각함. 70민노회가 이번에 시작하는 작업을 통해 광주 여성노동자들의 투쟁과 삶을 정리한다는 차원에서 큰 의미가 있다고 생각하여 기억을 보태고자 함.

한일공업
노동조합

한일공업노동조합

격동의 시대,
시련과 굴절의 노동투쟁사

제대로 된 노동조합을 만들다

'도루코'라는 면도날을 생산하는 회사로 잘 알려진 한일공업주식회사에 노동조합이 결성된 것은 1975년이었다. '전국금속노동조합 남서울지역지부 한일공업주식회사분회'라는 긴 이름의 노동조합이었다. 그러나 회사가 반장들을 앞세워 탄압하는 통에 노조는 이름 뿐이었다. 그런데 노조 파괴에 앞장섰던 반장들이 1978년 6월 5일 노조를 재건했다. 회사가 장기근속자 처리의 일환으로 40대 후반 이상의 반장 급들을 정리한다고 나선 데 대한 반발이었다. 처음에 마음대로 노조가 파괴되지 않자 반장들에 대한 회유에 나섰다. 반장들은 하나 둘 넘어갔고 끝내는 노조 분회장도 넘어갔다. 그때 교육선전부장인 김문수가 분회장을 하겠다고 나서서 직무대리를 맡았다. 김문수는 서울대 출신이었지만 아무도 몰랐다. 김문수는 노조조직 확장에 힘을 들였다. 오픈 샵 제도이었기 때문에 직접 조합원들을 설득하여 가입시켜야 했다.

당시 한일공업 노동자들의 생활조건은 열악하기 그지없었다. 종업원은 1,600여명, 여성노동자들은 초등학교도 제대로 졸업하지 못한 어린 소녀들이 대부분이었다. 남성노동자들 학력 역시 비슷했고, 대부분 나이가 많은 아저씨들이었다. 기숙사에는 남녀 500~600명 정도가 생활하고 있었고, 대부분의 여성노동자들은 조금이라도 돈을 아끼려고 기숙사 생활을 하면서 월급의 80%를 시골의 부모님에게 부치는 형편이었다. 임금은 12,000원 정도인데, 그마저 걸핏하면 체불해서 노동자들의 생활은 늘 불안정했다. 작업은 하루 12시간 맞교대였다. 출퇴근 때는 노동자들을 도둑처럼 취급, 공장 출입문에서 몸수색을 해 노동자들은 수치심에 떨어야 했다.

집행부가 바뀐 후 노조는 서서히 회사와 적극적으로 교섭을 해가면서 활동을 넓혀갔다. 단체행동을 통해 창고 같은 좁은 사무실을 넓은 곳으로 옮기면서 조합원들이 자유롭게 드나들 수 있는 공간을 확보했다. 자체적으로 근로기준법 공부와 독서회 운영, 등산회 같은 여러 소모임을 만들어 조합원들의 참여기회를 넓혀갔다. 금속노조 남서울지역 지부에서 하는 회의나 교육에도 간부를 보냈고, 투쟁 사업장이 있으면 격려 방문차 찾아가기도 했다.

노조는 조합원들의 가장 큰 불만인 임금체불을 막기 위해 1978년 5월경 이틀 정도 조합원 전체 파업을 일으켰다. 회사 측으로부터 다시는 임금체불을 하지 않겠다는 답을 받아내면서 노조에 대한 신뢰도를 크게 올릴 수 있었다. 이어 몸수색을 중단시키고 임금인상도 조합원 요구를 반영하여 단체교섭으로 따냈다. 작업 30분 전에 출근해서 새마을운동이라는 이름으로 청소하고 국민체조를 하던 것도 모두 노농시간에 포함시키는 것으로 바꿨다. 회사가 마음대로 정한 출근시간 30분 전에 나오지 않으면 지각 처리하였던 관행도 단체교섭을 통해 30분 전 출근을 없애고 정시 출근으로 바꿨다.

조합원 총회로 이겨낸 노조파괴공작

이렇게 노동조합이 노동조건을 개선하면서 신뢰도를 높이고 자리를 잡아가자 회사는 1979년 6월 5일의 총회를 앞두고 어용노조를 만드는 공작을 벌이기 시작했다. 관리자 출신인 대의원과 상집간부들을 매수해서 대의원대회를 열고 지부장을 교체하려 한 것이다. 회사는 주로 반장 이상 계장들을 회유하려고 온갖 방법을 다 썼는데, 선물과 금품을 제공하고 월급을 인상시켜 준다든가 직급을 올리는 등의 방법이었다. 말을 안 들으면 사표를 강요하기도 했다.

노조 직무대행은 이런 회사 측의 책동을 파악하자 '퇴근 후 총회소집'을 공고했다. 노조간부들은 각 반별로 회사의 음모를 폭로하고 대의원대회를 총회로 바꿔야 한다며 조합원들을 설득하는 한편 총회 소집 서명을 받으러 현장을 돌아다녔다. 관리자들과 몸싸움이 벌어지고 회사 측 대의원들은 노골적으로 총회 소집을 막기 위해 노조사무실마저 장악하려 했다.

조합원 임시총회가 6월 5일 열렸다. 그날 퇴근시간이 되자 회사는 갑자기 잔업 지시를 내리고 잔업을 하지 않으면 사직서를 쓰라고 윽박질렀다. 관리자들은 작업장 출입문을 잠그려 했고 조합원들은 움츠러들었다. 그러나 노조간부들이 완강하게 저항하고 나서자 조합원들이 작업실에서 우르르 몰려나와 식당에 모여들었다. 조합원 총회에는 금속노조 남서울지역 지부장과 지역 지부 분회장들, 그리고 타 노조의 간부들도 참석하였다. 총회는 저녁 늦게까지 진행되었다. 총회에서는 김문수 직무대행이 분회장으로, 이병익 부지부장과 이기창 조사통계부장 등의 상집위원과 회계감사 박육남도 선출되었다. 조합원들은 환호성과 함께 〈우리 승리하리라〉를 소리 높여 불렀다.

조합원 총회를 마친 후 노조는 회사에 단체협약 개정을 요구했다. 단체협상 결과 오픈 샵을 유니언 샵으로 바꾸었다. 모든 노동자들은 입사와 동시에 자동으로 조합원이 되었고, 임금에서 0.5%를 조합비로 공제할 수 있게 되었다. 근로기준법에만 실려 있던 이름뿐인 생리휴가와 생리수당도 확보했다. 노조활동은 더욱 다양해졌고 활발해졌다. 임금인상 교섭 때는 노조간부들이 돌아가며 교섭위원으로 참여했다. 간부들이 교섭에서 회사 측이 보이는 망발을 직접 확인하면서 그 본질을 깨닫도록 하고, 노조간부로서의 자질도 키우기 위한 것이었다.

노조활동과 관련하여 현장에 많은 변화를 가져 온 것은 노조간부들이 매주 3~4시간을 노조활동을 해도 작업으로 처리한다는 단체협약을 맺은 점이었다. 노조는 자주 간부회의를 열어 상황을 공유하였고, 일과시간 중에도 다른 노조 방문을 할 수 있게 되었다. 지역의 교육과 회의에 참여하고 투쟁하는 곳에도 동참할 수 있었다. 노조는 전국 각지를 다니면서 전체 조합원 단합대회를 가졌다.

노동조합은 날로 안정되어 갔다. 지부장은 아침 저녁으로 현장순회를 통해 조합원들을 만났다. 단체협상 때는 게시판이나 회의를 통해 협상 과정과 결과를 공개하였다. 현장에서 조합원들이 스스로 움직이는 일이 나타나기 시작했다. 조합원들은 이전에는 억울한 일이 있어도 말도 못하고 당하기만 하다가, 노조가 만들어지고 활동에 참여하면서부터 작업 중 일어나는 사소한 일이라도 스스로 나서서 따지기도 하고 해결하기도 했다.

1979년 말에 정기총회가 열렸다. 분회장은 유임되고, 부분회장 등 간부들만 일부 바뀌었다. 노조는 한일공업 사업장의 문제를 뛰어넘어 지역 활동으로 발을 넓혀 나갔다. 그 무렵 금속노조 남서울지역 지부에서는 노조 간의 각 부서모임도 활발히 진행되어 많은 간부들이 서로를 잘 알게 되었다. 그러다 보니 간부들끼리 친해지고 결혼을 하는 경우가 생기면서 인간적인 끈끈함을 통해 지역연대를 다져갔다.

마마 보온밥통을 만드는 대원전기에서 1주일 철야농성을 할 때, 한일공업 노조간부들도 동참하여 작업장 바닥에 신문지를 깔고 같이 농성하기도 했다. 이 밖에 부산파이프노조 결성 지원이나 구로동의 세진전자, 콘트롤데이타노조 사건 때도 여러 노조의 간부들과 함께 방문하여 교류와 연대를 다졌다. 이 때 영등포도시산업선교회가 주최하는 교육에 일부 간부들이 참여하였고, 해태제과 노동자들의 8시간 쟁취투쟁을 응원하기도 했다.

이렇게 노조활동이 강화되자 회사는 70년대 말 노조 탄압에 나서기 시작했다. 몰래 노조간부들을 감시하거나 부서이동을 시키는 일도 잦아졌다. 또 회사는 노조간부들이 열심히 활동하는 부서를 하청으로 돌리거나 폐쇄했다. 그 때문에 조합원들이 노조를 탈퇴하는 일도 늘어났다. 회사의 탄압으로 1,600명이던 인원이 800여 명으로 줄어들었다. 단체협상 때는 정보과 형사들이 상주하는 일도 벌어졌다. 노조간부들이 형사들에게 연행되어 경찰서에서 밤새도록 조사를 받고 다음날 나오는 일들도 자주 일어났다.

노조에 대한 위협은 1980년에 들어서면서 노골화하였다. 그해 분회장이 사복형사에게 끌려갔다. 1월 1일부터 임금인상을 위한 교섭을 여러 번 해도 합의가 안 되어 준법투쟁을 했다. 8시간만 일하고 잔업을 하지 않거나, 점심시간을 이용해 조합사무실 앞에서 집회를 벌이는 투쟁을 했다. 이기창, 박육남 부분회장도 악명 높은 남영동 대공분실로 끌려가 폭언과 잔혹한 폭행을 당했다. 김문수 분회장이 서울대를 다니다가 북한의 지령을 받고 노동자들을 모아 국가를 파괴하려는 빨갱이라는 것이었고, 노조가입 동기와 김문수의 활동내용을 쓰라는 것이었다. 김문수 분회장이 학생운동을 한 대학생 출신이라는 게 이때 처음 알려지게 되었다.

회사는 이 때를 놓치지 않고 노조에 탄압을 가했고, 열성 조합원과 노조간부들에게는 경찰의 미행과 감시가 심해졌다. 형사들이 노조간부들을 갑자기 연행하여 밤샘조사를 하고 풀어주는 일이 되풀이되었다. 회사는 단체교섭을 거부하였고, 3월 25일에는 이기창, 박육남 두 부분회장을 해고시켰다. 며칠 후 석방된 김문수 분회장도 바로 해고되었다. 그 사유는 '명령불복종'이었다. 임금협상 때 태업하면서 8시간 일하고 조합사무실 앞에서 집회를 했다는 것이 그 이유였다.

해고된 세 간부는 중앙노동위원회에 해고무효구제신청을 제기해 복직명령을 끌어냈다. 그러나 회사는 출근을 막았고, 세 사람은 매일 출근하여 회사 정문에서 출근하는 조합원에게 알리는 투쟁을 전개했다. 조합원들도 이에 호응하여 '해고자 복직과 임금인상교섭 요구'를 내걸고 회사 식당을 점거하고, 철야농성에 들어갔다. 싸움은 1주일이나 진행됐다. 결국 회사가 백기를 들고 협상에 나서 합의문에 도장을 찍었다. 합의내용은 '해고자는 1주일 후인 5월 1일부터 출근, 임금 30% 인상과 상여금 200% 인상, 주야간 2교대를 없애고 8시간 기준으로 근무'였다. 철야 농성투쟁이 승리로 끝나자 조합원들의 사기는 하늘을 찌를 듯이 높아졌다.

이 시기는 이른바 서울의 봄. 유신 대통령 박정희의 피살 이후 유신철폐와 민주화 요구가 정계, 대학가에 들불처럼 번지고 있었다. 노동자들은 임금인상, 휴폐업 반대, 노동조건 개선, 어용노조 퇴진 등의 요구를 내걸고 격렬한 투쟁을 벌였다. 사북에서는 광산노동자들이 경찰을 물리치고 사북읍을 점거한 사태도 일어났다. 한일공업노조도 YKK, 일신제강, 부산파이프, 대일화학, 한국타이어, 해태제과, 무궁화메리야스 등 투쟁이 일어난 여러 사업장을 방문하여 지지를 표하였다. 또 5월 9일에는 '금속노조 지도부 퇴진'을 요구하며 금속노조 남서울지역 지부를 점거하여 농성에 들어 갔다. 이어 5월 13일에는 여의도에 있는 한국노총 강당을 점거하고 '노동3권 보장, 어용노총 물러나라' 등의 구호를 외치다가 다음날 남서울시역 지부로 와 계속 철야농성을 하였다. 그러다 5월 17일 비상계엄령이 전국으로 확대되면서 농성을 중단하고 각 사업장으로 돌아왔다.

전두환 정권의 민주노조운동 말살 책동

광주민주항쟁을 잔혹하게 진압하고 권력을 찬탈한 전두환 신군부정권은 1980년 9월 '노동계 정화조치'를 시행했다. 이 조치는 두 갈래로 진행되었다. 70년대 민주노조운동 세력의 제거와 노동법 개악이었다. 지역 지부는 해산되고, 많은 사업장에서 노조간부들이 현장으로 복귀하거나 강제로 쫓겨났다. 노조 활동도 힘들어졌다. 회사는 이 분위기를 이용해 회유와 협박으로 조합원들을 노조에서 탈퇴시키려 혈안이 되어 조합원 수는 계속 줄어들었다. 다른 노조 해산도 줄을 이었다.

한일공업노조도 예외가 아니었다. 한국노총 산하 금속노조에서 '정화조치'라며 노조지부장 사퇴 명령이 내려왔고, 지부장은 순화교육을 보낸다는 협박 때문에 지부장 사퇴서를 제출하자 회사는 바로 해고해 버렸다. 이후 김문수 지부장은 회사에서 자취를 감추었다. 정보과 형사가 노조사무실에 상주하면서 노조활동을 감시했고, 노조는 바깥에서 회의를 진행해야 했다. 회사는 '김문수 지부장은 서울대 나온 빨갱이'이며 '금속노조 지시로 그만뒀다'는 등 흑색선전을 해대고, 조합원들을 이간질시키는데 혈안이 되었다.

1980년 12월 5일 아침, 기관원들이 회사에 나타나 박육남, 이병익 부지부장을 서빙고동 보안대 분실로 연행해 갔고, 뒤이어 이기창 부지부장, 장춘옥 회계감사도 연행하였다. 김문수에 관해 조사할 게 있다는 것이 이유였다. 이들은 몽둥이질과 발길질, 따귀질에 입에 담기도 어려운 욕설을 들으며 고문을 당했다. 심지어 전기고문으로 위협하면서 노조 간부직과 회사 사직서를 함께 강요하였다. 그 곳에는 한일공업 외에도 많은 노조간부들이 끌려와 고통을 겪고 있었다. 사표를 거부했지만, 엄청난 고문과 삼청교육대 등의 협박 앞에 사표를 쓸 수밖에 없었다. 연행된 지 20여일 만이었다. 그러나 이기창 부지부장은 1월 6일부터 22일까지 강원도 원주의 삼청교육대로 끌려가 죽음에 가까운 고문 훈련을 받고 풀려났다. 그는 그 후유증으로 오랫동안 극심한 고통을 겪지 않으면 안 되었다. 회사는 사표를 곧 바로 수리하고 출근을 막았다.

이렇게 한일공업 민주노조 활동은 막을 내리고, 제5공화국이라는 독재 체제 하에서 새로이 조직을 추스르지 않으면 안 되었다. 그러나 상황은 크게 달라져 버렸다. 1980년 12월 30일 노동법이 전면 개악되면서 노조활동은 질식 상태에 빠질 수밖에 없었기 때문이다. 정치활동 금지, 복수노조 금지에 제3자 개입금지 조항이 법제화되었고, 기업별노조체계가 강제되었다.

노조 결성요건은 크게 강화되었고, 노사협의회의 제도화로 노사협조가 강제되고 단체협약 유효기간도 2년으로 연장, 임금인상도 통제되었다. 지역지부도 해산되고, 산별노조는 노조협의체인 산별연맹으로 바뀌었다.

모진 세월을 견뎌온 민주노조 간부들

이런 상황에서 1981년 6월 5일, 노조의 정기총회가 열려 많은 전 현직 노조간부들이 모여 모처럼 즐거운 시간을 가졌다. 그러나 지난 날 민주노조를 일구었던 간부들은 모두 경찰의 감시 아래 각자 삶의 길을 찾아가지 않으면 안 되었다. 평범한 소시민이든 노동운동의 길을 가든 어느 누구도 평탄치는 않았고, 정말로 어려운 생활을 견디어냈다.

그러나 그들 중에는 권력의 그늘로 들어가 비루한 명예를 누리면서 수구보수 세력의 앞잡이가 되어 한때 동료였던 노동자들을 적으로 몰아 과거의 동지들을 부끄럽게 하는 사람도 있다. 그럼에도 불구하고, 한일공업노조가 70년대 유신독재체제의 험난한 조건 속에서 자주적·민주적 노조운동을 살려내는데 온힘을 다했고, 이 나라 노동운동을 한 단계 더 발돋움시키는데 나름 기여했다는 진실이 훼손될 수는 없는 것이다.

진실을 지켜나가는 것이
내 할 일

박 육 남

딸 부자집 막내

　내 고향은 고추장 된장으로 유명한 전북 순창인데, 태어난 곳은 남원의 광한루이다. 1960년생. 내가 태어나기 전에 딸만 다섯을 줄줄이 낳자, 어떤 스님이 아버지에게 "이름을 육남이라 먼저 짓고, 천리 길을 걸어서 출산하면 수명도 긴 아들이 태어난다"고 했다는 것이다. 그래서 출산을 앞두고 부모님 두 분이 함께 고향 순창에서 목포까지 걸어갔다가 다시 집으로 돌아오는 길에 남원 광한루에서 저녁을 먹는 중에 바로 산통이 와 거기에서

　1960년 남원 출생. 순창에서 자람. 76년 한일도루코 입사. 78년 6월 민주노조 등장 후 조사통계부원 활동. 80년 부지부장 선임. 2월 남영동대공분실과 12월 보안사 서빙고분실에 연행돼 고문조사 후 해고. 84년 인천지역노동자복지협의회 등 재야노동운동 참여. 90년 이후 인천지역 참교육학부모회 참여. 현재 강화도에서 학교운영위원회 활동과 농사일에 전념.

나를 낳았다는 것이다. 그리고 '또 딸!'이라는 말을 들은 아버지는 잠시 기절을 했고, 이후 시름시름 앓다가 내가 세 살 때 돌아가셨다.

그 뒤 엄마는 죽어라 일했지만 식구들 입에 풀칠조차 못하자, 큰언니를 식모살이로 보내고 남은 논밭을 팔아 서울로 올라오셨다. 내 위 네 명의 언니들은 사촌오빠의 소개로 개봉동에 있는 한일도루코(한일공업주식회사)에 입사했다. 큰언니는 한일도루코에서 형부를 만나 결혼을 했다. 엄마는 이 불가게에서 일해 생활을 꾸렸고, 언니들이 받아온 월급은 고스란히 모아 20세가 되면 시집보내기에 바쁘셨다.

1968년, 나는 집 옆에 있는 고척초등학교에 입학하였고, 다섯째 언니도 한일도루코 노동자로 일하기 시작했다. 나의 중학교 입학을 앞두고 그 언니가 시골로 시집을 갔다. 중학교 등록금을 낼 형편이 안 되었지만, 언니들은 "학비는 우리가 낼 거니까 육남이는 꼭 학교에 보내라"고 엄마를 졸라 나는 오류중학교를 다닐 수 있었다. 그때 나는 '고등학교를 못 가면 어쩌나?' 고민을 하면서 언니들이 주는 용돈을 모두 모았는데, 3년 동안 모은 것이 꽤 많았다.

그런데 중학교 3학년 때 엄마가 제대로 남은 이가 하나도 없어 틀니를 해야 했다. 나는 동장의 논을 찾아 엄마에게 틀니를 해드리고 남은 돈도 마저 드렸다. 그럭저럭 1976년 고등학교 입학시험을 보고 합격통지서를 받았으나 엄마는 학비가 너무 많아 보낼 수 없다고 하셨다. 그때 엄마가 많이 아프셨기에 언니들도 내 고등학교 진학을 포기했다.

한일도루코의 노동현장

겨울방학 직전인 1976년 12월, 학교에서 고등학교를 못 가는 학생들을 당시 학교와 자매결연을 맺은 한일도루코에 취직을 시켜 준다고 하였다. 나는 취업을 신청했다. 우리 학교에서 나를 포함해 18명이 한일도루코에 면접을 보았고, 회사에서는 다음 날부터 출근을 하라고 했다. 18명 중에서 나와 다른 두 명만이 검사반에서 일하기 시작했다. 회사일은 하루 12시간 2교대였는데, 너무 바빠서 일요일도 거의 특근을 하였고, 간신히 한 달에 한 번 정도 놀았다.

퇴근 때 우리는 일렬로 줄을 서 경비들에게 몸 검색을 받아야 했다. 공장에서 생산한 물건을 가져갈까 검사하는 것이었다. 그러니 퇴근을 하는 시간이 너무 오래 걸렸고, 무엇보다도 남성 관리자들에게 몸 검색을 받는다는 것, 그리고 도둑처럼 취급 당하는 것이 수치스러웠다. 제품이라고 해봐야 옷에 다는 지퍼와 수염을 깎는 면도날 정도인데, 회사는 노동자들을 도둑으로 취급했던 것이다.

특근까지 한 내 첫 월급은 18,000원 정도였다. 그 조차도 체불이 심했고, 12시간 맞교대로 일하는 것은 정말 힘들었다. 개봉동에서 한일도루코 하면 제일 적은 일당에다가 그것마저 몇 개월씩 체불을 하는 것으로 악명이 높았다. 오죽하면 가게에서 한일도루코에 다닌다고 하면 외상을 안 줬을까. 거기다 1,600명이었던 인원이 하루 사이에 1,000명이 되기도 하였는데, 일이 힘들고 임금이 낮으니 하루 왔다가 그만두는 경우가 많기 때문이었다.

민주노조에 뛰어 들다

1978년 6월 5일, 임시총회에서 민주노조가 들어섰다. 나는 "노조가 생기면 월급도 회사 마음대로 결정하지 못하고 단체교섭을 통해 우리가 요구하는 것을 받을 수 있다"는 이야기에 솔깃했다. 공장 곳곳을 다니며 가입원서를 받아 노조사무실에 가져다주었다. 그러자 이기창 조사통계부장이 같이 일하자고 하여 조사통계부원으로 노조활동을 시작하였다. 조합원의 노동 및 생활실태를 파악하는 한편, 노조에서 하는 교육은 빠짐없이 쫓아 다녔다. 투쟁 사업장도 찾아 다녔다.

이런 활동을 통해 나는 노조가 왜 필요한지, 연대 교류는 어떻게 하는 건지를 더 잘 알게 되었다. 정말 노동조합이 살 길이고, 노조가 없으면 개

돼지처럼 살기를 강요받는다는 생각에 오로지 노동조합만이 힘이라고 생각했다. 임금체불 중단, 몸수색 폐지, 단체교섭에 의한 임금인상, 아침 조회의 근무시간 인정 등 투쟁을 할 때는 신명나게 활동을 했다.

1년 후 회사가 노조를 어용화 하려 할 때도 회사 사람들에게 '깡패'라는 말을 들으면서 사납게 대들고 몸싸움을 마다하지 않았다. 회사 측의 매수와 협박에도 불구하고 민주노조를 지켜냈을 때는 형언할 수 없는 감격에 가슴이 벅차올랐다. 시간이 갈수록 노조운동 하는 사람들이 참 훌륭한 분이라는 생각이 들었다. 그래서 나도 인간답게 살기 위해 노조운동을 열심히 하고 싶었다. 그러나 회사는 나의 활동을 가만두지 않았다.

1979년 여름, 회사는 큰형부를 충동질해 부엌칼로 위협하여 나에게 노조 탈퇴를 강요하게 했다. 나는 수면제를 먹어야 잠을 잘 정도로 충격을 받았고, 엄마는 쓰러져 일시적으로 반신마비가 되었다. 그 후 큰 형부와는 담을 쌓고 살면서 오히려 더 노조활동을 열심히 했다. 활동범위도 외부로 넓혔다. 대원전기, 부산파이프, 세진전자, 콘트롤데이타노조 등과 협력했고, 도시산업선교회에서 1주일에 한 번씩 한 달 동안 교육을 받으면서 민주노조들과 연대를 쌓기도 했다. 이때 해태제과 노동자들의 8시간 노동 쟁취투쟁은 나에게 노동자들에게 힘이 생기면 법과 제노노 세내로 지기게 히고, 또 바꿀 수도 있다는 희망을 갖게 했다.

노조의 시련과 위기

1980년 2월, 김문수 분회장이 사복형사에게 끌려갔다. 임금인상을 위해 준법투쟁과 농성을 하고 있는 중이었다. 나도 이기창 부분회장과 함께 남영동 대공분실로 연행되어갔다. 거기 사람들은 우리에게 "빨갱이 새끼들 왔다!"며 무조건 폭행을 했다. 그때 이후 평생 한쪽 귀가 고장이 났다. 그들은 노조가입 동기와 김문수가 어떻게 활동했는지를 쓰라고 했는데, 시키는 대로 하지 않자 자기들이 묻고 스스로 답을 만들어 타자를 쳤다. 원하는 대로 안하면 다시 때리기를 반복했다.

난생 처음 보는 설렁탕을 식사로 주었다. 회사에서 야식으로 불어터진 라면을 먹었던 터에 폭행에 시달리면서도 속으로는 먹고 싶었지만, 숟가락도 안 들고 가만히 앉아 있었다. 다음 날 이기창 부분회장과 함께 날 내보냈다. 그곳에서 다른 노조 간부들과 김문수 분회장을 기다리다가 저녁 무렵 회사로 출근하였다. 그때 김문수 분회장이 학생운동을 한 대학생 출신이라는 것을 처음 알게 되었지만, 뭐가 문제냐, 나도 더 열심히 활동해야겠다는 각오를 다졌다.

회사는 이를 빌미로 노조에 탄압을 가했다. 경찰의 미행과 감시가 심해졌고. 형사들이 불시에 나타나 간부들을 연행했다. 회사는 단체교섭을 거부하고 3월 25일경 나와 이기창 부분회장을 해고했다. 며칠 후 출근한 김문수 분회장도 해고되었다. 이유는 '명령불복종'이라고 했다. 해고당한 우리 셋은 영등포에 있는 중앙노동위원회에 해고무효구제신청을 하여 복직명령을 받았다. 그런데 회사는 우리들의 출근을 저지하여, 회사 정문에서 출근투쟁을 했다.

조합원들은 '해고자 복직과 임금인상교섭 요구'를 내걸고 회사 식당을 점거하고, 철야농성에 들어갔다. 싸움이 1주일이나 진행됐다. 결국 회사가 백기를 들고 해고자 복직, 임금인상, 상여금 200% 인상, 1일 8시간 노동제에 합의를 하였다.

국기에 대한 경례 거부

전두환 정권은 등장하자 마자 노동계 정화조치를 내렸다. 노조들의 활동이 힘들어졌다. 회사는 그 분위기를 이용해 노조 탈퇴에 혈안이 되어 조합원 수는 계속 줄어들었다. 마음이 무거웠다. 나는 내 작업동선을 이용하여 다시 조합원 확대활동을 시작했다. 이 시기 나는 노동자 입장에서 국가나 정권을 어떻게 보아야 하는가 하는 고민을 심각하게 하였다. 고민의 결과 우선 국기에 대한 경례를 하지 않기로 결심했다. 국가는 노동자들에게 자유를 주지 않는데, 길 가다가 멈춰 서서 국기에 대한 경례를 하며 국가에 대한 충성 표시를 할 이유가 있는가? 나는 그럴 필요가 없다고 생각했다.

1980년 6월, 정기총회에서 나는 부지부장으로 선출되었다. 노조 상황은 갈수록 더 힘들어지고 위축되었다. 회사는 '김문수 위원장은 빨갱이'라고 흑색선전을 해댔다. 나는 노조부위원장으로 일상적 노조활동과 단체교섭을 추진하고, 조합원들의 소모임을 더 열심히 진행했다. 그때 내 나이 열아홉. 방송통신고등학교도 6개월만 다니면 졸업인데 그걸 때려치우고 열심히 노조활동을 했다. 사람답게 살기 위해 일하는 것이 졸업장으로 증명되는 것이 아니냐는 생각에서였다.

1980년 12월 5일 아침, 나는 이병익 부위원장과 함께 검은색 승용차에 태워졌다. 노량진을 지나 한강다리를 넘었다. 남영동 대공분실이었다. 거기에서 20여 일 간 고문을 받고 12월 24일 석방되었다. 이틀 후 출근을 했다. 회사는 내가 대공분실에서 사직서를 썼다며 출근을 막았고, 경찰이 회사에 상주하며 감시를 했다. 회사 주위를 며칠 배회하다가 조합원을 만날 방법으로 영등포시장에서 엿과 오꼬시 과자, 쥐포 등을 사 가지고 와 리어카에 싣고 회사 후문에서 장사를 했다. 그러면서 조합원들을 하나씩 둘 만날 수 있었다. 나는 조합원들에게 "노조가 튼튼하려면 공부를 해야 한다"고 설득해서 학습모임을 만들었다. 학습모임을 도와줄 사람으로 장명국 선생님을 모셔왔다. 언니네 집을 빌려 10여 명이 몇 개월간 학습을 진행했다. 얼마 후 나는 노점상을 정리하였다.

노동운동 위해 다른 공장으로

나는 다른 사업장에 들어가 노조를 만들어 노동운동을 하겠다는 결심으로 구로3공단에 있는 세진양행에 시다로 취업하였다. 내가 하는 일은 와이셔츠에 단추를 다는 일이었다. 미싱을 배우면서 난생 처음 엄마와 떨어져 회사 기숙사로 들어갔다. 기숙사는 공동화장실에 공동세면실을 써야 했고, 각 방에 10명 정도가 같이 생활하다 보니 무척 불편했다. 기숙사에서 외출은 1주일에 한번, 외박은 한 달에 두 번 뿐이어서 감옥 같은 느낌이었다. 그런데 더 불쾌한 것은 기숙사 사감이 한 달에 한 번 불쑥 기숙사생들을 다 밖으로 나가게 하고는 개인 물품과 소지품을 뒤지는 것이었다. 한일도루코에서 몸수색을 당하던 기억이 나면서, 소지품 검사 역시 내 인격을 무시하는 것 같아 참기 어려웠다.

　3개월의 견습기간이 끝날 즈음 갑자기 회사는 나를 부서이동 시키고는 기숙사에서 나가라고 했다. 나는 못 나가겠다고 버텼다. 이제 현장에 적응하였고, 노동자들과 모임을 시작한 지 한 달 정도 지나 잘 어울리기 시작했는데, 어떻게 그만둘 수가 있겠는가. 다음날 출근하니 경비실에서 못 들어가게 했다. 취업 후 3개월 이전에는 회사에서 그만 두게 할 수 있다며 한 달 치 월급봉투를 주면서 쫓아냈다. 그 후 미싱을 배워 협진양행에 들어갔다. 미싱 경력이 있어 미싱사로 들어갔는데 거기서도 쫓겨났다. 이어 크로버전자, 협진전자 등 7~8곳의 사업장을 전전하다가 동대문으로 갔다. 다락에서 옷을 만드는 영세업체에 들어가 6개월 정도 일하다가 그만두었다.

　그 후 6개월 정도 혼자 배낭여행을 다녔다. 속리산, 지리산, 한라산, 계룡산 등지로, 소금과 쌀로 죽을 끓여 먹으며 생각하는 시간을 가졌다. 여행에서 돌아왔으나 갈 곳이 없었다. 구로공단에서 쫓겨나 찾아 간 동대문 옷 만드는 공장은 환풍기 하나 없는 먼지투성이 다락방 작업장으로 폐암에 걸리기 십상이었다. 동사무소와 파출소에서 우리 집을 정기적으로 탐문 감시를 하다 보니, 엄마는 나만 보면 "시집가라"고 하소연을 했다. 그래서 될 수 있으면 집에는 잠만 자러 갔다.

　그러던 1982년 초, 나를 좋아한다며 결혼하자는 남자가 나타났다. 1980년 대공분실에서 풀려나 회사 앞에서 노점을 할 때 조합원 공부모임에 같이 했던 우재일 씨였다. 나는 "독신으로 운동하다 죽겠다"며 입버릇처럼 떠들고 다녔는데, 청혼을 받고 보니 생각이 달라졌다. 취직도 못하고, 취직한들 길어 봤자 3개월 인생인데, 결혼해서 다양한 활동을 하는 것도 괜찮겠다는 생각이 들었다. "결혼해도 운동을 계속하고 싶으니 아이는 하나만 키우겠다"는 조건을 내세우자 우재일 씨도 7남매 중 막내라며 좋다고 했다. 그런데 노량진경찰서에서 우재일 씨 집에 찾아가 "박육남이는 불순분자이고 빨갱이 노조에서 일하고 있다"고 지껄이고 갔다. 시집에서는 나를 이상한 눈초리로 쳐다보기 시작했다.

결혼 직전 나는 다니던 공장에 결혼 휴가 1주일을 신청하고 결혼식을 올렸다. 회사 사람들도 참석했다. 취업규칙에 결혼 휴가가 있어도 여성들은 보통 결혼과 동시에 사직하여 가사노동만 하는 것이 현실이었다. 나는 여성노동자들을 무시하는 관행도 문제지만, 여성 스스로 포기하는 것도 문제라고 생각했기 때문에 일부러 결혼 휴가를 내고 결혼식을 올린 것이다. 결혼을 하고 나서도 회사를 다닐 수 있다는 걸 보여 주고 싶었다. 남편도 한일도루코노조의 회계감사로 열심히 활동하고, 모임에서 공부도 더 열심히 하는 모습이었다. 혼자가 아니라 둘이 동지애와 굳은 믿음으로 같이 하니 신이 났다.

1983년 봄, 남편마저 한일도루코에서 해고됐다. 회사는 공장부지에 아파트를 지어 부동산 투기를 하고, 용인 등 몇 군데에 터를 사서 공장을 분산시키려 했다. 그런데 본사 사무실은 서초동에 그냥 두면서, 노동자를 위한 이전대책은 없었다. 노조는 '대책 없는 공장 이전 반대투쟁'을 벌이면서 조합 사무실에서 철야농성을 벌였다. 그 과정에서 남편이 경찰에 끌려갔다. 나는 파출소며 경찰서를 찾아다니고 노무과 과장한테 따져 봐도 모른다는 답변만 들었다.

남편의 행방을 몰라 정신없던 사이, 농성하던 조합원들과 노조 임원 몇몇이 회사의 회유와 협박으로 사직서를 썼다. 1주일 정도 있으니 남편이 집으로 돌아왔다. 그리고 다음 날 회사에 출근했으나 해고 통지서를 받았다. 대책 없는 이전 반대투쟁은 그렇게 끝났고, 한일도루코는 개봉동에서 경기도 땅으로 옮겨갔다. 조합원들은 뿔뿔이 흩어지고 노조의 힘은 줄어들었지만, 그래도 나름대로 열심히 활동을 한다고 전해 들었다.

인노련의 정치투쟁

1984년 8월경, 시숙이 부평의 대림자동차에 소개를 해줘 남편이 취직이 되어 바로 인천으로 이사했다. 대림자동차에도 노조는 있었지만 어용 집행부가 장악하고 있었다. 남편은 노조를 민주화시키기 위한 모임을 꾸려 우리 집에서 자주 모였다. 나와 김문수 전 지부장도 그 모임에 함께 참여해 경제학, 『노동의 역사』 같은 책을 같이 공부하면서 노조 민주화를 위한 방안을 고민하였다. 그러다 서울에서 인천까지 오가는 게 어려워 김문수가 인천에 있는 노병직 선생을 소개해 주어 그 분이 학습모임을 도와주었다.

그 뒤 나는 김지선 선배의 소개로 인천지역노동자복지협의회(인노협)에서 일하기 시작하였다. 85년부터는 위장취업자들이 자주 해고되었고, 곳곳에서 어용노조 민주화 투쟁이 일어났다. 특히 대한마이크로노조 설립과 해고자투쟁, 현대페인트 파업, 한영알미늄 투쟁, 대우자동차 파업투쟁 등이 중심이 되어 인천지역 전체에 투쟁 분위기를 만들어 갔다. 인노협에 속한 나도 이 투쟁들을 지원하거나 가두시위에 참여하느라고 무척 바빴다.

투쟁으로 인천이 떠들썩할 즈음 노동운동 한편에서는 "노동자가 경제투쟁만이 아니라 정치투쟁도 해야 한다"는 주장이 부상하였다. 여러 가지 정치적 입장이 강하게 제기되면서 인천노동운동연합(인노련)이 결성되었는데, 이 조직은 정치투쟁을 하는 대중정치조직의 성격을 띠고 있었다. 나도 인노련에 참여하여 선전선동부에서 활동했다. 5~6명 정도가 한 팀인데 노동자 투쟁에 대한 평가나 학습을 하였다. 이 때도 철학, 정치경제학 등을 공부하거나 레닌의 『무엇을 할 것인가』와 『강철서신』 같은 팸플릿을 읽기도 하면서 정치의식을 높여 나갔다.

투쟁의 결과 해고자들이 쏟아져 나오면서 해고자복직투쟁위원회(해복투)가 만들어져 지역연대투쟁의 중심에 서서 활발하게 활동했다. 워낙 많은 해고자들이 생기니 해복투는 항상 만원이었고 불 꺼진 날이 없을 정도였다. 나는 해복투에서 선전과 교육을 담당하면서 지역의 여러 투쟁을 지원하는 활동을 했다.

그 즈음 남편이 다니던 대림자동차가 공장을 창원으로 이전한다면서 노동자들을 회유하거나 강제사표를 받았는데, 노조가 어용이다 보니 아무런 대응도 하지 않았다. 결국 어용노조 민주화모임을 하던 이들이 나서 부당한 이전에 항의하면서 1주일 철야 농성투쟁을 벌였다. 남편은 대책위원장으로 활동하다가 구속되어 1년 6개월의 실형을 살았다. 집회 및 폭력시위가 구속 이유였다.

남편이 구속된 상황에서 나는 정치투쟁으로 노동자가 해방된 세상을 앞당기기 위해 비합법 조직에서 더 열심히 활동했다. 거기에다 인천지역구속자협의회에 참여하여 대림자동차 및 여러 구속자 가족들과 공동으로 구속된 이들의 뒷바라지를 하기도 했다. 뒷바라지는 단순히 구속자에게 필요한 물자를 넣어 주는 일만이 아니었다. 대림사동자의 투쟁 상황을 알리기 위해 나는 아이를 등에 업고 노동운동 투쟁 보고대회나, 인천산업선교회, 인천사회운동연합 등이 주도하는 집회가 있을 때마다 발표하러 다녔다.

그러던 중에 부천서 성고문 사건(구속된 권인숙을 경찰관 문귀동이 성고문하자 이를 권인숙이 폭로한 사건)이 터졌다. 인천구속자가족협의회는 부천경찰서까지 몰려가 항의집회를 하다가 나는 1주일 구류를 살기도 했다. 구류를 사는 동안 유치장에서도 우리는 투쟁을 계속했다. 단무지에 보리밥을 가져다주면 섞어서 유치장 밖으로 내던지고, 노래 부르고, 구호 외치며 온종일 소리소리 지르며 항의를 표시했다.

유치장에서 나오자 엄마는 "손자 새끼를 봐주니까 맨 날 돈 벌 생각은 안 하고 데모만 하고 다니냐! 아들을 데리고 가라"해서 할 수 없이 나는 아들을 데리고 인천으로 내려왔다. 그러나 아들을 돌보며 바깥 활동을 하기에는 너무 힘들었다. 그래서 나는 아들을 '1주 탁아소'(아이를 일주일간 맡겼다가 하루 찾아가는 곳)에 맡겼다. 막상 아들을 1주일마다 한번 본다고 생각하니 마음이 아파 갈등이 생겼다. 그래도 마음을 모질게 먹고 탁아소를 나오는데, 아이의 울음소리가 귓전을 울렸다. 눈물을 흘리며 인천행 전철을 탔다. 아들에게 미안하여 이틀 정도는 눈물을 흘렸다.

5·3항쟁, 지식인에 대한 실망

인천지역은 하루가 다르게 변해 갔다. 운동방식을 둘러싸고, 특히 현실문제인 헌법문제를 둘러싸고 이념투쟁이 한창이었는데, 호헌철폐, 직선제 쟁취, 삼민헌법 쟁취, 제헌의회 쟁취 등 갖가지 구호 속에서 5월 3일 인천항쟁을 준비했다. 민주당은 비폭력 평화집회와 직선제를 주장하였는데, 인노련 선전 선동부원이었던 나는 정부가 폭력과 최루탄으로 노동운동 세력을 짓누르는데 비폭력이라니, 이치에 맞지 않다고 생각했다.

우리는 각목과 쇠파이프, 화염병을 용달차와 리어카에 숨겨서 집회장소로 가져가 백골단의 폭력에 대항하는 무기로 사용했다. 페퍼포그와 최루탄이 난무하는 백골단의 폭력 앞에서 어떻게 비폭력이 가능한가. 당장 나의 목숨, 동료의 안전을 위해서라도 우리는 쇠파이프를 들어야 했다. 인도의 보도블록을 깨서 던지며 "폭력경찰 타도하자!" "제헌의회 쟁취하자!" "혁명으로 노동자권력 쟁취하자!" 등을 외쳤다. 그때 처음으로 화염병도 던져봤다.

5·3항쟁 이후 마구잡이 탄압이 가해졌다. 노동운동가들이 무조건 짓밟히는 현실이 답답했다. 5·3항쟁으로 인노련이 탄압받고 활동이 정지되면서, 나는 다른 비합법 정치모임에 참여하였다. 대림자동차 사람들을 통해 제헌의회 모임에 참여한 것이다. 이 그룹은 혁명만이 이 사회구조를 뒤집어

노동자가 주인 되는 세상인 사회주의를 만들 수 있다는 것을 강조하였다. 그러나 이 그룹은 어느 날 갑자기 모래알처럼 부서지더니 일부는 NL그룹으로, 나머지는 뿔뿔이 흩어졌다.

나는 담담하게 그런 지식인들의 모습을 지켜보면서, 너무나 무책임하다는 생각을 했다. 그 때부터 나는 노동운동의 지도자로 바라보았던 지식인에 대한 무조건적인 존경심과 맹목적인 믿음을 거두었다. 그들이 하는 말과 행동을 되새기며 진실이 무엇인지 고민하면서, 새로운 사람들을 만날 때는 이치에 맞게 말과 행동을 같이 하는 사람인지 아닌지 경계하였다. 그러면서 다시 학습모임을 하는 한편 공개 활동으로 인천지역공동실천위원회의 교육선전부에서 일하였다.

지역정치와 참교육학부모회 활동

1990년 아이가 초등학교에 입학하였다. 나는 낳기만 했지 아들을 키운 것은 외할머니였다. 학부모가 된다는 사실에 새삼 걱정이 되었다. 아들에게 내가 엄마로서 살갑고 따뜻하게 대한 적이 있는가, 아무리 생각해도 없었다. 그렇게 고민만 하는 사이 아이는 초등학교 입학을 하였고, 얼마 안 되어 학교는 '화단을 만든다. 10만 원을 내라'는 가정통신문을 보내오고, '어머니 회비 4만 원을 내라'는 등 강제로 돈을 모금하였다. 화가 나서 교육청에 전화해 물어보니 그런 모금은 불법이라고 하였다. 내 항의전화로 교육청이 학교로 연락해 걷은 돈을 돌려주라고 하고, 학교는 1학년 학부모 전체에게 걷은 돈을 돌려줬다.

그 후 인천지역 참교육학부모회를 알게 되어 참여하면서, 참교육이란 무엇인가, 학부모의 역할은 어때야 하는가 등에 대해 고민하고 새롭게 알아가기 시작하였다. 나는 아들을 잘 키우는 방법은 참교육학부모활동이라는 것을 깨닫고 아들이 고등학교 다닐 때까지 참교육학부모운동을 했다. 공교육민주화와 학생·학부모·교사들이 '삼위일체'가 될 때만이 참교육 실현이

가능하다는 생각을 하였다.

1995년 지방선거 때 민중정치연합 인천지부에서 나에게 기초의원 후보로 출마하기를 권유해 쑥스럽지만 사명감을 갖고 선거에 참여했다. 그러나 돌아온 것은 "노동운동가, 빨갱이가 의원이 되면 안 된다"는 악선전이었고, 그 결과 후보 중에 꼴등을 했지만 그래도 4%의 지지표를 받았다는 것에 희망이 생겼다. 앞으로 노동자들이 자기 동네에서 민주적인 분위기를 만들면 썩어빠진 중앙정부까지 바꿀 수 있지 않을까 하는 생각도 해보았다. 정치활동에는 돈이 있어야 하는데, 나는 일단 돈이 없었다.

강화도 자전거 부부의 소망

1997년 가을 외환위기로 실직자가 된 남편은 인천 서구청에서 잠시 공공근로를 했다. 아들이 고등학교에 가야 하는데 큰 일이었다. 우울했다. 궁리 끝에 실직자 대출과 전세금을 빼서 강화도로 갔다. 남편은 강화군청에서 시행하는 공공근로 1년, 막노동, 야적지 보수작업, 골프장 전기선 배설작업 등으로 겨우 생계를 꾸렸다. 그러다가 동네 아저씨의 소개로 1999년 8월부터 산업용 테이프 제조회사에 나가게 되었다.

1999년 가을, 대충 집을 짓고 아들은 강화고등학교에 들어갔다. 나는 학교운영위원회 활동을 하면서 야산을 개간하여 고구마도 심고, 닭, 오리, 거위, 돼지를 키우면서 자연인으로 살기 시작했다. 여기에서 생활의 원칙으로 '자가용 안타고 안사기'를 세웠다. 대신 자전거를 타고 출근을 했다. 주변 사람들은 우리를 '자전거 부부'라고 불렀다.

그러던 2004년, 원풍모방의 박순희 언니가 나도 민주화운동보상심의위원회 대상이니 신청하라는 연락을 해왔다. 잘 되면 복직할 수도 있다는 말에 솔깃했다. 곳곳에 흩어져 사는 동료들을 수소문했다. 그리고 한나라당 국회의원인 김문수 지부장도 20여년 만에 만났다. 정치를 하더라도 한나라당이 아니면 좋을 텐데 아쉽기도 하고 분노도 올라왔지만, 슬픔이 더 컸다.

무엇이 인간을 저리 변화시킬까? 노동자들을 배신하고 노동자들을 찍어 누르는 편에 앞장을 서고 있다니, 바위로 등을 치는 것보다 더 큰 아픔이었다. 나는 노동자를 억압하는 이런 모든 행태들을 역사가 반드시 심판하리라 굳게 믿고 있다. 노동자들의 서러움과 분노가 강물이 되어 흐르지만, 언젠가는 그 강물이 이들을 덮쳐 심판하리라 믿는다.

열 일곱, 아직 내가 누구인지 세상이 어떤 것인지도 모른 채 뛰어든 노조운동은 내 삶을 송두리째 바꿔놓았다. 인간답게 살고 싶은 욕구가 생겼고, 19세에 인간으로서 견디기 어려운 정신적 육체적 고문도 받았고, 숱한 해고로 생계의 위협도 당했다. 그러나 뒤이은 여러 활동경험은 내가 노동자로서 정치의식과 사회의식을 갖도록 하는 데 도움을 주었다. 그러면서 학부모로서 학교 현장에서 교육제도의 문제점을 피부로 느끼기도 했다.

지금 나의 사회적 위상을 생활정치인이라고 할 수 있을지 모르겠다. 내가 살고 있는 지금 바로 이곳에서 나름 공동체 생활 속의 올바름을 찾아나가고 있으니 그렇게 붙여본 것이다. 환갑이 지난 오늘, 나는 내가 할 수 있는 것부터 실천하여 주위의 작은 진실들을 지켜나가는데 힘을 보태겠다.

참고 · 유경순 엮음, 『나, 여성노동: 1970, 80년대 민주노조와 함께 한 삶을 말한다』, 그린비, 2011

호남전기
노동조합

호남전기노동조합

지역 권력의 만행에
감연히 맞서다

노조운동의 새 바람

　1970년대에 광주에 있었던 호남전기주식회사는 1946년에 설립된 건전지 제조업체로, 1982년에 로켓트전기로 이름을 바꾸었다가 2016년에 폐업했다. 호남전기는 광주에 소재한 회사 중 규모가 가장 큰 기업이었으며, 전남일보라는 언론매체와 한 그룹을 이룸으로써 막강한 권력을 행사하고 있었다.

　이 회사에 노동조합이 들어선 것은 1969년 8월이었다. 당시 광주시내 노동문제상담소와 접촉한 김상섭 외 25명이 조합원 35명을 모아 전국화학노조 호남전기지부를 결성하였다. 회사는 8월 16일 노조 결성을 주동한 신선임 외 6명을 부당 해고하고, 노조 간판을 떼는 등 노조파괴책동을 자행했다. 화학노조는 정동호 사무국장을 파견하여 사측과 교섭을 벌인 결과 해고자 복직과 노조간판 부착, 노조사무실 제공, 단체협약 체결 등에 합의하였다. 그러나 사장 심상우는 알마 후 합의사항을 파기하고 지부장, 회계감사 등을 매수하여 9월 2일 노조해산 결의대회를 강압적으로 갖게 하였다.

　화학노조는 현지에 상주하면서 법률적 대응조치를 강구하는 한편 조직 파괴에 동원된 노조 간부들을 제명하고 김정숙 부지부장 등 간부진을 새로 구성하고, 대대적인 선전 홍보전을 펼쳤다. 그러자 회사는 홍보물을 수거하고 현지에 내려간 본조 및 지부 간부들에게 "아들에게까지 신상에 피해를 주겠다"고 위협하는 등 만행을 서슴지 않았다. 그러나 화학노조 간부들과 지부 조합원들은 회사의 부당노동행위에 적극적으로 대항하였고, 이 와중에 전국금속노조 광주지역지부가 조직관할권 문제를 한국노총에 제기했다.

화학노조는 1970년 2월 중앙위원회에서 노총의 중재요청을 받아들여 조직 관할권과 함께 계류 중인 사건을 금속노조로 이관하였다. 이로부터 호남전기노동조합은 전국금속노조에 속하여 지부로 활동하게 되었지만, 국가보위에 관한 특별조치법과 유신 독재체제 하에서 제대로 활동할 수가 없었다.

그러던 중 1975년 3월을 전후하여 노조민주화 바람이 불기 시작하였다. 당시 광주지역의 몇몇 회사 노동자들 사이에는 가톨릭노동청년회(JOC)가 조직되어 있었다. 전남제사를 비롯하여 남해어망, 광주어망, 일신방직, 호남전기 등이 그들이었다. 이 작업장들은 JOC 회원의 활동으로 점차 활기를 찾아가고 있었다. 호남전기의 경우 1979년을 전후하여 JOC 활동이 매우 활발하게 전개되어 수시로 회사와 부딪쳤다. 그 가운데에는 이정희라는 노동자가 있었다. 그는 1974년 20살의 나이로 호남전기주식회사에 입사하여 이듬해인 1975년부터 노동조합 대의원 및 가톨릭노동청년회 활동을 시작하였고, 1977년부터는 노사협의회 위원으로 활동해오고 있었다.

그는 부모님의 사업실패로 여섯 식구의 생계의 상당부분을 책임져야 하는 어려운 처지였음에도 노조활동에 적극적으로 참여하였다. 이 과정에서 이정희는 때때로 회사와 의견대립을 보여 와 1979년 11월에는 전국판매소로 좌천되었다. 그러나 1980년 1월, 전 지부장이 임기 전에 사임하자 이정희는 임시대의원대회에서 압도적인 지지로 호남전기 최초의 여성지부장으로 선출되었다. 그러나 곧 바로 회사 측의 공격에 직면해야 했다. 회사는 2월 29일, 31명을 해고했으며, 3월 8일에는 사전예고도 없이 7명을 더 해고했다. 오일 쇼크와 더불어 경쟁사가 나타났기 때문에 기계화를 촉진하자면 인원을 삭감하지 않을 수 없다는 것이 이유였다. 조합원들은 해고에 반대하는 항의행동에 나섰고, 이 와중에 회사 간부가 조합원을 구타하는 사건이 발생하였다.

지역이 함께 한 임금인상 투쟁

노조는 1980년 3월 18일, 노사협의회에서 86%의 임금인상과 부당해고된 7명의 복귀, 조합원을 구타한 회사간부의 처벌, 노조활동 보장 등 7개항의 요구조건을 제시했으나 회사는 이를 거부하였다. 노조가 가장 역점을 두었던 것은 임금인상이었다. 당시 관계기관(시경, 도경, 보안대)이 호남전기노조에 상근하다시피 하며 감시하고 있는 상황이었다. 노조는 퇴근 후에 몰래 모여 임금인상 논의를 하면서 사회단체에 도움을 요청하는 호소문을 띄웠다.

YWCA, JOC에서 지원을 했지만 회사는 막무가내였다. 교섭이 어려워지자 3월 21일, 노사협의회의 결과를 기다리고 있던 100여명의 조합원들이 철야농성에 들어갔다. 3월 22일에는 파업, 3월 23일에는 일요일 근무거부, 3월 24일에는 작업은 했으나 생산량이 10-15% 감소했다. 노동자들은 작업시간을 준수하는 준법투쟁과 동시에 여가시간에는 사회각계에 호소문을 작성하여 배포했다.

한편 광주시사회선교협의회는 호남전기 노동자들의 호소문을 받자 사회각층에 호소문을 배포하고 독자적으로 전남일보의 불매운동 등을 전개하였다. 회사 부사장이 사회선교협의회를 방문하여 해고자 7명을 복직시키겠으니 젊은 조합원들을 선도해주도록 요청하는 동시에 원만한 노사협의를 약속했다. 회사는 3월 29일, 제15차 노사협의회에서 노조가 제시한 6개항의 요구조건을 받아들였다. 그러나 임금인상에 대해서는 사무직 26%, 생산직 30% 안을 내고 조정신청을 요구했다. 노조는 이 안을 거부했다.

그러자 회사는 3월 31일에 160여명의 사원을 동원하여 노동조합 규탄대회를 열었다. 아울러 합의되지도 않은 노사협의 내용을 이미 결정된 것처럼 게시판에 공고하고 인쇄물을 배포했다. 이에 항의하여 조합원 700여명이 신설공장으로 향하였고, 그곳 노동자와 더불어 농성투쟁에 돌입하였다. 이 때 회사 측과 충돌이 일어났다.

4월 1일 사회선교협의회는 농성주도 조합원들에게 필요한 물품을 지원하고, 회사의 성의 있는 교섭을 요구했다. 사태가 심각해지자 4월 2일, 금속노조 최종규 사무국장이 수습 차 서울에서 파견되었으며, 노조간부들과 대책을 협의한 후 노사협의회에 참석하여 합의에 이르렀다. 합의 내용은 7개 요구사항 중 6개항은 회사 측이 수락하고 임금은 40% 인상한다는 것이었다. 또 4일간의 파업은 정상 근무한 것으로 인정하고 개인적인 보복을 하지 않는 것으로 했으며, 앞으로 감원에 대하여는 노사협의를 하기로 하였다.

이처럼 회사 측이 노동조합의 요구를 전면 수용한 것은 조합원 전체가 오랜 저임금과 비인간적인 통제에 억눌려온 불만을 조직적으로 폭발시킨 결과로 볼 수 있을 것이다. 또한 당시 서울의 봄과 함께 노동자 투쟁이 폭발하고 있던 상황을 반영한 것이기도 했다. 금속산업의 경우 4월 25일에는 서울에 있는 일산제강지부 조합원 600여명이, 그리고 4월 29일에는 안양에 있는 금성통신지부 조합원 3천여 명이 이용진부 퇴진을 요구하며 농성에 들어갔고, 이밖에 태양금속, 대우중공업, 국제종합기계 옥천공장, 한일공업 등에서도 노동자 투쟁이 거세게 일어나고 있었다.

회사와 계엄사령부의 잔혹한 보복

1980년 3, 4월, 임금인상이 끝나자 회사는 이정희 지부장을 고발했다가 취하했다. 그 후 얼마 지나지 않아 5·18 광주민주항쟁이 폭발하였다. 당시 호남전기 노조원들은 북구 중흥동 소재 사례지오고등학교에서 노동조합원 교육 중이었다. 그런데 비상계엄이 전국으로 확대되고, 광주시내에서는 계엄군이 시민들을 닥치는 대로 구타한다는 소식이 들어왔다. 조합원들은 교육을 중단하고 도청 옆 금남로에 나가 데모에 참가하였다.

광주민주항쟁이 끝나고 6월 7일, 이정희 지부장은 퇴근 중에 5·18 관련 김대중 내란음모 혐의로 서구 화정동 소재 505보안대 안에 있는 합동수사본부 지하실로 연행되었다. 합수부 수사관들은 이정희에게 4일간 무자비한 고문과 폭행, 폭언을 가한 후 5일간 서부경찰서에 구금하였다가 풀어주었고, 회사에서는 사표를 강요하였다.

이정희는 폭행으로 전신이 마비될 정도였고, 그 트라우마와 우울증 등으로 평생을 고통 속에서 살았다. 정보기관에서는 이정희 지부장을 노동계 정화 대상자로 지목, 다른 노조간부들에게도 그와 함께 활동하지 못하도록 협박하였다. 이후 호남전기노동조합은 이진행 부지부장이 위원장으로 당선되어 이끌어 갔다.

내 젊음을 앗아간
노조활동이라는 죄

이 정 희*

숙명을 타고난 전라도 소녀

저는 1956년 6월 4일 전남 순천시 금곡동 119번지에서 태어나 네 살 때 여수로 이사를 해서 스무 살 되던 해 호남전기에 입사했습니다. 저희 아버님은 순천시청 공무원으로 지내시다 여수로 오면서 경찰공무원이 되셨습니다. 어린 시절은 부유하지는 않았으나 안정된 생활로 행복하고 명랑한 소녀였습니다. 그런데 어머니께서 배 사업을 시작해서 큰돈을 벌다가 파산되어 빚더미에 빠지게 되었고, 아버지 월급에 차압이 들어오게 되었습니다.

＊ 1956년 전남 순천 출생. 74년 호남전기 입사, 75년 노동조합 대의원, JOC 활동 시작. 77년 노사협의회 위원, 79년 노동조합 지부장 선임. 80년 5월 18일 사례지오고교에서 조합원 교육 중 YWCA 앞 항의시위 합류. 6월 7일 505보안대에 연행되어 4일간 잔혹한 고문 후 강제사직. 이후 고문의 트라우마로 취업 불가능. 배추, 마늘 장사로 연명.

그 때부터 힘든 시기가 되었습니다. 부모님과 2남2녀, 언니, 오빠, 나, 남동생 이렇게 여섯 식구는 끼니 이어가기도 힘들어졌습니다. 언니는 상고 졸업 후 취업을 해서 세 동생들 학비를 대 주어 초등학교와 중학교를 마칠 수 있었습니다. 저도 취업을 해야만 했기에 이모님의 보증으로 호남전기에 입사할 수 있었습니다.

1974년에 호남전기주식회사에 입사하여 이듬 해인 1975년부터 노동조합 대의원 및 JOC(가톨릭노동청년회) 활동을 시작하였습니다. 그리고 1977년부터는 노사협의회 위원으로 활동하다가 1979년에 노동조합 위원장에 선출되어 조합원들의 권익보호를 위해 투쟁, 임금인상 등의 성과를 보았습니다. 이 과정에서 갖은 핍박을 받은 바 있고, 이런 활동은 당연히 5·18민주화운동에 동참하게 하는 바탕이 되었습니다.

1980년 5월 18일, 저는 광주 북구 중흥동에 있는 사레지오고등학교에서 노조조합원 교육 중이었습니다. 거기서 비상계엄이 전국으로 확대되면서 김대중 선생을 비롯한 재야인사들이 구속되고, 광주시내에서는 계엄군이 시민들을 닥치는 대로 구타한다는 소식을 듣게 되었습니다. 곧 교육을 중단하고 조합원들과 같이 동구 대의동 소재 YWCA로 달려가 항의대열에 합류했습니다. 그리고 도청 옆 금남로에 나가 데모를 하다가 계엄군에 쫓겨 들어오기를 반복하며 치열한 항쟁기간을 보내게 됩니다.

최초의 여자 노조지부장이 되어

제가 1979년 노조 지부장에 당선되자 마자 임금인상을 요구하여 파업농성으로 들어갈 수밖에 없었던 이유는 이러 했습니다. 당시 광주에서는 호남전기가 가장 저임금을 받고 있다는 사실을 모르는 사람이 없었습니다. 그런데 호남전기의 기업주가 언론을 등에 업고 임금을 착취한다고 알고는 있어도 누구 한 사람 나서서 해결하려 하지 않았습니다. 그리고 노조도 어용에서 벗어난 지 얼마 안되는 시기였습니다. 저는 지부장이 되면 저임금문제부터 해결해야겠다는 각오를 첫 번째로 삼았습니다. 독재정권 하에서 감히 파업, 농성은 엄두를 못내는 시기였기에 나 하나 어떤 희생을 치르더라도 해내겠다는 각오였지요.

그러나 시경, 도경, 보안대 같은 기관은 우리 노조에 상근하다시피 감시하고 있었습니다. 우리는 퇴근 후에 몰래 모여 임금인상 투쟁 모의를 하면서 일단은 각 기관단체에 도움을 요청하는 호소문을 띄웠습니다. YWCA, JOC에서 용기와 힘을 북돋아 주었지만 우리 스스로 의지가 중요하다고 생각했습니다. 몇 번의 노사협의 결렬이 반복되었습니다. 그러자 조합원들은 누가 시키지도 않았는데 공장 가동을 중단하고 현장에서 정의파 노래를 부르며 철야농성에 들어가 버리는 상황이 되었습니다. 협상이 안 되면 도청 앞으로 뛰쳐나가 학생들과 힘을 합치기로 했다고 각 단체에 미리 귀띔을 해두었던 겁니다. 그렇게 1979년 3월에 임금인상 투쟁을 시작하였고, 이런 동력이 쌓여 1980년 5·18투쟁과 연계해 투쟁을 계속했습니다.

1980년 3월, 임금인상이 끝나고 4월에 회사가 노조위원장인 저를 고발 조치했다가 취하하는 일이 있었습니다. 그 후 6월 7일, 회사에서 퇴근하는 길에 계엄사 합동수사본부 직원 3명에게 잡혀 강제로 연행되었습니다. 그들은 양팔을 끼고 무조건 봉고차로 밀어 넣었습니다. 제가 끌려간 곳은 광주시 서구 화정동 505보안대였고 수사관은 군인이었습니다. 보안대에서는 5·18과 연관 지어 고문, 구타, 협박이 이어졌습니다. 이때 작성된 강제사표가 회사의 고발과는 별개라는 서부경찰서 수사관들의 조작된 근거를 들어, 저를 5·18광주민주운동 유공자 신청에서도 받아주질 않았습니다.

악몽과 같았던 505보안대 지하실

제가 연행되어 취조를 받은 곳은 505보안대 지하실이었습니다. 그들은 김대중 내란음모 관련 혐의라고 말했지만, 단연코 노조활동과 5·18민주화운동에 참가한데 대한 보복이었습니다. 저는 머리를 들지 못하고 엎드린 채 연행되었습니다. 보안대 지하실에 들어서자 마자 시도 때도 없이 고문과 폭행을 당했습니다. 수사관이 워커발로 제 다리를 짓이겨 1층 화장실을 기어서 다녔습니다. 머리, 등, 허리, 발, 정강이를 차면 쓰러지고, 일어나면 또 때리고, 수치심과 비참함에 죽고 싶었습니다. 505보안대에서 저를 협박하고, 고문하고, 나중에 강제로 사직서까지 쓰게 한 자는 허장환 수사관입니다.

그는 "시집이나 가지, 빨갱이 같은 년!"이라 폭언을 하면서, 조합원들을 선동해 김대중 씨의 〈7년 만에 국민에게 드리는 글〉이라는 책자를 판매하고, 조합원들에게서 빵과 우유를 걷어 전남대와 조선대 학생들에게 전달했던 사진을 보여주며 대학생들과 합세해 데모를 하고, 학생운동권과 결탁해 파업을 선동하고, JOC 활동과 크리스챤아카데미 교육을 받은 빨갱이라고 저를 매도했습니다.

나올 때는 다시 "시집이나 가라"며, "나가서 또 잡혀 들어오면 죽어서 시체를 갈아 하수구에 흘려보낸다"고 협박하며 사표를 쓰라고 종용했습니다. 그리고 거기에서 있었던 일을 발설하면 죽여 버린다고 겁박을 하였습니다. 이렇게 지하실에 갇힌 채 밤낮 4일간 몽둥이로 전신을 구타당했고, 서부경찰서 유치장으로 이송되어 또 다시 5일간 갇혀 있었습니다. 결국 9일 만에 석방되어 회시로 돌아왔으나, 회사는 보안대에서의 강제사표를 근거로 저를 해고했습니다.

그로부터 두 달이 지난 1980년 8월 20일, 정보기관에서는 당시 노조지부장 대행인 수석부위원장에게 "노동계 정화조치 대상자 대외비 55명 블랙리스트 명단에 광주·전남에서는 이정희 한 사람인데, 이미 정화조치 시켰으니 해고 당하지 않으려거든 너희들도 조심하라"고 협박했다고 증언하고 있습니다.

풀려나서도 저는 공포에 떤 나머지 아무 소리도 못하고 한약만 지어다 먹으며 어혈의 자가치료를 할 수밖에 없는 처지가 되었습니다. 지금도 당시의 고문의 악몽에 시달리면서 깜짝깜짝 놀라 잠에서 깨어나 식은 땀을 흘리고 불안에 떨면서 우울증에 시달리고 있습니다. 허리 통증으로 일상적인 생활을 제대로 못하고, 트라우마의 괴로움을 어쩌지 못하고 있으며, 지금도 군인과 경찰을 보면 가슴이 두근거리고 속이 울렁거리며 손 떨림이 심해집니다.

후임 노조 위원장의 증언

이렇게 저는 보안사에 끌려가 얻어맞고 나와 잘 걷지도 못하고 위장병까지 생겨서 먹지도 못하고 방에만 누워 치료를 받을 수밖에 없었습니다. 당시 노조 복지부장이었던 이진행 씨가 저를 찾아와 같이 울면서 억울하고 분해 죽겠다고 위로해 주었습니다. 내가 해고된 후 임시대의원대회에서 이진행 씨가 지부장으로 선출되어 조금이나마 마음이 안정되었습니다. 노조를 민주적으로 이끌어갈 인물이라고 믿었으니까요.

해고 당하고 블랙리스트의 용공분자로 낙인찍혀 취업은 엄두도 못 내고 막막하게 지내고 있었던 시절, 나를 만나러 왔던 이진행 씨는 이렇게 진술합니다.

1978년 호남전기주식회사에 입사하여 근무하던 중 노동 운동에 뜻이 있어 노조에 가입하여 호남전기주식회사노동조합의 부지부장(1979년 11월)에 선출되어 활동하였습니다. 그런데 1980년 5·18민주화운동이 발발하여 동년 6월 7일경 당시 호남전기주식회사노동조합의 지부장이던 이정희가 퇴근 중에 보안대와 합수부 직원인 듯한 자들로부터 연행되어 수감되었고, 그리하여 당시 본인이 수석 부지부장으로 근무 중이었으므로 지부장의 행방을 찾기 위하여 백방으로 수소문 확인하던 중, 1980년 6월 9일 합수부 수사관 허장환으로부터 연락이 와 광주 금남로에 소재한 (구)관광호텔 커피숍으로 나오라 하여 갔더니 허장환이라는 자가 험하게 노려보며 윽박지르듯이 이렇게 말했습니다.

이정희 그 년은 빨갱이야.. 데모학생들을 돕는답시고 빵, 우유 등의 음식을 전달하고, 학생들과 어울려 뭉쳐 다니면서 시민들을 선동하고 김대중이 쓴 〈국민에게 드리는 말씀〉이란 책을 나눠주며 내란 음모를 하고, 자기 조합원들을 선동하여 데모에 가담케 하는 등의 죄를 저질렀다, 이미 이정희가 다 진술했고, 너희들도 모두 색출 검거하여 이 사회에 다시는 발붙이지 못하도록 하겠다. 이정희는 절대 못나오니 그리 알아라.

이렇게 하여 이정희의 행방을 알게 되었습니다. 계엄사에 있는 동안은 면회를 할 수도 없었고, 더 이상 근황을 알 수도 없어 애가 타 죽을 지경에 이르렀을 때인 6월 11일 서부경찰서 유치장으로 이송 감금되어 있다는 것을 서부경찰서 정보과 형사로부터 전해 듣고 당시 노조간부 윤청자와 같이 면회를 갔습니다.

면회 첫 대면을 한 나는 까무러칠 듯 놀랐습니다. 얼굴은 상처가 나 붓고 터지고 멍들고 '저 사람이 이정희가 맞는 건가?', 눈이 의심스러울 정도였습니다. 저는 눈물이 앞을 가렸습니다. "지부장님, 괜찮은가요?" 묻자 아무 대답도 없이 물끄러미 나를 쳐다보더니 다 죽어가는 목소리로 말했습니다. "나 지금 살아 있는 거요?" 손, 발, 다리, 허리 어디 하나 성한 곳이 없는 듯 축 늘어진 몸으로 이 말만 던지고는 눈물만 뚝뚝 떨쳐내고 있었습니다.

그 후 9일 만에 석방되고, 광주 중흥동의 언니 집에 있다는 말을 듣고 찾아 갔더니, 만신창이가 된 몸으로 멍하니 하늘만 응시하고 있었으며, 전에 지부장님이 가지고 있었던 패기와 명랑함은 간데없이 멍하니 고개만 끄덕이고 있었습니다. 일어서기도 힘들고, 걷기도 힘들어 얻어맞은 얼병 뺀다고 누워만 있다고 하는데, 가서 어쨌냐고 물었더니 아무 말 없이 눈만 깜박거리며 "말할 수 없어. 말하면 안 되는데…" 하면서 "꼭 비밀을 지키세요" 하며 저에게 모든 사실을 털어놨습니다.

이 지부장님은 이 세상에 태어난 걸 처음으로 후회했다고 하였습니다. 인간으로선 도저히 당할 수 없는 폭력과 모욕적 언행과 행동으로 수모를 당했다고 했습니다. 용공분자, 빨갱이라고 워커발로 무릎이며 다리며 가리지 않고 차고 밟고 짓이겨, 그 고통은 차마 말로 표현할 수 없으며, 몽둥이로 아무 곳이나 두들겨 패고 '시집가라! 사표 쓰고 시집가! 또 잡히면 아예 죽여 시체도 못 찾도록 하수구에 버린다'고 협박을 무려 4일 동안 계속했다고 합니다. 그리하여 허장환에게 사표를 써주니 서부경찰서 유치장으로 이송되어 5일 동안 구금되어 모든 것을 포기하고 있는데, 9일 만에 광주에 있는 언니까지 서부경찰서로 오게 하여 확인서를 받고 석방되었다고 합니다.

그 후 이정희 씨는 계속 이 병원 저 한의원을 방황하면서 치료를 받고 있으나 지금도 당시 폭행 당한 후유증으로 비만 오면 온몸이 쑤시고 저려, 사회생활을 할 수 없을 정도의 고통에 시달리고 있습니다. 매번 그 때의 고통과 악몽에 깜짝깜짝 놀라 불안에 떨고 우울증에 시달리고 있을 때 자연스럽게 결혼을 약속한 사이가 되었습니다. 결혼을 하겠다고 부모님께 소개를 시켰는데, 부모님들께서도 정말 좋아해 주셨습니다.

이진행 씨와 결혼은 했지만, 이후 남편도 해고를 당하고 취업도 안 되어 너무나도 힘들게 신혼을 보냈습니다. 먹고 살기 위해 시장에 가서 배추, 마늘장사도 하고…. 이제 1남 2녀를 모두 결혼시켰고, 남편은 사업가로, 저도 작은 딸과 같이 사업을 하고 있습니다. 양심을 팔지 않고 살았더니 지금 저는 너무나 행복합니다.

추신 : 살아 계셨다면 꼭 만나고 싶은 분이 있습니다. 당시 전남대학교에 재직 중이었고, 지금은 고인이 되신 신영일 선생님의 집에서 제가 자취를 했는데, 거기에서 자주 노조 소모임을 했습니다. 그러면 신 선생님이 문을 두드리고 들어와, 요즘 학생운동권의 상황을 들려주시면서, 독재세력이 물러가고 민주주의가 올 때까지 학생들, 노동자들 모두 힘을 합쳐 노력하자고 용기를 주시곤 했어요. 좋은 세상 살아보지도 못하고 고문 등의 후유증으로 고인이 되신 신영일 선생님께 정말 힘과 용기를 주셔서 고맙단 인사를 하고 싶습니다.

서통
노동조합

서통노동조합

서울의 봄,
그 마지막 민주노조

노동자 투쟁의 폭발 속에서

1979년 8월, YH무역 노동자들의 신민당사 투쟁을 기폭제로 하여 부마항쟁과 10·26 박정희 피살이 연이어 일어났고, 유신독재체제는 절체절명의 위기에 봉착했다. 신군부의 12·12쿠데타로 유신체제의 부활이 시도되었지만, 민주화에 대한 기대와 국민적 열망은 날로 높아가고 있었다. 1980년 '서울의 봄'을 맞아 유신철폐를 요구하는 학생시위가 격화하는 가운데 노동자들의 현장 투쟁 또한 폭발적인 양상을 보였다.

노동자투쟁은 임금인상, 체불임금 지급, 휴폐업 철회, 노동조건 개선, 노조활동 보장 등이 주 이슈였지만, 노조민주화 또한 투쟁의 중요한 관심사였다. 노조민주화란 노동조합이 회사의 입장에서 운영되었던 소위 '어용노조'를 노동자들의 노조로 바꾸는 투쟁이었다. 단위노조의 경우, 광주의 일신방직, 대동화학(4.15), 일신제강(4.25), 태양금속(4.25), 금성통신(4.29), 원진레이온(4.28), 남화전자 등에서 민주노조 운동이 일어났다.

이 투쟁은 단위사업장을 뛰어넘어 산별노조, 한국노총과 같은 상급노조의 민주화운동으로 확산되었다. 1978년 동일방직노조를 파괴한 것으로 악명 높았던 섬유노조에서는 1980년 1월 19일 열린 중앙위원회에서 당시 섬유노조 위원장이면서 1979년 10월 노총위원장으로 당선된 김영태의 사퇴권고를 결의하였고, '섬유노조 정상화 추진위원회'가 구성되었다. 금속노조 남서울지부에서는 5월 3일 원풍농기구, 한일공업, 세진전자 등 9개 분회가 어용 지부장 퇴진을 요구하는 농성을 벌였고, 여기에 대한전선, 대한중기, 동양강철, 새한자동차 등이 합세하여, 5월 9일에는 25개 지부와 분회 소속 조합원과 대의원 2,300여 명이 금속노조 대의원대회장을 점거하였다.

이들은 지난 14년간 위원장으로 있으면서 단위노조의 근로조건 개선 등을 지원하지 않고, 신규노조 결성도 방해해온 김병룡 위원장 등 어용 노조 간부들의 사퇴와 민주노조 결성을 요구하며 농성을 벌여 대의원대회를 무산시켰다. 김병룡이 계속하여 사퇴를 거부하자 이들은 '금속노조민주화추진위원회'(위원장 이종복)를 구성하여 지속적인 연대투쟁을 결의하였다.

1980년 5월 한국노총 지도부는 연이은 노동자들의 투쟁에 놀라 5월 13일 노총 대강당에서 '노동기본권 확보를 위한 전국궐기대회'를 열었다. 노총지도부는 대회를 형식적으로 진행한 다음 끝내려 했는데, 이에 반발한 민주노조 조합원 3천여 명이 단상을 점거하고, '노총간부 즉시 퇴진'과 '정당대표들의 노동기본권 보장 약속'을 요구하며 농성에 들어갔다. 5월 13일부터 15일까지의 철야농성을 통해, 이들은 노동3권의 완전보장을 위한 전국서명운동을 전개하고, 김영태와 김병룡 등 어용간부의 퇴진, 정당대표들의 노동기본권 보장 약속을 촉구하였다. 그리고 정치상황의 변화를 주시하며 다음 투쟁을 준비하기로 하고 일단 농성을 풀고 각기 작업장으로 복귀하였다.

이 무렵 정치상황은 한치 앞을 내다볼 수 없을 만큼 긴박하게 돌아갔다. 계엄철폐, 유신잔당 퇴진을 요구하는 대학생 시위는 전국에 걸쳐 날로 격화되어 5월 16일 서울역 광장에 백만이 넘게 모여 최고조에 이르렀다. 그러나 학생들은 '우리의 뜻을 충분히 알렸으니 학교로 돌아가 다음 상황을 두고 보자'며 이른바 '서울역 회군'을 결정하고 학업에 복귀하였다. 천혜의 기회를 잡은 신군부는 5월 17일 24시를 기하여 비상계엄을 전국으로 확대하였다. 정국은 폭력과 공포, 암흑의 세계로 빠져들기 시작했다. 이 긴박한 상황

바로 두 시간 전에 구로공단의 한 가발공장에서 노동조합의 깃발이 용감하게 솟아 올랐다.

계엄령 전국 확대 2시간 전 노조 결성

주식회사 서통(구로2공단 소재)은 가발을 생산하여 전량 수출하는 업체이다. 1960년대 수출드라이브 정책을 통해 성장한 기업들처럼 서통 역시 가발 수출 붐을 타고 막대한 이윤을 축적하여 80년대 들어서는 재벌 그룹으로 성장했다. 이 공장에 노조가 결성된 것은 1980년 5월 17일 밤 10시, 전두환 신군부정권이 비상계엄령을 전국으로 확대하기 2시간 전이었다.

당시 서통의 종업원은 1,200여명으로 여성노동자들이 대다수였고, 90%는 나이어린 농촌 출신 소녀들이었다. 여성노동자들의 나이는 14세에서 27세까지 걸쳐 있었고, 5~6년 된 고참의 나이가 20세 정도였다. 종업원은 공개 채용하지 않고, 노동자들에게 설, 추석명절이나 특별 휴가를 주어 고향 친구나 친척 중에서 데려오게 하였다. 한 사람을 데려오면 2천원의 사례금을 주었다.

여성노동자들의 90% 이상이 기숙사 생활을 하였고, 노동시간은 보통 아침 8시에서 저녁 7시까지였지만 하루 15~16시간의 장시간 노동도 빈번했고, 휴일은 한 달에 두 번 있었다. 일거리가 없을 때에는 휴업수당도 없이 무급으로 휴가를 주었다. 생리휴가, 월차휴가 등도 없었고 잔업, 특근수당은 생각할 수도 없었다. 그런데도 회사간부들은 '아무개는 새벽에 일찍 나와 일해서 10만 원을 벌었다'는 등의 거짓말을 퍼뜨려 여성노동자들 간에 경쟁심을 조장하며, 장시간노동을 유도하였다. 이러한 저임금, 장시간 노동으로 여성노동자들은 시력 저하와 폐렴, 치질, 위장병에 코피까지 쏟는 일이 많았다.

임금은 도급제로 지급하였으며, 상여금은 받아 본적이 없다. 가발의 종류마다 임금 단가가 달라 노동자들은 자기의 생산량을 정확히 환산할 수 없었고, 따라서 월급이 제대로 나왔는지도 알 수 없었다. 그 마저도 월 2만원~10만 원으로 임금 차이가 많았다.

작업현장에서는 노동력을 최대한 쥐어짜기 위해 회사간부들이 거의 매일 인격적인 모욕을 주었다. 생산량이 적게 나오는 노동자를 여러 사람 앞에서 창피를 주고, 작업시간에 말을 하다 들키면 따귀를 때리는가 하면, 껌을 씹다 들키면 껌을 얼굴에 이겨 붙이고 여러 사람들 앞에 세워놓기까지 했다. 거기에다 작업감시반들의 욕설이 난무하고, 사소한 복장 불량(예를 들어 작업복의 단추가 1개 떨어져나간 것 등)에도 벌을 세우는 등 개인기합 및 단체기합도 수시로 시행되었다.

회사의 부당한 행위에 대해 여성노동자들이 마냥 보고만 있을 수는 없었다. 잘못된 것을 바로잡아야 된다고 생각하였다. 그 중심은 개발부의 배옥병이었다. 배옥병은 1975년 충남 청양을 떠나 회사에 들어왔다. 1978년 야학을 통해 근로기준법과 노동조합법이 있다는 것을 알게 되었고, 전태일 열사의 연필로 쓴 일기와 유동우의 『어느 돌멩이의 외침』 등을 읽고 자극을 받았다. 동일방직의 똥물 사건을 접하고는 큰 충격을 받았다. 배옥병은 뜻이 맞는 동료들과 소모임을 시작하여 1980년 3월에는 그 수가 15명으로 늘어났다.

이들은 틈틈이 노동조합에 대해 공부하였다. 그러나 한 동료의 밀고로 회사에 알려지게 되었고, 회사는 배옥병을 본사로 발령을 내 계열사인 봉제공장의 하청업무를 맡게 하였다. 그리고 공장 근무 때와는 비교할 수 없을 정도의 파격적인 대우를 해주었다. 배옥병을 달래 노조를 포기하게 만들기 위해서였다. 그러나 배옥병은 일과가 끝나면 자취방에서 공장의 동료들을 만났다. 회사간부들은 "구로공단에 계속 있으면 공순이 때가 묻는다"며 배옥병에게 자취방을 명동 본사 주변으로 옮길 것을 권유했다. 이에 응하지 않자, 회사는 참기 어려운 수모를 가하면서 자진사직을 유도하였지만, 배옥병은 계속 공장의 동료들을 만나 3월 말에는 소모임 회원이 30명을 넘어섰다.

노동자들이 노조를 결성하려는 움직임을 보이자. 회사는 1980년 5월 14일 저녁 현장주임, 조장 등 20여 명을 중국집에 모아놓고 섬유노조 서울 의류지부 간부들이 참석한 가운데 노조를 결성하려 했다. 이 정보를 파악한 소모임 회원 등 40여 명이 그 자리에 밀고 들어가 노조 결성에 함께 하겠다고 하자, 서울의류지부 간부들은 '무식한 애들이 떠들고, 이런 분위기에서는 노조를 결성할 수 없다'며 어디론가 사라져 버렸다.

소모임 회원들은 논의를 거듭한 끝에 어용노조를 막으려면 단체행동을 할 수밖에 없다고 결론짓고, 5월 15일 새벽 4시 30분을 기해 회사 옥상에서 농성에 돌입하였다. 삽시간에 종업원 1,000여 명이 모여들었다. 이들은 '도급제 철폐', '8시간 근무제 실시', '일요일 휴무', '양성 초임 1,100원에서 2,100원으로 인상', '상여금 400% 지급', '어용노조 철폐와 민주노조 인정', '노동자들을 인간으로 대우하라'는 등 10개 항의 요구조건을 내걸었다. 노동자들은 옥상 문을 잠그고 구호들을 벽에 써 붙였다. 그리고 〈노총가〉, 〈흔들리지 않게〉, 〈아침이슬〉, 〈쨍하고 해 뜰 날〉 등을 소리 높여 합창하였다.

탄압을 견뎌내며 노조를 지키다

회사간부들과 근로감독관이 해산을 요구했으나, 여성노동자들은 요구조건을 들어 줄 때까지 해산할 수 없다고 외쳤다. 새벽 네시 반에 시작된 농성은 아침밥과 점심을 굶으면서 오후 2시경까지 계속되었다. 그러나 회사는 답이 없었다. 5월의 뜨거운 뙤약볕 아래 견디다 못한 여성노동자들은 토론을 벌여 사장이 근무하는 명동 본사로 찾아가 요구조건을 해결 짓고 업무에 복귀하자고 의견을 모았다. 그리고 공장 잔디밭으로 내려와 질서정연하게 정문을 나서려 하자 경찰이 최루탄을 마구 쏘아 40여 명이 기절하고 팔이 부러지는 등 부상자들이 속출하였다.

어둠의 시대 불꽃이 되어

분노한 여성노동자들은 더 많이 잔디밭으로 몰려들어 다시 무기한 농성에 돌입하겠다고 선언했다. 그때서야 회사간부들이 협상에 나섰고, 노동자들의 요구조건 가운데 일부를 합의각서로 받아냈다. 그러나 악명 높은 김영태 위원장의 섬유노조는 어용노조 해산과 민주노조 결성을 거부했고, 노동자들은 서통지부 인정을 요구하며 다시 2박 3일간의 농성을 시작하였다. 결국 회사와 섬유노조는 1980년 5월의 격렬한 민주화 시위와 서통 노동자들의 끈질긴 요구에 굴복했다.

마침내 5월 17일 밤 10시, 섬유노조 부위원장, 노동부 소장, 회사 사장, 정보과 형사 등이 지켜보는 가운데 400여명의 노동자들이 노조를 결성하여, 배옥병을 지부장으로 선출함으로써 격동의 역사 속에서 첫걸음을 내딛었다. 서통노조가 결성된 지 2시간 만에 신군부는 비상계엄령을 전국으로 확대하였다. 민주화투쟁에 숨죽이며 기회를 노리던 신군부세력이 학생운동 세력의 이른바 '서울역 회군'을 기점으로 대반격을 시작한 것이다.

이후 각종 비상조치들이 나오면서 서통노조는 심각한 어려움을 겪게 되었다. 회사는 불과 몇 시간 전에 써준 합의각서를 무효화시키는가 하면, 계엄령을 악용하여 노조를 깨려고 온갖 부당노동행위를 자행하였다. 조합원들에게 노조 탈퇴를 강요하고, 야간학교 학생들에는 조합을 탈퇴하지 않으면 학교에 보내주지 않겠다고 위협했으며, 나이어린 여성노동자들에게 술과 고기를 사주며 회유하기도 하고, 조합원이 보는 앞에서 노조간부를 구타하여 공포 분위기를 조성하였다. 노조는 부당노동행위에 대한 시정을 노동행정기관에 요구하였으나, 어디서도 관심을 보이지 않았다.

서통노조는 조합원들에게 노조의 필요성을 역설하였고, 회사의 간계에 속지 말 것을 호소했다. 회사의 탄압에도 불구하고 조합원 수는 900명으로 늘어났다. 노조는 1박 2일간의 워크숍 및 교육을 여러 차례 실시하였고, 80여명의 소모임 그룹장들이 부서별로 모여 각 현장의 문제점들을 찾아서 스스로 풀어가도록 하였다. 노조는 상무집행회나 그룹장들의 회의를 자주 가져 문제점들을 분석하고 조직 강화를 위한 대책을 세웠으며, 교육 방안을 마련하기도 했다.

이처럼 서통노조는 각 부서별 그룹들을 중심으로 전 조합원의 참여와 의견을 수렴하는 민주적인 방법으로 조직 활동을 진행하였다. 노조가 조직 적으로 적극 움직이면서 3개월이 지나자 회사의 반조직행위가 줄어들어 노조를 함부로 짓밟으려는 행동을 하지 못하게 되었다. 외부의 지원, 심지어는 섬유노조의 교육이나 지도 지원마저 막힌 상태에서 오직 저학력의 나이 어린 여성노동자들이 스스로의 힘으로 이룩한 성과였다.

노동계 정화조치의 시련

1980년 5월 17일, 비상계엄이 전국으로 확대되면서 모든 정치 활동이 중지되었고 정치 목적의 집회도 금지됐다. 전국의 대학에는 휴교 조치가 내려졌고, 세상은 얼어붙은 듯 정적에 빠져들었다. 그러나 광주 한 곳에서 격렬한 민주항쟁이 일어났다. 신군부 권력은 잔혹하기 그지없는 폭력으로 항쟁을 처절하게 찍어 눌렀다. 그리고는 정권을 장악했고, 민주개혁세력을 가혹하게 탄압했다.

노동운동도 예외가 아니었다. 전두환 정권은 가을에 접어들자 '노동계 정화조치'를 단행했다. 정권은 '비상계엄 하 노동조합 활동지침'(80.7.1), '노동조합 정화지침'(80.8.21), '노동조합 정화추진계획'(80.9.15), '정화된 노동조합 간부의 노조활동 금지'(80.11.4) 등을 노동조합에 시달했다. 이에 따라 섬유노조는 9월 22일 배옥병 지부장이 '정화'되었다고 전화로 통보해왔다.

정화조치란 사실상 자주적이고 민주적인 노동조합운동에 앞장서온 간부 또는 조합원들을 축출하기 위한 것이었다. '정화된 노동자들'은 노조 직책에서 사퇴하고 현장으로 돌아갔으나 얼마 후에는 강제로 해고되었다. 현장에서는 강렬한 저항투쟁이 벌어졌으나, 잔혹한 신군부의 탄압을 극복하기에는 힘이 부쳤다. 서통노조도 배옥병 지부장의 정화 통보를 받고 논의를 거듭한 끝에 지부장 직을 사퇴하고 현장으로 돌아가기로 결정했다.

그러나 이것으로 끝이 아니었다. 더욱 엄중한 탄압이 기다리고 있었다. 합동수사본부는 1980년 12월 8일, 2차로 '불순한 교육을 받은 사실, 배후 조종, 사회혼란 기도' 등의 혐의로 80여명의 노동조합 간부들을 7~20일간 구금하여 가혹한 고문 수사를 자행했다. 다른 민주노조 간부들과 마찬가지로 배옥병 지부장을 비롯한 서통노조 간부 6명도 합동수사본부에 연행되어 20일 동안 고문 등 가혹한 조사를 받아야 했다. 그 후 6개월 뒤 배옥병은 국가보위에 관한 특별조치법으로 구속되었고, 한 달 동안 순화교육을 받아야 했다. 알몸으로 포복을 시켜 앞 가슴이 상처와 피투성이가 되도록 순화교육은 잔인하게 진행되었다.

노동조합 활동에 대한 정화조치, 강압수사, 공포의 순화교육은 당시의 살벌한 정치상황과 맞물려 노동조합 활동의 위축을 가져왔다. 이와 같은 악조건 속에서도 서통노조는 자체 활동을 통해 조직력을 강화해 나갔다. 1981년 2월 13일, 노조는 정기총회를 개최하여 조합장(정인순)과 사무장(이종도) 등 새로운 집행부를 출범시켰고, 집행부는 매주 조합원 교육으로 신뢰감을 얻고 단체협약 개정, 노조소식지 발행계획을 추진하였다. 또 본조에 요청하여 본조 간부가 와서 두 차례 교육을 실시하기도 했다. 또한, 회사 설립 이후 27년 만에 처음으로 노동절 행사(3월 10일)를 조합원들의 참여 속에 거행하기도 하였다.

탄압공세에 맞선 처절한 투쟁

1981년 4월 3일, 단체교섭이 시작되었다. 당시 서통 노동자의 임금수준은 섬유노조가 제시한 최저생계비에 111%나 미달된 상태였다. 노조는 35%의 인상안을 내놓았고, 회사는 10%, 15%를 고집하였다. 사장이 회의 중에 화장실 다녀온다면서 나가 자가용을 타고 도망치다가 조합원들에게 제지 당해 되돌아온 경우도 두 차례나 있었다. 근로감독관은 조합원들에게

"무식한 년들이 알려주는 대로 가만히 있지, 뭘 안다고 떠드느냐?"고 폭언을 하여 전 조합원이 공개사과를 요구하며 격렬하게 항의하자 결국 공개사과를 하는 웃지 못 할 일도 있었다.

노사교섭이 회사 20%, 노조 30%에서 더 이상 절충되지 않자 회사는 자기네들이 조합원들을 직접 설득해보겠다고 제안하였다. 사장은 1981년 5월 9일 저녁 6시, 300여 명의 조합원을 강당에 모아놓고, 회사 사정이 어려워 20% 이상의 인상은 할 수 없다는 한 마디만 하고 퇴장하려 하자, 분노한 조합원들이 격렬한 질문공세를 퍼부으며 해명을 요구하였다. 사장이 이를 무시하고 나가려 하자, 노조간부들과 조합원들의 질문에 대답을 하고 나가라며 앞을 막아 사장은 다시 의자에 앉게 되었다.

조합원들은 즉시 강당 바닥에 앉아 노래를 부르기 시작하였다. 잠시 후 남부경찰서장이 사장을 만난 후에 23% 인상안을 받아들일 것을 요구하였고, '말을 안 들으면, 구속시키겠다'고 눈을 부라렸다. 노조간부들이 23% 인상안을 받아들일 것을 설득하자 조합원들은 울음을 멈추지 못했다. 마침내 5월 10일 새벽 2시 반, 회사와 노조가 서명하여 23% 임금인상안이 최종 결정되었다.

이후 노조는 조직력을 강화하기 위한 교육활동을 추진했다. 그러나 회사와 관계기관의 탄압과 섬유노조의 비협조로 조합원 교육은 제대로 실시될 수 없었고, 간접적으로 교육하는 방법을 강구해 노조기관지 《상록수》를 발행하여 1981년 5월 19일, 조합원들에게 배포하였다. 이에 남부경찰서는 기관지를 모두 압수하고 노조간부들을 대거 연행하여 조사했으나 아무런 문제점을 찾지 못하자 풀어주었다가 6월 1일, 현장에서 일하고 있는 배옥병 전 지부장과 노조간부 5명을 연행하였다. 또한 배후조종혐의로 섬유노조 전 기획위원 이목희와 야학교사 등도 연행되어 조사를 받았다.

경찰 조사 과정에서 노조간부들은 심한 욕설과 구타를 당했으며, 배옥병은 거꾸로 매달린 상태로 고문까지 받았다. 강제연행 16일째가 되자,

배옥병은 1년 전 노조결성 당시 3일간 파업농성을 벌여 '국가보위에 관한 특별조치법' 9조를 위반하였고 지난 5월 9일 회사강당에서 사장을 감금하도록 배후조종하여 '폭력행위 등 처벌에 관한 법률'을 위반했다며 구속했고, 다른 노조간부 5명은 '폭력행위 등 처벌에 관한 법' 위반혐의로 불구속 기소되었다. 아울러 이목희 등도 노동조합법의 제3자 개입 금지조항을 위반했다는 혐의로 구속하였다.

사건 발생 5개월째인 10월 16일에 재판이 열렸다. 조합원 300여명은 남부지방법원에 몰려갔으나 출동한 사복경찰들로부터 심한 욕설과 폭언을 듣고 밀려났다. 이후 12월 4일, 조합원 300여명이 방청한 재판에서 배옥병은 징역 2년 6개월, 이목희는 징역 1년 6개월, 나머지 노조간부 5명은 징역 1년 6월에 집행유예 2년의 형을 선고 받았다. 유신독재가 끝났는데 국가보위법이 무엇이며, 노조간부들이 사장을 감금했다는 것도 말이 되지 않으며, 폭력은 오히려 남자사원들이 여성조합원들에게 휘두른 것이었는데, 경찰은 이렇게 멋대로 죄를 뒤집어 씌웠고, 법원은 검찰의 요구대로 형을 선고한 것이었다.

이 즈음 서통노조에 대한 회사와 관계 당국의 탄압은 이루 말할 수 없이 가혹하고 노골적으로 가해졌다. 1981년 8월 7일 서울시는 임원개선명령을 내리겠다는 압력을 가해왔고, 9월 8일 서울시는 갑자기 감사를 나와 갖은 욕설과 함께 노조를 해산시키겠다고 협박하였다. 9월 16일, 서울시는 공문을 보내 9월 30일까지 감사결과의 지적사항을 시정하라고 명령했다. 이어 9월 18일과 11월 4일, 서울지방노동위원회는 노조간부들을 출두시켜 "너희들 같이 불순한 임원들은 다 갈아치워야 한다"면서 상집위원 32명을 모두 개선하라고 명령하였다. 서울시는 12월 7일 공문을 보내, 12월 15일까지 임원을 개선하고 그 결과를 보고하라고 지시했다. 당시 남부경찰서, 노동부 관악사무소, 서울시 직원들은 매일 회사간부들과 만나고 있었다.

12월 8일, 회사는 기소되었던 6명의 노조간부들이 유죄판결을 받았다는 이유로 해고하였다. 이어 12월 9일에는 14명을 더 해고하였다. 해고자는 부조합장, 회계감사, 상집위원들이었다. 조합원들은 노조사무실에서 '엉터리 날치기 해고'라며 점심시간과 퇴근 후에 거세게 항의농성을 벌이는 한편, 대의원을 선출하였다. 그러자 서울시는 다시 대의원을 뽑으라고 지시했다. 노조는 1981년 12월 12일, 두 번째로 대의원을 선출하여, 회사 측 후보자를 물리치고 정인순을 조합장으로 뽑았다. 그러자 서울시는 14일 또다시 공문을 보내 '대의원 선출무효 및 재선출 지시' 명령을 내렸다. 선거규정을 통과시킬 때 상집간부 15명 중 8명(회사가 그 사이에 부당해고한 사람들)이 무자격자라는 이유였다. 이렇게 회사가 해고한 임원 명단을 즉시 서울시에서 알고 있을 정도로 회사와 서울시는 손발이 척척 맞았다.

마지막 저항

한편 회사와 경찰은 고향의 부모들에게 연락하여 해고 노동자들을 집으로 끌고 가게 했다. 노동자들이 격렬하게 몸부림치며 저항했지만, 경찰과 회사의 위협과 협박, 회유에 어쩔 수가 없었다. 조합원들은 분노하여 12월 21일, 300여 명이 노조사무실에 모여 '해고자 복직'을 외치면서 밤샘 농성에 들어갔다. 경찰은 농성을 주동했다는 이유로 조합원 서옥숙과 전영애를 이틀간 조사하였고, 회사는 두 사람을 해고하였다. 이들 2명이 해고된 뒤에도 매일 수십 명씩 모두 150명이나 해고되었다.

이처럼 조합원들의 저항이 격렬해지고, 해고사태로 현장이 혼란스러워지자 서울시는 임원개선명령을 1982년 1월 8일로 연기했다. 이 사이 회사는 '배옥병 전 지부장 및 간부들이 어용이었으며 간첩이었다'는 말을 퍼뜨리고 다녔고, 이에 항의하는 조합원은 남부경찰서로 연행하게 하여 조사 후 고향으로 보냈다. 1981년 12월 30일, 회사는 미리 계획한대로 회사 편이 되어준 2명의 간부에게 직무대리를 맡겼으며, 입후보하려는 조합원을 불러서 못하게 하거나 퇴사를 강요하였다. 이런 상황에서 회사는 대의원대회를 열어 노조를 완전히 어용노조로 변질시켰다. 회사와 어용노조의 횡포에 견디다 못한 조합원들이 사표를 내어 1,200명의 노동자는 650명으로 줄어들었다.

이처럼 갖은 어려움 속에서도 민주노조로 굳건하게 성장하고 있었던 서통노조는 회사와 정부당국에 의해 파괴되었다. 1981년 8월 이후, 서울시, 남부경찰서, 노동부 관악사무소 등 정부기관들이 회사와 야합 공모한 결과였다. 이때 노조탄압의 근거가 되었던 국가보위법은 1971년 박정희 대통령이 국가비상사태를 선포하고 만든 법으로 다음 해 유신헌법의 기초가 되었던 악법 중에 악법이었다.

2015년 7월 5일, 배옥병 등이 재심을 청구하자, 법원은 "국가보위에 관한 특별법은 헌법에 위반되므로 … 노동3권의 본질을 침해" 운운하며 무죄를 선고했다. 그 사건으로 혹독한 고문을 당하고, 감옥을 살고, 직장을 잃어 개인은 물론 가정의 삶까지 파괴되었지만, 판사는 무죄 판결문의 낭독을 마치고, 유감이라는 말 한마디를 하고는 들어가 버렸다.

참고 : 이옥지,『한국여성노동자운동사』, 2001, 한울 아카데미

노동자의 한을 넘어,
사회복지운동의 현장으로

배 옥 병

나는 5남매의 맏이, 충남 청양 칠갑산 자락에서 농민의 딸로 태어나 가부장적 분위기 속에 성장했다. 4명이나 되는 어린 동생들을 위해 내 꿈보다는 희생과 헌신이 오직 나에게 허락된 길이라 생각하면서도 앞으로의 내 삶에 대한 고민은 한 순간도 놓은 적이 없었던 것 같다. 어머니는 집안 어른과 5남매를 감당하기 위해 보따리 장사, 가정부 생활 등 무엇이든 닥치는 대로 일을 하셨다. 여자로서의 주어진 무거운 숙명과 어머니의 한없는 희생 속에 자라면서 인간의 존엄과 평등이라는 화두가 내 인생을 지배

1957년 충남 청양 출생. 75년에 가방공장 서통 입사. 80년 5월 17일 노조 결성, 지부장 선임. 81년 국가보안법 위반으로 1년 6개월 투옥. 출소 후 한국노동자복지협의회. 한국여성노동자회, 학부모운동 등 풀뿌리민주화운동 투신. 2002년 성공회대에서 정치학·사회학을 수료 후 친환경무상급식운동 등 먹거리·교육운동 투신. 2006년 세계여성의 날 기념 '여성운동상' 수상.

하기 시작한 것 같다.

17세의 여공, 야학에서 전태일을 알다

1975년, 만 열일곱이 되던 해, ㈜서통이 여공을 모집한다는 소식을 듣고 서울로 올라왔다. 당시 가발업체 서통은 공단의 많은 수출업체들처럼 전국 방방곡곡을 돌며 달콤한 유혹으로 여성노동자들을 '모집'하고 있었다. 마침 그 시기 나는 집안 살림에도 기여하고 돈 벌어서 공부하고 싶다는 의지, 사회생활을 하고 싶다는 의지를 점차 강하게 다지고 있었다. 그러나 서울 구로2공단, 서통에서의 생활은 그야말로 전쟁 같았다. 하루에 13시간에서 15시간을 일해야 했으며, 쉬는 날은 한 달에 딱 두 번. 충분한 휴식 없이 살인적 노동에 시달리며 졸다가 미싱 바늘에 손가락이 끼이는 사고는 그저 흔한 일이었다. 기숙사와 공장만을 오가며 군대와도 같이 극도로 폐쇄된 공간에서 어리고 힘없는 여성노동자들은 관리자들의 폭행 폭언과 성적 폭력을 견뎌내야 했다.

나는 달콤한 유혹과 부푼 기대를 접고 현실 문제 해결에 대한 고민을 갖기 시작했다. 이 무렵인 1978년, 광화문 새문안교회의 대학생과 청년들이 구로공단에서 노동자들을 상대로 야학을 하고 있었고, 주위 동료들이 여기에 입학하였는데, 나는 '또래 친구들에게 가서 공부를 하는 것은 자존심 상하는 일'이라 생각되어 가지 않았다. 그러나 외톨이로 3개월을 버티다가 야학에 발을 들였다. 여기서 근로기준법을 알게 되었고, 노동조합을 배우게 되었으며, 특히 전태일 열사의 존재를 알게 된다.

진짜 노동자로 한 발짝 내딛게 되었지만, 먼저 시작된 건 혼란이었다. 서통 사장은 우리에게 과연 어떤 사람인가, 노동운동을 일컬어 불순세력 운운하는 회사 간부들을 보며 우리가 과연 잘하고 있는 것인가? 하지만 옳다고 생각하는 일을 굽힘없이 밀고 나가는 성격이었는지, 스스로에 대한 확신을 다진 후 노동자로서의 실천계획, 노동조합 결성의 의지를 다져갔다.

1979년 8월의 YH노조 사건은 노동자의 '연대'를 깨우치게 해준 소중한 순간이었다. YH 사건 이후 여성노동자들의 모임이 활발해졌고, 서통에서도 노동조합 결성 움직임이 시작되었다. 하지만 바로 고비가 왔다. 노조 결성 움직임을 눈치 챈 사측에서 나를 주동자로 지목하고 80년 3월에 본사로 발령을 내고 회유공작을 시작했다. 월급은 4만원에서 12만원으로 3배 늘었고, 여공이 아닌 '화이트칼라'로서의 근무환경이 제공되었다. 그리고 노조파괴와 어용노조 공작이 함께 개시되었다.

그러나 노동자들은 당하고만 있지 않았다. 1980년 5월 15일, 마침내 1,500명에 달하는 여성 노동자들과 함께 공장 옥상에서 농성을 시작하였다. 회사의 방해 공작을 규탄하고 민주노조 결성 허용과 최저임금을 보장해 줄 것을 촉구하였다. 마땅히 부를 만한 노래가 없어 〈쨍하고 해 뜰 날〉을 불렀다. 이날 1,500명 앞에서의 인생 첫 대중 연설, 부담감으로 시작했지만 벅찬 감정으로 마무리했다. 지금도 대중운동의 위력을 절감하고 있지만, 이를 깊이 깨달은 것이 바로 그 순간이었다. 함께 고통 받는 이들이 교감을 통해 자발적으로 투쟁에 나설 때, 어떤 힘을 발휘하는지 직접 몸으로 느꼈기 때문이다.

옥상 농성투쟁 후 사측과 교섭을 진행해 마침내 5월 17일 민주노조가 결성되고, 10가지 요구사항에 대한 합의를 이끌어냈다. 이 날은 전두환이 헌법기관을 총칼로 유린하고 권력찬탈을 위한 야욕을 노골적으로 드러낸 5·17 쿠데타 날이었다. 전두환은 이후 광주시민을 짓밟으며 정권을 잡은 후 노동운동에 대해서는 박정희 못지않은 탄압을 자행하였다. 서통에서 민주노조를 결성했지만, '탄압의 칼날'을 피하기는 어려웠다.

그 해 8월 정권은 나에게 '노동계 정화대상자'의 굴레를 씌웠고, 12월에는 악명 높은 합수부에 끌려가 모진 취조와 고문을 당했다. 이때 겪은 폭력과 모욕감은 말로 다할 수 없을 정도였다. 배후를 캐고자 하는 집요한 압박이 있었으며, 심지어 동생들까지 직장을 잃고 공안기관에 시달려야 했다. 그러나 무고함이 드러나 얼마 후 풀려났고, 나는 더욱 노동운동에 열정을 집중했다. 이듬해인 81년 초, 긴장감이 고조되던 상황에서 서통노동조합은 대내외에 민주노조임을 선언하는 노동절 행사를 성대하게 열고 사측에 임금교섭을 요구했다. 하지만 성실 교섭을 회피하는 사장과 맞서다 '국가보위에 관한 특별조치법' 위반으로 구속되어 1년 6개월의 징역형! 그렇게 23세의 나는 수감생활을 시작하였다.

출소 후, 전과자인 나에게 집안에서는 냉소와 탄식이 이어졌다. 당시 26세. 결혼하기에는 좀 늦은 나이였는데, 감옥까지 다녀온 딸에 대해 탐탁하게 생각할 리가 없었다. 아버지는 재취로라도 결혼하라고 재촉하였다. 그러나 나는 최초의 공개 노동운동단체인 한국노동자복지협의회의 결성에 참여하는 등 더 굳은 마음을 먹고 노동운동에 집중하였다. 그런 가운데 만난 사람이 지금의 남편이다. 남편은 나의 평생반려자일 뿐 아니라 운동을 함께하는 동지였다. 결혼이 족쇄가 되기보다는 오히려 여성으로서 자각의 계기가 되었고, 우리 부부는 지금도 서로 든든하게 기대며 살고 있다.

학부모운동, 풀뿌리 민주주의운동에 뛰어들다

80년대 중후반부터는 한국여성노동자회를 중심으로 여성노동자들의 조직 활동에 뛰어들었다. 아울러 학부모회 활동을 병행하면서 교육문제의 보편적 의미와 가치를 중요하게 인식하게 되었고, 90년대부터는 학부모운동에 더 깊숙이 참여하였다. 이때 나름의 운동 철학을 '대중을 대상화하면 결코 안 되며 대중과 함께하는 운동이어야 한다'는데 두었던 것으로 생각된다. 이 운동과정에서 중요한 새로운 사실을 알게 되었다. 과거와 달리 교육에 관심을 가지는 학부모들이 단번에 수백 명이 모여 회의, 토론, 실천과정을 연이어 해낸다는 사실이었다.

진보적인 교육의제를 실현하고 아이들이 더 행복한 교육현장을 꿈꿀 수 있다는 희망이 불타오르기 시작했다. 이후 학부모회 활동을 통해 학교급식 직영, 학교도서관 운영, 학교 앞 통학로 안전 확보, 교복 공동구매와 앨범 제작 공개입찰 등을 차근차근 이뤄냈다. 대중운동 경험을 바탕으로 학부모들을 조직하고 학교운영의 민주화와 학교자치를 실현한 것이다. 그 과정에서 학교와 지역에 뿌리 깊은 비민주적 요소들을 개선하고 학교와 지역사회가 공동체를 이뤄 협력할 수 있도록 힘을 쏟았다. 이렇게 풀뿌리 민주주의에 대한 모델을 학교에서부터 구현하고 일상과 생활 현장에서 실천함으로써 그 결실을 이뤄내고자 한 것이다.

바로 이 시점, 나는 또 다른 갈증을 심하게 느꼈다. 어린 시절부터 노동운동 기간에 이르기까지 얻지 못했던 배움의 열망이 차올랐다. 야학을 다녔고, 전두환 시절 감옥에서 사회과학서적을 접했으나 제대로 이해하지 못했다는 아쉬움이 떠올랐다. 앞으로의 운동을 위해서라도 지식을 쌓아 미래를 대비할 필요가 있다고 생각했다. 그리하여 검정고시를 치러 2002년 성공회대학교에 입학해 사회학과 정치학을 전공하게 되었다. 일과 공부, 그리고 아이들을 보살피며 어쩔 수 없이 '슈퍼우먼'으로 살아야 했던 세월이었다. 한편으로는 여성에게 더 부담이 가는 사회구조에 대한 문제의식도 함께 느낀 순간이기도 했다. 하지만 이때 갖추게 된 역사, 정치, 사회에 대한 인식은 이후의 대중운동을 해 가는데 큰 자산이 되었다.

친환경 먹거리운동으로 보편적 복지의 지평을 열다

학부모운동에 참여할 당시 일반 학부모들의 최대 관심사는 자기 아이의 좋은 대학 진학이었다. 하지만 학부모회 활동에서의 쉼 없는 소통과 교육의 결과 학부모들이 '내 아이가 아니라 모두의 아이들에 행복을 위한' 교육환경 개선에 관심을 기울이게 되었고, 부실급식 개선을 우선과제로 선정하여 활동하게 된다. 나 또한 아들 둘을 학교에 보내다 보니 학교급식부터가 엉망인 것을 깨달아 우선적으로 내가 손대야 할 것은 이것이구나 하고 느끼게 되었다. 먹거리 문제는 어느 아이에게나 평등하게 적용될 수 있는 이슈이며, 또 성장기 아이들에게 주어지는 먹거리가 평생의 건강을 좌우할 수 있기 때문에 중요하다고 생각했다.

'친환경 무상급식' 운동은 그렇게 시작됐다. 아이들 누구에게나 좋은 먹거리를 먹이고, 양심적인 생산 활동을 보장해 먹거리 체계의 선순환을 정착시키는 것을 목표를 세웠다. 학부모들의 관심은 폭발적이었다. 진학문제를 넘어 먹거리 문제야말로 아이들을 위한 최우선 과제임을 인식하기 시작한 것으로 보였다. 이런 관점을 바탕으로 학교 단위를 넘어 2002년 '학교급식전국네트워크'를 결성하고 직영급식, 우리농산물, 무상급식이라는 3원칙을 세우고 전국 차원의 활동을 펼치기 시작했다. 이때 국민의 성원과 지지는 나 스스로도 놀랄 정도였다. 학교급식지원조례 제정과 학교급식법 개정을 위한 입법청원에 무려 300만 명이나 참여한 것이다.

결국 학교급식지원조례가 주민 조례발의로 전국 110여개 광역시·도와 시·군·구에서 속속 제정되었으며, 2006년에는 학교급식법이 개정돼 위탁급식이 직영급식으로 급속히 전환되었다. 정부와 지자체가 급식비를 지원할 수 있는 법적 근거가 마련됐으며, 국내산 농산물을 학교급식에 사용할 경우 증액되는 비용 지원도 가능해졌다. 이렇게 학부모회 활동을 통해 자연스럽게 연결된 학교급식운동이 가시적인 성과를 얻어낸 후, 내 인생을 관통했던 신념으로서의 '대중의 힘'과 더불어 '풀뿌리시민운동'의 가치에 대한 확신이 더욱 깊어지게 되었다.

뜨겁게 달려 온 학교급식운동의 성과는 나에게 부수적인 영예를 안겨줬다. 각종 운동조직의 대표를 도맡아 전국적 명성을 얻게 되었으며, 2006년에는 여성노동자 권익향상과 학교급식 개선에 기여한 공로로 3·8세계여성의 날에 여성운동상을 받기도 했다. 그러나 전면적인 무상급식은 여전히 미완의 과제로 남았다. 2007년 경남 거창군에서 무상급식이 일부 시작되었지만, 전국적인 제도화는 요원한 숙제였다.

2008년 급식활동가들과 함께 나는 친환경무상급식을 전국적으로 확대해야겠다, 그리하여 보편적 복지, 그리고 공평한 교육기회로 한 단계 더 넓은 세계를 꿈꾸게 되었다. 이후 경상남도에서 광역지자체 최초 무상급식 실현, 2009년 경기도에서의 무상급식 실시 논란을 거쳐, 2010년 3월 시민운동사상 처음으로 2,100여개 시민단체가 결집한 '친환경무상급식 풀뿌리 국민연대' 결성을 시작했다. 학교급식을 통해 친환경, 보편복지, 지역순환경제, 아이들의 행복이라는 원칙을 내세우며 활동에 돌입한 것이다.

특히 친환경무상급식 실시의 분수령이 된 2010년 지방선거에서 주요 정책의제로 제안하여 반영되었고, 지금은 전국적으로 친환경 무상급식이 실시되고 있다. 또한 오세훈 서울시장의 무상급식 주민투표에 맞서 '부자 아이 가난한 아이 편 가르는 나쁜 투표 거부 시민운동본부'를 결성하는 등 지속적인 활동을 펼쳤다. 결국 무상급식 논란은 2011년 10월 26일 서울시장 보궐선거 결과 박원순 시장이 당선되면서 종지부를 찍게 되었다. 박 시장의 첫 결재가 바로 친환경 무상급식이었다. 먹거리 하나를 두고 달려온 십 수 년의 세월과 고통이 주마등처럼 지나가며 감격의 눈물을 흘렸다. 참여민주주의를 통해 만들어진 극적인 결실, 내 생애 최고의 순간이었다.

국가성장전략에서 세계적인 밥상혁명까지

친환경무상급식을 이끌었고, 정치적 의제화에도 성공했지만, 그럴수록 기득권 세력의 미움이 깊어졌던 모양이었다. 2010년 지방선거 당시 선거에 부당하게 영향을 미쳤다는 혐의가 들씌워져 검찰이 공직선거법 위반으로 기소하여 최종심에서 벌금 200만원을 선고받았다. 오세훈 서울시장 등 한나라당 후보자의 낙선을 목적으로 선거운동을 했다는 것이 판결 요지였고, 나의 선거권과 피선거권을 5년 동안(2011~16) 박탈했다. 분노가 일었고, 또 억울했다. 하지만 친환경무상급식의 실현을 위해 나섰던 나의 결연한 선택은 결코 버릴 수가 없었다.

이후 나는 2012년 ㈜희망먹거리네트워크 상임대표, 2017년 서울시 먹거리 정책 자문관을 맡으며 지방정부와 함께 '지속가능한 먹거리 도시 서울' 정책을 펼치는 데 힘을 쏟았다. 먹거리 기본조례 제정, 먹거리시민위원회 구성, 도농상생 공공급식 등은 서울 이외의 다른 지역으로 퍼져나갔고, 이제는 먹거리를 넘어 하나의 국가성장전략으로 발전해 가는 것으로 보인다. 또 국제적으로도 관심을 받아 2018년, 파리·런던·뉴욕 등 세계 62개국 163개 도시가 참여하는 '밀라노 도시 먹거리 정책협약'(MUFPP)에서 서울시가 쟁쟁한 도시들을 제치고 도농상생 공공급식으로 특별상을 수상했다.

이제 나의 설계는 '지속가능'이라는 철학 아래 미래의 먹거리 전략인 기후변화 대처로 향하는 것이다. 선진국은 이미 UN의 지속가능발전 목표와 밀라노 협약의 정신 아래 십년 후를 내다보고 발 빠르게 움직이는 중이며, 우리나라도 2050 탄소중립 실현을 위해 서둘러 움직여야 한다고 생각한다.

맺으며

농부의 딸로 태어나 겪은 가부장적 가정환경, 치열하게 싸워왔던 노동 운동의 기억, 그리고 친환경무상급식으로 대표되는 먹거리 운동은 내 일생을 정의하는 3가지 키워드이다. 어린 여성노동자로서 노동운동을 갓 접하던 시절, 전태일 열사의 자필 일기에서 접했던 이야기가 특히 기억에 남는다. 미아리에서 평화시장까지 2원짜리 버스비를 아껴 걸어 와 풀빵을 사서 점심을 굶는 어린 여성노동자들에게 나눠주었다는 대목이다. 전태일 열사의 인간에 대한 사랑과 존중, 그리고 실천은 노동운동은 물론 시민운동을 하던 시기에도 전혀 잊을 수 없는 묵직한 울림을 남겨 주었다.

또한 노동운동을 통해 체득한 '대중운동에 대한 믿음' 역시 빼놓을 수 없는 요소이었다. 1,500명 여성노동자 앞에서 연설을 하고 〈쨍하고 해 뜰 날〉을

부를 때의 전율, 그 강렬한 기억이 내 생을 지배하여 운동의 원칙과 방향을 바로잡는 데 큰 역할을 했다. 그 노래의 가사처럼 대중성을 지팡이로 삼아 '꿈을 안고' 지내면서 '슬픔도 괴로움'도 모두 물리칠 수 있었다. 이후 노동운동, 여성노동자 운동, 학부모운동, 먹거리 운동을 통해 단련된 조직 활동가로서의 면모는 바로 여기에서 시작된 것이라고 생각한다.

17세의 여성노동운동가 시절부터 시대적 요구에 언제나 분연히 일어났던 나, 이제 지속가능한 사회와 지속가능한 농업과 농촌, 국민건강을 책임지는 먹거리 기획자, 실천자로서 모두가 행복한 대한민국을 만드는 것이 나의 꿈이다. 그리고 언젠가 그 꿈은 꼭 이루어지리라 믿는다.

크리스챤
아카데미

노조지도자를 위한
중간집단 교육

1960, 70년대 노동운동을 지원하는 연구소는 극소수에 불과하였다. 대학의 부설 연구소로 고대 노동문제연구소, 성균관대 노동문제연구소, 서강대 산업문제연구소, 연세대 도시문제연구소 등이 있었는데, 이 중 고대 노동문제연구소가 두드러진다. 고대 노동문제연구소는 1965년 12월 김윤환 교수를 초대 소장으로 하여 한국 최초의 노동문제 연구교육기관으로 설립되었다.

이 연구소는 노동문제, 노동운동에 관한 연구와 함께 노조간부, 회사의 경영자, 지식인, 농민들에 대해 노동교육과 협동조합교육을 실시하였다. 노동문제에 관한 연구 활동은 물론이고 인식조차 제대로 되어 있지 못한 산업화 초창기에 이 연구소는 주로 본격 연구를 위한 기초적 작업들을 다수 수행하였다. 한국의 노동운동사를 정리하고, 외국의 노동운동을 소개하고, 당시 노동문제에 대한 광범위한 기초조사들을 시행하였다. 인천시 노동사정 분석, 국제표준직업분류 번역 편찬, 노동행정 및 해외취업, 산업재해 노동환경 등을 중심으로 한 노동문제에 대한 연구 등의 업적을 남겼다.

또 노조간부, 회사 경영자 및 노동문제에 관심을 갖는 지식인들을 회원으로 하는 노동문제연구회를 조직하여 매주 수요일 강의와 토론회를 실시하였고, 〈노동문제〉라는 기관지를 1971년 창간하여 계간으로 발간하였으며, 노동문제, 노동운동에 대한 연구보고서 자료집을 출간하였다. 이 연구소의 활동 중에서 주목할 것은 1967년 10월부터 실시한 야간 3개월 과정의 정기 노동교육과정이다. 현재 고대 노동대학원으로 발전한 이 노동교육 프로그램은 1978년 5월 제24기까지 모두 1,059명에 달하는 수료자를 배출하였다.(고대 노동문제연구소, 1998: 7)

이러한 연구소의 활동은 노동문제에 대한 사회적 관심을 확산시키고 취약한 노동교육을 지원함으로써 노동자들의 의식계발에 기여하였다. 그리고 연구위원 가운데 몇 사람은 노동조합 전문 실무자로 진출하기도 하였다. 그러나 1973년 고려대 학생 서클 한맥회의 〈민우〉지 사건을 계기로 김낙중, 노중선 등 연구소 중심인물들이 반공법 위반혐의로 구속되고, 연구소 소장을 지낸 김윤환, 이문영 교수가 해임됨으로써 이 연구소 활동은 크게 제약되었다.(고대 노동문제연구소, 1998: 3~4)

고려대의 노동문제연구소와 거의 때를 같이하여 1966년 6월 서강대에 프라이스 신부가 중심이 되어 서독 정부의 지원을 받아 산업문제연구소를 창립하였으며, 그해 가을부터 노동교육과정을 개설하였고, 조사연구사업을 실시하기 시작하였다.(김낙중, 1985: 404) 교육과정은 일반과정, 특별과정, 단기과정으로 나뉘어 실시되었으며, 노조간부를 중심으로 경영관리자, 정부관료, 사회단체 간부, 언론인, 종교인 등이 참여하였다.(이원보, 2002: 218)

이처럼 고대 노동문제연구소와 서강대 산업문제연구소가 1970년대에 노동교육을 실시하였으나 이 시기에 보다 중요한 노동교육은 크리스챤 아카데미가 실시한 노동교육이었다. 한국 크리스챤아카데미(이하 아카데미)가 1974~79년 사이에 실시한 '산업사회 중간집단 교육'은 노동운동의 지도자를 양성하려는 목적으로 노동조합 간부들을 대상으로 실시한 체계적인 노동교육 프로그램이었다.

1970년대에 노동조합 상급조직이나 대학 및 산업선교회 등에서 노동교육이 이루어졌지만 아카데미의 산업사회 중간집단 교육은 노동교육의 방법, 내용 면에서 독특한 특징을 가지고 있었고, 1970년대 후반 이후 민주노동운동의 성장에 중요한 영향을 미쳤다. 여기서는 아카데미 노동교육의 특징을 이념, 방법, 내용, 그리고 그 성과에 초점을 맞추어 살펴보기로 한다.

아카데미 노동교육의 이념

크리스챤아카데미는 1965년 "한국사회의 건전한 발전을 위한 모든 문제를 조사 연구하고, 대화를 통한 합리적 해결에 이바지하기 위한 각종 협의회를 가지며, 모든 분야에서 봉사할 일꾼을 훈련함을 목적으로" 강원용 경동교회 목사를 중심으로 한 기독교 지식인들에 의해 설립된 단체이다. 아카데미는 1970년대 들어 교회, 청년학생, 여성, 산업, 농촌 등 5개 분야에 걸쳐 중간집단을 육성하기 위한 사회교육 프로그램을 추진하였으며, 노동교육은 '중간집단론'에 그 기초를 둔 사회교육의 일환으로 기획되었다. 아카데미 설립자인 강원용은 아카데미 노동교육의 배경과 목적을 다음과 같이 요약하고 있다.

아카데미는 한국사회가 특히 1970년대 들어와서 여러 방면에서 양극화 현상이 심화되고 이로 인하여 비인간화 현상을 초래하고 있다고 보았다. 즉 정치적으로는 남북간의 이념과 체제의 양극화가 진행되고, 정치권력이 소수 특권층에 장악되어 대다수 국민이 정치과정으로부터 소외되어 있고, 경제적으로는 1960년대 근대화 계획의 추진과 더불어 부익부 빈익빈 현상이 더욱 가속화되었으며, 기업가와 근로자간의 양극화가 심화됨으로써 대립, 반목, 갈등과 함께 비인간화가 노골화되고 있음을 중요한 문제로 진단하였다.

또 "이러한 양극화, 비인간화의 현상을 이대로 방치한다면 우리 사회는 그 존립 자체를 위협받게 될 것이다"라고 예측한 아카데미는 양극화를 해소하고 인간화를 실현하는 방법으로 어느 한 쪽이 다른 쪽을 완전히 이기거나 지배하는 것이 아니라 양쪽이 함께 사는 길을 모색해야 된다고 판단했고, 이를 위해서 "각 방면의 강자와 약자 사이에 존재하는 중간집단들이 화해와 통합의 기능을 수행하는 것이 가장 효과적"이라는 결론을 도출했다.

아카데미가 말하는 '중간집단'은 자율적이고 민주적인 바탕 위에 형성된 집단으로서 민중 속에 뿌리를 박는 집단을 의미한다. "중간집단은 강자에 의하여 지배·조종되는 외곽단체도 아니고, 그렇다고 하여 강자를 타도하고 약자에 의한 새로운 지배체제를 구축하려는 혁명적 집단도 아니다. 그것은 약자의 이해를 대변하고, 객관적인 정의를 실현하되 강자에게 압력을 넣을 뿐 그 자신이 강자를 타도하지는 않는다. 그것은 양자의 화해와 통합을 추구하는 비정치적 민간단체이어야 한다."

이러한 의미와 기능을 갖는 중간집단으로서 기독교단체, 여성단체, 청년 내지 학생단체, 노동조합, 농촌운동조직 등이 당시 한국사회에 절실히 필요한 것으로 인식되었다. 이들 중간집단에 대하여 아카데미는 이들을 새로이 형성하는 것이 아니라, 기존의 것을 강화하고 육성하는 전략을 선택하였다. 아카데미는 1973년부터 중간집단교육을 준비하여 중간집단 교육 대상을 교회, 청년, 여성, 산업, 농촌 등 5개 분야로 확정하고, 1974년부터 프로그램 실행에 들어갔다.

아카데미 노동교육은 산업사회에서의 양극화를 해소하고 인간화를 실현할 중간집단으로서 노동조합을 강화 육성하는 데 주된 목적을 두었다. 이를 위해서 크리스챤아카데미는 1974년 신인령(전 이화여대 총장)을 담당간사로 임명하고, 교육프로그램의 기획, 강사 선정, 프로그램의 운영과 진행, 교육 평가, 후속 교육 등 노동교육 전반에 걸친 운영기구로 '산업사회교육위원회'를 구성하였다.

이 위원회의 위원으로는 노동법이나 노동문제를 전공한 대학교수 등 외부 전문가들과 내부 담당 간사들로 구성되었다. 외부 전문가로는 이문영(고려대 교수), 백재봉(고려대 교수), 이영희(한국노총 조직부차장), 임종률(서울대 강사), 인명선, 천영세(화학노조) 등이 교육위원으로 참가하였고, 실무 간사로는 신인령, 이광택, 김세균, 한인석 등이 일하였다.

노동교육 대상의 선정

아카데미 노동교육은 그 교육 대상을 기존 노동조합의 간부들에 초점을 맞추어 정하였다. 1973년 현재 한국노총 산하에 17개 전국 규모 노동조합이 조직되어 있었고, 그 산하에 지역별 또는 사업장별로 415개 지부가, 그리고 소규모사업장에 2,891개 분회가 조직되어 있었으나 노조들은 대부분 제 기능을 수행하지 못하고 있었다. 이에 따라 아카데미는 중간집단으로서 노동조합의 기능을 강화하고 육성하기 위해 기존 노조간부들의 능력을 배양하는 것이 중요하다고 판단하였다.

이러한 취지에서 1974년 4월 산업사회교육위원회는 제1차 회의에서 노동교육의 구체적인 대상을 산업별 노동조합의 단위조직 책임자인 지부장 또는 분회장으로 하되, 노조활동 경력이 짧은 젊은 층의 간부를 위주로 선정하기로 확정하였다. 이 같은 교육대상의 설정은 기존의 대학 연구소들에서 시행된 노동교육이 노조간부 만이 아니라 사용자나 정부관료, 기타 일반인 등 폭넓은 층을 대상으로 한 것과는 구별되었고, 산업선교회에서 실시했던 노동교육의 대상과도 차이가 있었다. 산업선교회도 1960년대에 한국노총과의 협력 속에 노조간부들을 대상으로 노동교육을 실시하였으나, 1970년대에는 미조직 노동자들에 대한 교육으로 중점이 변경되었다.

반면 아카데미 노동교육은 한국노총의 협력을 중시하였다. 아카데미는 한국노총의 간부들에게 노동교육의 취지와 계획을 설명하였고, 노총의 희망과 의견을 청취하였다. 한국노총은 아카데미 노동교육의 취지와 계획에 찬동하면서 산하 조직의 간부들을 선발하여 참가시키도록 적극 협력하기로 다짐하였다. 임종률에 의하면, 이러한 협력을 위하여 아카데미측은 "기존 노동조합 간부의 교육과정을 통하여 그들의 의식을 고양시키고 잠재능력을 극대화하는 데 주력할 것과, 조직 분열 내지 힘의 약화를 초래하지 않도록 유의할 것을 다짐하였다."(임종률, 1986: 362) 이처럼 아카데미는 기존 노조의 육성 강화를 지향하면서 한국노총과의 협력관계를 추구하였다. 이것은 1970년대 초반 불거진 산업선교회와 한국노총 사이의 반목 불화관계와 대비되었다.

노동교육과정의 설계

아카데미 노동교육은 아카데미의 다른 중간집단 교육과정과 마찬가지로 교육의 내용을 단계적으로 심화시키는 방향으로 설계되었다. 노동교육 정규과정은 약 30명의 참가자들에 대하여 단기 합숙교육으로 실시되었는데, 4박 5일 합숙교육의 1차 교육과정과 그 6개월 뒤 1차 교육 이수자를 대상으로 실시되는 5박 6일 합숙교육인 2차 교육과정을 두었다.(노동교육은 당초 중간집단교육이 1차 과정, 2차 과정, 3차 과정의 3단계를 설정한 것과는 달리, 1차 및 2차 과정만을 정규과정으로 실시하고, 그 대신 교육 참가자에 대한 후속교육을 하기로 방침을 수정하였다)

1차 교육과정은 1974년 6월 18일부터 1978년 11월 6일까지 약 4년여 기간 동안 19기에 걸쳐 실시되었고, 2차 교육과정은 1976년 1월에 1기 교육을 가진 이후 1979년 2월에 제5기 교육을 끝으로 종료되었다. 1차 교육에는 모두 602명이, 그리고 2차 교육에는 103명이 참가하였다.(임종률, 1985: 363) 1차 교육과정은 노동조합 간부의 지도력 개발에 목표를 두었다. 4박 5일간 합숙교육의 중점은 지식의 전달보다 경험의 교류와 노동운동의 임무에 대한 자각에 두어졌다. 교육과정은 크게 강의, 토의, 사례연구, 공동과제 작업, 문화체험 등으로 구성되었다. 〈표 1〉에서 보듯이, 4박 5일의 일정에서 강의는 4개의 주제에 불과하고, 한 강의주제 당 3시간이 배정되었으나 이 중에 강사가 강의하는 시간은 각 1시간 정도로 짧게 할당되었고, 강의 후 분반토의 1시간, 그리고 전체토의 1시간을 배정하였다.

강의주제는 ① 자유 평등을 통한 인간화의 실현, ② 경제발전과정과 노동문제의 발생, ③ 한국노동조합운동의 당면문제와 과제, ④ 노조간부의 자세였으며, 각 강의는 주제의 이해에 필요한 지식전달을 하되 명확한 결론의 제시를 피하고 토의를 위한 문제제기에 치중하였다.

분반토의는 전체 참가자를 1개 반 7~8명씩으로 3~4개의 반으로 나누어 각 분반에서 사회자와 보고·기록자를 선출하여 강의를 듣고 느낀 점, 비판할 점, 의문스러운 점을 기탄없이 얘기하도록 하고, 이를 간단히 정리하여 큰 종이에 기록하도록 하였다. 전체토의는 전체가 모인 자리에서 분반별 보고를 듣고 보고된 내용에 대하여 토의를 하고, 강사로 하여금 보충설명 및 논평을 하도록 하였다. 이처럼 강의에 대한 분반토의와 전체토의는 강의에서 제기된 문제에 대하여 정리하고 내면화하는 학습과정이었지만, 동시에 교육 참가자간 의견교환과 상호작용을 통해 서로를 이해하는 과정이기도 하였다.

공동 과제작업은 교육 참가자가 스스로 문제점을 찾고 이에 대한 해결방안을 그들 스스로 공동으로 모색하도록 하는 데 목표를 두었으며, 워크숍(workshop)이라는 말로 더 많이 불리어졌다. 이것은 기존의 "다른 노동교육에서 찾아볼 수 없는 획기적인 교육진행방법"(임종률, 1985: 366)이었고, 아카데미 노동교육의 특성을 잘 드러내는 "독특하고 효과적인 교육방법"(정연순, 1997: 49)으로 평가된다. 공동 과제작업은 4박 5일 프로그램에서 가장 커다란 비중을 차지하였는데, 후반 이틀 동안 5단계에 걸쳐 총 8시간이 집중 배정되었다. 그 내용을 좀 더 자세히 살펴보면 다음과 같다.

과제작업 (1)에서는 교육 참가자를 3-4개 분반으로 나누어 교육진행자들이 각 분반의 사회를 맡고 교육 참가자 중에서 보고자를 선출한 뒤, 사회자는 참가자에게 종이를 한 장씩 나누어 주고, 노동조합의 문제점에 관해 각자가 느끼는 대로 10가지씩 쓰도록 요구한다. 다 적고 나면, 어느 것이 보다 절실하고 중요한 문제인가를 생각해 보고 순위를 매기도록 한다. 그리고 나서 각자가 가장 중요하다고 생각한 문제점을 한 가지씩 발표하도록 한다.

이렇게 하여 동일하거나 유사한 문제가 제기되면 발표자의 동의를 얻어 통합하여 문제점을 정리하여 기록한다.

과제작업 (2)에서는 교육 참가자 전체가 한 자리에 모여 분반별 보고를 듣고, 이들을 3-4개의 항목으로 분류하여 소제목을 붙인다. 분류는 물론 교육 참가자들의 의견에 따라 행한다.

과제작업 (3)은 분류된 항목별 문제점에 따라 참가자의 희망을 존중하여 3-4개의 분반으로 나누어 분반별로 상이하게 주어진 문제점을 어떻게 극복 해결할 것인가를 토의 검토하도록 한다. 진행방법은 과제작업 (1)과 같다.

과제작업 (4)에서는 분반별로 제시된 해결방안에 대한 보고를 듣고 이를 종합한다.

과제작업 (5)는 각 참가자의 인생설계를 구상토록 하고 노동조합의 현장에 돌아가 가장 시급하게 처리하고 싶은 과제가 무엇인가를 각자 생각하고 이를 다른 참가자에게 소개 발표한다.

〈표 1〉 아카데미 노동교육 1차 과정 일정표

일자	시간	내 용	일자	시간	내 용
제 1 일	10:00	교육장 향발	제 3 일	10:20	질의·응답
	11:30	도착, 등록, 방 배정		10:40	강의(4)에 대한 분반토의
	11:50	개회 행사		11:50	휴식
	12:50	점심 식사		12:00	강의(4)에 대한 전체토의
	13:50	강의 (1)		12:40	점심(12:40 1:40 침묵시간)
		자유·평등을 통한 인간화의 실현		14:00	사례연구 (2)
	15:00	질의응답		15:30	휴식
	15:20	강의(1)에 대한 분반토의		16:00	종합토의
	16:20	휴식		18:00	저녁식사
	16:40	강의(1)에 대한 전체토의		19:00	5분 발언
	17:40	참가자의 문제제기		11:00	마감
	18:40	저녁식사			
	19:30	사례연구 (1)			
	20:30	휴식			
	20:50	사례연구 (1)의 보고·종합			
	21:50	공동친교			
	22:00	마감			

일자	시간	내용	일자	시간	내용
제 2 일	07:00	기상, 명상, 아침운동, 식사, 안내	제 4 일	07:00	기상·명상·아침운동 ·아침식사·진행안내
	09:00	강의 (2) 경제발전과정과 노동문제의 발생 질의응답		09:00	공동과제작업(1) 노동조합의 문제점 찾기
	10:20	강의(2)에 대한 분반토의		10:40	휴식
	11:10	점심식사		11:10	공동과제작업(2) 문제점 보고, 소항목 분류
	12:30	강의(2)에 대한 전체토의		12:30	점심식사
	13:50	강의(3)		14:00	공동과제작업(3) 문제점 해결방안 연구
	15:00	한국노동조합운동의 당면문제와 과제		15:30	휴식
	16:20	질의응답		16:00	공동과제작업(4) 해결방안의 보고·종합
	16:40	휴식		17:30	대화의 시간
	17:10	강의(3)에 대한 분반토의		18:30	저녁식사
	18:10	저녁식사		19:30	내일을 위한 잔치
	19:00	강의(3)에 대한 전체토의		11:30	촛불의식
	20:00	휴식		12:00	마감
	20:20	전통문화의 이해			
	23:00	마감			
제 3 일	07:00	기상·명상·아침운동·아침식사 ·진행안내	제 5 일	07:30	기상·명상·아침운동 ·아침식사·진행안내
	09:00	강의 (4) 노조간부의 자세		09:00	공동과제작업(5) 개인별구상
	10:20	질의 응답		11:00	휴식
	10:40	강의(4) 분반토의		11:30	자치회 시간
	11:50	휴식		12:30	점심식사
	12:00	강의(4) 전체토의		13:30	전과정 평가
	12:40	점심: 침묵시간		14:40	마감행사
	14:00	사례연구(2)		14:40	교육장 떠남
	15:30	휴식			
	16:00	종합토의			
	17:00	저녁식사			
	19:00	5분 발언			

이처럼 공동 과제작업은 노동조합의 문제점 검토, 분류, 해결방안의 모색이라는 일련의 과제를 개인작업, 분반토의, 전체토의라는 과정을 거쳐 공동으로 수행하는 가운데 교육 참가자가 스스로 느끼고 생각하고 서로 의견을 주고 받으며 다시 자신의 생각을 정리하도록 설계되었다.(아카데미는 노동조합에 관심 있는 청년지식인 수 명을 1차 교육과정에 참가시켜 훈련시킨 다음 자

원봉사자 교육요원으로 공동 과제작업의 진행을 돕도록 하였다.(임종률, 1985: 368) 공동 과제작업 교육방법의 설계와 활용을 위해 아카데미 산업사회교육위원회의 교육위원 가운데 한 명이었던 백재봉 교수는 미국의 시카고 에큐메니컬 인스티튜트의 교육 프로그램에 참가하여 6개월간 연수를 받았다.(정연순, 1997: 49))

아카데미 노동교육은 숙박교육의 장점을 최대한 살려 교육 참가자들이 노조간부로서의 사명, 성찰과 결단을 할 수 있는 계기를 제공하는 데 상당한 역점을 두었다. 이를 위해 정서적 감동, 삶의 태도에 대한 반성, 결단을 위한 의식 등 다양한 '생활과정'이 교육과정에 조직되었다.

'5분 발언대'라는 프로그램은 참가자들이 개개인의 경험이나 소견을 발표하여 같은 동료, 선후배로부터 감명을 받고 교훈을 얻도록 한 것이다. 내가 어떻게 노동자가 되었고 노동조합 활동을 하게 되었는지, 개개인이 살아온 역정을 발표하여 노동자라는 처지가 가지는 공통성을 확인하였고, 공중연설의 기회를 통해 노동조합 활동에 대한 다짐을 공개적으로 결의하도록 하기 위한 것이기도 하였다.

매일 아침 첫 프로그램으로 배치된 명상의 시간은 명언, 명구를 들려줌으로써 '정서적 감동'을 불러 일으켰다. 성경구절, 교육 참가자들이 적어냈던 결단문, 전태일 추도사 등 다양한 글들이 낭독되었다. '침묵의 시간'은 하루의 일정 시간을 정해 말을 하지 않고 자신의 내면을 성찰하는 기회였다.

마지막 날 밤에 가졌던 분반별 노래, 촌극 경연, 촛불의식은 집단적 결의를 다지기 위한 프로그램이었다. 분반별 노래는 주로 노래가사 바꿔부르기를 했고, 촌극 경연은 노동자들도 대안적 문화 생산을 할 수 있다는 가능성을 체험하게 했으며, 촛불의식은 참가자들이 각자 교육 이수 후 어떠한 삶을 살겠다는 다짐을 낭독하면서 옆 사람에게 촛불을 점화시키는 의식이었다.

이 밖에 노동운동에 헌신할 것을 내면적으로 결단하도록 하는 프로그램으로 '비문쓰기'와 '자기에게 쓰는 편지'가 있었다. 비문쓰기에서는 참가자들에게 어떠한 인생을 살다가 죽었는지, 사후 어떤 비문이 자신의 묘비에 씌어 지기를 원하는지 직접 문구를 작성하게 한다. '자기에게 쓰는 편지'는 참가자들이 교육기간 중 경험했던 교육내용과 그에 대한 소감을 정리하고 이를 어떻게 실천하겠다는 다짐을 자신에게 편지형식으로 적는 것이었다. 아카데미는 이를 교육이 끝난 1달 뒤 참가자 각자에게 보내 다시 한 번 교육경험을 일깨우는 효과를 얻고자 하였다.

교육 참가자의 속성

아카데미 노동교육 1차 교육과정에 참가한 사람은 총 19기에 걸쳐 602명이었고, 2차 교육과정에 참가한 인원은 5기에 걸쳐 103명이었다. 2차 교육과정 참가자는 1차 과정 이수자 중에서 선발하였으므로 이 교육에 참가한 실제 인원은 602명이었다고 할 수 있다. 임종률은 1차 교육과정에 참가한 602명의 속성을 참가신청서에 본인이 기입한 내용에 따라 분석한 결과를 제시하였는데, 이를 살펴보면 다음과 같다.

우선 연령별로는 〈표2〉 20대가 전체의 58.2%, 30대가 34.2%, 40대 이상 7.8%로 20대가 가장 많았다. 초기에는 30대가 가장 많았으나 5기 교육 이후로는 20대가 과반 이상을 차지하였다. 학력별로는 고졸이 44%로서 가장 많았다. 그리고 소속 노동조합별로는 섬유, 화학, 금속 노조가 전체의 57.6%로 가장 큰 비중을 차지하였다. 초기에는 철도, 체신, 전매 등 공무원 노조의 참가가 많았으나 이들은 후기에 급속히 줄어들었고, 섬유, 화학, 금속 등 제조업 부문에서 보다 많이 참가하게 된 것은 이들 노조가 아카데미 교육에 우호적이었던 점과 아카데미 측이 이들 제조업 분야를 중시하여 보다 많은 참가자를 보내도록 적극 권유한 결과였다.

〈표3〉 교육 참가자의 노동조합 직책을 보면, 당초 계획에서는 지부, 분회의 책임자급 간부(지부장, 분회장, 부지부장 또는 부분회장)에 중점을 두었으나, 실제 참가자 중에는 지부, 분회의 보조간부(부장, 회계감사, 대의원 등)들이

보다 많은 수로 나타났다. 그리고 교육 참가자들은 조합원 수가 600명이 넘는 비교적 큰 노동조합에 소속되어 있는 경우가 과반이 넘었다. 한편 조합활동 경력을 보면, 4년 미만의 짧은 경력을 가진 노조간부가 335명으로 참가자의 3분의 2에 달하였다.(임종률, 1985: 374~376)

〈표 2〉 소속 조합별 분포

노조 기	노총	철도 체신 전매	금융·전력 광산	섬유 화학 금속	자동차 부두 운수	출판· 외기· 관광연합	무소속	계
1~ 4	–	32	13	31	19	7	7	109
5~ 8	1	14	16	82	8	4	8	133
9~11	–	6	6	70	4	8	12	106
12~15	–	4	10	84	4	13	12	127
16~19	–	1	8	80	1	13	24	127
계	1	57	53	347	36	45	63	602

〈표 3〉 노조 직책별 분포

직책 교육 기수	전국규모 노조간부	지부· 분회책임자	지부· 분회보조간부	무소속	계
1~ 4	13	38	51	7	109
5~ 8	5	36	84	8	133
9~11	2	27	65	12	106
12~15	3	30	82	12	127
16~19	2	18	83	24	127
계	25	149	365	63	602

〈표 4〉 조합규모별 분포

조합원수 기	100인 이하	101~300	301~600	601~ 1,000	1,001 이상	무응답	계
1~ 4	1	15	16	9	58	10	109
5~ 8	5	19	20	22	52	15	133
9~11	–	14	16	12	46	18	106
12~15	–	27	23	17	44	16	127
16~19	2	24	14	15	41	31	127

조합원수 기	100인 이하	101~300	301~600	601~ 1,000	1,001 이상	무응답	계
계	8	99	89	75	241	90	602

〈표 5〉 조합활동경력별 분포

경력 기	1년 미만	1~2년	2~4년	4~8년	8년 이상	무응답	계
1~ 4	7	15	17	32	29	9	109
5~ 8	22	31	22	28	11	19	133
9~11	11	31	19	19	5	21	106
12~15	12	47	27	16	11	14	127
16~19	13	39	22	13	3	37	127
계	65	163	107	108	59	100	602

후속교육

아카데미는 정규 교육과정 이후에 교육 이수자의 의식 발전을 돕기 위하여 후속교육을 실시하였다. 처음에는 기별동문회의 지원, 서신, 면담을 통한 상담활동을 주된 교육방법으로 삼았으나 그 한계성이 드러났다. 그래서 각 기별동문회 회장단과 협의하여 1975년 5월 '크리스챤아카데미 노동사례연구회'(이하 노동사례연구회)를 발족하였다.

노동사례연구회는 회원들이 정기적으로 만나 노동조합운동과 관련된 사례 및 기타 문제를 연구하고, 관련 정보와 의견을 교환하고 토론을 하며 상호간의 친목 유대를 증진하도록 하였다. 노동사례연구회의 주된 활동은 매월 1회 개최된 목요토론회이었다. 1975년 6월 12일 제1회 목요토론회가 개최된 후 1979년 2월까지 40회에 걸쳐 목요토론회가 지속되었다.

목요토론회는 회원들이 조합 활동의 현장에서 실제 경험했거나 현재 당면하고 있는 문제점을 스스로 발표하는 회원 발표 이외에 노동문제 전문가가 일정한 주제에 관하여 강의도 하였고, 회원 상호간 친목을 도모하고 월간 노동계 소식을 나누는 순서를 가졌다. 목요토론회에서 발표된 내용들은

20일 이내에 인쇄하여 그 다음 목요토론회의 안내문과 함께 전 회원 및 아카데미 교육이수자에게 송부되었다. 나중에는 타블로이드 판 4면으로 깔끔하게 인쇄된 회보가 매월 발간되어 회원들에게 우송되었다.

이처럼 목요토론회가 활성화되자 상당수의 아카데미 교육 이수자들이 노동사례연구회에 가입하였고, 정규교육에 참가하지 않은 노동자들도 많이 가입하게 되었다. 또 교육참가자의 요청에 따라 특수집단을 대상으로 한 단기 교육과정을 지원하는 등 다양한 교육 프로그램을 개발하여 실시하였다.

〈표 6〉 노동사례연구회의 사례발표 내용

회	년월	발표주제	발표자
1	75. 6	시간외수당과 조합원의 생계 – 체신노조의 노사교섭을 중심으로	이주완 (체신노조 노사교섭국장)
2	75. 7	노조결성과정의 화사 측 방해와 그 극복	양태근
3	75. 8	새마을 노동교실의 설치와 운영	유정숙 (청계피복지부 부녀회장)
4	75. 9	한국의 노동운동과 노동조합주의	조창화(동국대 교수)
5	75.10	퇴직금누진제 폐지와 조합 측의 활동경위	박기언(범아실업 지부장)
8	76. 2	임금인상 요구 산출과 그 타당성	오승룡(화학노조)
9	76. 3	임금노동의 발생	이우재
10	76. 4	노사교섭에서 노조 측 주장을 관철시킨 사례	한순임(반도상사지부장)
11	76. 5	한국 근로자의 임금실태와 노동운동	권두영(고대 노동문제연구소)
13	76. 7	단결로써 쟁취한 노사관계의 개선	배기환
14	76. 8	제4차 경제개발5개년계획과 노동문제	김윤환
15	76. 9	동일방직노동조합의 분규	박순희, 박인순 등
16	76.10	독일의 노동재판소제도	김치선
17	76.11	노총대회의 회고와 기대	방용석, 이광택 등
18	76.12	송년잔치를 겸한 임시총회	
19	77. 1	1970년대 후반을 전망한다	송건호
20	77. 2	역경을 뚫고 결성한 노동조합과 그 운영	조태제(신진플라스틱 지부장)

회	년월	발표주제	발표자
21	77. 3	한국 민중사 - 동학을 중심으로	정창렬(한양대 교수)
22	77. 4	역경과 보람의 나날	최순영(YH무역 지부장)
23	77. 5	한국경제의 당면과제	변형윤(서울대 교수)
24	77. 7	유령노동조합의 실태 - 인선사 분규를 중심으로	이중식(금속노조남서울지부장) 손석주(화학노조 지직부장) 이문희(원풍모방 총무부장)
25	77. 8	단체협약 갱신의 기본방향	임종률
26	77.10	7년간의 법정투쟁	황영환 (한국베아링 전 노조간부)
32		아리아악기 노사분규	장명숙
33		일본노동조합운동사	
37	78.10	독일의 노동운동 현황	이영희
40		79년도 임금인상 요구지침	
41	79. 3	임금교섭과 최저임금제	박찬일

* 자료: 이임하, 「1970년대 크리스챤 아카데미 사건 연구」, 차성환 외, 『1970년대 민중운동 연구』,
　　민주화운동기념사업회, 2005.
** 출전: 대화문화아카데미 소장 〈노동사례연구회 목요토론회〉

아카데미 노동교육의 성과

　　아카데미 노동교육은 당시 노동조합 간부의 지도력 양성을 목표로 실시
되었는데, 앞에서 언급한 대로 아카데미 노동교육은 기존의 노동교육과는
다른 내용과 방법으로 접근하였다. 당시 교육 참가자 중 한 사람은 아카데
미 노동교육의 특징을 이렇게 구술하고 있다.

　　"(크리스챤아카데미 노동교육에서는) 노동조합은 … 민주적이어야 한다, 그
리고 자주적이어야 한다, 이 두 가지 골자를 거기선 아주 절실하게 느낄 수 있도
록 그렇게 하는 거에 비해서 다른데 교육은 대개 말하자면 기능 부분이라고 할
까, 노사교섭은 뭐 이런 식으로 하는 것이다, 노동조합법은 이렇다 … 그건 책을

읽어보면 아는 거지 … 노동조합법이 이러이러한데 왜 이렇게 노동조합법을 만들어야 하고, 노동자는 왜 노동조합원이 돼야 하는 근본적인 것을 아카데미에서 느낄 수 있도록 한 거에 비해서 다른 데는 노동법, 예를 들면 근로기준법은 이런 게 있다, 노동조합법은 이런 게 있다, 노사교섭은 이런 식으로 한다, 이러는 거지."(정연순, 1997: 61)

이처럼 아카데미 노동교육에 참여한 사람들이 노동조합이 민주적이고 자주적이어야 한다는 골자를 명심하게 되고, 노동운동에 임하는 기본자세를 확립했다는 증언은 여러 사람들에게서 확인된다. 당시 한국노총이나 다른 기관에서는 이러한 내용의 노동교육을 하지 않았다. 1970년대 이후 민주노동운동의 흐름을 이끈 주도집단의 대다수는 아카데미 노동교육 참가자들이었다. 노동교육 수강자들 사이에, 그리고 수강자(노동자)와 교육자(지식인) 사이에 형성된 동지적 네트워크는 이후 민주노동운동의 연대행동을 확대하는 채널로 작용하였다. 이 점에서 아카데미 노동교육은 1970년대 민주노동운동의 지도력을 배양한 중요 원천의 하나라고 할 수 있다.

뿐만 아니라 아카데미 노동교육의 성과 중의 하나는 교육 방법론적 측면이다. 주입식 강의가 아닌 토론과 워크숍 위주의 교육과, 노동가, 연극, 촛불의식 등은 참신하고 적절한 교육방법을 개발한 시도로서 노동운동에 대한 결단과 동지의식을 제고하는 데 커다란 효과를 냈다. 교육 참가자들 중 상당수는 아카데미 노동교육에서 배운 교육방법과 내용을 조합 내부 교육에 적용하였다.

편집위원 : 이 글은 2002년 성공회대학교 사회문화연구소가 노동부의 의뢰를 받아 펴낸 연구보고서 『1970년대 산업화 초기 한국노동사연구: 노동운동사를 중심으로』가운데 제10장(시민사회와 노동운동)의 4절(노동문제 연구와 노동교육: 크리스챤아카데미 노동교육을 중심으로)을 성공회대학교의 동의하에 수정 보완한 것입니다.

크리스챤아카데미

역사에 단단한
디딤돌이 되고 싶어

김숙연*

　나는 서울 신촌에서 사업을 하는 부모님의 1녀 2남 중 장녀로 태어났다. 부모님은 모두 이북에서 1·4후퇴 때 피난을 오신 분으로 반공의식과 이산가족의 아픔을 가지고 있었다. 넉넉한 가정은 아니었으나 어머니가 무학이라는 한이 있어 1녀 2남 중 첫째인 나에게 열성적으로 뒷받침 해주셔서 이화여자대학을 졸업할 수 있었다.

　중학교 2학년 때인 1969년 대통령 3선개헌이 쟁점이 되었을 때 나는 경제개발을 위해 박정희가 필요하다고 생각했다. 그런데 수송동에 있었던 중

❋ 1956년 서울 출생. 78년 이화여대 졸업 후 크리스챤아카데미 교육 이수. 78년 양평동 교회에서 해태제과 야학. 79년 크리스챤아카데미 산업사회 협동간사, 영등포도시산업선교회 간사 근무. 81년 한국여성유권자연맹 '근로여성교육' 수행간사로 근무 중 '빨갱이'라며 해고. 83년 6월 여성평우회 결성. 84년 한국여성사회연구소, 88년 부천여성노동자회 근무. 현재 보험업 종사 중.

학교가 안국동의 신민당사와 가까워 가끔 길거리에서 배포된 〈민주전선〉을 읽을 수 있었다. 정치에 관심이 많았던 나는 신문을 스크랩하면서 박정희에 대한 의문을 가지게 되었다. 남북적십자회담을 이용하여 유신헌법을 선포한 박정희를 보면서, 정치가 무엇인데 이리도 권력을 잡기 위해 국민을 농락하는지 알고 싶어서 정치외교학과를 선택하기로 하였다.

대학 시절의 소박한 문제의식

대학교에 들어가면 데모를 할 줄 알았는데 1974년 초에 데모는 없었고, 법정대에는 '새얼' 같은 이념서클도 없었다. 정치외교학과 친구들은 정치에는 관심이 없이 오로지 이화여자대학이라는 간판으로 시집을 잘 가려고 들어온 친구들이 대부분이었고, 나도 그냥 친구들과 휩쓸려서 놀러 다녔다. 특히 1974년 긴급조치 1호와 민청학련사건이 발표되면서 나도 분한 마음은 들었지만, 어찌 할 방법을 몰라 단지 신문 스크랩만 하고 도서관에 가서 4·19에 관한 책을 찾아보면서 절망만 하였다.

2학년 겨울에 농촌봉사활동을 가게 되었다. 농촌으로 떠나기 전 사전교육 모임 때 농민과의 대화 시간이 있었다. 여기에서 농촌이 가난한 것은 도시노동자에게 저임금을 주기 위해 제대로 쌀값 등을 책정하지 않는 저곡가정책에 원인이 있다는 말을 듣게 되었다. 나는 갑자기 내가 농민의 가난에 대한 공범으로 책임이 있는 것 같아 무섭기도 하고 두렵기도 하여 교육을 받다 발대식 전 날 친구와 도망쳐 나왔다.

그러나 어김없이 1976년 1월 5일은 찾아왔고 어쩔 수 없이 농촌으로 떠나게 되었다. 난생 처음 농촌을 간 나에게 농민의 삶은 충격 그 자체였으며, 그토록 열심히 일해도 농민은 왜 가난한 것인가, 내내 궁금하였다. 나는 농촌봉사 나가던 마을을 매년 여름, 겨울방학에 빠짐없이 갔고, 졸업한 후인 1978년 여름까지도 다녔다. 그리고 그 마을을 원주재해대책본부와 연결시켜주었다.

그렇게 가난에 대한 고민을 하던 중 학생회와 같은 사무실을 쓰던 사회교육연구소의 강성원, 서혜란 선배가 나에게 농촌문제를 연구하는 '한국농촌근대화연구회'를 소개시켜 주었다. 연구회에서는 금요강좌를 매주 하였는데, 당시 경제, 정치에 관한 이슈를 강의하는 것이었다. 어떤 때는 박찬일 교수님이 몇 주 동안 한국경제에 대해 분석하셔서 강의를 하기도 하였으며, 박현채, 송건호, 리영희 등 여러 선생님들로부터 정치, 경제, 역사, 농촌문제 등에 관한 강의를 듣게 되었다. 이 과정에서 한국에서 노동자·농민의 자식으로 태어나면 가난할 수밖에 없는 구조인 것을 알게 되는 등 나의 지적 갈증을 해소할 수 있었다. 나는 거의 매주 빠지지 않고 강좌에 참여하였다.

우연히 크리스찬아카데미에서 발행하는 월간 『대화』를 정기구독하게 되었다. 그리고 거기에 실린 유동우의 〈어느 돌멩이의 외침〉을 보았고, 또 나와 동갑인 석정남의 이야기도 읽었다. 또 농촌 젊은이들이 공장에서 얼마나 고생하였는지를 들었던 일이 있어 졸업하기 전에 나도 공장에 가보고 싶었다. 대학 4년 내내 나는 무엇을 위해 살 것인가가 나의 화두였고, 결국 내가 가지고 있었던 모든 선입견을 버리고 정의를 찾아 그 위에서 춤을 추며 살아가는 것이 좋겠다고 생각하였다.

현장경험의 소중함

학교를 졸업하던 1978년 2월 중순부터 인천 부평공단의 모집공고를 보고 양복 만드는 공장에 들어갔다. 내가 하는 작업은 양복 상의의 주머니 뚜껑을 다리는 일이었다. 거기에는 공부만 했으면 대학에 다녔을 친구들이 가난하게 살 수밖에 없는 농민의 딸로 태어나 열심히 일을 하고 있었다. 그들은 강제잔업과 특근을 밥 먹듯이 하며 살아가고 있었다.

기숙사에 들어가 한 두 달 쯤 되었을 때 농촌봉사활동 정도로 생각하셨던 아버지가, 그 만큼 경험했으면 되었으니 집으로 돌아오라고 강력하게 말씀을 하셔서 집으로 들어갔다. 공장을 그만두고 얼마 되지 않은 때였다.

오성숙 선배가 연락을 해왔다. 그의 시누이인 김귀균 선배가 성수동 쪽에서 사무실 없이 현장으로 들어가 하는 산업선교를 하게 되었는데, 그 준비과정으로 공부를 같이 하자는 것이었다.

학습자는 김귀균, 법학과 정혜란과 이순금 전 고미반도체 지부장, 조명자 전 민성전자 분회장과 나 이렇게 5명이었다. 지도교사는 최영희, 장명국 선생님이었고, 경제학 기초부터 역사, 철학, 노동현장 투쟁사례 등 여러 가지 공부를 몇 주 동안 하게 되었다. 막연하던 공장에 대한 낭만적 경험이 아닌, 또한 이제까지 금요강좌 등을 통해 얻었던 부분적이고 개별적으로 알았던 사회과학적 지식을 강의와 토론을 통해 비로소 체계적이고 종합적으로 사고하고 판단하게 되었다.

이는 나의 인생의 전환점이 되었다. 학습을 마친 후 성수동에 있는 공장에 들어간 김귀균 선배와 친구 정혜란은 2교대로 노동을 하면서 노조결성을 목적으로 노동자들과 소모임을 만들었다. 나는 그 모임에 한문 선생으로 참여하였으며, 성수동의 작은 사업장 노동자들의 모임도 하였다. 그런 한편, 오성숙 선배가 하던 해태야학을 인계 받아 양평동의 교회에서 사회과목을 가르치기도 하였다.

크리스챤아카데미 제17기 교육도 받았다. 크리스챤아카데미 교육에서 나는 새로운 세계를 만날 수 있었다. 내가 가르쳐야 하는 대상으로 알았던 농민이나 야학, 소모임과는 달리 오히려 노동자로부터 많은 것을 배워 깨닫게 되었고, 함께 세상을 바꿔 나가야 하는 동지로서의 노동자에 대한 인식을 새로이 하게 되었다.

크리스챤아카데미 17기에는 삼완산업의 김익산, 스텐레스 공장의 박준식, 콘트롤데이타의 박영선, JOC 박문담 등이 있었으며, 나는 17기 동지들과 노조를 방문하기도 하고 1~2달에 한 번씩 정기모임을 하였다. 그러다 17기 교육생이 중심이 되어 자신이 만나는 모임 사람들을 초대하여 수원아카데미하우스에서 30여명이 1박 2일 모임도 하였다. 특히 박준식 등을 통해 면목동과 상봉동에서 스텐레스 공장을 다니던 노동자들을 만나면서 금속노조 결성을 하는 것을 지켜봤고, 삼완산업의 김익산 부분회장은 죽음을 각오하고 고압선을 잡고 임금인상과 복직투쟁을 한 끝에 성공을 거두기도 하였다.

크리스챤아카데미와 도시산업선교회

이렇게 성수동, 양평동, 면목동 등으로 바쁘게 다니던 중 크리스챤아카데미의 산업사회 협동간사로 일하면 어떻겠느냐는 제안을 받아 1979년 1월 초부터 크리스챤아카데미로 출근하였다. 노동사례연구회보를 만들고, 아카데미 2차 2기모임에도 참석하고, 아카데미 3차교육 준비를 하는 것 등을 도우면서 난생 처음으로 월급 5만원을 받았다. 그러나 그해 3월 한명숙 선생님이 구속되고 며칠 후 산업사회 간사도 같이 구속되는 사건이 일어났다. 자료 때문에 나도 찾는다 하여 잠적하는 것이 구속되신 분들을 번거롭게 하지 않을 것 같아 잠시 몸을 숨겼다. 김귀균 선배도 배우자가 될 사람(경상대학교 장상환 교수)이 아카데미사건으로 같이 구속되면서 성수동에서 나와 피해 있게 되어 모임은 없어지고 크리스챤아카데미 협동간사도 그만두게 되었다.

크리스챤아카데미 재판이 시작된 후 신혜수 선배의 남편인 NCC 서경석 총무의 추천으로 영등포도시산업선교회 간사가 되었다. 5~6월경부터 당산동 시범아파트의 지하로 출근하였으며, 8월 개관식 행사를 계획하고 준비하여 그 마지막 행사까지 성황리에 마쳤다.

1979년 8월 말경 YH사건으로 격려차 강의 한 번 했던 인명진 목사님이 3자개입으로 구속되었다. 매일 TV에서 영등포산선의 모습이 나오자 아버지가 TV에 나오는 산선 건물을 보시면서 '저기가 네가 다니는 곳이냐'고 물으셨다. 다음날 아침 어머니와 아버지는 출근하는 나를 쫓아오셔서 '내 딸 여기 더 이상 못 다니게 하겠다'면서 나를 데리고 나오셨다.

당시 영등포산선의 인명진 목사님은 구속 당해 있었고, 해태제과는 8시간 투쟁을 시작하여 매일 정문 앞에 소개자가 와서 여성노동자들의 머리 끄덩이를 잡고 때리는 한편, 딸이 빨갱이가 되었다는 전보를 받고 시골에서 부모님이 올라오시는 등 아수라장이었다. 나는 그런 친구들이 보는 앞에서 끌려서 집으로 갔고, 아버지는 같이 중이 되자, 같이 죽자고 하셨다. 정말 죽고 싶었지만 용기가 없었다.

하루는 집안 어른 7~8명이 우리 집으로 오셔서, 나를 가운데 놓고는 '우리가 동경 유학시절 자본론도 읽었고 북한에서 살아봤지만 북한은 아니더라, 우리가 어떻게 왜 고향을 버리고 내려왔는가'를 말씀하시면서 나를 설득하기도 했다. 엄마는 매일 밤마다 울고, 나는 이불을 뒤집어쓰고 누워 있는 날의 연속이었다.

노동자 교육 참여

박정희가 죽은 10·26 이후 1980년 초부터 김귀균, 최영희, 장명국, 정강자 선배들과 원진레이온, 스텐레스공장, 청계피복 등 노동자 20~30명이 모여 1박 2일 모임을 하기 시작하였다. 충정로에서 세 번째인지 네 번째인지 모임 중 5월 17일과 18일 1박을 하고 있었는데, 계엄령이 전국으로 확대되었다. 우리는 개봉동, 방배동 등 장 선생님 집으로 옮겨 82년 석탑출판사가 만들어질 때까지 모임을 계속하였다.

한편 이화여자대학교 여성연구소에서 여성노동자를 위한 교육과정이 처음으로 만들어져 교육이 1980년 3월에 시작되었다. 나는 이미경 언니가 1박 2일 프로그램을 준비하는 것을 보고 프로그램에 대한 제안도 하고 방향도 말하다가 담당조교가 되었다. 당시 여자대학에서 여성노동자 간부를 위한 장기 교육프로그램이 처음으로 만들어져 노동조합 여성간부들의 참여도가 아주 높았다. 그러나 그 교육도 5·17 계엄령이 확대 선포되자 중단되고 말았다.

아울러 정치적 보복이 다가왔다. 5월 14일 서울역 데모 때, 한 선배가 도서관에 갔다가 우연히 만난 교수님에게서 지식인 선언문을 받아왔고, 나와 연구소 선배는 이 선언문을 시내버스에 타고 있던 사람들에게 나누어 준 일이 있었다. 그런데 몇몇 교수가 이 모습을 목격하였고, 이것이 빌미가 되어 8월말인가 9월초에 전두환의 정화바람이 불 때, 이미경, 김상희, 이옥경 등과 함께 이화여대에서 '정화'를 당하게 되었다.

빨갱이 누명의 해고

이렇게 강제로 쉬던 중에 1981년 1월 한국여성유권자연맹에서 '근로여성교육'에 대한 아시아재단 프로젝트가 통과되어 이를 수행할 간사로 취직이 되었다. 첫해는 엄혹한 시절이라 아무런 기반도 없어서 교육생 모집 자체도 어려웠다. 개별적으로 교육생을 소개 받기도 하고 신문 등에 보도된 것을 보고 찾아오기도 하여 20~30명이 모였다. 이들을 여성노동자모임, 사무직 여성모임, 여성교사모임 등으로 구성하여 각 2회씩 6회의 교육을 하였다.

교육 후 후속모임으로 사무직은 독서모임을 하였고, 교사모임은 독서모임과 탈춤반, 민요반을 만들었다. 그 중 탈춤반 여교사모임은 1981년 12월 말 의정부 다락방에서 열린 YMCA중등교육자모임을 만들기 위한 모임에 초대되어 탈춤공연을 하기도 하였다. 그 짧은 공연이 거기에 모이신 분들의 후속모임에 중요한 역할을 하였다고 우리를 초청한 분에게 전해 들었다. 그 모임은 훗날 전교조 결성의 싹이 되었다.

1982년에는 2차년도 프로젝트로, 여성노동자 각 회 100명을 대상으로 8회의 집단교양교육과 1박 2일의 숙박교육을 1회 프로그램으로 하여 3차례 실시하여, 호응이 좋았다. 1983년에도 3차년도 교육 프로젝트를 받아 본격적인 후속 모임 등을 구상하고 있었다. 그러나 1983년 3월 위기가 다가왔다. 당시 나는 결혼을 해서 임신-출산기간 중이었다. 그런데 새로이 구성된 한국여성유권자연맹의 집행부 임원들이 내가 소지하고 있던 명상자료 등을 보고 나를 빨갱이라고 해고해 버렸다. 그리고는 근로여성교육 3차 프로젝트도 반납하였다.

여성운동단체를 돌아 다시 공장으로

임신출산 중에, 그것도 여성단체에서 해고 당할 줄은 몰랐지만 한국여성유권자연맹은 민주적인 여성운동을 지속하기 위한 그릇이 못 된다고 생각하였다. 1982년 5월 이후부터는 해고에 대비하듯 선배들을 모아 여성단체 준비모임을 만들었다. 81년 2월 말 여성유권자연맹에서 해고된 김경애 선배 집에서 이경숙, 김상희, 박영주 등 연맹 선배들과 일본에 있었던 이형랑 등이 참여하여 새로운 단체 구성을 적극적으로 추진하였다. 새로운 여성단체는 여성평우회란 이름으로 1983년 6월에 만들어졌다.

이후 1984년 1월부터 1986년 12월까지 한국여성사회연구회라는 이효재 선생님의 연구소에 다녔다. 여성노동운동사를 쓰기 위해 해방 직후부터 1980년까지 신문자료 등을 모아 놓는 작업을 하면서 여성평우회 근로사업부장(?)을 하였다. 그러다 공장에 가서 초심으로 돌아가 내가 할 일을 찾아보고자 하여 연구소를 그만두고 다시 공장으로 들어갔다. 나는 1987년 7월부터 12월까지 인천 주안공단의 전자공장에 다니면서 납땜을 하였다. 그러나 나는 사람을 끄는 힘도, 조직력도 없는 나 개인의 무능함에 절망감만 안고 6개월 만에 노동현장을 그만 두게 되었다.

그 무렵 최순영 YH지부장이 1988년 부천여성노동자회를 만들려고 하니 같이 하자고 하여 사무장으로 출근하게 되었다. 그러나 몇 년을 노동운동권에서 떨어져 있었던 나는 부천 노동자들의 활발한 운동에 제대로 동화되어 움직이지 못하여 내가 참여할 공간이 적었고 능력도 안 됨을 절감하였다. 겨우 구속 노동자들이 흔들리지 않도록 면회하고 회보를 만드는 등 후원하는 역할을 하였고, 노동자들을 모아 간헐적으로 교육사업도 하였다.

그러나 역시 절실히 느껴지는 능력부족은 어쩔 수 없었다. 또 셋째를 임신하기도 했고, 남편은 자기가 노동상담소를 하겠다며 역할을 바꾸자고 하였다. 나는 나보다 남편이 잘하기를 바라면서 출산을 계기로 부천여성노동자회 사무장을 그만두었다.

생활인으로 돌아온 나는 남편 대신 무엇으로 돈을 벌까 궁리를 거듭했다. 마침 그 때 친정이 남대문시장에서 옷가게를 시작하였는데 장사가 잘되었다. 우여곡절은 있었으나 1994년부터 친정어머니 가게에서 장사를 하게 되었다. 한때 장사가 잘 되기도 하였으나 2000년대 들어 적자를 심하게 보기 시작하여 그만 두었다. 그리고 후배의 소개로 우연하게 보험을 하기 시작하여 지금까지 경제활동을 지속하고 있다.

맺음의 감회

2006년 강원용 목사님 장례식에서 익히 들었던 70민노회 조직을 만나게 되었다. 나는 이를 계기로 70민노회에 나가기 시작하여 지금까지 지속적인 만남을 이어오고 있다. 돌이켜보면 1979년부터 83년까지 비록 몇 개월씩밖에 근무하지 못하고 자의반 타의반으로 그만두게 된 곳이 많았지만, 그런 곳에서 잠시나마 일하면서 배우고 존경하는 선생님들과 동지들을 만난 것이 영광이었고 자랑이었다. 그러다 84년 이후 현장으로부터 멀어지면서 너무도 능력의 부족함을 느꼈고 결국 차선책을 찾을 수밖에 없었다.

단지 내가 역할을 조금이라도 했다고 스스로 생각하는 것은, 사람들이 잘 알아주지 않아도 나는 여성평우회를 만들 때 주축이었던 여성유권자연맹 간사로써 사람과 돈을 적극적으로 지원하였고, 또한 여교사들의 탈춤 공연이 의정부에서 열린 중등교육자모임 결성에 역할을 하였다고 하니, 혹시 조금이라도 역사의 발전에 벽돌 한 장은 놓은 것이 아닌가 생각하고 있다.

역사란, 각자 능력의 편차가 있고 생각의 차이가 있지만, 공정과 자유를 향한 커다란 흐름으로 가고 있음을 40여 년 동안의 경험으로 알게 되었다.

어둠의 시대 불꽃이 되어

그래도 조금 더 빨리 가고 싶어서 조바심내고 안절부절 하면서, 할 수 있는 역량이 적음에 절망하면서도 또 희망을 가지고 살아가고 있다. 그리고 내 곁에 '70민노회'라는 영원한 동지들이 있음에 감사하며 살고 있다.

크리스챤아카데미

우리를 일으킨
그 힘은

신 인 령

　편집위원회로부터 이 책의 추천사를 쓰라는 요청을 받았다. 요즘의 나의 건강 형편은 노령자답게 노쇠하여 글쓰기는 단념하고 읽기만 가능하여 모든 쓰기 요청들은 사양하고 있다. 그런데 70년대 온몸을 던져 노동현장에서 분투한 친구/동지들의 요청을 사양하지 못해 일단 보내온 방대한 원고의 초고집을 읽기 시작했다.

　'70민노회' 회원들로 여기 글 쓴 필자들의 대부분은 나의 사랑과 존경의 대상이다. 그들이 70년대 노조운동을 하며 겪은 기막힌 고통과 보람과

　1943년 3월 1일 강원도 강릉 출생. 이화여자대학교 및 동 대학원 졸업(석사, 박사). 크리스챤아카데미 공동교육 간사. 1979년 크리스챤아카데미 사건으로 구속, 1985년 이화여자대학교 법학과 교수(노동법). 5공시대 '노동법개정투쟁' 동참, 법개정안 작성, 개정법안 해설 강의, 국회 공청회 공술인, 야3당노동법개정 합동공청회 연사. 2002~06년 이화여자대학교 총장.

기쁨의 역사를 읽었다. 혼자 울며 웃으며 그리워하며 다 읽고 나니 '나도 쓰자. 추천사가 아니라 나도 함께 겪은 나의 70년대를 쓰자,' 이렇게 맘먹게 되었다.

나의 70년대를 돌이켜보며 그 아프고 감동스럽고 알 수 없는 힘이 나를 움직여 가게 하던 시절을 함께 말하고 싶어졌던 것이다. 더구나 글쓴이들 대부분이 크리스챤아카데미 교육을 언급하고 있다. 나의 70년대는 바로 이 교육운동에 몸담고 고민하며 살았던 세월이다. 힘겹고 보람찬 세월이었다. 이 기회에 '크리스챤아카데미와 나의 70년대'를 돌아보며 동참하려 한다.

70년대 초 나는 건강이 많이 안 좋아 하염없이 병원과 집에서 회복노력을 하며 지내던 중 어느 날 아카데미원장 강원용 목사님이 연락하셨다. "집에서 너무 오래 쉬는 것 보다 매일 출근해 가벼운 일을 하면서 규칙적인 생활을 해보면 건강회복이 될지도 모르니 아카데미 자료실에 나와 보라"고 권하셨다.

그렇게 나의 아카데미 생활이 시작되었다. 처음엔 일하러 간 것이 아니라 건강회복을 위한 것이었다. 파트타임으로 출근하기 시작했고, 얼마 후엔 이대 대학원에서 노동법 석사과정도 이수하고, 73년부터는 이대 법학과에서 노동법 시간강사를 하면서 아카데미 중간집단교육 준비 팀에 참여했다. 그리고 74년부터 실시한 노동교육에 본격적으로 파묻혀 살게 되었다. 중간집단 노동사회 교육 책임간사를 맡아 70년대 노동자들과 정면으로 부딪히며 살게 되었던 것이다. 아카데미의 사회교육원인 수원의 '내일을 위한 집'에서 살다시피 했다.

신명을 다해 일하다 보니 어느새 심신이 건강해지고, 나의 까칠하던 성질도 완화되고 감동을 넘치게 주는 노동자들 속에서 세상을 따뜻하게 보는 눈과 사랑을 배웠다. 그 과정에서 스스로 성장도 했다. 나에게 노동자들을 만나 일하게 해 준 크리스챤아카데미의 '아카데미 운동'을 조금 소개한다.

기독교사회운동 기관인 크리스챤아카데미는 진보적 신학자이자 목사인 강원용 박사가 설립했다. 그는 "교회의 선교는 사회 안에서 정신적 기초를 새롭게 하는 '사회구조개혁'도 포함되어야 한다"는 신념을 가지고 있었다. 1959년 '한국기독교사회문제연구회'를 조직하고 사회문제에 대한 토론모임을 시작했다. 강 목사는 이를 발전시켜 독일 아카데미 등을 중심으로 국제적인 대화운동과 연계를 갖고 불심양면의 지원을 받아 마침내 1965년에 '재단법인 크리스챤아카데미'를 설립(원장 강원용)하여 '아카데미 운동'을 시작했다.

'아카데미 운동'이란 "자유와 평등이 함께 보장되는 민주적 복지사회를 만들기 위한 대화·연구·교육·출판 등의 방법을 총동원하여 현사회의 핵심적 문제를 찾아 그 해결책을 합리적으로 모색하는 운동"이라고 규정하고 있다.(크리스챤아카데미, 『아카데미운동 20년 : 인간화의 길』, 1985 참조).

초기 아카데미의 '대화모임'에는 주로 진취적인 젊은 지식인들이 핵심 참가자였고, 후에는 원로급 지식인, 정치 지도자, 교계 원로 등으로 확대되었다. 수유리 아카데미하우스에서 1박 2일 또는 2박 3일 숙식을 같이하면서 의견을 달리하는 다양한 참가자들이 사회문제를 두고 대화하며 고민을 나누는 이 '대화모임'(타궁)은 당시의 한국사회에서는 새로운 도전이었다.

70년대에 들어와 크리스챤아카데미의 대화모임의 주제는 인간화, 양극화, 민주화 문제였다. 현상분석과 대책모색을 위한 많은 논의 끝에 얻은 결론은 다음과 같다 : 공업화·도시화되어 가는 우리 사회는 비인간화와 양극화의 도전에 직면하게 되었다. 인간화를 위한 구체적인 방도는 양극화의 해소이며, 양극화 해소를 위해 '중간집단'을 육성하는 것이 곧 민주화의 길이다.

그리하여 72년 5월 마침내 '중간집단강화'라는 주제의 숙박 대화모임을 갖고 한국사회에 부족한 중간집단을 육성하기 위해 크리스챤아카데미가 '중간집단육성교육' 프로그램을 시작하자는 결론에 이르렀다. 중간집단이란 '자발적으로 조직된 사회적 압력단체'를 일컫는다.

73년까지의 대화모임과 조사·연구를 통해 아카데미의 중점사업으로 채택된 중간집단 육성교육은 아카데미의 70년대 현실참여활동을 대표하는 사업이 되었다. 4박 5일 또는 5박 6일 수원 '내일을 위한 집'에서 실시된 이 프로그램들(교회사회, 청년사회, 여성사회, 노동사회, 농촌사회 등 5개 분야로 구성)을 통해 노동계를 포함한 각 분야의 젊은 활동가들이 의식화되어 자기 분야의 민주화를 위한 싹을 틔우기 시작했다.

아카데미 중간집단교육은 기본적으로 의식화 교육이다. 의식화란 널리 "사람이 역사의 주체가 되어 살 수 있게 되는 것을 말한다"(문동환 목사 강의록). 의식화된 노동사회 교육 이수자들은 자신들의 현장에서 민주노조의 밭을 갈며 이웃 노조와 연대를 모색해 나갔다.

아카데미의 노동교육이 진행되던 70년대는 엄혹한 유신시절이었다. 유신 독재와 긴급조치, 그리고 국가보위법 아래에서 시작하는 프로그램이었으므로 교육의 목표와 성과는 당장의 투쟁에 온몸을 던질 리더십을 양성하기보다는 우리 사회의 근본을 탄탄히 할 조직과 그 리더를 양성하는 것이었다. 당장 엄혹한 현장에 나가 투쟁을 감행하다가 장렬히 부서지는 투사의 역할보다는 미래를 준비하는 탄탄한 일꾼들의 성장을 기대한 것이다.

그러나 70년대의 현실은 우리 교육의 목표대로 미래 준비만 할 수 없게 했고, 노동자들은 당장의 국가권력 억압과 열악한 노동조건을 견딜 수 없어 결국은 우리 교육 이수자들도 현재의 투쟁 속에 몸을 던지지 않을 수 없게 되었다.

그 길에서 수많은 노동자들이 해고되고 감옥 가고 사용자의 구사대와 국가의 폭력에 시달려야 했다. 특히 80년대 초 쿠데타 시기엔 '정화조치'라는 이름으로 수많은 70년대 민주노조운동가들이 해고되고, 심지어는 폭력배로 취급되어 '삼청교육대'에까지 끌려가 지금도 몸이 성치 않은 사람들이 많다. 피눈물 나는 노동의 역사다.

크리스챤아카데미의 노동교육에 관한 구체적인 내용은 비교적 많이 소개되었다. 이 책의 뒷부분에도 실려 있고, 또한 보고서 형식으로 작성된 상세한 기록으로는 당시 산업사회(노동사회) 교육위원으로, 정기교육 1기부터 마지막 19기까지 모든 교육준비와 운영에 참여한 임종률 교수가 작성한 논문이 있다.(임종률, 『산업사회와 아카데미운동』, 아카데미총서 12권, 359~83쪽).

지면 사정으로 여기서는 아카데미 교육의 약간을 소개한다. 전체적으로 교육은 정규과정과 특별과정, 그리고 후속교육으로 짜여 있다.

'정규과정'은 노조간부들을 대상으로 1차 교육 4박 5일, 1차 이수자들 중에서 참가자를 선발하는 2차 교육 5박 6일, 2차 교육 이수자들을 대상으로 하는 3차 교육으로 짜여 있다. 3차 교육안은 약 한 달 기간의 '아카데미 노동대학'에서 교육받는 것인데, 노동대학 안의 연구와 교과과정 작성 등 모든 준비와 운영기금 마련 방안까지 짜여 있었으나, 79년 3월 '크리스챤아카데미 사건'으로 교육을 중단하게 되어 노동대학은 시작도 못해봐 많이 아쉽다.

1차과정은 1~19기까지, 2차과정은 1~5기까지 실시했다. 한 프로그램당 참가자 정원은 25~30명으로 정하고 있다. 이 규모의 참가자와 토론을 위한 3개 분반 구성이 의식화교육에 적합하다는 전문가들의 의견에 따른 기획이다.

'특별과정'은 교육 이수자들의 요구로 시작되었다. 4박 5일씩 시간을 낼 수 없는 비상근간부나 열성 조합원을 위해 마련한 1박 2일(토~일) 또는 2박 3일(금요일 저녁~일요일까지)간 주말을 이용한 노동교육이다. 여기 참가자는 교육 이수자들이 자기 조합의 열성 조합원을 추천하기도 하고 연대하고자 하는 다른 사업장의 노동자를 추천하기도 했다. 이 과정은 때로는 4박 5일 정규과정 못지않게 생동감과 활력이 넘쳤다. 예컨대 YH노조의 김경숙 열사, 무노조 사업장 노동자 박노해(시인) 등도 이 과정 참가자이다.

이 모든 교육과정에서 교육 운영자들(담당간사와 교육위원들)은 참가자를 가르치려 하지 않고, 함께 참여하여 서로 배우며 협업하는 속에서 나날이 새로워졌다. 정규과정도 긴 과정 중 강의는 몇 개 안되고 강의에 바로 이어 충분한 시간의 분반토론을 갖는다.

또한 사례연구나 5분 발언 시간을 통해 참가자들은 다른 사업장의 경험과 참가자 각자의 사정과 소신을 들으며 집중하여 마침내 하나가 되는 것이다. 이러한 교육경험을 한 참가자들은 자기 조직에서도 같은 방법으로 조합원 교육을 실시하기도 했다.

한편 아카데미 노동교육 이수자들을 위한 후속교육도 마련했다. 각 기별 동문회 지원, 이수자 소속조합 방문 대담, 전체 이수자들이 함께 참여하는 노동사례연구회 운영지원, 소모임 지원, 현장교육 지원, 여성간부 특별프로그램 운영 등이다.

특히 노동사례연구회는 75년에 각기별 동문회 회장단이 모여 발족했다. 회칙을 마련하고 임원을 선출하여, 매월 1회 '목요토론회'를 열었다. 준비와 진행은 아카데미에서 지원하기로 했다. 노동사례연구회 첫 회장은 1기 이수자 대표인 장봉섭 철도노조 서울공작청지부장이 선출되었고, 운영간사로 김근태 3기 이수자가 맡게 되었다. 그런데 회장은 공무원 신분으로 외압을 못 이겨 곧 사임했고, 그 후임으로 1기 이수자 남상헌 화학노련 고려피혁지부장이 맡아 이 회가 문을 닫게 될 때까지 흔들림 없이 감당했다. 그래서 나는 지금도 '남 회장님'이라 부른다.

또한 잊을 수 없는 사건은 김근태 간사가 첫 목요토론회에서 자기가 발표하기로 한 경제동향 원고를 미리 나에게 맡기고 행불이 되었다. 바로 그날 서울대 중심으로 긴급조치 9호 위반 첫 사건이 일어났던 것이고, 잠수를 탄 그는 몇 년 후 10·26사태 이후에야 나타났다.

후속모임 중 여성간부 특별프로그램은 정규과정 제5기 이수자와 특별과정을 이수한 여성노동자 등이 참여하는 월례모임이다. 이 모임은 아카데미의 여성사회와 산업사회가 함께 준비와 운영을 지원하는 후속교육 프로그램이다.

정규과정 제5기는 특별히 여성간부만을 추천받아 시행한 교육이다. 산업사회교육 1~4기까지 100명이 넘는 참가자 중에 여성간부는 단 3명에 불과했다. 당시는 여성간부가 소수이기도 했지만, 추천기관인 노총과 산별연맹이 여성들을 추천하지 않았기 때문이다. 이 문제의 해결을 위해 5기 교육은 여성간부만을 추천대상으로 해 한꺼번에 31명의 끌끌한 여성간부들끼리 신명나는 4박 5일을 지냈다. 이후 노동현장에는 여성간부들과 특별과정 이수자 여성들의 눈부신 활력이 시작됐다.

특히 이 여성노동자 후속교육에서 우리나라 정부 수립 이래 최초의 진보적 여성단체인 '여성해방노동자기수회'(기수회)를 조직했다. 76년에 조직한 이 회의 목적은 "노동운동을 통한 여성해방의 성취"(회칙 제2조)이고, 회장 박순희(원풍모방 부지부장), 부회장 이영순(콘트롤데이타 지부장)을 선출했다. 기수회가 중심이 되어 매월 활발하게 후속모임을 유지했으나, 이 모임 역시 79년 3월에 문을 닫게 되었다. 다만 뒷날 '전국여성노동자회'가 조직되어 실질적으로 이어받은 것이 아닌가 한다.

후속 교육의 일환으로 교육 이수자들의 현장교육 지원 요청을 받아 전국으로 강의 출장 다닌 것도 잊을 수 없다. 특히 79년 2월 하순 광주지역노조 여성조합원들을 위한 교육지원 출장은 나의 크리스챤아카데미 교육의 마지막 프로그램이 되었다. 무등산 속 어느 기도원을 빌려 교육을 마치고 호남전기노조 김성애님(지금 그는 광주 5·18묘역에 잠들어 있다!) 집에서 하루 밤 지내고, 모친이 싸주신 '전라도김치'를 가지고 귀경하여 며칠 후인 3월 초순 '크리스챤아카데미 사건'으로 잡혀간 것이다.

'크리스챤아카데미 사건'은 아카데미의 중간집단 육성교육으로 노동운동의 힘이 상당히 축적될만한 시기에 중앙정보부가 덮쳐 잔인하게 무너뜨린 폭력이다. 나와 김세균 간사를 포함한 아카데미 여성사회와 농촌사회의 간사들이 남산 중정 지하실에서 고문자들과 함께 연명하고 있을 때, 아카데미 교육 이수자들도 끌려와 조사받으며 폭력을 당한 것을 뒤늦게 알았다.

특히 산업사회의 경우 주요 노조간부인 YH 최순영, 동일방직 이총각, 반도상사 장현자, 원풍모방 박순희, 콘트롤데이타 이영순 등은 중정 지하실(내 옆방이 아니었는지?)에서 혹독한 폭력을 당하며 조사받은 사실을 알게 된 후 참으로 견딜 수 없었다.

우리는 중정 지하실에서 한 달 가까이 지내고 4월 초순 서대문구치소로 넘겨졌다. 거기는 낙원 같았다. 안심이 되고 밥도 먹혔으며 원 없이 잠도 잤다. 7월인지 8월인지 되어 재판이 시작되었다. 우리 중 특히 심한 고문을 당한 사람의 몸에 남은 고문 흔적이 사라질 때까지 기다리느라 그리 되었다고 들었다.

우리가 재판받을 적엔 아카데미 교육 이수자들과 그 소속노조 조합원들이 방청석을 가득 메우며 난리가 나서 법정을 큰 곳(대법정)으로 옮기는 소동도 있었다. 방청 노동자들이 경찰서로 끌려가기도 했다고 한다. 노동자들은 긴긴 재판을 지켜보며 우리를 격려해 주었다.

우리는 서대문구치소에서 1979년 10·26사태를 맞게 되었다. 놀랍게도 뜻밖의 사건으로 야만적인 긴급조치시대가 끝나나 보다 했다. 이른바 '민주화의 봄' 덕분에 80년 초 아카데미 간사 중 일부는 항소심 재판에서 석방되었다. 나도 이때 집행유예로 풀려나 아카데미로 돌아왔다.

함께 석방된 김세균 간사와 나는 다시금 아카데미에서 더 신중하고 더 치열하게 중간집단교육을 재개하려고 준비하던 참에 전두환의 5·17쿠데타가 덮쳐 결국 나는 아카데미를 떠나게 되었다.

무엇을 할지, 어떻게 하여 밥을 먹을지 막막했다. 나의 전과가 반공법(현재는 국가보안법과 합쳐짐) 위반이라 전두환 군사정권 아래서는 노동운동의 근처에 얼씬도 할 수 없었다. 곧 노동계에 또 다른 피해를 줄 수도 있는 상황이어서였다.

백수로 빌빌 거리고 있을 때 독일 아카데미와 관련이 있는 기구(휴먼 라이츠 펀드)로부터 독일유학 초청을 받았다. 당시 석방되어 있는 나와 김세균 간사는 학비와 가족 생활비를 보장해 주는 좋은 조건으로 초청받아 일단 가기로 작정했다. 이전에도 강원용 원장님의 배려로 독일유학 추천을 받았지만, 본래 나는 학자보다 현장을 바라보는 프로그래머로 살고자 해서 유학을 완강히 사양했는데, 지금은 여기서 아무 것도 할 수 없는 판이어서 일단 가기로 한 것이다.

그런데 정부에서 여권을 안 내주는 것이다. 지학순 주교님까지 나서서 도와주셨지만, 김세균 간사만 겨우 여권을 받고 나는 못 받아 유학을 포기해야 했다. 그때 독일 측에서 한국정부의 처사에 분노하여, 한국에서라도 어느 학교에 들어가면 장학금을 거기로 보내주겠다는 것이다. 그래서 나는 공부 욕심보다는 일단 밥을 먹으려고 이대 대학원의 박사과정에 들어가 장학금을 전해 받게 되었다. 거기에서 학위가 끝나고, 85년 2학기부터 이대 교수가 되었다.

노동법 교수로 재직하며 연구 논문은 반드시 노동문제만 취급했다. 5공 노동악법 시절엔 '노동법개정투쟁' 과정에 적극 동참했다. 노동계와 함께 법 개정안 작성, 전국현장을 다니며 개정법안 해설 강의, 국회 노동관계법 개정공청회 공술인 참가, 야3당 노동관계법 개정 합동공청회 연사 등으로 노동악법 철폐를 위해 전력투구했다.

2008년 9월, 65세 정년퇴임을 하고도 13년이 지난 지금, 기력·시력·청력 모두가 점점 쇠약해 일상이 불편하지만 조용히 늙어가고 있다. 이상 보고 마침!!

추신 : 아카데미노동교육의 기획·집행·평가를 담당했던 간사와 교육위원은 다음과 같다. 담당간사는 1기에서 4기까지는 신인령(당시 이대 강사, 현재 이대 명예교수)과 최재현(당시 서울대 대학원생, 서강대 교수 재임 중 지병으로 사망), 최재현 간사의 독일유학으로 후임 이광택(당시 코리아타임스 기자, 현재 국민대 명예교수), 이광택 간사의 독일유학으로 12기부터는 김세균(당시 상지대 강사, 현재 서울대 명예교수)이 신인령과 함께 19기 마지막까지 간사 직을 맡았다.

교육위원으로 위촉된 분들은 다음과 같다.

초창기엔 이문영(당시 고려대 교수, 별세), 백재봉(고대 교수, 이대 교수 재직 후 별세), 이영희(한국노총 조직부차장, 인하대 교수 정년 후 별세, 노동부장관 역임), 임종률(당시 서울대 강사, 현재 성균관대 명예교수, 중앙노동위원회 위원장 역임) 등 노동문제 전문 지식인들이 맡았다.

76년부터는 교육위원 일부 교체 내지 보강이 있었다. 이문영 교수(투옥)와 이영희 교수(독일유학) 대신 천영세 위원(화학노조 조사부장, 민노당 국회위원 역임. 현재 민주노총 지도위원), 김세균 위원(교육위원, 77년부터 아카데미 간사 취임), 장명국 위원(출판사 운영, 현재 내일신문 사장) 등이다. 이 마지막 팀이 간사들과 함께 '아카데미노동대학안'도 작업했다.

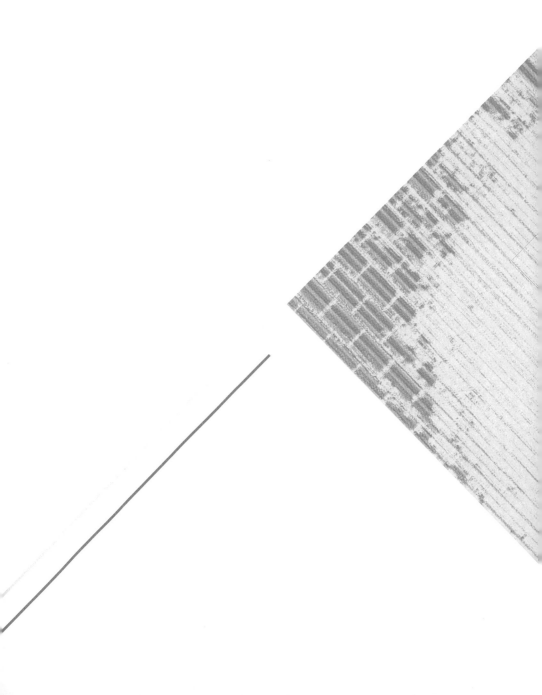

[자료1] 1970년대 노동운동 관련 연표
[자료2] 1970년대 노동운동 관련 자료목록

1970

어둠의 시대 불꽃이 되어

한국산업선교협의회, 한국노사문제연구협회, 고대 노동문제연구소, 민주수
호청년협 등 퇴직여성노동자 후원 결정, 한국모방과 노동청을 검찰에 고발

25 제8대 총선거(민주공화당 55.4%, 신민당 43.6% 득표)

06. 08 월성섬유노조 조합원 50여명, 노조활동 보장, 직장폐쇄 철회 등 요구 농성

09 외기노조 해고 경비원, 한국노총회관에서 해고철회 요구 4일간 단식농성

10 외기노조 주한미대사관경비분회 96명, 해고 항의, 임금인상 요구 쟁의
챠다트은행 노조원들, 호랑이 가면 쓰고 임금인상 요구 단식농성

12 민주수호전국학생연맹과 연세대 민권쟁취청년단, 전국학생연맹으로 통합
출범

15 오키나와 핵무기 일부 한국으로 이전

16 국립의료원 및 국립대학교 부속병원 수련의, 처우개선과 신분보장 요구 파
업(~9. 11)

17 신진자동차 노조원 60여명, 김창수 지부장 해고 항의 농성

07. 07 서울대 등 4개 국립대학병원 레지던트 429명, 처우개선 요구 48시간 파업

28 서울형사지법 판사 사법부 독립 요구 집단사표, 전국 판사 동조(사법부 파동)

08. 08 건대산업 시내버스 운전사와 차장 200여명, 체불임금 지급 요구 농성

10 경기도 광주대단지 5만여 주민 토지불하 반대 주거권보장 요구 격렬 시위

16 신진자동차 노조원 900여명, 집단해고에 항의 파업, 철야농성, 가족 1천여
명 합세

18 서울대 문리대 교수들, 대학자주화 선언
(대학자치의 제도화 요구, 전국 지방 국립대로 확산)

23 인천 실미도에서 북한 파견 특수부대원 탈주, 서울시내 진입시도 중 군경과
충돌
동대문상가 상인들, 세금 중과에 항의 철시
전력노조 조합원 360명 집단해고에 반발 3일간 농성 성토대회

28 서울형사지법 판사 39명 사표 제출(8. 31 전국 판사 415명중 106명 사표
제출)

09. 04 경기도 시흥 중앙유리 노동자 463명, 체불임금 지급 요구 파업
서울대병원 인턴 처우개선 요구 파업, 레지던트와 4개 대학병원 인턴 파업
으로 확산

10 국립의료원·경찰병원·세브란스병원·이화여대병원 인턴들, 처우개선 요구
동맹파업

15 한진상사 베트남 파견 기술자 400여명, 체불임금 149억 원 지불요구 서울
소공동 대한항공(KAL) 본사 빌딩 방화 농성시위(169명 연행, 55명 구속)
방림방적 1천여 노동자, 체불 노임 지급 요구 농성

17 육군 보안사령부, '통일혁명당 조직 사회혼란 사건' 발표

18	삼경섬유 100여 노동자, 체불임금 지급 요구 사무실 점거 농성
20	경기 시흥 중앙유리공장 노동자, 체임 요구 2km 가두시위
28	사회선교를 위한 신구교 연합 '크리스챤 사회행동 협의회' 발족
30	서울 문리대 대학군사교련 철폐 요구 결의문 채택(대학 군사훈련 반대투쟁 전국 대학으로 확산)
10. 05	수도경비사 무장군인 50여명, 윤필용 등 부정부패 인물 비판 대자보 보복으로 고려대 난입(고려대 등 수도권 대학생들 및 교회단체의 항의, 부정부패 규탄 시위 전국 확산)
06	외기노조 대양분회원 82명, 임금 100% 인상 및 노동조건 개선 요구 파업
12	중앙정보부, 통일혁명당 재건사건 조작 발표
13	서원교통 안내양 100여명, 간부 횡포·인권유린 항의농성
15	서울 일원에 위수령 발동(서울시내 10개 대학에 무장군인 투입, 학생 1,889명 연행, 서클 해체, 간행물 폐간, 학생회 기능 정지 등, 10. 30 휴업령 해제)
26	삼영하드보드 100여 노동자, 체불임금 지급 요구 농성
11. 01	삼선교통 여차장 57명, 체불임금 요구 서울시청 앞 농성
	영신교통 여차장 61명, 체불임금 요구 시위
	인천 경성공작 종업원 300여명, 처우개선 요구 무기한 파업돌입
10	대원교통 노동자 20여명, 체불임금 지급 요구 농성
12	중앙정보부, '서울대생 내란예비음모사건' 발표
16	대전시내 15개 극장 영화기사 노조결성(집단해고 철회 요구 농성)
17	영창실업 노조결성 보복, 휴업조치 항의 250여 조합원 농성
20	한국가톨릭농민회 결성
22	화학노조 대륙아스타일분회, 임금 40% 인상 요구 파업농성
12. 06	박정희대통령, '국가비상사태' 선포
13	금융노조 미국제일은행(FNCB) 한국지점 분회, 단체협약 체결 및 임금 30% 인상 요구 농성
16	세미코어노조 간부 20여명, 무성의한 쟁의 처리에 항의 단식농성
21	한국베아링노조, 조합원 부당해고에 항의 서명운동 및 농성
27	민주공화당, 국가보위에 관한 특별조치법 날치기 국회 통과

1972

| 01. 14 | 신흥염직 해고자와 조합원 28명, 섬유노조 사울지부 사무실에서 노조인정 요구 농성 |
| 02. 21 | 미국 닉슨대통령, 중국 방문, 상해 공동성명 발표(5. 26 소련 방문, 핵무기 금지 협정) |

24	금융노조 산하 5개 은행지부 간부 12명, FNCA 서울지점에서 노동위원회가 결정한 임금 49.5% 인상 결정 이행 요구 시위
29	노동청, '국가비상사태하의 단체교섭권 등 조정업무 처리요령'(노동청 예규 제103호) 시달
03. 28	국제앰네스티 한국지부(위원장 김재준) 결성(양심수 석방, 고문 종식, 사형제 폐지 등 국제적 인권연대운동)
04. 01	서울 87번 급행버스 여차장 43명, 몸수색과 열악한 기숙사 시설에 항의, 회사 탈출 구의동 여관 농성
14	전국 11개 대학 학생대표 200여명, '민주수호전국청년학생연맹'(위원장 심재권) 결성(교련반대, 선거참관 활동 등 10개 행동강령 채택)
17	화학노조 유니온세로판지부 국가보위법 이후 최초로 지방행정관청의 행정처분에 불복 노동청에 소원 제기
18	한국모방 퇴직금받기투쟁위원회 결성, 고발장 노동청 제출
25	적십자병원 인턴, 임금인상 등 요구 무기한 파업 돌입
05. 10	금융노조, 당국의 임금인하에 반발 넥타이 안 매고(남자), 흰 칼라(여자)를 뗀 채 근무 시위
11	섬유노조 동일방직지부 대의원대회에서 사상 최초로 여성지부장 주길자 선출
17	가톨릭노동청년회, 종교·학생·사회·연구 등 6개 단체 초청, 한국모방 퇴직노동자 퇴직금받기운동 지원 합의
20	서울 성북구 무허가주택 주민 100여명, 무허가건물 철거 방침에 항의 5시간 농성
06. 10	한도실업 노동자 30여명, 체불임금 지급 요구 농성
07. 04	남북공동성명 발표(7·4 남북공동성명: 사주·평화·민족대단결의 통일 원칙 천명)
08	한국모방 1,200명 조합원, 구제위원회 결성(지동진에 대한 부당노동행위 대응 행동통일 결의, 1,047명 서명, 7. 9 '한국모방 노동조합 정상화 투쟁위원회'로 개칭, 노조민주화투쟁 본격화)
08. 03	대통령긴급조치(8·3조치) 발표 : 기업사채 동결, 최고이자율 연 25%로 은행금리 인하
09	한국모방 조합원 1천여 명, 지동진의 노량진공장 전출 철회 등 4개항 요구 파업 농성
09. 03	한국모방 사장이 지동진 노조지부장 구타, 노조원 600여명 서울 명동성당 농성, 국가보위법 위반 혐의로 14명 연행, 2명 구속(9. 5), 9. 15 석방 천주교 원주교구 지학순 주교 외 400여명의 신도들, 부정부패 일소, 사회정의 구현을 위한 기도회 갖고 3일간 농성

11. 05 경북대생, 정보 파쇼 즉각 중지·중앙정보부 해체·학원·언론자유 요구 시위

(전국 대학 동맹휴학으로 확산)

민주수호국민협의회, 15인 지식인 시국선언

12. 01 인천 부평공단 삼원섬유 노동자 120명, 노동조건 개선 노동운동 탄압 항의 파업농성

(12. 12 섬유노조 삼원섬유분회[분회장 유해우] 결성, 인천 제4 수출공단 최초)

10 한국도시산업선교연합회, 한국의 노동실태 개선을 한·미·일 3국 정부에 건의

17 조일철강노조 분회장 최재형, 회사가 12.10 노조결성에 노조간부 집단해 고, 공장폐쇄 등 보복조치를 취하자 음독 자살기도

24 헌법개정청원운동본부, 개헌청원 100만인 서명운동 시작

25 섬유노조 유림통상분회 조합원 200명, 부당노동행위 중단 요구 명동성당 농성

1974

01. 05 신·구교노동문제공동협의회, 한국모방 지동진 지부장에 대한 회사 측 폭행 사건에 대해 한국노총과 섬유노조 비난 성명

08 긴급조치 1호, 2호 선포, 헌법 부정, 헌법개정운동 금지(1. 14 장준하, 백기 완 구속)

14 대통령 긴급조치 제3호, 국민생활 안정을 위한 대통령 긴급조치 발표(도산 기업체의 임금채권 우선변제, 근로기준법 위반자 벌칙 강화, 단체협약 위반 자, 부당노동행위자 처벌 규정 포함)

22 서울 청량리 지하철공사장 초석건설 200여명, 체불임금 요구 농성

02. 22 대구 신철공업사 노동자 정세달, 열악한 노동조건과 임금인하 항의 유서 남 기고 자살

25 서울지검 공안부, 문인간첩단 사건조작 발표, 이호철 등 5명 구속

26 반도상사(인천 부평공단) 노동자 1천여 명, 임금인상 및 노동조건 개선 등 6개항을 요구하며 파업 농성(3. 5 2차 파업, 4. 15 노조결성대회)

03. 02 유림통상 노동자 400여명, 임금인상, 국경일 유급휴가, 퇴직금제도 개선 등 요구 파업

06 동아일보노조 결성(기자 33명), 회사와 중앙정보부의 탄압에 항거 언론자 유투쟁으로 발전, 74년 말 대량 광고탄압사건 발생(3. 8 기자 13명 해고)

04. 03 긴급조치 4호 발동, 전국민주청년학생총연맹 금지, 4. 25 중앙정보부 민청학 련 배후에 인혁당, 조총련, 공산당 등이 작용하여 청와대 점거획책설조작 발표

경북 칠곡 선경직물 노동자 104명 임금인상 요구 작장 이탈

경남 마산 대영 노동자 80여명 임금인상 요구 농성

17 섬유노조 13개 면방 지부장들 방협에서 임금 75.6% 인상요구 농성

YH무역 200여 노동자 부당 인사조치 항의 시위 농성

아남산업 3천여 노동자 노조결성 주동자 해고, 휴업조치 항의 농성

18 대진노동자 600여명 체임 지급 요구 농성

대협 노동자 임금인상 요구 잔업거부

04. 09 도예종 등 인혁당 관련자 8명, 대법원 상소 기각 직후 사형집행

11 서울농대생 김상진 유신철폐 요구 할복자살

18 서울 삼양교통 안내양 50여명 몸수색 항의 기숙사 농성

24 일신기업 노동자 170여명 임금인상 요구 농성

25 천일곡산 노동자 임금인상 요구 농성

05. 07 서울 답십리 무허가 판자촌 주민들 철거 항의 농성

08 유유산업 노조원 270여명 노조결성 탄압 항의 농성, 작업거부

10 서울 풍년기업, 노동자 290명 체불임금 지급 요구 농성

13 국가안전과 공공질서의 수호를 위한 긴급조치 제9호 선포(집회·시위·정부 비방금지 등)

24 YH무역 노조 결성, 회사 부당노동행위 자행

06. 19 금속노조 부산파이프분회, 부분회장 해고 항의 농성

20 서울 동광기업 노조원 200명 단체협약 위반 항의 농성

07. 29 서울 삼성제약 노조 결성, 분회장 권오선(8. 7 재결성)

08. 08 일신제강 노조원 678명, 임금 인상 요구 작업거부

09 한국마벨 노동자 947명, 노조결성 방해에 식사거부

17 전 사상계 사장 장준하, 경기도 포천 약사봉에서 추락 의문시

1976

01. 05 버스 여차장 이영복 회사의 삥땅 추궁에 항의하며 할복

10 조선맥주 임시고용원 150여명, 노조사무실에서 처우개선·부당해고 철회 요구 농성

03. 01 김대중, 함석헌 등 서울 명동성당에서 3·1구국선언 발표

04. 03 동일방직노조, 사측 공작으로 대의원대회 유회

06. 19 동부운수 고속버스 안내양 49명, 몸수색 항의 기숙사 탈출, 노동청 사무소 점거 농성

07. 24 동일방직 노조원 500여 명, 어용노조 반대 항의농성

08. 29 서울 대협 노조원, 어용노조 강제가입 반대, 어용노조 규탄 시위

09. 08 성수동 풍천화섬 노동자 집단해고 반대, 임금인상, 추석휴무 실시 등 요구 시위

01. 21 대구 아리아악기 노동자들, 저임금과 폭력에 항의, 부사장 가족을 인질로 삼아 농성

24 한국인권운동협의회 결성

27 강원 함태탄광 노동자들, 노조지부장의 부정선거 및 저임금에 항의 파업 농성

02. 21 동일방직 똥물사건 발생(노조대의원선거 방해 위해 여성조합원들에게 똥물 세례)

03. 09 태평특수섬유 노동자 250여명, 노조활동 인정 등 요구 부평 천주교회 농성

10 동일방직 여공 80여 명, 장충체육관 노동절기념 행사장에서 항의 시위

12 인천 답동성당에서 동일방직 노동자 등 1천여 명 노동3권 보장 등 요구하는 노동자를 위한 기도회 개최

20 동일방직·원풍모방·방림방적 노동자 100여 명, 기독교방송의 노동문제 외면 항의시위

21 동일방직사건 긴급대책협의회 결성

26 6명의 해고 여성노동자, 여의도 부활절 새벽예배 제단에서 노동탄압 항의 호소, 전원 구속(김혜자, 김현숙, 김정자, 장남수, 정명자, 김복자)

04. 01 동일방직노조 조합원 124명 집단해고(4. 10 섬유노조 위원장 김영태 명의로 블랙리스트 전국 사업장에 배포)

08 천주교 주교단, 동일방직문제 등에 관한 성명서 발표

24 광주 북동천주교회에 함평농민회원 700여 명 집결, 고구마 피해보상 등 요구 농성

26 동일방직 해고노동자 65명, 해고철회 요구, 회사 안에서 농성

29 진로주조 노동자, 임금 새인상 요구 5. 2까지 대업(21명 해고)

05. 09 YH무역 노동자, 휴업 및 감원 반대 농성(YH무역 노동자 투쟁 시작)

12 민주청년인권협의회 결성(민청학련사건 출소자 중심)

16 천주교정의구현사제단 '노동자를 위한 특별미사'에서 '노동자의 권익·민생과 생존권의 보장은 민주회복과 직결' 선언

동일방직 해고노동자 15명, 김영태 섬유노조 위원장의 통일주체국민회의 대의원 선출 저지 위해 유인물 살포 중 연행, 구속

06. 26 서울대, 고려대, 이화여대, 숭전대 등 대학생 1천여 명 유신철폐 요구하며 서울 광화문에서 시위(광화문 연합시위)

27 송기숙 등 전남대 교수 11명, 국민교육헌장 비판, '우리의 교육지표' 발표

07. 13 천일고속 운전사·안내양, 임금 인상 요구, 승무거부 농성

23 광주 들불야학 결성

08. 19 삼완산업 노조원 170여명, 체불임금 지급·해고 없는 노조승계 요구 농성

09. 04 대구시내 계명대, 영남대, 경북대 연합시위: 사회정의실현을 위한 경북학생 협의회 결성

11 서울지검 YH사건 배후조종혐의로 이문영 교수 등 5명 구속

10. 09 내무부, 남조선민족해방전선 준비위원회(남민전) 사건 조작 발표(총 78명 구속)

16 부산·마산 시민항쟁(부마항쟁) 폭발, 학생·시민들 유신철폐·독재정권 퇴진 요구하며 격렬 가두시위, 마산·창원으로 확산(10. 18 부산에 비상계엄령 선포, 10. 20 마산 창원에 위수령 발동)

26 김재규 중앙정보부장, 궁정동 안가에서 박정희 대통령 살해, 전국에 비상계 엄령 선포

11. 24 YWCA 위장결혼식 사건 발생(통일주체국민회의를 통한 대통령선거 저지 와 민주화 촉구대회)

12. 08 긴급조치 9호 해제

12 전두환 일당, 정승화 계엄사령관 강제 연행 총격사건 발생(12·12사태)

02. 11 화학·금융·운수 등 8개 산별노조위원장, 김영태 노총위원장의 즉각 사퇴 요구

03. 10 YH해고자들, 노동절 식장에서 복직 요구 시위

21 호남전기 노동자들 임금인상 투쟁 승리

04. 09 청계피복노조원, 임금인상·노동3권 보장·노동투사 복권복직 요구 철야 농성

11 롯데, 동양, 크라운제과, 서울식품 등 서울시노동위원회의 직권조정으로 8시간 노동제 실시

12 동일방직 해고노동자 복직투쟁위원회, 복직 요구 거리 선전전 및 기두시위

21 강원도 사북 동원탄좌 광부들, 임금인상과 어용노조 퇴진 등을 요구하며 파 업농성 돌입, 경찰과 충돌, 사북읍 점거
대한모방 노조원 470여명, 임금인상 요구 5일간 조업 중단

24 일신산업, 군산항만노조, 동양나일론, 인천제철 노동자들, 임금인상 등 요구 농성시위

25 동일방직 해고노동자 30여명, 복직 및 노조집행부 퇴진 요구 한국노총 위원장 실 점거 농성
일신제강 600여 노동자, 어용노조 사퇴 및 임금인상 요구 파업 농성
대한광학, 삼원물산, 원진레이온, 태양금속, 임금인상 노조정상화 등 요구 파업농성

29 동국제강 부산공장 1천여 명, 임금·상여금 인상요구 시위, 경찰과 투석전

어둠의 시대 불꽃이 되어

구속)
02. 27 전국민주학생연맹 결성(학림사건)
03. 05 서울 신흥교통 여차장 95명, 부당처우 개선, 체불임금 지급·해고자복직 요구 농성
13 반도상사노조 해산
03. 19 서울대생 300여명, 기습 교내시위, 이후 성균관대, 중앙대, 연세대, 고려대 등 반파쇼투쟁 연쇄 시위 감행
05. 14 동양고속 운전사·여차장 82명, 광주고속 통합 빌미 무단해고에 항의 농성
27 서울대 김태훈 학생, 광주희생자 위령제 행사 중 '전두환 물러가라' 외치며 투신 사망
06. 10 치안본부, 광민사 이태복 대표 구속(전민학련·전민노련 사건)
08. 21 서울 동남교통 버스안내양 80여 명, 몸수색에 항의, 여의도 KBS 앞에서 농성
12. 20 경찰, 대학생불교연합회 노동야학사건 발표(150여명 연행, 3명 구속)

1982

03. 15 콘트롤데이타노조, 부당해고에 항의 작업거부, 철야농성 돌입
18 부산 미국문화원 방화사건 발생
04. 22 서울 개포동 주민 300여 명 주택철거에 항의 농성 시위
05. 03 한국공해문제연구소 창립
17 일신제강 노동자들. 체불임금 지급 요구 시위
06. 01 노동부, 콘트롤데이타 미국본사 측의 해고자 6명 복직방침에 대해 강력 반대
30 서울택시노조협의회, 고정월급제 요구, 시울택시협의회 사무실 점거 농성
07. 10 콘트롤데이타 노동원 공장철수 반대, 해고자 복직요구 노동부 항의농성
09. 27 원풍모방 구사대 1백여 명, 노조사무실 난입하여 노조원에 폭력 행사 축출
10. 07 원풍모방 조합원 출근투쟁, 경찰이 영등포산업선교회 봉쇄하자 1천 5백여 명 영등포 일대 가두시위
12. 08 전북도경, 고교교사 주축의 서클 관련자 9명을 반정부혐의로 구속(오송회 사건)

01. 19 원풍모방노조, 영등포산업선교회 인명진 목사의 정리 요청으로 도시산업 선교회관에서 해산 결정
03. 18 한국기독교농민회총연합회 창립총회
27 청계피복노조 복구준비위원회 결성

04. 28 대구 중앙섬유 노동자 400여 명 체불임금 요구 농성
05. 25 원풍모방대책위원회, 홍제동성당에서 정부의 탄압 규탄 기도회 1,500여명 참가
06. 29 정부, 임금억제시책 발표
07. 07 태창메리야스 해고노동자 단식농성
11 창성섬유·덕창실업 등 창성 계열사 노동자 200여명 체불임금 요구 농성
08. 27 치안본부, 야학교사 관련 대학생 300여 명, 노동자 200여 명, 다수 성직자들 강제 연행 불법조사(야학연합회사건)
09. 30 1970년대 학생운동 출신, 민주화운동청년연합(민청련) 결성(의장 김근태)
11. 11 서울시내 대학생들, 레이건 미국대통령 방한 반대 연합 시위
12. 06 블랙리스트 폭로, 태창메리야스. 태평특수섬유 해고자들 부당해고 항의 철야 단식투쟁 (이리·인천 해고노동자 블랙리스트 철폐투쟁)
21 제적대학생 1,363명 복교 조치 발표

1984

01. 04 경제기획원 장관, 임금 3% 인상 방침 발표
06 한국노동자복지협의회(한국노협) 결성
19 '민주노동자 블랙리스트문제대책위원회' 결성(위원장 문익환 목사)
03. 04 한국자동차보험 노동자들 부당해고 항의 철야농성
10 한국노동자복지협의회 창립 선언대회(서울 홍제동성당, 2천여 명 참석)
27 청계피복노조 복구준비위원회 결성
04. 14 민족문화운동협의회(민문협) 결성
해직언론인협의회 발족
23 부산 태화고무 노동자 600여 명 공장폐쇄 항의 농성
28 대구 중앙섬유 노동자 400여명, 체불임금 지급 요구 농성(~4. 30)
24 전태일기념관 건립추진위원회 결성
05. 01 15개 민주·민권·종교단체 대표들, '청계피복노조 합법성에 과한 공개토론회 및 합법성쟁취대회' 개최
18 민주화추진협의회(민추협) 발족
25 대구 택시노동자 2천여 명 사납금 인하, 부제완화 등 요구 파업시위, 부산 등 전국 주요도시로 확산
26 노동부, 블랙리스트 125개 업체 581명 해고, 재취업 47명, 소재불명 428명 발표
08. 27 서울 목동 철거주민들 이주대책 요구, 양화대교 점거 시위
30 전두환 일본 방문 반대, 대학생 및 재야 민주단체들 시위
09. 19 제1차 청계피복 합법성 쟁취대회, 노동자·학생 2천여 명 가두시위

10. 07 민주화추진위원회(민추위) 발족(깃발그룹, 의장 문용식)

09 통일문제연구소(통문연) 발족

12 제2차 청계피복노조 합법성 쟁취를 위한 노동악법 개정 촉구대회 개최, 2천여 명의 노동자 학생들이 서울 곳곳에서 시위

13 한국노동자복지협의회, 제3자 개입금지 조항 철폐 등 노동법 개정 청원서를 국회에 제출

16 민주통일국민회의 결성(의장 문익환)

25 대우어패럴 단체협약체결 요구, 노조원 80여 명 노총회관 점거농성

27 한국노동자복지협의회, '노동법 개정 촉구대회' 개최

11. 05 협진양행, 유니온전자 해고 노동자 9명, 금속노련회관 점거 단식농성(노조 결성 보장)

10 대우자동차(부평) 부서이동 항의, 600여 명 노동자 농성

20 전국 학생총연맹 결성, 5개 대학생 2천여 명 시위

30 민경교통 박종만 노동자, 노조간부 해고 항의, 노조활동 보장 등 요구 분신자결

12. 19 민주언론운동협의회(민언협) 결성(의장 송건호)

20 해직교수협의회 발족(변형윤 교수 등)

28 한국노총 16개 산별노조 위원장, 노동법 시행령 조속한 개정요구 무기한 농성 돌입

1985

01. 14 인천 경동산업노조 결성(위원장 김홍섭), 회사와 금속노련 및 관계기관 총동원하여 노조파괴공작 폭로

02. 20 영창아기 노동자, 임금인상·어용노조퇴진 요구 1천여 명 서명 및 농성

03. 02 장성탄광 노조지부장 부정선거 규탄 5백여 명 농성

29 민주통일민중운동연합(민통련) 결성

04. 10 '노동운동탄압 저지투쟁위원회' 발족

12 청계피복 합법성 쟁취 및 노동운동탄압 규탄대회, 노동자·학생 3천여 명 가두시위

16 대우자동차노조, 임금인상 요구 파업(4. 24 종결)

06. 01 구로지역노조민주화추진위원회(구민추) 결성

24 대우어패럴 노조간부 구속에 항의, 구로지역 9개 노조 연대파업 농성(~29일)

07. 31 한국노총, 전문직 간부 5명을 민주노동운동 지원 이유로 해고

08. 25 서울노동운동연합(서노련) 결성

10. 05 서노련 등 전국노동자 민중민주민족통일(삼민) 헌법쟁취위원회 결성

12. 12 민주화실천가족협의회(민가협) 발족

어둠의 시대 불꽃이 되어

강원용(1993), 『빈들에서 : 나의 삶, 한국현대사의 소용돌이』, 열린문화

강인순(2006), 「1970년대 여성노동자들의 민주노조운동 : 재평가와 의미」, 『인문논총』 제24권

경향신문(2020), 「봉제노동자 이숙희·강명자」(1. 1자)

고대노동문제연구소(1998), 『고대노연30년사』

구해근(2002), 『한국 노동계급의 형성』, 창작과비평사

김경숙 외(1986), 『그러나 이제는 어제의 우리가 아니다』, 돌베개

김귀옥(2004), 「1960, 70년대 의류·봉제업 노동자 형성과정 : 반도상사 부평 공장의 사례를 중심으로」, 한울 편집부, 『경제와 사회』 61호

김금수(1978), 「한국노사관계의 특성과 근대화 방향」, 고려대학교노동문제 연구소, 『노동문제론집』 제6집.

_____ (1980), 「한국노사관계의 구조적 특성」, 배무기 외, 『한국의 노동경 제』, 문학과지성사

_____ (1986), 『한국노동문제의 상황과 인식』, 풀빛

_____ (2000), 「전태일정신과 노동운동」, 전태일 열사 30주기추모사업회, 『전태일열사 30주기 학술심포지움 자료집』

김기선(2002), 『김진수』, 민주화운동기념사업회

김낙중(1985), 「지식인과 노동운동」, 박현채 외, 『한국자본주의와 노동문제』, 돌베개.

김남일(2010), 「못다 이룬 꿈도 아름답다」, 삶이 보이는 창

_____ (2010), 『원풍모방노동운동사』, 삶이 보이는 창

김동춘(1994), 「1960, 70년대의 사회운동」, 강만길 외, 『한국사·19』, 한길사

김민남(1973), 「한 젊은 노동자의 죽음」, 동아일보사, 『신동아』 8월호

김민정(1980), 「길은 멀어도 외롭지 않네」, 중앙일보사, 『월간중앙』 6월호.

김상집(2021), 『윤상원 평전』, 동녘

김무용(2005), 「1970년대 동일방직 노동운동의 조합민주주의와 젠더정치」, 차성환 외, 『1970년대 민중운동 연구』, 민주화운동기념사업회

김문수(1986), 「어느 실천적 지식인의 자기반성」, 『현장·6』, 돌베개

김백산(1983), 「70년대 노동계층의 상황과 성장」, 『민중1』, 청사

_____ (1985), 「한국노동조합운동의 특성」, 박현채 외, 『한국자본주의와 노동문제』, 돌베개

김영곤(2005), 『한국노동사와 미래』(1, 2, 3), 선인

김영수(1999), 『한국 노동자 정치운동과 민주노동운동 간의 연대관계 : 1970년에서 1995년까지』, 한국외국어대학 박사학위논문

김영주 외(2010), 『못다 이룬 꿈도 아름답다』, 삶이보이는창

김용기·박승옥(1989), 『한국노동운동논쟁사』, 현장문학사

김　원(2003), 『여공담론의 남성주의 비판』, 서강대 박사학위논문

_____ (2004), 「1970년대 민주노조와 교회단체 : 산업선교회와 지오세 담론의 형성과 모순」, 한국산업노동학회, 『산업노동연구』 제1호

_____ (2004), 「1970년대 여공과 민주노조운동 : '민주 대 어용' 균열구도의 비판적검토」, 한국정치학회, 『한국정치학회보』 38집 5호

_____ (2005), 「1970년대 가톨릭노동청년회와 노동운동」, 차성환 외, 『1970년대 민중운동 연구』, 민주화운동기념사업회

_____ (2006), 『여공 1970, 그녀들의 反역사』, 이매진

김윤태 외(2003), 『한국대표노동시집』, 도서출판 b

김이정희(2002), 『여성운동하는 사람들』, 여성신문사

김인동(1985), 「70년대 민주노조운동의 전개와 평가」, 김금수 외, 『한국노동

운동론1』, 미래사

김　준(1999), 「5·16 이후 노동조합의 재편과 '한국노총체제'의 성립」, 『사
　　　회와 역사』통권 제55집, 문학과지성사,

_____(1999), 「20세기 한국의 노동 : 역사적 경험의 반추」, 『계간 경제와 사
　　　회』 겨울호, 한울

_____(2001), 「1970년대 여성노동자의 일상생활과 의식 : 이른바 '모범근
　　　로자'를 중심으로」, 『역사연구』 제10호

_____(2003), 「민주화운동과 교회 : 개신교 산업선교를 중심으로」, 『노동과
　　　발전의 사회학』, 한울

김진균(1986), 『현대 한국의 계급구조와 노동자계급』, 한길사

김형기(1990), 「한국노동문제의 역사적 전개」, 『한국사회론』, 한울

나보순 외(1983), 『우리들 가진 것 비록 적어도 : 근로자들의 글 모음 1』, 돌
　　　베개

남상헌과 함께 하는 사람들(2006), 『넓고 깊어라: 역사의 큰 길에서 40년을
　　　한결같이』, 남상헌고희기념문집

노동과 세계(2012), 「임현재 인터뷰」(12. 12자)

노동청(1975), 『1975년도 단체교섭조정결정지침』

_____(1977), 『공장 새마을운동 지도지침』

_____(1978), 『1978년도 단체교섭조정결정지침』

노민영(1990), 『우리나라 노동운동사』, 현장문학사

노순자(1995), 「세상을 이기는 깊은 믿음」(박순희 대담), 『야곱의 우물』 8월호,
　　　가톨릭출판사

노항래(2016), 『이옥순 평전 : 참과 거짓이 싸울 때』, 은빛

대한예수교장로회 영등포산업선교회(1998), 『영등포산업선교회40년사』

문종인 엮음(2021), 『내가 살아온 이야기 : 인천도시산업선교회』, 인천민주화
　　　운동센터

동일방직복직투쟁위원회(1985), 『동일방직노동조합운동사』, 돌베개

_____ (2008), 『다시 기계 앞에 서고 싶다 : 동일방직 해고 30년 세월을 되돌아 보다』

명동천주교회(1984), 『한국 가톨릭인권운동사』

문학사와비평연구회 편(1994), 『1970년대 문학연구』, 예하

민족문학사연구소 현대문학분과(2000), 『1970년대 문학연구, 소명출판』

민영식(1987), 『민주노조운동의 새 출발』, 중원문화

민종덕(2004), 「1977년 9월 9일 청계피복노조결사투쟁사건」, 민주화운동기념사업회, 『기억과 전망』 여름호

_____ (2016), 『노동자의 어머니 이소선평전』, 돌베개

민주화운동기념사업회(2009), 『한국민주화운동사 2』

_____ (2010), 『한국민주화운동사 3』

민중석(1988), 『남한 노동운동사 1』, 들불

박기남(1988), 『여성노동자들의 의식변화과정에 관한 한 연구 : 1970년대부터 1980년대 중반까지』, 연세대 석사학위논문

박기호(1984), 「한국의 노동쟁의」, 박현채 외, 『한국의 자본주의와 임금노동』, 화다

박노해(1984), 『노동의 새벽』, 풀빛

박민성(1984), 「현단계 노동운동의 평가와 전망」, 『현실과 전망』 제1집, 풀빛

박선욱 편(1985), 『한국민중문학선 1 : 노동시 묶음』, 형성사

박세길(1989), 『다시 쓰는 한국현대사 2』, 돌베개

박수정(1999), 「나는 왜 불만세력으로만 살아야 하는가 : 민주노총 가톨릭노동사목 지도위원 박순희 씨를 찾아」, 『삶이 보이는 창』 3월호

_____ (2004), 『숨겨진 한국여성의 역사』, 아름다운사람들

_____ (2007), 「선한 싸움꾼 박순희」, 『삶이 보이는 창』 10월호

박순희(2001), 「정권·자본·어용노총의 탄압을 뚫고 선 70년대 민주노조운동」,

『이론과 실천』 10월호

박승현(2005), 『1960~70년대 평화시장 봉제공장의 작업장문화: 객공을 중심으로』, 서울대 석사학위 논문

박영식(1985), 「70, 80년대 노동운동에 대한 소고」, 『민중 2』, 청사

박준식(1984), 『한국에 있어 노동조합과 국가의 역할: 민간제조업을 중심으로(70-80)』, 연세대 석사학위 논문

_____ (1987), 「노동운동을 통해서 본 노동자 의식의 변모」, 한국산업사회연구회, 『산업사회연구』 제2집, 한울

박현채(1978), 「70년대 노동운동의 현황과 과제」, 『창작과 비평』 봄호, 창작과비평사

_____ (1983), 「한국노동운동의 현황과 당면과제 : 70년대를 중심으로」, 김윤환 외, 『한국노동문제의 인식』, 동녘

_____ (1986), 「1970년대의 노동운동, 농민운동」, 『해방 40년의 재인식 II』, 돌베개

_____ (1978), 「한국노동문제의 현황과 과제」, 김윤환 외, 『한국노동문제의 구조』, 광민사

박 희(1986), 「한국의 산업화와 노동운동 : 60년대 이후 노동통제와 노동운동」, 한국인문사회과학회, 『현상과 인식』 제10권 4호

방현석(1999), 『아름다운 저항』, 일하는사람들

방혜신(1993), 『70년대 여성노동운동에서 여성특수과제의 실현조건에 관한 연구』, 서강대 석사학위 논문

방효덕(1974), 「74년도 노총 전국대의원대회 인상기」, 한국노동문제연구소, 『노동공론』 11월호

배옥병(1999), 「'아줌마 부'가 세상을 바꾼다」, 「시사저널」 4. 22자

_____ (2003), 「학부모는 노조간부처럼 뛴다」, 「한겨레 21」 6월 12일자

_____ (2006), 「학교급식 뿐 아니라 교육환경도 바꿔야죠」, 주간동아 3월

14일자

_____(2011), 「무상급식 주민투표 이후 친환경 무상급식운동의 과제와 전
망」, 『참여연대』, 155호

_____(2020), 『세상을 바꾸는 행복한 밥상』, 은빛

배진한(1978), 「농촌노동력유출과 노동시장」, 한국노동경제학회, 『노동경제
논집』 1978. 9

변상근(1974), 「현대조선 노사분규의 배경」, 『신동아』 11월호

변형윤(1982), 『한국경제의 구조와 논리』, 풀빛.

_____(1983), 「한국독점자본의 형성과 운동논리」, 『민중』 제1권, 청사

_____(1989), 『한국경제론』, 유풍출판사

서중석, 1985, 「한국노총을 해부한다」, 『신동아』 1985년 4월호.

석정남(1976), 「불타는 눈물」, 『월간 대화』 12월호

_____(1976), 「어느 여공의 일기 : 인간답게 살고 싶다」, 크리스챤아카데미,
『월간 대화』 `12월호

_____(1984), 『공장의 불빛』. 일월서각

설동훈(1992), 「한국의 이농과 도시노동의변화 1960~90」, 『농촌사회』 제2집

성공회대학교 사회분화연구소(2002~05), 『한국산업노동자의 형성과 생활
세계』, 성공회대학교 노동사 아카이브 소장 자료

_____(2002), 『1970년대 산업화 초기 한국노동사연구 : 노동운동사를
중심으로』, 노동부

손광모(2020), 「그들은 공순이도 누구의 딸도 아닌 '노동자'였다 : 김은임
인터뷰」, 『참여와 혁신』 3월 4일자

손점순(1984), 『8시간노동을 위하여 : 해태제과 여성노동자들의 투쟁기록』,
풀빛

송정남(1985), 「한국노동운동과 지식인의 역할」, 김금수 외, 『한국노동운동
론 1』, 미래사

송효순(1982), 『서울로 가는 길』, 형성사

신광영(1999), 「1970년대 전반기 한국의 민주화운동」, 한국정신문화원 편, 『1970년대 전반기의 정치 사회 변동』, 백산서당

신광영·김현희(1996), 「여성과 노동운동 : 70년대 여성노동운동을 중심으로」, 한국사회학회, 『1996년 후기 사회학대회 발표 논문집』

신병현(2003), 「1960, 70년대 산업화 과정에서 가부장적 가족주의 담론과 여성노동자 형성」, 성공회대학교사회문화연구소, 『한국산업노동자의 형성과 생활세계』

신순애(2014), 『열세 살 여공의 삶 : 한 여성노동자의 자기역사 쓰기』, 한겨레출판

신윤동욱(2006) 「'월드컵 별책 부록이 행운 불렀죠'-주부 박육남씨」, 『한겨레 21』 619호

신인령(1985), 「한국의 여성노동의 문제」, 『한국자본주의와 노동문제』, 돌베개

_____(1985), 『노동기본권 연구』, 미래사

_____(1985), 「한국의 조직노동자와 여성」, 『한국여성과 일』, 이대출판부

_____(1988), 『여성·노동·법』, 풀빛

_____(1998), 「강 목사님과 크리스챤 아카데미와 나」, 김남조 외, 『강원용과의 만남, 그리고 여성운동』, 여성신문사

신인령·임종률(1975), 「산업사회 중간집단교육 중간보고서」, 크리스챤아카데미 소장

아름다운청년 전태일기념관(2020), 『전태일의 친구들 : 전태일노동구술기록 1』, 서울시

_____(2020), 『전태일의 여동생들 : 전태일노동구술기록 2』, 서울시

안승천(2001), 『한국노동자운동, 투쟁의 기록 : 전태일에서 민주노총까지』, 박종철출판사

안재성(2007), 『청계, 내 청춘 : 청계피복노조의 빛나는 기억』, 청계피복노조

사편찬위원회 기획, 돌베개

양승조(1991), 「70년대 민주노조운동의 평가와 교훈」, 『한국노동운동 20년의 결산과 전망』, 세계

여성평우회(1985), 「한국여성운동사에 대한 재평가2 _70년대 여성운동을 중심으로」, 『여성평우』 3호

역사학연구소(2005), 『노동자, 자기 역사를 말하다』, 서해문집

영등포산업선교회(1998), 『영등포산업선교회40년사』

오도엽(2008), 『지겹도록 고마운 사람들아』, 후마니타스

오마이뉴스(2015), 전태일 친구 이승철 인터뷰, (10월 11일자)

오세응(1971), 「한진 파월노무자 노임분규사건」, 고려대학교노동문제연구소, 『노동문제』 제3집

원풍동지회 엮음(2019), 『풀은 밟혀도 다시 일어선다』, 학민사

원풍해고노동자복직투쟁위원회(1987), 『민주노조 10년 : 원풍모방노동조합 활동과 투쟁』, 풀빛

월간대화 편집부(1977), 「종합보고 / 중동인력수출」, 『월간 대화』 1977년 7월호.

유경순 엮음(2011), 『나, 여성노동 : 1970~80년대 민주노조와 함께한 삶을 말한다』, 그린비

유동우(1984), 『어느 돌맹이의 외침』, 청년사

_____ (2020), 『어느 돌맹이의 외침』, 아름다운청년 전태일

윤진호(1984), 「도시비공식부문」, 이대근 외, 『한국자본주의론』, 까치.

_____ (1990), 『한국의 불안정 취업층에 관한 연구』, 서울대 박사학위 논문

윤택림(2002), 「1970년대 여성노동자의 일상생활과 노동운동의 의미 : 여성노동자의 구술 생애사를 중심으로」, 『여성연구논총』 제17집

이광욱(2005), 『1970년대 청계피복노동조합의 소모임 활동과 노동자의식의 변화』, 부산대 석사학위논문

이광일(1999),『한국의 민주주의와 노동정치』, 성균관대 박사학위 논문

이동한(1984),「노동교육의 측면에서 본 야학소사」,『일터의 소리 1』, 지양사

이병천 엮음(2003),『개발독재와 박정희 시대』, 창비

이수자(1984),『한국 영세 제조업 부문의 성별 노동분업 연구 : 평화시장 의류·
　　　봉제공장의 사례를 중심으로』, 이화여대 석사학위논문

이옥순(1990),『나 이제 주인 되어』, 녹두

이옥지 외(2001),『한국여성노동자운동사1』, 한국여성노동자회협의회, 한울
　　　아카데미

이우재(1991),「1979년 크리스챤 아카데미사건」,『역사비평』12호

이원배(2012),「여성이여 도전하라, 도전 안하면 아무 것도 얻지 못한다 : 유
　　　옥순」,「서울타임스」7. 6자

이원보(1977),『한국노동운동사 연구서설』, 경희대학교경영행정대학원 석사
　　　학위논문

＿＿＿(1996),「1960～70년대 한국의 산별노조」, 김금수 외,『산별노조의 과
　　　거, 현재 그리고 미래』, 한국노동사회연구소

＿＿＿(2004),『한국노동운동사5 : 경제개발기 노동운동』, 지식마당

＿＿＿(2013),『한국노동운동사 : 100년의 기록』, 한국노동사회연구소

이원보 외(2021),『전태일의 삶과 노동의 미래』, 아름다운 청년 전태일기념관

이은진(1984),「한국의 노동쟁의 Ⅱ」, 편집부,『한국자본주의와 임금노동』,
　　　화다

이임하(2005),「1970년대 크리스챤 아카데미 사건 연구」, 차성환 외,『1970
　　　년대 민중운동연구』, 민주화운동기념사업회

이재성(2004),「70년대 민주노조운동의 현재적 의미를 묻는다」, 한울 편집부,
　　　『경제와 사회』여름호

이정희(2010),「왜 때리는지 이유나 알고 맞자」, 광주여성희망포럼,『구술로
　　　엮은 광주여성의 삶과 5·18』, 도서출판 심미안

이종구(2010), 「원풍노동자의 생애사와 민주노조운동」, 민주화운동기념사업
　　　회, 『기억과 전망』 23호

이종구 외(2004), 『1960~70년대 한국의 산업화와 노동자 정체성』, 한울아
　　　카데미

　　　(2005), 『1960~70년대 노동자의 생활세계와 정체성』, 한울아카
　　　데미

　　　(2006), 『1960~70년대 노동자의 작업장문화와 정체성』, 한울아
　　　카데미

이종대(1976), 「우리는 왜 정든 땅을 버렸는가」, 『월간 대화』 11월호

이창복(1999), 『세기의 길목에서』, 한울

이태호(1982), 『70년대 현장』, 한마당.

　　　(1983), 「70년대의 언론노조운동」, 『민중』 제1권, 청사.

　　　(1983), 「1970년대 노동운동의 궤적」, 『실천문학』 제4권, 실천문학사

　　　(1984), 『불꽃이여 이 어둠을 밝혀라 : 70년대 여성노동자의 투쟁』,
　　　돌베개.

　　　(1984), 『1980년대의 상황과 논리』, 아침.

　　　(1986), 『최근노동운동기록』, 청사

이해찬(1986), 「70년대 지식인·학생의 민주화운동」, 박현채 외, 『해방40년의
　　　재인식 2』, 돌베개

인간사 편집실(1985), 『간추린 한국노동운동사』, 인간사

인수범(1992), 『한국의 산업별 노동조합의 조직과 활동에 관한 연구』, 서울대
　　　석사학위논문

임영일(1985), 「노동자의 존재조건과 의식」, 박현채 외, 『한국자본주의와
　　　노동문제』, 돌베개

임종률(1985), 「산업사회와 아카데미운동」, 이문영 편, 『민주사회를 위한
　　　대화운동』, 문화예술사

임종철·배무기(1980), 『한국의 노동경제』, 문학과지성사

장남수(1984), 『빼앗긴 일터』, 창작과비평사

_____ (2020), 『빼앗긴 일터, 그 후』, 도서출판 나의시간

장명국(1985), 「해방후 한국노동운동의 발자취」, 김금수 외, 『한국노동운동론 1』, 미래사

장명준(1971), 『전국연합노동조합 청계피복지부의 결성과 운영에 관한 실증적 고찰』, 고려대 석사학위논문

장미경(2002), 「근대화와 1960~70년대 여성 노동자」, 한울편집부, 『경제와 사회』, 제8권 2호

장상철(1989), 『업종별 지역노조에 관한 연구 : 청계피복노동조합의 사례』, 연세대 석사학위논문

장현자(2002), 『그때 우리들은』, 한울

_____ (2020), 「전태일 열사, 그 후 50년 : 그때 우리는 그를 알지 못했다」, 금강일보 11. 10자

전국금속노동조합연맹(2014), 『금속노동운동 50년사』

전국섬유·유통노동조합연맹(2004), 『섬유 유통노련 50년사』

전국화학노동조합연맹(2004), 『화학노조 40년사』

전노협백서발간위원회(1996), 「60~70년대 노동자의 상태와 노동정책」, 전노협, 『전국노동조합협의회 백서, 1987 - 96』, 전노협

전순옥(2004), 『끝나지 않은 시다의 노래 : 1970년대 한국여성노동운동에 대한 새로운 자리매김』, 한겨레출판

전 YH노동조합(1984), 『YH노동조합사』, 형성사

전태일기념관건립위원회 엮음(1983), 『어느 청년 노동자의 삶과 죽음 - 전태일 평전』, 돌베개

전태일기념사업회(1991), 『한국 노동운동 20년의 결산과 전망』, 세계

_____ (2008), 『조선절경이 이소설』, 노동자의 어머니 이소선

　　　　팔순기념 헌정문집, 전태일

정대용(1988), 「재야 민주노동운동의 전개과정과 현황」, 한국기독교산업개
　　　　발원, 『한국노동운동의 이념』, 정암사

정명자(2006), 「민주주의가 이루어졌다고? : 동일방직, 그후 30년」, 『전태일
　　　　통신』, 후마니타스

정미숙(1993), 『70년대 여성노동운동의 활성화에 관한 경험세계적 연구 :
　　　　섬유업을 중심으로』, 이화여대 석사학위논문

정연순(1998), 『1970년대 노동교육 사례연구 : 크리스챤아카데미 산업사회
　　　　중간집단교육』, 서울대 석사학위논문

정윤광(2005), 『저항의 삶』, 백산서당

정윤형(1987), 「유신체제와 8·3조치의 성격」, 정윤형 외, 『한국경제론』, 까치.

정영일(1981), 「외향적 경제발전과 농업정책」, 김윤환 외, 『한국경제의 전개
　　　　과정』, 돌베개

정이환(1986), 『저임금구조에 대한 노동자들의 경제적 적응양식』, 서울대
　　　　석사학위논문

정장연(1985), 「한국경제의 저임금체제론」, 김낙중 외, 『한국경제의 현단계』,
　　　　사계절

정진성 외(2004), 『현대한국여성사』, 한울아카데미

정현백(1985), 「여성노동자의 의식과 노동세계 : 노동자 수기분석을 중심
　　　　으로」, 『여성 1』, 창작과비평사

정현주(2006), 「청계천변 피복공장 여성노동자의 삶」, 『여성과 역사』 제8권
　　　　2호

조선원,(1986), 『노동운동을 떠날 수는 없어』, 정암사

조성환(1979), 「한국경제의 발전과정」, 아세아정책연구원, 『한국의 정치발
　　　　전과 경제발전』

조세희(1978), 『난장이가 쏘아올린 작은 공』, 문학과지성사

조승혁(1978), 「산업선교와 노동자의 인권」, 『씨올의 소리』 11월호

_____ (1981), 『도시산업선교의 인식』, 민중사

_____ (1986), 『한국 공업화와 노동운동』, 풀빛

조승혁 외(1978), 『노동자와 함께 : 산업선교와 노동자인권』, 기독교대한감
　　　리회·도시산업선교중앙위원회

조영래(1991), 『전태일 평전』, 돌베개

조지송(1997), 『간추린 영등포산업선교회 이야기』, 연이

조지 오글(2003), 『기다림은 언제까지, 오 주여! : 20세기 한국의 이야기』, 신앙
　　　과지성사

조화순(2005), 『낮추고 사는 즐거움』, 도솔

조희연(2007), 『박정희와 개발독재시대』, 역사비평사

_____ (1990), 『한국사회운동사』, 죽산

차성환 외(2005), 『1970년대 민중운동 연구』, 민주화운동기념사업회

주간경향(2020), 「태일의 친구들」(11. 16자)

차일석(1970), 「도시 안의 판자촌 문제 : 도시행정적 입장에서」, 『월간 대화』
　　　6월호

참여와 혁신(2020), 「그들은 공순이도 공돌이도, 누구의 딸도 아닌 노동자
　　　였다」(3. 3자)

청계피복노동조합(1990), 『영원한 불꽃 : 청계노조 20년투쟁사』

최병수(1984), 「노동운동의 평가와 전망」, 『일터의 소리』, 지양

최장집(1985), 「노동조합에 대한 조합주의적 통제」, 『분단시대와 한국사회』, 까치

_____ (1988), 『한국의 노동운동과 국가』, 열음사

추송례(2001), 『어김없이 봄은 오는가』, 일하는 사람들의 작은 책

크리스챤아카데미(1975), 『양극화시대와 중간집단』, 삼성출판사

투데이신문(2019) 「내 이름은 평화시장 7번시다」(11. 13자)

한겨레신문(2020), 「전태일의 친구들」, 3월 6일자 및 11월 26일자

한국가톨릭노동청년회(1986), 『한국가톨릭노동청년회25년사』, 분도출판사

한국기독교교회협의회(1984), 『1970년대 노동현장과 증언』, 풀빛

_____ (1987), 『1970년대 민주화운동 Ⅱ』

한국기독교사회문제연구원(1983), 『노동자운동과 산업민주주의』, 민중사

한국기독학생총연맹(1981), 『야학활동안내서』.

한국기자협회보(2016), 「전태일 친구들 이승철 최종인씨」(2. 23자)

한국노동자복지협의회(1985), 『민주노동』 제12호.

한국노동조합총연맹(1979), 『한국노동조합운동사』

_____ (1979), 『경제성장과 소득분배』

한국민주노동자연합(1984), 『1970년대 이후 한국노동운동사』, 동녘

_____ (1994), 『민주노동』(영인본, 1~38호), 도서출판 한노련

한국여성노동자회 외(2009), 『그대와의 해오름 : 한국여성노동자회 20년사』, 민주화운동기념사업회

한국여성의전화연합 엮음(1999), 『한국여성인권운동사』, 한울

한국역사연구회(1991), 『한국현대사』(3, 4), 풀빛

한국정신문화원(1999), 『1970년대 후반기의 정치사회변동』, 백산서당

한상진(1986), 「유신체제의 정치경제적 성격」, 박현채 외, 『해방40년의 재인식 Ⅱ』, 돌베개

한윤수(1980), 『비바람 속에 피어난 꽃 : 10대 근로자들의 일기와 생활담』, 청년사

홍현영(2002), 『1970년대 개신교의 도시산업선교회 활동』, 한양대 석사학위 논문

황선금(2016), 『공장이 내게 말한 것들』, 실천문학사

◆

　70년대 이 나라의 공업화가 시작되던 시기, 공장 노동자들이 처한 상황이 이렇게 처참했는지 새삼 놀랐다. 주린 배를 움켜쥐고 12시간 이상 일하고 각혈로 죽을 결심까지 했던 유동우님, 금세공 일로 여유롭게 살아갈 수 있게 되었음에도 부유한 사람들의 사치에 봉사하지 않겠다고 다시 요꼬공장으로 돌아갔다. 나 자신을 돌아보게 했다. 먹고 사는 걱정 없는 집에 태어나 대학교육까지 받은 내가 70년대 중반부터 70년대민주노동운동동지회 여러분들과 인연을 맺어온 것도 행운이었고 이제 그들의 투쟁의 역사를 이렇게 책으로 만드는 일에 작은 힘을 보탤 수 있어서 크나큰 영광으로 생각한다. ＿＿곽선숙

◆

　70년대 산업 역군으로 가난하고 암울했던 시대를 치열하게 살아냈던 삶을 돌아보고 정리 할 수 있어서 참 감사합니다. 일찍 결혼해서 행복한 가정을 꾸리고 세 자녀를 훌륭하게 키워낸 정만옥 대의원, 지금도 어르신들 돌보는 일을 하면서 열심히 살아가는 나의 동지이자 친구가 자랑스럽습니다. 어릴 때부터 집안의 가장 노릇을 하며 힘겹게 살아 온 이순주 부지부장, 불행한 결혼생활과 이혼, 그럼에도 포기하지 않고 자녀들을 훌륭하게 키워

낸 역정을 존경합니다. 살아내는 게 너무 힘들어 몸이 견디지 못하고 몹쓸 병이 찾아와 힘든 투병을 하고 있는데 잘 이겨 내리라 믿으며, 힘들게 살아온 동지들, 건강하고 행복했으면 좋겠습니다. 건강 때문에 여기에 글을 쓰지 못한 박태연 사무장 하루 빨리 건강 회복하기를 빌며 기도합니다. 긴 시간 이 책을 위해 고생하신 편집 위원들 모두 정말 수고 하셨습니다. __ 권순갑

◈

70년대 말 어느 곳에서나 있었으면서도 그 어느 곳에서도 없는 존재인 나를 확인하는 작업이었던 것 같습니다. 이름 모를 수많은 노동자와 깨어 있던 지식인들..... 그들의 절망, 분노를 이겨내려는 몸부림과 정의감이 모여 모여서 역사가 이루어지고, 그 역사가 다시 새 역사를 열었음을 확인하는 작업이었습니다. 흔적이란 우주의 먼지와도 같은 인간 존재에게 있어 아무 것도 아닐 수 있지만, 아무것도 아닌 존재이기 때문에 그 몸부림들이 더욱 값어치가 있는 것이 아닐 런지요. 주체성을 가지고 인간답게 살기 위해 애썼던 수많은 동지들의 삶에 다시 한번 존경을 보냅니다. 함께 할 수 있는 기회를 가진 것이 행운이었으며 영광이었습니다. __ 김숙연

◈

1960년대 후반에 시작한 내 노동자로의 삶은 경제성장의 뒤안길에서 눈물로 한숨짓던 삶이었다. '산업역군'이라는 허울뿐인 명분 아래 착취와 수탈로 인간성을 잃어버린 삶을 일으켜 세운 것은 민주노조 활동이었다. 50여년의 삶을 돌아보니 아픔, 분노, 증오가 다시금 치솟는다. 80년 '노동계 정화지침'으로 강제 해고하고 전국에 블랙리스트를 배포하여 취업을 막은 것은 살인행위였다. 노동자들이 자본과 권력의 먹잇감인가? 지금도

치가 떨리지만 못된 정권과 자본이 찍어누른 내력을 돌이키면서, 다시는 그러한 악행이 없을 것이라는 근거 없는 희망으로 나 자신을 달래본다. 원풍모방에 들어와 노동자의 생존권과 기본권 보장을 위해 민주노조운동을 열심히 한 것 밖에 없는데, 정화되고, 해고되고, 감옥에 가고, 뒤늦게 민주화운동 관련자로 인정받은 과정이 나만의 일이 아니라 전체 노동자들의 삶의 단면이 아닐까 싶다. ___박순희

1년을 예정하고 시작한 이야기들이 2년이 되었다. 글쓰기가 직업이 아닌 이들의 글쓰기 작업이란 장시간 현장 노동만큼이나 힘들었을 것이다. 오랜 세월, 가슴 깊숙이 쌓아놓았던 가물거리는 기억의 조각들을 찾아내어 동참해주신 동지들의 인내와 도전의 삶의 여정에 존경을 보냅니다. 애당초 4, 50여 년 전의 처절한 기억을 소환하는 작업은 불가능했을 수도 있었습니다. 이를 가능하도록 해주신 편집위원 동지들, 정말 정말 감사합니다. ___유옥순

세상이 4번 바뀌고도 더한 머나먼 저 너머의 기억을 끄집어내는 것은 잔인한 아픔이면서 또한 보람이었다. 이렇게 아픔과 보람된 과거를 기록으로 남겨야 한다는 격려와 채찍(?)에 글들이 한 편 두 편 모여 한권의 책으로 나오다니 자랑스럽다. 우리들의 투쟁이 부족했기 때문에 지금도 그때와 비슷한 세상으로 남았지만, 우리들의 기록이 지금도 전태일이 원하던 그 세상을 만들고자 투쟁하는 이들에게 조금이나마 도움이 되었으면 좋겠다. 이 기록이 책으로 나오도록 몇 년 동안 고생하신 편집위원 동지들께 진심으로 감사드린다. ___이승철

◆

   가슴 헌 켠에 묻어놓았던 삶의 이야기를 풀어냈다. 1970년대 노동조합을 활동에 스스럼없이 삶을 불태웠던 고난과 투쟁의 이야기다. 투쟁의 세월 속에서 지금은 민주화가 되어 노동조합 활동도 자유로워졌다고 한다. 원한다면 어떤 사업장에서든지 노동조합을 만들어 스스로 법적 지위 향상을 위해 나설 수 있다고 한다. 그러나 모든 노동자가 아무런 규제 없이 노동조합을 자유롭게 만들 수 있는가? 반세기 전 우리처럼 부당하게 해고당한 노동자들은 없는가? 아니다. 지금도 부당노동행위에 의한 해고는 계속되고 있고, 노동조합은커녕 해고의 위협 속에서 하루하루 전쟁을 치르듯이 근근이 살아가는 수많은 노동자가 있다. 노동자들이 자신의 목소리로 스스로의 권익을 되찾고 인간다운 삶을 살아갈 수 있을 때 진정한 민주화가 이루어질 수 있다고 생각한다. 어설프게 보일 수 있는 우리들의 살아온 이야기들이 희망의 세상을 위해 노력하는 이 땅의 수많은 노동자들에게 힘이 되었으면 좋겠다. __ 정명자

◆

   멀리 4, 50년의 세월이 흐른 지금, 고통의 기억을 지우고 싶을 텐데도 글마다 설렘과 즐거운 추억을 온전히 되살리려 애쓴 흔적이 역력했다. '70년대 노동자의 자전 수기 모음'을 기획한지 3년여, 탐욕스러운 자본과 권력의 잔혹한 탄압에 맞서다가 블랙리스트의 악령에 갇혀 생존의 위협을 받으면서도 민주노조 역사의 깃발을 부둥켜 안고 새로운 시대의 꿈을 향해 몸부림친 역정들, 오랜 기억의 편린들과 증언들을 되살려 한자 한자 힘주어 쓴 열정을 그대로 살리고자 했는데 제대로 펴냈는지 걱정이다. 잔혹한 환경을 견뎌내며 더 나은 내일의 꿈을 일구려 애써온 동지들에게 깊은 위로를

드리고, 더 많은 노동자들의 역사를 실어 내지 못한 아쉬움이 크게 남는다. 길고 복잡한 일정에 역정 한번 내지 않고 정성을 다해주신 편집위원과 임원들, 그리고 민주화운동기념사업회 여러분들께 고마움의 인사를 보낸다. 이 책이 나오기 전에 두 분이 별세하셨다. 두손 모아 명복을 빕니다. ___이원보

어둠의 시대 불꽃이 되어

1970년대 민주노동운동의 현장
: 그 삶과 투쟁의 기록

1판 1쇄 인쇄 | 2021년 11월 12일
1판 1쇄 발행 | 2021년 11월 19일

엮은이 | 70년대민주노동운동동지회
고 문 | 김학민
펴낸이 | 양기원
펴낸곳 | 학민사

등록번호 | 제10-142호
등록일자 | 1978년 3월 22일

주소 | 서울시 마포구 토정로 222 한국출판콘텐츠센터 314호(℡ 04091)
전화 | 02-3143-3326~7
팩스 | 02-3143-3328

홈페이지 | www.hakminsa.co.kr
이 메 일 | hakminsa@hakminsa.co.kr

ISBN 978-89-7193-261-2 (03330)

* 이 책은 '민주화운동기념사업회'의 지원으로 제작되었습니다.
* 본문 내용에 관한 모든 책임은 '70년대민주노동운동동지회'에 있습니다.